증·보·판

한국 외교
어제와 오늘

증·보·판

한국 외교

어제와 오늘

김창훈 지음

책을 내면서

　1948년 8월 15일 대한민국 정부가 수립된 이후 벌써 반세기가 흘렀다. 그동안 우리 외교는 국토 분단으로 인한 여러 가지 어려운 여건 속에 놓여 있었다. 그런 가운데에서도 '6·25전쟁'의 폐허를 딛고 선진국 진입에 다다르기까지 성장된 국력을 배경으로 국내외의 많은 시련과 난관을 슬기롭게 극복해 왔으며, 지역적으로나 분야별로 정말 장족의 발전을 이룩했다.

　얼마 전 정부 수립 50주년을 기념하여 외교통상부가 『한국 외교 50년』이란 책을 발간했다. 저자는 이전에 나온 『한국 외교 30년』과 『한국 외교 40년』의 편집을 맡았던 일이 인연이 되어 이때에도 다시 편집 책임을 맡았다. 이 책들은 외교통상부에서 발간하는 만큼 30년, 40년, 50년간의 한국 외교 사실들을 공식 기록으로 남기기 위한 것이었다. 따라서 글 쓰는 사람이나 편집하는 사람들의 주관이나 사관(史觀)을 되도록 배제하고, 연대나 공화국별이 아니라 주요 문제와 사건 '이슈(issue)'별로 나누어 사실만을 종합·정리했다.

　저자는 일생을 일선 외교에 몸 바쳐 왔다. 그 경험을 살리고 위의 책들을 편찬하기 위해 모았던 방대한 자료를 그대로 두기가 아까워 이를 활용하기로 마음먹었다. 그래서 이번에는 저자의 주관과 사관을 살려 한국 외교의 성장・발전의 발자취를 정권별로 나누어 살펴보기로 했다.

이 책은 정권별로 주요 문제와 사건을 알기 쉽게 종합적으로 정리했다. 따라서 이 책을 통해 외교 관계 일에 종사하는 사람들은 물론이고, 정치가나 공무원, 그리고 학생이나 일반 국민들도 한국 외교가 건국 이후 지금까지 어떻게 발전해 왔는가를 쉽게 이해할 수 있으리라 믿는다. 또 내일의 우리 외교의 방향과 대(對)북한 정책을 논의하는 데에도 도움이 되리라고 본다.

탈냉전 이후 새로운 국제 질서가 형성될 21세기는 '아시아・태평양 시대'가 시작되면서, 우리에게 많은 외교적 시련과 과제를 안겨줄 것으로 전망되고 있다. 한반도 주변의 동북아에서도 과거 '이데올로기'에 기초한 냉전 대립구도가 소멸되고, 앞으로 상당 기간 동안 국익과 자국의 영향력 확대를 위한 미・일・중・러 주변 4강이 치열하게 맞서는 역학 구도가 형성될 것이다.

한국은 이들 4강의 접점에 위치한 유일무이한 나라이다. 그러므로 앞으로 대국의 틈바구니에서 살아남을 뿐만 아니라, 전쟁 재발을 막고 북한과 평화 공존하면서 통일을 이뤄야 한다. 또한 지경학적・지정학적 이점을 살려 동북아의 교통과 물류, 그리고 정보통신과 금융의 중심지

가 되고, 21세기 아시아·태평양 시대의 '경제의 중심 국가'가 되어야
한다. 그러자면 무엇보다도 이들 4강에 대한 유연하고도 정교한 외교
를 통해 '한반도의 평화와 안전이 공통의 이익이란 점'을 인식시켜 나
가야 할 것이다.

통일 이후에도 이해를 달리하는 주변 4강들의 충돌을 완화시키는 완
충국(Buffer State)으로서의 균형 잡힌 다각 외교를 적극적으로 전개함
으로써, 우리나라의 발전을 위해 이들 4강의 협력을 계속 얻어나가야
할 것이다.

역사가들은 흔히 "과거는 현재의 어머니이고, 미래는 오늘의 아들이
다"라고 말한다. 이 책이 건국 후 지금까지 한국 외교의 발전 과정을
바르게 이해하고, 나아가 내일의 외교 방향을 설정하는 데 하나의 중요
한 길잡이가 되었으면 한다.

그리고 이 책에서 다룬 외교의 성공 사례는 앞으로 우리 외교의 발
전을 위한 좋은 선례가 되고, 실패한 사례의 분석은 같은 종류의 잘못
을 되풀이하지 않기 위한 산 교훈이 되었으면 한다. 그리하여 앞으로
우리 민족이 '평화통일'을 이룩하고, 21세기 아시아·태평양 시대를 맞
아 그 '중심 국가'의 하나를 만들어가는 데 조금이나마 도움이 되었으

면 하는 것이 이 책을 쓴 목적이자 저자의 간절한 바람이다.

　이 책을 발간할 때까지 여러 가지로 협조해 주시고 또 문의에 기꺼이 응해 주신 많은 선배님들과 동료·후배들, 그리고 이 책의 편찬에 대한 좋은 의견을 내준 위에, 출판까지 쾌히 맡아주신 다락원의 정효섭 사장님께 이 자리를 빌려 진심으로 감사의 말씀을 올린다.

2002년 6월

김창훈

증보판을 다시 내면서

이 책을 처음 낸 것이 2002년 7월이었는데 "세월의 흐름이 유수(流水)와 같다"더니, 그새 어느덧 10년의 세월이 흘렀다. 그동안 5년간의 참여정부의 집권이 끝나고, 2008년 2월 25일 출범한 이명박 대통령의 새 정부의 임기도 끝났다.

오는 8월 15일은 우리나라가 일본 통치에서 해방된 지 68년이고, 정부를 수립한 지 꼭 65년이 되는 날이다. 광복은 노예의 족쇄에서 풀려난 해방의 기쁨이고, 건국은 우리 손으로 근대 국가를 세운 자긍심으로 함께 기려야 할 우리 역사다.

우리나라는 제2차 세계대전 이후 식민지에서 해방된 많은 나라들 가운데서 지금까지 산업화와 민주화를 동시에 이루고 '원조를 받던 나라에서 원조를 주는 선진국'이 된 유일한 나라다.

그리고 우리나라는 2012년에 드디어 전 세계에서 여덟 번째로 연간 '무역 1조 달러 클럽'의 멤버가 됐다. 건국 65주년을 기념하여 자랑스러운 우리 외교의 계속적인 발전을 위하여, 이번에 제10장에 이명박 정부의 외교를 추가하여 증보판을 다시 펴내게 된 것을 저자로서 무한한 기쁨으로 생각한다.

2008년 제1차 증보판 발간에 이어 이번에 다시 제2차 증보판 발간까지 한국 외교의 계속적 발전을 위하여 기꺼이 맡아주신 한국학술정보(주)에 다시 한 번 심심한 감사의 말씀을 올린다.

2013년 3월
김창훈

차례

제 7 장 **김영삼 정부의 외교**(1993~1998)

제 8 장 김대중 정부의 외교(1998~2003)

1948년 초대 대통령 취임식 광경

제 1 장

대한민국 정부 수립의 역사적 배경

1. 광복운동

역사가들은 "한 나라의 역사는 그 나라가 타고난 지리적 여건에 의하여 결정적인 영향을 받는다"고 말한다. 한반도는 지리적으로 중국 대륙에 연결되어 있어, 고대로부터 중국에 새로 큰 나라가 생길 때마다 그들의 침공 대상이 되었다. 또 한반도가 전략적으로 중요한 자리를 차지하고 있었기 때문에 3천 년의 한국 역사는 중국 및 원(元, 몽골족), 금(金, 여진족), 일본 등 주변 국가들로부터 끊임없이 침략을 받았다. 우리 국사학자들에 의하면, 이 땅은 무려 930번이 넘는 전쟁으로 크게 얼룩져 있다고 한다.

3천 년에 930번이 넘는다면 우리 민족은 죽음을 가져오고 모든 것을 파괴하는 전쟁의 참화를 거의 3년에 한 번씩 당한 셈이 된다.

이와 같이 어려웠던 역사 환경은 오늘날 "밤새 안녕하셨습니까?"와 "진지 잡수셨습니까?" 하는 우리 인사말 속에 잘 반영되어 있다. 이와 같은 슬픈 내용의 인사말을 가진 민족은 전 세계에 우리 외에는 없을 것이다. 그러나 우리 민족은 이에 굴하지 않고, 호국 정신과 유연한 외교로 오랫동안 나라를 잘 지켜왔다.

그러다가 우리는 일본의 강압에 못 이겨 강화(江華)조약을 체결했고, 1876년 개국 후에는 새 시대의 조류를 감지하지 못하고 갑자기 몰려든 외세 앞에 우왕좌왕했다. 그로 인해 서양 문명을 우리보다 22년 앞서 받아들여 모든 제도를 서구화한 일본에 의해 합병되어 1910년 8월 29일 그만 주권을 상실하고 말았다. 그 후 우리는 36년 동안 그들의 식민 통치를 받아야 했는데, 많은 사람들이 망국의 한을 품고 유랑민이 되어 중국과 러시아 등지로 흩어져 나갔다.

그러나 혹독했던 일본의 식민 통치 아래에서도 우리 한(韓)민족은 줄기차게 나라의 주권을 되찾기 위한 '광복운동'을 전개했다. 이 광복운동은 무력 투쟁과 광복 외교의 두 가지로 크게 나눌 수 있다. 이 두 운동은 독립 투쟁의 전략상 서로 대립하기도 하고 또 보완하기도 하면서, 우리 민족이 1945년 8월 15일 일제로부터 해방되던 날까지 끈질기게 계속되었다.

특히 일본 식민지가 된 지 10년 만인 1919년 2월 8일, 우리 일본 유학생 400여 명이 도쿄(東京) 간다구(神田區)에 있던 조선인들의 기독교청년회(YMCA) 회관에 모여 '조선독립선언서'를 발표했다. 뒤이어 한국 도처에서 202만 명 이상이 참가해 2만 2,470명의 사상자를 낸 '3·1 독립만세운동'이 일어났고, 1919년 4월 13일 중국 상하이(上海)에 '대한민국 임시정부'1)를 설립하기에 이르렀다.

한국의 '3·1 독립만세운동'은 중국의 '5·4 민족주의운동'2)과 인도의 '비폭력 저항운동'3)에 자극을 주었고, 또 세계 소수민족의 민족적 자각심을 일깨워 주는 데에도 일조했다.

1918년 상하이에 세워진 신한청년당(新韓青年黨)은 제1차 세계대전의 '강화회의'에 맞추어 김규식(金奎植)4) 박사를 프랑스 파리로 보내, 윌슨

1) 3·1운동 이후 조선의 독립 운동가들은 일본 통치에 조직적으로 항거하기 위해 중국 상하이로 가 1919년 '대한민국 임시정부' 수립을 선포하고, 이승만 박사를 국무총리로 선출했다. 광복 후 국내의 혼란으로 임시정부의 정통이 계승되지 못했으나, 그 지도 이념은 그대로 국명과 함께 48년 제정된 대한민국 헌법에 반영됐다.

2) 1919년 파리강화조약에 불만을 품은 중국 학생들이 일으킨 반(反)제국주의 운동으로, 독일과 일본으로부터의 칭다오(青島) 반환, 일본과의 21개조 불평등 조약 취소를 요구했다. 이 '5·4운동'은 애국운동에 그치지 않고, 봉건주의에 반대하는 과학과 민주주의를 제창하는 광범한 문화운동으로 발전하는 계기가 됐다.

3) 영국은 1765년 뱅골 지배를 시작으로 19세기 초까지 거의 전(全) 인도를 식민지로 만들었다. 제1차 세계대전 후 간디(Mohanda K. Gandhi)의 지도 아래 '비폭력적 저항운동'이 시작되어, 독립을 요구하는 함성이 노도와 같이 일어나면서 1947년 8월 15일 인도 독립의 원동력이 됐다.

4) 독립운동가(1881~1950)로, 미국 로노크대학을 졸업하고(1903) 법학박사 학위를 취득했다(1923). 중국으

(Woodrow Wilson) 미국 대통령(제28대)이 제창한 '민족 자결주의'를 내세워 한국 독립의 당위성을 국제 여론에 호소했다. 또 이승만(李承晩)[5] 박사는 1921~1922년간의 워싱턴 군축회의를 비롯한 여러 국제적 모임에서 기회 있을 때마다 한민족의 억울한 처지를 전 세계에 알리면서 한국 독립을 주장해, 제2차 세계대전 종료 후의 한반도 문제 처리에 큰 영향을 주었다.

또한 1932년 상하이 훙커우(虹口) 공원에서의 윤봉길(尹奉吉)[6] 의사 의거 후부터, 장제스(蔣介石)[7] 총통의 후원을 적극 받기 시작한 김구(金九)[8] 선생이 이끄는 '대한민국 임시정부'는 1945년 충칭(重慶)에서 늦게나마 일본에 대해 '선전포고'를 했다. 우리 광복군은 수는 적었으나, 조국의 광복을 위하여 중화민국의 장제스군에 합류하여 대일 항전에도 가담했다.

그러나 우리 민족은 자신의 힘으로 나라를 되찾지 못하고, 일본이 연합국에 무조건 항복한 1945년 8월 15일에야 '해방의 날'을 맞이할 수 있었다.

로 망명해 독립운동에 투신했고(1913), 대한민국 임시정부 외무총장(1919)·부주석(1944) 등을 역임하고 남북협상에 실패한 후 정계를 은퇴했으며(1948), 6·25전쟁 때 납북됐다.

5) 독립운동가·정치가(1875~1965)로, 1910년 미 프린스턴대학에서 철학박사 학위를 취득했다. 미국에서 독립운동을 전개했고, 1919년 대한민국 임시정부 국무총리를 거쳐 1948~1960년간 광복 후의 대한민국 초대 대통령을 역임했다.

6) 독립운동가(1908~1932)로, 김구 선생의 지도 아래 1932년 4월 '일왕 생일기념식'이 열린 상하이 훙커우공원에서 폭탄을 던져 일본의 상하이 파견군 시라카와(白川義則) 대장을 즉사시키고, 시게미쓰(重光葵) 주중 일본공사와 노무라(野村吉三郎) 제3함대 사령관 등에게 중상을 입혔다. 같은 해 12월 18일 일본 가나자와(金澤)형무소에서 순국했다.

7) 중국 정치가(1887~1975)로, 1906년 바오딩(保定) 군관학교를 졸업하고, 1907년 일본 유학을 거쳐 1924년 황푸(黃埔) 군관학교 교장을 역임하였다. 난징(南京) 국민정부 주석과 육·해·공군 총사령관으로 항일전에서 승리한 후, 1949년 공산군에게 패해 타이완으로 옮겨 중화민국 총통을 계속했다.

8) 독립운동가(1876~1949)로, 1919년 상하이에서 대한민국 임시정부가 조직되자, 경무국장·국무령 등을 역임하고, 이봉창(李奉昌)·윤봉길 의사 등의 거사를 지휘했으며, 1944년 대한민국 임시정부 주석을 역임. 8·15광복과 더불어 귀국하여 통일정부 수립을 위한 남북협상에 실패한 뒤, 1949년 6월 암살됐다.

이렇게 남의 힘에 의해 일제로부터 해방된 한(韓)민족은 즉시 독립을 원했다. 그러나 우리 힘으로 독립을 쟁취하지 못한 탓으로 한국의 독립 문제는 연합국의 전후문제 처리 과정에서, 한민족의 염원과는 전혀 다른 방향으로 처리되었다.

2. 한국 독립에 관한 국제적 약정

제2차 세계대전의 전황은 1942년 후반부터 시작된 미국의 대대적 반격으로 연합국 측에 점차 유리하게 전개되었다. 이렇게 전세가 호전됨에 따라 1943년 초부터 연합국 수뇌들 사이에서 전후의 평화와 안전 보장 문제가 조금씩 논의되기 시작했다. 이때부터 연합국, 특히 미국은 일본 통치 아래 있었던 식민지의 전후 처리 문제에 유의하면서, 이 과정에서 한국의 독립 문제를 고려하게 되었던 것이다.

제2차 세계대전 중 한국의 독립 문제가 연합국 지도자들 사이에서 최초로 논의된 것은 1943년 3월 루스벨트(Franklin D. Roosevelt)[9] 미국 대통령과 헐(Cordell Hull)[10] 국무장관이 이든(Anthony Eden)[11] 영국 외상과 워싱턴에서 가진 회합 때였다. 이때 루스벨트 대통령은 "한반도를 일정 기간 동안 미국·중국 및 소련 3국의 '신탁통치(trusteeship)'[12] 아

---

9) 미국 정치가(1882~1945)로, 상원의원(1910)·뉴욕 주지사(1928) 등을 거쳐 1933~1945년간 대통령을 연임했다. 제2차 세계대전을 연합국 측의 승리로 이끈 주역이다.

10) 미국 정치가(1871~1955)로, 테네시 주 하원의원(1893~1897)·연방 하원의원(1907~1931)·상원의원(1931~1933) 등을 거쳐 국무장관을 역임했다. 1945년 노벨평화상을 수상했다.

11) 영국 정치가(1897~1977)로, 외무장관(1935~1938) 및 자치령·육군·외무장관 등을 역임했고(1939~1945), 1951년에는 외무장관 겸 부총리를 맡았으며 1955~1957년간 총리를 맡기도 했다.

12) 국제연합(UN: 이하 '유엔'으로 약칭) 감독 아래 시정국(施政國)이 일정 지역에 대해 실시하는 '특수 통치제도'이다. 유엔 설립 후, 실제로 신탁통치 하에 있던 11개 지역(아프리카 7, 대양주 4)은 그 후 차례

래 두었다가 독립시킨다"는 의견을 처음으로 제시했다.

그 후 '한국문제'가 본격적으로 공식 논의된 것은 일본 패전 후의 전후처리 문제들을 논의하기 위해 루스벨트, 처칠(Winston Churchill),[13] 장제스 3국 수뇌들이 1943년 11월 22일 회동한 '카이로 회담(The Cairo Conference)'에서였다.

11월 27일 발표된 3개항의 '카이로 선언'은 주로 장제스 총통의 주장으로 제1항과 제2항에서 "만주국과 타이완을 중국에 귀속시키고", 제3항에서 "한국인의 노예 상태에 유의(mindful of the enslavement of the Korean people), 한국을 해방하여 적당한 시기에(in due course)[14] 독립시킬 것"을 결의했다. 이로써 한국의 광복은 국제적으로 처음 분명하게 약속되었다.

이어 소련의 대일 참전과 전후 처리 문제를 논의하기 위해 3국 정상인 루스벨트, 처칠 및 스탈린(Joseph V. Stalin)[15]이 1945년 2월 8일부터 8일간 흑해의 휴양지 얄타(Yalta)에서 '3국 정상회담'을 열었다.[16]

로 모두 독립했다. 1945년 한국은 모스크바 3상회의의 결의로 독립까지 5년 동안의 신탁통치가 결정됐으나, 우리 민족의 반탁운동으로 이루어지지 않았다. 우리가 만일 그때 신탁통치를 받아들였다면 국토의 양단만은 막을 수 있었을지도 모른다.

13) 영국 정치가(1874~1965)로, 육사를 졸업하고 해군·군수·육군 겸 공군·식민·재무장관 등을 역임했으며, 총리가 되어 제2차 세계대전을 승리로 이끌었다. 1946년 미국에서 행한 연설에서 '철의 장막(Iron Curtain)'이란 신조어를 처음 사용했다.

14) 본래 루스벨트 대통령의 특별 보좌관이었던 홉킨스(Harry Hopkins)가 작성한 초안에는 'in due course'가 아니라, 'at the earliest possible moment(가장 일찍이)'였던 것을 루스벨트 대통령이 'at the proper moment(적당한 때에)'로 수정하고, 이를 다시 처칠 수상이 'in due course(적당한 시기에)'가 더 좋은 표현이라고 교정했다.

15) 러시아 혁명가·정치가(1879~1953)로 정교회 신학교를 퇴학하고, 혁명운동을 하다가 시베리아로 유형을 가기도 했고, 소비에트연방 결성에 전력했으며, 레닌의 후계자로 소련공산당 서기장이 되어 수상과 대원수를 겸했다. 그는 신적 존재로서 독재적으로 1953년 6월 사망할 때까지 소련을 통치했다. 그러나 1991년의 소련정변 이후 스탈린에 대한 인민들의 평가는 종전의 신적 숭배에서 독재자로 격하되었다.

16) 이 회담에서는 전쟁 수행과 전후 처리 문제, 그리고 유엔 창설 등 중대한 사안들이 결정됐다. 대일 참전에 관한 비밀 협정에 소련이 독일 항복 후 3개월 이내에 대일 참전하는 사항이 들어 있는데, 후에 그 내용이 밝혀지자, 미 의회에서는 "루스벨트 대통령이 너무 많이 양보했다"는 비난의 소리가 크게 일어났다. 스탈린은 1945년 5월 9일 독일이 항복한 후, 꼭 3개월이 되는 마지막 날인 8월 9일 대일전에

이 '얄타 회담'에서 소련은 대일 참전의 대가로 동북아에서 사할린(樺太) 등 제정 러시아 시대의 구(舊)영토와 만주에서의 여러 권익의 회복을 보장받음으로써, 전후 이 지역에 대한 세력 팽창의 발판을 다시 마련했다.

미국이 동북아 지역의 전후 처리 문제에서 소련에게 이같이 크게 양보하게 된 이유는 다음과 같다.

첫째, 당시 관동군을 비롯한 일본군의 전력을 지나치게 과대평가해, 대일전(對日戰)이 앞으로 18개월 이상 계속되고 사상자는 100만 명이 더 날 것으로 보았다.

둘째, 제2차 세계대전 중에 형성되었던 서방 연합국과 소련의 협조 관계가 전후에도 계속되리라고 믿었다.

셋째, 루스벨트 대통령이나 트루먼(Harry S. Truman)[17] 대통령은 모두 '수뇌회담'에서 국무부의 의견보다 군부의 조언에 더 의존, 중요한 결정을 단기적이고 군사적인 관점에서 내렸다.

넷째, 회담을 끈기 있게 계속하기에는 39세 때 소아마비에 걸렸던 루스벨트 대통령의 건강이 너무 좋지 않았다.

만일 당시 미국이 정세를 바로 보고 일본의 전력을 제대로 평가해 소련에게 대일 참전의 기회를 주지 않았더라면, 제2차 세계대전 후 우리 국토의 분단은 물론 없었을 것이며, 또 우리나라를 둘러싼 동북아 정세도 지금과는 판이하게 달라졌을 것이다.

1945년 7월 22일 일본에 대한 무조건 항복 요구와 소련의 참전 문제

참전해 '최소의 손실로 최대의 소득'을 얻었다.

17) 미국 정치가(1884~1972)로, 제1차 세계대전에 참전했다. 전후에 법률학교를 졸업하고, 연방 상원의원(1934)·부통령(1944) 등을 역임했으며, 루스벨트 대통령의 급서로 대통령직을 계승하고(1945), 1948년 대통령에 당선됐다.

를 논의하기 위해, 미·영·소 3국 정상 간에 개최된 '포츠담(Potsdam) 회담'은 이튿날 '포츠담 선언(The Potsdam Agreement)'[18] 발표를 통해 일본에 무조건 항복을 요구했다. 그리고 '한국문제'와 관련해 '카이로 선언'의 내용을 그대로 재확인함으로써, "한국이 적절한 시기에 독립되어야 한다"는 것을 거듭 명백히 하였다.

학계 일각에서는 남·북한 분단의 원인이 된 북위 38도선이 바로 이 포츠담에서 미·소 군 당국자 사이에 논의됐다고 주장하고 있다. 그 사실 여부를 떠나 한 가지 확실한 것은, 그때까지 미국이 종전 후의 한반도의 정치적 장래에 관한 구체적 설계를 마련하지 못하고 있었다는 사실이다. 그로 인해 한(韓)민족은 불행하게도 일본으로부터의 해방과 더불어 국토의 분단이란 또 다른 민족적 비극을 맞게 되었던 것이다.

미국은 전시 중, 한때 일본 군국주의의 재기를 근본적으로 봉쇄하기 위해 '일본의 분할 점령'을 고려한 적이 있었다. 그러나 스탈린이 소련의 일본 본토 점령 참가를 희망하면서, 구체적으로 홋카이도(北海道)의 구시로(釧路)와 루모이(留萌)를 잇는 선(線)의 이북 지역 점령을 요구하고 나왔다.

트루먼 대통령은 이를 거부, 일본 본토를 홋카이도 동쪽에 있는 구나시리·에토로후토·시코탄·하보마이 섬 동북방 4개 도서를 제외하고 전부 미군(일부 영 연방군 참가)의 단독 점령 아래 두었다. 이로써 전범국인 일본은 분할 점령의 비극을 면했고, 대신 일제에서 해방된 한국은 뜻하지 않게 분할 점령당하는 비운을 맞았다.

그뿐만 아니라, 트루먼 대통령의 이 같은 정책 선택으로 분단을 면

---

18) 제2차 세계대전 종전 직전, 독일의 포츠담에서 열린 3개국 수뇌회담에서 발표된 공동 선언으로, 일본에 대해 무조건 항복을 권고하고 전후의 대일 처리 방침을 표명했다. 처음에는 이 회담에 미·영·중의 3거두만이 참석했으나, 소련이 8월 9일 대일 참전함으로써 스탈린도 후에 선언문에 서명했다.

한 일본은 전후에 시작된 미·소 냉전 덕택으로 오히려 그 수혜국이 되었다. 반면 한국은 냉전의 희생국이 되어 그 최전선에 놓이게 됨으로 써, 일부 학자들 사이에서는 "38도선에서의 미·소 양국 군의 한반도 분단 점령은 일본의 분단 점령의 대용품이 되었다"는 말까지 나왔다. 운명의 장난인지 역사의 '아이러니(irony: 장난)'인지, 아무도 예상치 못 했던 일이 한·일 두 나라의 운명을 바꿔놓았던 것이다.

3. 국토의 분단

일본은 전세가 불리해지면서 종전 직전까지 소련을 통한 평화공작을 벌였다. 그러나 오히려 소련에게 이용만 당했고, 1945년 8월 6일과 9일 미국은 히로시마(廣島)와 나가사키(長崎)에 원자폭탄을 투하했다. 같은 달 9일, 소련이 대일전에 참전함으로써 전의(戰意)를 완전히 상실한 일본은 그 이튿날 '천황제(天皇制) 유지'를 조건으로 '포츠담 선언'을 수락키로 결정했다.

이처럼 갑자기 전황이 연합국 측에 유리하게 급진전되자, 미국은 일본 본토와 한반도에 대한 진공 계획을 군사적 점령과 일본군의 무장 해제 계획으로 전환시켰다.

미국 정부는 8월 11~12일간 개최됐던 국무부·국방부·해군부 조정위원회(State-War-Navy Coordinating Committee)의 건의를 받아들였다. 대통령의 재가를 받은 미국 정부는 8월 15일 한반도의 북위 38도선 이북에서는 소련군이, 그 이남에서는 미군이 각각 일본군의 항복을 받는다는 '일반명령 제1호'를 필리핀 마닐라에 있던 맥아더(Douglas

MacArthur)[19] 태평양지구 연합군 최고사령관에게 훈령했다.

이 작업에 직접 참가했던 국방부 일반참모부 소속 러스크(Dean Rusk)[20] 대령이 훗날 미국 의회에서 증언한 바에 의하면, 위의 회의에서 국무부는 미군이 가능한 한 북쪽으로 올라가 항복을 접수할 것을 건의했다. 그렇지만 군부는 "즉시 이용할 만한 미군이 부족한 데다가, 시간적·공간적 여건으로 보아 소련군이 이 지역에 진입하기에 앞서서 더 이상 북쪽으로 올라가기 어렵다고 했다"고 한다.

위의 '일반명령 제1호'의 내용은 곧 영국, 소련 및 중화민국 정부에도 전달되어 그대로 수락되었다. 일본이 무조건 항복을 수락한 후, 일본에 진주한 맥아더 원수는 9월 2일 오키나와(沖繩)에 주둔하고 있던 하지(John R. Hodge) 중장의 24군단을 9월 8일 인천에 상륙시켰다. 그러나 "미군은 조선을 일제(日帝)로부터 해방시키려 진주한다"는 의식은 전혀 없었고, 오직 '적국에 진주한 점령군의 태도'만을 보였다.

한편, 소련군은 이미 8월 9일 나진 공습에 이어, 9일에는 한반도의 최동북인 웅기를 폭격했다. 잇달아 경흥으로 진공하여 12일에는 청진에 상륙, 미군이 인천에 상륙할 때까지는 38도선 이북 지역을 거의 다 점령하면서 북한의 공장설비를 마구 반출함으로써 '배고픈 정복자'의 모습을 드러냈다.

이 북위 38도선은 전쟁 말기의 관동군과 조선군의 작전 분담 구역의 경계선이었다. 그것은 또한 당초 한반도에 주둔하고 있던 일본군의 항

---

19) 미국 군인(1880~1964)으로 1930년 대장으로 진급했다. 미 극동군 사령관(1941)을 거쳐 일본군 항복 후 일본 점령군 최고사령관(1945)을 역임했으며, 6·25전쟁 중에는 유엔군 총사령관을 맡았으며(1950), 트루먼 대통령과의 의견 대립으로 1951년 퇴역하면서 "노병(老兵)은 죽지 않고 사라질 뿐이다"란 유명한 말을 남겼다.

20) 미국 정치가(1909~1994)로, 캘리포니아대학과 영국의 옥스퍼드대학에서 정치학을 전공했으며, 국무성 극동 담당 차관보(1941)를 거쳐 1961~1969년간 국무장관을 역임했다.

복을 접수하고 그 무장을 해제하기 위한 잠정 조치로 설정된 군사적 분계선이었지, 한반도의 정치적 분할을 기도한 경계선은 아니었다.

그러나 일본의 항복에 따른 한반도의 미·소 분할 점령은 한민족의 의사와는 무관할 뿐만 아니라, 독립만을 일구월심(日久月深)으로 기다려 온 민족의 염원을 짓밟은 강대국들의 약소 민족에 대한 횡포였다.

그 후 소련의 세력 팽창정책으로 인한 '동서 냉전'의 시작과 함께 미·소 양군 점령 지역인 한반도의 남과 북에 2개의 정권이 배태되었다. 군사 분계선인 38선은 북한에 주둔했던 소련군이 1945년 8월 말에서 9월 초에 걸쳐 남한과의 철도·전신·전화·우편·교통 등을 단절함으로써, 남·북의 왕래가 끊기고 '한반도 분단'이 시작됐다.

당시 북한 지역의 상황을 보면, 치스챠코프(Ivan M. Chistiakov) 대장을 사령관으로 하는 소련 제25군이 1945년 8월 26일 평양에 진주했다. 그 뒤를 이어 소련 제1전선군 정치부의 지시를 받고 김일성(金日成)[21] 일파가 '정치·행정 일꾼'으로 입북, 로마넨코(Andrei Romanenko) 소장 휘하의 소련 점령군 사령부 정치부에 소속되어 '북한의 소비에트화'에 앞장섰다.

이들은 같은 해 10월 10일, 북한에 친소 정권을 수립하기 위한 첫 단계로 '서북 5도 임시인민위원회'를 구성하고, 13일에 '조선공산당 북조선 분국(分局)'을 설립함으로써 북한 단독정권의 기반을 다졌다.

그리고 14일 평양에서 '소련군 환영 평양시민대회'가 열렸다. 이 자리에서 로마넨코 소장은 1940년 소련에 들어가 소련의 첩보공작을 위

---

21) 북한 정치가(1912~1994)로 본명은 김성주(金成柱)이다. 만주 지린성(吉林省) 푸쑹(撫松) 위원(航文) 중학을 중퇴하고(1929), 만주에서 항일투쟁을 하다가 1940년 소련으로 들어가 특무공작 요원으로 훈련받았다. 광복과 함께 소련군을 따라 귀국, 김영환(金英煥)이란 이름으로 정치활동을 하다가 소련군에 의해 '김일성 장군'의 이름으로 소개됐다. 그 후 점령군을 배경으로 내각 수반이 되고, 이어 인민군 최고사령관, 중앙인민위원회 겸 국방위원회 위원장 등을 맡아 북한을 47년간 독재 통치를 했다.

한 병력 200명(중국인 약 140명, 조선인 약 60명) 규모의 '국제 홍군(紅軍) 독립 제88특별여단(여단장은 저우바오중 周保中)'의 제1대대장(대위)으로 있다가, 귀국에 앞서 소좌로 승진하여 9월 19일 소련 선박 '푸카초프'호로 원산으로 돌아온 33세의 김성주(金成柱)를 '김일성 장군'이라고 평양 시민들에게 소개했다. 그는 가슴에 소련의 '적기(赤旗) 훈장'을 달고 나와 연단에서 소련군 정치부가 작성한 원고를 그대로 낭독했다. 백발이 성성한 전설적 노장군을 기대했던 군중 속에서 "가짜 김일성 장군이다"란 소리와 함께 소동이 일어났는데, 소련군은 이를 서둘러 무력으로 진압했다. 그러나 이 '가짜 김일성 장군' 소문이 시민들 사이에 계속 퍼져나가자, 소련 점령군 사령부 정치부는 서둘러 김성주의 가계(家系)를 미화하여 김일성 장군을 뒷받침해 주는 선전 소책자 『영웅의 가계』를 내놓았다.

이것이 바로 역사를 날조한 '김일성 우상화'의 효시였다. 김일성 우상화는 '북한의 소비에트화'를 위해 이렇게 소련 점령군 사령부 정치부에 의해서 먼저 시작되었던 것이다.

김성주는 소련 점령군에 의하여 김일성 장군으로 소개된 후, 처음에는 자신을 만주에서 제6사단장과 제2방면 군장으로 활동했다고 주장했다. 그러다가 1949년부터는 그 주장을 바꾸어 독자적인 항일 유격대를 조직하여, 독립을 위해 만주에서 조선을 드나들며 일제와 싸웠다고 했다. 이것이 바로 김성주의 항일투쟁 경력 부풀리기와 김일성 신격화의 시작이었다.

그 후 11월 23일 신의주에서 시작되어 각지로 퍼진 학생들의 '반소·반공 데모' 속에 1946년 2월 9일 '북조선 임시인민위원회'가 발족되었다. 이것이 1947년 2월 22일에 결성된 북한의 최고 행정기관으로, 후일 단독정권의 성격을 띤 '북조선 인민위원회'의 모체가 됐다.

한편 남한에 진주한 미군은 9월 19일 서울에 '미 군정청'을 설치하고 아널드(Archibeld Arnold) 소장을 군정장관으로 임명했다. 미 군정 당국의 초기 점령 정책은 첫째, '3·1 운동' 이래 사실상 망명 정부의 역할을 해온 '대한민국 임시정부'나 미군 진주 직전 국내에서 여운형(呂運亨)[22]과 안재홍(安在鴻)[23] 등이 조직한 '건국준비위원회'를 인정하지 않는다. 둘째, 8월 28일 아베 노부유키(阿部信行) 전 조선 총독이 맥아더의 승인을 받아 계속 치안권을 행사하던 일본 총독부 기관들의 도움을 얻어 현상을 유지하면서, 소련과 '한반도 신탁통치안'을 협상하여 종국적으로 미·영·중·소 4대국에 의한 '신탁통치'로의 이행에 도움이 되는 여건을 만들어 간다는 것이었다.

이와 같은 미 군정의 '정치적 중립주의'는 국내에서 남조선노동당(약칭: 남로당)[24]을 중심으로 한 좌익세력의 준동을 가능케 하여, 남한 내의 정국은 혼란에 혼란을 거듭했다. 그러는 동안 38선은 군사 분계선에서 점점 정치적 분단선으로 굳어져, 결국 국토와 민족이 양단되는 결과를 초래했다. 실로 1천 년 이래 처음 맞은 민족과 국토의 분단이었다.

분단의 원점으로 돌아와 다시 말하자면, 분단의 1차적 책임은 미국과 소련에게 있지만, 책임 문제에 관해 더 거슬러 올라가면 분단의 원천적 원인을 제공한 일본 제국주의에게 돌아간다. 일제가 한반도를 식

---

22) 독립운동가(1886~1947)로, 상하이에서 신한청년당을 결성하여 항일독립운동을 했다. 광복 후 건국준비위원회를 조직하여 정치 활동을 하다가 1947년 암살당했다.

23) 정치가(1891~1965)로, 1916년 상하이로 망명했다가 귀국 후 1923~1932년간 조선일보 사장을 역임했다. 1947년 미 군정청 민정장관을 맡았으며 6·25전쟁 때 납북됐다.

24) 1946년 11월 서울에서 조선공산당과 남조선 신민당(新民黨) 그리고 조선인민당이 합당해서 만든 정당이다. 합당 후 '지상낙원의 꿈'을 안고 북한으로 간 남노당원들은 그 후 박헌영(朴憲永)을 위시하여 거의 모두 온갖 명목으로 숙청당했다.

민지로 만들지 않았거나, 아니면 일본이 '포츠담 선언'을 소련의 대일 참전 전에만 받아들였더라도, 일본은 원자폭탄 공격을 면했고 또 한반도는 미·소에 의해 분할 점령되는 비운을 겪지 않았을 것이기 때문이다. 물론 그렇다고 해서 분단과 관련해 우리의 책임이 전혀 없다는 것은 아니다. 당시 우리 국민들과 정치 지도자들이 이념적·지역적 반목을 극복하여 단결할 수 있었다면, 연합국에 의해 4국의 분할 점령을 당하고도 끝내 통일을 달성한 오스트리아처럼 우리도 통일할 수 있었을 것이기 때문이다. 그러나 이것은 '신탁통치'가 무엇인지도 모를 정도로 정치 지식이 없었고, 또 정치 훈련도 안 돼 있던 당시의 우리에게는 기대하기 어려운 일이었다.

이런 상황 아래, 하지 미 점령군 사령관은 "한국 사람들만큼 정치를 좋아하는 사람들을 처음 보았다"고 한탄했다. 그는 국토의 분단으로 발생한 부자연스러운 상태를 시정하기 위해, 북한 주둔 치스챠코프 소련군 사령관과의 직접 교섭을 여러 차례 시도했다. 그러나 모두 거절당해 할 수 없이 "앞으로 미국 정부가 직접 한국문제 전체를 국제적 차원에서 해결해 줄 것"을 미 합동참모본부에 건의했다.

4. 모스크바 협정

이 건의에 따라 전후 문제 처리를 위해 1945년 12월 26일부터 모스크바에서 열린 '미·영·소 3개국 외상회의'에서 한반도 문제가 논의되었다. 이 '3상회의'는 번스(James F. Byrnes)[25] 미 국무장관이 내놓은

---

25) 미국의 정치가(1879~1972)로, 하원의원(1911~1925), 상원의원(1931), 국무장관(1945), 사우스 캐롤라

'한반도에 대한 미·영·중·소 4대국 신탁통치안'과 '독립정부 수립을 위한 통일행정부 창설안', 그리고 소련 외무장관 몰로토프(Vyacheslav M. Molotov)[26]가 내놓은 '한국인의 과도적 임시정부 수립을 위한 미·소 공동위원회 창설안' 등을 절충, 12월 27일 다음과 같은 내용의 '모스크바 협정'을 발표했다.

① 한국 임시정부 수립: 한국의 독립과 민주적 원칙에 따라 국가를 발전시키기 위한 조건을 조성하고, 오랜 일본 통치로 인한 비참한 결과를 조속히 청산하여 한국의 공업·수송 및 농업과 민족 문화를 발전시키기 위해 '한국 임시민주정부'를 수립한다.

② 미·소 공동위원회 설치: 한국 임시정부의 수립을 돕기 위해 남한의 미군 사령부와 북한의 소련군 사령부의 대표로 구성된 공동위원회를 설치하여 한국의 민주주의적인 정당 및 사회단체들과 협의한다.

③ 5년 이내의 신탁통치 실시: 공동위원회의 임무는 '한국 임시민주정부'와 한국의 민주주의적 단체의 참여 아래, 한국 국민의 정치·경제·사회적 발전과 한국의 독립을 지원하고 협조하는 신탁통치 방안을 마련하는 데 있다. 공동위원회는 한국 임시정부와의 협의를 거쳐, 최대 5년 동안의 한국에 대한 '4개국 신탁통치에 관한 협정'을 맺기 위하여 미·소·영·중 정부가 공동 심의할 수 있게 제안을 내놓아야 한다.

④ 미·소 군사령부 대표자회의 개최: 남·북한 양측에 영향을 미칠 긴급 문제 심의와, 남한의 미군 사령부와 북한의 소련군 사령부 간의

이나 주지사(1951~1955)를 역임했다..

26) 러시아의 정치가·외교관(1890~1986)으로, 인민위원회 의장(총리)(1930), 외무 인민위원(1939)으로 외교를 담당하다가, 1957년 반당(反黨)그룹으로 몰리기도 했으나, 후에 주몽골 대사(1957~1961)를 역임했다.

행정적·경제적 사항에 관한 상시적인 조정방안 구상을 위하여 양측 대표자회의를 2주일 안에 연다.

이 '모스크바 협정'에 그 후 중화민국도 가입했는데, 이 협정은 처음부터 실현 가능성이 희박한 것이었다. 이렇게 된 데에는 이때 벌써 미·소 간에 주로 동유럽 문제를 둘러싸고 불화가 고조되기 시작하여, 제2차 세계대전 중의 협조 관계에 이미 금이 가고 있었기 때문이다.
또한 즉각적인 자주 독립을 바라던 한민족에게 5년간의 '4대국 신탁통치'를 규정한 '모스크바 협정'은 일종의 민족적 모욕으로 받아들여짐으로써, 신탁통치안에 결사반대하는 민중운동이 전국적으로 거세게 일어났다.

협정 발표 사흘 뒤인 12월 30일, 100여 개의 사회단체와 정당들이 서울에서 "신탁통치를 반대한다"는 성명을 냈다. 우익도 좌익도 한 목소리였다. 그러나 공산주의자들은 소련군의 지령을 받고 1946년 1월 4일, 불과 며칠 사이에 결사반대하던 태도를 돌변하여 "신탁통치는 후견제"라고 강변하면서 신탁통치안 찬성으로 돌아섰다.

그리하여 1946년은 1년 내내 남·북한을 통해 우익세력은 반탁으로, 좌익세력은 찬탁으로 갈려 양파 간에 격렬한 투쟁이 벌어졌다.

5. 미·소 공동위원회

이러한 상황에서 '모스크바 협정' 제4항에 따라 '미·소 양국의 남·북한 주둔군 군사령부 대표들로 구성된 공동회의'가 1946년 1월 16일 서울에서 개최되어 2월 5일까지 총15회에 걸쳐 회의를 가졌다.

이 회의를 통해 양측이 남북 간의 행정적·경제적 문제 해결에 관해 완전히 상이한 견해를 가지고 있음이 밝혀졌다. 미국 대표는 "양분된 남·북한의 조속한 통합을 모색하자"고 한 데 반해, 소련 대표는 "이 문제를 행정적으로 완전히 분리된 별개 지역 간의 교류와 조정에 관한 것"이라고 주장함으로써, 서신 교환과 남북 왕래와 같은 지엽적인 사항들만 한두 가지 합의하는 데 그쳤다.

한편, '모스크바 협정' 제2항의 합의에 따라 이번에는 '제1차 미·소 공동위원회'가 1946년 3월 20일부터 서울의 덕수궁에서 개최되었다. 미국 측 대표는 당시 남한에 진주한 미군의 군정장관인 아널드(Archi-bald Arnold) 소장이었다. 소련 측 대표는 당시 소련 제1전선군의 군사 정치 위원으로 김일성의 북한 정권 수립을 직접 지도하고, 그 후 소련 의 초대 주북한 대사가 되어 '북조선인민공화국' 건국 초기의 정무와 한국전쟁을 배후에서 조종한 정치 군인 슈티코프(Trent F. Shtykov) 중 장[27]이었다.

이 회의의 목적은 '한국 임시정부' 수립에 협조하기 위한 기본 문제 의 합의에 있었다. 회의에서 소련 대표는 "앞으로 한국에 '임시정부'를 수립하는 데 '모스크바 협정'의 모든 조항을 지지하는 민주적 정당과 사회단체들만을 협의 대상으로 해야 한다"는 주장을 끝까지 고집했다. 이는 한국 국민의 대다수를 차지하며 '신탁통치'를 반대하는 우익세력

---

27) 1907년 출생, 노동자로서 공산당에 입당(1930)했다. '스탈린을 인민의 태양'이라고 칭송하면서 스탈린 의 신임을 얻었다. 1939년 핀란드와의 전쟁 때 소련 제7군 정치위원(소장)으로 참전, 코시넨을 수반으 로 하는 친소 핀란드민주공화국을 수립했다(코시넨은 당시 국민들로부터 반역자·매국노의 규탄을 받 았다). 이 공로로 중장으로 진급, 제1극동전선군 군사위원이 되어, 북한에 진주한 제25군을 지도, 북한 에 친소 공산정권 수립에 다시 성공함으로써 대장으로 진급, 북한 정권 수립 후 주북한 소련대사가 되 어 레닌 훈장까지 받았다.

을 임시정부 수립에서 배제하고, 그 대신 소수파인 공산주의자들을 우세한 입장에 놓으려는 소련의 계책이었다.

이에 반해 미국 대표는 "모든 한국민은 '모스크바 협정'에 대해 자유로이 의견을 표명할 권리가 있으며, 소련 입장의 수락은 언론 자유와 민주주의적 절차에 위반되는 것"이라는 견해를 표명했다. 이는 반탁을 주장하는 우익 진영에도 임시정부 수립에 관한 발언권을 주어야 하며, "좌익세력에 의한 한국 지배는 막아야 한다"는 미국의 기본 입장을 반영한 것이었다.

이와 같이 원칙 문제에 관한 기본적인 의견의 불일치로 회의는 암초에 부딪쳤다. 더욱이 미국은 임시정부 수립에 앞서 남·북한 두 지역의 행정과 경제의 통합을 제안하는 현실적인 접근방식을 취한 데 반해, 소련은 "임시정부의 수립이 최우선 과제이며, 행정과 경제의 통합은 그 후의 일이다"라는 '정치 우선'의 접근방식을 완강하게 주장했다. 그로 인해 회의는 조금도 진전되지 못하고, 결국 5월 6일 무기 휴회에 들어갔다.

소련 점령군 사령부의 정치부는 '제1차 미·소 공동위원회'의 결렬을 기다렸다가, 북한 내에 친소적 '공산정권' 수립에 박차를 가하기 시작했다. 당시 이미 슈티코프 중장의 지도 아래 북한의 '소비에트화'가 급속도로 진행되고 있던 가운데, 1946년 2월 9일 단독 정권의 모체가 된 '북조선 임시인민위원회'가 발족되었다. 김일성이 위원장이 되어 소련 제도를 그대로 답습한 토지개혁과 각종 산업의 국유화 등 '10개 강령'을 3월 5일 공표했을 뿐만 아니라, 3월 23일에는 이를 확대한 '20개 강령' 등 북한을 '남조선 해방을 위한 민주기지'로 건설할 것을 표방한 기본 정책까지 발표했다.

이어 같은 해 7월 22일 '북조선민주주의 민족통일전선'이 결성되고, 7월 말 스탈린의 지명으로 김일성은 북한의 최고 지도자로 완전히 자리를 굳혔다. 8월 28일 '조선공산당 북조선분국'과 '조선신민당'이 합당하여 '북조선노동당'을 발족시켰다. 이는 당 체제에서도 서울의 조선공산당을 중앙당으로 삼는 이른바 '서울 중앙당 이론'이 배격되고, 북한 단독의 공산당이 결성된 것을 의미했다.

이 같은 북한 내의 사태 진전에 크게 당황한 하지 사령관은 남한에도 정치적 구심점을 마련하기 위해 서둘렀다. 그는 공산당과의 합작 없이 여러 애국 정당들을 하나로 통합해, '모스크바 협정'에 따른 임시정부 수립 이전에 한국인이 참여하고 법령 제정권을 갖는 입법기관과 행정기관을 따로 창설키로 했다. 그리하여 1946년 5월 25일 '민주의원'의 김규식과 '민주주의 민족전선'의 여운형 등이 좌익과 우익의 합작운동을 시작하도록 했다.

이 좌우 합작운동은 결국 신탁통치와 토지개혁 문제 때문에 중간 세력의 통합으로 그쳤다. 공산당과 이승만 박사나 이시영(李始榮)[28] · 송진우(宋鎭禹)[29]와 같은 한민당(韓國民主黨)계 인사 등의 우익세력, 그리고 김구 선생을 위시한 임시정부계 세력에서 아무도 끌어들이지 못했던 것이다.

그럼에도 불구하고 미 군정청은 이를 근거로 1946년 12월 12일 '남한 과도입법의원'을 발족시켰다. 1947년 6월 3일 이를 '남한 과도정부'로 개칭하고 한국인으로 임명되는 '민정장관제'를 두었는데, 안재홍을 '민정장관'에 임명했다.

이에 자극된 이승만 박사는 1946년 12월 미국으로 건너갔다. 그는

---

28) 독립운동가(1869~1953)로, 상하이 임시정부 국무위원(1933), 광복 후 대한민국 부통령(1948)을 역임했다.

29) 독립운동가 · 언론인(1889~1945)으로, 일본 메이지(明治)대학 중퇴, 30년간 동아일보 사장을 맡았으며, 광복 후 한국민주당을 결성하여 정치활동을 하던 중 1945년 암살당했다.

소련이 조선 전체를 위한 자유 정부의 수립에 동의하지 않을 것이 명백한 이상, 남한만이라도 단독 정부를 세울 것을 호소하고, '유엔에 의한 한국문제 해결'을 처음으로 제의했다. 같은 시기 김구 선생은 다시 반탁운동을 전개해 각처에서 좌우 세력 간 충돌이 일어남으로써 혼란은 계속되었다.

이런 와중에서도 '미·소 공동위원회' 재개를 위해 노력하던 하지 중장은 1947년 2월 국무부에 "한반도의 통일을 위해 미·소 양국 정부가 곧 조치를 취하지 않으면 한반도는 내란에 빠질지 모른다"고 보고했다. 이에 따라 미 국무부가 소련 외무부와 접촉, 1947년 4월 '모스크바 외무장관회의'에서 마셜(George C. Marshall)[30] 미 국무장관이 몰로토프 소련 외무장관에게 다시 '한국문제'를 제기, '미·소 공동위원회'의 재개에 합의, 1947년 5월 21일부터 '제2차 미·소 공동위원회'가 서울에서 열렸다.

이 회의는 회담 초기에 '모스크바 협정'을 지키며 '미·소 공동위원회'와 협조하는 남·북한의 정당 및 사회단체에 대해 '통일정부' 수립에 관한 협의 대상 자격을 부여한다는 데 합의함으로써 한때 거의 성공하는 것 같았다. 그러나 7월 초에 이르러 소련 대표 슈티코프 중장이 태도를 돌변해, "신탁통치에 반대하는 정당은 협의 대상이 될 수 없다"는 종전 주장으로 되돌아갔다. 이로써 회의는 다시 교착 상태에 빠지게 됐으며, 결국 8월 12일 결렬되고 말았다.

'미·소 공동위원회'의 실패는 공동위원회가 처음부터 불가능한 것을 달성하려고 시도했다는 점에서 놀라운 일이 아니었다. 양측의 목적

---

30) 미국 군인(1880~1959), 제2차 세계대전 중 참모총장, 전후 국무장관(1947~1949), 국방장관(1950~1951), 마셜 플랜(Marshall Plan)으로 유럽 경제부흥에 크게 공헌함으로써 1953년 노벨평화상을 수상했다.

1947년 한반도 통일정부 구성을 위해 회합을 가진
이승만 박사, 김구 선생, 하지 중장

이 정반대였기 때문이다. 미국은 소련에 우호적인 정부의 수립을 기어
코 봉쇄하려 했고, 소련 역시 친미적 정부의 수립을 철저히 저지하려
한 데에서 회담이 결렬됐던 것이었다.

 "역사에 가정(만약)은 없다"고 하지만, 국토의 분단이 너무 억울해
그 당시 만약 우리 정치 지도자들이 '신탁통치'와 '임시정부'의 수립을
연계하고 슬기롭게 점령군 당국과 스위스와 같은 한국의 '영세중립화'
를 내세웠더라면, "국토의 양단만은 막을 수 있었지 않았나" 하는 쓸데
없는 생각을 해본 것이다.

6. 한국문제의 유엔 이관

미·소 간의 협상이 이같이 실패로 돌아가자, 미국은 1947년 8월 26일 영국·중국 및 소련에 대해 '모스크바 협정'을 조속히 실현할 방법을 강구하기 위한 '모스크바 협정관계 4대국회의' 개최를 제의했다. 영국과 중화민국은 이 제안을 수락했으나, 소련은 9월 7일 "이러한 회의는 '모스크바 협정'의 범위에 속하지 않는다"는 이유를 들어 거부했다.

이에 미국은 9월 17일 한국의 독립 문제를 제2차 유엔총회에 제기하게 되었다. 이렇게 하여 한국과 유엔이 처음으로 관계를 맺게 됐는데, '한국문제'의 유엔 이관은 "이 문제를 미·소 양국의 소관 사항에서 유엔이라는 범세계적 국제기구를 통해 해결을 꾀하게 되었다"는 점에서 중요한 의미를 갖는다.

미국이 다수표를 확보하고 있던 유엔총회는 9월 23일 표결(41:6, 기권 7)로 '한국문제'를 의제로 채택하고, '정치위원회(제1위원회)'에서 토의·보고하도록 했다. 그러나 소련은 "한국문제의 유엔 이관은 '모스크바 협정'에 위반된다"고 하면서, 이를 유엔총회 의제에 포함시키는 데 끝까지 반대했다.

그리고 소련은 10월 9일 몰로토프 외상의 이름으로 마셜 미 국무장관에게 "한반도에 주둔하고 있는 미·소 양국 군대를 1948년 초에 동시 철수시켜, 한국인 스스로 자신들의 정부를 수립하도록 하자"고 새로이 제안했다.

이 제안에 대해 미 국무장관은 10월 18일 미국의 입장으로는 "한반도로부터의 주둔군 철수 문제는 통일 한국이 독립 정부를 수립하는 문제의 일부로 취급해야 한다"고 소련 외상에게 통고했다.

1947년 10월 28일부터 한국의 '독립 문제'를 다루기 시작한 유엔총회 정치위원회에서도 미국은 정부 수립 후 외국 군대 철수를 주장하고, 소련은 끝까지 외국 군대 철수 후 정부 수립을 내세워, 또다시 팽팽히 맞섰다.

미국은 또한 남·북한의 대의원 선출을 위해 '유엔한국임시위원단(United Nations Temporary Commission on Korea: UNTCOK)'의 설치를 요구하고, 소련은 "유엔 토의에 남·북한 대표를 동시에 초청하자"고 주장했다.

10월 30일 정치위원회는 소련의 제의를 35:6(기권 10)으로 부결하고, 미국의 제의는 41:0(기권 7)으로 가결한 후, 11월 14일 유엔총회는 마침내 다음과 같은 요지의 미국 측 결의안을 '43:9(기권 6)'로 채택했다(총회 결의 제112호 II).

① 정부수립 문제 토의에 참가하도록 선거에 의해 선출된 한국 국민의 대표를 초청한다.

② 공정한 선거를 감시하기 위하여 한국 전역에 걸쳐 방문·감시·협의할 권한이 부여되는 9개국(호주·캐나다·중화민국·엘살바도르·프랑스·인도·필리핀·시리아 및 우크라이나) 대표들로 구성된 '유엔한국임시위원단'을 설치한다.

③ 한국 국민의 대표들을 선출하기 위해 1948년 3월 31일 이전에 위원단의 감시 아래, 인구 비례에 따라 보통선거 원칙과 비밀투표에 의한 선거를 실시한다.

④ 선거 후 이들 대표들이 가급적 조속히 국회를 소집하여 정부를 수립하고, 이를 위원단에 통보한다.

⑤ 정부는 남·북한 군정 당국으로부터 모든 권한을 이양받아 자체의 국방군을 조직하고, 가능하면 90일 이내에 점령군이 철수할 수 있도록 관계국들과 협의한다.

⑥ 위원단은 사태 진전에 따라 '유엔 소총회(The Little Assembly)'와 협의할 수 있다.

이것이 '한국문제'에 관한 유엔의 최초 결의(Resolution)였다. 이 결의에 의하여 설치된 유엔 한국임시위원단은 1948년 1월 12일 서울에서 최초의 회합을 갖고 활동을 개시했다.

그러나 소련군 사령관은 위원단 위원들의 입북을 거부했다. 그 때문에 위원단은 남한에서만 총회의 결의 사항을 시행할 수 있는지 여부에 관해 유엔 소총회의 자문을 구했다.

이에 대해 소총회는 1948년 2월 26일 "동 위원단의 접근이 가능한 남한에서만이라도 선거를 실시해야 한다"는 미국 측 결의안을 '31:2(기권 2)'로 통과시켰다(총회 결의 제583호 A).

1948년 3월 1일, 주한미군 사령관 하지 중장은 "유엔한국임시위원단 감시 아래 한국 국민의 대의원 선거를 5월 9일 남한에서 실시할 것"이라고 발표했다(선거 일자는 나중에 5월 10일로 변경됐다).

이에 따라 동 위원단은 등록과 투표를 포함한 모든 선거 구역의 종합적인 선거 감시 계획을 수립하고, 이를 수행해 나갔다.

한편, 북한 측은 소련 군정의 주도면밀한 각본에 따라 3월 26일 남한만의 단독 선거에 반대하고, '남북협상'을 지지하는 남한 정당과 사회단체 대표들과 더불어 이른바 '남·북 대표자 연석회의' 개최를 제의했다.

그리하여 그해 4월 19일 46개 남·북한 정당 및 사회단체로부터 545명의 대표(남한에서 참석한 대표는 240명)가 참석한 가운데, 평양에서 '남·북한 정당·사회단체 대표자 연석회의'라는 엉터리 '남북협상회의'를 열었다.

그러나 이 회의는 공산주의 국가에서 흔히 볼 수 있는 철두철미하게 통제된 회의였다. 회의는 공산주의자들에 의해 일방적으로 계획한 대로 진행되어 4월 30일 남한 단독선거와 유엔총회 및 유엔 소총회의 결의안을 반대하고, 유엔한국임시위원단의 해체와 미·소 양국 군대의 즉각 철수를 주장하는 소련의 제안을 지지했다.

이것은 평양 입장의 정확한 복사판인데, 회의는 공산 측 주장만을 전적으로 반영한 공동성명을 '공산당식 박수전술'로 채택했다. 이렇게 공산당의 술법을 모르고 순진하게 평양으로 갔던 남한 대표들만 결과적으로 본의 아니게 공산 정권의 정통성 확보 책략에 들러리로 이용만 당한 꼴이 되고 말았다.

7. 대한민국 정부 수립과 조선민주주의인민공화국의 출현

유엔 소총회의 결정에 따라 남한에서는 1948년 5월 10일 '제헌 국회'를 구성하기 위한 총선거가 실시되었다. 이를 감시한 유엔한국임시위원단은 6월 25일에 채택한 결의문에서 "5월 10일의 투표는 동 위원단의 감시가 가능하였고, 또한 한국 전체의 약 3분의 2의 인구가 거주하는 지역에서 유권자들의 자유로운 의사에 따라서 이루어졌기 때문에 유효한 것"이라고 선언했다.

이 선거에서 784만 871명의 등록 유권자 중 748만 7,649명, 즉 전체 등록 유권자의 95%(또는 전체 유권자의 75%)가 투표에 참가하여 198명의 '제헌국회 의원'을 선출했다.

선출된 의원들은 1948년 5월 31일, 한국 헌정사상(憲政史上) 최초로 구성된 의회인 '제헌국회'를 소집하여 이승만 박사를 초대의장으로 선출했다. 그리고 6월 3일에는 이승만 국회의장 명의로 '연락위원회'가 조직되었다는 사실을 유엔한국임시위원단에 통고했다.

제헌국회는 북한에서 선출될 대의원들을 위해 인구수에 비례한 의석의 3분의 1인 약 100석을 공석으로 남겨 두었다. 이 제헌국회는 6월 12일의 제9차 본회의에서 북한 측 국회의원을 선출하기 위해 북한 내 자유선거를 실시하고, 선출된 의원들이 남한 의원들과 합류해 줄 것을 북한 동포에게 호소하는 결의문을 만장일치로 채택했다.

제헌국회는 7월 12일 '대한민국 헌법'을 제정하여 같은 달 17일 이를 공포했다. 이 헌법은 제1조에서 대한민국의 국체(國體)가 민주공화국임을 선언하고, 제4조에서 "그 영토가 한반도와 모든 부속 도서로 구성된다"는 것을 명백히 했다.

이어 국회는 7월 20일 이승만 의장을 초대 대통령으로 선출했으며, 8월 초에 조각을 완료, 1948년 8월 15일 역사적인 대한민국 정부수립을 국내외에 선포했다.

대한민국은 3·1운동으로 탄생한 '상하이 임시정부'의 국호이다. 신정부는 이를 계승하여 국호를 '대한민국(The Republic of Korea)'으로 하고, 국기도 태극기를 그대로 쓰기로 했다.

미 군정은 그날 0시를 기해 종결되었으며, 이승만 대통령은 '정부수립 경축식'에서 다음과 같은 정부의 기본 입장을 국내외에 천명했다.

① 한(韓)국민은 민주주의를 존중하고 이를 육성한다.

② 한국민은 민권과 기본 자유를 보호한다.

③ 자유주의는 존중 보호되어야 한다.

④ 관용과 협조가 신정부의 기본 윤리이다.

⑤ 한국민은 국토 통일에 최선을 다한다.

⑥ 한국의 외교 정책은 세계 평화에 기여하는 것이다.

이로써 36년간에 걸친 일본 통치와 3년간의 미 군정을 청산하고, 한국은 대한민국의 이름으로 유구한 민족사의 맥을 잇는 '유일한 정통국가'로서 국제 사회에 당당하게 재등장하게 되었다.

한편, 1945년 12월까지 38선을 완전히 봉쇄한 다음 1946년 '북조선임시인민위원회'를 수립한 소련 정부는, 1947년 2월 21일 최고 입법기관인 이른바 '최고인민회의'를 소집하여, 단독정권의 성격을 띤 '북조선인민위원회(위원장 김일성)'를 발족시켰다. 이 기구는 내각처럼 그 산하에 행정 각 부처까지 두었다. 이는 대한민국 정부 수립보다 무려 1년 6개월이나 앞서는 일이다. 이 소련의 조치가 바로 한반도 분단의 근본적 원인이 되었다.

소련군사령부의 레베데프 소장의 통역과 김일성대학 부총장을 지내고 소련 정부가 보내온 '인공기(人共旗)'의 러시아어로 된 도안 설명서를 우리말로 번역한 박일(朴日) 교수(현재 카자흐스탄공화국 거주)의 증언에 의하면, '인공기'도 북한이 자체 제작한 것이 아니라 1947년 말 소련 정부가 모스크바 디자인 제작소에서 만들어 당시 북한에 주둔하고 있던 소련군사령부 정치부를 통해 북조선인민위원회에 보내온 것이라고 한다.

이어 북한은 1948년 2월 8일, 소련 군사 교리에 의해 국가 정규군으로, 최용건31)을 총사령관으로 하는 '조선인민군'을 창설했다(후에 김일성이 1932년 4월 25일 만주에서 항일 유격대를 처음 조직했다고 허위 주장을 하면서, '조선인민군 창군기념일'을 2월 8일에서 4월 25일로 고쳤다). '최고인민회의'는 1936년에 제정된 소련의 '소비에트 사회주의공화국 연방헌법'(약칭 스탈린 헌법)을 그대로 복제하여 만든 4월 29일의 '조선민주주의인민공화국 헌법' 초안에 따라, 8월 25일 '최고인민회의 대의원선거'를 북한 전 지역에서 실시했다.

　　그러나 이 선거는 비밀이 보장된 복수후보에 대한 '자유선거'가 아니라, 각 선거구에 당의 승인을 받고 나온 단 한 명의 후보자에 대한 찬반을 흑백함 두 개를 놓고, 그것도 당원이 보는 앞에서 투표케 하는 허구에 찬 공산당식 엉터리 선거였다. 북한은 8월 28일 선거 결과(투표율 99.97%, 찬성률 98.49%), 대의원 수가 북한 출신 212명, 남한 출신 360명 등 총 572명이라고 버젓이 발표했다.

　　그리고 대한민국 정부 수립을 기다렸다가 1948년 9월 9일 분단의 정치적 책임을 모두 한국 정부에 전가하면서, 김일성을 수상으로 선출하고 '조선민주주의인민공화국(The Democratic People's Republic of Korea)' 창건(創建)을 선언했다.

　　이와 같이 사이비(似而非) 선거를 통해 수립된 북한 정권에 대해 유엔 한국임시위원단은 1949년 7월 28일자로 유엔에 보낸 보고서에서 "북한 정권은 소련 점령군의 창조물에 불과하며, 이 점령군의 본국 정부로부터 단순히 이어받은 권리에 의해 지배권을 행사하고 있다. 북한

---

31) 북한의 군인·정치가(1900~1975)로, 만주에서 항일운동(1925~1935)을 하였고, 조선인민군 총사령관 (1948), 최고재판소 군사재판부 재판장으로 1955년 박헌영을 숙청했으며, 1972년 국가 부주석을 역임 하였다.

정권은 그 지배권에 대해서 공평한 국제기관의 감시하에, 국민들이 자유 분위기 속에서 가부의 의사 표시를 할 수 있는 기회를 부여하려고 한 적이 한 번도 없다"고 권력 이양의 불법성을 지적했다. 이는 북한 정권이 문자 그대로 소련 정부의 괴뢰임을 만천하에 공개하는 선언과 같은 것이었다.[32]

위에서 본 바와 같이 1948년 남·북한에 두 개의 정부가 각각 수립됨으로써 국토의 분단이 고정화되었다. 한국 정부가 유엔 감시하에 민주적 절차에 따라 선거민의 자유롭고 정당한 의사 표시에 의한 선거를 거쳐 수립된 데 반해, 북한 정부는 모스크바의 지령을 받은 소련 점령군 사령부 정치부에 의해 조직된 허구에 찬 '최고인민회의 대의원선거'라는 엉터리 선거를 통해 만들어졌다. 따라서 남·북 정권을 같은 차원에서 비교하는 것은 그 자체가 우스운 일이라고 하겠다.

우리는 여기서 남·북한 두 정부 수립 과정에서의 법적 절차와 합법성의 근본적 차이를 분명하게 볼 수 있다. 그럼에도 불구하고 북한 정권은 거꾸로 파렴치하게도 조선민주주의인민공화국 정부만이 '한반도의 유일한 중앙정부'라고 생떼를 썼다.

그들은 적반하장(賊反荷杖) 격으로 "남한 정권은 일본 총독부의 의붓자식이다"라느니, "일본 군복을 벗고 미국 군복으로 갈아입은 것일 뿐, 머지않아 구(舊)만주국(滿洲國)처럼 쓰러질, 민족 정통성이 없는 불법 정권이다"라느니 하면서, 파렴치하게 우리 정부를 헐뜯고 격하시키려 했다.

---

32) 미국 국무성이 작성한 「북한 정권 수립에 대한 보고서(North Korea: A Case Study in the Technique of Takeover, Department of State Publication 7118)」에 의하면, "정부의 요직을 모두 소련인 고문과 함께 소비에트-코리안(Soviet-Korean)이 장악하고 있는데, 그들은 모두 소련 시민권과 공산당 당원 자격을 그대로 가지고 있어, 소련 대사가 그들을 직접 통제함으로써 주북한 소련대사관이 소련 점령군 사령부가 갖고 있던 권한을 그대로 인수받아 가지고 있었다"로 되어 있다.

아이젠하워 미국 대통령 방한 (1953)

제 2 장

이승만 정부의 외교

(1948~1960)

신생 대한민국 정부는 국토의 분단과 남·북한에 두 개의 정부가 수립된 가운데, 국가를 지키고 유지하는 데 필요한 안보와 경제적 토대를 제대로 갖추지 못했다. 또 효율적인 정치와 경제 체제의 운용을 위한 자원도 갖고 있지 못해 처음부터 여러 가지 어려운 문제를 안고 출범했다.

그러나 당시의 국제 정세는 미·소 간의 냉전이 점차 본격화해 가던 시점이었고, 또 한반도는 미·소의 대치가 가장 첨예하게 나타난 곳이었다. 때문에 자유주의와 공산주의 진영의 대결 양상 속에서, 미국이 추구하는 전략적 이익과 한국의 안보 이익이 서로 잘 조화되는 위치에 있었으므로, 이승만 정부는 대미 외교를 가장 중요시하여 '친미 일변도' 외교 정책을 비교적 힘들이지 않고 전개할 수 있었다.

새 정부의 외교 정책은 대외 관계에서 ① 친미(親美)와 대미(對美) 관계의 긴밀화, ② 반공(反共)과 반일(反日), ③ 신생 대한민국에 대한 모든 자유 우방으로부터의 정부 승인의 획득, ④ '한국문제'에 관한 유엔 결의의 지지, ⑤ 북한과의 협상 배제와 국토 수복을 위한 '무력에 의한 북진통일' 등으로 요약할 수 있다.

1. 정부 승인 획득 외교

대한민국은 유엔총회 결의에 따라 실시된 총선거에 의해 수립된 나라였다. 따라서 신생 대한민국 정부의 최우선 외교 과제는 유엔으로부터 조속한 시일 내에 정부 승인을 얻고 유엔에 가입함으로써, 국제 사회에서 정통성과 유일 합법성을 인정받아 통일을 위한 유엔의 지지를 확보하는 일이었다.

이를 위해 정부는 1948년 9월 1일 조병옥(趙炳玉)[1] 박사를 단장으로 하는 대통령 특사를 미국·영국·프랑스 등 17개 자유 우방국에 파견하여 대한민국 정부 승인을 요청토록 했다. 그런 한편, 같은 해 9월 프랑스 파리에서 열린 제3차 유엔총회에 정부 수립 후 처음으로 장면(張勉)[2] 박사를 수석대표로 하는 대표단을 파견했다.

한국 대표단은 9월 21일부터 12월 12일까지 파리에 머무르면서 58개국의 대표들이 참석한 총회에서 각국 대표들과의 개별적 접촉을 통해 한국의 실정을 알리고, 대한민국 정부의 승인을 받기 위해 다방면으로 외교적 노력을 기울였다.

그 결과, 9월 말까지 벌써 프랑스의 유엔 대표 쇼벨(Jean Chauvel)을 비롯하여, 미국·영국·중국·필리핀·칠레·브라질·네덜란드·벨기에·터키·태국 등 20여 개국 대표들로부터 한국의 독립 승인과 협력을 약속받았다.

12월 6일부터 '한국문제'가 '유엔총회 정치위원회'에서 토의되기 시작했다. 중화민국 대표가 제기한 대한민국 대표 초청안이 가결되어 우리 대표단은 정식으로 회의에 참석했으나, 소련이 제출한 북한 대표 초청안은 부결되었다.

그리고 호주, 중국 및 미국이 제안한 한국의 독립 승인안이 '정치위원회'를 거쳐 12월 12일 총회에 상정되어, 호명 투표에 의해 48:6(기권 1)의 압도적 다수로 가결되었다(유엔총회 결의 제195 Ⅲ).

---

1) 정치가(1894~1960), 미 콜롬비아대학 경제학박사(1925), 미 군정청 경무국장(1945), 정부 수립 후 대한민국 내무장관(1953)을 역임했다.

2) 정치가(1899~1966), 미 맨해튼대학 법학박사(1925), 주미 대사(1949), 국무총리(1951~1952), 내각책임제하의 국무총리(1960)를 역임했다.

이 결의에 따라 대한민국 정부는 유엔으로부터 "한국 국민의 대다수가 거주하는 지역에 대해 효과적인 지배와 관할권을 가진 합법 정부이며, 한국에서 '유엔임시위원단'이 감시한 지역 선거인의 자유의사의 정당한 표현에 의한 선거로 수립된 유일한 정부(the only such Government in Korea)임"을 인정받게 되었다.3)

이 유엔총회 결의는 '대한민국 정부가 실질적으로 한반도의 유일 합법 정부'라는 뜻을 함축하고 있다. 그리고 적어도 소련 점령군에 의해 인위적으로 소련의 위성국으로 만들어진 북한 정권과는 달리, 대한민국 정부에 정통성을 부여하는 확실하고 충분한 국제 정치적 근거가 되었다.

이상과 같이 제3차 유엔총회에서 회원국들의 전폭적인 지지로 대한민국의 독립이 승인되자, 1949년의 시작과 함께 미국을 비롯한 많은 우방들이 한국 정부를 정식으로 승인하는 외교 절차를 밟았다.

그 당시 이미 서울에는 로마 교황청의 사절인 빔(Byme) 주교가 주재하고 있었으며, 1949년 한 해 동안 한국 정부를 공식 승인한 국가들은 미국(1월 1일), 중화민국(1월 4일), 영국(1월 18일), 프랑스(2월 15일) 등 모두 23개국이 되었다. 이들 국가들은 모두 "대한민국 정부를 한반도에서의 유일한 합법 정부로 인정한 것"이다.

---

3) 유엔총회 결의 제195(Ⅲ-2): Declares that there has been established a lawful government(The Government of the Republic of Korea) having effective control and jurisdiction over that part of Korea where the Temporary Commission was able to observe and consult and in which the great majority of the people of all Korea reside; that this Government is based on elections which were a valid expression of the free will of the electorate of that part of Korea and which were observed by the Temporary Commission; and that this is the only such Government in Korea(임시위원단이 감시와 협의를 할 수 있었으며, 한국 국민의 절대 다수가 거주하고 있는 한국 지역에 대한 유효한 지배권과 관할권을 가진 합법 정부 '대한민국 정부'가 수립되었다는 것과, 이 정부는 이 지역 선거인들의 자유의사의 정당한 표현이고, 임시위원단에 의하여 감시된 선거에 기초를 둔 것이라는 것과, 또한 대한민국 정부는 한국 내의 유일한 정부임을 선언한다).

2. 안보 외교의 시작

대한민국은 안보 차원에서는 거의 무방비 상태로 출발했다. 한국 정부가 수립될 당시, 중국 본토에서는 국민당과의 내전에서 공산당의 승리가 거의 확실시되고 있었다. 북한은 공산정권 수립 전부터 소련의 적극적인 군사 지원을 받아 이미 '인민군'이라는 막강한 현대식 군대를 가지고 있었다. 이런 상황에서 우리 정부는 국제적 정통성 확보와 함께 안보와 관련하여, 미군의 계속 주둔과 자위능력 보존을 위한 미국으로부터의 군사원조 획득을 외교의 최우선 목표로 삼을 수밖에 없었다. 신생 대한민국 정부는 반공국가(反共國家)의 건설과 자유 우방과의 결속을 가장 중요한 정책으로 삼고, 국가의 방위체제 확립을 위해 모든 우방들로부터 가능한 한 많은 지지와 군사 원조를 획득하기 위한 외교에 주력했다.

그리고 북으로부터의 침략 위협에 대비하고 공산분자들의 폭력 행위로부터 국내의 치안을 확보하기 위하여, 대내적으로는 국방과 치안 유지에 최대의 노력을 기울였다. 대외적으로는 특히 대미 관계를 중시, 안보 외교를 개시하여 주한미군의 계속 주둔에 외교의 역점을 두었다. 주로 미국에서 오랜 망명 생활을 하고 프린스턴(Princeton) 대학에서 정치학 박사학위까지 받은 '미국통'인 이승만 대통령은, 외교문서를 자신이 직접 영문으로 작성할 수 있을 정도로 영어에 능통했다. 또 미국 사정에도 밝아 때로는 미국을 애먹이기도 하면서 대미 외교를 적절하게 잘해 나갔다. 그러므로 건국 초기의 한국 외교는 거의 전적으로 이승만 대통령의 국제 감각과 가부장적(家父長的) 권위에 기초한 것이었다고 할 수 있다.

이승만 대통령은 주한미군 철수를 몇 달 앞두고 있는 시기(1949.4.4.)에 '북대서양 조약기구(North Atlantic Treaty Organization: NATO)'[4]가 탄생하는 것을 보고, 동북아에도 반공 국가들이 구성하는 '집단안전보장 체제'가 필요하다고 생각, '아시아 · 태평양 조약기구' 창설을 주장했다. 그러나 미국 정부의 반응은 냉담했으며, 대한(對韓) 정책을 직접적인 군사 개입(미군의 남한 주둔)으로부터 적극적인 정치적 개입(군대 철수)으로 전환했다. 북한 주둔 소련군이 약 3,000명의 병력을 군사고문단[5] 요원으로 잔류시키고 1948년 말까지 철수하자, 주한미군도 1949년 6월부터 12월 말까지 약 500명의 군사고문단만 남기고 서둘러 남한에서 철수했다.

1948년 11월 우리 국회는 정부 수립 직후에 발생한 '여수 · 순천'의 실례를 들어, "한국이 방위를 위한 군비를 갖출 때까지 미군 철수를 당분간 연기해 줄 것"을 미국 정부에 강력히 요구했다. 또 이듬해 이승만 대통령은 같은 목적으로 조병옥 박사를 다시 특사로 파견하여 미국 조야의 인사들과 접촉토록 했으나, 끝내 미군 철수를 연기시키지는 못했다.

미군 철수에 앞서 우리 정부는 같은 해 3월부터 대미 외교 교섭을 통해 한국 안보를 위한 대규모 군사 지원과, 미국 정부로 하여금 1949년 10월 6일 의회에서 1950년 회계연도부터 3년간에 걸쳐 4억 1,000만 달러의 경제 및 군사 원조를 한국에 제공하는 원조법이 통과되도록 했다. 그런 한편 1950년 1월 26일, 한국에 대한 정치적 · 경제적 · 군사적

---

4) 제2차 세계대전 후, 동유럽에 주둔하고 있던 소련군과 군사적 균형을 맞추기 위하여 1949년 영국 · 프랑스 · 벨기에 등 10개 서유럽의 반공국가들이 미국과 함께 만든 집단 안보조약이다. 그 후 1999년까지 그리스 · 서독 등 7개국의 유럽 국가가 더 가입했다. NATO는 소련 붕괴 후부터 군사 동맹에서 점점 유럽의 국제적 안정을 위한 정치 기구로 변모하고 있다.

5) 소련군이 철수한 후, 북한 인민군의 보병 사단에는 사단마다 15명이 넘는 소련군 고급 장교가 배치되었으며, 사단장의 고문은 소련군 대좌가 담당했다. 그리고 평양의 보위성에는 스미르노프(Smirnov) 소장 이하 수십 명의 고문이 배치됐는데, 평양 공산정권 수립 후부터는 슈티코프 대사가 고문단장을 겸직했다.

지원을 위해 미국 정부와 '미국 군사고문단 설치에 관한 한·미 협정 (KMAC협정)'과 '한·미 상호방위원조협정(MDAP)'을 체결했다. 사실 이 같은 협정은 그 때까지 미국이 외국과 체결한 최초의 것이었다. 그러므로 비록 미군 철수를 연기시키지는 못했으나, 당시로서는 차선책(次善策)으로 이런 정도의 보장이 우리 외교가 거둘 수 있는 최대의 것이었다고 하겠다.

한·미 상호방위원조협정이 체결되기 14일 전인 1950년 1월 12일, 미국의 애치슨(Dean G. Acheson)[6] 국무장관은 워싱턴에 있는 '내셔널 프레스 클럽(National Press Club)'에서 '태평양에서의 미국의 안전과 권익'이란 주제의 정책 연설을 했다.

이 연설에서 한국에 대해 개별적으로 언급한 부분에서 "미국 정부는 한국의 독립과 정부 수립을 위해 많은 원조를 했는데, 이 원조를 계속하기 위해 의회에 '한·미 상호방위원조협정' 체결을 위한 입법을 요청하고 있다"면서 한국 방위와 원조에 대한 필요성을 강력히 주장했다. 그의 연설에는 어느 한 군데에도 미국의 태평양 방위 대상지역에서 "한국을 제외한다"는 구절은 없었다.

그러나 연설 중 '미국의 극동 방위선', 이른바 '애치슨 방위선(Acheson Line)'을 이야기하면서 한국의 국명을 거명하지 않았다. 이를 두고 일부 학자들이 "한국을 미국 방위선에서 제외한 것이 아니냐"고 해석하게 되었다. 또 미국의 커밍스(Bruce Cummings)나 스톤(Isidor F. Stone)과 같은 일부 진보를 자처하는 좌경 학자나 언론인은 "미국이 의도적으로 애치슨 성명을 통해 북한의 남침을 유도하는 함정을 팠다"고 수정주의적인 주장을 했다.

---

6) 미국 관료(1893~1971), 하버드대학 졸업(1918), 재무차관·국무차관·국무장관(1949~1953)을 역임했다.

실은 미국의 태평양 방위선을 언급하면서 한국의 국명을 거명하지 않은 애치슨 장관의 연설은 그 후, 미 의회에서 미국이 6·25전쟁의 발발을 묵인하는 결과를 가져왔다는 강한 비판을 공화당 측으로부터 받았다.

사실 애치슨 장관의 연설은 그 표현 방법이 충분히 오해받을 만했다. 그러나 "북한의 남침을 유도하기 위한 것이었다"는 주장은 너무 지나친 확대 해석으로, 당시 미국의 한반도 정책을 피상적으로 관찰했거나, 아니면 의도적으로 미국을 중상하기 위해서였을 것이다.

왜냐하면 ① 스탈린이란 사람은 연설을 듣고 중요한 정책을 결정하는 사람이 아니었고, ② 한국전쟁이 발발했을 때, 미국이 지상군 파견을 결정하는 데 대통령 주재 회의를 6번이나 하고 6일의 시일이 걸렸다는 사실, ③ 미국 정부가 전쟁 발발 전에 한국과 '상호방위원조협정'을 체결했고, ④ 애치슨 장관이 연설 내용을 발표 전날인 1월 11일 한국의 장면 주미 대사에게 미리 알려주어 이승만 대통령에게 사전 보고토록 했으며, ⑤ 미국 의회가 6월 22일, 제2차 세계대전 시 발표된 '선발 징병법의 연기'를 가결하고 있었기 때문이다.

어쨌든 김일성은 1949년 9월 23일 소련이 핵무기 실험에 성공했으며, 더구나 미국은 장제스(蔣介石)와 함께 중국 본토에서 쫓겨난 지 1년도 되지 않아 한반도에 전쟁이 나도 개입하지 않을 것으로 여겼다. 또 유사시 20만 명의 남로당 지하당원들이 봉기할 것으로 굳게 믿고 있던 김일성은 1950년 1월 20일 중국인민해방군의 조선인 부대 1만 4,000명을 북조선군에 편입시킨 후, 스탈린과 한국전쟁을 공모하기 위해 1949년 2월과 12월, 그리고 1950년 3월 세 번이나 모스크바를 극비리에 방문하고, 4월 중공을 방문해 마오쩌둥을 만나고 왔다.

그리고 남침 준비를 끝낸 그는 1950년 6월 7일 '조국의 평화통일'을 제창, "8월 4~8일 사이에 남·북 총선거를 실시하자"는 등 '전략적 속임수(strategic deception)'로 남침 계획을 은폐하고 있었다. 그리고는 스탈린의 지시를 받고 일요일인 6월 25일 새벽 4시 40분을 기해 소련군이 작성한 '선제 타격작전 계획'에 따라, 인민군을 38선 전역에 걸쳐 일제히 불법 남침시켰던 것이다.

김일성은 이렇게 '적화통일'을 위해 승리를 확신하며 한국전쟁을 도발하여 민족과 역사 앞에 씻을 수 없는 큰 죄를 짓고도 "우리가 없다면 없다"느니, "우리가 남침(南侵) 안 했다면 안 한 것이다"라는 등의 독단론을 내세워 낯 두껍게 "한국군이 먼저 북침(北侵)했다"는 식의 이른바 '북침설'을 주장했다.

신생 대한민국 정부는 건국 이래, 국가 존립에 가장 중요한 안보에 총력을 경주하고도 소기의 성과를 올리지 못했다. 결국 "북한군 동향에 대한 정확한 정보와 무기 부족으로 전쟁을 예방하지 못한 것은 초기 우리 안보 외교의 대실패였다"고 아니 할 수 없다.

3. 한국전쟁

한국전쟁이 발발하자, 이승만 대통령은 즉각 미국 정부에 대해 군사 지원을 요청했다. 그렇지 않아도 공화당으로부터 "민주당이 집권한 뒤 중국이 적화되고, 또 동남아시아에 공산주의가 팽창했다"는 비판을 받고 있던 트루먼 대통령은 북한군의 남침을 소련의 세계 적화 시도의 일부로 보았다. 그는 또 '북대서양동맹'의 신빙성을 보장하기 위해 '침략자 타도'를 위한 응전을 결심, 이제까지의 한국에 대한 정책을 '최소 개입'에서 '적극적인 지원'으로 전환하여 유엔안전보장이사회에 긴급 회의 소집을 즉시 요청했다.

이에 따라, 뉴욕 시간으로 6월 25일 일요일 14시(한국 시간 6월 26일 오전 4시)에 소집된 유엔안보리는 "북한군의 즉각적인 전투 행위 중지와 38도선 이북으로의 철수"를 요청하는 미국의 제안을 '9:0(기권 1)'으로 가결했다(결의 S / 1501호). 때마침 소련 대표는 중공의 유엔 가입에 대한 미국의 반대에 항의하여, 1950년 1월 13일부터(7월 27일까지) 안보리에 장기 결석하고 있었기 때문에 미국 안에 거부권을 행사할 수 없었다.[7]

북한군이 유엔안보리의 결의를 무시, 남침을 계속하자 6월 27일 안보리는 "회원국들에게 군사 공격을 격퇴하고, 그 지역의 국제 평화와 안전을 회복하는 데 필요한 원조를 대한민국에 제공할 것"을 '7:1(기권 2)'로 결의했다(결의 S / 1511호). 같은 날 트루먼 대통령은 도쿄의 맥아더 미 극동군 사령관에게 "대한민국에 대한 해·공군의 지원을 즉각 개시하라"고 명령했다.

당시 한국군은 병력이 적고 중무장을 갖추지 못하고 있던 데다가, 허를 찔려 북한군은 개전 3일 만인 6월 28일 서울을 점령할 수 있었다. 그러자 6월 30일 트루먼 대통령은 맥아더 사령관에게 지상군 투입과 38선 이북의 군사 목표를 폭격할 수 있는 권한을 부여했다.

미군은 7월 1일 육군 제24사단 21연대를 부산에 상륙시켰고, 24사단 예하 '스미스 특수임무부대(Task Force Smith)'가 7월 5일 오산 북쪽 죽

---

7) 소련의 마리크 대사는 1950년 1월 10일 유엔 안보리에 중화민국 대표 축출안을 제출하였는데, 안보리가 이를 부결하자 안보리 참여를 거부하며 퇴장했다가 윤번제에 따라 소련이 안보리 의장직을 맡게 된 8월 1일에야 안보리에 복귀했다.

미령에서 북한군과 첫 교전을 벌임으로써, 미 지상군의 본격적인 한국전 개입이 시작되었다.

나중에 밝혀진 바에 의하면, 스탈린은 북한군과 중공군에 대한 항공 엄호 약속 이행을 위해 1950년 7월 소련의 제64 방공군단 휘하에, 많을 때는 150대 이상의 MIG - 15 전투기와 소련 공군 조종사 및 정비병 등 2만 6,000여 명을 만주 단둥(丹東)기지에 중공군으로 위장하여 주둔시켰다는 것이다. 그들은 B - 29 전략폭격기를 포함, 많은 미국 공군기를 격추시켰으나, 그들도 335대의 전투기와 299명이 넘는 조종사를 잃었다고 한다.[8]

7월 1일 영국과 프랑스는 "유엔군 사령부의 설치와 유엔 회원국들의 무력 원조를 미국 정부의 단일 지휘 아래 둔다"는 공동결의안을 안보리에 제출, 7월 7일에 '7:0, 기권 3'으로 가결시켰다(결의 S / 1588호). 이에 따라 미국을 비롯하여 호주·벨기에·캐나다·콜롬비아·프랑스·그리스·에티오피아·룩셈부르크·네덜란드·뉴질랜드·필리핀·태국·터키·영국·남아연방의 총 16개국 군대로 유엔군이 편성되고, 유엔 사무총장 리(Trygve Lie)[9]는 유엔기를 미국 정부에 전달했다.

트루먼 대통령은 즉시 맥아더 장군을 유엔군 총사령관으로 임명해 북한군을 격퇴토록 했는데, 이것이 세계 역사상 유엔이 침략자 격퇴를 위해 취한 최초의 집단적 제재 조치였다.

---

8) 소련 공군 조종사들의 한국전 참전 소문은 미군기 조종사들이 한만(韓滿) 국경지대에서 MIG - 15기와의 공중전 때, "러시아어를 방청했다"는 증언에서 흘러나왔으나, 미·소 양국이 서로 확전을 피하기 위해 이 사실을 부인함으로써 오랫동안 은폐됐다. 그러나 소련 공군 조종사로 참전했던 스모르츠코프(Alexsandr P. Smorchkov) 대령이 1990년 5월 서울 경희대 주최 심포지엄에서 이 사실을 폭로함으로써 그 진상이 세상에 널리 알려지게 됐다.

9) 노르웨이 정치가(1896~)로, 법무(1935)·상공(1939)·외무장관(1945) 등을 역임하고, 초대 유엔 사무총장(1946~1952)을 지내기도 했다.

1950년 10월 19일 유엔군의 평양 점령 뒤,
개최된 시민들의 평양입성 환영대회

　미국 정부와 유엔의 이와 같은 단호한 결정은 한국 정부를 크게 고
무시켰다. 한국 정부는 북한의 남침으로 수도를 임시로 서울에서 부산
으로 옮겼으나, 유엔군의 반격으로 북한군을 물리치면 오히려 "통일의
기회를 잡을 수 있다"고 판단했기 때문에 미국 정부와 유엔에 적극적
으로 협력했다.

　7월 12일에는 미국과 '주한 미군의 관할권에 관한 대한민국과 미합
중국 간의 협정(약칭 대전(大田) 협정)'을 맺었다. 7월 15일, 이승만 대
통령은 효율적인 작전 수행을 위해 한국군의 '작전지휘권'을 한반도에

서 공산군과의 전투 행위가 종결될 때까지 한시적으로 유엔군 사령관에게 위임했다.

이 같은 중요한 외교적 결정은 오늘날까지 유엔군 사령관에게 한국군의 작전권이 귀속되어 있는 근거가 됐으며, 일시 '주권의 제약'이란 문제가 야기됐다. 하지만 당시로서는 유엔군과의 작전 능률의 극대화를 위해 어쩔 수 없는 일이었다. 이 '대전협정'에는 작전권 이양 외에도 전쟁 당시 주한미군에 대해 19세기적 '치외법권'을 인정하는 조항도 있었는데, 이를 개선하기 위해 한국 정부는 15년간 끈질긴 협상을 통해 결국 1967년 2월 9일 '대전협정'을 폐기하고, 이를 '한·미 행정협정(The ROK - US Agreement on Status of Force in Korea: SOFA)'[10]으로 대치했다.

유엔의 개입에도 불구하고 전세는 계속 우리에게 불리하여, 후퇴를 거듭하던 유엔군은 낙동강을 마지막 방어선으로 삼고 격전을 벌였다. 유엔군은 영천에서 한국군 제8사단이 북한군 제15사단을 섬멸시킨 후부터 반격으로 돌아섰고, 9월 15일 인천 상륙작전[11]을 감행, 성공함으로써 9월 25일 서울을 탈환하여 29일 한국 정부는 서울로 환도했다.

그리고 10월 1일 한국군 제3사단 23연대가 마침내 조국 통일을 위하여 강원도 동해안의 양양지역에서 최초로 38선을 넘어 북진했는데,

---

10) 1966년 7월 6일 서울에서 한·미 양국 대표 간에 조인되고 1967년 2월 9일 발효된 주한미군의 법적 지위에 관한 협정으로, 정식 명칭은 '대한민국과 미합중국 간의 상호방위조약 제4조에 의한 시설과 구역 및 대한민국에서의 미군의 지위에 관한 협정'이다. 이는 유엔 안보리 결의에 따라 한국전에 참전한 미군이 1953년 7월 휴전 후에도 계속 한국에 주둔하게 됨에 따라, 이러한 미군의 법적 지위에 관하여 한·미 양국 간에 합의가 필요하게 되어 만든 것이다.

11) 맥아더 사령관이 구상한 작전으로 이는 모험에 가까울 정도로 성공이 어려운 작전이었다. 처음에는 미 합동참모본부도 인천의 지형이 대규모 상륙작전에 적당하지 않고, 또 조수 간만의 차가 극심해 이 작전에 반대했다. 맥아더 장군은 인천이 수도인 서울 근처의 항구이고, 서울 탈환이 북한군에 주는 심리적 영향과 낙동강까지 전진해 있는 북한군의 허리를 차단하는 점 등을 강조하여, 결국 합동참모본부의 동의를 얻어냈다.

우리는 이 날을 '국군의 날'로 정하고 지금도 이를 기념하고 있다.

10월 2일, 마침내 맥아더 유엔군 사령관은 북한 정권의 항복을 요구했다. 그러나 북한이 이를 거부했으므로 유엔군은 10월 7일 유엔총회가 유엔군의 38도선 이북으로의 북진을 허용하는 '유엔 결의(제376호—V)'의 통과(47:5, 기권 7)를 기다렸다가, "북한군의 붕괴만이 유엔군의 목표임"을 선언하면서 이튿날 38도선을 넘어 북진했다.

유엔군은 파죽지세(破竹之勢)로 북진, 북한 주민들의 환영 속에 10월 19일 평양을 점령했다.[12] 10월 25일에는 한국군 제6사단 7연대(연대장: 임부택 중령)가 압록강변의 초산을 점령, 압록강 물을 군인용 수통에 담아 이승만 대통령에게 보내왔다.

미 제24사단은 압록강으로 진격하면서 "크리스마스는 본국에서"라는 구호 아래 신의주에 접근하고 있어서, 대한민국에 의한 한반도 통일이 바로 눈앞에 닥쳐온 것 같았다.

그러나 중공 정권에 대한 중국 인민들의 불만을 잠재우고 또 스탈린의 신임을 얻기 위해, 70만이 넘는 중공군이 10월 25일부터 압록강을 건너 비밀리에 산악을 타고 남진하여 한국전에 개입, 도로만 따라 북진했던 유엔군은 허를 찔려 후퇴를 강요당해 1951년 1월 4일 다시 서울을 포기했다. 중공은 한국전 참전으로 2월 1일자 유엔 결의(제498—V, 44:7, 기권 9)에 따라 '침략자'로 탄핵되었다. 이 같은 중공군의 개입으로 우리는 많은 희생을 강요당하고도 나라를 통일할 수 있는 절호의 기회를 놓쳤다. 그 대신 중공은 유엔 가입이 20년이나 늦어지고 대만 침공의 기회를 놓치는 비싼 대가를 지불했다.

---

12) 김일성은 1950년 10월 16일 새벽 2시 소련제 승용차로 평양을 탈출, 순천과 개천을 거쳐 희천에 도착했는데, 그곳에서 반공 주민들이 봉기에 부딪쳐 차를 버리고 산으로 들어가, 걸어서 10월 26일에야 겨우 한·만 국경인 강계에 도착했다.

1950년 10월 2일 밤늦게 중공의 저우언라이(周恩來)는 베이징(北京) 주재 파니칼(K. Panikkar) 인도대사를 외무부로 불러, "만일 미군이 38선을 넘으면 중공은 의용병의 형태로 참전할 것"이라 선언하고, "한국군만이 38선을 넘으면 중공은 개입하지 않을 것"이라고 말했다.

저우언라이의 이 발언은 곧 미·영 두 나라에도 전달되었다. 그러나 미국은 이를 '중공 선전의 전달'이 아니면, 유엔에서의 '유엔군 북진안 통과를 막기 위한 협박'으로 받아들여, 결국 중공의 개입에 대비하지 못한 과오를 범했다. 만일 우리가 힘이 있어 당시 우리 국군만으로 북진했더라면, 우리는 그때 통일의 꿈을 이루었을지도 모른다.

어쨌든 유엔군은 전선을 재정비하고 1951년 1월 20일경부터 반격을 시작, 인해전술(人海戰術)을 구사하는 중공군에게 엄청난 피해를 입혔다. 그 후 3월 14일 서울을 재탈환하고 38선을 향해 진격하면서, 미국 정부는 한국전에 참전한 우방들과 '확전이냐 협상이냐'에 대한 협의를 시작했다.

대부분의 참전국들이 38선 이북으로의 진격에 반대했을 뿐만 아니라, "만일 미군이 단독으로 북진한다면 한국에서 군대를 철수하겠다"는 뜻을 밝히는 참전국도 있었다. '제1의 적'인 소련보다 '제2의 적'인 중공과의 전쟁에 부담을 갖게 됐던 미국 정부는 '무승부를 위한 전략'으로 기울어, '전전(戰前) 원상의 회복'이라는 선에서 '한국문제'를 해결키로 태도를 굳혔다. 그리고 트루먼 대통령은 중공의 참전 가능성을 끝까지 부정하고 확전과 만주 폭격을 주장해온 맥아더 유엔군 총사령관을 4월 11일자로 해임하고 휴전을 주도해 나갔다.

한편, 1951년 공산주의자들의 춘계 공세가 실패하여 엄청난 피해를 보게 되자, 중공과 북한도 소련에 장비 지원과 함께 정전의 필요성을 유엔군 측에 인식시켜 줄 것을 요구했다.

이 같은 상황 아래 1951년 6월 1일과 5일, 애치슨 국무장관의 요청을 받은 미국의 소련 문제 전문가 케넌(George F. Kennan)[13]이 당시 주유엔 소련대사 말리크(Y. V. Malik)와 비밀리에 접촉했다. 이들은 5월 31일과 6일 뉴욕 근처의 롱아일랜드(Long Island)에서 만나 정전 협상을 하기로 합의했다.

케넌의 6월 5일자 제의에 응하여 말리크가 6월 23일 라디오 방송을 통해 정전을 제창한 뒤를 이어, 유엔군과 공산군 사이에 '정전회의' 개최에 대한 합의가 이뤄졌다. 이리하여 7월 1일 유엔군 측이 회담 장소로 내놓은 원산항 근처에 있던 '덴마크 병원선' 대신, 공산군 측이 제의한 개성(開城)에서 양측 연락장교단의 정전회담 개최를 위한 '예비회담'이 열렸다. 그러나 우리 정부는 정전에 대해 처음부터 "38선을 남긴 타협은 유엔의 자살행위"라고 이를 완강히 반대했다.

원래 개성은 정전 협상 교섭 장소로서는 적당하지 않았다. 개성이 공산군 점령하에 있었기 때문에 정전을 더 원하는 쪽이 공산 측이 아니라, 유엔군 측이라는 인상을 주게 되기 때문이다.

실제로 유엔군 측 연락 장교단 키니(Andere J. Kinney) 대령 일행이 '예비회담'을 위해 개성의 회담 장소에 도착했을 때, 공산군 병사들이 기관총을 휘두르며 서방 측 취재 기자들에게 공포감을 주기도 했다. 또 그 후, 정전회담이 개성에서 처음 열렸던 날, 평양방송은 유엔군 측이 사절 표시로 국제관례에 따라 차에 달고 간 백기[14]를 두고, 미국 측이

---

13) 미국 외교관(1904~), 프린스턴대학 졸업(1925), 주소련 대사(1952~1953), 주유고 대사(1961~1963)를 역임했다.

14) 원래 외교관은 고대의 '휴전군사(休戰軍使)'로부터 시작됐다. 즉, 백기를 들고 적진으로 들어가 휴전을 교섭한 군사가 시대의 흐름과 함께 서서히 발전하여 현대의 외교관이 된 것이다. 이와 같이 오랜 외교사에 뿌리를 둔 백기의 국제관례까지도, 북한 공산정권은 국내 정치를 위한 선전용으로 파렴치하게 악

"백기를 들고 와 사죄하고 배상을 약속했다"는 식으로 후안무치(厚顔無恥)하게 터무니없는 허위 보도를 했다.

그 당시 유엔군 측은 순진하게도 '교섭의 장소가 갖는 정치적·심리적 중요성'을 경시하여, 공산 측 제안을 받아들이는 잘못을 저질렀던 것이다.

4. 정전협정

7월 1일의 정전을 위한 '예비회담'에 이어 7월 10일 예정대로 개성에서 본회담이 열렸다. 유엔군 측 수석대표는 끈질긴 협상가인 미 해군 극동지역 사령관 조이(Turner Joy) 부제독(중장)이고, 한국군 대표는 인내심 강한 백선엽(白善燁)[15] 소장(제1군단장)이었다. 공산 측 수석대표는 소비에트 조선인(소련 시민)인 남일(南日)[16] 북한군 총참모장이었다. 개성은 회담 장소로서 적당하지 않은 데다, 8월 4일 중공군의 개성 지역 침범으로 장소를 중립지대 안에 있는 판문점으로 옮기기로 양측이 합의, 10월 25일부터 '정전회담'은 판문점에서 열리게 되었다.

정전회담은 의제 채택과 기자들의 회담장소 접근 문제를 비롯해, 군사 분계선, 비무장 지대의 설정, 외국 군대의 철수, '중립국으로 구성되는 감시위원단' 구성, 국제적십자사의 포로수용소 방문, 포로 교환, '정

용했던 것이다.

15) 군인(1920~), 만주군관학교 졸업, 육군 참모총장(1952), 연참의장(1960), 주대만 대사(1960~1961), 주불 대사(1961~1965), 교통장관(1969)을 역임했다.

16) 북한 정치가(1913~1976), 우즈베키스탄 타슈켄트대학 졸업(1939), 인민군 총참모장(6·25전쟁 중), 외무상(1953), 부수상(1957), 정무원 부총리(1972)를 역임했다.

치회담' 개최, 정전의 세부 사항 등 많은 문제들에서 사사건건 양측의 이해관계와 의견이 크게 대립했다. 때로는 '독설의 교환장'이 되고, 협상은 교착상태에 빠져 여러 번 결렬의 위기를 맞았다. 정전협정에 대한 소련의 태도는 중공의 소련에 대한 의존도를 높이는 한편, 미국의 전력을 약화시키기 위해 '전투의 장기화'를 선호하는 쪽이었다.

1951년 8월 공산주의자들이 일방적으로 회담을 중지하고 억지 주장을 펴자, 미 합동참모본부는 미군이 군사적 어려움에 직면하게 될 경우 원자폭탄을 사용키로 결정했다. 트루먼 대통령의 재가를 받은 미 공군은 35대의 폭격기로 8월 2일 나진항을 공격했다. 또 원폭이 존재하는 목적과 그 위력을 과시하기 위하여, 같은 해 10월 '허드슨 하버(Hudson Harbor)'란 암호명 아래 한반도에서 몇 차례 원자탄 투하 연습까지 실시했다.

결국 이러한 유엔군 측의 군사적 압력 과시 앞에 정전협상이 재개됐는데, 한국 정부는 정전회담을 처음부터 강력하게 반대하는 입장이었다. 특히 이승만 대통령에게는 한반도가 완전한 통일을 이룩하기 전에 정전을 성립시킨다는 것은 상상도 할 수 없는 일이었다. 그러므로 처음부터 한국과 미국의 충돌은 불가피했고, 정전협상이 조금씩 진전되면서 이승만 대통령의 위협은 더 강해져, 미국으로서는 이승만 대통령을 제거하거나, 아니면 무마하기 위해 어떤 특징 대책을 세우지 않으면 안 되었다.

미군의 한국 철수를 내세워 대통령에 당선된 아이젠하워(Dwight D. Eisenhower)[17] 행정부가 1953년 1월 미국에 들어섰다. 같은 해 3월 5일

---

17) 미국 군인·정치가(1890~1969), 미 육사 졸업(1915), 육군 참모총장(1933), 유럽연합군 최고사령관 (1943), 나토군 최고사령관(1950)과 대통령(1953~1961)을 연임했다.

3년 여의 한국전쟁을 치른 뒤, 1953년 체결된
'정전협정'에 서명하는 유엔군 사령부 측 대표

소련의 스탈린이 죽은 뒤, 북한에서도 남로당계의 속전파(續戰派)가 제
거되었다.

　이러한 상황 아래 '정전회담'은 새로운 국면을 맞아, 아이젠하워 행
정부가 내놓은 "우선 부상 포로부터 교환하자"는 제의를 스탈린 장례
식에서 돌아온 중공의 저우언라이(周恩來)[18]가 받아들였다. 이로써 4월
11일 협상을 가로 막고 있던 '부상 포로 교환협정'이 판문점에서 조인
되고, 6월 8일에는 '포로 교환에 관한 협정'이 체결되었다.

　이제 휴전을 성립시킬 수 있는 조건은 거의 다 갖춰지고, 빠진 것은

---

18) 중국 정치가(1898~1976), 파리대학 정치학 학사, 혁명군사위원회 부주석(1936), 중국 공산당 외교부장
　　(1940~1958), 총리(1949~1976)를 역임했다.

약간의 행정적인 문제의 처리뿐이었다. 이런 상황 진전은 한국 정부를 크게 실망시켰으나, 이승만 대통령도 4월에 들어서면서부터는 '전전(戰前) 원상의 회복'이란 선에서 정전을 성립시키려는 강대국의 결정을 받아들이지 않을 수 없음을 깨달았다. 그는 휴전에 동의하는 대가로 미국으로부터 안전보장 약속을 얻어내려고 아이젠하워 대통령에게 '한·미 상호방위조약'의 체결을 정식으로 요청했다.

그러나 아이젠하워 대통령이 부정적인 반응을 보이자, 이승만 대통령은 양유찬(梁裕燦) 주미 대사를 통해 유엔군으로부터 한국군을 빼내어 단독으로 북진할 뜻이 있음을 미국 정부에 알렸다. 5월 5일 판문점 회담에 참석 중이던 한국군 대표 최덕신(崔德新)[19] 장군을 소환하고, '한·미 상호방위조약' 체결을 요구하는 서한을 아이젠하워 대통령에게 전달했다.

이에 대한 아이젠하워 대통령의 대답은 여전히 부정적이었다. 미국 정부는 이승만 대통령의 "단독 북진도 불사한다"는 태도가 대미 협상력을 극대화하기 위한 '허세(bluff)'라는 것을 짐작하고 있었지만, 한때 휴전에 반대하는 이승만 대통령을 대통령직에서 제거하기 위한 'Everready(상시대비)'란 비상 계획까지 작성했었다.

그러나 이 같은 이승만 대통령 제거 계획은 국제법의 권위자인 덜레스(John Dulles)[20] 국무장관의 반대로 결국 무산되었다. 그 대신 이승만 대통령의 협조를 얻기 위해 "한국 정부가 정전협정을 준수한다"는 조

---

19) 군인(1914~1989), 중국 황푸(黃埔)군관학교 졸업(1936), 한국 육사 교장(1951), 8사단장(1956), 제6군단장(중장), 외무장관(1961~1963), 주독 대사(1963~1967), 천도교 교령(1967~1974) 등을 역임하고 1986년 월북했다.

20) 미국 정치가(1888~1959)로, 프랑스 소르본대학을 거쳐 미 조지워싱턴대학에서 법학을 전공하고, 국무부 고문(1950), 1951년 대통령 특사로 미·일 안보체제의 기초를 마련했으며, 국무장관(1953~1959)을 역임했다.

건 아래, '한·미 상호방위조약' 체결을 긍정적으로 고려하게 되었다. 이 무렵, 즉 6월 18일과 19일 두 차례에 걸쳐 이승만 대통령은 유엔군에 수용되어 있는 전국의 공산포로들 가운데, 북한으로의 송환을 거부하는 '반공 포로' 2만 7,366명을 극비 작전을 통해 수용소에서 과감하게 석방 또는 탈출시켰다. 이 '반공포로'의 석방 및 탈출 사건으로 정전회담은 다시 중단되었다. 이승만 대통령의 이 대담한 행동은 공산권은 물론, 서방 제국까지도 크게 놀라게 만들었다.

영국의 처칠 수상은 이승만 대통령을 배반자라고까지 비난하고, 이승만 대통령을 즉각 구속하거나 대통령직에서 쫓아내라고 미국 정부에 비밀리에 의견을 표하기도 했다. 돌이켜 보건대, 이승만 대통령의 반공포로 석방은 그처럼 애족심이 강하고 반공(反共)정신이 투철한 지도자가 아니고서는 도저히 취하기 어렵고도 훌륭한 정치적 결단이었다고 하겠다.

미국 정부는 이승만 대통령을 무마하기 위해 방미를 제의했다. 이 대통령이 이를 거부하자, 덜레스 국무장관은 자신을 대신해 국무성 극동 담당 차관보 로버트슨(Walter S. Robertson)을 대통령 특사로 한국에 파견했다.

그는 6월 24일부터 7월 12일까지 서울에 머물면서 이승만 대통령을 설득, 결국 이 대통령으로부터 "정전을 방해하지 않겠다"는 약속을 받아냈다. 그 대신 이 대통령은 미국으로부터 정전 후 '한·미 상호방위조약' 체결, 장기적인 군사적·경제적 원조 제공, 한국군의 증강 등의 약속을 받아냈다.

그 후 덜레스 국무장관이 방한, 변영태(卞榮泰)[21] 외무장관과 8월 8

---

21) 영문학자·정치가(1892~1969)로, 고려대 교수(1945), 외무장관(1951~1955), 국무총리(1955~1956)

일 서울에서 한·미 상호방위조약에 가(假)조인하고, 변영태 장관이 방미하여 워싱턴에서 10월 1일 정식 조인했다.

한·미 간의 합의가 이루어짐으로써 '정전협정' 체결을 위한 길이 완전히 열려 7월 10일 '정전회담'이 속개되었다. 1951년의 회담 개시 후 2년 1개월 동안 무려 575회의 공식 회의를 갖고 1,800만 단어를 소비한 다음, 마침내 1953년 7월 27일 판문점 '평화의 천막' 안에서 전문 5조 36항으로 된 '정전협정'이 체결되었다.

유엔군을 대표해서 1952년 5월 7일 리지웨이(Matthew B. Ridgway)22) 대장의 후임으로 유엔군 총사령관으로 부임한 해리슨(William K. Harrison) 중장과 북한 및 중공군 대표 남일 대장이 조인했다. 또 문산에서 클라크(Mark W. Clark)23) 유엔군 총사령관이, 평양에서 김일성과 펑더화이(彭德懷)24) 중공 '인민지원군' 사령관이 각각 확인함으로써, 쌍방은 공산 측이 고집하던 38선이 아니라 유엔군 측의 처음 주장대로 당시의 전선을 '군사분계선'으로 삼았다. 그리고 이 경계선에서 2km씩 후퇴하여 폭 4km의 '비무장 지대'를 설치키로 하고, 37개월간의 전투를 일단 종식시켰다.

그러나 한반도는 새로운 휴전선을 경계로 다시 나뉘었고, 분단 상태는 지금까지 지속되고 있다. 그 대신 당시 체결된 '한·미 상호방위조약'은 미국의 대한(對韓) 방위 의무와 주한미군의 유지 등 모든 한·미

를 역임했다.

22) 미국 군인(1895~1993)으로, 미 육사 졸업(1917), 미 제8군 사령관(6·25전쟁 중), 극동연합군 최고사령관(1951), 유럽연합군 최고사령관(1952), 육군 참모총장(1953)을 역임했다.

23) 미국 군인(1896~1984)으로, 미 육사 졸업(1917), 제5군·제15군 사령관(1943~1944), 주한 유엔군 총사령관(1952~1953)을 역임했다.

24) 중국 군인(1900~1974), 주더(朱德) 밑에서 공산군 부사령관(항일전쟁 중), 중공 인민의용군 총사령관(6·25전쟁 중), 국방장관(1954~1959), 1959년 마오쩌둥과 대립, 모든 공직에서 추방당했다.

안보 협력의 근거를 부여하고 있으며, 오늘날까지도 한국의 안전보장에 기둥 역할을 하고 있다.

만일 6·25전쟁에 미군이 개입하지 않았다면 김일성의 '무력통일'은 성공했을 것이다. 김일성의 작전이 성공했더라면 북한 공산정권은 일본이 패전한 8월 15일까지는 남조선 전토를 완전 점령하고, 서울에서 '8·15해방 기념일'을 대대적으로 개최할 예정이었다.

유엔군은 3년 1개월에 걸쳐 치열한 전투를 치르고도 중공군의 개입으로 통일된 민주 한국의 실현을 이룩하지는 못했다. 그렇지만 대한민국에 대한 북한의 침공은 격퇴되고, 스탈린 주도 아래 시도됐던 동북아 적화도 저지됐다. 그 대신 우리 국군의 사상자와 행방불명자는 40만 명이 넘고, 또 미군은 총 5만 4,000명의 전사자를 냈다. 기타 유엔 15개국 군의 사상자도 1만 7,000명이나 되었다. 한편, 유엔군 사령부는 공산군 측 총희생자의 수를 150만 내지 200만 명으로 추산했다.

김일성의 오판으로 일어난 한국전쟁은 나라 전체를 폐허화시키고 인적 손실만 민간인을 합쳐, 무려 520만 명이 넘는 우리 민족 최대의 비극으로 그 상처는 오래오래 남을 것이다. 이 비극을 통해 우리가 얻은 가장 큰 교훈은 "전쟁을 막기 위해서나 전쟁에 이기기 위해서 필요한 것은 오직 힘"이라는 것이다. 이 힘에 관해 클라크 유엔군 총사령관은 『다뉴브 강에서 압록강까지』라는 자신의 회고록에서 "공산주의자들이란 힘 앞에는 약하다. 그들을 무릎 꿇게 하는 것은 오직 힘이다. 공산주의자들과 싸워서 이기는 길은 하나도 힘이고, 둘도 힘이고, 셋도 힘이다. 힘, 힘, 힘, 힘을 길러야 한다"고 쓰고 있다.

5. 제네바 정치회담

1953년 7월 27일 조인된 '정전협정' 제60조는 모든 외국군의 철수와 한국문제의 평화적 해결 등을 협의하기 위해, 쌍방 대표들이 참석하는 고위 정치회담을 정전협정 발표 후 3개월 안에 개최할 것을 명기하고 있다.

이에 따라 정치회담 개최를 위한 예비회담이 같은 해 10월 26일부터 판문점에서 개최되었다. 한국 정부는 당초 이 회담 참가를 거부했으나, 10월 23일 처음 태도를 바꿔 변영태 외무장관을 정부 대표로, 조정환(曺正煥) 외무차관을 '옵서버(observer)'로 참석시켰다.

이 예비회담은 예상대로 공산 측이 부당한 조건을 붙이고 정치회담과는 관계없는 문제를 갖고 유엔 측을 비난했다. 그런가 하면 인도 등을 중립국 자격으로 회의에 참석시킬 것을 요구하여, 같은 해 12월 12일 회담은 아무 성과 없이 무기 휴회에 들어갔다.

그 후 1954년 초 독일과 오스트리아 통일 문제를 토의하기 위해 베를린에서 회담 중이던 미·영·프·소 4대국 외상들은 2월 18일 '한국 문제의 평화적 해결을 위한 정치회담'을 같은 해 4월 26일부터 스위스 제네바에서 개최하기로 합의했다.

이와 같이 '제네바 정치회담' 개최가 결정되자, 한국 정부는 "위의 '베를린 4상회의'가 당사국인 한국의 동의 없이 회담 개최를 결정한 것은 부당하며, 유엔을 무시한 처사"라는 입장을 취하여 이 정치회담 참석을 거부했다.

그러나 한국 정부는 미국을 비롯한 참전 우방국들의 권유에 따라 4월 19일 '특별성명'을 발표하여, "90일의 기한부로 회담에 참석한다"고

하며 태도를 바꾸었다.

'제네바 정치회담'은 예정대로 4월 26일 제네바에서 개막되었다. 유엔군 측에서는 한국 외에 남아연방만이 빠진 미국·영국·프랑스·캐나다·호주 등 15개 참전국이, 공산 측에서는 북한과 중공, 그리고 소련 등 3국이 참석했다.

우리 정부는 변영태 외무장관을 단장으로 하는 대표단을 파견했는데, 변 장관은 개막 다음 날인 4월 27일 첫 발언에서 "유엔 감시 아래 북한만의 인구 비례 원칙에 따른 자유 총선거 실시와 선거 전의 중공군 철수"를 강력히 주장했다.

변영태 장관의 연설에 뒤이어, 덜레스 미 국무장관은 4월 28일 그의 연설에서 한국의 주장을 지지하면서, "한국문제 해결의 방책으로 1950년 10월 7일 유엔총회 결의에 의거하여 이미 설치된 유엔 한국통일부흥위원단이 그 과업을 계속 추진해야 하며, 중공군은 유엔이 위협 없는 환경 아래 그 과업을 수행할 수 있도록 북한에서 철수해야 한다"는 점을 특히 강조했다.

그러나 공산 측이 북한에서만의 선거 실시를 강하게 반대하는 바람에 우리 대표단은 회담의 성공을 위해 영(英)연방국들의 권고를 받아들였다. 즉, 5월 22일 '북한에서만'을 "유엔 감시 아래 6개월 이내에 북한에서는 자유 총선거를 비밀 및 일반 성년자 투표 방식으로 실시하고, 남한에서는 대한민국 헌법 절차에 따라 선거를 실시한다"로 수정했다. 또 선거 실시 한 달 전까지의 중공군의 철수 등을 담은 '한국 통일에 관한 14개 조항'을 제시해 미국을 위시한 모든 연합국 대표들의 지지를 얻었다. 한국으로서는 이것이 당시 우방국들의 의견을 존중한 최후의 양보선이었다.

그러나 북한이 이 타협안마저 받아들이지 않고 "남·북한의 각 국회가 선출한 대표들과 각 지역의 민주적 사회단체의 대표들로 전한(全韓) 위원회를 구성하자"고 하여 회담은 계속 겉돌았다.

5월 11일 몰로토프(V. M. Molotov) 소련 외상은 "한국에서의 유엔 간섭은 오로지 미국의 침략을 은폐하기 위해 취해진 일련의 불법적 행동이다"라고 유엔을 맹렬히 비난했다. 5월 22일 저우언라이 중공 외상이 '전국에서 선거를 감시할 중립국 감시위원회 설치' 등 우리로서는 타협할 수 없는 제안을 내놓는 등 공산 측은 회담 말기에 와서는 노골적으로 통일 문제에 관한 토의 자체를 회피하는 것 같은 태도를 보였다.

이에 우리 정부를 위시한 참전 15개국 대표들은 "이 이상의 어떤 토론이나 협의도 아무런 성과를 가져올 수 없을 것"이라고 판단, 6월 15일 유엔군 측이 일관해서 지지해온 통한 원칙을 총괄적으로 재천명한 다음과 같은 2개항의 '참전 16개국 공동선언(Declaration by the Sixteen-Nation Who Contributed Military Forces to the Korean War)'을 발표하고 비생산적인 '제네바 정치회담'을 종결지었다.

① 유엔은 그 헌장에 의해 침략을 배격하고 '한국문제'의 평화적 해결을 위해, 그 해결책을 주선할 수 있도록 충분하고도 정당한 권한이 부여되어 있다.

② 통일되고 독립된 민주 한국 수립을 위해 한국의 토착 인구에 정비례한 수의 국회의원을 선출할 진정한 자유선거가 유엔 감시 아래 실시되어야 한다.

정전 후에 어렵게 개최되었던 '제네바 정치회담'은 지루하게 2개월

간 계속됐으나, 결국 공산 측의 부당한 억지 주장으로 아무런 성과도 없이 결렬되고 말았다.

6. 이승만 정부의 통일 정책

대한민국 정부 수립 이후 '6 · 25전쟁'이 발발했을 때까지의 우리 대한민국 정부의 통일 정책은 다음과 같았다.

① 정부는 헌법에 규정된 대로 한반도 전체에 대한 주권을 가진 유일한 '합법정부'임을 내외에 천명하여, 국제적 승인을 획득함으로써 그 지위를 더욱 확고히 한다.

② 국토 통일을 위한 노력으로서 북한에서 조속한 민주적 선거를 실시하여, 국회에 남겨 놓은 100석의 의석을 채움으로써 통일의 기반을 만든다.

③ 북한 수복이 공산주의자들의 반대와 저항으로 불가능한 경우에는, 무력을 사용해서라도 북한에 대한 주권을 회복할 것을 전제로 앞으로 국방력을 강화한다.

이승만 대통령은 1949년 2월 18일 통일 문제에 관한 정부의 입장을 밝힌 성명에서, "국토 통일을 위한 어떤 시도도 대한민국 정부 존립 목적하에서만 허용될 수 있는 것이며, '북한 괴뢰정권'과의 협상은 공산 정권의 묵시적 승인을 뜻하는 것이므로, 여차한 모욕적인 협상은 결코 있을 수 없다"고 강조했다.

이와 때를 같이하여 우리 정부는 "유엔한국위원단과 국토통일 문제를 협의함에 있어서, 동 위원단이 소련을 통하여 북한과 교섭하는 것은 용인하나, 북한 정권 또는 그 대표들과 직접 접촉하고자 하는 데 대해서는 협조할 수 없다"는 점을 명백히 했다.

이어서 정부는 제4차 유엔총회(1949.9)에 대비해, '한국 통일에 관한 메시지'를 유엔에 발송해 한국 국민이 당면하고 있는 국토통일 문제의 중요성을 세계 각국에 널리 알렸다. 유엔총회 정치위원회에 참석한 조병옥(趙炳玉) 수석대표는 연설에서, "한국의 통일은 오직 북한에 자유선거를 실시하도록 한 유엔 결의의 이행을 강요할 수 있는 유엔에 의해서만 달성될 수 있다"고 주장했다.

1950년 북한군의 불법 남침으로 한국전쟁이 발발했는데, 한국전쟁이 중공군의 참전으로 1951년 1월 이후 새로운 국면에 접어들자, 이승만 대통령이 2월 5일 "38선은 이미 없어졌다"면서 국토 수복을 위한 '북진(北進)통일'을 주장했다. 그 뒤를 이어 2월 15일, 임병직(林炳稷)[25] 외무장관도 미국에 대해 '북진통일'을 지지해 줄 것을 진지하게 호소했다.

그러나 1951년 4월 11일, 트루먼 미국 대통령이 맥아더 유엔군 총사령관을 해임시킨 것을 계기로, 유엔 내에서도 '한국문제'를 외교 교섭을 통해 해결하자는 움직임이 일어났다. 그래서 한국 정부의 반대에도 불구하고 '정전협상'이 1951년 7월 10일에 시작되어, 1953년 7월 27일에 '정전협정'이 조인됨으로써 전쟁은 일단 멈추었다. 그러나 '제네바 정치회담'이 성과 없이 결렬되어, 우리 민족은 3년 1개월 동안의 전쟁을 치르고도 결국 국토 통일을 이루지 못했다.

---

25) 독립운동가(1893~1976), 미 디킨스대학 수학(1913), 상하이 임시정부 이승만 대통령 비서, 광복 후 외무장관(1949), 주유엔 대사(1951~1960), 주뉴델리 총영사(대사급, 1964)를 역임하였다.

1960년 3·15 부정선거 당시 투표를 마치고 나오는 이승만 대통령 내외

'제네바 정치회담'이 실패하자, 남아연방을 제외한 참전 15개국은
1954년 11월 11일 유엔 사무총장에게 「정치회담 결과에 관한 보고서」

를 「참전 16개국 공동선언」과 함께 제출했다.

이 보고서를 접수하여 토의한 제9차 유엔총회는 12월 11일, 한국에서의 유엔의 목적을 재확인한 「결의 제811(Ⅸ)」을 회원국 60개국 중 50:5(기권 4, 결석 1)로 채택해, "이 보고서를 승인하는 동시에 한반도에 관해 유엔의 목적이 독립된 '민주한국'을 수립하고, 이 지역에 국제평화와 안전을 완전히 회복하는 데 있음"을 재확인했다. 이로써 참전 16개국 공동선언에 명시된 한국문제 해결에 관한 2개 항의 기본 원칙은 한국 통일에 관한 유엔의 원칙으로 확정됐다.

그 후 유엔총회에서는 '유엔한국통일부흥위원단(UNCURK)'이 해마다 제출하는 연차보고서가 자동적으로 상정됨으로써, '한국문제'는 1959년 제14차 총회 때까지 매년 연례적으로 유엔에서 토의되었다. 그리고 총회 때마다 대한민국 대표만이 초청되어 '한국문제' 토의에 참석한 가운데, 유엔 감시 아래 인구비례에 의한 '남·북 총선거'를 골자로 하는 서방 측 '통한(統韓)결의안'이 압도적 다수표를 얻어 매년 가결되었다.

이같이 이승만 정부의 통일 정책은 '제네바 정치회담'까지는 유엔 감시 아래 토착인구 비례의 자유총선거 실시와 '북진(北進)통일'을 주장하고, 그 후에는 해마다 유엔총회에서 한국 대표단만 참석한 가운데 유엔의 한반도 통일 원칙과 유엔한국통일부흥위원단의 존속을 확인하는 것이었다.

한국 정부는 1950년대 당시 미국을 주축으로 한 자유진영 국가들이 절대 다수를 점하고 있던 유엔의 세력 분포 상황을 배경으로, 위의 서방 측 '통한결의안'을 매년 압도적 다수로 가결시켰다. 이로써 유엔의 통한 원칙 재확인과 유엔한국통일부흥위원단 활동의 존속을 확보하고,

공산 국가들이 제출한 '북한대표 초청안'과 '조선통일결의안'은 해마다 큰 표차로 부결시켜, 대한민국의 '유일 합법성'을 국제 사회에서 계속 확립해 나가는 정책을 성공적으로 추진할 수 있었다.

7. 한·일 회담의 시작과 평화선 선포

1948년 대한민국 정부 수립 이후, 신생 독립국으로서 정부가 먼저 추진해야 하는 가장 중요한 과제는 자유진영 국가들과의 우호관계 수립과 국가 건설을 위한 자립경제 기반의 확립이었다.

일본 제국주의 식민 통치로부터 국권을 되찾은 지 얼마 되지 않은 한국으로서는, 당시 이 두 가지 과제 해결을 적극적으로 도와줄 수 있는 나라는 미국밖에 없었다. 따라서 초대 이승만 대통령의 외교 정책은 처음부터 친미 성향을 띨 수밖에 없었다.

그리고 당시 재일 한국인의 법적지위 문제나 어업 분규 등으로 악화 일로에 있던 한·일 관계를 그대로 방치할 수도 없었다.

그러던 중 1951년 9월 8일 미국 샌프란시스코에서 서명된 '대일(對日)평화조약' 규정에 따라 한국은 동 조약에 규정된 청구권·어업 및 재일 한국인의 법적지위 문제 등의 여러 이익을 얻게 되었다.

우리 정부는 이 문제들을 논의하기 위해 일본과 직접 교섭할 필요성 외에, 한·일 간의 국교정상화를 위한 조속한 회담 개최를 일본에 제의 했다.

이 제의 뒤에는 한국전쟁이 끝나면서 '동서냉전'이 격화되는 상황에서, 동아시아에서 한·미·일의 안보동맹 같은 것을 구상하고 있던 미국의 적극적인 권유가 있었다.

한국과 일본은 1951년 10월 20일 회담 개최를 위한 '예비회담'을 시작으로 1952년 2월 15일부터 본회담을 네 차례나 열었다. 그러나 불행했던 두 나라의 과거 역사와 상호 간의 불신에다, 재일 한국인의 국적과 선박 문제 등 여러 가지 어려운 문제들에 봉착하여 회담은 쉽게 진척되지 못했다.

이러한 가운데 협상의 어려움을 더욱 가중시킨 것은 이승만 대통령의 철저한 반일(反日)감정이었다. 그의 반일 성향은 '평화선 선포'에서 분명히 드러났는데, 한국 정부는 일본이 어업협정 체결 제의를 고의로 지연시키자, 1952년 1월 18일 국무원 공고 14호로 '인접 해양의 주권에 관한 대통령 선언'을 공포했다. 이것이 바로 연안으로부터 평균 60마일의 '평화선 선언'으로, 1965년 6월 '한·일 협정'이 체결될 때까지 유지되었다.

'이승만 라인(약칭: Rhee Line)'이라고 불린 이 '평화선' 선포의 배경에는 ① 한·일 간의 어업 격차, ② 대륙붕 자원 보호, ③ 세계 각국의 영해 확장과 '전관수역(專管水域) 선언' 추세, ④ '샌프란시스코 강화조약' 발효로 철폐가 임박한 '맥아더 라인(MacArthur Line)'[26] 대체 방안 강구의 필요성, ⑤ 독도와 주변 해상에 대한 우리 주권 수호 등의 이유들이 있었다.

평화선이 선포된 후, 1952년 9월 유엔군 사령관 클라크(Mark W. Clark) 대장은 북한군의 잠입과 밀수 등을 봉쇄하기 위하여 한반도 주변에 '해상 방위선'을 설정했다. 이 '클라크 라인(Clark Line)'의 안쪽

---

26) 1945년 9월 맥아더 미 극동군 사령관이 일본 주변에 선포한 해역선으로 이 선 밖에서의 근해 어업을 일체 금지했는데, 이 선은 1952년 4월 '샌프란시스코 조약' 발효와 더불어 소멸됐다.

수역이 이승만 라인의 안쪽 수역과 거의 겹쳐져 있어서 우리 '평화선' 선포를 간접적으로 지원한 결과가 되었다.

평화선 선포에 대해 일본·중공·타이완 등 주변 국가들은 물론, 미국 등 우리 우방국들도 부당한 조치라고 비판하고 나왔다. 그중에서 가장 크게 반발한 나라는 역시 독도 문제가 걸린 일본이었다.

원래 독도는 『세종실록지리지(世宗實錄地理志)』나 『동국여지승람(東國輿地勝覽)』 등 역사적 문헌들로 보아 한국 고유의 영토로, 1946년 일본에 있는 '연합군 최고사령관총사령부(GHQ)'가 만든 각서에서도 독도는 일본의 행정구역에서 분리되어 있었다.

그런데 1954년 일본 측이 "이것은 'GHQ'가 만든 단순한 잠정적인 각서에 지나지 않으며, 일본 정부가 승인한 것이 아니다"라고 주장했다. 그들은 1905년 러·일 전쟁 때 일본 정부가 '시마네 현(島根縣)의 섬'이라고 고시한 사실을 들어, 다케시마(竹島)라는 이름으로 독도의 영유권을 주장하고 나옴으로써 정치적 문제가 되었다.

우리 정부는 평화선 확보 결의에 따라 1954년 8월 독도에 등대를 세우고 경비대를 파견해 이를 세계 각국에 통보하는 한편, 독도 주변 영해 내의 수자원을 확보하고 평화선을 침범한 일본 어선들을 나포했다.

이런 상황에서도 한·일 양국은 몇 차례 더 회담을 계속했으나, 기본 조약과 어업, 그리고 청구권 등 여러 문제에서 이견을 좀처럼 좁히지 못했다.

그러던 중 "일본이 '강화조약'을 체결하기 전에 한국이 독립한 것은 국제법 위반이며, 일본 통치는 조선에도 유익했다"는 구보다 칸이치로(久保田貫一郎) 수석대표의 안하무인(眼下無人) 격인 망언에다가, 독도 문제, 평화선과 일본 어선 나포 등으로 양국은 감정의 충돌 양상까지 보였다. 그 후 회담은 1959년 1월 말부터 '재일동포 북송문제'로 교착상태에 빠졌다가 1960년 한국의 '4·19혁명' 발생으로 완전히 중단되었다.

1959년 12월 14일 북송선 제1호가 일본 니가타(新潟) 항에서 975명의 재일동포를 싣고 북한으로 첫 출항을 했다. 이후 1987년 말까지 187차에 걸쳐 9만 3,340명(일본인 처: 1,830명 포함)의 재일동포들이 생활난과 민족차별로 고생하던 끝에, '노동자의 천국'과 '지상 낙원'을 내세운 북한의 허위 정치선전에 현혹되어 꿈을 안고 기꺼이 북한으로 돌아갔다.

제2차 세계대전 후 공산권에서 '자유 세계'로 피난민이 대량 탈출한 사례는 많았지만, 자유세계에서 자발적으로 공산권에 사람들이 집단적으로 역유입된 것은 전무후무(前無後無)한 일이었다. 특히 재일동포의 90% 이상이 남한 출신이었는데, 상식적으로 생각해서 9만 명이 넘는 교포들이 남한이 아닌 북한으로 갈 이유는 없었다. 이렇게 북송된 동포들은 일본으로 다시는 돌아올 수 없었다. 북송 동포들은 대부분 순진하게도 북한의 공산정권이 허위 선전으로 교묘히 포장한 일종의 정치적 '인질작전(人質作戰)'에 속았던 것이다.

이처럼 북송된 재일동포들의 꿈은 북한에 도착한 순간부터 산산조각이 났고, 불행하게도 그들은 결과적으로 거의 모두 북한 정권의 허울 좋은 인질이 되고 말았다. 이는 그 후 일본에 남은 가족과 친지들이 배고픔을 호소하는 북송 동포에게 보낸 현금과 구원 물자, 그리고 고급 자재와 기술이 북한 정권에게 필요한 외화벌이와 원조 및 물자의 공급원이 되고, 또 '조총련'을 조정하는 데 이용되었던 것에서 알 수 있다.

이승만 정부의 '한일회담' 결렬은 표면적으로는 서로의 감정적 대결 탓으로 비쳐졌다. 그러나 내부적으로는 일본의 경우 경제가 한참 부흥할 때에 회담이 타결되면 많은 배상금을 내야 함으로 서두를 필요가 없었던 데다가, "조선 통치 시대의 잘못을 먼저 사과하라"는 한국 측의 강한 요구가 일본 측에 정치적으로 큰 부담이 되었다. 또한 한국은 한국대로 당시 미국이 매년 2~3억 달러의 경제 원조를 해주고 있었던 데다, 대한(對韓) 방위 공약이 확고해 일본과의 국교정상화는 청구권 명의의 배상금과 평화선 문제를 해결한 다음 천천히 검토해도 좋다는 정도로 급하지 않은 처지에 있었기 때문이었다.

게다가 이승만 대통령의 개인적인 반일(反日) 성향까지 합쳐서, 일본과의 국교 정상화는 이승만 정부에서는 사실상 더 이상의 진전을 기대하기 어려운 형편에 있었다.

1960년 9월 외교 강화를 위해 방한한 일본 외상을
접견하고 있는 장면 총리

제 3 장

허정 과도정부와 장면 내각의 외교

(1960~1961)

1960년 봄, 3 · 15 부정선거에 대한 항의로 마산에서 시작된 '4 · 19 학생혁명'으로 4월 26일 이승만 대통령이 하야 성명을 냈다. 이어 28일 '허정(許政)¹⁾ 과도정부'가 들어서자, 군소 정당의 속출과 함께 '남북 협상'과 같은 새로운 대북 제의가 중구난방(衆口難防)으로 분출됐다. 심지어 재야 일부에서는 뒤늦게 '오스트리아식 중립화 통일론'까지 나오는 등 사회는 무질서 속에 대단히 혼란스러웠다.

이런 어수선한 분위기 속에서 '허정 과도정부'는 비록 3개월밖에 집권하지 못했지만, 미국과의 유대 강화와 함께 한 · 일 간 현안 문제의 합리적 해결 등 효과적 실리 외교의 추진과 중립 국가들과의 관계 개선 등을 주요한 외교 목표로 등장시켰다.

'허정 과도정부'가 출범한 지 얼마 안 된 6월 19일, 아이젠하워 대통령이 건국 이래 미국 대통령으로서는 처음으로 한국을 방문했다. 비록 1박 2일의 짧은 체한이었으나, 아이젠하워 대통령 일행은 그 자동차 대열이 서울역 앞에 도달했을 때에는 인산인해(人山人海)를 이룬 환영 인파로 움직일 수조차 없을 정도로 대환영을 받았다.²⁾

아이젠하워 대통령은 이에 큰 감명을 받아 우리 국회에서 행한 연설에서 이전에 자신이 그토록 반대했던 '한 · 미 상호방위조약'의 이름을 들어, 한국에 대한 안보와 경제 지원을 굳게 약속한 것은 정말 특기할 만한 일이었다.

3개월간의 '과도정부' 끝에 1960년 '7 · 29선거'를 통해, 8월 19일

---

1) 정치가(1896~1989), 보성전문 졸업, 상하이에서 독립운동을 했으며, 광복 후 교통장관(1948), 사회장관 (1951), 국무총리 서리(1951), 서울시 시장(1957), 외무장관(1960), 과도내각 수반(1960)을 역임했다.

2) 아이젠하워 대통령을 환영하기 위하여 서울 시민들이 얼마나 많이 거리로 나왔는지, 서로 밀치고 밟고 넘어지면서, 사람들의 입에서 "아이쿠, 아이쿠" 하는 소리가 저절로 터져 나올 수밖에 없었다. 이 소리가 아이젠하워 대통령에게는 "마치 자신의 애칭인 IKE(아이크), IKE(아이크)라고 소리치는 것 같이 들렸을 지도 모를 것"이라는 유머가 그 당시에 유행했을 정도로, 국내에서는 일찍이 보지 못했던 최대의 환영 인파였다.

탄생한 장면(張勉) 내각은 다음과 같은 새로운 외교 목표를 제시했다.

① 미국과 서방 제국과의 유대 강화
② 통일과 정통성 확보를 위한 대(對)유엔 외교의 계속
③ 중립 국가들과의 관계 개선
④ 한·일 관계의 정상화

유엔 외교로는 남·북한 전역에 유엔 감시 아래 토착인구(土着人口) 비례의 자유선거에 의한 통일정부 수립과 유엔 가입을 주요 목표로 설정했다. 대일 외교는 미국의 권고를 받아들여 정권 출범과 함께 일본 정부와 교섭을 시작하여 한·일 국교정상화에 관해 대체적인 합의를 보았다. 그러나 1961년 5월 발생한 박정희 소장 주도의 '5·16 군사정변'으로 회담은 그만 중단되고 말았다.

1. 대미(對美) 안보와 유엔 외교의 강화

장면 내각의 초대 외무장관인 정일형(鄭一亨)3) 박사는 8월 24일 첫 기자회견에서 '외교 쇄신 7대 원칙'의 이름으로 '북진통일'과 같은 무모한 통일 정책의 지양, 대미 친선 외교의 계속과 미국과의 유대 강화, 미국으로부터의 군사·경제 원조의 증대, '한·미 행정협정'의 체결 촉진, 반공 진영과의 결속과 함께 중립 국가들과의 외교 관계 수립과 경

---

3) 정치가(1904~1982), 미 드루대학 철학(1935)·법학박사(1960), 연희전문 교수(1937), 국회의원(1950년, 7선), 국회 외무위원장(1950), 외무장관(1960~1961)을 역임했다.

제 외교의 적극적 전개, 일본과의 국교 정상화, 유엔 가입 촉구, 국민의 해외 진출 장려, 민간외교의 강화 등의 외교 시책을 공포했다.

이 같은 외교 시책에 비추어 볼 때, 장면 내각의 안전보장 정책은 이승만 정부 이상으로 반공을 강조하고, 미국에 의존하는 것이었음을 알 수 있다.

특히 이승만 정부에 의해 일시적이나마 손상되었던 미국과의 우호 관계를 다시 돈독히 함으로써, 미국으로부터의 군사·경제 원조를 증액시키고자 노력했다. 그리고 장면 내각은 더 나아가 미국의 원조만으로는 안보와 경제 발전에 미흡하다고 보고, 한·일 국교 정상화를 실현시켜 대일 청구권의 상환과 경제 협력을 얻어내려는 정책을 진지하게 진행시켰다.

미국과의 우호 관계를 돈독히 하는 것 외에, 장면 내각의 외교 정책에서 특기할 만한 것은 안보 정책의 수정을 들 수 있다. 장면 정권은 이승만 정부의 맹목적인 반공주의를 답습하지 않고, '무력통일 정책'의 포기를 선언했다. 그런 한편, 이승만 정부의 비동맹 중립국 경원 내지 적대 정책도 수정, 점차 커가는 '아시아·아프리카 블록'의 세력을 감안하여 '제3세계의 중립국가(中立國家)들과의 수교'를 '슬로건(slogan)'으로 내걸었다.

또 유엔총회에서의 '한국문제' 토의에 대비, 임창영(林昌榮) 주유엔 대사를 단장으로 하는 친선사절단을 콩고(브라자빌)·나이지리아·라이베리아·세네갈 등 중·서부 아프리카 8개국에 파견하여 한국의 실정을 설명, 유엔에서의 한국 입장 지지를 요청하고 상호협력 관계의 증진 방안을 논의케 했다.

그러나 장면 내각은 외교 면에서 1961년 4월 10일부터의 제15차 유

국민의 여론 수렴을 위해 청년 대표들을
접견하고 있는 장면 총리(1961)

엔총회 후반기의 '한국문제' 토의 때 '북한대표 조건부 초청안'[4) 채택
등 어려운 국면을 맞았다. 또 대내적으로도 혼란이 극심한 데다가, 북
한으로부터의 위협도 자유당 때보다 오히려 더 고조되는 상황에 처하
게 되었다. 결국 장면 내각은 계획했던 정책들을 제대로 펼쳐 보지도
못하고, 출범 10개월 만에 '5 · 16 군사정변' 발생으로 통치의 종지부
를 찍고 말았다.

---

4) 유엔총회에서의 '한국문제' 토의에 참석할 대표 초청과 관련, 1960년대 신생국들의 가입으로 인한 유엔
  내 세력 분포의 변화를 고려, 미국의 주유엔 스티븐슨(Stevenson) 대사가 4월 12일 정치위원회에 내놓은
  절충안이다. 이 안의 골자는 종전의 한국 대표 단독 초청 대신 남 · 북한 대표를 같이 초청하되, "북한은
  먼저 한국 문제를 다루는 유엔의 권위와 권능을 수락해야 한다"는 것이었다. 북한이 이 조건부 초청안마
  저 거부함으로써 한국문제 토의에는 종전대로 한국 대표만 참석했다.

2. 대일(對日) 외교의 강화

일본과의 관계 개선에 적극 나설 뜻을 밝혔던 '허정 과도정부'의 뒤
를 이어 1960년 8월 19일 출범한 장면 민주당 내각은 안보 및 경제 발
전을 위하여, 한·일 간의 국교 정상화를 통해 일본으로부터 청구권 자
금과 경제 협력을 얻어 내려고 서둘렀다.

그래서 장면 내각은 한·일 관계 개선 문제에 대해 과거 식민지 시
대의 불행했던 일에 너무 집착하지 않고, 이승만 정부 때와 비교해 전
진적인 자세를 취하기 시작했다.

이에 호응하여 일본 측도 한국 국민의 반일 감정을 자극하지 않으면
서 친선을 도모하기 위하여, 광복 이후 처음으로 1960년 9월 6일 고사
카 젠타로(小坂善太郎)[5] 외상을 친선사절단장으로 한국에 파견, 정일형
장관과 회담하여 한·일 회담 재개 및 기타 제반 문제에 대해 협의하
고 공동성명서를 발표했다.

이 공동성명서에서 고사카 외상은 한국 국민에 대해 일본 국민의 우
의와 경애의 뜻을 전달하고, 금후 한·일 친선관계를 수립하려는 일본
정부와 국민의 희망과 결의를 표명하고, 정일형 장관은 "한국 정부 지
도자들도 한·일 우호관계의 중요성을 인식하고, 이를 위해 공동으로
노력함이 필요하다"는 신념을 피력함으로써 한·일 관계의 새로운 돌
파구를 마련했다.

이같이 한·일 양국에 협조적인 분위기가 나타난 것에는 그만한 이
유가 있었다. 첫째, 한국 정부는 연간 약 3억 달러에 달하던 미국의 경

---

5) 일본 정치가(1918년생), 동경 상대 졸업(1936), 중의원 의원(1947년, 15선), 대장성 정무차관(1947), 노동
대신(1951), 외무대신(1961), 경제기획원 장관(1973), 외무대신(1977)을 역임하였다.

제 원조가 삭감되어 경제개발 계획에 필요한 재원 확보를 위하여 일본과의 협력이 절실히 필요했다. 둘째, 일본 측도 한국전쟁 특수로 벌어들인 달러로 여유가 생긴 외환 보유고를 활용하고, 또 전후의 폐허를 딛고 재건에 성공함으로써 확대된 공업 생산력의 분출구를 마련하기 위해 한국으로의 진출이 필요했다. 셋째, 미국 측도 아시아의 대 공산권 방위 체제를 견고히 하기 위해, 한·일 간의 협력 체제를 마련하도록 양측에 권유와 함께 은근히 압력을 행사했던 것 등의 여러 가지 이유에서였다.

1960년 8월 15일 북한의 김일성이 연설을 통해 남·북한과 해외교포의 3자 대표로 '연방정부'를 구성, 그 산하에 별도의 남·북한 지역 정부를 두자는 '남북연방제'를 제안했다. 각양각색의 통한론이 제기되는 가운데 중공의 유엔 가입을 통한 통일론부터 10월 22일 미국 민주당의 비둘기파의 대표적 존재였던 맨스필드(Mansfield) 의원이 '남·북한 중립화 통일안'까지 나와 통일 논의는 혼란상을 드러냈다.

이러한 어수선한 분위기 속에서도 정부는 10월 25일부터 1961년 5월 5일까지 약 7개월간에 걸쳐, 일본과 전례 없이 큰 기대와 우호적 분위기 속에 다섯 차례의 '예비회담'을 가졌다.

이 회담은 한·일 간의 문제에 대한 해결책을 모색하는 사전 접촉의 성격을 띠었는데, 일본과 북한 간의 재일 교포 북송 연장회담으로 인해 한·일 회담 분위기는 한때 긴장상태에 빠지기도 했다.

이러한 어려운 상황 속에서도 한·일 양측의 적극적인 자세에 힘입어 교포의 법적 지위와 가장 난제였던 평화선 및 어업, 그리고 청구권 문제 등에 대해서도 실질적인 토의가 진행되어 많은 진전이 보이기 시작했다.

그러나 어업 문제에서는 양측의 견해차가 워낙 커 좀처럼 타협을 보지 못하고 있던 중 1961년 3월 22일 장면 내각 퇴진을 요구하는 '학생 데모'가 일어나고, 또 친(親)이승만과 반(反)이승만 세력의 대립과 보수와 혁신 간의 갈등이 빚어졌다. 이런 와중에 5월 4일에 '민족통일학생연맹'이 '남북판문점회담'을 결의하는 등 정치적 혼란이 극심한 가운데, 박정희 소장 주도의 '5·16 군사정변'이 일어나 한일회담은 본회담을 열지 못한 채, 1961년 5월 5일의 예비회담을 마지막으로 중단되고 말았다.

그렇지만 한일회담 타결을 위한 장면 내각의 기본 계획은 '5·16 군사정권'에 의해 거의 그대로 계승되어, 약간의 수정을 거쳐 원안대로 집행됨으로써 박정희 정부가 이룩한 한·일 국교 정상화의 밑바탕이 되었다.

정상회담을 마치고 기자회견을 하는 박정희 대통령과
닉슨 미국 대통령(1969)

제 4 장

박정희 정부의 외교

(1961 ~ 1979)

1961년 5월 16일 새벽, 박정희(朴正熙)[1] 소장이 이끄는 '쿠데타'군이 한강을 건너 서울에 진입했다. 당일 설치한 '군사혁명위원회'는 반공 정책 고수와 유엔 헌장 준수, 그리고 '자립경제' 수립과 통일을 위한 실력 배양에다, 조기 민정 이양 등 6개 항목의 '혁명공약'을 발표했다. 같은 달 20일에는 '혁명내각'이 구성됐고, 7월 3일 박정희 소장이 '국가재건최고회의'[2] 의장으로 취임했다.

군사정변에 이어 1962년 12월 17일 '국민투표'로 확정된 개정 헌법에 의하여 1963년 10월 대통령 선거와 11월 제6대 국회의원 선거를 거쳐, 12월 17일 박정희 장군이 제5대 대통령에 취임했다.

12월 17일 출범한 박정희 정부의 외교는 10월 17일에 선언한 '10월 유신'[3]을 경계로 그 성격을 달리한다. 우선 '10월 유신' 이전에는 '쿠데타(coup d'État)'로 장악한 정권의 정통성 확보를 위한 친미와 근대국가 건설, 그리고 국군의 장비 현대화를 위한 대미안보·경제외교, '선건설(先建設)·후통일(後統一)'을 내세운 통일 정책, 일본과의 국교정상화, 월남 파병 등으로 특징지을 수 있다. 다음 '10월 유신' 이후에는 '자주국방'을 위한 총력외교의 전개, 서로 상대방의 실체를 인정한 남·북 간의 교류, 비동맹권 국가에 대한 외교의 강화와 '제3세계'에서의 북한과의 수교 경쟁 등을 특기할 만한 외교 정책으로 들 수 있다.

---

1) 군인·정치가(1917~1979), 대구사범 졸업(1937), 만주군관학교 졸업, 일본 육사 유학(1944), 제5사단장, 제6관구 사령관 등을 역임했고, 5·16 군사정변을 주도했다. 대통령(1961), 10월 유신 후 대통령으로 재선출됐으며(1972~1979), 1979년 10·26 사태로 급서했다.

2) '5·16 군사정변' 직후, 혁명 주체세력이 혁명 과업 완수를 위하여, 비상조치로 설치한 '국가최고통치기관'이었다. 처음 군사혁명위원회로 발족했으나, 1961년 5월 18일 국가재건최고회의로 개칭했다.

3) 1972년 10월 17일 박정희 대통령이 장기 집권을 목적으로 단행한 초헌법적 비상조치로, 이로써 '유신체제'가 성립되어 79년 10월 26일 박정희 대통령 시해 때까지 지속되었다.

1. 정통성 확보 외교

1961년 '5·16 군사정변' 직후, 한·미 관계는 일시적으로 어색한 때가 있었다. 우선 미국으로서는 돌발적인 '군사 쿠데타'가 자유 민주주의 이념에 맞지 않을 뿐만 아니라, '쿠데타'의 주동자인 박정희 소장의 사상적 배경과 과거, 그리고 정치 경향에 대하여 확신이 서지 않았던 탓이었다.

'혁명내각'의 가장 시급하고 중요한 문제는 국민들로부터 집권의 정당성을 확인받고, 미국의 반발을 무마하여 정통 정부로서 인정받는 것두 가지였다.

그래서 5·16 군사정변의 주역들은 부패 척결과 민족주의를 전면에 내세우고, 반공에 대한 의지 천명과 조기 민정 이양 등 일련의 반공과 친미 정책을 '혁명공약'으로 발표했다. 그런 한편, 7월 3일 「반공법」을 공포하고 '빈곤으로부터의 탈피'를 강조했으며, 서둘러 7월 초부터 전 세계 74개국을 상대로 5대주에 5개 반의 친선사절단을 각각 파견했다. 사절단은 혁명의 정당성을 홍보하는 등 대외 활동을 적극적으로 전개함으로써, 국민들로부터 혁명의 정당성을 추인받고 미국의 승인도 확보했다.

그 후 11월 박정희 장군이 '국가재건최고회의' 의장 자격으로 미국을 방문하는 길에 먼저 일본에 들려, 12일 이케다 하야토(池田勇人)⁴⁾ 총리와 '조기 국교 정상화'에 합의했다. 14일에는 케네디(John F. Kennedy)⁵⁾

---

4) 일본 정치가(1899~1965), 교토대 법학부 졸업(1925), 대장성 정무차관(1947), 중의원 의원(1949년부터 7선), 대장(大藏)(1949)·통상(1952)·대장(1956), 무임소(1958), 통산대신(1959) 등을 역임했고, 1963년 수상 자리에 올랐다.

5) 미국 정치가(1917~1963), 하버드대학 정치학 전공, 하원의원(1946), 상원의원(1952), 대통령(1961~1963) 등을 역임했으나, 1963년 유세 중에 암살당했다.

대통령과 회담, 미국의 지지와 경제·군사 원조의 증대를 약속받음으로써 대미 관계를 일단 정상화시켰다.

이로써 박정희 장군의 '군사정부'는 안보와 경제원조 획득 문제를 동시에 해결할 수 있는 길을 열어, 정권의 정통성을 확보했다. 또한 유엔총회에서의 한국문제 토의에 대비해 승인·수교 외교를 계속 적극적으로 전개, 1960년 25개국에 불과했던 수교국 수를 1962년에는 일거에 52개국으로 늘렸다. 1967년 5월 3일 대통령에 재당선된 박정희 대통령은 그 후에도 계속 수교국을 늘려, 1972년 '10월 유신' 초까지 79개국과 국교를 수립했다.

그러나 우리 정부는 1972년 '7·4 남북공동성명'을 발표할 때까지는 비동맹국들과의 외교에서 "동독 정권을 승인한 나라와는 국교를 단절한다"는 소위 서독 정부의 '할슈타인 원칙(Hallstein Doctrine)'6)을 도입하여 엄격히 적용했다. 이에 따라 북한과 수교한 나라와는 외교관계를 즉각 단절함으로써, 대한민국만이 한반도의 '유일한 합법정부'라는 것을 분명히 했다.

이 '2개의 한국 불인정 원칙'에 따라 1964년 11월과 12월에 서부 아프리카의 모리타니와 중부의 콩고에 좌경 정권이 들어서 북한과 수교하자, 즉시 두 나라와 단교 조치를 취했다.

이것이 한국 정부가 외교 관계를 수립했다가 단교한 첫 번과 두 번째 사례인데, 위의 두 나라와는 좌경 정권이 붕괴한 뒤인 1978년 12월과 1990년 6월에 각각 재수교했다.

---

6) 서독만이 자유선거에 의한 정부를 가진 유일한 독일의 합법정부이므로, "동독을 승인하는 나라와는 외교관계를 단절(소련만은 예외)한다"는 서독의 외교 정책이다. 법학자인 할슈타인 박사가 작성하여 자신이 서독의 외무차관으로 재임 시 실제로 이 정책을 적용했는데, 이 정책은 1967년 서독이 루마니아와 국교를 재수교할 때까지 지속되었다.

2. 한·일 국교정상화

'혁명정부' 수립 후 1961년 10월 20일부터 '제6차 한·일 회담 본회의'가 열리고, '제3공화국'[7] 발족 후 1964년 12월 3일부터 제7차 회담이 개시됐다. 회담의 진척 과정을 더듬어 보면 대략 다음과 같다. 박정희 정부가 수립되면서 한·일 관계가 새로운 전기를 맞이하게 된 것은 케네디 대통령의 한·일 국교 정상화 촉구도 있었지만, 우리 정부가 안보상의 이유와 경제적 필요성에 따라 일본과의 회담을 적극적으로 추진했기 때문이었다.

당시 월남 전선에 지상군의 대거 증파를 결정한 미국은 미군 기지가 있는 한·일 양국의 연계가 무엇보다도 필요했다. 1964년 초부터 두 나라 정부에 국교 정상화를 '최우선 과제'로 강력하게 권고했고, 조속한 회담 재개를 종용하다가 10월 3일에는 번디(William P. Bundy) 국무부 차관보를 서울에 보내 박정희 대통령에게 '한·일 회담' 재개를 촉구했다.

한국의 경제개발을 위해서는 무엇보다도 일본과의 수교가 필요하다고 믿어온 박정희 대통령은 이 같은 미국의 관심을 배경으로 같은 해 7월, 38세의 패기에 찬 젊은 이동원(李東元)[8] 주태국 대사를 외무장관으로 발탁했다. 또 10월에는 직업 외교관 출신의 김동조(金東祚)[9] 당시 무역진흥공

---

7) '5·16 군사정변' 후 2년 7개월간 계속된 군정의 뒤를 이어, 1963년 10월 대통령 선거에서 당선된 박정희 장군이 12월 17일 제5대 대통령에 취임함으로써 출범한 한국의 세 번째 공화 헌정체제로, 1972년 10월 17일 '10월 유신'까지 7년간 지속됐다.

8) 외교관·정치가(1926~), 영국 옥스퍼드대학 정치학박사(1958), 최고회의 의장 비서실장(1962), 주태국 대사(1964~1965), 외무장관(1965~1967), 주스위스 대사(1973), 국회 외무위원장(1979)을 역임했다.

9) 외교관(1918~), 규슈(九州)대학 법학부 졸업(1943), 외무차관(1957~1959), 주일 대사(1964~1967), 주미 대사(1967~1973), 외무장관(1973~1975)을 역임했다.

사 사장을 주일 대사로 임명하면서, "가급적 빨리 한·일 국교정상화를 이루도록 하라"는 명을 내림으로써 '한일회담'이 서둘러 재개되었다.

처음 회담은 활기를 띠었다. 하지만 청구권과 관련하여 한국 강점(强占)에 대한 사과는커녕, "일본은 한국에 대한 패전국이 아니므로 법적 배상 의무가 없다"는 주장이 나왔다. 더구나 1965년 1월 7일 기자회견에서의 다카스기 신이치(高杉晉一) 일본 수석대표의 "창씨개명(創氏改名)은 조선인을 동화시켜 일본인과 같이 대우하려던 배려"라는 망언까지 나와, 회담은 뜻대로 잘 진전되지 못했다.

그러나 아시아에서의 '공산 도미노(domino) 현상'[10]을 막고, '자유진영'의 결속을 다짐하기 위한 미국 측의 계속되는 종용과 측면 지원 아래, 1962년 11월 12일의 '김종필(金鍾泌, 중앙정보부 부장)[11]과 오히라 마사요시(大平正芳, 일본 외상)[12] 간의 메모' 교환을 통해, 최대의 난제였던 대일 청구권 문제에 합의함으로써 회담 타결의 길을 열었다.

그 후, 우리 정부가 외교적 노력을 한층 더 집중하고, 일본 측도 1965년 2월 17일 시이나 에쓰사부로(椎名悅三郞)[13] 외상이 이동원 장관의 초청으로 방한해 처음 과거사에 대한 공식 사과를 하는 등 적극적인 자세를 보였다.

양국 정부 대표들은 2월 20일 서울 외무부에서 한국의 야당과 학생

---

10) 이는 미 국무장관 덜레스(John F. Dulles) 박사가 '도미노(일종의 서양 장기)'에 비유하여, 최초의 말을 쓰러뜨리면 잇달아 다른 말들이 차례로 쓰러지게 되듯이, 중국·북한·월맹 등의 뒤를 이어 월남이 공산화되면, 그 주변 국가들이 차례로 하나씩 하나씩 공산화된다는 '도미노 이론'에서 나온 용어이다.

11) 정치가(1926~), 육사 졸업(1948), 5·16 군사정변의 주역(1961), 초대 중앙정보부 부장(1961~1963), 국무총리(1971~1975, 1998~2000), 국회의원(1995), 자유민주연맹 총재(1996) 등을 역임했다.

12) 일본 정치가(1910~1980), 도쿄 상과대 졸업, 중의원 의원(1952), 관방장관(1960), 외상(1962), 통산·대장 대신 등을 역임했고, 1978년 수상 자리에 올랐다.

13) 일본 정치가(1898~1979), 도쿄대학 졸업(1922), 상공차관(1941), 중의원 의원(1955년부터 8선), 관방장관(1959), 외상(1965)을 역임했다.

들의 격렬한 회담 반대 시위에도 불구하고, '한·일 기본조약'[14)에 가조인했다. 그리고 '예비회담'이 시작된 지 14년 만인 6월 22일 일본 수상 관저에서 한국 측에서는 이동원 외무장관과 김동조 한일회담 수석대표가, 일본 측에서는 외무 장관 시이나와 수석대표 다카스기가 한·일 기본조약에 서명했다. 그 후 8월 14일 국회 승인을 거쳐, 12월 18일 서울에서 비준서를 교환했다.

이로써 1910년부터 36년 동안 지배국과 피지배국 사이에 맺어왔던 치욕적인 한·일 관계는 이제 대등한 주권 국가 간의 관계로 정상화됐으며, 해방 20년 만에 한·일 간 역사의 새 장이 마침내 열리게 됐으며, 일본은 대한민국을 유엔 결의 제195 Ⅲ조대로 '한반도에서의 유일한 합법정부'로 인정하고, 3억 달러의 무상 원조와 2억 달러의 정부 차관을 제공키로 했다.

이 액수는 당시 원유 가격이 '배럴(barrel)'당 2달러, 금이 '온스(ounce)'당 25달러, 일본의 외환 보유고가 20억 달러 정도였음을 감안하면 대단한 금액으로, 1962년에 국민경제를 계획적으로 발전시키고자 시작한 '제1차 경제개발 5개년 계획' 성공의 원동력이 됐다. 예를 들어 이 자금의 유입이 없었더라면, 포항제철이나 경부고속도로는 아마 오늘날 존재하지 않았을지도 모른다.

그러나 당시 야당과 학생들이 "평화선을 일본에 팔아먹었다"며, '대일 굴욕 외교의 백지화'를 요구하고 나와 정권 자체가 한때 위태로운 상태까지 갔었다. 이런 난국 속에서 젊은 이동원 장관은 애국심 하나로 독도와 어업 관할권 및 청구권 등 어려운 문제들을 하나하나 차분하게

---

14) 한국과 일본 양국이 일반적 국교관계를 규정한 조약으로, 기본 조약과 이에 부속된 4개의 협정 및 25개의 문서(협정부속서 2, 교환 공문 9, 의정서 2, 구술서 4, 합의의사록 4, 토의기록 2, 계약서 2) 등으로 되어 있다.

1965년 6월 22일 일본 도쿄에서 '한·일 기본조약'에
서명하고 있는 한·일 양국 외무장관

해결했다. 그런데도 조약이 체결된 후 국내 일각에서는 한때 어업과 문
화재 반환 문제와 관련하여, "우리가 너무 양보한 게 아니냐"는 논란이
일기도 했었다.

제2차 세계대전 후 일본에서 배상받은 나라는 아시아에서 한국 외에
도 인도네시아·필리핀·베트남 등 여러 나라가 있었다. 그러나 그중
에서 경제개발에 성공한 나라는 한국뿐이다.

한국은 미국으로부터 월남전 참전으로 안보를 보장받았고, 일본으로
부터는 '한·일 협정' 체결로 배상금과 함께 경제 협력을 얻음으로써
'자립경제' 수립의 발판을 마련했다. 그 결과, 1960~1970년대 '한강의

기적'이라는 우리 경제의 고도성장을 이룩해, 1970년대 초반에 와서 북한에 대한 경제적 열세를 한꺼번에 뒤엎었다. 한·일 국교정상화는 박정희 정부가 올린 최초의 큰 외교적 성과였다.

3. 한국군의 월남 파병

중국의 공산혁명에 이어 인도차이나 반도의 '공산 도미노 현상'을 우려한 미국은 1954년 군사 고문단을 월남에 파견한 후부터 계속 베트남 사태에 개입해 왔다. 케네디 대통령 취임 당시에 파견 인원이 900명 정도로 증강되었다가, 1963년 3월 존슨(Lyndon B. Johnson)[15] 대통령이 미군 1만 6천여 명을 증파하면서 월남전은 급속히 '미국의 전쟁'으로 변모해 갔다.

미국 정부는 자국 내에 일기 시작한 '반전운동'을 잠재우기 위해, 1964년 5월 9일 한국을 포함하여 25개 자유진영 국가들에게 월남전 참전을 공식으로 요청했다.

그러던 8월 2일과 4일, 두 차례에 걸쳐 미국 구축함이 '통킹' 만에서 북(北)베트남 어뢰정의 공격을 받은 것을 계기로, 존슨 대통령이 미군기의 월맹 보복 폭격을 허가함으로써 미국은 베트남전쟁에 본격적으로 개입했다.

미국이 월남에 개입하게 된 이유는 첫째, 중공 세력의 남방으로의 팽창을 막고, 둘째는 "다른 이웃 나라의 공산화 위험이 크다"는 이른바

---

15) 미국 정치가(1905~1973), 하원의원(1937), 상원의원(1949~1961), 부통령(1960), 1963년 케네디 대통령 암살로 대통령직을 승계하고, 그 후 대통령(1964~1969)에 다시 당선됐다.

'도미노 이론(Domino Theory)'이며, 셋째는 미국의 동맹국에 대한 공약의 신빙성을 유지하는 데 있었다. 이 중에서도 '도미노 이론'은 아이젠하워 대통령 당시 정책 결정에 직접 영향을 미쳤고, 또 케네디 대통령도 이 이론에 전적으로 동감하고 있었다.

그렇지 않아도 1961년 11월 14일 박정희 장군이 처음 방미하여 케네디 대통령과의 면담 때, "베트남 공화국에 대한 공산 침략이 한국의 안전에도 중대한 위협이 된다"는 점을 강조하면서, 주한 미군의 계속 주둔을 확고히 하기 위해 우리 국군의 월남 파병을 먼저 제의한 바 있었다.

한국은 미국의 월남전 참전 요청을 받아들여 1964년 9월 '이동의과병원' 장병 130명과 태권도 교관 10명 등 140여 명을 처음으로 베트남에 파견했다. 그 뒤를 이어, 1965년 1월 다시 비전투원 2,000명으로 구성된 '군사원조단(비둘기부대)'을 파견했다.

그 후 월남에서의 확전 방침을 세운 존슨 대통령이 같은 해 12월 박정희 대통령에게 친서를 보내 정식으로 전투사단의 파견을 요청해 왔다. 우리 정부는 국회의 동의를 얻어 1965년 10월부터 '청룡부대'와 '맹호부대', '군수지원 사령부' 등 1만 7,890명의 1개 전투사단 병력을 월남에 파견했다.

이것이 우리나라의 3천 년 역사상 우리 군 초유의 대규모 파병이었다. 1973년 3월 철군이 완료될 때까지 우리 국군은 8년간을 월남에 주둔하면서 자유 수호를 위해 싸워 많은 전공을 세웠는데, 그 활약상이 전 세계에 널리 알려지면서 우리 국위가 크게 선양되었다.

한국군의 월남전 개입과 함께 미국은 박정희 정권을 절대적으로 지지하고 나왔으며, 그와 더불어 점차 용맹한 한국군 증파의 목소리도 높아졌다. 1966년 1월 1일 험프리(Hubert H. Humphrey)[16] 미국 부통령은 필리핀의 마르코스(Ferdinand E. Marcos)[17] 대통령 취임식에 참석한 뒤, 귀국하는 길에 한국에 들러 박정희 대통령에게 '1개 전투사단의 추가 파병을 요청하는 존슨 대통령의 친서'를 전달했다. 그는 기자회견에서 "한국에 미군이 단 한 명 남아 있더라도 미국은 한국의 방위를 위해 끝까지 싸울 것이다"고 단언했다.

우리 정부는 이와 같이 추가 파병 요청을 받고, 험프리 부통령이 한국 방위에 대한 미국 정부의 의지를 강력히 천명하게 만들었다. 또 2월 23일 험프리 부통령의 두 번째 방한을 계기로 한국군의 군 장비 현대화를 비롯하여, 한국군 파병에 따른 장비와 각종 경비 전액 부담, 파월 한국군에 대한 처우 개선, 전쟁으로 형성된 특수 참여 보장, 수출 진흥을 위한 기술 원조의 강화 등을 강력히 요구했다. 미국 정부는 3월 7일 16개 항의 약속을 '브라운(Brown, 당시 주한 미국 대사) 각서'를 통해 확인했다.

이 각서는 2월 25일의 '이동원 - 브라운 합의사항'을 문서화한 것이다. 다시 말해, 박정희 정부가 한국의 젊은이들을 우방의 독립 수호를 위해 싸우게 한 상황을 자유 수호란 대의명분과 함께 외교 교섭에 최대로 활용해 국익을 최고로 도모한 것으로, 대미 외교에서 세운 우리의 또 하나의 금자탑이었다.

박정희 대통령은 증파 사단으로 혜산진부대와 백마부대를 선정했는데, 백마부대는 1950년 박정희 대통령이 중령 때 참모장으로 창설을

---

16) 미국 정치가(1911~1978), 미 덴버 약학대 졸업, 미니애폴리스 시장, 상원의원(1949), 부통령(1965~1968)을 역임하였다.
17) 필리핀 정치가(1917~1989), 필리핀대 법대 졸업, 상원의원(1949), 상원 의장(1959), 대통령(1965) 등을 역임했으며, 부정 선거가 말썽이 되어 1986년 하와이로 탈출했다.

지도했던 부대였다. 이로써 혜산진부대와 백마부대를 1966년 4월과 8월에 각각 파견함으로써, 총 4만 7,872명의 우리 육군과 해병들이 월남에서 미군과 더불어 우방을 위해 공산군과 싸우게 되었다.

한국으로서는 국군을 파병할 도덕적이면서도 국제법에 입각한 뚜렷한 명분과 함께, '한국전쟁' 때 한국을 위해 파병해 준 자유 우방들의 은혜에 대한 보답, 주한 미군을 월남 전선으로 빼돌리려는 미국 측 의도의 사전 봉쇄, 국군의 실전 경험과 장비의 현대화, 기타 경제적 이득 등 많은 실리가 있어 명분과 실리를 함께 챙긴 파병이었다. 미국의 요청을 받고 월남에 파병한 나라는 한국 외에도 호주·뉴질랜드·필리핀·태국 등이 있었지만, 한국군의 수가 제일 많았다.

한국은 지원군을 월남에 두 번째로 많이 파견한 나라로서, 박정희 대통령은 월남 지원 국가 간의 협력과 단결을 도모하기 위해 '월남 지원 7개국 정상회담'을 제의했다. 필리핀의 마르코스 대통령의 고집으로 1966년 10월 24일과 25일 서울 대신 마닐라에서 이 '정상회담'이 열렸는데 박정희 대통령은 여기서 자유 수호를 위한 '월남전 해결방안'을 제시하는 한편, '새로운 시대정신과 아시아·태평양 지역의 미래상'을 부각시키는 등 미국의 존슨 대통령과 함께 회담을 주도했다.

자고로 군대를 해외에 파견하는 것은 그 나라의 영향력이 해외로 진출하는 것을 의미하는데, 국군을 따라 월남으로 우리 기업인이 먼저 가고 기술자들과 상인들이 뒤따랐다.

한창때에는 한진·현대·삼환·한양 등 80여 개의 한국 회사들과 1만 6천 명의 기술자들이 미군과의 계약에 따라 월남에서 활동했다. 1965년부터 제1단계 철수가 시작된 1971년 12월까지 6년간 월남에서 한국 회사들이 벌어들인 외화는 자그마치 5억 700만 달러였다. 당시 우리

연 수출 총액이 1억 달러 정도였으니, 그것이 얼마나 큰돈이었는가를 짐작할 수 있을 것이다.

그런데 우리 기업들은 거의 경험이 없는 사람들을 데리고 일을 시작했다. 예를 들면, 현대건설은 1966년 2월 일본에서 준설선 1척을 사 한국 기능공들을 모집해 처음으로 월남의 '깜라인' 항 준설 공사에 투입했다. 일본 책을 참고하면서 위험 지역에서 공기(工期) 이전에 완벽하게 공사를 끝냄으로써, 미군 측의 신뢰를 얻어 계속 돈도 벌고 기술도 익히는 식으로 밀어붙였다. 이렇게 우리 업체들은 국제무대에서 경쟁할 수 있는 기술과 '노하우'를 독학하다시피 터득하고 돈도 벌었던 것이다.

경제적 실리 면을 보면, 한국은 월남전 참전으로 1965~1973년간 적어도 해외 근무 수당을 비롯하여, 군 용역·근로자 송금·군수 물자 제공 등으로 10억 5,600만 달러의 외화를 획득, '제2차 경제개발 5개년 계획' 수행에 필요한 외자를 충당함으로써 연 12%의 경제 성장을 계속할 수 있었다.

1967년 착공해 1970년 7월 7일 개통된 한국 근대화의 상징인 '경부고속도로'(428㎞의 4차선)는 자동차 시대의 개막, 1일 생활권 시대의 실현, 경제개발 촉진 등의 계기를 마련해 주었다. 이 역시 "우리가 월남전에 참전하지 않았더라면 건설을 계속 하기가 어려웠을 것"이라고 할 수 있을 만큼, 월남 참전은 대일 청구권 자금의 도입과 함께, 우리 경제의 고도성장 달성에 크게 기여했다.

그리고 월남전 이후 막대한 외화를 벌어들인 '중동건설 붐(boom)'이나 1970년대의 수출 주도형 경제도, 모두 월남전 참전 기간에 그 기반이 마련됐다고 해도 과언이 아니다.

그것보다 더 큰 우리의 소득은 월남전 참전으로 처음으로 해외에 대

거 진출한 한국인과 우리 기업들이 "우리도 국제무대에서 경쟁하여 이
길 수 있다"는 자신감을 얻은 것이었다.

월남에서 쌓아올린 기량과 기술, 그리고 자신감이 1971년 '석유 파
동(oil shock)'을 계기로, 벼락 경기가 생긴 중동 건설 시장으로 뻗어나
갈 수 있는 발판이 되었다(최성기에는 10만 명이 넘는 한국 근로자들
이 참가했다).

예로부터 "돈이란 벌겠다고 해서 벌리는 것이 아니며, 돈이 사람을

월남에 파병된 한국군 병사와 월남 주민들의 합동 댐 공사(1966)

따라와야 한다"는 말이 있는데, 처음부터 우리가 돈을 벌기 위해서 월남전에 참전했던 것은 아니다. 주한 미군의 계속 주둔을 확고히 하기 위해 '불가피한 선택'으로 월남전에 참전하다 보니, '타이밍(timing)'이 잘 맞아 돈이 우리를 따라왔던 것이다.

그러나 우리 군이 지불해야 했던 대가도 컸다. 1964년부터 1973년 3월 14일 철군을 완료할 때까지 9년간 '월남전선'에 투입됐던 한국군 총병력은 4만 7,872명(연 인원은 31만 2,853명)이나 되었다.

한국군의 작전 개념은 양민의 희생을 줄이기 위한 '분리 및 섬멸'이었다. 즉, 민간인 속에 숨어 있는 베트콩들을 대민(對民) 심리전을 통해 산 속으로 격리시킨 뒤, 군사작전을 전개해 섬멸한다는 것으로, 고생도 배 이상 컸다.

한국군은 10만 회 이상의 대규모 작전과 55만 회가 넘는 소규모 전투에 참여해 혁혁한 전과를 올린 대신, 4,560명(전사 3,806명, 비전투 중 사망 1,154명과 부상자 1만 1,062명, 그리고 비전투 중 부상 2,582명 등)의 희생자를 냈다.

우리가 월남전 참전으로 얻은 모든 것은 "혹서의 외국 땅에서 자유를 지키면서 흘린 우리 젊은이들의 땀과 피의 보수"였음을 절대로 잊어서는 안 된다. 정부는 앞으로도 전사자 가족과 상이군인에 대한 지원은 물론, 우리 병사들의 고엽제 후유증이나 유해 발굴과 송환에도 계속 최선을 다해야 할 것이다.

1968년 '데트(구정)' 공세 후 미국은 이 전쟁에서 물러나기 시작, 1973년 1월 27일 미국과 월맹이 파리에서 휴전 협정에 서명함으로써 종결되었다. 그로부터 두 달 뒤 미군이 월남에서 완전 철수하여, 결국 월남은 월맹군의 수중에 들어가고 말았다.

그러나 월남전은 처음부터 국제법상 '월맹에 의한 불법 남침'이란 성격을 지녔다. 그것은 1954년 4월의 인도차이나 문제 해결을 위한 미·프랑스·소련·중공·라오스·캄보디아 및 남·북 베트남 등 9개국 회의에서 합의된 '제네바 협정'에 의하여 베트남은 북위 17도선에서 남북으로 분단되었기 때문이다.

월맹은 이 17도선을 무시하고 4개 군단 규모의 정규군을 소수로 나누어 '게릴라'로 남파했는데, 당시 월남의 '민족해방전선'은 사실 월맹 공산당의 위장 조직에 불과했다.

병력 남파의 방식이 장기간에 걸친 소수 위장 침투 방식으로 국제 여론의 비판을 피했다. 또 베트콩을 월남에서 자생한 반(反)정부 세력인 양 허위 선전함으로써, 세계의 언론들이 '월맹 정규군의 남침'을 경시하게 되어 미국의 월남전 개입 반대운동이 일어났다.

그 결과, 세계 최강을 자랑하는 미국이 한국전 때 파견했던 병력수의 곱절인 54만 2천 명의 군대를 투입하여 약 5만 8천여 명의 전사자를 내고, 1,500억 달러의 전비와 750만 톤의 폭탄을 퍼붓고도 종내 전쟁에서 이기지 못했던 것이다.

미국뿐 아니라, 한국을 비롯한 자유진영 국가들이 군대를 파견하여 월남을 도왔지만, 결과적으로 부패한 정권을 돕는 것은 '밑 빠진 독에 물 붓기'였다. 미군과 우방국 군대가 철수하자, 월남 정부는 그대로 무너지기 시작, 결국 1975년 4월 30일 백기를 들고 말았다.

사이공이 함락되자, 김일성이 중공을 찾아가, "한반도에서 전쟁이 나면 잃는 것은 휴전선이요, 얻는 것은 통일"이라고 호언하면서 무력에 의한 '남침통일' 지원을 요청했으나, 중국의 동의를 얻지 못했다는 사실이 나중에 밝혀졌다. 자칫 김일성의 욕심 때문에 우리는 월남전 종결과 함께 다시 두 번째 한국전쟁을 겪을 뻔했다.

오늘날 월남과 미국이 전쟁에 지고 월남이 월맹에 의해 흡수 통일되었다고 해서, 한국군의 월남 파병 자체를 부정적으로 평가하려는 견해가 아직도 일부 우리 학자들 사이에 있다. 그러나 그것은 잘못이다. 왜냐하면 평가의 기준은 어디까지나 우리의 국가 이익과 국제법, 그리고 인류의 보편적 가치여야 하기 때문이다.

그리고 통일 월맹은 '통제경제'를 버리고 '시장경제', 즉 자본주의를 지향했다. 1986년 제6차 공산당 전당대회에서 '응우옌 반 린'이 서기장에 취임하면서 '도이머이(쇄신) 정책'을 채택, 경제 개혁과 개방의 길로 나왔던 것이다. 개방 1년 만에 '도이머이' 전에는 자급도 못하던 쌀을 150만 톤이나 수출하는 등 경제 번영을 이룩하고, 1992년 동남아시아국가연합(ASEAN)에 가입했다. 이 같은 사실에 비추어 "전쟁에서 승자가 되었다고 해서 월맹의 공산주의 노선이 옳았고, 그에 반대했던 한국의 파병은 나빴다고 해석하는 것"은 '전쟁의 승패'와 '행위의 선악'을 구별하지 못한 데서 나온 오류라고 하겠다.

월남전 참전의 가부 평가를 떠나, 월남전 때의 적대 관계에도 불구하고 베트남 정부의 '도이머이 정책' 시행과 함께 한국과 베트남 양국은 조금씩 관계를 개선해 갔다. 그리하여 1992년 양국이 국교를 수립한 후 날로 교류와 협력 관계가 커져, 2001년 당시 400개가 넘는 우리 업체들이 베트남에 진출해 있었다.[18]

1998년 12월 김대중 대통령과 1999년 12월 조성태(趙成台) 국방장관의 베트남 방문 후, 한국은 베트남의 4대 무역 상대국(수출 17억 달러,

---

18) 2007년 말 현재 한국의 베트남 투자액(누적)은 135억 달러로 세계 1위이고, 우리 진출 업체는 15,000개나 된다.

수입 3억 달러)의 하나가 되었으며, 2001년에 들어와서는 베트남 사절단의 방한과 함께 두 나라의 협력 관계는 경제뿐만 아니라, 군사 교류로까지 확대되고 있다.

4. 동(東)베를린 북한 공작단 사건

1967년 7월 8일 김형욱(金炯旭)[19] 중앙정보부 부장이 발표한 '동(東)베를린을 거점으로 한 북한의 대남적화(對南赤化) 공작단사건'은 한국 국민을 크게 놀라게 했다.

발표 내용은 "과거 유럽에 유학했거나 현재 유학 중인 한국의 대학 교수, 음악가, 화가, 철학·법학·정치학 박사 등 최고의 지성인들을 비롯하여, 일반 유학생과 광부들을 동(東)베를린 주재 북한대사관 공작원이 감언이설(甘言利說)로 꾀고 거액의 공작금(2,000만 달러 규모)을 뿌렸다. 그중에는 평양으로 보내 노동당에 입당시켜 특수 훈련을 받게 한 후 간첩 활동을 시킨 사람들도 있었다. 중앙정보부는 수사 기관원들을 서독·프랑스·이탈리아·스위스·오스트리아 등 유럽 여러 나라에 파견해, 이 공작에 관련된 사람들을 모두 서울로 연행·조사 중"이라는 것이었다.

이 사건은 관련자의 한 사람인 임석진(林錫珍)이란 명지대 조교수(철학박사)가 귀국하여, 양심의 가책을 못 이겨 자수함으로써 그 전모가 세상에 드러났던 것인데, 양적으로나 질적으로 건국 이래 최대의 정보 사범 사건이었다.

---

19) 정치가(1925~), 육사 졸업, 중앙정보부장(1963~1968), 국회의원(1971), 1979년 파리에서 실종됐다.

중앙정보부는 이 사건 관련자 194명 중 66명을 검찰에 송청하여 그 중 31명을 기소하고, 나머지를 불기소 처분했다. 기소된 사람들 중에는 박사가 6명 강빈구(姜濱口, 서울대) 교수 등 대학 교수가 7명, 이응노(李應魯, 프랑스 거주 동양화가) 같은 저명한 화가와 윤이상(尹伊桑, 독일 거주 작곡가) 같은 이름 있는 음악가, 박사과정 유학생 5명 등이 포함됐다.

첫 공판에서 피고인들은 거의 전부 공소 사실을 시인, "유혹에 넘어가기 쉬운 젊은 나이에 공산당원과도 마음대로 접촉할 수 있는 외국의 자유 분위기 속에서 한때의 호기심과 실수로 잘못을 저질렀다. 그러나 간첩 활동을 한 일은 없으며 조국 앞에 무릎을 꿇고 사죄한다"고 늘 한결같이 잘못을 뉘우치며 자수하지 못한 것을 후회했다.

1967년 12월 3일 선고 공판에서 기소된 피고인 전원에게 국가보안법·반공법(간첩죄)·외국환관리법 등이 적용되어 사형·무기형·징역형 등 모두 중형의 유죄 판결이 내려졌다. 그러나 이들은 모두 개과하여 2~3년 후에 거의 다 특별 사면을 받고 풀려났다.

이 사건은 국내는 물론 국제적으로도 큰 충격을 주었다. 일본과 서방의 주요 신문들은 이 사건을 연일 대서특필(大書特筆)하고, "이들이 아무리 자국민이라고 하더라도 이들을 서독의 한국대사관으로 연행하여 비밀리에 서울로 강제 송환한 것은, 이들이 거주하던 우방국들의 경찰권을 침해한 국제법 위반 행위"라고 강하게 비난했다.

서독과 프랑스 정부는 사건의 해명을 요구하는 외교 각서(Memorandum)를 우리 정부에 보내오고, 또 서독에서는 대학생들이 시위 소동까지 벌였다. 그런 가운데 본(Bonn) 정부는 서독 주재 한국대사관 관원 중 사건에 직접 관여한 정보 담당관을 우리 외교사상 처음 '환영받지 못할 인물(persona non grata, 기피 인물)'로 지명하여 소환을 요구하는 등 한·독 관계가 한때 극도로 악화됐었다.

이에 대해 정부는 사건의 진상을 자세히 설명하는 외교 각서를 서독과 프랑스 정부에 전달했다. 서독에는 대통령 특사로 독일 유학생 출신의 고려대학교 안호상(安浩相) 교수를 파견, 공식으로 사죄하여 사건을 어렵게 일단락지었다. 그러나 이 사건은 우리 정부의 대(對)유럽 제국 외교에 상당 기간 동안 큰 부담으로 작용했다.

'6·25전쟁'에 실패한 북한은 책략을 바꾸어 일본을 통한 간접 침투를 시도했다. 그리고 1957년에는 서독과의 통행이 비교적 쉬운 동베를린에 공작 거점을 설치하여 대남 공작 경력이 있는 박일영(朴日英)을 주동독 대사에 임명했다. 또 공작 전문가인 이원찬을 1958년부터 동베를린 대학에 역사학 교환 교수로 보내, 감언이설과 막대한 공작금을 뿌리며 서구 여러 나라에 유학 중인 우리 유학생과 장기 체류자들에게 심리전 공작을 전개했던 것이다.

이 사건의 책임은 1차적으로 우리 유학생들의 반공 의식 박약과 호기심, 그리고 이들이 외국의 자유 분위기 등으로 쉽게 북한의 공작에 걸려들었다는 데 있다고 하겠다. 하지만 사전에 북한 공작에 대비한 정부의 예방책이 전혀 없었다는 데에도 책임이 있고, 또 군 출신 지도층의 국제법을 무시한 행동도 한몫했다고 하겠다.

세월이 한참 지난 후, 사회 일각에서는 이 사건이 '조작된 것'이라는 주장이 나왔다. 아직까지 정확한 재평가는 이루어지지 않고 있으나, 사건의 내용과 당시의 사정으로 미루어 보아 내용이 조금 과장되고 확대됐을지는 몰라도, 사건 자체가 조작된 것은 아니었다.

사후약방문(死後藥方文) 격이었지만, 정부가 이 사건을 계기로 유럽 주재 공관에 유학생의 지도와 보호를 전담하는 장학관을 상주케 한 것은 늦게나마 필요한 조치였다고 하겠다.

한국의 급속한 경제 발전에 위협을 느낀 북한은 1967년 초에 박금철과 이효순 등 당내 온건파를 숙청했다. 그 후 동베를린 사건에 그치지 않고, 1968년부터는 한국군으로 위장·월남한 '무장 게릴라'인 김신조 일당과 같은 고도의 특수훈련을 받은 유격대를 연이어 남한 여러 곳에 침투시켰다. 그러나 이들은 전원 소탕됨으로써 북한의 한국에 대한 유격대 공작은 모두 예외 없이 실패로 돌아가고 말았다.

5. 닉슨 독트린

1968년 1월 21일 밤 10시 경 '북한 124 특수부대'[20] 대원으로 구성된 31명의 무장 게릴라가 한국군 복장을 하고 서울에 침입했다. 이들 공비들은 청와대를 기습하려 하다가 28명이 사살되고 2명은 도주, 김신조(金新朝) 한명만이 생포된 사건이 있었다.

그 이틀 뒤인 23일 원산 앞바다 16해리 공해상에서 활동 중이던 미 해군 정보함 '푸에블로(Pueblo)호'(500톤)가 아무 저항도 없이 북한군에 의해 나포됐다가, 같은 해 12월 23일 선체는 압수당하고 승무원 82명과 유해 1구만 236일 만에 판문점을 통해 귀환된 사건이 발생했다. 북한은 푸에블로호가 영해를 침범했다고 생떼를 썼다.

푸에블로호 선체는 현재도 평양 대동강에 '승리의 증표'로 전시되어

---

20) 북한 민족보위성 정찰국 소속의 게릴라전 특수부대로, 대남 적화공작을 위해 유격전 활동을 전개한다는 방침에 따라 1967년 4월에 창설되었다. 대원은 2,400명 정도로 이 부대원들이 청와대를 습격하려던 1968년 1·21사건이 계기가 되어, 정부는 북한의 비정규전에 대비하기 위해 향토예비군을 창설했다.

있다고 하는데, 이 두 사건은 우리 정부와 국민에게 엄청난 경악과 충격을 주었다. 특히 이 사건에 대한 미국 정부의 미온적인 대응은 한국 국민들에게 안보 위기감과 함께 미국에 대한 불신감을 크게 고조시켰다.

설상가상(雪上加霜)으로 같은 해 가을 울진·삼척에 북한의 무장공비들이 다시 침투하여 무고한 양민들을 마구 학살하는 만행을 저질렀다. 정부와 국민들 사이에는 "내 나라는 내가 지킨다"는 '자주국방(自主國防)'에 대한 강한 의욕이 불꽃처럼 일어났다.

이 같은 상황에서 이듬해인 1969년 7월 25일 강한 보수 성향의 닉슨(Richard M. Nixon)[21] 대통령은 '괌'에서 ① 조약상의 책무를 지키고, ② 맹방(盟邦)의 자유 또는 미국의 안전이 위협받게 되면 '핵우산'을 제공하며, ③ 기타의 침략에는 기본적으로 각국의 자위(自衛) 노력에 의거한다는 내용의 아시아에 대한 미국의 새로운 기본 전략을 발표했다.

이어 미국 정부는 1970년 2월 18일 공포한 '외교 교서'에서 "아시아 방위는 1차적으로 아시아 국가 자신이 져야 한다"는 위의 전략을 전 세계에 확대 적용할 것이라고 발표했다. 그때부터 이 전략을 '닉슨 독트린(Nixon Doctrine)'이라고 부르게 되었는데, 이 정책은 ① 미국과 동맹한 나라들과의 협력, ② 미국의 안전을 위협하는 나라에 대한 힘 대결의 감행, ③ 평화를 위한 교섭의 중시 등을 주요 내용으로 하고 있다. 특히 첫째 항목은 동맹국들의 자조(自助)와 미국 지상군 부담의 경감을 강조한 것으로, 단순히 월남전에 한정한 것이 아니라 이후 역대 정권의 기본 전략으로 이어졌다.

이는 지상군과 막대한 전비를 투입하고도 실패한 베트남에서 얻은

---

21) 미국 정치가(1913~1994), 미 듀크대 법률 전공, 하원의원(1946), 상원의원(1950), 부통령(1952~1960), 대통령(1968~1974)을 역임하였다.

교훈을 살리기 위한 미국의 전략 전환이기도 했다. 원래 미국의 전략 기조나 외교 원칙은 언제나 "자국의 국가 이익을 최우선 순위에 두는 것"이다.

미국 정부는 '닉슨 독트린'을 발표한 데 이어 '한·미 상호방위조약'의 '미군 철군시의 사전 협의 조항'을 무시, 일방적으로 1971년 3월 주한 미군 제7사단 병력 약 2만 명을 철수시킴으로써 주한 미군은 3만 3,250명으로 크게 줄었다. 박정희 대통령은 4월 15일 닉슨 대통령에게 편지를 보내 "한반도에선 '닉슨 독트린'을 신중하게 적용해 달라"는 요청을 했다.

냉엄한 국제 사회에서 자국의 국익만을 앞세운 이 같은 미국의 일방적인 철군 결정으로 우리 국민들은 다시 한 번 '자주국방'의 필요성을 절감했다. 위기감을 느낀 박정희 대통령은 국토방위를 위한 '핵무기 개발'과 '남북대화'의 적극적인 추진에 앞서 국내의 정치적 안정을 기하기 위한 '10월 유신'을 결심하게 되었다. 그리고 같은 해 4월 중·소 국경문제가 일어나면서 미국과 중국은 소련 견제에 이해(利害)를 같이 했다. 그 바람에 양국 사이에 화해의 물꼬가 갑자기 트여 중국은 미국 탁구 대표팀을 베이징에 초청했다.

원래 한국전쟁 이래 중국에게 미국은 세상에서 가장 흉포한 '적'이었다. 그런데 1960년대 들어 중·소 간에 이념 갈등과 국경 분쟁이 생겨 중국은 소련과의 대결에 뒷심이 절실해졌고, 미국도 소련과 대치하는 데 중공의 도움이 필요한 것은 마찬가지였다. 미국과 중국은 소련 견제란 점에서 이해가 서로 맞아 떨어졌던 것이다.

당시 학계 일각에서는 ① 미국은 이미 정찰 위성과 정찰기의 최신예 레이더로 북한의 정보를 수집하고 있어, 정보함을 북한 영해 가까이 보낼 필요가 없었다. ② 푸에블로호에는 기관총을 비롯해, 제대로 된 방어 무기가 없었다. ③ 또 나포 당시 미 공군이나 해군의 즉각적인 구원 작전도 없었다 등의 이유를 들어, "미국 정보기관이 나포된 푸에블로호에 계획적으로 미리 실어 놓았던 비밀 서류를 통해, 소련의 침공 계획을 알게 된 중공이 미국에 보낸 눈짓이 바로 1971년 4월 7일의 미국 탁구팀의 초청이었다"는 주장이 한때 나와 돌았다.

믿기 어려운 이 주장의 진부를 떠나, 태평양을 새롭게 오간 '탁구공'은 결국 '죽의 장막(bamboo curtain)'을 뚫었다. 이 사건은 훗날 '핑퐁 외교'로 기록되는데, 7월 15일 닉슨 미 대통령은 라디오 방송을 통해 "세계 평화를 위해 베이징을 방문하겠다"고 선언해 세계를 놀라게 했다.

'핑퐁 외교'로 물꼬를 튼 미국과 중공은 곧 본격적인 대화에 나서, 키신저(Henry A. Kissinger)[22] 대통령 특별보좌관이 1971년 7월 비밀리에 중공으로 가 저우언라이 수상과 만났다. 1972년 2월 21일에는 닉슨 대통령의 방중으로 주권의 상호 존중, 상호 불가침, 내정 불간섭, 평등 호혜, 평화 공존 등 평화 5원칙을 천명한 '미·중 상하이(上海) 공동선언'이 발표되었다.

그리고 타이완(台灣)과의 단교 및 타이완의 유엔 축출에 이어 1971년 10월, 중국의 유엔 가입과 1972년 일본과 중공과의 관계 정상화 등 일련의 굵직한 국제적 사건들이 줄지어 일어났다.

한국전 참전으로 유엔에 의해 '침략자'의 낙인이 찍혔던 중공은 건국 직후 타이완 통합의 호기를 놓치고, 건국 후 22년 만에야 겨우 세계의 강대국으로 국제무대에 제자리를 찾아 등장하게 되었다. 비싼 대가를 치른 셈이다.

---

22) 미국 정치가·학자(1923~), 독일 태생으로 1938년 미국으로 이주했다. 하버드대학 정치학박사(1954), 동 대학 정치학 교수(1962), 대통령 보좌관(1969), 국무 장관(1971~1977) 등을 역임하고, 1973년 노벨 평화상을 수상하기도 했다.

이 같은 엄청난 국제 정세의 변화는 일시 한국의 안보 환경을 매우 어렵게 만들었다. 그러나 '닉슨 독트린'과, 일련의 국제적 사건들은 한국 정부와 국민들에게 튼튼한 안보를 위한 '자주국방'의 중요성을 한층 더 강하게 깨우쳐 주었다. 결과적으로 우리 정부는 "튼튼한 안보만이 평화를 보장한다"는 신념과 "내 나라는 내가 지킨다"는 믿음 아래, 중화학 공업을 육성하여 나라를 스스로 지키기 위한 방위산업 건설을 본격적으로 시작하게 됐다.

6. '7·4 남북공동성명'

1970년대는 한국의 통일 운동사에서 하나의 분수령을 이룬 시기라고 할 수 있다. 우리 정부는 1970년대를 맞이하여 안전 보장과 통일 과업의 자주적 완수를 위한 역량을 크게 배양함으로써, 북한에 대해서는 '평화통일' 협력을 촉구하고 대외적으로는 우리나라에 유리한 국제 환경을 조성하는 데 외교의 총력을 기울였다.

1970년 8월 15일 박정희 대통령은 '광복 25주년 기념 경축사'를 통해, "5천만 한민족의 이익을 위하여 평화적 방법으로 조국의 통일을 이룩하자"고 북한에 제의했다.

이 '평화통일 기본 구상에 관한 8·15선언'은 남·북한 관계를 '선의의 경쟁자'의 입장에서, 대결이 아닌 '평화적 경쟁'으로 전환시키려 했다는 점에서 획기적 의미를 가진다. 우리 정부는 이 8·15선언과 함께 동유럽 공산국가들을 포함한 '비적성(非敵性) 공산국가'와의 상거래를 허용하기 위해 먼저 통상 관계법을 개정했다.

1972년 8월, '7 · 4 남북공동성명' 발표를 계기로 새로운 전기를 마련한 남북적십자회담

그러나 위의 8 · 15선언 이후에도 북한의 통일 정책에는 아무런 변화의 조짐이 나타나지 않았다. 김일성은 11월 2일 제5차 노동당대회에서 여전히 "남조선에서의 인민민주주의 혁명투쟁 지원을 계속할 것"이라고 주장했다.

그런 가운데 1971년 8월 12일 대한적십자사는 '이산가족찾기 운동'을 협의하기 위하여 '남북적십자회담'을 개최하자고 북한 적십자사에 제의했다. 이를 북한 적십자사가 8월 14일 수락함으로써 '남북적십자회담'을 준비하기 위한 '예비회담'을 거쳐, 1972년 8월 30일 '남북적십자회담'의 첫 본회의가 평양에서 열렸다.

'남북대화'의 길이 민간 차원에서 인도적 문제에 국한됐다 하더라도 처음으로 트이기 시작했다는 사실은 통일 운동사에 특기할 만한 일이다.

이렇게 물꼬가 트인 남·북 간의 접촉을 계기로 박정희 대통령은 1972년 5월 2일 이후락(李厚洛)[23] 중앙정보부 부장을 비밀리에 평양으로 보내, 김영주(金英柱, 김일성의 친동생) 조직지도부 부장과 회담을 갖게 했다. 또 5월 29일에는 김영주 부장을 대신해 서울에 온 박성철 (朴成哲)[24] 제2부수상 일행과도 만나, 7월 4일에 발표된 '남북공동성명' 에 합의했던 것이다.

'7·4 남북공동성명'은 남·북한 사이의 오해와 불신을 풀고 조국의 통일을 촉진시키기 위해 '자주'와 '평화 통일', 그리고 '민족의 대단결 도모'라는 3대 원칙 아래 ① 상호 중상과 비방의 중지, ② 제반 교류 실시, ③ '남북적십자회담' 성사를 위한 적극적인 협조, ④ 돌발적 군사 사고 방지를 위한 '서울·평양 간 직통전화'의 설치, ⑤ 2~3개월에 한 번씩 개최되는 '남북조절위원회'의 구성과 운영 등을 그 주요 내용으로 하고 있다.

사상 최초의 이 공동성명 발표는 그동안 국토 분단의 아픔 속에 살아온 5천만 남·북한 국민들을 한때나마 감격과 흥분으로 열광케 하기에 충분했다.

7·4 남북공동성명 발표를 계기로 남·북 관계에 새 전기가 마련되어

---

23) 군인·정치가(1924~), 미 병참학교 고등반 수료(1952), 최고회의 공보실장(1961), 대통령 비서실장 (1963~1969), 주일 대사(1970), 중앙정보부장(1970~1973)을 역임했다.

24) 북한 정치가(1913~), 만주 용정 대성중학교 졸업, 주불가리아 대사(1954), 외무상(1959), 정무원 총리 (1976), 조국통일 민주주의전선 의장(1991)을 역임했다.

8월 29일부터 '남북적십자 본회담'이 시작되었다. 11월 24일부터는 '남북조절위원회 본회의'가 열려, 두 통로로 남북대화가 추진되는 새로운 국면에 들어섰다. 남북적십자회담은 8월 30일 평양에서 제1차 본회담이 개최된 이후, 1973년 8월 중단될 때까지 도합 일곱 차례 개최되었다.

그리고 3회의 '공동위원장회의'를 거쳐 11월 30일 정식으로 설치된 '남북조절위원회'도 세 차례의 회의를 가졌다. 그러나 회의 때마다 불거져 나온 북한의 억지는 우리 국민들을 크게 실망시켰다.

북측은 '남북대화'를 정략적으로 이용하고자 하여 기구 구성과 의제 등에 합의하고도 내용 면에서 아무런 성과를 거두지 못했다. 그러다가 북한이 1973년 8월 29일 일방적으로 '남북대화'의 무기 연기를 통보해옴으로써 회담은 완전히 결렬되고 말았다.

결렬의 참 이유는 북측 대표단이 처음 방문한 서울의 예상 밖의 발전상을 눈으로 직접 보고 놀라, 남북 교류의 위험성을 느꼈기 때문이었다. 한국의 발전된 모습을 본 대로 보고한 박성철은 김일성으로부터 "너의 사상에 구름이 끼어 그렇게 보였다"는 꾸지람과 함께, 당 중앙학교에서 6개월간의 '사상 학습'을 이수하라는 명령을 받았다고 한다. 김일성은 이같이 만사에 사상을 앞세우고 "종교는 아편이고 제국주의자들의 무기"라고 주민들을 교육하고 있어, 북한 당국은 주민들의 종교 생활까지 억압하고 있다.[25]

---

25) 1945년 광복 당시 북한에도 3,000여 개의 교회가 있었고, 평양은 '동방의 예루살렘'이라고 불릴 정도로 기독교가 번성한 곳이었다. 그러나 북한에 수립된 공산정권은 종교를 미신과 동일시하고, 인민대중의 혁명 의식을 마비시키는 아편이라고 하면서 종교를 완전히 말살시켰다. 1970년대에 '남북대화'가 시작되자 북한 정권은 "북한에도 종교의 자유가 있다"고 하면서 한두 개의 교회와 성당을 짓고 절을 복원하였으며, 1989년 '평축' 때부터는 종교를 '말살'에서 소극적이나마 '활용'하는 방향으로 정책을 전환했다. 그러나 인민들에게 신앙의 자유가 인정된 것은 아니고 '행사용'으로 활용하고 있을 뿐, 성당에는 신부가 없으며 절에 스님이 없다. 절에는 사찰 관리자가 집에서 출퇴근하며 스님 행세를 하고 있을 뿐이다.

7. '6·23선언'과 평화통일 3대 원칙

앞에서 본 바와 같은 북한의 비협조적 태도로 모처럼 열렸던 '남북대화'가 교착 상태에 빠졌다. 그러자 한반도 문제 해결의 기본 좌표와 접근 방식을 종합적으로 명시할 필요를 느낀 박정희 대통령은 1973년 6월 23일 '평화통일'을 위한 노력과 '남북대화'의 계속, 내정 불간섭과 침략 포기, 남·북한의 국제기구 참여와 유엔 동시가입 불반대, 이념과 체제를 달리하는 국가들과의 상호 문호 개방, 우방국들과의 기존 유대 강화 등의 긴장 완화와 평화공존 원칙 등 7개항의 '평화통일 외교 정책 특별선언'(약칭 '6·23선언')을 발표했다.

이 '6·23선언'에 명시된 북한의 국제기구 참여와 남·북한 유엔 동시가입 불반대 조항(제4와 5항)들은 북한에 '국가' 또는 '정부'가 존재하고 있음을 전제로 한 것이다. 엄격히 말하면, 우리 정부가 오랫동안 지켜온 '1민족 1국가 1정부 원칙론'을 이 선언을 계기로 '1민족 1국가 2정부'로 바꿨다고 할 수 있다.

박정희 대통령은 이 선언을 발표하면서도 북한 정권의 "사실상의 존재는 인정하지만, 북한을 하나의 국가로 인정하는 것은 아니다"라고 '1민족 2국가론'을 배격하는 입장을 취했다. 그러나 실제로는 최소한 '2정부를 공식화한 것'이라고 볼 수밖에 없다.

그리고 제6항에서 이념과 체제를 달리하는 국가들과의 상호 문호 개방을 촉구함으로써, '할슈타인 원칙'에 따라 북한 승인국과는 즉시 단교하던 소극적 자세를 탈피함은 물론, 한 걸음 더 나아가 "북한과 수교하고 있는 국가나, 심지어 공산 국가들과도 외교 관계를 수립할 용의가 있다"는 매우 적극적인 입장을 취했다.

6·23선언은 대한민국이 열강의 권력 정치나 대국 편의주의의 희생이 되지 않도록 민족적 주체성을 갖고 자주적으로 국운을 개척해 나가는 동시에, 외향적·개방적 자세에서 국제 협조와 대·소국 간의 조화에도 힘쓴다는 지혜로운 민족주의 기치 아래, 조국의 평화통일 노력을 적극화하는 차원 높은 현실적 조치를 규정하고 있는 것이 그 특징이다.

북한은 동서화해(東西和解) 풍조 속에 중공의 국제사회 진출에 편승, 1973년 유엔의 전문기구인 세계보건기구(WHO)에 가입했는데, 가입 배경은 다음과 같다. 북한은 세계보건기구가 보건 문제를 전문으로 하는 비정치적인 기구이고, 또 전염병의 확산 방지 등 북한 내의 보건 문제를 실제로 다루고 있는 곳이, 대한민국의 보사부가 아니라 조선민주주의인민공화국의 보건기관이라는 사실을 강조하면서, 제26차 세계보건기구 총회(1973년 5월 17일)에서 공산 측이 제안한 북한의 가입 결의안을 '66:41(기권 22)'로 사상 처음 통과시켰다. 이렇게 해서 북한은 세계보건기구의 138번째 회원국이 됐다.

6·23선언 발표는 외교적인 실리 면에서 볼 때, 불리한 요인을 극소화시키면서, 북한의 위장 평화 공세에 역공세를 취할 전략적 포석이었다. 그와 더불어 한반도의 평화 통일을 위한 국제적 여건을 실질적으로 개선할 수 있는 총력외교의 기반을 다지려 했다는 데 참뜻이 있었다고 하겠다.

6·23선언은 우리 정부가 국제 정세의 변화에 맞추어 취한 가장 현실적인 조치였다. 북한과의 협상은 공산 정권의 묵시적 승인을 뜻한다고 하여 협상 자체를 일체 거부하고, 심지어 유엔한국통일부흥위원단의 대북 접촉마저도 반대했던 이승만 정부의 통일 정책에 비하면, 북한을 실질적으로 통치하고 있는 정권의 존재를 인정한 셈이다. 이것은 우

리 통일외교 정책의 '코페르니쿠스(Copernicus)적 대전환'이었다고 할 수 있다.

이로써 북한이 원한다면 유엔 안보리 5개 상임이사국의 합의와 유엔 다수 회원국의 동의를 얻을 경우, 한국과 더불어 유엔에 진출할 수 있는 기회도 가질 수 있게 된 셈이었다.

그러나 북한은 6·23선언에 대해 즉각적인 반발을 보였다. 박정희 대통령이 '6·23 평화통일에 관한 외교정책'을 발표한 바로 같은 날 몇 시간 뒤에, 김일성은 평양에 온 후사크(Gustav Husak) 체코슬로바키아의 공산당 서기장을 환영하는 군중대회를 열었다. 그 자리에서 김일성은 통일을 위한 대민족회의의 소집과 남북연방제의 실시, 그리고 남·북한의 유엔 동시 가입 반대 등이 담긴 이른바 '조국 통일에 관한 5대 강령'을 발표함으로써 6·23선언을 정면으로 거부했다.

박정희 대통령은 그 후 한반도에서 북한 측의 전쟁 도발을 억제하고, 평화를 정착시키는 것이 평화 통일의 필수 과정이라는 신념 아래, 1974년 1월 18일 연두 기자회견에서 '남북불가침협정' 체결을 제의했다. 이어 이번에는 광복절 경축사를 통해 다시 '상호불가침협정' 체결, '남북대화'와 다각적인 교류와 협력, 그리고 공정한 선거 관리 아래 토착인구 비례에 의한 자유총선거 등 우리 측의 '평화통일 3대 원칙'을 제시했다.

여기서 주목되는 것은 이 '3대 원칙' 속에 대한민국 정부 수립 이래 매년 유엔총회 결의문 안에 삽입되어온 '유엔 감시하의 총선거'란 관용구에서 세력 분포가 달라지고 있는 유엔이란 어구를 뺐다는 사실이다. 그 대신 "공정한 선거 관리와 감시하의 토착인구 비례에 의한 한반도 전역에 걸친 자유총선거의 실시"란 구절이 새로 삽입되었다.

‘6·23선언’과 ‘평화통일 3대 원칙’은 북한이 제안한 ‘고려연방공화국안’[26)]에 비해 일관성과 성실성에 기초한 매우 현실적이고 합리적인 제안으로, 자유세계 우방들은 물론 많은 비동맹 중립국들까지도 이에 찬동하여 지지국 수는 해마다 늘어갔다. 그러나 불행히도 ‘무력통일’의 망상을 버리지 못한 북한 측의 반응은 종전의 비현실적이고 독선적인 자세에서 여전히 한 발자국도 벗어나지 않았다.

북한은 1973년 8월 ‘남북적십자회담’을 일방적으로 단절하였을 뿐 아니라, 우리 정부의 ‘남북불가침협정’ 제의도 거부하고 비밀리에 비무장지대 지하에 ‘남침용 터널’을 파는 등 무력 도발과 정부 전복 공작을 격화시켰다. 그리고 김일성은 반대자에 대한 숙청을 거듭해 1972년 4월 환갑을 맞은 시점에서 신성불가침의 ‘절대권력’을 확립하여, ‘자신의 신격화’에 박차를 가했다. 지금까지 인간이 신격화된 나라일수록 백성들은 고생했는데, 북한도 그 예외는 아니었다.

그리고 스탈린과 마오쩌둥(毛澤東)이 사후에 비판받고 격하되는 것을 본 김일성은, 친아들인 김정일을 후계자로 정하고 권력 승계를 시작했다. 1980년 10월 조선노동당 제6차 대회에서 김정일을 당 서열 2위로 만든 후, 1992년 제7차 대회에서는 국가 실무까지 장악케 하고, 헌법을 개정하여 1993년 4월 국방위원장에 취임케 함으로써 권력 세습의 틀을 사실상 완성시켰다.

1974년 3월 25일 북한은 한 발 더 나아가 “미국만이 ‘정전협정’의 체결 당사자”라고 억지를 쓰면서, 진정한 당사자인 대한민국을 평화협정

---

26) 북한은 1960년 8월 15일 남북연방제를 처음 제안한 후, 1973년 통일 국가의 국호를 고려연방공화국으로 할 것을 제안한 데 이어, 1980년 고려민주연방공화국 방안을 내놓고 지금까지 계속 적화통일을 위해 연방제를 주장하고 있다. 이 연방제 방안은 기본적으로 1민족 1국가, 2체제 2정부 방안으로, 우리의 현실적인 국가연합 주장과는 차이가 큰데, 연방제는 원래 인구가 남한에 비해 적은 북한이 남북한 총선거 방식을 피하고, “통일문제를 내정문제로 만들어 외국의 개입을 배제하자”는 방안이다.

의 협의 대상에서 제외했다. 그리고 미국에 대해 '평화협정'[27]을 체결하자는 제의와 함께 유엔군의 철수를 요구하고 나왔다. 미국 정부는 "한반도 문제의 기본은 남·북한 당사자끼리 해결해야 하는 것이 원칙"이라는 논거를 들어, 북한 측 제의를 즉각 단호하게 일축하고 말았다.

8. 대(對)공산권 외교의 시작

제2차 세계대전의 종전과 함께 미·소에 의한 국토 분단과 1948년 남·북한 정부의 수립, 그리고 북한군의 남침으로 인한 한국전쟁의 발발 등 '동서냉전'의 첨예한 대치 속의 한반도 상황으로 인해, 한국 정부는 처음부터 중·소 등 양대 공산국가는 물론 공산권 전체에 대해 폐쇄 정책을 펴지 않을 수 없게 만들었다.

우리 정부는 1960년대 말까지 '반공정책'에 따라, 공산국들과는 어떠한 접촉도 하지 않는 것을 원칙으로 삼았었다. 그러나 1970년대에 들어 동서화해 무드(mood)에 따른 급격한 국제 정세의 변화 속에서, 정부는 국가 이익을 최대한으로 추구하기 위한 외교적 대응책으로 1971년 '외교관 등의 직무수행 기본지침'을 작성했다. 이 지침은 공산권을 '적대 국가'와 '적성 집단' 그리고 '비적대 공산국가'의 세 가지로 구분했다.

그리고 "비적대 공산국가를 북한과 적대 국가 그리고 적성 국가를 제외한 공산국가"라고 정의함으로써, 1971년 시장조사를 위한 민간 경

---

27) 원래 '한반도 평화협정'이란 남·북한이 협정의 당사자가 되는 것이 원칙인데, 북한은 지금도 한국은 정전협정에 서명하지 않고 미국만이 했으므로, 미국과 평화협정을 체결하자고 무리한 주장을 계속 하고 있다.

제인단의 유고 방문을 허용했다. 그런 한편, 동유럽 공산 제국에 대한 '관세 및 무역에 관한 일반협정(GATT)' 제35조[28] 원용 철회, 비적대 공산국들과의 우편물 수발 허용, 무역거래법 개정, 우리나라 선박의 비적대 공산국 기항 허용 및 이들 국가 선박의 아국 기항 허용(1973년 8월 20일의 교통부 훈령), 공산권 상사의 입찰 참여 허용(1974년 4월 12일의 재무부 훈령) 등 공산국가 접촉을 위한 일련의 국내법상 필요 조치를 취했다.

그 결과, 우리나라의 대(對)동구권 교역은 주로 간접교역 방식이기는 했으나, 해마다 점진적으로 증가했다. 1987년에는 수출이 1억 7,200만 달러, 수입은 1억 7,900만 달러에 달했다. 한편, '6·23선언' 후 동유럽권에서 개최된 각종 국제회의에 우리나라 대표들이 적극 참가하고, 한국을 방문하는 동유럽 제국 인사들의 수 역시 매년 조금씩 증가했다.

그리고 정부는 1973년 유고의 '사라예보'에서 개최된 '세계탁구선수권대회' 참가를 위해 건국 이래 처음으로 우리 선수단의 공산국가 입국을 허용했다. 그 후, 같은 해 '모스크바 하계 유니버시아드대회'(8월)와 소련의 민스크에서 열린 '제75회 세계 레슬링 선수권대회'(9월) 등 공산권 내에서 개최된 국제 운동경기에 참가하며 스포츠 팀의 교류를 활발히 했다. 그러나 정치·외교적 측면에서는 여러 가지 대내외적 여건의 미비로 오랫동안 이렇다 할 성과를 거두지는 못 했다.

하지만 정부의 6·23선언에 입각한 '문호개방 정책'은 적대국을 줄이고 우방국은 늘리는 외교의 기본 원칙에 부합하는 정책으로 훗날 전두환 정권의 '북방외교'의 기반이 되었다. 또한 고르바초프(Mikhail

---

28) '일반협정'은 제35조에서 특정 체약국(締約國) 간의 협정 불적용을 허용하고, 또 GATT의 기존 가맹국이 신규 가맹국(또는 신규 가맹국이 기존 가맹국)과의 사이에 GATT 관세를 맺기로 동의하지 않을 경우에, 이 두 국가 간에는 GATT 체약국이면서도 GATT 협정을 적용하지 않아도 된다고 규정하고 있다.

Gorbachyov)[29]와 덩샤오핑(鄧小平)[30]의 등장은 우리나라가 1989년 2월 1일 헝가리를 시작으로 폴란드와 유고, 1990년 초에 체코슬로바키아와 불가리아 등 동구 제국과 소련, 그리고 1992년 중공 및 베트남과의 국교를 수립하는 데 밑거름이 되었다.

9. 아프리카 세력의 등장과 외교의 다변화

1960년 이전의 한국과 아프리카 국가들과는 한국전쟁 때, 에티오피아의 육군 부대와 남아연방의 비행 중대가 유엔군으로 참전한 외에는 이렇다 할 관계가 없었다. 그러나 1960년을 맞아 아프리카 대륙에서 영국과 프랑스의 구(舊)식민지가 대거 독립했다. 그중 모로코가 독립을 반대한 모리타니를 제외한 16개 신생국이 모두 유엔에 가입, 거의 집단적으로 투표권을 행사함으로써 이들 국가들이 유엔 내에서 하나의 새로운 세력으로 등장하게 되었다.

이와 같은 아프리카 신생국들의 대거 출현에 주목한 '군사정부'는 혁명 직후, 즉 1961년 6월 28일부터 약 2개월 동안 우호관계 증진과 함께 차기 유엔총회에서의 '한국문제' 토의에 대비하여, 육군 참모총장 출신의 백선엽(白善燁) 신임 주불대사를 단장으로 하는 친선 사절단을 아프리카에 파견했다. 사절단은 모두 19개국을 순방하여 맡은 소임을 다하고, 콩고(부라자빌)와 카메룬 등 6개국과 국교를 수립했다.

---

29) 러시아 정치가(1931~), 모스크바대학 법대 졸(1955), 소련공산당 중앙위원(1977), 당 서기장(1985), 소련 최초의 대통령(1990~1991) 등을 역임하고, 1990년 노벨평화상을 수상했다.

30) 중국 정치가(1904~1997), 프랑스에 유학(1918), 공산당 지하운동과 항일전 참가, 정무원 부총리(1952), 마오쩌둥과의 노선 갈등으로 한때 실각했으나(1966), 국무원 부총리(1973)로 복귀, 국가 중앙군사위원회 주석 등을 역임하며 최고 실력자로 1997년까지 중국을 실제로 통치했다.

1960년에 독립한 17개의 신생 독립국 중 13개국이 모두 프랑스의 구식민지로 프랑스와의 관계가 특수했다. 그뿐만 아니라, 프랑스어를 공용어로 사용하고 있어, 이들 나라 가운데 세네갈과 아이보리코스트(코트디브아르) 등 7개국을 골라 주불대사를 겸임 대사로 발령하여 수시로 아프리카 현지에서 활동하게 했다.

정부는 콩고(1962년), 코트디브아르(1966년), 카메룬과 자이르(1969년), 케냐(1963년) 등에 상주 대사관을 설치할 때까지 불어권은 주불 대사관을, 영어권은 주영 대사관을 각각 중심 공관으로 정하고, 초기 아프리카 제국에 대한 외교를 전개했다.

이렇게 박정희 정부는 1950년대의 대미 일변도 외교에서 폭넓은 자주 외교로 전환하여 외교망을 확장했다. 당시 미·소 어느 진영에도 가담하지 않고 비동맹 중립주의를 표방하고 있던 아프리카 신생 독립국들에 의사와 태권도 사범의 파견, 의료 기재와 의약품 원조를 제공하면서 아프리카 제국과의 정치적·경제적·문화적 유대를 강화했다. 당장은 유엔총회에 해마다 연례적으로 상정되는 '한국문제'에 대한 지지표 획득을 위해서였으나, 냉전시대에서 '데탕트(détente) 시대'로, 양극화 시대에서 다극화 시대로 변화하던 국제 정세와 시대의 흐름에 부합하려는 우리 외교의 정책 변경이기도 했다.

특히 6·23선언으로 외교를 현실화하여 남북 간의 외교적 대립을 지양하고 선의의 경쟁을 한다는 목표 아래, 종래의 '할슈타인 원칙'을 과감하게 포기한 것은 당시로서는 아주 시의적절(時宜適切)하고 현실에 맞는 중요한 정책 변경이었다고 하겠다.

그 결과로 1973년 8월 이후, 그해 말까지 북한과 수교 중이던 핀란드·인도네시아·인도·방글라데시·아프가니스탄 등 중립 국가들과도 국교를 수립하는 등, 한국은 1961년부터 1973년 말에 이르는 동안 79개국과 새로이 수교하여 외교망을 크게 확장했다. 79개국 중 39개국이 '아프로－아시아 그룹'에 속하는 비동맹 중립국들이었으며, 그중 28개국이 아프리카 신생국들이었다.

북한도 같은 기간에 55개국과 새로 국교를 수립했는데, 그중 25개국이 아프리카의 신생 독립국들이었다. 한국전쟁 당시 유엔에 의해 '침략자'의 낙인이 찍혔던 북한이 다른 지역에 비해 아프리카 대륙에 비교적 쉽게 진출할 수 있었던 이유가 있었다. 식민지 청산과 독립의 열풍이 강하게 불었던 1960년대의 아프리카에서는 소련이나 중공과 같은 공산 대국들이 다른 지역에 비해 덜 경계를 받았기 때문이었다.

이와 같이 공산국가들이 경계를 조금 덜 받았던 것은 소련이 아프리카에 식민지를 가진 적이 없어 아프리카 신생국의 국민들과 원한 관계가 없었고, 또 아프리카의 정치지도자 중에는 '국가계획경제'를 통한 경제개발에 매력을 느끼는 이들도 적지 않았다는 데 그 이유가 있었다.

북한은 아프리카 진출에서 주로 농업과 군사 지원 등을 내세웠으나, 내용을 보면 이런 지원 약속보다는 중공과 소련의 후원 덕을 더 많이 보았다고 하는 것이 옳을 것이다.

아프리카에서 1970년대 초까지 28개국과 새로 외교관계를 수립한 한국과, 25개국과 수교한 북한은 현지에서 그야말로 치열한 '총성 없는 외교전'을 전개할 수밖에 없었다.

남·북한은 서로 무리하면서 '유엔에서의 한국문제' 토의에서 더 많은 지지표를 획득하기 위하여 아프리카 지역에 상주 대사관을 계속 증설해 나갔다. 가장 많았을 때에는 아프리카 대륙에만 남·북한의 대치 공관이 15개나 있었을 정도였다.

국제 사회에서는 미수교국과의 수교가 관계 개선을 뜻하는 것이 사실이지만, 외교 관계가 수립되었다고 해서 곧바로 우방이 되는 것은 아니다. 또 외교 관계가 없다고 해서 적대 국가가 되는 것도 아니다. 그런데 이처럼 아프리카 국가들을 사이에 두고 전개된 남·북한의 대결 외교는 어떤 경제적 실익을 위해서라기보다, 주로 유엔총회에서의 '한국문제'에 관한 표 대결을 의식한 정치적 소모전의 성격이 더 짙었다는 데 문제가 있었다.

그러나 이런 비생산적인 소모전도 1976년 제31차 유엔총회에서 '한국문제' 토의가 지양된 후부터는 달라졌다. 한국은 경제 실리 위주로 나갔고, 북한은 경제적 어려움 때문에 상주 대사관의 수를 크게 줄였다. 2001년 12월 당시 아프리카에 한국은 가나·가봉·리비아 등 14개, 북한은 기니·우간다·마다가스카르 등 9개의 대사관만을 각각 두고 있었다. 남·북한의 대치 공관은 나이지리아·리비아·에티오피아·탄자니아 4개국으로 대폭 줄었다.

10. 김대중 납치 사건

1971년 제7대 대통령 선거 당시 신민당 대통령 후보였으며 전 국회의원이던 김대중(金大中)[31]은 1972년 10월 '유신헌법' 공포 직후 미국으로 건너갔다. 그는 미국의 주요 도시를 돌면서 유신 반대운동을 하다가 1973년 7월 일본으로 가서 반대 활동을 계속했다. 그러던 중 8월 8

---

31) 정치가(1924~), 목포상업학교 졸업(1943), 목포일보 사장(1950), 민의원(1960~1971), 10월 유신 이후 반체제·민주화운동 중 투옥, 내란 음모죄로 사형 선고(1980), 형 집행 정지로 석방되어(1982), 다시 국회의원(1988), 대통령(1998~2003) 등을 역임하고, 2000년 노벨평화상을 수상했다.

일, 도쿄(東京) 시내에 있는 그랜드 팰리스(Grand Palace) 호텔 2212호
실에서 한국 국회의원인 양일동 씨를 만나고 나오다가, 대낮에 한국말
을 하는 이상한 청년들 6명에 의해 납치된 사건이 발생했다.

　이 사건으로 일본 정가에는 큰 파문이 일어나, 한·일 관계는 1965
년 국교 정상화 이래 최악의 사태로 발전했다. 일본 경찰은 초비상 상
태에 들어가고, 납치된 김대중은 포박되어 눈을 가린 채 자동차로 오사
카(大阪)로 끌려가, 다시 '용금호'란 배에 감금된 채 대한해협을 건너
부산으로 강제 귀국되었다. 사건 발생 후 닷새 만인 8월 13일, 김대중
씨는 정체를 알 수 없는 5~6명의 괴한들로부터 자신의 서울 동교동
집 앞에서 풀려났는데, 이 사건은 국내외에 다시 한 번 큰 충격을 던져
주었다.

　이와 같은 김대중 납치 사건의 발생국인 일본 정부 당국은 말할 것
도 없고, 우방인 미국 정부까지도 크게 놀라 한국 정부의 "범인 색출
약속에 주목한다"는 아주 예민한 반응을 보였다.

　특히 일본과의 관계에서는 일본의 '요미우리(讀賣)신문'이 한국 정부
기관의 직접 관여설을 보도함으로써, 일본 도처에서 "한국이 일본의
주권을 침해했다"는 비난이 빗발쳤다. 심지어 "한·일 기본조약을 폐
기하고 한국에 대한 경협을 즉시 중단해야 한다"는 등 강경한 주장까
지 나오면서, 일본 국민들의 감정이 혐오와 반한(反韓)으로 크게 악화되
었다.

　그런 가운데 한국 정부에 의해 요미우리신문 서울지국이 폐쇄되고
이 신문의 특파원들이 강제 출국 당하자, 한때 한·일 간에는 외교적
갈등과 불화가 더욱 깊어져 긴장감마저 감돌았다.

　당시 하비브(Philip Habib) 주한 미국대사는 사건 직후, "김대중 납치

사건은 박정희 대통령의 명시적 또는 묵시적 승인 아래, 이후락 중앙정보부 부장이 지시했다"는 단정적인 내용의 암호 전문을 미국의 국무장관 앞으로 보내고, 9일 박정희 대통령을 만나 김대중을 풀어줄 것을 요청했다.

이 사건의 원만한 해결을 위해 한·일 두 나라 정부는 즉시 여러 경로를 통해 공식 접촉을 가졌다. 한편, 김종필 국무총리는 8월 15일, 일본의 다나카 가쿠에이(田中角榮)[32] 총리 및 오히라 마사요시(大平正芳) 외상에게 유감의 뜻과 함께 한국 정부의 입장을 밝히는 친서를 보내, 일본 정부의 이해와 관용을 요청했다.

그리고 김용식(金溶植)[33] 외무장관은 기시 노부스케(岸信介)[34] 전 총리와 가나야마 마사히데(金山政英) 전 주한 대사 등 친한파 고위 인사들의 도움을 얻어, 일본 측과 어려운 협상을 벌였다. 그 결과 첫째, 사건 관련 혐의를 받고 있는 주일 한국대사관의 김동운(金東雲) 1등 서기관을 면직한다. 둘째, 김 서기관을 계속 수사해 의법 처리한다. 셋째, 이 사건으로 인해 생긴 물의에 대해 김종필 총리가 방일하여 다나카 총리에게 박정희 대통령의 친서를 전달하고, 일본 정부와 국민에게 사과한다는 선에서 일단 사건을 마무리 짓기로 합의했다. 그러나 주권 침해를 외치는 일본의 언론과 국민들의 성난 감정은 좀처럼 수그러들지 않았다.

김대중을 한국 민주주의의 '정치적 순교자'로 만든 이 사건은 국내

---

32) 일본 정치가(1918~1993), 15세에 학교를 중퇴하고 실업계 투신, 중의원 의원(1947), 우정상·대장상 등을 역임하고, 수상(1972~1974)을 맡기도 했으나, 1976년 '록히드 사건'으로 기소되어 1983년 유죄 판결을 받았다.

33) 외교관(1913~1995), 일본 추오(中央)대학 법학부 졸업, 주일·주불·주제네바 대표부 공사(1951), 외무차관(1960), 주영·주필리핀 대사(1961~1962), 외무장관(1963), 주유엔 대표부 대사(1964), 외무장관(1971), 통일원장관(1973), 주영·주미 대사(1974~1977) 등을 두루 역임했다.

34) 일본 정치인(1896~1987), 도쿄(東京)대학 법과 졸업(1920), 상공대신(1941), 일본 패전 후 A급 전범 용의자로 복역하다 1948년 석방되었다. 국회의원(1953), 외무상(1956), 수상(1957)을 역임하였다.

에서도 큰 파문을 일으켰다. 야당인 신민당은 9월 22일부터 국회에서 진상 규명과 범인 색출 및 관련 국무위원의 책임 문제를 강도 높게 따졌다.

이 같은 야당의 공세 앞에 결국 정부는 12월 12일 김대중 납치 사건과 관련해 인심 수습 차원의 개각을 단행했다. 개각은 직접적인 관계가 없는 김용식 외무장관을 비롯해 내무·법무장관 등이 포함된 중(中)폭이었고, 전 중앙정보부 부장으로 당시 대통령 비서실장이었던 이후락 씨도 경질되었다.

그러나 일본에서는 12월 말까지도 김동운 서기관에 대한 혐의나 확실한 범인이 잡히지 않아, 진상 규명 요구와 더불어 한국의 잘못을 비난하는 목소리가 오랫동안 계속되었다.

김대중 납치 사건은 끝내 자세한 진상이 가려진 채 흐지부지 억지로 마무리됐고, 25년의 시일이 지나 1998년 사건 당사자인 김대중 대통령 당선자가 이 사건에 대해 "사실 규명은 필요하나 처벌은 원하지 않는다"고 승자의 관대함을 보였다.

그러나 지난 2001년 1월에 발간된 일본의 월간 『문예춘추(文藝春秋)』 2월호에 "1973년 김종필 총리의 일본 방문에 앞서, 한국 정부가 10월 이병희(李秉禧) 무임소장관을 시켜 사건 무마를 위해 다나카 당시 일본 총리에게 최소 4억 엔을 전달했다"는 글이 실렸다. 다나카 총리의 심복으로서 후원회 회장을 지내기도 했던 기무라(木村傳保) 전 니가타 현(新潟縣) 의원이 쓴 이 기고문으로 인해 세상이 다시 한 번 시끄러워졌는데, 사실 여부와 돈의 액수를 떠나 우리 국민이 받은 충격과 당혹감은 정말 대단히 컸다.

"역사의 진정한 교훈은 말만 그렇지, 실제 사람들은 역사에서 아무

것도 배우지 않는다는 사실이다"란 말이 있다. 박정희 정부는 1967년 동베를린 사건에서 교훈을 얻지 못하고, 국내 정치를 위해 우방국의 주권을 침해함으로써, 일본 국민의 한국에 대한 이미지(image)를 흐리게 하고 반한 감정과 우리 국민들의 정치인에 대한 불신감을 크게 한 잘못을 다시 저질렀다.

11. '리마' 비동맹 전체 외상회의

1947년 인도가 영국의 오랜 식민통치로부터 독립한 후, 네루(Jawaharlal Nehru)[35] 수상은 어렵게 쟁취한 독립을 유지하기 위해 자유·공산 어느 진영에도 가담하지 않는다는 '비동맹 정책(Non-Alignment Policy)'[36]을 제창했다. 이 비동맹 정책은 1955년 인도네시아의 '반둥'에서 있었던 '제1차 아시아·아프리카 회의'를 거쳐, 1961년 9월 유고의 베오그라드에서 25개국 정상들이 모인 제1차 비동맹 정상회의 개최로 발전했다. 그 후 비동맹회의는 3년에 한 번씩 정기적으로 개최됐는데, 개최될 때마다 점점 반미·반서방 색채를 띠어 갔다. 급기야 1970년 잠비아의 '루사카'에서 개최된 '제3차 정상회의'(53개국 참가)를 계기로, 회의 운영의 주도권이 완전히 알제리와 잠비아 같은 아프리카 급진 좌경국들로 넘어갔다.

---

35) 인도 정치가(1889~1964), 영국 케임브리지대학 트리니티대 졸업, 반영 투쟁(9년간 감옥생활), 1947년 인노 독립과 함께 총리 겸 외무 상산을 역임했다.

36) 어떠한 종류의 군사 동맹이나 '군사 블록(bloc)'에도 가담하지 않고, 외국 군대의 주둔과 외국의 군사기지 설치도 인정하지 않으며, 분쟁 확대를 방지하고 세계 평화와 안전 강화를 위해 노력하는 외교 정책이다. 이 비동맹 정책을 기본적 외교 정책으로 채택한 국가들을 '비동맹국가'라고 하며, 비동맹국가들이 형성하는 정치세력을 '제3세계'라고 한다.

1973년 1월 알제리의 '알제'에서 열린 제4차 정상회의(75개국 참가)는 대미 비난과 더불어 친소적 색채를 강하게 드러냈다. 그로 인해 처음으로 독립 의제로 다룬 한반도 통일 문제에서도 유엔군 철수와 남·북한 유엔 동시 가입 반대 등 북한의 주장만을 일방적으로 받아들인 결의안을 채택했다. 그리고 1975년 3월 쿠바의 '아바나'에서 열린 '비동맹 조정위원회 외상회의'는 한 발 더 나아가 북한의 비동맹회의 단독 가입을 권고했다.

이에 한국 정부는 북한의 비동맹회의 단독 가입과 정치선전 책동을 막고, 제30차 유엔총회에서의 '한국문제' 토의에 대비하여 우리나라의 입장을 밝히고 한반도의 실정을 알리기 위해, 아시아와 아프리카 그리고 중동의 비동맹국 중 43개국을 골라 12개의 특별 사절단을 파견하는 한편, 6월 2일 '맞불 작전'으로 한국도 비동맹회의에 가입 신청을 냈다.

그리고 같은 해 8월 북한이 외상 허담(許淡)[37]을 단장으로 하는 대규모 대표단을 '비동맹 전체 외상회의'가 개최되는 페루의 수도 '리마'에 파송하는 것에 맞서, 우리 정부도 김동조(金東祚) 외무장관이 이끄는 대표단을 그곳에 파견했다.

그리하여 '리마'의 '비동맹 전체 외상회의'는 1975년의 제31차 유엔총회에서의 남·북 대결의 전초전 양상을 띠었는데, '리마'에서의 외교전은 처음부터 한국에 불리한 싸움이었다.

첫째, 좌경 국가들이 좌지우지하는 비동맹회의는 한국의 통일 문제를 공정하게 다룰 만한 기구가 아니었다. 둘째, 북한 대표들은 아바나의 '비동맹회의 조정위원회 15개국 외상회의'의 비동맹회의 가입 권고

---

37) 북한의 정치가(1929~1991), 김일성대학 졸업, 모스크바 유학, 외교부 부장(1961), 부총리(1972), 정무원 부총리(1973), 최고인민회의 외교위 위원장(1989)을 역임했다.

를 받고 와 회의장 출입이 자유로웠으나, 한국 대표들은 회의장 출입마저 허용되지 않았다. 그 때문에 회의 진행 상황 자체를 우방국 대표들을 통해서야 아는 등 처음부터 한국 대표단은 손발을 묶고 대결하는 것 같은 싸움이었기 때문이다.

78개국의 '비동맹 전체 외상회의'는 남·북한 가입 문제를 좌경 국가들의 계략에 따라, 고의로 8월 25일 밤 11시 45분부터 시작된 심야 회의에 상정했다. 그로 인해 이 문제가 많은 온건 국가 대표들이 결석한 가운데 비공개로 논의됐다.

'비동맹회의'는 신규 회원국 가입에 관해 '만장일치제'를 채택하고 있는데, 급진 좌경국 대표들은 북한의 소련·중공과의 군사 동맹을 숨기고, 북한 가입을 공산당식 박수 전술로 '의견 일치(consensus)'를 본 것 같이 얼렁뚱땅 넘어갔다. 반면 한국의 가입에 대해서는 사우디아라비아나 가봉과 같은 친한적 온건 국가들의 "남·북한의 가입 문제는 동일하게 취급되어야 한다"는 공정한 주장에도 불구하고, 쿠바와 말리 등 급진 좌경 국가들이 강하게 반대함으로써 한국 가입안에 대한 합의는 이뤄지지 않았다.

이에 대해 토고와 보츠와나 등 온건 국가 대표들이 "의장의 의사 진행 방식이 편파적"이라고 강력히 항의했고, 사우디아라비아의 "남·북한 동시 가입이 아니면 북한 가입에 반대한다"는 발언을 감비아와 레소토 등 다수 국가 대표들이 지지하고 나옴으로써 회의장은 한때 혼란에 빠졌다.

의장은 월맹·PLO·파나마의 만장일치 가입 승인과는 달리 "북한 가입에 대한 '의견의 일치'에는 일부 국가들의 강력한 반대 의견이 있었다"는 '유보 조건이 붙은 합의'로 고쳤다. 또 한국의 가입에 대해 '부결'이라는 말 대신, "회원국의 의견 일치를 얻지 못했다"는 표현을 사용함으로써, 한국이 원하면 나중에 가입할 수도 있는 길을 남겨 놓았다.

한국의 가입 신청은 비동맹회의 가입 자격과 관련, '외국군 기지'와 '미국과의 군사동맹 관계'가 중대한 반대 사유로 작용했다. 특히 월맹의 외상 빈(Bin) 여사는 한국의 월남 파병을 강하게 비난한 다음, "쿠바와 콩고 대표들과 합세하여 퇴장하겠다"는 위협까지 하면서 맹렬하게 반대했다. 결국 한국은 '리마'에서 북한의 비동맹회의 단독 가입을 저지하지 못했다.

1975년 8월 27일 아침 7시 평양의 조선중앙방송은 "리마 외상회의에서의 비동맹회의 가입은 김일성 동지께서 제시하신 자주적 대외 정책의 빛나는 승리"라고 의기양양(意氣揚揚)하게 보도했다. 그리고 한국의 가입 보류에 대해서는 "미 제국주의에 복무하는 더러운 괴뢰, '블록' 불가담 국가들과 제3세계 인민들의 원수, 괴뢰로서의 제 놈들의 가련한 몰골을 다시 한 번 남김없이 드러내 보였으며, 역사에 영원히 기록될 수치스러운 참패를 당했다"고 방송하고, "조선 혁명의 완전한 승리를 앞당기자"며 계속 소리 높여 떠들어댔다.

그러나 한국 대표단은 외상회의가 끝나는 날까지 리마에 남아 한반도의 실정과 함께, "한반도 문제는 당사자인 남·북한이 대화를 통해 해결해야 한다"고 주장했다. 또한 북한 단독 가입의 부당성과 공정성 결여를 지적하고, "북한의 '6·25 남침' 이전 대한민국 땅에는 단 한 사람의 외국군도 없었다"는 역사적 사실과 "유엔군의 한국 주둔 목적은 6·25전쟁과 같은 동족상잔의 비극 재발을 예방하는 데 있다"는 내용의 성명을 발표했다. 이로써 '리마 비동맹 전체 외상회의'에 참가한 78개국 중 40여 개국 대표들의 공감을 얻어 비동맹회의에서의 지지 기반을 확대했다. 한국의 주장은 적지 않은 나라들에 의해 호의적으로 받아들여져 후일 한국의 비동맹 제국과의 관계 개선에 유리한 터전을 마련해 주었다.

이를 계기로 정부는 계속 비동맹회의 내에서의 북한의 독주와 외교 공세에 대항, 한국의 경제 발전상과 한반도의 실정을 홍보했다. 게다가 개도국에 대한 원조를 제공함으로써 비동맹회의에 가입하지 않고도 1970년대 말에는 많은 비동맹국들의 지지를 얻어, 비동맹권에서 북한과 거의 대등한 입장에 서게 됐다.

1980년대에 들어와서는 정부가 탈냉전의 국제 조류를 배경으로 정부 각 부처에서 분산 실시하던 개발도상국에 대한 '기술 협력 및 무상 원조 사업'을 전담·실시하기 위해 1986년 외무부 산하에 '한국국제협력단(KOICA)'을 설립했다. 한국국제협력단은 장기 저리의 원화 표시 대외경제협력기금(EDCF)(2000년 8월 당시 기금 조성액은 1조 4,052억 원이었다.)을 스리랑카·미얀마·가나 등 35개 개도국에 제공하는 한편, 매년 110여 개국의 공무원과 기술 인력 2,300여 명을 초청하여 연수를 실시했다. 또 24개국에 200여 명의 '해외봉사단'을 파견하는 등 대(對)중립국 실리 외교를 강화한 결과, 비동맹회의는 점차 한반도 문제에 대해 공정하고 중립적인 태도를 취하게 됐다.

비동맹회의 자체도 그 후, 미·소 대립의 해소와 소련과 동구 공산권 몰락에 의해, 초창기의 "자유·공산 어느 진영에도 가담하지 않는다"는 비동맹이란 존재 의의를 상실했다. 따라서 북한 등 강경파의 목소리는 위축되고 점차 현실정치 중시로 노선을 전환, 선진국과 개도국 간의 경제 격차 해소를 위한 '남북문제'를 보다 중요하게 다루는 회의로 점차 변질되어갔다.

12. 판문점 도끼 만행과 북한의 마약밀수 사건

1976년 8월 18일 오전 10시 45분경 '판문점 공동경비구역'의 북한
지역에 있는 '돌아오지 않는 다리' 남쪽 유엔군 측 제3초소 앞에서 미군
장교 2명과 사병 4명, 한국군 장교 1명과 사병 4명으로 이루어진 11명
의 한·미 장병들이 5명의 한국인 노무자들의 '미루나무 가지치기 작
업'을 호위하고 있었다. 그러던 중, 느닷없이 북한군 30여 명이 나타나
"가지치기 작업을 중단하라"고 억지를 쓰고 시비를 걸었다. 그리고 이
들은 도끼와 쇠망치로 미군 장교 2명을 무참하게 살해하고 9명의 한·
미군 장병에게 중경상을 입히는 한편, 유엔군 트럭 3대와 초소를 모두
파괴하는 등 상식적으로 도저히 이해할 수 없는 해괴한 만행을 자행해
세계를 다시 한 번 놀라게 했다.

현장에 있던 한·미 양국 장병들은 무방비 상태로 이 만행에 대항할
여유가 없었으며, 이 광경을 목격하고 일단의 한국군 장병들이 급히 현
장으로 달려갔을 때에는 북한군이 달아난 후라 손쓸 틈이 없었다.
사건이 발생한 후, 포드(Gerald R. Ford)[38] 대통령과 키신저 국무장관은
북한의 폭력 도발 행위를 묵인할 수 없는 만행으로 받아들이고, "모든
책임을 북한이 져야 한다"는 매우 강경한 성명을 발표했다.

주한 미군사령부는 즉각 전투 준비 명령인 '데프콘 3(Defence Condition
3: DEFCON)'을 내렸다. 미 국방부는 이날 밤 주한 미군의 군사력을
증강하기 위한 긴급 조치로 오키나와(沖繩) 등지의 F-4 전폭기 1개 대
대(약 25대)와 미국 본토의 아이다호(Idaho) 주 '마운틴 홈(Mountain

---

38) 미국 정치가(1913~2006), 예일대학 법학 전공, 하원의원(1949), 부통령(1973), 대통령(1974~1977)을
역임했다.

1976년 8월 18일 판문점 공동경비구역(JSA)에서 발생한
북한군의 도끼 만행 사건

Home)' 기지에 있던 최신예 F-11 전폭기 1개 대대(약 15대), 그리고
일단의 해병대를 한국에 급파했다. 또한 8월 20일에는 미 제7함대 소
속 항공모함 '미드웨이'호와 '레이저'호를 한국 해역으로 급거 출동시
키는 등 강력한 군사적 응징 태세를 취했다.

북한의 김일성도 8월 19일 오후 5시를 기해 북한군 총사령관의 자격
으로 북한군 전 부대에 전투태세 돌입 명령을 하달하였으며, 북한 중앙
방송과 평양방송은 "이번 사태는 미국 측이 전쟁을 일으키기 위한 계
획적인 책동"이라고 후안무치하게도 터무니없는 거짓 주장을 하고 나
왔다.

그렇지 않아도 1968년 '1·21사태' 때 청와대 뒷산까지 무장 공비가 침투했던 사건을 아주 모욕적으로 생각하였고, 또 같은 해 1월 23일의 '푸에블로'호 사건에 대해 미국이 아무런 보복을 하지 않은 데 대해서도 못마땅하게 여겼던 박정희 대통령은, "미국이 더 이상 종이호랑이(paper tiger)란 소리를 들어서는 안 되며, 미친 개한테는 몽둥이가 필요하다"고 하면서 한·미 양국의 합동작전을 통한 보복을 미국 측에 제의하는 등 매우 강경한 태도를 보였다.

영국·일본·프랑스의 유력지들은 이 사건을 북한 측이 계획적으로 한반도의 긴장 상태를 국제 사회에 부각시키기 위해 일으킨 것으로 보고, 모두 "효과는 정반대일 것"이라고 논평했다. 군사 전문가들은 '콜롬보 비동맹회의'와 유엔총회를 앞둔 중요한 시점에서, 북한이 이 사건을 마치 유엔군 측이 도발한 것처럼 허위 선전, 유엔총회에서의 한국문제 토의에서 한국을 궁지에 몰아넣기 위한 선전 자료로 삼고, 또 다른 한편으로는 11월의 미국 대통령 선거를 겨냥하여 미국 국민들에게 염전(厭戰) 사상을 고취, 주한미군을 철수케 하려는 저질의 책략으로 풀이했다.

주한 유엔군 사령부는 박정희 대통령과 한국군 수뇌부와 협의 끝에 8월 21일 새벽 7시 '데프콘 2(전쟁 돌입 상태)'하에서, 백악관이 직접 명령을 내려 '도끼 사건'을 초래한 문제의 미루나무 절단 작업을 단행케 했다. 미군은 만일 이 과정에서 북한군이 조금이라도 대항할 경우에는 즉각 개성과 연백평야까지 진격하는 국지전 계획까지 세워놓았었다.

미국은 미루나무를 베는 동안 해군 기동부대와 비행편대 등과 함께 병력을 한국에 집결시키는 등 군사적 '힘의 과시'를 했다. 이 작전을 수행하는 동안 월남전에서 썼던 '무장 헬리콥터 건십(Gunship)' 26대와

F-4, F-111 등 전투기, '괌' 섬에서 온 B-52 전략 폭격기 3대 등이 하늘을 선회했고, 한·미 양국군으로 구성된 300여 명의 긴급 반격부대가 유엔군 측 작업 과정을 엄호했다.

이 같은 한·미 양국의 초강경 태세에 북한의 김일성은 인민군 총사령관 자격으로 21일 하오, 스틸웰(Richard G. Stilwell) 유엔군 사령관 앞으로 사상 처음 사과 메시지(message)를 보내왔다.

결국, 북한군의 잔꾀는 막강한 유엔군의 '힘의 시위와 압력' 앞에 굴복한 셈인데, '판문점 도끼 만행 사건'은 "국제 사회의 질서와 안정은 군사력의 뒷받침 없이는 유지될 수 없다"는 사실과 "이성과 호양(互讓)의 정신이 통하지 않는 상대에게는 최종적으로 힘만이 말한다"는 국제 사회에서의 '힘의 진리'를 잘 대변해 주었다.

두 미군 장교를 도끼로 무참하게 살해하여 야기된 '도끼 만행 사건'은 많은 긴장감과 흥분의 과정을 거듭한 끝에, 결국 김일성의 사과로 막을 내렸다. 양측은 사건 현장인 '판문점 공동경비구역'을 둘로 분할, 경비한다는 데 합의하고 서명함으로써 매듭을 지었다.

한국군을 위해서는 이 사건이 대(對)전차 미사일 '토우(Tow) 부대' 창설이나, 나이키·허큘리스·호크 미사일 대대의 미군으로부터의 이양, S-2 대잠수함 초계기와 헬리콥터 중대, 그리고 F5E 최신예 전투기 도입 등 국방력 증강의 계기가 되었다.

한편, 한·미 양국의 '힘의 시위' 앞에 일단 사죄했던 북한은 잘못을 뉘우치기는커녕, 이때 미군 살해를 위해 썼던 도끼를 현재도 휴전선 건너편에 있는 한 박물관에 전시하여, "미국 놈은 머저리라서 상대할 것도 못 된다"는 식으로 미국인을 비웃고 있다.

당시 '테러 수출국'으로 악명이 높았던 북한은 '도끼 만행 사건'을 일으켜 국제 사회에서 큰 물의와 말썽을 일으킨 지 두 달도 채 못 되어, 이번에는 10월 12일 덴마크 주재 북한대사관 관원이 외교 특권을 악용하여 주재국에서 147kg의 마약과 다량의 양주와 담배를 밀수하여 뒷거래를 하다가, 현장에서 덴마크 경찰에 발각되어 김홍길 대사 등 4명의 공관원 전원이 추방되는 사건이 일어났다.

같은 달 스웨덴·핀란드·노르웨이 등 다른 북유럽 3국에서도 북한 외교관들이 똑같은 종류의 밀수 행위를 하다가 적발되어, 길재경(吉在京) 주스웨덴 대사(현 노동당 국제부 부부장) 외에 주덴마크 대리대사 장대희와 일반 관원 등 모두 13명의 외교관들이 전원 추방 또는 자진 출국 형식으로 주재국에서 쫓겨났다. 사건은 전 세계 63개국 261개 신문에 연일 크게 보도되어, 북한 외교관들은 악평 속에 얼굴을 들고 다닐 수 없을 정도로 궁지에 몰리게 되었다.

그러나 노르웨이에서 북한 외교관들은 파렴치한 행위로 근무하던 주재국에서 추방당하면서도, 출국에 앞서 "노르웨이 국법을 위반한 일이 없다"고 잡아떼고, 오히려 "대사관 물품을 도난당했다"는 생떼를 써 다시 한 번 세상의 웃음거리가 되었다.

북한 공관원들의 밀수 행각은 평양의 지령에 의해 저지른 조직적인 범죄로, 밀수로 벌어들인 돈의 30%는 '충성 외화벌이' 명목으로 김정일에게 직접 상납하고, 나머지는 공관 활동비와 대외 선전비로 쓴 것으로 알려졌다.

북한 외교관의 밀수사건은 중동지역에서만도 1971년 이집트 카이로에서의 시계 밀수부터 시작해 오랜 역사를 가지고 있다. 국제 정세의 변화 속에서 중공의 뒤를 따라 1973년 6월부터 유럽에서는 처음으로 북유럽 제국에 겨우 진출했던 북한은, 판문점 도끼 만행과 마약밀수 사건 등으로 서유럽 제국의 반감과 불신을 자초했다. 그 결과, 북한은

'상종 못할 나라'로 취급받아 망신만 당하고 서구(西歐) 진출의 좋은 기회를 놓치고 말았다.

그러나 북한은 이 교훈을 살리지 못하고, 그 후로도 말레이시아(1976년)·이집트(1987년)·스웨덴(1996년) 등 여러 나라에서 다시 마약과 양주를 위시하여 담배·시계·위조 달러·상아 등을 대량 밀수하다가 적발되어 국제적으로 다시 큰 망신을 당했다.

13. 유엔총회에서의 한국문제 토의 지양

'정전협정' 제60조에 따라 1954년 제네바에서 개최된 정치회담이 결렬되자, 한국문제 해결의 책임이 자동적으로 다시 유엔으로 돌아가게 되었다. 제9차 유엔총회(1954년)부터 제14차(1959년)까지 '한국문제'가 연례적으로 자동 상정되어, 유엔한국통일부흥위원단이 유엔총회에 제출한 연례 보고서를 기초로 한 서방 측 '통한(統韓) 결의안'은 언제나 압도적 다수로 가결되고, '한국통일부흥위원단 해체를 주장한 공산 측 안'은 늘 부결되었다.

1960년 아프리카의 신생 독립국들이 대거 유엔에 가입하여 아시아·아프리카 제국의 국제 정치상의 비중이 커지면서 유엔 내 세력 분포가 달라졌다. 유엔에서의 '한국문제' 토의도 제15차 유엔총회부터는 특히 남·북한 대표의 초청 문제로 격론이 벌어져, 서방 측은 무조건 반대에서 "북한도 '한국문제'에 관한 유엔의 기능과 권위를 인정한다면 초청한다"는 소위 '조건부 초청안(일명 Stevenson안)'으로 후퇴했다.

그러나 북한이 이 조건부 초청안마저 거부해 1967년의 제22차 유엔

총회까지는 여전히 한국 대표만 참석한 가운데, 해마다 한국통일부흥위원단의 존속과 '통한 원칙'을 재확인하는 종래의 결의안이 계속 큰 표차로 채택됐다.

그러다가 정부는 달라지고 있는 유엔 내 제반 정세를 고려하여, 1968년 제23차 유엔총회에서 한국통일부흥위원단으로 하여금 '연차보고서'를 필요에 따라 유엔총회나 또는 유엔 사무총장에게 제출할 수 있게 했다. 이로써 '한국문제'를 재량으로 상정하는 '재량 상정 방식'으로 그 전략을 전환한 '통한 결의안'을 통과시켰다.

이 같은 전략 전환은 '한국문제'에 관한 연례적 토의에서 오는 회원국들의 권태감을 해소하면서, 일부 좌경 중립국들의 사이비(似而非) 통일론을 봉쇄하고, 공산 측이 유엔을 정치적 선전 무대로 악용하지 못하게 하는 것을 그 목적으로 하고 있었다.

그러나 제24차(1969년)와 제25차(1970년) 유엔총회는 공산 측이 거꾸로 '외국군 철수와 한국통일부흥위원단 해체안'을 먼저 제출하여 종전과 같이 '한국문제'의 토의와 표 대결이 불가피했는데, 두 번 다 서방 측 결의안은 통과되었으나 공산 측 결의안은 부결되었다.

그러다가 제26차(1971년)와 제27차(1972년) 유엔총회에서는 서방 측이 '데탕트'를 지향하는 국제 정세의 흐름에 맞추어 '한국문제' 토의의 일괄 연기안을 제출, 통과시킴으로써 각각 1년씩 토의를 연기하여 유엔총회에서의 '한국문제'의 연례 토의를 일단 지양했다.

제28차 유엔총회(1973년)에서는 정부가 '6·23선언'에 의거해 남·북한 대표 동시 초청에 반대하지 않음으로써, 유엔 사상 처음으로 남·북한 대표 참석하에 '한국문제'가 토의되었다. 그리고 "남·북한의 유엔 동시가입은 평화통일에 장애가 되지 않으며, 오히려 도움이 된다"

는 11월 15일 '정치위원회'에서의 김용식 장관의 연설은 많은 대표들의 호응을 얻었다.

그해 5월 세계보건기구(World Health Organization: WHO)에 가입하고, 7월 뉴욕에 주유엔 대표부를 설치한 북한은 공산 측 결의안을 통과시키려고 갖은 책동을 다했다. 그러나 결국 11월 29일 '남북대화 촉구와 한국통일부흥위원단 해체에 관한 합의 성명' 발표로 한국과 타협할 수밖에 없었다.

그리고 제29차 유엔총회(1974년)에서는 '한국문제'에 관한 표 대결이 다시 부활되어 '남북대화 재개를 촉구한 서방 측의 공동결의안'은 통과되고, 유엔군 사령부 해체를 요구한 공산 측 결의안은 '48:48(기권 38)'로 찬반 동수가 됨으로써, "동수인 경우에는 이를 부결로 간주한다"는 총회 의사규칙 제134조의 규정에 따라 결국 부결 처리되었다.

그러나 1975년 한국의 대(對)유엔 외교는 제3세력의 국제 정치상의 비중이 커지는 등 유엔의 구조적 변화를 틈탄 북한의 외교 공세로 중대한 시련을 겪었다. 그해 제30차 유엔총회에서 사상 처음으로 '한국문제'에 관한 서방 측 안과 공산 측 안이 둘 다 각각 '59:51(기권 29)'와 '54:43(기권 42)'으로 통과되는 이변이 생겨, 우리 대(對)유엔 외교가 시대 변화에 맞게 탈바꿈해야 하는 전환점에 서게 되었다.

'한국문제'의 토의 과정에서 서방 측 안은 언제나 합리적이고 건설적이란 평가를 받았으나, 비동맹 그룹의 반미 경향과 회원국들의 이해 추구 성향이 두드러져, 서방 측 안과 함께 공산 측 안도 역사상 처음 유엔총회에서 채택되는 괴이한 변고가 발생했던 것이다.

이에 정부는 '한국문제'에 관해 한계를 드러낸 유엔의 현실에 비추어, 무모한 소모전 성격의 남·북 대결을 지양하기 위해 당사자 간의 대화를 통한 '한국문제' 해결이란 정책 기조 아래 '남북대화'의 재개를 계속 북한 측에 촉구했다. 하지만 역시 북한의 거부로 '한국문제'의 해결은 종내 실마리를 풀지 못한 채, 다음 해인 1976년 제31차 유엔총회를 다시 맞게 되었다.

정부는 이 총회에서 '7·4 남북공동성명'의 정신에 입각해 유엔에서의 '한국문제' 토의를 지양하려 했으나, 북한이 다시 공산국들로 하여금 '유엔군 사령부의 해체와 주한미군의 철수를 요구하는 결의안'을 제출케 했다. 서방 측도 부득이 남북대화를 통한 '한국문제' 해결을 내용으로 하는 결의안을 총회에 제출했다.

8월 16일 스리랑카 '콜롬보'에서 열린 '제5차 비동맹 정상회의'에 북한은 유엔총회를 겨냥, 당초 김일성이 직접 참석하려 했다. 그렇지만 스리랑카 정부가 북한이 김일성의 숙소와 자동차 배정에서 다른 나라의 국가 원수들과 다른 특별대우를 요구한 데 대해 난색을 표했다. 또한 정상회의에 앞서 배포된 '정상회담 정치선언 초안'의 한반도 문제에 관한 표현이 북한의 뜻대로 되지 않자, 화가 난 김일성은 참석을 포기, 대신 약 120명의 대규모 대표단을 콜롬보에 파견했다.

그러나 북한의 한반도 문제에 대한 강경 노선은 기대만큼의 지지를 받지 못했다. 또 판문점 도끼 만행과 마약밀수 사건 등으로 정세가 북한에게 불리하게 돌아감을 감지한 공산 측이, 오히려 전년에 통과시킨 공산 측 결의안의 효과 지속을 택하는 쪽이 더 좋을 것이라고 판단, 총회 개막 직전에 그들의 결의안을 자진 철회했다. 그래서 서방 측도 결의안을 거둬들여 '한국문제'는 그해 유엔총회에서 토의되지 않았다. 북한의 결의안 자진 철회는 불리한 상황을 직감하고 취한 마지막 고육지계(苦肉之計)였다.

그 후 제32차 유엔총회(1977년)부터 공산 측이 '한국문제'에 관한 결의안 제출을 포기하여, '한국문제'는 추후 한 번도 유엔총회에 상정되지 않았다. 이는 북한의 강경 노선에 대한 비동맹국들의 지지가 한반도의 실정이 알려지면서부터 점점 감퇴하여, 그들의 주장을 담은 결의안이 다시 유엔총회에서 통과될 가망성이 적어진 탓이며, 또 소련과 중국이 한국과 국교를 수립하는 등 전반적인 국제 정세가 북한에 불리하게 변화했기 때문이기도 했다.

대한민국 정부 수립부터 유엔총회에서 계속적으로 토의되던 '한국문제'는 국제 정세의 변화 앞에 한반도의 통일정부 수립이란 소기의 목표를 달성하지 못한 채, 23년 만에 일단 유엔총회 토의에서 종지부를 찍게 되었다.

14. 박동선 사건

박정희 대통령은 1972년 2월 닉슨 대통령의 중공 방문 등 급변하는 국제 정세에 대처하고 북한과의 군사 대치에서 우리의 안보를 강화하고 체제를 공고히 한다는 이유로, 같은 해 12월 27일 소위 '유신헌법'을 공포함으로써 민주국가에서는 보기 드문 '종신 집권의 틀'을 마련했다.

대통령을 간접 선거로 선출하고 국회의원 정수의 3분의 2를 자동적으로 여당이 차지하는 이른바 '유신체제'는, 그 목적을 떠나 체제의 반민주적이고 권위주의적인 성격 때문에 국내외로부터 거센 반발을 샀다. 특히 '유신체제'에 대해 미국 의회가 갖는 거부감은 상당하여 의회

내의 반한 감정이 날로 커갔다.

이처럼 어려운 시기에도 미국의 포드 대통령은 1974년 11월 22일과 23일 이틀간 한국을 방문해, 한국군의 월남 파병을 높이 평가하고 미국 정부의 변함없는 지지를 약속하면서, "주한 미군을 현 수준에서 더 이상 축소할 계획이 전혀 없다"고 확언했다.

그러나 이같이 월남전을 통해 특별한 관계를 유지해 오던 한·미 관계도 1976년에 들면서부터 점차 소원해지기 시작해, 한국 정부도 '대미 로비(lobby)'를 본격적으로 시작했다. 때마침 10월 24일 미국의 일간지 '워싱턴 포스트(Washington Post)'는 재미 동포로 워싱턴에서 사교 클럽을 경영하는 박동선(朴東宣)을 거명하면서, "박정희 대통령이 1970년대에 들어와 한국 정보부 요원으로 하여금, 한국 정부를 위한 대미 의회 활동을 위해 50~100만 달러 상당의 현금·선물·선거 자금 등으로 50명 이상의 전·현직 의원을 매수해 왔다"고 보도했다.

이 사건은 '코리아 게이트(Korea Gate)'라고 불리며 국내외에 큰 파문을 던졌다. 또 미국과 일본의 신문들이 이를 대대적으로 보도함으로써, 미국 정계를 뒤흔들어 한·미 간 외교 마찰로 발전해 갔다.

10월 26일 청와대 대변인은 성명을 발표하여 정부의 관련을 부인했다. 박동선 본인은 미국에서 한국으로 오는 도중 영국 런던공항에서 기자회견을 갖고, "개인적 친분으로 미국 의회 의원들에게 선물을 주거나 정치 헌금을 낸 사실은 있으나, 미국 국내법에 저촉되는 행위를 한 적이 없을 뿐만 아니라 한국 정부와는 아무런 관련이 없다"고 '워싱턴 포스트'의 기사 내용을 전면 부인했다. 미국 의회와 국무부는 박동선의 송환을 요구했으나, 한국 정부는 거꾸로 미국 측이 청와대를 도청한 사실을 문제 삼아 송환을 거부했다.

그 후 박동선 사건을 둘러싼 미 의회의 한국 관계 청문회 개최와 한국의 '원자탄 개발' 소문이 미국에 퍼지면서, 한·미 간의 외교 마찰은 두 나라 관계를 극도로 불편하게 만들 정도로 악화되었다.

미국 정부와 의회가 마련하는 정책과 법안 등은 다른 국가들의 이해관계에 직접 큰 영향을 미친다. 따라서 세계의 여러 나라가 미국의 정책을 자국에 유리하게 끌어내기 위해, 미국의 전직 고위관리를 거금을 주고 고용하여 치열한 '대미 로비 활동'을 전개하고 있다.

435명의 하원의원과 100명의 상원의원을 대상으로 외국 정부나 기업을 위해 활동하고 있는 '로비스트(lobbyist)'는 미국 법무부와 상·하원 사무처에 공식으로 등록된 수만 1999년 당시 7,628명이었고, 등록하지 않은 '로비' 활동가의 수는 2만 명 선을 훨씬 넘고 있었다.

미국은 '로비의 천국'으로 통하지만, '로비 활동'에 대한 규제는 1995년 '로비 공개법'이 제정된 후에는 더욱 엄격해졌다. 박동선 사건은 "한국 정부 기관원들이 미 의회 내의 친한 여론 조성을 위해, PR회사나 등록된 '로비스트'를 통하지 않고, 미 의회 의원이나 정부 고위 관리들을 대상으로 법으로 금지된 직접 '로비'를 하고, 또 1974년 말부터는 미국에서 외국인의 정치 헌금이 불법화되었는데도, 이를 무시하고 직접 헌금했다"는 것이다.

결국 박동선 사건이란 미국의 법과 관행을 한국의 일부 기관원들이 잘 모르거나, 아니면 이를 너무 가볍게 여기고 저지른 어이없는 일로, 미국 법에 따라 미 의회의 조사를 받게 됐던 것이다.

이 사건으로 불편해진 한·미 관계는 인권 문제와 주한미군 철수를 선거 공약으로 내세웠던 카터(Jimmy Carter)[39] 후보가 1977년 제39대

---

39) 미국 정치가(1924~), 미 조지아공대 졸업, 땅콩농장 경영(1953), 상원의원(1963), 조지아 주지사(1970),

대통령으로 취임하여, 한국 정부와 아무런 사전 협의 없이 주한미군의 단계적 철수안을 일방적으로 발표함으로써 더욱 악화되어 한때 위기의 식까지 조성되었다.

그러나 1977년이라면 아직 미·소 냉전이 한참일 때라 "주한미군 철수는 현실을 무시한 무모한 일이다"라는 반대 의견이 미국의 공화당은 물론, 민주당 내에도 있었다.

시간이 흐르면서 "한·미 간의 불신의 지속은 장기적으로 두 나라의 공동 이익에 도움이 되지 않는다"는 인식 아래 양국 정부가 외교적 노력을 경주한 결과, 카터 대통령의 '주한미군 철수계획'은 결국 실현되지 못했다. 사실 카터 대통령의 '주한미군 철수안'은 한국은 물론, 당시의 미국 국익 수호를 위해서도 크게 잘못된 정책이었다.

한·미 양국은 여러 차례의 회담을 거쳐 1977년 12월 31일 박동선이 미국 정부로부터 전면 사면권을 받는 조건으로 미 의회에 출석, 증언에 응할 것이라는 공동성명을 발표했다.

1978년 2월 23일 미국으로 건너간 박동선은 상·하원 윤리위원회 증언에서 본인이 한국에 대한 쌀 판매로 약 920만 달러를 벌어, 이 중 800만 달러를 로비(lobby) 활동에 지출했다고 밝혔다. 그리고 4월 3일 공개청문회에서 그는 전 하원의원 해너 등 32명의 전·현직 의원들에게 약 85만 달러의 선거자금을 제공했으며, 1972년 대통령 선거에서 공화당 후보 닉슨에게도 2만 5천 달러를 제공했다고 밝혔다.

그러나 미국 의회와 법무성은 박동선 사건에 대한 뚜렷한 결론을 내리지 못하고, 해너와 3명의 민주당 의원만 징계했다. 그 후 미국 의회가 미국 주재 한국대사를 지낸 김동조(金東祚)의 증언을 요구해, 한·미 간

대통령(1977~1980)을 역임했다.

에 새로운 갈등이 유발되었다. 그래서 막후 절충을 통해 1978년 9월 19일 김동조 씨가 미국 하원 윤리위원회의 서면 질문에 답변서를 보내고, 10월 16일 미 윤리위원회가 조사보고서를 발표함으로써 사건을 일단락지었다.

그 후 한국 정부의 계속적인 노력으로 한국의 실정과 함께 한반도 안정의 중요성이 미국 관변에 잘 알려지면서, 1978년 9월 주한미군 철수안이 사실상 백지화되고 한·미 관계는 다시 정상화되었다.

우리나라 역대 정권은 박동선 사건에서 교훈을 얻어 그 후부터는 미국의 PR회사와 등록된 '로비스트'들을 선정하여 이들과 계약했다. 그리고 '외교협의회(CFR)'를 비롯해 미국 내 유명한 대학 소속 연구소나 민간 연구단체들과도 긴밀한 관계를 갖고, 한국의 문화 소개나 실정을 널리 홍보하는 등 정상적 외교 경로를 통해 전통적 우호 관계 유지와 한국 안보의 중요성을 미국 관변에 재인식시키는 데 외교력을 총동원했다.

그러나 한국의 '대미 로비'는 아시아권에서도 일본이나 타이완보다 "로비 방식이나 효과 면에서 많이 뒤떨어져 있고, 또 비효율적"이라는 것이 미국 '로비 전문가'들의 일반적인 평가다. 그리고 1997년 9월 8일자 미국의 시사 주간지 『유에스 뉴스 앤드 월드 리포트(US News & World Report)』에 따르면, 1996년 한 해 동안 미국 내에서 '로비'를 위해 돈을 가장 많이 쓴 나라로, 지리적으로 가장 가까운 캐나다와 멕시코가 1, 2위를, 그리고 영국과 이스라엘이 각각 3위와 6위를 차지하고 있다.

아시아 국가로는 일본(3위)·타이완(5위)·인도네시아(8위)·홍콩(10위) 4개국이 10위권 내에 포함되고, 한국은 들어있지 않았다. 한국도 앞으로 미국에서의 '로비'는 정당하고 필요한 행위란 인식을 갖고, 국가 이익과 발전을 위해 합법적으로 돈을 쓰면서 유능한 로비스트와 계약해 '대미 로비'를 적극 전개해 나가야 할 것이다.

15. 경제발전과 국위 선양

박정희 대통령 통치 기간 동안 한국은 사회·경제 전 분야에서 괄목할 만한 성장을 이룩해, 춘궁기만 되면 허기진 배를 달래느라 나무껍질까지 깨물고 보릿고개를 겨우 넘기던 빈곤을 추방했다. 이는 곧 우리나라의 '이미지'와 대외 위상 제고에 직접 연결됐다.

'5·16 군사정변'이 발생한 1961년만 해도 한국 경제는 1인당 국민소득이 겨우 83달러 전후, 수출은 4,000만 달러 정도로 미약하기 짝이 없었다.

그러나 박정희 대통령 영도 아래 정부가 1962년 '제1차 경제개발 5개년 계획'[40]을 수립, 모든 경제 정책을 '수출 제일주의'에 두었다. 1962년에는 미국과 일본 등 5개 공관에 상무관(商務官)을 상주시키고, 1967년부터는 재외 공관별로 주재국과 담당국에 대한 수출 할당액을 정해주었다. 그리고 1968년부터 수출 증대를 위한 '공관장회의'를 해마다 서울에서 개최하고, 1969년 1월부터는 한 달에 한 번씩 박정희 대통령 자신이 중앙청에서 '수출진흥확대회의'를 직접 주재했다.

---

40) 제1차 경제개발 5개년 계획(1962~1965)의 주요 골자는 ① 전력·석탄의 에너지 자원과 '기간산업'을 확충하고, ② '사회 간접자본'을 충실히 하여 경제개발의 토대를 형성하는 것, ③ 농업 생산력을 확대하여 농업 소득을 증대시키고, ④ 수출을 증대하여 국제 수지를 균형화하면서 기술을 진흥하는 일 등이다. 한국은 이 5개년 계획의 집행으로 경제 성장률이 해마다 7.8% 이상으로 목표를 상회했고, 1인당 국민총생산(GNP)도 83달러에서 125달러로 크게 증가했다. 1962년 시작된 제1차 경제개발 5개년 계획 성공의 원동력은 역시 1965년의 대일 청구권 자금 5억 달러의 도입이었다.

이같이 '잘 살아보세'와 '하면 된다', 그리고 '수출만이 살 길'이란 구호 아래 정부 기관과 재외 공관, 그리고 민간단체와 사기업체까지 일심동체(一心同體)가 되어 수출에 전념했다. 그 결과, 1961년 4,000만 달러 정도에 불과했던 수출이 1964년 1억 달러, 1971년 10억 달러, 1977년 100억 달러로 비약적으로 증대하여, 한국은 당당하게 세계 20대의 '수출강국'으로 부상했다.

정부는 1964년 11월 30일 수출액이 1억 달러를 초과한 날을 기념하기 위해 이 날을 '수출의 날'로 정했고, 지금은 '무역의 날'로 고쳐 기념하고 있다. 한국은 1962년 '경제개발 5개년 계획'을 시작한 지 꼭 15년 만에 100억 달러 수출 목표를 달성함으로써, 수출입국(輸出立國)의 뜻을 이루었던 것이다.

서민층에 뿌리를 둔 박정희 대통령은 치국 이념으로 국가와 국민의 이익과 '가난 추방'을 앞세운 군 출신 정치가였다. 지금까지 세계에 장기 집권한 정치가와 군 출신 지도자도 많았지만, 가난을 몰아내고 나라의 근대화에 성공한 정치가와 지도자는 그리 많지 않다.

박정희 대통령과 필리핀의 마르코스 대통령은 둘 다 강력한 통치자로서, 나이가 같고 키도 비슷하게 작으며 각기 18년과 21년간 장기 집권을 했다. 그러나 남긴 성적표는 오늘의 한국과 필리핀의 경제력만큼이나 다르다. 한마디로 자나 깨나 개발만을 생각한 박 대통령은 산림녹화와 새마을운동을 통한 농촌 발전과 국가 공업화에 성공해 조국 근대화를 당당히 이뤄냈으나, 마르코스 대통령은 그렇지 못했다.

물론, 한국의 경우 필리핀과는 달랐다. 박정희 대통령의 성공에는 이승만 대통령이 만든 농지를 농민들에게 분배한 농지 개혁, 튼튼한 국방력, 한·미 상호방위조약, 교육 확충 등 근대화의 '하부조직(infrastructure)'

이 국가발전 계획 추진의 밑거름이 되었음을 부인할 수 없으며, 우리나라로서는 큰 행운이었다고 하겠다.

또 1962년 3월 이래 오늘날까지 군부가 '철권통치'를 하고 있는 미얀마의 경우를 보아도, 장기 집권하고 '개발독재'를 한다고 모두 다 경제개발에 성공하는 것도 아니다. 미얀마는 쌀·목재·티크·원유·동·아연 등 풍부한 천연자원을 가지고 있고, 또 군부의 지도자들이 박정희 대통령의 '개발독재'를 거울삼아 경제를 일으키려고 애도 썼지만, 근대화는커녕 2005년도 현재 1인당 국민소득이 180달러의 세계 최빈국에서 아직 벗어나지 못하고 있다.

어쨌든 우리는 여기서 개발도상국에서의 지도자 역할이 얼마나 중요한가를 여실히 본다. 개발도상국은 국가 정책 최고 결정권자의 개인적 생각과 믿음, 그리고 철학과 세계관이 외교정책 결정 과정에 직접 영향을 미치는 가장 중요한 요인이다. 한국의 외교정책도 역시 박 대통령의 개인적 생각과 통치 철학에 강한 영향을 받았다.

한국의 외교 정책은 기본적으로 힘과 국가 이익 개념에 기초한 경제 중심의 현실주의적인 기조를 띠었다. 예를 들면, 박 대통령은 한·일 관계 정상화와 월남 파병 등 국가적으로 중요한 정책을 결정하고, 이를 추진하는 과정에서는 민주적 절차보다 국가 이익을 먼저 생각했다. 또 일단 결정한 정책은 나라의 발전을 위해 일부 반대가 있어도 이를 무시하고 강하게 밀고 나갔다.

그리고 박 대통령은 산업화를 추진하는 과정에서도 '공업의 쌀'이라고 하는 쇠를 생산하는 포항제철이나, '산업의 동맥'인 '경부고속도로' 건설에서 보았듯이, 우리 야당 정치인들은 물론 국제 금융기관이나 경제 전문가들까지 모두들 "경제성이 없다"느니, "1인당 GNP 142달러의 가난한 나라에서 그런 것들이 왜 필요하냐?"느니 하며 반대했지만, 조국 근대화를 위해 초지일관(初志一貫) 끝까지 뜻을 굽히지 않고 밀고 나갔다.

이 제철소와 고속도로는 1964년 12월 7일부터 8일간 서독을 공식 방문[41]한 박 대통령이, 패전 후 '라인 강의 기적'이란 서독 경제 재건의 발판이 된 쾰른(Köln) 제철소를 보고, 또 속도 제한이 없는 서독의 자동차전용 고속도로(Autobahn)를 고속으로 달리면서 큰 감명을 받아 '한강의 기적'을 창출하기 위하여, 그 당시 머릿속에 구상했던 '아이디어'들을 조국 땅에 정성 들여 구현한 작품들이었다.

그리고 박 대통령은 미·중 간 관계 개선 등 국제 정세의 변화에 대해서도 재빨리 적응하여 그 상황을 오히려 역이용하려고 했다.

북한의 김일성은 49년 동안 '1인 독재'로 장기 집권하면서 스스로 '인류의 태양'을 자칭했다. 그렇듯 기록적으로 장기 집권을 하고도, "흰 쌀밥에 고깃국을 먹으며 비단옷을 입고 기와집에 살게 하겠다"던 인민들과의 약속을 지키지 못하고 경제를 망쳐 나라를 세계 최빈국으로 전락시킴으로써 1900년대 말기에 300만이 넘는 주민들을 굶고 병들어 죽게 한 것과는 너무나 대조적이다.

박 대통령의 1971년 8·15 남북적십자회담 제의, 1973년의 6·23선언, 1974년 1월 18일 남북불가침협정 제의, 같은 해 8월 15일 평화통

---

41) 박정희 대통령은 1964년 12월 서독 대통령이 보내준 비행기를 타고 독일을 국빈 방문했는데, 이것이 박 대통령의 첫 외국 나들이였다. 당시 독일에는 1년 전부터 가족들을 먹여 살리기 위해 만리타향(萬里他鄉)에서 광부와 간호원으로 고생하고 있는 우리 젊은이들이 있었다. 이들 중에는 대학출신들도 많이 끼어 있었는데, 당시 우리나라에는 대학을 나와도 별로 일할 데가 없었을 정도로 우리는 정말 가난했었다. 박 대통령 내외분은 서독 방문 도중 시간을 내어 이들을 루르 지방의 한 광산으로 방문했는데, 환영식장은 온통 울음바다가 되었다. 그러나 그곳에는 "나라의 경제를 살리자"는 결의들이 솟아오르고 있었다. 1963년부터 시작하여 1975년까지 10여 년간 파독(派獨) 간호사(1만 300여 명)와 광부(8,300여 명)들이 본국에 송금한 돈은 총액 1억 153만 달러로, 우리 경제 발전에 크게 공헌했다.

일 3대 기본 원칙 발표 등은 하나 빠짐없이 모두 그 시기에 맞는 합리적이고 적절한 제의들이었다.

그리고 박정희 대통령은 적대 국가를 최소한으로 줄이고 남북 간의 긴장 완화와 평화 공존을 유지하면서, 한반도 문제를 우리 한인들끼리 해결하자는 민족을 앞세운 주장을 내세우고, '경제자립'과 '자주국방'을 이룩함으로써 남·북 문제에서 주도권을 갖고 조국 통일에 접근하고자 했다.

한국은 '5·16 군사정변' 이후의 혼란기를 지나 몇 차례의 개헌과 대통령 선거를 거치면서, 남북의 군사 대치 속에 비록 '개발독재'라는 말을 듣고 또 사건·사고도 많았다. 그러나 정치는 일정한 수준의 안정성을 확보했고, 또 정부 주도 아래 경제성장 정책도 괄목할 만한 성과를 거두었다.

정부는 이를 바탕으로 미국을 위시한 자유 우방들과의 유대와 경제 협력을 강화하면서, 비동맹 중립국가와 비적성 공산국가들에 대한 외교를 적극적으로 전개했다.

그 결과 외교망이 아시아는 물론 전 세계적으로 크게 확대되어, 1978년 말 당시 수교국 수는 107개로 대폭 증가되고 친한적 우호 국가들이 크게 늘어났다.

이밖에도 박정희 정부는 관세 및 무역에 관한 일반협정(General Agreement on Tariffs and Trade: GATT)[42] 유엔 무역개발회의(UN Conference on Trade and Development: UNCTAD),[43] 아·태 경제사회

---

42) 관세 장벽과 수출입 제한을 제거하고 국제 무역과 물자 교류를 증진시키기 위하여, 1947년 제네바에서 미국을 비롯하여 23개국이 조인한 국제적인 무역 협정이다. 가입국은 1993년 당시 116개국이며, 한국은 1967년에 가입했다.

43) 1964년 개발도상국의 산업화와 국제 무역을 지원하고 심화된 '남북문제'를 해결하기 위하여 유엔 산하 기관으로 설치됐다. 최고 정책결정기관인 국제회의는 각료급 회담의 성격으로, 4년에 한 번씩 열린다.

위원회(Economic and Social Commission for Asia and the Pacific: ESCAP)[44] 등 국제경제기구 활동에도 적극적으로 참여해 지속적인 경제 발전에 도움을 받았을 뿐 아니라, 국위를 선양해 한국의 국제적 위상을 드높여 나갔다.

영국의 역사가로서 당대의 제1인자로 정평이 나 있는 토인비(Arnold J. Toynbee)는 "냉엄한 국제 사회에서 급변하는 국제 정세에 시의적절하게 대처하지 못하는 민족과 국가는 사정없이 도태된다"는 명언을 남겼다. 박정희 정부 18년간 우리 정부는 내적인 정치·경제적 성장을 바탕으로, '근대국가 건설'이란 뚜렷한 목표를 달성하기 위해 급변하는 국제 정세에 시기나 상황에 맞게 잘 대처했다. 또 박정희 대통령 집권 18년 동안은 외교의 자주성과 독자성을 확보한 가운데 '자주국방'과 '자립경제'의 틀을 다지고 국위를 크게 선양한, 그야말로 "한국 외교 중흥의 시기였다"고 하겠다.

한국은 1965년에 가입했다.

44) 1947년 아시아·태평양 지역 국가들의 경제 발전을 위해 유엔총회의 권고와 유엔 경제사회이사회의 결의에 따라, 그 산하기구로 설치된 아시아·극동 경제위원회(ECAFE: Economic Commission for Asia and the Far East)가 태평양의 도서 국가들이 가맹하고 경제개발뿐 아니라 사회개발까지 활동 영역을 넓히게 되어, 1974년 제30회 ECAFE 총회에서 명칭을 ESCAP으로 변경했다. 정회원국은 51개이며, 본부는 태국 방콕에 있다.

방미한 전두환 대통령과 레이건 미국 대통령 간의 한·미 정상회담 (1981)

제 5 장

전두환 정부의 외교

(1980～1987)

1979년 10월 26일 박정희 대통령 시해사건으로 오랜 기간의 독재체제가 갑자기 무너짐으로써, 한국의 정치·사회에는 커다란 혼란이 야기되었다. '유신체제'의 마지막 국무총리였던 최규하가 대통령 직위를 승계하여 대통령 권한 대행을 하다가, '통일주체국민회의'에서 대통령으로 선출되어 1979년 12월 21일 제10대 대통령으로 취임했다.

최규하[1] 대통령은 '유신체제'에서 탈피해 새 정치 체제를 모색하였으나, 인권과 자유 신장에 대한 욕구가 사회 각 분야에서 폭발적으로 분출하여 정치·사회는 여전히 불안한 상태를 계속했다.

1980년 5월 유신시대 세력의 퇴출을 요구하는 대학생들의 시위에 뒤이어, 전남 광주에서 '민주화 운동'[2]이 대대적으로 일어났다. 1979년 '12·12사태'[3]로 권력을 장악한 신군부 세력은 계엄군을 투입, 이 운동을 무력으로 진압하고 최규하 대통령을 임기 중인 8월 16일 하야시켰다.

곧 이어 신군부는 8월 27일 대통령 선거를 위한 '통일주체국민회의' 투표에서 전두환(全斗煥)[4] 장군을 제11대 대통령으로 선출했다. 그 후, 1981년 2월 25일 제5공화국 헌법에 따른 간접선거를 통해 다시 전 대통령을 제12대 대통령으로 당선시켜, 3월 3일 임기 7년의 단임 대통령

---

1) 외교관·정치가(1919~), 도쿄고등사범 졸업(1941), 주일 대표부 공사(1959), 외무차관(1959), 주말레이시아 대사(1964), 외무장관(1967), 국무총리(1979), 대통령(1979)을 역임했다.

2) 1980년 5월 18일에서 9일간 전남 및 광주 시민들이 계엄령 철폐와 12·12 하극상을 통해 군부를 장악한 전두환 장군의 퇴진, 민주인사 김대중의 석방 등을 요구하며 벌인 시민운동으로, 사건 발생 당시는 불순분자와 폭도들에 의한 난동으로 규정되어 군의 진압을 받았으나, 1988년 6공화국 출범 직후, 국회에서 '광주 민주화운동'으로 정식 규정됐다.

3) 1979년 12월 12일 전두환 보안사령관과 노태우 제9사단장 등 신군부 세력이 군부 내 주도권을 장악하기 위해, 정승화 육군 참모총장 겸 계엄사령관을 보안사로 강제 연행한 후, 최규하 당시 대통령의 사후 승인을 받은 군사반란 사건으로, 신군부 세력은 그 후 제5공화국의 중심 세력으로 등장하여 집권했다.

4) 군인·정치가(1931~), 육사(1955)·육군대학 졸업(1965), 제1공수특전단장(1971), 1사단장(1978), 보안사령관(1979), 대통령(1980~1987)을 역임했다.

으로 취임토록 했다.

이렇게 정권을 장악한 전 대통령은 그 정당성을 확보하기 위해 정치·사회·문화 등 각 분야에서 대규모 개혁을 추진하면서, '정의와 복지 사회의 구현'을 국정 지표로 내세웠다.

그리고 외교 면에서는 '평화와 번영'이란 기치 아래, 미국과 일본 등 전통적인 우방들과의 안보·경제협력 강화, 경제실리 외교의 적극 전개, 올림픽 경기의 유치와 그 개최국으로서의 국제적 지위 향상, '평화 통일'을 위한 공산국들과의 관계 개선 등을 주요 정책으로 삼고, 그 실현을 위하여 적극적인 외교적 노력을 경주했다.

그 밖에 전두환 대통령은 미국을 비롯하여 캐나다·일본·영국·프랑스·독일 등 전통적인 우방들을 두루 순방하여, 기존 유대를 강화했다. 또 한편으로 아세안 5개국 순방에 이어, 아프리카 지역 외교의 중요성을 감안, 1982년 8월 케냐·가봉·나이지리아·세네갈 4개국을 직접 방문하여, 이들 아프리카 중립국들과의 우호와 협력관계 증진에 각별히 힘썼다. 이는 한국 대통령으로서는 건국 이래 최초의 아프리카 제국 순방 외교로 특기할 만한 일이었다.

1. 미국과의 우호관계 증진

'유신체제'의 출범 이후, 한·미 관계는 점차 악화일로를 걷고 있었는데, 민주당 카터 행정부의 등장으로 '닉슨 독트린' 발표 이래의 불편한 관계는 더 악화되었다.

이러한 가운데 '10·26사건'이 발생했다. 전두환 보안사령관을 비롯한 신군부가 국가 원수가 시해된 비상사태의 허술한 틈을 타 무력으로 정권을 장악했으므로, 전두환 정부는 처음부터 정통성 문제에 심각한 약점을 갖고 출발한 셈이었다.

안보의 중요한 절대 부분을 미국에 의존하고 있는 한국으로서는 미국으로부터의 지원이 절실한 상황에 있었다. 따라서 정권을 장악한 신군부는 무엇보다 먼저 대미 외교를 강화해 미국과의 껄끄러운 관계를 해소하고, 미국 정부의 이해와 지지를 얻어 정부의 정통성을 인정받는 데 최우선적인 노력을 경주하지 않을 수 없었다.

그래서 전두환 장군은 1981년 3월 3일 대통령 취임에 앞서 먼저 1월 28일부터 2월 7일까지 미국을 방문, 레이건(Ronald W. Reagan)[5] 대통령과의 회담을 통해 "한·미 양국은 안보에서 언제나 동반자 관계에 있으며, 국내 문제에는 서로 일체 간섭하지 않는다"는 것을 천명했다.

이같이 전두환 장군은 우선 미국의 한국에 대한 방위 공약을 재확인받고, 주한미군의 계속 주둔과 국군의 현대화 계획 등에 대한 미국의 변함없는 지원을 약속받는 데 성공했다. 즉, 레이건 대통령은 카터 행정부가 계획하고 발표했던 주한미군 철수 계획을 백지화하면서, 미국은 "한국으로부터 미 지상군 전투 병력을 철수시킬 계획이 없다"는 사실을 분명히 했던 것이다.

한국의 안보를 위해 미국의 지원이 절대 필수적이라는 것을 누구보다 잘 알고 있던 전두환 장군은 대통령직에 오른 후에도 계속 대미 외교를 강화하여, 재임 기간 중에 레이건 대통령과 '정상회담'을 세 차례나 가졌다.

---

5) 미국 정치가(1911~2004), 유레카대학 경제학과 졸업(1932), 1964년까지 약 50편의 영화에 출연했고, 캘리포니아 주지사(1966), 대통령(1981~1989)을 역임하였다.

특히 1983년 레이건 대통령이 재차 방한하였을 때는 한국의 전략적 중요성을 높이 평가하면서, "한국의 안전이 동북아의 평화와 안정에 필수적이며, 곧 미국의 안전과 직결된다"고 다시 한 번 한국 방위의 굳은 의지를 강력히 표명했다. 이로써 적어도 레이건 대통령의 재임 기간 중에는 한·미 간에 정치적으로 특별한 사안이나 마찰은 존재하지 않았으며, 밀접한 우호 관계는 그 후에도 별 지장 없이 지속되었다.

이같이 한·미 관계가 다시 우호적 분위기로 바뀌게 된 것은 전두환 정부가 교섭을 잘 하기도 했지만, 세계 정치 정세의 조류와 결코 무관하지 않았다. 1979년 12월 소련의 아프가니스탄 침공 이후, 미국은 소련의 세력 팽창주의 정책에 직면, 대(對)소 전략에서 동북아 지역의 전략적 중요성을 재인식하게 되었다.

소련의 팽창 정책에 대한 미국의 강경한 대응은 국제 정세를 새로운 냉전체제로 복귀시켜 갔는데, 한·미 양국은 각자의 국익과 필요성에 따라 안보협력 체제를 다시 강화하게 되었던 것이다.

이렇듯 대미 외교를 통해 미국으로부터의 지원 확보에 성공함으로써 자신을 얻은 전두환 정부는, 국내 정치의 갈등을 진정시키면서 강권적 권위주의 통치를 통해 조금씩 정권을 강화해 나갔다.

한·미 간의 밀월은 1986년까지 부드럽게 유지되어 갔으나, 1987년 2월부터 미국 정부는 한국의 평화적인 정권 교체와 문민정치 실현을 은근히 종용하기 시작했다.

2. 문세광 사건과 한·일 관계 개선

유신 말기 한·미 관계가 불편한 상태였듯이 일본과의 관계 역시 매끄럽지 못했다. 그것은 김대중 납치사건과 문세광(文世光) 사건 탓이었다. 재일교포 2세 문세광은 북한의 지령을 조총련[6]을 통해 받고 일본인으로 위장 입국했다. 그는 장충동 국립극장에서 거행된 1974년 8월 15일 광복 29주년 기념식에서, 경축사를 읽고 있던 박정희 대통령을 권총으로 저격했다. 총탄이 빗나가 박정희 대통령은 무사했으나, 제4탄이 대통령 부인 육영수(陸英修) 여사를 살해하고 말았다.

현장에서 체포된 문세광(23세)은 일본 이름이 난조 세이코(南條世光)란 자로, 요시이 유키오(吉井行雄)란 이름의 일본 여권을 갖고 있었다. 사용한 권총은 오사카(大阪)의 한 파출소에서 훔친 일본 경찰의 것이어서 반일 감정이 불붙었다. 서울에서는 시위 군중들이 일장기를 찢고, 도쿄에서는 법적·도덕적 책임이 없다고 하여, 한·일 관계는 단교 직전까지 가는 최악의 상태가 되었다. 범인 문세광은 그해 12월 17일 대법원에서 사형이 확정되어 20일 형이 집행되었다.

이 문세광 사건과 관련, 일본 정부는 미국의 중재로 법률적·도의적 모든 책임을 인정하고 9월 19일 진사특사(陳謝特使)로 시이나 에쓰사부로(椎名悅三郎) 자민당 부총재가 다나카 가쿠에이(田中角榮) 총리의 친서를 갖고 한국을 다녀감으로써 양국 관계는 다시 회복되었다.

그러나 한·일 관계, 특히 1979년 박 대통령의 비극적 사망이 일본

---

6) '재일본조선인총연합회'의 약칭, 1955년 한덕수(韓德洙) 주도로 결성됐다. 조총련은 일본과 국교가 없는 북한의 사실상의 공관 역할이나, 재일 교포를 위한 정부 간 교섭 창구 같은 일과 북한에 대한 경제적·물질적 지원, 친북 재일동포들의 교육 등의 일을 하면서 간접적인 대남 공작의 거점 역할도 했다. 2001년 들어 조총련의 금고인 조은(朝銀)의 오사카 및 도쿄 지점이 파산하고, 불법 대출과 관련, 조총련의 간부들까지 체포되어 일본 경찰에 조사를 받았다.

1974년 8월 15일 발생한 육영수 여사 저격사건의 범인 문세광

에 일종의 불안감과 곤혹감을 주었다. 이는 친일적이었던 박정희 정권
이 갑자기 붕괴됨으로써, 그동안 구축해 놓았던 한·일 관계의 인맥들
이 모두 무너진 데다, 집권할 전두환 장군이 일본에는 아주 생소한 인
물이었기 때문이었다.

　　이런 상황에서 1981년 2월의 전두환·레이건 회담과 5월의 레이건·
스즈키(鈴木善幸, 일본 총리)[7] 회담에 뒤이어, 일본이 미국을 통해 한국
에 경제 협력을 할 의사가 있음을 알려왔다.

　　이에 전두환 정권은 '한·일 외무회담'을 통해 "한국이 공산세력의

<hr />

7) 일본 정치가(1911~), 제국수산강습소에서 수학, 중의원 의원(1947년부터 14선), 우정·관광·후생·농
림 대신(1959~1980), 총리(1982~1987)를 역임했다.

침략으로부터 일본을 방어하는 방파제 역할을 하고 있다"는 이른바 '일본의 안보 무임승차론'과 "국교 수립 후 늘어나고 있는 '대일 무역 적자'에 비해 한국에 제공된 공공 차관이 지나치게 적다"는 두 가지 논리를 내세워, 한국의 '경제개발 5개년 계획' 추진을 위해 60억 달러의 차관을 요청했으나, 스즈키 내각은 이 요청에 난색을 표했다.

1982년 말, 스즈키 총리가 사임하고 뒤를 이은 나카소네 야스히로(中曾根康弘)[8] 총리는 동아시아에서의 일본의 역할을 강조하면서, 그 연장선상에서 미국과의 유대 강화와 한국과의 새로운 관계 정립에 매우 강한 의욕을 내보였다.

특히 한국과의 관계에서는 차관의 액수 문제로 협상이 결렬되었던 한·일 간의 대화 통로 재개를 위해 한국 정부와 협상을 벌였다. 그 후 1983년 1월 11일 나카소네 총리가 직접 방한하여, 총 40억 달러 규모의 일본 '정부개발원조(ODA)'[9] 공여를 주 내용으로 하는 합의서에 서명하고, '남북대화'의 필요성과 한국의 방위 노력을 강도 높게 평가했다.

나카소네 총리 등장 이후, 한·일 관계는 눈에 띄게 호전됐는데, 여기에는 전두환 대통령과 나카소네 총리와의 개인적인 의기투합과 차관 문제 타결로 생긴 상호 신뢰감이 잘 작용한 점도 있었다. 게다가 한국으로서는 경제가 어려운 때에 차관을 일본에 '구걸'하지 않고 안보협력의 이름으로 당당히 '요구'하여 장기 저리로 차관을 얻어냄으로써, 경제뿐 아니라 정치적으로도 민심과 정권 안정에 도움이 되었다. 일본

---

8) 일본 정치가(1918~), 도쿄대 법과 졸업, 국회의원(14선), 과학기술처·방위청·운수·통상 대신과 수상 (1982~1987).

9) Official Development Assistance(ODA, 정부개발지원)의 약자, 제2차 세계대전 후 미국의 원조로 경제를 회복한 영국·프랑스·이탈리아 등 서방 제국이 미국과 함께 1961년에 개발원조위원회(Development Assistance Committee: DAC, 일본은 1963년 참가)를 설립하여, 참가국마다 기금을 조성하여 제각기 개발도상국을 원조하고 있는데, 이러한 원조를 ODA라 한다.

은 일본대로 한국의 신정부를 달래 품에 안음으로써 동아시아의 안정에 기여하고, 미국의 일본에 대한 방위비 부담 증액 압력을 한국과의 '안보 협력이란 논리'로 조금이나마 피할 수 있는 등 두 나라의 공동이익이 밑바닥에 깔려 있었다.

물론 그렇다고 해서, 일본 측이 쉽사리 한국의 요구에 응한 것은 아니다. 협상은 여러 차례 결렬과 재개를 거듭, 결국 노신영(盧信永)[10] 외무장관에 의해 시작된 협상은 이범석(李範錫)[11] 장관으로 협상 대표가 바뀌고, 그것도 최종적으로는 정상들 간의 타결을 통해 겨우 차관의 액수와 종류에 합의할 수 있었다.

전 대통령은 나카소네 총리의 방한에 대한 답방 형식으로 새로운 한·일 관계 정립을 위해, 1984년 9월 6일 한국 대통령으로서는 처음으로 일본을 '국빈 방문'[12]하여 상호 이익과 한반도 문제에 관해 정상회담을 가졌다.

한·일 정상은 자유 민주주의의 가치에 대한 공동 인식, 상호 호혜적인 동반자 관계의 구축, 한반도와 동북아의 안정 및 평화를 위한 공동 노력, 남·북한 관계에서의 당사자 해결과 일본의 일방적 행위 자제, 무역 균형과 지역경제 협력 등을 의제로 폭넓은 논의를 가졌다. 또 전두환 대통령의 일왕(日王) 예방 때, 일본의 제125대 왕인 히로히토(裕

---

10) 외교관(1930~), 서울대 법대 졸업(1954), 주인도 대사(1973), 외무차관(1974), 주 제네바 대사(1976), 외무장관(1980), 국가안전기획부장(1982), 국무총리(1985~1987)를 역임했다.

11) 외교관(1925~1983), 고려대 졸업(1946), 미 메릴랜드대 수학(1961), 주튀니지아 대사(1970), 주인도 대사(1976), 통일원장관(1980), 외무장관(1982~1983)을 역임했다.

12) 국가 정상의 외국 방문 형식은 의전과 경호 수준의 차이에 따라 국빈 방문(State Visit), 공식 방문(Official Visit), 실무 방문(Working Visit) 등으로 나뉜다. 국빈 방문은 대개 공식 환영 행사, 예포 발사, 국빈 만찬 등에서 최고 대우를 받으며, 공식 방문은 이보다 한 등급 아래로 입헌 군주제 국가의 경우 국왕 만찬이 없다. 실무 방문은 격식보다 업무에 중심을 두며, 방문국 수도에서 이뤄지지 않는 경우도 많다. 지금까지 미국을 국빈 방문한 한국 대통령은 1954년 이승만, 1965년 박정희, 1991년 노태우, 1998년 김대중 대통령 4명뿐이다(미국의 경우 국빈 방문은 한 대통령 재임 중 한 번만 하는 것이 관례로 되어 있다).

방한한 나카소네 야스히로 일본 총리를 접견하고 있는 전두환 대통령 (1983)

(二)는 "금세기의 한 시기에 양국 간에 불행한 과거가 있었던 것은 진심으로 유감이며, 다시 되풀이되어서는 안 된다"고 사과의 뜻을 처음 표명했다.

또한 '전두환·나카소네 공동 성명' 중 '한·일 기조 조항'은 한·일 간의 영원한 '선린 우호협력 관계'를 명시, 일본 측은 이를 '한·일 신시대 조항'이라고 부르면서 양국의 새로운 관계를 높이 평가했다.

이에 반해 국내 일부에서는 안보 측면을 비롯해 경제 면에서도 구체적인 무역 불균형 해소 방안 등이 없다고 하여, 전 대통령의 방일 성과를 낮게 평가하려는 이들이 있었다. 그러나 일반적으로는 "미래 지향적인 새로운 관계 정립과 한·일 간의 과거사 정리는 상징적이기는 하지만, 정치적으로는 의미가 컸고 경제적으로도 좋은 성과를 얻었다"는 평을 받았다.

3. 공산권 진출

1973년의 '6·23선언'으로 불리는 우리 정부의 '평화통일 외교정책 특별선언'이 있기 전에도, 1971년 7월 '대한무역공사' 사장을 단장으로 하는 민간 경제사절단이 시장 조사차 유고슬라비아를 방문하는 등 우리나라와 공산권과의 접촉이 아주 없었던 것은 아니다. 그렇지만 한국의 체계적인 공산권 접촉은 6·23선언 이후라고 할 수 있다.

이 선언에 뒤이어 1973년 7월 우리 '무역협회' 통상사절단이 유고슬라비아에 입국하여 직접 교역의 가능성을 타진하고, 8월 15일에는 '모스크바 하계 유니버시아드대회'에 38명의 선수단이 참석하는 등 비정치적 분야에서 소련과 동구 공산권과의 교류가 많아지기 시작했다.

박정희 정부는 변화하는 국제 정세에 대한 상황 파악과 이에 대한 능동적인 대처 차원에서, 대공산권 문호개방의 필요성에 대한 인식이 확산되는 속에 공산권 외교도 상당히 적극적으로 추진했다. 그러나 한국의 공산권 진출이 본격화한 것은 전두환 정부가 출범한 이후라고 할 수 있다.

전임 대통령들이 공산주의에 대한 증오심 때문에 공산 국가들을 멀리하려 했다면, 전두환 대통령은 역으로 서독 외무부장관 브란트(Willy Brandt)13)의 '동방정책(Ostpolitik)'14)을 본떠 '북방정책(Nordpolitik)'15)

---

13) 독일 정치가(1913~1992), 1933년 나치 집권 후 노르웨이로 망명하여 반나치 운동을 하고, 패전 후 귀국하여 서(西)베를린 시장(1957), 외무장관(1966), 수상(1969) 등을 역임했고, 1971년 노벨평화상을 수상했다.

14) 서독의 동방에 있는 소련과 동유럽 제국과의 관계 정상화를 위한 외교 정책으로, 서독은 1966년부터 동독의 고립화와 수출의 확대를 위해 이 정책을 추진, 루마니아·유고슬로비아 등과 국교를 수립했다. 1969년 발족한 브란트 정권은 '할슈타인 원칙'을 포기하고 이 '동방정책'을 계속 추진하여 1990년 마침내 독일 통일의 길을 열었다.

15) 1970년대 이후부터 추진해 온 한국의 대 공산권 정책으로 한국의 북쪽에 있는 중국과 소련과의 외교 정상화를 목적으로 했다. 1960년대 말에 서독 정부가 추진했던 '동방정책'을 본뜬 정책인데, 노태우 정

이라는 이름으로 우리나라의 북방에 자리 잡고 있는 중공·소련과의 관계 개선을 도모해 한반도의 평화와 안전을 유지하고, 중·소 양국과의 경제 협력을 통한 경제 이익의 증진을 적극 추구했다고 하겠다.

이 '북방정책(Northern Policy)'은 1983년 6월 29일 이범석 외무장관이 국방대학원에서 '선진 조국의 창조를 위한 외교 과제'란 제하의 6·23선언 10주년 기념 특강에서 주장한 것이 그 시작이다. 그 당시 한국은 이미 1981년 서독 '바덴바덴'에서 열렸던 '국제올림픽위원회(International Olympic Committee: IOC)' 총회에서 서울에서의 '88 올림픽' 개최가 결정되어 있어, 그 성공적 개최를 위해서는 중국과 소련을 비롯한 다른 공산국가들의 참가가 절대로 필요했던 것이다.

그러나 1983년 9월 소련 전투기에 의한 KAL기 격추사건이 발생하여 한·소 간의 접촉은 일시 중단되지 않을 수 없었다. 한편, 중공은 1979년부터 덩샤오핑(鄧小平)이 "검은 고양이든 흰 고양이든 쥐를 잘 잡는 쪽이 좋은 고양이고, 공산주의 체제든 자본주의 체제든 생산성이 높은 쪽이 좋은 제도"라는 '흑묘백묘론(黑猫白猫論)'을 내세워 종래의 공산주의 경제정책을 변경, 선진국에서 자본과 기술을 도입하기 위해 문호를 개방하는 '경제현대화 우선정책'을 추구하고 나왔다. 그러나 한국에 대해서는 북한을 의식, 신중한 태도를 보여 양국 관계는 해난 구조와 나포어선 석방 등에 협조하는 정도에 그쳤었다.

그러나 1982, 1983, 1985, 1986년에 잇단 중공 미그 19기 및 21기와 해군 소속 경폭격기 등의 우리나라로의 탈출과 조종사들의 '자유중국' 망명 희망, 중국인들에 의한 1983년의 민항기 납치와 한국 공항 기착,

---

부는 이 북방정책을 '북방외교'로 이름을 고쳐 그 대상국에 동유럽 제국과 북한까지 포함시켜 추진, 1992년까지 거의 모든 공산국들과 국교를 수립하는 데 성공했다.

1985년 중공 어뢰정 해군 병사들의 난동 등 각종 복잡한 사건들이 연발함으로써, 사건 해결을 위해 양국은 직접 교섭에 나서지 않을 수 없었다.

특히 중공의 민항기 납치 사건을 해결하기 위해 양국이 처음으로 국호를 사용한 각서를 교환한 후, 중공은 한반도 정책에서 '정경분리 원칙'을 채택하고 나왔다. 이로써 양국 간에 체육 교환, 국제회의 참가 등이 활발히 시작되었고, 교역 면에서도 제3국이나 홍콩(香港)을 통한 간접교역 방식이기는 했으나, 매년 교역량이 급증하여 1987년에는 그 액수가 15억 달러에 달했다.

소련과는 'KAL기 격추 사건'에도 불구하고 정부는 그 후 '관계개선 정책'을 꾸준히 추진해, 동구 공산국가들과의 관계 개선과 더불어 국제회의나 운동경기 참가 및 중요 인사의 상호 방문 등에 힘썼다.

그러다가 1985년 3월 고르바초프(Mikhail Gorbachyov)가 등장했다. 그는 소련이 당면한 구조적 경제난 타개에 역점을 두고, "사람은 명령이나 지령만으로는 움직이지 않으며, 움직이는 척할 뿐이다. 창의성은 자발적으로 움직일 때만 발휘되는데, 인간의 이 천성을 무시한 공산체제는 개혁돼야 한다"며, 개혁과 개방 그리고 '자유 시장경제 원칙'의 도입을 주장한 '페레스트로이카(Perestroika, 개혁)'를 추진했다. 또 그가 "사람은 누구나 잘못을 범할 수 있는데, 잘못의 극소화를 위해서는 비판의 소리가 필요하다." "스탈린과 당은 절대로 잘못하지 않는다고 했으나, 그것이 가장 큰 잘못이었다"고 하면서 '그라스노스트(Glasnost: 정보 공개)'[16] 정책을 맡고 나옴으로써, 한국과의 정치·외교·경제·

---

16) 원래 그라스노스트는 '소리'란 뜻을 갖는 말인데, 소련의 고르바초프가 공산체제하에서 만사에 수동적인 소련 국민을 활성화하고, 보수 관료 및 사회의 정체와 부패를 비판하기 위해 내세웠던 '비판의 자유를 위한 정보 공개 정책'이다.

스포츠·문화·학술 등 각 분야에서의 접촉이 눈에 띄게 많아졌다.

이상과 같이 전두환 정부가 경제 발전을 배경으로 '북방정책'의 이름으로 적극적으로 전개했던 공산 국가들과의 접촉과 교류는, 차기 노태우(盧泰愚) 정부에 들어와 '88 서울올림픽'의 성공적 개최와 우리 '북방외교(Northern Diplomacy)' 결실의 발판이 되었다.

4. 대(對)비동맹국 외교의 강화

북한과의 대결 외교에서 비동맹 외교의 중요성을 누구보다도 잘 알고 있던 직업 외교관 출신의 최규하 대통령은 '10·26사건' 이후의 사회적 혼란 속에서도 대 비동맹국 외교를 꾸준히 계속, 1980년 3월 박동진(朴東鎭)[17] 외무장관으로 하여금 비동맹권 내 강국인 인도와 스리랑카를 방문케 했다.

이 방문을 계기로 정부는 비동맹권과의 정치·경제 협력을 심화시킴으로써, 국제 사회에서 북한 외교 제압을 위해 친선과 홍보 외교를 강화하려 했다. 그 같은 친선·홍보 외교는 '10·26사건'이나 '12·12사태', 그리고 '광주 민주화 항쟁' 등 국내의 정치 변동에 따른 불행한 사건들에 대한 국제 여론의 악화를 방지하기 위해서도 절실히 요청되었다.

외교 전문가인 박동진 장관은 방문국에서 대통령 및 외무장관들과 연쇄적인 회담을 갖고, '비동맹운동'의 전개 방향과 한국과의 쌍무적인 경제 관계 확대를 진지하게 논의했다.

---

17) 외교관(1922~), 일본 추오(中央)대학 법과 졸업(1943), 외무차관(1961), 주 월남·브라질·제네바·유엔 대표부 대사(1961~1973), 외무장관(1975~1980), 통일원장관(1985~1986), 주미 대사(1988)를 역임했다.

또한 같은 해 5월에는 잇따른 소란으로 국내 정치가 혼미를 거듭하고 있는 와중에서도, 최규하 대통령이 직접 사우디아라비아와 쿠웨이트 등 중동 제국 순방 외교를 단행했다. 이 중동 제국 순방 외교는 애초 박정희 정부가 추진했던 것인데, '10·26사건'으로 최규하 대통령이 순방하게 됐던 것이다.

중동 지역은 1962년 4월 10일 군사 정부가 수교국을 늘려나가던 중, 현지 사정을 잘 몰라 실무자들의 반대에도 불구, 이스라엘과 국교를 수립했다. 이것이 사우디아라비아·모로코·이란 3개국을 제외한 여타 아랍 제국과의 국교 수립에 오래도록 장애 요인이 되어, 중동지역은 1980년까지 수교국 수에서 북한 측이 한국보다 앞서는 유일한 지역이 되었다.

정부는 유엔에서의 '한국문제' 토의와 관련, 한국 입장의 지지 확보와 비동맹 중립을 표방하고 있는 아랍 제국과의 관계 개선이란 차원에서 7년 동안이나 주이스라엘 한국대사의 임명을 보류하는 등 이스라엘 관계에 대한 제한 정책을 썼다. 그리고 1973년 아랍 산유국의 '친(親) 이스라엘 국가에 대한 석유수출 중지선언'을 계기로, 중동 문제에서 처음으로 아랍 지지 성명을 발표하는 등 친아랍 제국 외교를 강력히 추진해 수교국 수를 늘려나갔다.

그 결과, 1980년 6월 18일 '아랍 에미리트(UAE)'와 수교함으로써 중동지역에서의 남·북한 간의 수교국 수는 역전되었다. 2000년 말 당시 이 지역에서의 남·북한 수교국 수는 19 대 14(동시 수교국: 8)로 한국쪽이 더 많아 대중동지역 비동맹권 외교에서도 우리가 실질적으로 북한을 점차 앞지르기 시작했다.

특히 '아랍 에미리트'는 세계 주요 산유국의 하나로서 석유수출국기구(Orgnization of petroleum Exporting Countries: OPEC)[18] 회원국들 가운데 1일 생산량에서 사우디아라비아와 쿠웨이트에 이은 중동지역의 세 번째 산유국이다. 따라서 이 나라와의 수교는 오늘날까지도 우리의 안정적인 원유 확보에 큰 도움을 주고 있다.

전두환 대통령도 1980년대 들어 중요한 경제권으로 부상하는 아시아·태평양 지역에 대한 적극적인 협력 외교를 자신이 각국을 직접 순방, 정상회담을 통한 방식으로 추진했다.

1981년 6~7월 전두환 대통령의 아세안 5개국(인도네시아·말레이시아·필리핀·싱가포르·태국) 순방과 1982년 8월 17일에서 9월 1일까지의 케냐·가봉·나이지리아·세네갈 아프리카 4개국 방문이 바로 그것이었다.

전두환 대통령은 이 순방을 통해 아세안에 대해, 아시아 지역에서의 안정과 평화, 그리고 번영에 공동 관심을 표명하면서 상호 협력을 다짐했다. 아프리카 4개국들과는 반(反)식민주의와 반제국주의에 대한 이들 국가들의 입장 이해를 표명하면서, 관계 개선과 함께 우호와 경제협력 관계 증진에 힘썼다.

이 같은 비동맹 외교의 적극적인 추진은 전통적으로 북한에 비해 열세에 놓여있었던 비동맹권 내에서 한반도의 실정을 이해시키고, 우리나라의 위상을 높이는 데 큰 도움을 주었다.

---

18) 원유 가격 하락을 막기 위하여 1960년 9월 이라크 정부 초청으로 바그다드에서 이란·사우디아라비아 등 석유생산 5개국 대표들이 모여 결성한 협의체로, 2007년 말 현재 회원국은 13개국이고 본부는 오스트리아 빈(Vienna)에 있다.

5. 전두환 정부의 통일 정책

분단국가인 대한민국 외교의 궁극적인 목표와 이상이 '통일'이므로 역대 정권에서의 통일 정책은 가장 효과적인 홍보 수단이었을 뿐 아니라, 정권의 정통성 확보를 위한 수단이었다. 또 이것이 가장 확실한 대중 동원 방법으로 사용되어 왔는데, 전두환 정부의 통일 정책 역시 이러한 정권적 고려의 틀에서 크게 벗어나지 않았다.

1980년 10월 10일 북한이 '고려민주연방공화국'[19]이란 통일 방안을 내놓았다. 이에 대응해 새로운 통일 방안을 제시할 필요를 느낀 전두환 정부는 이듬해 1월 12일 '남·북한 당국의 최고 책임자의 상호 방문'을 제의했다. 이어 3월 3일 취임한 전두환 대통령은 6월 5일 다시 '남북정상회담'의 조속한 개최와 함께 '남·북한 사회의 완전 개방'을 제의했다.

북한이 이에 불응하자, 전두환 대통령은 1982년 1월 22일, "민족화합 민주통일방안에 따라 '민족통일협의회'를 구성해 '통일헌법'을 제정하자"는 제의를 다시 했다.

이 제의의 내용을 보면, "남·북한 대표들로 '민족통일협의회'를 구성해 통일 민주공화국을 수립하기 위한 '통일헌법'을 기안하여, 이를 남·북한 전역에서 국민투표를 실시해 확정 공포하고, 이 헌법에 따라 민주 방식에 의한 총선거를 실시하여 '통일국회'와 '통일정부'를 구성한다"는 것과 "이 문제 협의를 위해 '남·북한 당국의 책임자회담'을

---

19) 남·북한의 사상과 제도는 그대로 두고 남·북한과 해외동포의 3자 대표들로 정치·외교·국방을 담당하는 중앙정부를 두고, 지역 정부는 자치제로 독자적인 제도와 사상을 갖도록 하자는 북한의 통일 방안인데, 두 지방 정부가 무력 충돌 시 이를 전쟁이 아니라, 내란으로 간주하는 점을 노린 북한의 '무력통일' 은폐를 위한 책략이다.

개최하자"는 것 등으로 이루어져 있다.

이 제의는 정권 차원의 통일 방안으로서는 과거 어느 방안보다 매우 구체적이고 포괄성을 띤 획기적인 것이었다. 이 같은 '통일방안'은 그 후 1980년대 후반 들어 급격히 고양된 통일운동에 대처하기 위해 제시된 노태우 정부의 통일정책으로 그대로 계승되었다.

전두환 정부는 북한에 대해 적극적인 정책을 펼쳐 점진적이고 단계적인 통일 방안을 제시하는 것 외에, 북한 측이 우리 정부가 으레 거절할 것으로 알고 제안했던 '수재(水災) 구원물자' 제의를 과감하게 받아들였다. 이로써 1970년대 초반 이후 10여 년 만에 '남북대화'와 '남북교류'의 물꼬를 트고, 분단 40년 만에 처음으로 1985년 9월 20일 김상협 대한적십자사 총재를 단장으로 하는 151명 규모의 '남·북한 이산가족 상봉'과 '예술공연단의 남·북한 교환방문'을 성사시키는 등 많은 성과를 거두었다.

이같이 모처럼 어렵게 남·북한 간에 조성된 화해 분위기도 오래가지 못하고, 북한 측의 비협조와 일방적인 태도 돌변으로 불행히도 또다시 남·북 관계는 경직되고 말았다.

전두환 정부의 '통일정책'은 날로 신장하는 국력을 배경으로 박정희 정부나 민주당 정부 때와는 달리, 그 내용이 과감한 특징을 가지고 있다. 그전의 통일 접근이 정치 문제 해결에 앞서, 인도적·문화적·경제적 문제 등 쉬운 것부터 풀어가려는 비정치적이고 단계적인 접근 방식이었다면, 전두환 정부의 방식은 남·북한 관계의 개선과 통일 문제를 총체적으로 협의하여 해결하면서 북한의 주장과 제안도 "그 내용이 좋은 것은 이를 거부하지 않고 과감하게 수용한다"는 '절충식 접근방식'이었다고 할 수 있다.

특히 '남북정상회담'이 개최되면 정부는 "북한이 주장하는 '고려연방제'까지도 회담에서 다룰 수 있다"고 아주 적극적인 자세를 보였다. 그러나 이 건설적인 제의도 폐쇄되어 있는 북한 사회의 점진적인 개방을 전제로 하고 있었기 때문에, '개방을 체제 붕괴의 시작'으로 생각하는 김일성 독재정권으로서는 그들의 봉건적 전제(專制) 체제의 유지를 위해 이를 받아들일 수 없었던 것이다.

6. KAL기 격추 사건

1983년 8월 31일 15개국의 승객 240명과 승무원 29명 등 모두 269명을 태우고, 뉴욕에서 김포로 오던 대한항공 정기 여객기가 항로를 이탈, 소련 시베리아 영공으로 잘못 들어갔다. 이 여객기가 9월 1일 새벽 3시 소련의 사할린 '모네론' 섬 상공에서 경고도 없이 소련 전투기에 의하여 격추돼, 탑승자 전원이 사망한 세계 항공사상 전대미문(前代未聞)의 대참사가 발생했다.

이 사건은 1983년 후반기의 국제 정세에 커다란 파문을 일으켜, 동서 관계를 냉각시키고 우리나라의 외교 정책에도 적지 않은 영향을 미쳤다. 비무장 민항기를 군용기가 사전경고도 없이 격추시켜 승객과 승무원 전원을 사망케 한 것은 도저히 용서받을 수 없는 야만적인 행위로서, 즉각적으로 범세계적인 비난과 규탄을 강하게 받았다.

이런 가운데 우리 정부는 미국·일본·캐나다 등 가까운 우방들의 협조를 얻어 9월 2일부터 12일간 여섯 차례에 걸쳐 유엔 안보리와 총회를 소집했다. 총회에서 김경원(金瓊元)[20] 주유엔 대사는 다섯 차례의 연설을 통해 잇달아 소련의 만행을 격렬하게 규탄했다.

한편, 이 유엔총회에서 사고 진상 조사 요구, 관계자 처벌, 소련 정부의 공식 사과와 배상, 사고 발생 방지 약속 등을 강력히 요구하는 서방 측의 '민간항공기에 대한 무력 사용을 규탄하고 진상 조사 및 보고를 촉구하는 결의안'이 거의 전회원국들의 동감과 9개 유엔 안보리 이사국들의 지지를 얻었다. 그러나 이 결의안은 안타깝게도 안보리에서의 소련의 거부권 행사로 말미암아 채택되지 못했다.

9월 20일부터 개최된 제38차 유엔총회에서도 69개국 대표들이 기조연설을 통해 KAL기 격추 사건을 규탄하는 상황으로 이어졌다. 특히 결의안 표결 과정에서 중공 대표가 기권함으로써, 묵시적인 찬성 의사를 표명한 것은 당시로서는 이례적인 일로 특별히 기록에 남길 만했다.

특히 스페인 마드리드에서 9월 7일 열린 '유럽 안보협력회의'는 소련에 대한 성토장이 되었다. 미국과 서방 각국 외무장관들이 KAL기 격추에 대한 소련의 해명과 사과를 요구한 데 이어, 각국이 취한 정부 차원의 제재 조치와는 별도로 여러 나라에서 부두 노동자들의 소련 선박에 대한 하역작업 거부와 소련대사관 건물 파괴 등 민간 차원의 반(反)소 시위가 잇따랐다.

그리고 미국을 비롯하여 일본과 북대서양조약기구 제국들은 물론, 스위스 같은 중립국까지 모두 80개국이 일제히 소련 항로 취항 거부와 소련 항공사 '아에로플로트(Aeroflot)'의 자국 내 취항 금지 등의 보복과 제재 조치를 취했다.

때를 같이하여, 캐나다의 몬트리올에서는 한국의 요청으로 당시 151개

---

20) 학자·외교관(1936~), 하버드대학 정치학박사(1963), 고려대 교수(1971), 대통령 비서실장(1980), 주유엔 대사(1981), 주미 대사(1988)를 역임했다.

회원국을 가진 국제민간항공기구(International Civil Aviation Organization: ICAO)[21]의 '특별이사회'가 9월 15일부터 소집되었다. 이 '특별이사회'에서 한국 대표가 앞장서 미국·캐나다 등 우방국 대표들과 함께 소련의 만행을 강력하게 규탄한 후, 'KAL기 사건의 진상 조사를 위한 국제 조사단의 구성과 민간 항공기에 대한 무력 사용을 전면 금지하는 결의안'을 통과시켰다.

이 결의안에 따라 '5개국 특별조사단'이 구성되어 한국과 소련을 방문, 다방면의 조사에 착수했다. 한편, '국제항공운송협회(IATT)'도 집행 이사회를 열어 위의 국제민간항공기구 결의 사항에 전적으로 동조하는 결의를 하였고, 파리의 유네스코(United Nations Educational Scientific and Cultural Organization: UNESCO) 집행위원회에서까지 한국의 윤석헌(尹錫憲)[22] 주불대사 겸 주유네스코 대표가 소련의 만행을 세차게 몰아붙였다.

국제기구가 소련에 대한 제재 조치를 취하기 이전에 미국은 이미 9월 5일부터 소련에 대한 군사 및 전략 물자의 수출 금지, '미·소 운송 협정' 취소, 미국 내 공항의 소련 항공기 착륙 금지와 항공 사무실의 폐쇄 및 그 직원과 가족들의 국외 추방 등 일련의 제재 조치를 취했다. 그리고 미국은 8일에 다시 소련에 대해 정식 사과와 진상 해명 및 피해자에 대한 적절한 보상을 요구했다.

그리고 일본은 일본대로 9월 9일 국가 공무원의 소련 '아에로플로트' 이용 금지와 일반 국민의 탑승 자제 등 소련에 대한 분노와 불쾌감

---

21) 민간 항공의 안전과 발전을 주목적으로 하는 정부 차원의 국제 협력기구로, 1955년 시카고에서 52개국 대표들이 모여 설립을 결정하고, 국제민간항공조약에 의거하여 1957년에 설립됐다. 2008년 현재 가입국은 190개국이고, 본부는 캐나다 몬트리올(Montreal)에 있다.

22) 외교관(1922~), 서울 문리대 졸업(1940), 주카이로 총영사(1962), 주필리핀 대사(1967), 외무차관(1969 ~1974), 주프랑스(1974)·주유엔 대표부(1979), 주프랑스 대사(1981~1985).

을 노골적으로 표시하며 경제적 불이익을 주었다.

그 후 9월 10일에는 한국과 소련을 다녀간 국제민간항공기구의 'KAL기 사건 특별조사단'이 "KAL기가 미국 중앙정보국(CIA)의 첩보 행위를 했다는 소련의 주장은 전적으로 틀린 억지 주장"이라고 그 보고서에서 결론지었다. 이로써 소련의 행위는 잔인하고 비인도적인 것으로 규탄되어, 소련은 세계의 대국으로서 그 대외 '이미지'가 쉽게 회복되기 어려울 정도로 큰 손상을 입는 등 비싼 외교적 대가를 지불해야 했다.

국제 사회에는 "힘의 뒷받침 없는 국제법 주장은 공염불에 불과하다"는 말이 있는데, 우리 정부는 소련의 만행을 신랄하게 규탄하고 유엔을 비롯하여 관련 국제기구에 호소하는 등 모든 외교적 노력을 동원했다.

그러나 우리는 '힘의 논리'가 지배하는 국제 사회에서 규탄 이상의 성과를 거두지 못하고, 또 아무런 보상도 못 받고 그저 허탈감만 느꼈다. 게다가 소련과의 관계 개선을 꾀하던 우리의 '북방정책'도 타격을 받아, '88 서울올림픽' 추진에도 먹구름이 끼었다.

이 사건을 경험한 한국 국민은 아직도 힘이 판치는 국제 사회의 냉엄한 현실과 공산 체제의 비인도주의, 그리고 도덕성이 갖는 힘의 한계 등 피해자로서의 비애와 설움 속에서 많은 교훈을 얻었다.

그러나 "진실은 언제나 밝혀지는 법", 시간이 흘러 7년 후인 1990년 9월 30일 한·소 수교가 이루어지고, 다시 2년 후인 1992년 11월 18일 한국을 공식 방문한 러시아의 옐친(Boris N. Yel'tsin)[23] 대통령이 19일

---

23) 러시아 정치가(1931~), 건축기사 출신으로 공산당 입당(1961), 당 중앙위원(1981), 소련인민 대표에 당선(1989), 러시아공화국 연방대통령(1990)을 역임했다.

우리 국회에서 행한 연설을 통해, 1983년의 KAL기 격추 사건에 대해 한국 국민에게 사과함으로써, 진실이 늦게나마 밝혀져 한국 국민들은 마음속 깊이 뭉쳐 있던 오랜 원한을 조금이나마 풀 수가 있었다.

7. '아웅 산 묘소' 폭파 사건

1983년 8월 KAL기 격추 사건에 뒤이어 한 달 열흘 만에 다시 세계의 눈길이 한국에 쏠렸다. 이번에는 10월 9일 전두환 대통령의 동남아와 대양주 6개국 순방 첫 방문국인 버마(현재의 미얀마) '랑군'에서 사건이 터졌다. 이곳에 있는 버마 건국의 아버지인 '아웅 산(Aung San) 장군의 묘소'에서 북한 공작원에 의하여, 오전 10시 예정되어 있던 헌화식에서 전두환 대통령의 암살을 기도했던 폭탄 테러 사건이 발생했던 것이다.

이 사건으로 전두환 대통령의 묘소 참배에 배석하기 위해 미리 가서 있던 서석준(徐錫俊) 부총리를 비롯하여 이범석(李範錫) 외무장관, 김동휘(金東輝) 상공장관, 서상철(徐相喆) 동력자원부 장관, 함병춘(咸秉春) 대통령 비서실장, 김재익(金在益) 청와대 경제수석 등 당시의 고위 각료들과 이계철(李啓哲) 대사, 그리고 이중현(李重鉉) 동아일보 기자 등 모두 17명의 공식·비공식 수행원이 순직하고, 이기백(李基白) 합참의장 등 14명이 중경상을 입었다.

대통령의 외국 방문을 수행하다가 이 같은 대형 참사를 당한 것은 세계 외교사상 유례없는 일이었다. 전두환 대통령은 나머지 일정을 중단하고 이튿날인 10일 새벽 급거 귀국했다. 이 사건 후 우리 정부는 곧 이원경(李源京)[24] 당시 체육부 장관을 단장으로 한 '정부 조사단'을 현지에 파견, 버마 측과 합동 조사를 벌였다.

버마 정부의 '아웅 산 묘소 폭파 사건'에 관한 수사 결과 발표에 의하면, '동건 애국호(재일 교포가 북한에 헌납한 선박)' 편으로 9월 9일 북한 서해안 옹진항을 떠나 9월 23일 버마로 와, 밀입국한 북한 개성 소재 '북한군 정찰국 특수공작대' 소속, 현역 인민군 진 아무개 소좌, 김민철 상위, 신기철 상위 등 인민군 장교 3명은 북한대사관 정무 담당 참사관 전창휘의 집에 은거하고 있었다. 그들은 사건 전날인 10월 7일 밤 야음을 틈타 살상용 폭탄 2개를 아웅 산 묘소 건물의 지붕 밑에 설치해 놓았다.

그들은 사건 당일 아침 묘소 부근에 있는 영화관 옆에 숨어 있다가, 태극기를 달고 도착한 이계철 대사의 자동차를 전두환 대통령의 외빈용 승용차로 오인했다. 게다가 몇 분 뒤에 버마 나팔수의 연습 나팔소리를 헌화식의 시작으로 잘못 알고, 오전 10시 25분 묘소에 설치했던 폭탄을 원격 조정하여 폭파시켰다는 것이다.

사건 당일 아침 우리 대통령의 아웅 산 묘소 안내를 맡았던 버마의 우 칫라인(U Chit - Hlin) 외상이 영빈관에 늦게 도착해, 헌화식이 예정된 오전 10시에 거행되지 못한 데다가, 이계철 대사가 전두환 대통령과 같은 금테 안경을 끼고 있었고, 또 외빈용 자동차와 같은 차종인 서독제 '메르세데스-벤츠'에 태극기를 달고 있었던 일들이 겹쳐, 결과적으로 우리나라 국가 원수의 생명을 구했던 것이다.

'국기 게양에 관한 국제관례'에 의하면, "자국의 국가 원수, 행정수

---

24) 외교관(1922~), 서울 상대 졸업(1947), 외무차관(1961~1962), 합동통신 사장(1966~1974), 문공장관 (1974), 합동통신 회장(1977), 체육장관(1983), 외무장관(1983~1986), 주일 대사(1988~1991)를 역임 했다.

반, 외무장관 또는 특사가 공무로 다른 나라를 방문하였을 경우, 그의 승용차에 자국의 국기(차륜기)를 다는데, 이때에는 방문국에 주재하는 공관장 차에는 차륜기를 달지 않게 되어 있다." 이는 두 사람이 동시에 한 나라를 대표할 수 없기 때문이다.

이계철 대사는 행사로 바쁜 중에 그만 이 국제관례를 어기고 보통 때처럼 자신의 차에 태극기를 그대로 달고 있었던 것이, 연습 나팔소리와 함께 북한 특공대의 오판을 가져오게 했던 것이다. 간발의 차이로 전두환 대통령이 기적적으로 암살을 면하고, 또 폭탄이 둘 중 하나만이 터진 것도 문자 그대로 천우신조(天佑神助), 하늘이 도운 것으로 한국의 국가 안보를 위해 정말 천만다행한 일이었다.

전두환 대통령의 버마 방문은 '제3세계 외교 확대 계획'의 일환으로 추진됐던 것인데, 정부 출범 이후 한국은 '제3세계 외교'에서 괄목할 만한 성과를 올리고 있었다. 전두환 대통령은 이같이 '제3세계'에 대한 외교를 강화하기 위해 10월 8일부터 18일 동안 버마·스리랑카·인도·오스트레일리아·뉴질랜드와 브루나이 6개국을 돌아가며 공식 방문을 할 계획이었던 것이다.

첫 방문국인 버마에서 '아웅 산 묘소 폭파 사건'이 터져, 다음날 급거 귀국한 전두환 대통령은 이 사건이 북한에 의한 것이라는 심증을 굳혔다. 전두환 대통령은 비상국무회의를 주재하고, 군 출신답게 북한의 새로운 도발에 대비하는 모든 필요한 국방 조치를 신속히 취함으로써 더 큰 재난을 막을 수 있었다.

'아웅 산 묘소 폭파 사건'에 분통을 터뜨린 우리 군부에서는 격분 끝에 "북한에 본때를 보여주어야 한다"는 강경론까지 나왔다.

1983년 아웅 산 묘소 폭파사건 희생자
추모식에서 분향하고 있는 전두환 대통령 내외

그러나 전두환 대통령은 한반도에서의 전쟁 재발 방지와 올림픽의 성공적 개최를 위해, 인내심을 갖고 은인자중(隱忍自重), 군 부대 여러 곳을 찾아다니면서 '보복공격 주장'을 가라앉혔다.

버마 랑군(Rangoon)에서는 아웅 산 묘소를 폭파 후, 도망가던 3명의 북한 특공대원 중 2명이 체포되고 1명은 사살됐다. 버마 정부는 11월 4일 수사 결과 발표에서 "아웅 산 묘소 폭파 사건은 북한 군부에 의해 저질러졌으며, '랑군'에 있는 북한대사관이 이 사건에 직접 개입했다"고 그 진상을 밝혔다.

사건 발생 후 파렴치하게도 '남한의 자작극'이라고 생떼를 쓰던 북한의 주장에 격분한 버마 정부는 11월 4일 오후 1시를 기해 단교 조치와 함께 국가 승인까지 철회했다. 그리고 48시간 내에 북한대사관을 폐쇄토록 한 후, 전 직원을 가족과 함께 국외로 추방시키는 최대의 외교적 보복 조치를 취했다.

이처럼 북한은 국제 사회에서 다시 한 번 '깡패 국가(rogue state)'로 크게 부각되었다. 1983년 12월 유엔총회 제6위원회에서의 '국제 테러 방지문제' 토의 시, 북한은 45개국 대표들로부터 신랄한 규탄과 비난을 받는 등 형언할 수 없는 망신을 당하고, 쉽사리 회복하기 힘들 정도의 비싼 외교적 대가를 지불해야 했다.

그리고 상기 '북한군 특공부대' 소속 진 아무개와 강민철 등 생포된 범인들은 그 후 '버마 인민법원 특별재판부'에서 재판을 받았다. 12월 9일 사형 선고가 언도됐음에도 불구하고 끝까지 잘못을 뉘우치기는커녕 자신의 실명마저 밝히기를 거부했던 진 아무개 소좌는 사형이 집행됐고, 강민철은 범행을 자백함으로써 종신형으로 감형되어 미얀마 감옥에 수감돼 있다가 2008년 초에 병사했다.

그러나 북한은 그 후에도 사죄는커녕 뻔뻔스럽게 '아웅 산 묘소 폭파 사건'에 대해 "우리와는 아무런 관계가 없다"고 계속 잡아떼 많은 나라들로부터 빈축을 샀다.

정부는 13일 오전 서울 여의도 광장에서 버마(미얀마) 정부의 '우 칫라인' 외상이 조문 사절로 참석한 가운데 희생자들의 합동국민장을 치렀다. 그런 다음 김상협(金相浹)[25] 국무총리가 사표를 제출해 민심 수습 차원에서 내각 개편을 단행하는 한편, 소련의 KAL기 격추에 이어 '아

---

25) 학자(1920~), 도쿄대학 법학부 졸업, 고려대 교수(1962), 문교장관(1962), 고대 총장(1970~1975, 1977~1982), 국무총리(1982~1983), 대한적십자사 총재(1985~1991)를 역임했다.

웅 산 묘소 폭파 사건'으로 고조된 한국 국민의 안보에 대한 불안감을 없애기 위해 국가 방위 태세를 한층 더 강화하는 동시에, 특히 대미·대일 안보 외교에 모든 힘을 다했다.

그 결과, 레이건 대통령의 한국 방문이 이뤄졌다. 당초 레이건 대통령이 일본을 방문할 때, 라이샤워(Edwin Reischauer) 전 주일 미국대사가 현실 정치의 관점에서 일본 방문 후에 동시 방한하는 것에 반대하는 글을 일본 신문에 기고할 정도로 방한 시기가 적당치 않다는 의견이 있었다.

그러나 레이건 대통령은 처음 계획대로 일본에 이어 11월 12~14일, 부인 낸시 여사와 슐츠 국무장관 등 16명의 공식 수행원을 대동하고 방한했다.

레이건 대통령은 미국 대통령 중 우리 국회의사당 연단에 선 첫 대통령으로서, "한국의 안보가 미국의 안보에 사활적인 것"이라고 밝히면서, 한국에 대한 안보 공약을 다시 한 번 굳건히 함으로써 한국 국민들의 뜨거운 환영을 받았다. 미국의 확고한 입장 표명과 함께 일본 내에서도 정부는 물론, (공산당을 포함한) 모든 정당과 많은 사회단체들이 북한의 테러 행위에 대한 반대 입장을 강하게 표명하며 북한 당국을 맹렬히 비난했다.

우리나라의 부총리와 외무장관을 비롯한 유능한 정부 각료들과 장래가 촉망되는 젊은 인재 17명의 목숨을 빼앗아간 천인공노(天人共怒)할 북한의 '아웅 산 묘소 폭파 사건'은 인간으로서는 도저히 용서받을 수 없는 문자 그대로 인면수심(人面獸心)의 만행이었다. 50년 우리 외교사에서 언제까지나 지워질 수 없는 가장 야만적이고 추악한 사건으로, 그 상처는 우리 국민들의 가슴속에 깊이 오래 남게 될 것이다.

북방정책 성공의 상징으로서의 한·소 정상회담 (1990)

제 6 장

노태우 정부의 외교

(1987 ~ 1992)

전두환 대통령은 대통령 단임의 약속을 지켰다. 이로써 대통령 직접 선거를 통해 노태우[1] 대통령이 당선되어, 민주적이고 평화적인 정권 이양이 이루어진 것은 한국 헌정사상 최초의 일이었다.

민주적 정권으로 출범한 노태우 정부는 무엇보다 먼저 동유럽 공산 국가들의 붕괴, 독일의 통일, 소련의 해체, 단일 유럽을 지향하는 유럽 연합(EU)의 움직임 등 엄청나게 빨리 변화하는 국제 정세에 적극적으로 대처해 나갔다. 먼저 민족자존·민주·통일 세 가지 기본 개념으로 요약되는 외교 이념 아래, 전두환 정부의 '북방정책'을 '북방외교'로 바꿔 대외 정책의 핵심으로 삼고 이를 본격적으로 추진했다. 또 1988년 '민족자존과 통일 번영을 위한 특별선언'(약칭 7·7선언)을 한 후, 이어 1989년에는 '한민족 공동체 통일방안'을 내놓았다.

특히 위의 '북방외교'는 통일 여건의 조성, 외교적 도약, 경제적 활로의 타개 등을 위해 수립된 외교 정책이었다. 노태우 정부는 '남북대화'와 남·북한 유엔 동시 가입 등 북한에 대한 유화 정책과 함께 이 정책을 과감히 밀고 나갔다. 그뿐만 아니라 '88 서울올림픽'에 거의 모든 공산국가들의 참가를 실현시키고, 기세를 몰아 헝가리를 비롯한 동구권 국가들은 물론, 소련과 중공 그리고 베트남 등 모든 공산국가(쿠바 제외)들과 국교를 수립함으로써, 한국이 앞으로 자주·자존의 다변화 외교를 추진할 수 있는 기반 구축에 밑받침이 되었다.

또한 노태우 대통령은 우리나라 국가 원수로서는 처음 소련과 중국을 공식 방문, 각각 양국 관계가 획기적으로 발전할 수 있는 계기를 마련하는 한편, 미국·일본·호주 등 우방국들도 차례로 방문하여 '정상

---

1) 군인·정치가(1932~), 육사 졸업, 보병 연대장(1971), 공수특전여단장(1974), 제9사단장(1979), 보안사령관(1981), 정무 제2장관(1981), 체육장관(1982), 내무장관(1982), 제13대 대통령(1988~1993)을 역임하였다.

회담'을 갖고 우호 관계와 기존 유대를 더욱 공고히 했다.

그리고 노태우 대통령은 한국 외교의 다변화 노력의 일환으로 '아세안(ASEAN)'을 비롯하여 태평양 전 지역에 대한 외교를 강화했다. 또한 아시아·태평양 국가들과의 경제 협력과 무역 자유화를 위하여, 호주와 함께 '아시아·태평양 경제협력체(APEC)' 창설에도 중요한 역할을 했다.

1. 북방외교

노태우 정부가 집권한 기간 동안 추진하였던 외교정책 중 가장 두드러진 것이 바로 '북방외교'의 이름으로 본격적으로 추진한 전두환 정부의 '북방정책'이었다. 국내의 민주화 진전과 함께 세계정세에도 큰 변화가 일어났는데, 이것이 곧 '냉전의 종식'이었다. 제2차 세계대전 종전 후 치열하게 지속되던 동·서 간의 냉전이 고르바초프의 등장으로 시작된 소련의 변화와 더불어, 봄철에 눈 녹듯이 사라지기 시작함으로써 국제 사회는 급격한 대변화를 경험하게 되었다.

그렇지 않아도 우리 정부는 박정희 대통령의 '6·23선언' 이후 공산권과의 관계 개선을 모색해 왔는데, 노태우 정부는 이러한 상황적 배경을 바탕으로 더욱 적극적으로 공산권 국가들과의 국교 정상화 작업에 나서게 되었다. 그리고 '88 서울올림픽'의 성공적 개최로 정부는 신장된 국력을 배경으로 대(對)공산권 외교에 더욱더 과감하게 나설 수 있게 됐다.

1970년대에 정부는 대(對)공산권 외교의 필요성을 주로 주변의 환경

변화와 지리적·역사적 관계, 그리고 한반도에서의 전쟁 재발 방지란 안보 등에만 두고, 여기에 북한을 직접 연계하지는 않았다.

그러나 한국의 통일 문제가 단순히 남·북한만의 문제가 아니라, 한반도 주변 4대국과의 문제임을 잘 인식하고 있던 노태우 대통령은 1989년부터 '북방외교'란 이름 아래, 전두환 정부 때의 '북방정책'의 대상을 중·소 양국에서 모든 공산국가들로 확대했다.

그리고 "모스크바를 통해 평양으로 간다"는 '슬로건(slogan)' 아래 대북 정책까지도 밀접하게 연계시켜, 단순히 안보 문제뿐 아니라 한반도의 '평화통일'을 위한 민족 화합까지 고려하기 시작했다.

무엇보다 정부가 '북방외교'를 적극적으로 추진하는 데 가장 중요한 요인은 국제 환경의 변화였다. 1970년대 말, 아프가니스탄 침공으로 냉각됐던 미·소 관계는 1980년대 중반에 와서 새로운 '데탕트(détente, 긴장 완화)'를 맞이하게 되었다. 그 결과 '중거리 핵전력 폐기(INF) 협정'[2] 등 미·소 간의 군축 회담이 성사되기에 이르렀다.

그러나 1980년대의 '신(新) 데탕트'는 국제 역학 관계보다도 소련과 중공의 내부에서 일어난 전반적인 변화에 그 바탕을 두고 있었다. 따라서 1970년대 초의 '구(舊) 데탕트'보다 훨씬 공고하고 지속적인 효과를 갖고 있었다고 할 수 있다. 결국 이러한 '데탕트'의 내재적이고도 본질적인 성격 때문에 마침내 냉전이 종식되었는데, 냉전 종식의 새 시대를 맞아 전 세계를 대상으로 하는 우리 외교 앞에 오랫동안 잊혔던 북방이란 새 무대가 처음 등장하게 되었다.

---

[2] 1987년 12월 8일 워싱턴에서 미국의 레이건 대통령과 소련의 고르바초프 공산당 서기장이 양국이 보유하고 있는 핵탄두 장착용의 중거리(사정거리 1,000~5,000㎞)와 단거리(500~1,000㎞) 지상 발사 미사일을 폐기키로 합의한 핵무기 협정으로, 정식 명칭은 '중거리 핵전력협정(Intermediate—Range Nuclear Force Treaty)'이다. 이 협정은 무기 폐기 중에서 한 범주 전체를 폐기하기로 한 최초의 '무기통제조약'이라는 데 그 의의가 있다.

다음 요인으로는 국내 환경의 변화를 들 수 있다. 먼저 한국의 국력이 크게 신장됐다는 점이다. 1960년대 후반까지만 해도 한국은 모든 경제·사회 지표에서 북한보다 열세에 놓여 있었다.

그러나 그동안의 지속적인 경제 성장의 결과, 한국의 경제와 국력은 1970년대에 들어 북한을 훨씬 능가할 만큼 크게 신장하였고, 국민들도 북한에 대하여 자신감을 갖게 되었다.

한국은 그 당시 세계 11번째의 무역 국가이며 16번째의 국민총생산 국가로서 신흥 공업국가들 가운데 그 선두를 달릴 정도의 경제력을 축적했고, 지속적인 고도성장으로 한국에 대한 국제적 인식도 크게 바뀌고 있었다.

그리고 마지막 요인으로는 '88 서울올림픽'의 성공적 개최로 공산권에 대한 한국의 외교 위상이 크게 높아졌다는 것과 아울러, 국제적인 분위기 자체도 '이데올로기(ideologie)'나 정치적 목표보다 경제적 이익을 우선시하는 추세로 크게 변하고 있었다는 점 등이다.

이 같은 세계정세의 변화를 배경으로 우리 정부는 '북방외교'를 적극 추진하여 1988년의 서울올림픽에 북한을 제외한 거의 모든 공산국가들의 참가를 실현시켰다.

그 기세를 몰아 계속 '북방외교'를 더욱 활발히 전개, 1989년 2월 헝가리를 시작으로 같은 해 폴란드와 유고 3개국에 뒤이어, 1990년 초 체코슬로바키아·불가리아·루마니아·몽골 등 구(舊)공산국가들과도 국교를 수립했다. 이것은 분명히 서울올림픽 효과였다.

그리고 이를 발판으로 같은 해 9월 30일 소련, 1992년 8월 24일 중국, 그리고 그 해 12월 22일 베트남을 마지막으로 쿠바를 제외한 모든 공산국들과 국교를 수립하는 데 성공했다. 이로써 남·북 대결 외교는 결국 한국의 완승으로 끝나고, 한국은 마침내 전 세계를 상대로 자주·자존의 다변화 외교를 추진할 수 있는 기반을 구축했다.

노태우 정부의 '북방외교'는 임기 만료 2개월 정도를 앞두고 이상옥(李相玉)[3] 외무장관이 캄(Bhuyen Manh Cam) 베트남 외무장관과 불행했던 양국의 과거사를 극복하고 국교 수립에 합의, '미래지향적인 견지에서 모범적인 경제 협력을 이루기 위한 동반자'가 된 것으로 종지부를 찍었다. 이 '북방외교'는 한국의 국제적 지위를 크게 향상시켰을 뿐 아니라, 국제 경제 관계를 세계적 범위로 확대시켰다.

다만 북한과의 관계 개선에서만은 북한이 다른 공산국가들과 달리, 개방과 개혁을 그들의 체제 붕괴의 시작으로 생각해 고립주의를 버리지 않아, 우리 정부는 개혁과 개방을 바탕으로 국제 사회의 책임 있는 일원이 되도록 하는 데에는 별 성과를 거두지 못했다.

우리의 '북방외교'는 일반적으로 한반도의 평화통일 여건 조성과 전쟁 예방을 위하여, 시의적절(時宜適切)했던 정책으로 국내외에서 좋은 평가를 받았다.

그러나 '북방외교'를 추진하는 과정에서 우리 정부는 너무 서두른 나머지, 공산국가들과의 협상에서 보인 저자세(低姿勢)와 국민적 동의 창출의 미비, 그리고 정부 내각 부처 간의 정책 혼선 등 몇 가지 문제점을 보였다는 지적을 외교전문가들로부터 받았다.

---

3) 외교관(1934~), 서울대 정치학과 졸업(1957), 주싱가포르 대사(1978), 외무 제1차관보(1983), 외무차관 (1984), 주제네바 대표부 대사(1986~1990), 외무장관(1990~1993)을 역임했다.

2. '7·7선언'

남·북 관계 개선을 위해 노태우 정부는 출범과 더불어 북한에 '외무장관회의'와 '총리회담'을 제의했으나, 북한은 이를 모두 거절했다. 따라서 1988년 7월 7일 '민족자존과 통일번영을 위한 특별선언'을 발표했는데, 이 선언의 약칭인 '7·7선언'은 당시까지 정부가 추구하고 있던 '북방정책'에 큰 전환점을 가져왔다.

즉, 이 선언은 노태우 정부의 대외 정책의 기본 방향과 함께 '북방정책'을 '북방외교'로 이름을 바꾸고, 그 실천적인 행동 지침을 밝히고 있다. 7·7선언의 내용 중 가장 핵심적인 사항은 "북한을 경쟁과 대결이라는 적대적 대상이 아니라 통일을 위한 동반자, 즉 '민족공동체'의 일원으로 보아야 한다"는 것이었다.

이 기본 인식을 바탕으로 민족의 공동 번영을 모색하고, 이를 대전제로 '북방외교'를 추진함으로써 "북한과 한국의 우방들 간의 관계 개선을 적극 도우며, 동시에 우리나라도 중·소 등 공산국들과의 관계 정상화를 추진해 가겠다"는 것이었다.

7·7선언에는 이 밖에도 남·북한 동포 간의 상호 교류, 해외 동포의 북한 방문 허용, 이산가족의 생사와 주소 확인, 남·북한의 소모적 대결 외교의 종식과 공동 이익을 위한 협력 희망 등의 제의가 들어 있었다.

그리고 노태우 정부는 이어 7·7선언의 후속 조치로 대북 비난 방송의 전면 중지, 통일 논의의 제한적 허용, 북한 관계 자료의 부분적 공개, 북한 외교관과의 적극적 접촉 허용, 북한과의 교역에 대비한 대북 경제 조치 등을 발표했다.

노태우 대통령은 더 나아가, 8·15 경축사와 10월 18일 한국 대통령으로서는 사상 처음 행한 유엔 연설을 통해 '남북 불가침 선언'을 비롯하여, '정전협정'의 '평화협정'으로의 대체, 군축, 남·북한 간의 교류와 협력의 증진 방안 등을 논의하기 위한 '남북정상회담' 개최를 제안했다. 그와 동시에 '동북아 6개국 평화협의회의 구성'과 '비무장지대 내 평화촌 건설', 그리고 '남·북한 무력 불사용 원칙' 등을 선언했다.

노태우 정부는 출범과 동시에 시작된 사회의 민주화 분위기 속에 새롭게 전개된 통일운동 과정에서, 1989년 9월 11일 정기 국회에서 행한 '대통령 특별연설'을 통해 그 어느 때보다도 민주적인 사회 분위기에 맞게 매우 적극적인 통일 방안을 제의했다. 그것이 바로 '한민족공동체 통일방안'이다.

이 '통일방안'의 주요 내용을 보면, 먼저 통일의 원칙으로서 "통일은 외세가 아닌 우리 민족 스스로의 역량과 평화적 방법으로 이루어져야 하며, 그 절차 또한 민주적이어야 한다"고 하면서 '자주·평화·민주의 3대 원칙' 아래 '공존공영 → 남북연합 → 단일 민족국가'라는 3단계를 거쳐 통일을 실현하자고 했다.

위에서 말한 '남북연합'은 국제법상 '국가연합(Confederation of States)'을 말하며, 북한의 '고려연방제'의 '연방(Federation)'과는 국제법상의 개념이 다르다.

'국가연합'은 연합 자체는 국가적 성격을 갖지 않고 일정 범위의 국가 기능(외교 등)만 행사하며 두 개의 주권 국가가 공존하는데, 연방은 그 자체가 국가적 성격을 가지는 주권 국가이다. 1778~1789년간의 미국 연합이나 1815~1848년간의 스위스 연합이 바로 국가연합에 해당한다.

연방은 다수 국가의 결합에 의하여 형성된 연방 조직의 국가이다.

역사적으로 연방국가 체제가 주권 국가이고 그 구성국은 주권 국가가 아니므로, 구성 국가 간의 무력 충돌은 전쟁이 아니라 내란으로 간주된다. 대개의 경우 국가연합은 외교 관계의 효율적 처리를 위해 조직체를 강화하여, 오늘의 미국이나 스위스처럼 연방으로 전환한다.

북한이 주장하는 '고려민주연방공화국'이란 고려나 민주란 용어로 공산주의를 은폐하고, 남한에 용공(容共)정권 수립을 그 전제로 하는 비현실적 방안이다. 현 체제와 사상을 그대로 연방을 만들었을 경우, 남·북한 간에 무력 충돌이 발생하면 이것은 내란으로 간주된다는 것을 우리는 잊어서는 안 된다.

우리의 '한민족공동체 통일방안'은 쉽게 말해, '남북연합'이란 한 울타리 안에 남·북한이 집을 두 채 따로따로 짓고 살되, 서로 자유롭게 왕래하며 사는 방식이다. 과도적 단계인 '국가연합'이란 형식적 통일 과정을 거치면서, 시간을 두고 평화 공존 속에 한민족의 동질성을 회복하자는 뜻이다. 그래서 쌍방이 합의하는 '통일헌법'을 제정하여 총선거를 통해 남·북이 연합하는 기구를 설치함으로써, 결국 한 집에서 같이 사는 식으로 실질적 통일을 이룩하자는, 현 단계에서는 성공 확률이 가장 큰 민주적이고도 현실적인 '통일방안'이다.

이 '한민족공동체 통일방안'은 이 밖에도 남·북한 관계를 풀어 나가는 돌파구를 '남북정상회담'으로 설정한 점과 "북한 내에서도 인권은 보장되어야 한다"고 주장한 점 등을 그 특징으로 꼽을 수 있다.

이 방안은 점진적 교류를 중시하는 기능주의적 '통일방안'으로, 통일까지의 단계별 과정을 제시하고 논리성을 확보한 점과 북한의 입장도 수용하려 했다는 점에서 매우 긍정적이다. 더구나 이론적으로도 현실적이고 체계적이란 평가를 받았다. 그러나 가장 현실적인 이 방안 역시 무력에 의한 '적화통일'의 환상 속에 민주적이고 평화적인 통일을 원치 않는 북한 정권에 의해 거부됐다.

노태우 정부로서는 비록 당장 가시적인 성과를 거두지 못했으나, 그래도 그 후 이 선언은 남북 국회회담 및 남북 고위급회담을 위한 예비회담 등 남북대화의 촉매제가 되었다. 그리고 공산권과의 경제 교류 및 수교 등 '북방외교'를 추진하는 시발점이 되었다.

이 7·7선언이 거둔 외교적 성과를 떠나, 노태우 대통령이 분단된 조국을 평화적으로 통일하기 위해 국제적 고립과 극심한 경제난 속에서도 '무력통일의 꿈'을 버리지 않고 있는 북한 정권에 인내심을 갖고 여러 통일 정책을 계속 제의하고 설득하려 했다는 사실은 두고두고 높은 평가를 받을 만하다.

3. KAL기 폭파 사건·서울올림픽·평양 축전

1978년 9월 서울 태릉에서 68개국이 참가한 가운데 '세계사격선수권대회'를 성공적으로 개최, 대규모 국제 경기대회 운영에 대한 자신감이 생긴 정부는 1979년 초부터 '제24회 하계올림픽대회'의 서울 유치를 검토했다. 그러나 '10·26사건' 발생으로 올림픽 유치 문제는 원점으로 돌아갔다.

1980년 8월 18일 실권을 장악한 신군부는 일부 부정적인 국내 여론에도 불구하고 올림픽의 서울 유치를 결정했다. 1981년 3월 3일 전두환 정부의 출범과 더불어 강력한 외교적 노력과 재계 인사들을 총동원한 유치 활동을 적극 전개했다. 그 결과, 1981년 9월 30일 서독의 '바

덴바덴'에서 개최된 '국제올림픽위원회 총회'에서 예상을 뒤엎고, 서울
이 개최 후보지로 경합했던 일본의 나고야(名古屋)를 '52:27'의 압도적
표차로 물리치고, 올림픽 개최지로 결정되었다.

우리나라가 관민(官民)이 합심하여 유치 활동도 잘했지만, 투표 당일
총회장 밖에 있던 나고야 시민들의 올림픽 유치 반대시위가 서울 유치
를 간접적으로 도와주었다.

한국은 일본에 비해 분단국이란 약점, 북한의 방해 공작, 개발도상국
으로서의 시기상조론, 국제경기대회의 경험 부족에서 오는 개최 능력
에 대한 회의 등 많은 약점을 가지고 있어, 나고야와의 유치 경쟁은 처
음부터 어려운 싸움이었다. 그러나 한국은 피나는 노력 끝에 일본을 제
치고 올림픽 유치에 성공하는 감격을 안았다.

1988년 성공적으로 개최된 서울올림픽 개막식 광경

그리고 11월 26~27일 인도의 뉴델리에서 열린 '아시아 경기연맹 (AGF)' 총회가 '제10회 아시아 경기대회(Asian Game)' 개최지로 서울을 결정함으로써, 정부는 이 두 국제 경기대회의 개최 준비의 체계적인 진행과 국민의 체육 진흥을 위해 1982년 3월 20일 체육부를 신설했다. 그리고 대회를 위해 서울 잠실에 최대 10만 명을 수용할 수 있는 초현대적 종합운동장도 시일에 맞춰 새로 건설했다.

그리하여 1986년 9월 20일부터 10월 5일까지 서울 잠실경기장에서 '아시안 게임'을 먼저 개최했다. 북한 등 일부 공산국가들이 불참했으나, 388명의 대규모 선수단을 파견한 중공을 포함, 27개국이 참가하여 성황리에 아시아인의 일체감과 영원한 우정을 다졌다.

그러나 올림픽에 관해서는 1988년 9월 17일부터 16일간 경기가 실제로 서울의 잠실경기장에서 시작될 때까지, 남·북한 간에 제기된 개최지 변경론을 비롯하여, 서울올림픽 일부 종목의 북한 개최나 남·북한의 공동개최 문제 등 여러 가지 어려운 문제들이 줄지어 대두되었다.

이 같은 문제 해결을 위해 정부는 인내심을 갖고 1985년부터 1987년까지 스위스 로잔느에서 4차례나 북한과 '남북체육회담'을 열고 단일팀 구성까지 제의했다. 그렇지만 북한이 끝까지 올림픽 방해와 '거부 전술'로 나와 결국 회담은 실패하고 말았다.

북한은 김영남(金永南)[4] 외교부장을 김일성 특사로 동구 공산국에 보내 대회 불참을 설득했다. 그뿐만 아니라 불안감을 조성하여 각국의 '88 서울올림픽' 참가 신청을 방해키 위해, 고도의 특수훈련을 받은 조선노동당 비서국의 '대외 정보조사부(대남 국비작전 담당 부서의 하나)' 소

---

[4] 북한 정치가(1925~), 러시아 모스크바대학 수학, 정무원 부총리 겸 외교부장(1983), 조선노동당 중앙위원(1991), 최고인민회의 상임위원장(1998~)을 역임하였다.

속의 2인조 공작원 김승일(金勝一, 70)과 김현희(金賢姬, 26)에게, 하치야 신이치(蜂谷眞一)와 하치야 마유미(蜂谷眞由美)란 일본 위조여권을 주어 부녀(父女)로 가장하여 이들을 동유럽을 경유, 이라크로 보냈다.

이들은 1987년 11월 28일 23시 30분 바그다드발 서울행 대한항공의 정기 여객기 858편을 타고 9시간 후에 자동 폭발하게 조작한 고성능 시한폭탄을 객실 7B와 7C 좌석 위 선반에 놓고, 자신들은 다음 기착지인 '아랍 에미리트'의 '아부다비'에서 내렸다.

KAL기는 9시간 후, 버마(미얀마) '벵골' 만 해상에서 공중 폭파, 무고한 115명(외국인 2명 포함)의 탑승객과 승무원 전원을 사망케 했다. 이로써 북한은 국제 사회에서 '야만국'이란 원색적인 비난을 받았고, 나아가 미국이 '테러 지원국'으로 지정하는 계기가 되었다.

1988년 2월 16일 소집된 유엔 안보리에서 최광수(崔侊洙)[5] 외무장관의 북한 테러 만행 규탄과 재발 방지를 위한 국제 사회의 공동 노력 촉구 연설은 많은 동정과 지지를 받은 반면, 북한의 "사건과 무관하다"는 새빨간 거짓 주장은 소련과 중공으로부터도 외면당했다.

북한은 이번에도 '한국의 자작극'이라며 비인간적인 만행을 끝까지 부인했다. 그러나 일본공산당 기관지 '아카하다(赤旗)'의 전 평양특파원 하기와라 료(萩原遼)가 북한에서 '남북조절위원회' 회담 때, 화동으로 꽃다발을 들고 서 있던 김현희의 사진을 공개하고, 헝가리 당국이 '김현희와 김승일이 북한에서 헝가리를 경유한 사실'을 인정함으로써, 북한 정권의 '한국 자작극' 주장은 그대로 무너지고 말았다.

사건 발생 직후 '아부다비'에 있는 주아랍 에미리트 한국대사관 관

---

5) 외교관(1935~), 서울 법대 졸, 국방차관(1973), 대통령 비서실장(1979), 제1무임소 장관(1980), 체신장관(1981~1982), 주사우디아라비아(1983)·주유엔 대표부 대사(1985), 외무장관(1986~1988)을 역임했다.

원의 기지와 신속한 조치, 그리고 위조여권과 관련한 일본대사관의 적극적인 협조와 주바레인 한국대사관 관원들의 맹활약으로, 김승일과 김현희의 범행임이 밝혀졌다. 이들은 바레인에서 이탈리아로 도망치려다가 바레인의 수도 마나마(Manama City) 비행장에서 현지 경찰에 의해 체포되었다. 이때 이들은 갖고 있던 독약으로 자살을 기도하여 김승일은 현장에서 즉사했으나, 자살에 실패한 미모의 김현희는 체포된 뒤 우리 측에 인도됐다.

만일 이때 김현희마저 사망했더라면, 2개의 일본인 여권만 남아 누가 생각해도 일단 일본인 테러리스트에 의한 폭파 사건으로 보았을 것으로, 상당 기간 동안 한·일 관계는 경색 상태를 면치 못했을 것이다. 바로 이것이 북한이 노렸던 이 사건의 또 하나의 목적이었을지도 모른다.

한국으로 압송된 김현희는 끝까지 묵비권을 행사하며 수사에 협조하지 않았다. 하지만 수사관과 같이 서울 거리를 구경하고 서울의 눈부신 발전상과 시민들의 활기차고 자유로운 행동을 본 후, 그때까지 속아 살아온 것을 깨닫고 범행 일체를 즉석에서 소상하게 고백했다. 그러나 김현희는 재판에서 사형의 중형이 선고됐다.

그 후, 김현희는 죄를 깊이 뉘우치고 북한의 '자작극' 주장을 입증하는 유일한 산증인이라는 점이 고려되어, 특별 사면을 받아 지금은 한국에서 독실한 기독교 신자가 되고, 그의 경호원과 결혼하여 지금 보통 한국 시민으로 잘살고 있다.

그러나 죄 없는 평양의 김현희 가족은 케케묵은 봉건시대의 연좌제에 따라 정치범 수용소로 끌려갔다. 또 폭파된 비행기 승객의 거의 전부가 잘살아 보겠다고 2~3년 동안 아라비아 사막의 뜨거운 열풍 속에서 땀 흘려 번 돈을 갖고, 그리운 가족 품으로 돌아오던 우리 노무자들이어서 국민들을 몹시 분노케 했다. 또 서울의 '공관장회의' 참석차 일시 귀국하던 바그다드 주재 강석재(姜錫在) 총영사 내외가 사고기에 탑승했다가 희생되어, 졸지에 동료를 잃은 우리 외교관들을 슬프게 했다.

이 같은 북한의 방해와 천인공노(天人共怒)할 만행에도 불구하고 정부는 '회합과 전진'을 기본 이념으로, '최다의 참가, 최상의 화합, 최고의 성과, 최적의 안전, 최대의 절약'을 서울올림픽의 목표로 삼았다. 그리고 전쟁의 재발을 막고 오직 올림픽의 성공 하나만을 위해 국방과 안보에 만전을 기하고, '승용차 10부제 운행'과 같은 국민들의 자발적인 협력을 얻어, '세계는 서울로, 서울은 세계로'의 표어를 내걸고 예정대로 9월 17일 '88 올림픽'을 개최했다.

서울올림픽은 우선 스포츠 면에서 1976년의 몬트리올과 1980년 모스크바, 그리고 1984년 로스앤젤레스의 '반쪽 대회'와는 달랐다. 16년 만에 올림픽이 동서 화합의 축제로, 167개 국제올림픽위원회 회원국 가운데 북한 등 일부 회원국을 제외한 160개국 1만 3,304명의 선수와 임원이 참가함으로써 올림픽 사상 최대 규모를 기록했다. 게다가 올림픽사상 최고의 시설을 갖추었다는 극찬을 받았고, 한국이 세계의 '스포츠 강국'으로 도약하는 계기도 되었다.

그전까지 올림픽에서 금메달 1~2개를 따내기도 힘들었던 한국이 서울올림픽을 앞두고 '엘리트(elite)' 육성에 전력을 다한 결과, 당초 예상을 넘어 금 12, 은 10, 동 11개 등 도합 33개의 메달을 따내 소련·동독·미국에 이어 4위를 차지했다.

나라의 이름을 세계에 알리는 데에는 훌륭한 운동선수 한두 명이 때로는 수십 명의 외교관 역할을 하는 수도 있다. 바로 우리 선수들이 따낸 값진 33개의 메달은 짧은 시간에 수십 명의 우리 외교관들보다 한국의 이름을 세계만방에 더 널리 알렸다.

건국 40년 만에 이뤄 낸 서울올림픽의 성공적 개최는 단순한 스포츠 차원을 넘어 정치·경제·사회적으로도 한국의 국가 위상을 한층 더 드높였다. '한국전쟁'의 폐허와 참상만으로 기억되던 한국에 대한 세계 인의 인식을 한꺼번에 바꿔 놓았는데, 일찍이 한국의 발전상과 이미지 개선에 서울올림픽만큼 기여한 것은 없었다.

또 경제적인 효과도 엄청났다. 직접적인 경제적 이득은 2,502억 원 (순이익은 179억 원) 정도로 평가됐지만, 간접 이익은 돈으로 환산하기 어려웠다. 실제로 한국이 올림픽 다음 해인 1989년 건국 이래 처음으로 9억 2,000만 달러의 '경상수지' 흑자를 기록한 것도 결코 우연한 일이 아니었다. 서울올림픽도 1984년의 LA올림픽 못지않게 '황금 알을 낳는 거위' 역할을 단단히 해냈다.

이 밖에 올림픽의 성공적 개최는 국민들에게 "우리도 할 수 있다"는 자신감을 한층 더 심어주어 선진국 도약의 정신적 발판이 되었을 뿐만 아니라, 한국의 동유럽 국가들과의 수교에도 큰 역할을 했고, 또 한국의 눈부신 경제 발전은 냉전체제 해체와 함께 공산권 붕괴의 한 요인으로 작용함으로써 세계 평화에도 크게 이바지했다.

북한은 서울올림픽 개최 방해를 위해 저지른 KAL기 폭파 사건과 같은 무도막심(無道莫甚)한 만행 탓에 국제 사회에서 '상종 못할 깡패 국가'란 혹평을 받았다. 반면, 한국은 1986년의 '아시안 게임'에 이은 '88 서울올림픽'의 성공적 개최로 국제 사회에 북한과는 대조적으로 '평화 애호국'의 이미지를 당당히 심고, 세계 스포츠 역사에 길이 남을 우리 문화와 스포츠 외교의 빛나는 금자탑을 세웠다. 이로써 남·북 대결(對決) 외교는 외교력의 균형이 완전히 무너져 한국의 완승으로 끝난 셈이 되었다.

한국은 서울올림픽에 이어 같은 해 10월 15일부터 10월 24일까지 열흘간 제8회 장애자 올림픽도 개최해, 16개 종목에 61개국이 참가했다. 그중에는 북한의 단독 수교국이 8개국이나 포함되어 있었다.

오늘날 국제경기 행사는 단순한 스포츠 차원을 넘어 정치·경제·문화적 파급 효과가 큰 것이 특징이다. 우리는 뿌리 깊은 문화와 전통을 자랑하면서, 아시아 경기대회와 서울올림픽을 모두 성공시켜 그 특징을 유감없이 살렸다.

전두환·노태우 두 대통령은 퇴임 후 재임 시의 비자금 문제로 국민들을 크게 실망시켰다. 그러나 외교 면에서는 어려운 여건 속에서 올림픽을 유치하는 데 성공한 전두환 대통령의 결단과 추진력은 훌륭했었다. 또 북한의 방해 공작 등 온갖 난관을 극복하고 대회를 올림픽 사상 최고로 치른 노태우 대통령의 인내심과 지도력도 큰 찬사를 받을 만했다.

그런데 북한은 서울올림픽으로 입은 외교적 열세를 만회하고 주민들을 무마하면서, 김일성·김정일 체제 유지와 대남 선전을 위해 자금과 자재, 심지어는 대회의 운영 방식까지 조총련의 지원을 받아, 1989년 7월 1일부터 8일까지 평양에서 '제13차 세계청년학생축전'[6]을 치렀다.

소위 이 '평양 축전'에는 전 세계에서 국가가 아닌 178개의 좌경 청년단체(임수경 혼자 참석한 전대협도 포함)에서 2만 명 이상의 대표들이 참가했다. 북한은 평양 능라도에 상식을 초월한 15만 명 수용의 거

---

6) 반제·자주·반전·평화의 기치를 내걸고 공산국가의 청년·학생들이 모여 여는 정치·문화·예술·체육 행사였다. 1947년 제1회 축전이 체코 프라하에서 개최된 후, 제7회 대회까지는 2년마다, 제8~11회 대회는 5~6년마다, 제12회 모스크바 대회는 7년 만에 열렸으며, 제13회가 평양에서 개최됐다. 조총련 전문가에 의하면, '89년 평축'을 계기로 조총련이 재정적으로 어려워지기 시작했다고 한다.

대한 '5·1 경기장'(7만 명이 넘으면 위쪽에 앉은 관중은 TV로 관전하는 것보다 못하다.)과 '105층 유경호텔'[7] 같은 무의미한 시설 투자와 축전 행사 비용 및 참가 선수들의 여비 지원 등에 47억 달러의 거금을 낭비했다.

북한 당국은 소련에서 230억 원과 조총련에서 485억 원의 재정 지원을 받았다면서 '평축'이 서울올림픽보다 더 중요한 세계적인 행사라고 거짓 선전을 했다. 그러나 주민들에게 '하루 한 끼 죽 먹기'를 강요하는 처지에 47억 달러란 천문학적인 거액을 오직 남한에 지지 않겠다는 오기 하나로 낭비하여, 힘든 경제를 더 어렵게 만든 것은 "현실을 무시한 어리석은 일"이라는 국제적 비판을 면할 수 없었다.

4. 미국의 통상 압력

우리나라가 1986년부터 국제 수지 흑자를 기록하면서 해가 갈수록 높아진 미국의 통상 압력은 1989년에 들어 최고조에 달해, 우리 경제에 유례없는 큰 시련을 안겨다 주었다. 미국으로부터의 통상 압력은 그 전에도 늘 있었다. 그러나 1989년만큼 그 압력이 심했던 일은 일찍이 없었다.

'한국산업연구원(KIET)'이 발표한 '환율변동의 산업별 파급효과 분

---

7) 7억 달러의 공사비를 들여 평양에 지은 삼각추 모양의 105층짜리 미완성 호텔(객실이 3,000개)로, 전 세계에 객실 1,100개가 넘는 호텔도 그리 많지 않다. 이는 아무리 최신 컴퓨터를 동원해도 손님 접대가 제대로 되지 않기 때문이라고 한다. 인민군까지 동원했으나 자금난과 기술 부족으로 건축이 중단된 상태 —외국 기업과 합작하여 건물을 완성하려 했으나, 외국 손님이 많지 않은 북한의 실정과 채산성을 무시한 계획이어서 성사되지 못했다 — 인데, 북한은 상층부에 누수와 콘크리트 블록의 부식 현상이 있으나, 공사를 계속할 수도 없고 또 김정일의 직접 지휘 아래 착공한 것이어서 폭파 해체할 수도 없어, 호텔은 흉물로 남아 공산주의의 실패를 상징하듯 미완성 상태로 흉물스럽게 평양 하늘에 솟아 있다.

석'에 의하면, 1989년 우리 국내 제조업은 원화 절상으로 채산성이 1.5%나 악화되어 국내 산업이 어려움을 겪고 있었는데도, 미국은 계속 원화의 추가 절상을 요구하는 등 우리나라에 대한 통상 압력의 고삐를 늦추려 하지 않았다.

미국은 1989년 1월 1일부터 한국에 대한 '일반 특혜관세제도(Generalized System of Preferences: GSP)'[8]를 폐지한 위에, 더 나아가 "한국을 통상 분야의 '우선협상대상국(Priority Foreign Countries: PFC)'[9]으로 지정하겠다"고 으름장까지 놓았다.

1988년 8월 입법된 종합 무역법에 근거를 둔 미국의 '우선협상대상국 제도'에 따르면, 특정 대상국에 대해 불공정 무역국의 딱지를 붙여 미국이 정한 시한 내의 협상을 강요하고, 협상 결과가 불만일 때는 수퍼 301조[10]에 의거, 상대국의 어떤 상품에 대해서나 최고 100%까지의 보복 관세 부과, 수입 쿼터(quota) 실시, 용역에 대한 제한 및 부과금 적용, 무역협정 철폐 그리고 개도국에 대해서는 GSP 철퇴 등 여러 가지의 보복 조치를 단행할 수 있게 돼 있다.

이 같은 미국의 압력 앞에 우리 정부는 우선협상대상국 지정에서 제외되기 위해 필사적으로 노력했다. 우선 1989년 2월과 3월, 상공부와 경제기획원 등의 고위 실무자들을 서둘러 미국으로 보내 관변 측과 공식·비공식 접촉을 적극적으로 시도했다.

이어 한승수(韓昇洙)[11] 상공장관을 4월, 조순(趙淳)[12] 부총리를 5월에

---

8) 선진국이 개발도상국으로부터 수입하는 농수산물·완제품 및 반제품에 대하여 무차별적·비상호주의적으로 관세를 철폐 또는 세율을 인하해 주는 제도이다.

9) 미국이 1988년의 미국 '통상법' 수퍼 301조에 의거하여, 가장 우선적으로 불공정 무역 관행을 없애기 위해 협상을 추진하도록 지정한 나라를 말한다.

10) 수퍼 301조는 미국의 '대외통상법'을 보완하는 한시적인 특별법으로, 교역 상대국의 불공정 무역 관행에 대해 이 조항을 적용하여 일종의 보복 조치를 취할 수 있도록 하고 있다.

각각 워싱턴을 방문케 하고, 국회 무역소위원회와 농수산위 소속 의원들의 방미와 함께, 전자 사절단·종합 사절단·쇠고기 구매반·무역대리점협회 사절단 등 각종 구매 사절단들을 집중적으로 미국에 파견했다.

이같이 통상 외교 활동과 미국의 환심을 사기 위한 경제활동이 다각적으로 펼쳐진 셈인데, 그 결과 우리나라는 5월 25일 일단 미국이 발표한 '우선협상대상국(PFC)' 지정을 면했다. 이를 두고 정부는 '대미 통상 외교의 대성공'이라고 스스로 평가했으나, 이를 위해 한국 측도 상당한 대가를 지불해야 했다.

우선협상대상국 지정에서 제외되기 위한 일련의 대미 통상 협상에서 우리 측은 첫째, 농산물시장 개방 확대, 둘째, 외국인 투자제도 완화, 셋째, 개별법에 의한 수입규제 완화 등 상당 부분을 양보해야 했다. 농산물의 경우, 대대적인 농민 시위에도 불구하고 1989~1991년간 243개 품목을 수입 자유화하기로 예시하고, 그중에서 84개 품목은 1989년 7월 1일부터 수입 개방키로 결정할 정도였다.

우리나라가 이같이 시장 개방을 확대하고 수입 장벽을 낮추었는데도 미국의 통상 압력은 조금도 수그러들지 않았다. 미국은 결국 1989년 2월 21일 우리나라를 통상 분야의 '우선협상대상국'으로 지정했다. 또 5월 25일에는 지적소유권 분야 '주요 관찰국가(Priority Watch List: PWL)'로 지정한 데 이어, 10월에는 '환율조작국'으로 재지목했다.

한·미 간의 새로운 섬유협정 체결을 놓고 2월부터 12월까지 5차례에 걸쳐 협상을 벌였고, 철강 분야에선 8월 후에 4차례 협상이 개최됐

---

11) 학자·정치가(1936~), 연세대 졸업(1960), 영국 요크대 정치학박사(1968), 서울대 경제학 교수(1975~1988), 상공장관(1988~1990), 주미 대사(1993), 대통령 비서실장(1994~1995), 재경원장관(1996~1997), 외무장관(2001), 국회의원(2004) 등을 역임하고, 2001년 제56차 유엔총회에서 의장직을 맡았다.

12) 학자·정치가(1928~), 서울 상대 전문부 졸업(1949), 미 보오든대학 경제학박사(1967), 서울 상대 교수(1970~1988), 경제기획원 장관(1988~1990), 한은총재(1993), 서울시장(1995~1997)을 역임하였다.

다. 또 미국의 '조선공업협회'가 우리 정부의 조선산업 지원을 불공정 무역 관행으로 간주, 7월 이후에 조선협상이 새로 시작되는 등 1989년 중에는 각 분야의 한·미 간 쌍무협상이 수없이 반복됐다.

미국의 통상 압력은 노태우 대통령의 10월 방미를 앞두고, 모스배커 (Robert A. Mosbacker) 상무장관, 퀘일(James D. Quayle)[13] 부통령, 힐 스(Carla A. Hills) 통상대표부(USTR) 대표 등 미 행정부 고위인사들의 잇단 방한 활동에서 정점에 달했다.

이들은 우리 측 정부·국회·재계 등의 지도자들과 만나 "한국의 높 아진 경제력에 상응하는 만큼의 교역상 책임과 의무를 다해야 한다"면 서, 모든 통상 부분에 걸쳐 우리 측의 추가 양보를 요구했다. 특히 힐 스 대표는 쇠고기 시장 개방·지적소유권 보호·통상 현안 전 분야에 걸친 요구 사항을 구체적으로 거론했다.

미국의 이와 같은 철저한 '강대국 논리'를 배경으로 한 파상 공세와 '수퍼 301조' 발동을 앞세운 위협으로, 우리 정부는 통신을 비롯해 외 국인 투자제도나 지적소유권 보호 등 모든 분야에서 양보에 양보를 거 듭할 수밖에 없었다.

미국은 우리나라에 대한 쌍무적인 통상 압력과 병행하여 사실상 그 들이 주도하고 있는 '관세 및 무역에 관한 일반협정(General Agree- ment on Tariffs and Trade: GATT)'를 통해서도, 시장 개방 가속화가 불가피하도록 유도하는 '양면의 칼' 정책을 사용했다. '일반협정(GATT)' 은 1989년 10월 우리나라에 대해 "1990년 1월부터는 국제 수지를 이 유로 수입을 제한할 수 없다"는 결정을 내렸는데, 정부는 이 결정에 따 라 1991년 3월과 1994년 3월 '수입 자유화 3개년 계획'을 수립, 이를

---

13) 미국 정치가(1947~), 인디애나대학 졸업, 하원의원(1976), 상원의원(1980), 부통령(1989)을 역임했다.

통보해야 했다.

미국은 상당한 '전리품'을 노획하고도 1989년 말까지 압력의 고삐를 늦추지 않았고, 12월 워싱턴에서 열린 '제8차 한·미 경제협의회'에서 양국 간의 통상 현안 전 분야에 걸친 요구 사항을 계속 거론했다. 미국의 이 같은 통상 압력은 부시(George H. Bush)[14] 행정부가 무역수지 적자의 개선을 위해, 교역 상대국의 시장 개방 촉구와 불공정 무역 관행의 타개를 정책 기조로 삼고 있었기 때문이었다.

미국 통상 정책의 최대 과제가 무역적자 개선인 이상, 한국이 대미 무역수지 흑자를 내는 한(2001년 한국의 대미 무역총액은 668억 달러인데, 수출 312.1억 달러, 수입 223.8억 달러, 흑자 88.4억 달러) 우리는 앞으로도 통상압력을 받지 않으면 안 될 것이다.

특히 미국은 무역 장벽의 정도가 심하고 상대적으로 미국 시장 진출 잠재력이 크다고 생각되는 선발 개도국에 통상 요청을 집중하고 있는 데다, 한국을 '제2의 일본'으로 지목하고 있다. 따라서 앞으로 미국의 통상 압력은 더 거세질망정 절대로 줄지 않을 것이다. 실제로 '문민정부'를 거쳐 '국민의 정부'가 집권하고 있는 동안도, 우리는 미국 정부로부터 '수퍼 301조'와 지적재산권 우선 감시 등의 통상 압력을 계속 받았다.

국제 사회에서 상대국의 통상 압력은 한·미 양국과 같이 전통적인 우호국가 간에도, "국가 이익이 상반될 때에는 언제든지 사정없이 압력이 가해진다"는 사실을 우리는 명심해야 할 것이다.

그리고 한국 경제의 지속적인 발전을 위해서는 현재의 개혁 정책의 틀을 국내 산업의 장기 경쟁력을 보강하는 방향으로 조정하고, 언제나

---

14) 미국 정치가(1924~), 예일대학 경제학부 졸업(1948), 하원의원(1966), 주 유엔 대사(1970~1973), 주 베이징 연락사무소장(1974~1975), CIA국장(1976~1977), 부통령(1981~1988), 대통령(1989~1993)을 역임했다.

미국의 통상 압력에 대비, 일이 터지기 전에 평소에 통상 외교에 집중적인 노력을 경주해야 한다. 외교의 시작은 상대를 정확히 아는 것이므로, 우리는 먼저 미국의 통상 정책을 알고, 외교의 기본은 인간관계이므로 평소에 통상 관계의 고위층 인사들은 물론 담당관들과의 인간관계 수립에도 계속 힘써야 할 것이다.

5. 남북대화의 재개

1980년 '남북고위급회담'을 위한 실무 대표의 접촉 이후, '남북대화'는 사실상 중단된 상태에 놓여 있었다. 그러다가 노태우 정부의 출범과 서울올림픽의 성공적 개최, 그리고 '동서화해'라는 국제 정세의 변화 등을 배경으로, 1989년 1월 23일 강영훈(姜英勳) 국무총리[15]가 북측의 대화 제의를 받아들임으로써, 9년 만에 '총리회담을 위한 예비회담'이 판문점에서 같은 해 2월 8일부터 12월 20일까지 5차례 열렸다.

북한은 제4차 회담까지는 실질 문제 토의에 대해 비타협적인 태도로 일관, 회담을 번번이 공전시켰다. 그러나 제5차 회담에서는 '회담의 절차 문제에 관련한 합의서 초안'을 제시하는 등 적극적인 자세로 나와, '예비회담'의 결실로 1990년 9월에 '제1차 고위급회담(총리회담)'이 열리게 되었다.

남과 북의 총리가 직접 대면하여 서울과 평양을 오가며 양측의 현안 문제들을 처리하기 위해 토의를 한 결과, 1991년 12월 13일 '제5차 고위급회담'에서 마침내 '남·북 간의 화해와 불가침 및 교류·협력에

---

15) 군인·정치가(1922~), 만주 건국대 졸업(1943), 사단장(1954), 군단장(1959), 육사 교장(1960), 미 남가주대 정치학박사(1972), 주영(1981)·로마교황청 대사(1985) 및 국무총리(1988~1990)를 역임했다.

관한 합의서'에 남·북 총리가 서명함으로써 국내외의 주목을 받았다.

　그러나 이 '합의서'의 산출 과정이 순탄하지만은 않았다. 남북 관계의 개선을 위한 첫걸음이라고 평가할 수 있는 1990년 9월의 '제1차 고위급회담'부터 12월의 '제3차 고위급회담' 때까지, 양측은 합의서 형식을 둘러싸고 지루한 소모전을 전개했을 뿐, 아무런 진전을 보지 못했다.

　즉, 한국의 '남북 관계 개선을 위한 기본 합의서', '불가침선언', '3통(교통·통신·통상)협정' 등 3개의 합의서 채택에 대해 북한의 '남북 불가침과 화해·협력에 관한 선언의 단일합의서'를 만들자는 주장이 정면으로 맞섰던 것이다.

1991년 '1차 고위급회담' 참석차 서울을 방문한 연형묵
북한 총리와 악수하는 강영훈 총리

이 과정에서 북한 측은 '팀 스피리트(Team Spirit) 훈련'[16]이나 콜레라의 만연 등 갖가지 이유를 들어 회담을 연기하기가 일쑤였고, 또 심지어 무례하게도 일방적으로 회의장을 박차고 나가는 일까지 여러 차례 있었다.

'제4차 고위급회담'도 이러한 분위기에서 1991년 10월 23일 평양에서 개최되었다. 한국 측의 양보로 양측은 실무회담을 통해 절충 작업을 갖고, 10월 24일 '남북 사이의 화해와 불가침 및 교류·협력에 관한 합의서'로 단일 문건을 채택키로 하고, 빠른 시일 안에 판문점에서 합의서 내용 문안 조정에 필요한 실무 접촉을 갖기로 했다.

'제4차 고위급회담'에 이어 '제5차 고위급회담'이 12월 12일부터 14일까지 서울에서 열렸다. 양측은 12일의 실무 접촉에서 그간 이견(異見)을 보여 온 '화해와 불가침 및 교류·협력에 관한 합의서'에 극적으로 합의함으로써, 이후 남·북한의 정치·군사 문제와 교류·협력 관계를 규율하는 새로운 지평을 여는 역사적인 이정표를 작성했다.

12월 13일 합의서에 남한의 정원식(鄭元植)[17] 국무총리와 북한의 연형묵(延亨默)[18] 정무원 총리가 각각 서명함으로써, '제5차 고위급회담'은 커다란 성과를 거두었다. 분단 46년 만에 남·북한 정부 당국에 의해 공식으로 합의된 최초의 이 합의서는 '서문과 남북화해, 불가침, 남북 교류·협력, 수정 및 발효의 4장 25조'로 구성되어 있다.

양측은 각기 발표에 필요한 절차를 거쳐 1992년 2월 19일 평양에서

---

16) 한반도에서 발발할지 모를 군사적인 돌발사태에 대비하기 위하여, 연례적으로 실시되고 있는 한·미 양국군의 방어용 '연합 군사훈련'이다.

17) 학자·정치가(1928~), 서울대 교육학과 졸업(1954), 미 조지피바디대학 철학박사(1966), 서울대 교육학과 교수(1974), 문교장관(1988~1990), 국무총리(1991~1992)를 역임했다.

18) 북한의 정치가(1931~2005), 체코 프라하공대 졸업, 북한 노동당 중앙위원(1970), 정무원 총리(1988), 국방위원회 부위원장(2003)을 역임했다.

열린 '제6차 고위급회담'에서 역사적인 '남북합의서'를 공동 발표했다. 이 합의서의 채택으로 남·북한은 지난 46년 동안의 극심한 대결과 상호 불신의 '냉전시대'에서 벗어나, 통일을 지향하는 새로운 공존시대로 진입할 수 있는 터전을 마련했다.

그러나 위에서 살펴본 바와 같이 어렵게 채택된 이 '남북합의서'는 그 후 우리 정부의 끈질긴 노력에도 불구하고, 북한의 무모한 미사일과 핵무기 개발로 말미암아 이렇다 할 진전을 보지 못한 채 유명무실(有名無實)해짐으로써, 사문화(死文化)되어 모처럼 재개됐던 남북회담은 결국 아무 성과를 거두지 못했다.

6. 한·러시아 관계 발전

정부는 1989년에 이룬 헝가리와의 수교를 필두로 폴란드와 유고에 뒤이어 체코슬로바키아·불가리아·루마니아·몽골 등 구(舊)공산권 국가들과 수교했다. 이를 발판으로 1990년 6월 미국의 협조를 얻어 샌프란시스코에서 노태우 대통령과 고르바초프 소련 대통령이 '정상회담'을 갖고 한·소 수교 원칙에 합의해 세계를 놀라게 했다.

그리고 예상보다 빨리 그 3개월 후인 9월 30일 유엔 안보리 소회의실에서 최호중(崔浩中)[19] 외무장관과 셰바르드나제(Eduard A. Shevardnadze)[20] 소련 외무장관이 회담을 갖고, '대사급 외교관계 수립에 합

---

19) 외교관(1930~), 서울대 문리대 졸업(1955), 외무부 경제차관보(1976), 주벨기에 대사(1983), 상공차관(1984), 주사우디아라비아 대사(1985), 외무장관(1988), 통일원 장관(1990)을 역임했다.

20) 그루지야공화국 정치가(1928~), 쿠타이시교육대 졸업(1955), 그루지야 내무장관(1968~1972), 소련공산당 중앙위원(1976), 소련 외무장관(1985~1991) 등을 역임했으며, 1992년 그루지야 독립 후 대통령(1992~2003)을 역임했다.

의하는 공동성명'을 발표했다. 이로써 양국은 구한말 '한·러 수호통상조약'의 폐기(1904년)로 관계가 단절된 지 86년 만에 국교를 완전히 다시 정상화했다.[21]

한·러시아 양국의 국교 수립은 고르바초프의 개혁·개방 및 '등거리 외교 정책'과 탈냉전의 세계적 추세에 부흥하려는 노태우 정부의 '북방외교'가 시의적절하게 잘 맞물려 추진된 결과였다.

우리나라가 당시만 해도 공산 진영의 종주국이었던 소련과 국교를 맺었다는 것은 외교사에 길이 남을 큰 성과였다. 평양방송은 "이 한·소 관계 정상화는 미국이 23억 달러를 남조선에 주어 소련을 매수한 것"이라고 악의에 찬 허위 보도를 함으로써, 불편하고 불만스러운 그들의 심정을 노골적으로 드러냈다. 정부는 10월, 모스크바에 정식으로 대사관을 개설했다.

이에 앞서, 한·소 양국은 1989년 12월 '영사처 교환 설치'에 합의, 서울과 모스크바에 각각 영사처를 설치하였고, 김영삼(金泳三)[22] 민자당 대표가 소련을 방문하는 등 착실히 관계 발전을 쌓아가고 있었다.

또 노태우 대통령이 수교 3개월 만인 1990년 12월 13일 우리나라 대통령으로서는 사상 처음 소련을 공식 방문하여, 고르바초프 대통령과 다시 '정상회담'을 갖고 주권 평등과 영토 보전, 정치적 독립, 상호

---

21) 2002년 6월 20일자 『주간조선』에 실린 글에서 최호중 전 장관은 한·소 수교의 뒷이야기를 밝힌 바 있다. 이에 따르면, 본래 '한·소 수교 공동 성명'의 원안은 발효 날짜가 1991년 1월 1일로 되어있었으나, "양국 수교는 좋은 일이니 발효 날짜를 앞당기자"는 최 장관의 제안을 셰바르드나제 외무장관이 받아들여 즉석에서 1990년 9월 30일로 고쳐 썼다고 한다. 후일 셰바르드나제가 그루지아 대통령이 된 후, 최 전 장관이 그를 방문했을 때, 셰바르드나제 대통령은 한국과의 수교에 앞서, 사정을 설명하기 위해 평양을 방문했으나, "김일성을 면담하기는커녕 여기저기서 비난만 받았다고 하면서, 그분이 미처 삭기도 전에 최 전 장관이 제안을 해 이를 흔쾌히 받아들였다"고 당시의 심정을 밝혔다고 한다. 이것은 "외교에서 인간관계가 얼마나 중요한가"를 보여주는 좋은 예라고 하겠다.

22) 정치가(1927~), 서울대 철학과 졸업, 민의원 의원(1954년, 8선), 대통령(1993~1998) 등을 역임했으며, 1994년 '마틴 루터 센터(Martin Luther Center)'가 수여하는 인권운동의 평화상인 '비폭력 평화상'을 수상했다.

국내 문제 불간섭, 무력에 의한 분쟁 해결 반대 등 6개항의 한·소 간 '모스크바 공동선언'을 채택했다. 이어 1991년 4월 19일 고르바초프 대통령이 한국을 방문하여, 20일 제주도에서 노태우 대통령과 세 번째 정상회담을 갖고, 한국의 유엔 가입에 대한 소련의 지지 입장을 표명했다.

6·25전쟁 이후, 소련과 중공은 오랫동안 우리의 '영원한 적'들이었다. 김일성을 남침케 하여 한반도를 전란의 소용돌이로 몰아넣었던 소련, 한국의 민간 여객기를 경고도 없이 격추시켰던 소련, 한국의 유엔 가입을 늘 거부권 행사로 막았던 소련, 그 소련의 수도 모스크바를 한국 대통령이 방문하고, 답방 형식으로 소련 대통령이 한국을 방문했다는 사실은 냉전시대에는 상상조차 할 수 없던 일이었다. 아무리 "외교의 마당에는 국익 하나만 있다"고 하지만, 정말 격세지감(隔世之感)이 드는 대변화였다라고 아니 할 수 없다.

소련과의 수교는 그 자체만으로도 큰 의의를 갖지만, 이를 바탕으로 우리의 숙원이었던 유엔 가입이 실현되고 이어 중공과의 수교도 이루어짐으로써, 우리나라도 전 세계를 상대로 자주적인 전 방위 외교를 할 수 있게 되었다.

그러나 '북방외교'를 지나치게 서두른 나머지 충분한 경제성과 타당성 검토도 없이 총 30억 달러 규모의 '대소 경협차관'을─1991년 현금 차관 도합 10억 달러와 현물 차관 4억 7,000만 달러를 제공한 후 중단됐다─약속한 것은 "빚을 얻어 빚을 주는 격으로, 우리 경제 형편으로서는 조금 무리가 아니냐"는 목소리와, "대외 경제협력은 정치·외교 논리가 아니라, 냉철한 경제 논리로 추진돼야 하는데" 하는 비판이 일시 국내 학계에서 나왔었다.

1990년 9월 '한·소 수교 조약'에 서명하고 있는
한·소 양국의 외무장관

1848년 "인류의 모든 불행은 계급이 존재하는 데 원인이 있으며, 계급은 '사유재산' 제도에서 발생하므로 '사유재산' 제도만 없애면, 계급이 없어져 인류의 불행도 없어진다"고 주장한 29세의 독일 청년, 칼 마르크스(Karl Marx)[23]가 엥겔스(Friedrich Engels)[24]와 함께 만든 1만 2,000단어로 된 「공산당선언」[25]의 발표로 시작되어, 1917년 러시아의 레닌(Vladimir Lenin)[26]에 의해 '10월 혁명'[27]으로 실현됐던 소련의 공

---

23) 독일 공산주의자·혁명가·경제학자(1818~1883), 독일 예나대학 박사(1841), 런던에서 엥겔스와 '공산당선언'을 공동 집필(1848), 경제학 비판과 자본론 제1권 등 명저(名著)를 남겼다.

24) 독일 사회주의자(1820~1895), 독일 베를린대학 수학(1841), 마르크스와 '공산당선언'을 공동 집필(1848), 마르크스의 유고(遺稿)를 정리·편찬하여 '자본론' 제2·3권을 발간했다.

25) 「공산당선언(Manifest der Communistischen Partei)」은 마르크스와 엥겔스가 공동으로 '공산주의자동맹'의 강령으로 저술한 마르크스주의에 관한 최초의 선언문이다. 1848년 런던에서 독일어로 발간되어 곧 영어·프랑스어·러시아어로 번역되었는데, '유럽에 유령이 나온다, 공산주의라는 유령……'이라는 말로 시작되는 이 선언은 사회·경제 이념과 정치적인 강령이 포함된 공산주의에 관한 최초의 문전(文典)이다.

26) 러시아 혁명가·정치가(1870~1924), 카잔대학에서 수학, 혁명운동에 투신, 국외 망명에서 귀국(1900)

산주의 체제가 74년 동안의 실험에서, 그 이념과 약속이 모두 오류이고 환상이었다는 사실이 판명됨으로써 1991년 12월 소련은 마침내 해체되었다.

'러시아 연방'[28]이 "소련의 권리와 의무를 승계한다"고 선언하여, 우리나라가 러시아를 승인, '러시아 연방'의 소련 승계를 인정함에 따라, 한·소 간 외교는 한·러시아 외교 관계로 전환됐다.

새로운 러시아 연방은 자유·민주주의·인권 존중·시장경제 등의 이념을 내세움으로써, 한·러 관계는 이념의 공유를 바탕으로 과거의 한·소 관계보다 한 차원 격상되어 '실질적인 동반자' 관계를 지향하게 되었다.

그리고 정부는 러시아 연방 외에 1992년 말까지 우크라이나·우즈베키스탄·카자흐스탄·그루지야·아제르바이잔·아르메니아·벨라루스·투르크메니스탄·몰도바·키르기스스탄 등 새로 독립한 11개 옛 소련 구성 공화국과도 외교 관계를 모두 수립했다.

옐친(Boris N. Yeltsin) 러시아 대통령은 취임 후, 1992년 11월 18일 아시아에서는 처음으로 한국을 방문하여 러시아의 한국 중시 입장을 천명했다. 그는 노태우 대통령과 10년 유효의 15개 조항의 '한·러 기본 관계조약'에 서명한 후, 국회에서 연설을 통해 1983년 8월의 KAL기 격추 사건에 대해 정식으로 사죄했다. 이어 북한에 대해서는 과거

하여 무장 봉기, 1917년 과도정부를 전복하여 프롤레타리아 독재정권을 수립했다.

27) 볼셰비키(러시아 사회민족노동당의 다수파)가 1917년 2월 혁명으로 세운 과도정부를 11월 7일(러시아 구력 10월 24일) 무장봉기로 전복하고, 이른바 '프롤레타리아 독재'를 표방하는 혁명정권을 수립한 거 사이다.

28) 러시아 연방은 인구 1억 5천만 명, 아디게야·바슈키리아 등 21개 공화국, 6개 지방, 50개 주, 10개 자치관구, '특별행정단위'인 모스크바 및 상트페테르부르크 등 총 89개 행정단위로 구성되며, 소련이 해체되면서 1992년 1월 완전한 독립국가가 되어, 현재 느슨한 형태의 국가연합체인 '독립국가연합(Commonwealth of Independent States: CIS)'에 속해 있다.

소련과 체결했던 군사동맹 성격의 '상호원조조약' 제1조의 수정 내지 폐기 방침 등을 명백히 함으로써, "국가 간의 조약이란 상황이 변하면 한 순간에 휴지 조각이 될 수 있음"을 잘 보여줬다.

한·러 정상은 회담 후 발표한 공동성명에서 "양국 간의 불행했던 과거사를 극복해야 한다"는 필요성을 명기하는 한편, 옐친 대통령은 그간 소련 정권에 의해 은폐·은닉됐던 '블랙박스(Black Box)' 등 KAL기 격추 사건 관련 자료를 우리 측에 전달하고, 한국전 관계 사료의 발굴과 인도도 약속했다. 우리 정부도 옐친 대통령의 개혁 노력에 지지 입장을 밝히고, 중단된 러시아에 대한 경협차관의 제공 문제를 앞으로 재협의키로 하는 데 합의했다.

한·러 관계는 옐친 대통령의 방한 중 최세창(崔世昌)[29] 국방장관이 러시아 국방장관과 군 고위인사 교류와 해군 함정들의 상호 방문 등을 골자로 하는 '한·러 군사교류계획에 관한 양해각서'를 체결함으로써 본격적인 군사 교류로 발전했다.

이 각서에 따라 1993년 3월 2~18일 시행된 '한·미 팀 스피리트 훈련'을 주한 러시아대사관의 무관으로 하여금 처음 참관케 함으로써, "이 훈련이 북침을 위한 핵 공격을 상정한 군사 연습"이라는 북한의 주장과는 달리, "어디까지나 방어를 위한 보통 군사연습"이라는 것을 분명하게 보여주었다.

---

29) 군인(1934~), 육사 졸업(1957), 특전여단장(1977), 사단장(1980), 군단장(1984), 군사령관(1985~1987), 합참의장(1988~1989), 국방장관(1992~1993)을 역임했다.

7. 한반도 비핵화 선언

1990년부터 국제적인 관심사로 부각하기 시작했던 북한의 핵무기 개발 문제는 '1992년 재처리 시설 완료, 2~3년 내 핵폭탄 보유 가능'이라는 핵 관계의 국제적 전문기관들의 믿을 만한 정보의 분석 결과 발표로, 북한의 핵무기 개발이 한반도와 동북아의 평화 유지에 심각한 위협 요인으로 대두하게 되었다.

이는 자칫하면 한반도에 전쟁이 다시 일어날지도 모른다는 우려 속에 국제 사회의 관심과 이목을 집중시켜, 노태우 정부는 북한의 핵문제 해결을 위한 돌파구를 모색하지 않으면 안 됐다. 이러한 배경 속에서 1991년 11월 8일 '한반도 비핵화 선언'이 발표됐던 것이다.

노태우 대통령은 성명에서 "우리는 '핵에너지'를 평화적 목적을 위해서만 사용하며, 핵무기를 제조·보유·저장·배치·사용하지 않는다"고 말했다. 또 "우리는 핵무기 확산 방지에 관한 조약과 이에 따른 국제원자력기구(IAEA)와 체결한 '핵안전 조치에 관한 협정'을 준수, 한국 내의 핵시설과 핵물질을 철저한 국제 사찰을 받도록 함으로써, 핵연료 재처리 및 핵 농축시설을 보유하지 않는다"고 밝혔다. 아울러 북한도 '핵안전 협정'에 조속히 서명한 후, 핵 재처리 및 농축 시설의 보유를 포기하는 조치를 취하고, '고위급회담(총리회담)'을 통해 핵 문제를 포함한 모든 군사·안보 문제를 협의하여 해결해 나가자는 등의 5원칙을 제의했다.

이 선언은 1991년 9월 27일 부시(George H. Bush) 대통령이 발표한 미국의 '단거리 전술 핵무기의 전면적인 폐기나 철수 선언'과 궤를 같이하는 것으로, 북한이 핵무기를 개발할 경우 한반도의 긴장 고조, 동북아의 안보 위협, 한국과 일본으로 이어질 핵무장의 연쇄 확산에 대한 미국의 심각한 우려를 알림으로써, 핵 문제에서 주도권을 잡으려는 우리 정부의 노력을 반영한 것이었다. 특히 미국으로서는 일본의 핵무장이 태평양전쟁 발발 때의 진주만 기습 이상의 악몽이므로, "미국은 북한의 핵무기 개발을 결코 용납하지 않을 것"이라는 점을 강조하려 했던 것이다.

노태우 정부는 미국과의 협상을 통해 주한 미군의 핵무기를 완전히 철수하고, 그동안 표명해 온 '확인도 않고 부정도 않는 정책(neither confirm nor deny: NCND)'을 변경, 한반도지역을 '비핵지대화' 하려고 노력했다. 그리고 이러한 노력을 통해 북한에 대한 핵무기 개발 포기 압력을 강화할 수 있을 것으로 기대하고 있었다.

노태우 대통령의 '비핵화 선언'은 한반도 주변 4강인 미국·일본·중국·소련에 의해 큰 환영을 받았다. 한국 정부는 같은 해 12월 '한국 내 핵 부재선언'을 하고, 북한 측에 대해 상응하는 선언을 취해줄 것을 강력히 요구했다.

이러한 노력의 결과, 남·북한은 '제5차 고위급회담'의 결정에 따라, 12월 26일부터 개최된 '남북 비핵선언문' 작성을 위한 세 차례에 걸친 접촉에서 '한반도 비핵화 등에 관한 공동선언' 채택에 원칙적인 합의를 보았다.

그러나 국제원자력기구(IAEA)의 사찰을 명시하자는 한국 측 주장과 핵 공격을 가상한 '한·미 합동군사훈련' 금지를 요구하는 북한 측 주장이 대립되어 회의는 난항을 거듭하다가, 3차에 걸친 대표 접촉을 통해 양측은 12월 31일 극적으로 타협안을 만들어 선언문 작성에 완전히 합의했다.

12월 31일 판문점에서 양측 대표들이 가(假)서명한 공동선언은 핵무기의 실험·생산·보유·사용 금지를 비롯하여, '핵에너지'의 평화적 이용, 핵 재처리 및 농축 시설 보유 금지, 비핵화 검증을 위한 상호 동시 사찰 등 6개 항으로 구성되어 있어, 당시 국내외에서 전반적으로 상당히 긍정적인 평가를 받았다.

그러나 우리 정부가 위에서 본 바와 같이, 이 선언을 위해 많은 노력을 경주했던 것은 '비핵화 선언'으로 핵연료 처리와 북한의 핵무기 개발을 저지하려고 한 것이었다. 그러나 북한의 비협조로 종내 '핵무기 개발 저지'라는 이 선언의 핵심 목표는 이루지 못하고, 오히려 12기의 원자력 발전에 발전량의 상당 부분을 의존하고 있는 한국만, 앞으로 절대 필요한 핵 재처리 시설을 포기한 결과가 되고 말았다.

정부는 결과적으로 "정부가 북한과 같은 불성실한 상대를 너무 믿고 추진했던 한반도 '비핵화 선언' 때문에, 우리는 북한으로부터 아무것도 얻지 못하고 우리의 핵 재처리 권리만 포기한 게 아니냐"는 여론의 강한 비판을 받지 않으면 안 되었다. 북한 정권의 체질도 모르고 평화 공존을 위해 우리가 신사적으로 '핵 포기선언'을 하면, 북한도 같이 따라 할 것이라고 순진하게 믿었던 것이 잘못이었다. 그리고 "외교의 제1원칙은 서두르지 않는 것"인데, 우리는 정치적으로 너무 서둘렀다. 북한은 이번에도 서두르는 우리 입장을 교묘히 이용해 우리에게 '속임수'를 썼던 것이다.

8. 남·북한의 유엔 동시 가입

노태우 정부의 외교가 거둔 성과 중의 또 하나가 바로 남·북한의 유엔 동시 가입이다. 한국은 1990년 말 기준으로 벌써 1인당 국민소득이 세계 30위에 올라 있었고, 국민총생산은 13번째, 그리고 교역량은 12위권에 들어 있는 나라였다. 그때까지 유엔에 가입하지 못하고 있었다는 것 자체가 무엇인가 크게 잘못된 일이었다.

1991년 9월 17일 제46차 유엔총회는 개막 첫날 '남·북한의 유엔 동시 가입안'을 표결 없이, 159개 회원국이 만장일치의 축하 박수 속에 통과시켰다. 이로써 남·북한은 영문 국명의 알파벳 순서에 따라 160번째(북한, Democratic People's Republic of Korea)와 161번째(한국, Republic of Korea) 회원국으로 유엔에 각각 정식 가입했다.

역사적인 이날 총회에 우리 측에서는 이상옥 장관을 수석대표로, 국회 외무통일위의 박정수(朴定洙) 위원장[30]과 노창희(盧昌熹) 주유엔 대사 등이 참석했는데, 오랜 소원을 이룬 우리 대표단은 정말 감개무량(感慨無量)했다.

한국은 1949년 유엔 가입 신청을 처음 낸 지 꼭 42년 만에 가입을 실현함으로써 1948년 정부 수립 이후의 숙원을 이루었다. 이제 그간 비회원국으로서 받아 왔던 설움과 외교적 부담에서 벗어나, 향후 대외 관계에서 새로운 도약을 위한 외교적 발판을 마련한 것이다.

그러나 동시 가입을 끝까지 반대했던 북한으로서는 유엔 가입이 별로 가치 있는 일이 아니었다. 가입을 수락하는 첫 연설에서 우리나라의

---

30) 정치가(1932~2003), 연세대 정외과 졸업(1953), 미 아메리칸대학 행정학박사(1965), 명지대 교수(1985~1988), 국회 외무통일위원장(1990), 외교통상장관(1998)을 역임했다.

대한민국 역사상 최초로 유엔총회에서 연설하고 있는 노태우 대통령 (1991)

유엔 가입에 대한 협조에 감사한 이상옥 장관은 많은 박수를 받았는
데 반해, 북한의 강석주(姜錫柱)[31] 대표는 '주체사상'과 공산주의 고수
결의를 강조하는 발언으로 일관하여 많은 나라의 대표들로부터 빈축을
사, 우리 이상옥 장관과 좋은 대조가 됐다.

한국은 1949년 1월 19일 유엔 가입 신청을 제출하여 '신회원국 가입
심사위원회(Committee on Admission New Member)'를 거쳐 안보이사
회[32]에서 '9:2'의 찬성을 얻었으나, 소련의 거부권 행사로 첫 번째 유
엔 가입 시도는 좌절되었다. 북한도 별도로 1949년 2월 9일 유엔 가입
신청을 제출하였으나 가입안이 '가입위원회'에 상정조차 되지 못한 채
거부되고 말았다.

그 후 1951년 제4차 유엔총회에 '한국의 유엔 가입에 대한 안보이사
회의 특별보고서'가 제출되었다. 본회의에서 '안보이사회에 대한 대한
민국 유엔 가입 신청의 재심을 청구하는 결의'를 '50:6'으로 채택하였
으나, 안보이사회에서 다시 소련이 거부권을 행사하여 가입에 아무런
진전을 보지 못했다.

이어서 한국과 우방들은 1954년, 1955년, 1957년, 1958년, 1959년,
1961년에도 유엔 가입을 위한 노력을 계속하였으나, 언제나 소련의 거
부권 행사로 그 뜻을 이루지 못했었다. 이에 정부는 유엔 가입 시도를
일단 중단했다가, 1973년 '6·23 평화통일 외교정책 선언' 후, 북한에
대하여 남·북한 동시 가입을 종용하고 1975년에 다시 가입을 시도했

---

31) 북한 외교관(1939~), 평양 국제대학 졸업, 1998년부터 외무성 제1부장(외교 정책 실무 총책)을 맡고
   있다.

32) 국제 평화와 안전 유지에 대한 1차적 책임을 지는 유엔의 주요 기구이다. 5개의 상임이사국(미·영·프
   ·러·중)과 10개의 비상임이사국으로 구성되며, 비상임이사국은 유엔총회가 유엔에 대한 공헌도와 형
   평성, 지리적 안배(아시아·아프리카 5석, 동유럽 1석, 중남미 2석, 서유럽 및 기타 2석) 등을 고려하여
   선출한다. 임기는 2년이고, 거부권은 상임이사국만 갖는다.

다. 그러나 이번에는 안보이사회가 가입안의 의제 채택을 '7 : 6(기권 2)'으로 부결하고 말았다.

1973년부터 남·북한 유엔 동시 가입을 거부해 오던 북한은 1980년대에 들어와서도, 우리 정부가 한반도의 평화 정착을 위하여 여러 차례 동시 가입 의사를 표명한 데 대해, "한국은 미국의 식민지이고 한국 정부는 미국의 괴뢰로, 한반도에서 유일한 '중앙정부'는 북한 정부뿐"이라고, 허무맹랑(虛無孟浪)한 주장과 함께, '분단의 영구화'를 이유로 완강히 반대했다.

북한이 이 같이 반대한 진짜 이유는 북한으로서는 유엔 동시 가입을 수용할 때에는 '남조선 해방'을 포기해야 하므로 주적(主敵) 관념이 흐려져, 결국 독재정권 존립의 근거가 파괴되는 위험을 자초하게 된다는 데 있었다.

북한도 1949년에 이어 1952년에는 유엔 가입 신청을 별도로 제출했으나 다시 토의조차 안 됐는데, 1957년과 1958년 두 번에 걸쳐 유엔 안보이사회가 한국의 유엔 가입 문제를 토의하였을 때, 소련이 느닷없이 "북한도 한국과 동시 가입할 수 있도록 결의안을 수정하자"고 제의한 일이 있었다.

그러나 당시 한반도에서의 유일한 '합법정부'를 주장하던 우리 정부가 이를 강력하게 반대하여, 서방 측도 이 수정안을 즉석에서 부결시켰다. 이 소련의 수정안 제의는 북한이 한국과의 대등한 지위 확보를 위해, 한반도에 "두 개의 국가가 있음"을 현실적으로 인정하였을 뿐만 아니라, 한국과 동일한 취급을 받기 원했음을 말하는 것이다. 그리고 1970년도 들어 남·북한 간에 경제력의 격차가 나기 시작하면서, 북한은 체제 유지를 위해 유엔 동시 가입을 다시 반대하게 되었던 것으로

풀이된다.

　정부는 1988년부터 다시 유엔 단독 가입을 위한 환경 조성에 치중해 왔다. 북한은 1989년 말 김일성이 비밀리에 중공을 방문, 덩샤오핑(鄧小平)에게 "한국이 유엔 가입을 시도한다면, 한반도에 긴장이 고조되어 일을 저지르지 않을 수 없다"고 군사 행동까지도 불사하겠다고 하면서, 한국의 유엔 가입을 완강히 반대했었다. 그러나 1990년 한국과 소련의 국교 정상화 등 국제 환경의 변화 속에서, 특히 5월 3일부터 6일까지 북한을 방문한 리펑(李鵬)[33] 중국 총리의 "한국의 유엔 가입 신청을 더 이상 막을 수 없으므로, 남·북한이 같이 가입할 수밖에 없다"는 '최후통첩'성 권유를 받고 할 수 없이 동시 가입안을 수용하지 않을 수 없었던 것이다.

　"2개의 조선을 고착시킨다"는 이유를 겉으로 들어, 유엔 동시 가입에 '군사행동 불사' 운운하면서까지 결사 반대해 오던 북한도 궁지에 몰려 1991년 5월 28일 외교부 성명을 통해 "남한의 유엔 단독 가입을 방치할 경우, 유엔 무대에서 민족의 이익과 관련되는 중대한 문제들이 편견적으로 논의될 수 있다"는 이유를 들어 동시 가입을 받아들였다.

　남·북한 유엔 동시 가입은 한반도의 평화 정착에도 도움을 주었다. 더욱이 한국이 1948년 정부 수립 이후 무려 10번이나 신청했던 가입을 실현함으로써, 마침내 유엔 회원국으로서 총회와 안보·경제·사회 등 각종 이사회와 위원회, 그리고 특위와 소위 등에서 우리 정부의 주장을 당당히 내세울 수 있는 발언권과 투표권을 갖게 해 주었다.

　지금까지는 한국은 유엔 내에서 회원국이 아니라 '옵서버(observer)'

---

33) 중국 정치가(1928~), 러시아 모스크바 동력대 유학(1948), 전력공업부 부장(1979), 동 부장(1981), 당 정치국원(1985), 국무총리(1988~1997)를 역임했다.

자격밖에 없었기 때문에 활동에 많은 제한을 받았고, 또 모든 문제에 대해 마음대로 발언할 수도 없는 서러운 처지에 있었다. 그러나 지금은 세계 12위의 '경제대국'으로서 유엔의 여러 기관에서 당당히 임원이나 이사국은 물론, '안전보장이사회'의 비상임이사국으로도 선출되었다. 또 윤번제로 한 달씩 번갈아 맡게 되는 안보리 의장국으로, 세계평화와 안전보장에 직접 책임지고 참여할 수 있는 기회를 갖는 등 한국 외교의 새 장이 열렸다.

실제로 한국은 1995년 11월 아시아를 대표해 유엔 안보리 비상임이사국으로 선출되어 2년 동안 이사국으로 활동했고, 1997년 5월 한 달 동안 안보리 의장직을 맡아 의장국으로서 그 책임과 의무를 성공적으로 수행, 유엔 외교의 꽃을 피웠다. 그리고 2001년 제56차 유엔총회에서는 우리나라 한승수 외교통상부 장관이 총회 의장에 선출되기도 했다.

그러나 국제 사회에서도 모든 권리에는 상응하는 의무가 따르는 법, 한국은 회원국 가입으로 유엔 헌장이 정하는 평화 유지 등의 의무와 함께 대폭 증가된 유엔 분담금을 부담하게 되었다.

유엔 분담금은 각국의 국민총생산·인구·외채 규모 등을 고려하여 유엔이 정하는데, 그동안 한국 분담금은 1991년의 경우, '옵서버'로서의 경비 부담이 연 30만 달러 정도였다. 그러나 회원국이 된 이후인 1993년의 경우, 분담 비율이 전체 분담금의 0.69%로, 약 896만 달러로 늘었고, 북한은 분담 비율이 0,05%로, 약 65만 달러였다.

그러나 북한은 1995년 47만 달러 미납에 이어, 1996년과 1997년에는 분담금을 전혀 납부하지 않는 등 미납금이 늘어나, 2000년 2월 2일 "체납금이 만 2년간 납부할 분담액과 같거나 초과하는 경우에는 총회에서 투표권을 상실한다"는 유엔헌장 제19조의 규정에 따라 총회 투표권을 일시 상실한 적까지 있었다.

한국은 그 후, 정규 예산 분담금이 0.69%에서 2000년에 1.006%로 다시 상향 조정되어 1년에 1,632만 달러를 부담함으로써, 분담금 순위 21위에서 16위가 되었다. 그러나 북한은 반대로 1998년 0.03%로 하향 조정되었다가, 1999년 다시 0.01%로 최하위로 재조정되었고, 2000년 에는 16만 3,356달러로 내렸다. 북한은 현재 한국의 거의 100분의 1 정도만을 분담하고 있으며, 유엔 기구를 주로 심각한 식량난과 물자 부족 해결을 위한 구호와 지원 요청 창구로 활용하고 있을 뿐이라고 해 도 과언이 아니다.

그러나 한국은 유엔 가입 후, 각종 이사회와 위원회에 적극 참여하 여 발언권을 넓혀, "1991년 가입한 '초년생 회원국'으로서는 괄목할 만 한 활동을 했다"는 좋은 평을 유엔 내외에서 받고 있다.

그리고 정부가 한국인의 유엔 및 산하 국제기구 사무국 진출을 적극 적으로 권장한 결과, 2001년 5월 당시 204명의 한국인이 유엔을 비롯 하여 각종 국제기구 26개의 사무국에서 근무하게 됐다. 그러나 이 숫 자는 우리 국력이나 유엔 분담금에 비해 아직 너무 적으므로 '지구촌 시대'에 걸맞게, 한국 외교의 발전을 위해 앞으로 더 많은 한국인 전문 가들의 국제기구 진출이 절실히 요망된다.

9. 대(對)아·태지역 외교 강화와 APEC

노태우 정부의 외교 노선 다변화 노력은 아시아·태평양 국가들과의 외교 관계 증진으로 나타났다. 아·태지역은 1990년대의 주요 시장으로 성장했으며, 우리와의 교역에서 차지하는 비중도 작지 않았다.

노태우 대통령은 1988년 11월 말레이시아와 인도네시아, 그리고 브루나이와 오스트레일리아 아시아·태평양 지역 4개국을 공식 방문하여, '동남아시아 국가연합(Association of South - East Asian Nations: ASEAN)'[34] 국가들은 물론, 태평양 전 지역 국가들에 대한 우리 외교기반을 확고히 다지고자 했다.

이 순방은 7·7선언과 유엔총회 연설(1988.10.18) 등에서 천명한 우리의 대북 정책의 새 '비전(vision)' 제시로 조성된 국제 여론과 '88 서울올림픽'의 성공적 개최를 배경으로, 한국에 대한 새로운 인식과 지지를 아·태지역에 확산시키는 데 크게 기여했다.

특히 아·태지역 국가들과의 관계 증진에서 아세안 제국과의 '전면대화체제'의 수립은 특기할 만하다. 1960년대 말 순수한 비공산 동남아국가(인도네시아·말레이시아·필리핀·싱가포르·태국 5개국)의 지역 협력기구로 출범한 아세안(ASEAN)은 동남아뿐 아니라, 아·태지역 전반에 걸쳐 아세안의 지역 이해관계를 대변하는 중요한 지역 협력체로 발전해 왔다.

천연자원이 부족한 한국의 경우, 이 지역으로부터 원유 도입의 21%, 천연가스(LNG) 100% 및 기타 고무·목재·동광 등을 수입하는 등 아세안 제국은 우리의 주요한 자원 공급국이 되고 있다. 한국과 아세안 제국 간의 교역은 1990년대에 들어와서는 연평균 7~9%의 높은 성장률을 보이고 있다.

이 같이 여러 가지 측면에서 중요한 한·아세안 제국 교역의 급증과

---

34) 동남아의 '지역협력기구'로, 1961년 창설됐던 동남아시아연합(ASP)의 발전적 해체에 따라 1967년 동남아지역의 경제적·사회적 기반 향상을 목적으로 새로 설립됐다. 설립 당시는 회원국이 5개국이었으나, 1984년 브루나이와 1995년 베트남이 가입하여 현재 7개국으로 늘어났다.

'88 서울올림픽'의 성공적 개최, 그리고 특히 1988년 11월 노태우 대통령의 아세안 국가 순방 등으로 그 관계는 더 크게 강화되었다.

이러한 배경 아래, 1991년 7월 말레이시아의 '쿠알라룸푸르'에서 개최된 '아세안 확대외무장관회의'에서 아세안이 한국과의 부분별 대화체제를 '완전 대화체제'로 격상시킬 것을 정식으로 결정했다. 이로써 한국도 일본·오스트레일리아·뉴질랜드·미국·캐나다·유럽공동체에 이어 아세안의 일곱 번째 '역외 완전 대화상대국'이 되었다.

한국은 또한 아·태지역에 대한 외교 강화 방안의 하나로, 1989년 아시아·태평양 국가들과의 경제 협력과 무역 자유화를 촉진시키기 위해 호주와 함께 '아시아·태평양 경제협력(Asia Pacific Economic Cooperation: APEC)' 창설에 중요한 역할을 했다.

그렇지 않아도 한국이 주도하여 1966년 6월, 공산주의 팽창에 대항하여 아·태지역 8개 자유 국가들의 결속을 위해 '아·태 이사회 각료회의(ASPAC: Asian Pacific Council, 1972년까지 존속)'를 창설한 일이 있었다. 아·태 이사회 각료회의는 반공 국가들의 국제기구로 '자유 중국'만이 회원국이었으나, 아시아·태평양 경제협력은 경제협력체로 중국·타이완·홍콩 '3개의 중국'이 다 가입해 있다.

이 아시아·태평양 경제협력은 북미나 유럽 등 '블록화'하는 경향에 있는 세계 경제에 대항하는 뜻에서, 보다 개방적인 자유 무역권을 아시아·태평양 지역에 만들려는 구상이었다. 호주의 호크(Robert J. Hawke) 총리가 1989년 한국의 적극적인 지지를 얻어, 그해 11월 6일 호주의 수도 '캔버라'에서 '제1차 각료회의'를 소집했다. 한·미·일·캐나다·호주·뉴질랜드·아세안 6개국 등 총 12개국이 참가한 가운데 출범시킨 지역경제 협력체로, 조직의 특징은 '개방적 지역주의(open regionalism)'

와 '느슨한 협력체'라는 말로 요약할 수 있다.

1991년 11월에는 서울에서 '제3차 아·태 경제협력 각료회의'를 개최했다. 당시 한국이 중국·타이완·홍콩 등 이른바 '3개의 중국'을 모두 아·태 경제협력에 가입시키는 데 주도적 역할을 한 것은 아시아의 평화와 번영을 위해, 한국 외교의 역량을 대외에 과시한 하나의 훌륭한 업적이었다고 하겠다.

클린턴 행정부가 들어선 후, 미국이 세계에서 가장 빠르게 성장하고 있는 이 지역에서 계속 주도권을 장악하기 위해, 아·태 경제협력에 적극적으로 참여하면서 아·태 경제협력은 그 본래의 성격이 변했다. 1993년 2월에는 싱가포르(Singapore)에 상설 사무국이 설치되고 11월 '제5차 아·태 경제협력회의'를 미국의 시애틀(Seattle)에서 개최하면서부터 기존의 '각료회의'가 '정상회담'으로 격상되었다. 그리고 1년에 한 번씩 회원국이 돌아가며 개최함으로써, 아·태 경제협력을 단순한 논의 기구에서 유럽공동체(EC)[35]와 비슷한 공식화된 기구로 만들었다. 1995년 '제7차 오사카(大阪) 회의'에서는 '무역과 투자의 자유화'가 아·태 경제협력의 핵심 목표로 부상됐다.

'유럽 안보협력회의(SCE)'의 아시아판이라고 할 수 있는 '아세안 지역포럼(Asean Regional Forum: ARF)[36]이나 '아세안 확대외무회담(Asean

---

35) 다시는 유럽에서 전쟁이 재발하지 않게 하고 경제발전을 촉진시키기 위하여, 1967년에 유럽경제공동체(EEC), 유럽석탄철강공동체(ECSC), 유럽원자력공동체(Euratom) 세 기구가 통합하여 설립됐다. '유럽공동체'의 창립 회원국은 프랑스·서독 등 5개국이었으나, 1973년 영국·덴마크 등 10개국이 가입했다. 1993년 '유럽연합조약' 발효에 따라, 종래의 유럽공동체의 시장 통합 기능에 안전 보장·외교·사법·의회·시민권 및 통화를 통합키로 하고, 1994년 1월 1일부터 이를 '유럽연합(EU: European Union)'으로 공식 명칭을 바꿨다. 2007년 현재 회원국은 27개국이나, 앞으로 모든 유럽 국가를 다 가입시켜 '유럽 합중국'을 만드는 것이 이 기구의 최종 목표이다. 사무국은 벨기에의 브뤼셀(Brussels)이 있다.

36) 1993년 싱가포르에서 열린 아세안 각료회의의 '다국 간 지역안전보장기관 설치에 관한 공동 성명서'에 의거하여 만들어진 기관이다. 2000년 7월 우리 정부의 적극적인 지원으로 북한도 이 기관에 23번째 회원국으로 가입했다.

Post Ministerial Cooperation)'은 아세안이 주도하는 기구이나, 아·태 경제협력은 호주·한국·미국 등이 주도하는 협의체이다.

1989년 아·태 경제협력 출범 때 호주와 함께 창설을 주도한 우리나라는 그 주요 회원국으로서, 이를 '외교의 장'으로 능동적으로 활용하고 있고, 또 우리 수출 시장 확대의 일환으로, 아·태 경제협력 역내 무역·투자 자유화 과정에도 적극 참여하고 있다.

정부는 지속적인 경제·기술 협력을 통해 '아·태 공동체'를 위한 토대 마련에 각별한 외교적 노력을 경주한 결과, 1999년 한국의 전체 수출입 중, 아·태 경제협력 국가들에 대한 비중이 자그마치 77%이고, 금액으로는 972억 2,800만 달러이며, 2000년 9월 당시 898억 4,500만 달러로 32.5%의 증가율을 보이고 있었다.

노태우 정부의 아·태지역 국가 중시 외교가 거둔 성과는 세계정세 변화를 잘 이용하고, 또 '88 서울올림픽'의 성공적 개최를 배경으로 '북방외교'를 본격적으로 추진한 결과이다. 그로 인해 우리나라가 앞으로 이 지역의 여러 국가들과의 개별적인 협력 기반을 든든하게 해 가는 데도 크게 이바지하게 되었다.

그 후 아·태 경제협력이 점차 아시아·태평양 지역의 경제 협력체로 확고히 자리 잡아가면서, 김영삼 정부 때부터 시작하여 김대중 정부 때에 들어와서 한국은 북한을 개방으로 유도하여 역내 경제 질서 속에 동참시키는 것이 미래를 지향하는 '신외교'와도 부합되므로 북한의 아·태 경제협력 가입을 고려한 바 있으나, 많은 회원국들이 아직은 그리 달가워하지 않고 있다. 이는 북한이 개방으로 보다 적극적으로 나오지 않는 한, 회원국이 되더라도 회원국으로서의 역할을 제대로 수행하기가 어려울 것이라는 판단을 이들 국가들이 하고 있기 때문이었다.

그러나 중국이 개방에 이어 '아시아 개발은행(Asian Development Bank: ADB)'[37)]에 참가한 후 1991년 아·태 경제협력 회원국이 된 것처럼, 북한도 앞으로 '깡패 국가'에서 벗어나 개방·개혁의 길로 나와 무역자유화 조치를 취한다면, 먼저 '아시아 개발은행'에 참가케 한 후, 아·태 경제협력에 가입시키는 것이 장기적으로 한반도의 안전과 통일에 도움이 될 것으로 보는 나라들이 하나 둘 늘고 있다.

정부는 1999년 9월 뉴질랜드, 2000년 11월 브루나이, 그리고 2001년 10월 상하이에서 열린 아·태 경제협력 회의에 참가할 때마다 한·미·일 3국 정상들의 개별 정상회의를 별도로 개최하여, '대북 포용정책'과 3국 간의 협력관계 증진 방안을 심도 있게 논의했다.

10. 중국과의 국교 수립

한국과 중국(중공)은 1992년 8월 24일 정식으로 대사급 외교관계를 수립했다. 이날 한국의 이상옥(李相玉) 외무장관과 중공의 첸치천(錢其琛)[38)] 외교부장은 베이징(北京)의 영빈관 댜오위타이(釣魚台)에서 '대한민국과 중화인민공화국 간의 외교관계 수립에 관한 공동 성명'에 서명했다.

국제법상 '공동성명'은 정부 대표가 서명할 경우 조약으로 인정된다. 이 공동성명은 양국이 대사급 외교관계를 수립하고 항구적인 선린 우

---

37) 아시아 지역의 경제 성장과 경제 협력을 증진하고 지역 내 개발도상국의 경제개발을 촉진시키기 위해 1966년에 설립된 국제적인 지역 금융기관이다. 참가국은 역내 41개국과 역외 16개국, 모두 57개국이며, 본부는 필리핀 마닐라(Manila)에 있다.

38) 중국 정치가(1928~), 소련의 공산주의청년동맹 중앙학교 유학(1954), 주기니 대사, 외무차관(1982), 외교부장(1988~1998), 부총리(1993~2003)를 역임했다.

호·협력 관계를 발전시켜 나가기로 합의했다. 그 밖에도 첫째, 상호 불가침·상호 내정불간섭 등을 약속하고, 앞으로 북한이 한국과 무력 충돌을 빚을 경우, 북한을 지원하지 않는다. 둘째, 대한민국 정부는 중화인민공화국 정부를 중국의 유일한 합법 정부로 승인한다. 셋째, 중국 정부는 한반도가 한민족에 의해 평화적으로 통일되는 것을 지지한다는 등 양국 관계를 규정하는 중요한 내용들을 담고 있다.

한때 서로 총을 겨누고 피비린내 나는 살상전을 벌였으며, 그 후에도 냉전시대의 대표적 적성 국가로 분류했던 두 나라의 수교는 한국 외교사에 큰 획을 긋는 역사적 대사건이었다.

원래 국가 간의 관계는 좋든 나쁘든 '영구적'이라는 말은 존재하지 않는다. 외교의 마당에는 그때그때의 '국가이익' 하나만 있을 뿐, 두 나라의 관계는 오직 이 국가이익에 따라 멀어질 수도 있고 또 가까워질 수도 있는 것이다. 이런 점에서 "외교에는 영원한 적도 없고, 영원한 우방도 없다"고 했는데, 이 말이 갖는 뜻을 우리 국민들은 한·중 수교를 통해 직접 실감나게 체험했다.

이로써 한국은 한반도 주변 4대 강국인 미국·일본·러시아·중국과 모두 국교를 맺게 되었다. 특히 한국에 대해서는 적대적이었던 반면, 북한과는 한국전쟁에서 같이 싸워 피로 굳힌 순치지국(脣齒之國)으로, 입술과 이처럼 이해관계가 가장 깊은 나라라고 하던 중공과 우리나라의 국교정상화는 동북아지역의 안보 질서를 크게 바꾸었다.

한·중 수교 교섭은 철저한 보안 속에 진행됐으므로 수교 2~3일 전에 갑자기 터져 나온 한·중 수교에 관한 언론 보도는 우리 국민들을 어리둥절하게 만들었다. 양국 정부는 수교 교섭의 진행 상황이 외부에 알려질 경우, 타이완과 북한 측의 적극적인 방해 공작이 예상되어 수교

1992년 8월 정식 외교관계 수립을 위한 조약에 서명하고 있는
한 · 중 양국의 외무장관

교섭 회담을 아주 극비리에 열기로 합의했었다.

한 · 중 간의 첫 공식 접촉은 1983년 5월 5일, 탑승객 105명을 태운
중공 민항기 한대가 중국인 승객 6명에게 납치돼 춘천 부근의 우리 군
기지에 불시착한 사건으로 시작됐다. 중공은 제3국의 주선 없이 대한
민국과의 직접 교섭을 위해 대표단을 파견, 공로명(孔魯明)[39] 당시 외무
부 제1차관보와 선투(沈圖) 중국민항 총국장이 서울에서 회담을 갖고,
각각 대한민국과 중화인민공화국의 국호를 사용한 '합의각서'를 교환
함으로써, 양국 정부 당국 간 최초의 접촉이라는 기록을 남겼다.[40]

---

39) 외교관(1932~), 서울 법대 졸업(1961), 주카이로 총영사(1979), 외무부 정무차관보(1981), 주브라질 대
사(1983), 주러시아(1990) · 주일본 대사(1993), 외무장관(1994~1996).

40) 프랑스의 중국 문제 전문가인 사바티에(Patrick Sabatier)의 저서 『마지막 용』에 의하면, 이 사건이 났을
때 벌써 덩샤오핑(鄧小平)은 중공 정부 내 측근들에게는 "한국과도 앞으로 멀지 않아 수교를 해야 할

그 후, 1985년의 중공 어뢰정이 한국 해안으로 표류해 온 일이나 어선 나포 등 각종 돌발사건 해결을 위한 양국의 직접 교섭을 거쳐, 냉전 구도의 완화와 민간 차원의 경제 교역량 증가에 따라, 양국은 1990년 10월 20일 베이징에서 '대한무역진흥공사(KOTRA)'와 '중국국제무역상회(CCOIC)'가 서로 '무역대표부'를 교환 설치하기로 합의했다.

이 합의에 따라 서울과 베이징에 각각 설치된 '무역대표부'는 형식상으로는 민간 차원의 기구였지만, 실질적으로는 '비자'발급 업무까지 취급하는 등 양국 외교관들이 상주하는 정부 간 교섭 통로였다.

이상옥 외무장관은 1991년 10월 2일 한국의 유엔 가입 직후, 유엔총회에 참석 중이던 중공의 첸치천 외교부장과 유엔 안보리 소회의실에서 '제1차 한·중 외무장관회담'을 갖고 한반도 정세와 양국 관계에 대하여 협의했다.

사실 이 회담은 수교 가능성에 대한 상호 탐색전이었다고 하겠는데, 미수교국 간에 '외무장관회담'이 정식으로 이루어졌다는 사실 자체가 양국이 서로 관계 정상화를 염두에 두고 있는 신호로 해석되었다.

양국 장관은 이어 같은 해 11월 서울에서 열린 '아·태 경제협력(APEC) 제3차 각료회의'를 계기로 두 번째 '외무장관회담'을 갖고 수교에 대해 서로의 의견을 교환하는 등 좀 더 깊은 대화를 나눴다.

그 후 1992년 4월 13일 베이징에서 열린 '유엔 아·태 경제사회이사회(ESCAP)' 총회 때, 세 번째로 만난 양국 외무장관은 수교를 위한 본격적인 실무 교섭을 열기로 합의했다. 그러나 양측은 대외적으로는 이 같은 사실을 숨긴 채 극비리에 구체적인 수교 사항을 협의해나갔다.

당시 권병현(權丙鉉) 외무부 본부대사가 이끄는 우리 실무 팀이 5월

것"이라고 미리 말했다고 한다.

13일부터 6월 21일까지 베이징과 서울에서 중공 팀과 3차례의 교섭을 갖고, 수교 원칙을 재확인한 후 공동 성명 문안을 집중 협의, 구체적 쟁점들을 하나하나 점검해 나갔다.

한국 측은 '6·25 참전에 대한 중공 측의 유감 표명'을 요구하고, 중공 측은 한국이 '하나의 중국 원칙'에 따라 타이완(台灣)과의 단교 및 한국 내 중화민국(타이완) 정부 재산의 귀속을 요구했다.

'하나의 중국 원칙'에 대해서는 큰 문제가 없었으나, 6·25전쟁 참전에 대해서는 중공이 "당시 압록강 국경이 위협받는 상황에서 '인민의 용군'의 참전은 불가피했다"는 주장을 고집했다. 양측은 회담 회의록에 이 문제에 관한 양측의 의견 개진이 있었다는 사실만을 기록하는 것으로 타협했다.

7월 29일 노창희(盧昌熹) 외무차관이 홍콩 경유로 베이징을 비밀리에 방문, 쉬둔신(徐敦信) 외교부 부부장과 직접 면담했다. 여기서 한·중 수교 발표문의 문안과 발표 날짜를 확정한 후, 노태우 대통령의 중국 방문 등에 대해서도 합의하고 '공동성명 합의문'에 가서명했다.

그리고 수교의 형식은 중국이 일본 및 미국과 수교할 때 이용한 공동성명 형식을 원용하기로 함으로써, 남은 문제는 "타이완과 북한에 대해 이를 어떻게 알리고 양해를 구하느냐" 하는 것이었다.

"외교란 교섭을 통해 국제 관계를 처리하는 것"으로, 예민한 사안에 대해선 가능한 한, 의견 대립이나 외교적 충돌을 극소화하는 것이 교섭의 정도(正道)이다. 직업 외교관 출신인 이상옥 장관은 타이완 측과 접촉할 때마다 조심성 있게 한·중 수교가 임박했음을 직업 외교관이면 누구든지 알아차릴 수 있도록 암시해 주었다. 그러다가 8월 18일 진수지(金樹基) 주한 타이완 대사를 불러 한·중 수교 교섭에 실질적 진전이 있었음을 통보하고, 공식발표 때까지 보안 유지를 당부했다.

그러나 이러한 내용이 타이완 언론에 보도됨으로써, 중공과의 약속에 따라 계속 침묵으로 일관하던 우리 외무부도 "8월 22일 이상옥 장관이 베이징을 방문한다"고 발표하여 수교가 24일에 이루어짐을 확인해 주었다.

이날 진수지 대사는 기자 회견에서 사전에 일언반구(一言半句)도 알려주지 않아 체면 문제라고 "파렴치하다"는 원색적인 표현까지 쓰면서 한·중 수교를 비난했다. 다른 나라도 아니고 영원한 맹방으로 믿었던 한국이 자신들과 단교하고, 중공과 국교를 수립한다는 것은 정말 타이완으로서는 견디기 어려운 일이었을 것이다.

한편, 중공도 역시 수교 발표 1주일 전인 8월 18일 첸치천 외교부장을 평양으로 보내, 한·중 수교(修交)의 필요성을 설명하고 곧 수교가 이루어질 것임을 통보했다. 그런데 인맥을 통해 이 사실을 미리 알고 있었기 때문인지, 아니면 이를 대세로 받아들여서 그랬는지, 북한 측은 겉으로는 별다른 반발을 보이지 않았다. 이 같은 어려운 협상과 많은 우여곡절(迂餘曲折) 끝에 양국 외무장관들은 예정대로 8월 24일 6개 항의 수교 공동성명에 서명했다.

중국은 양국의 오랜 역사적 관계를 배경으로 문화적 근접성과 경제 관계 강화를 위한 상호보완적 관계, 그리고 미·일 등 서방 측과의 무역 및 외자 유치와 함께 안전보장과 타이완의 고립화에도 도움이 될 것이라는 판단에 따라 한·중 수교를 결심했던 것으로 해석된다.

한·중 수교로 경제 협력과 인적 교류가 더욱 활성화됐으나, 오랜 우방국인 타이완과의 단교는 한국 내 여론에 영향을 미쳐 타이완에 대한 동정론이 강하게 일어났다.

정부는 오랫동안 형제의 나라로 우리와 가장 가까웠던 중화민국과의 관계 정리를 더 원만하게 하기 위해, 9월 15일 정일권(丁一權)⁴¹⁾ 전 총리를 고문으로 하고 김재순(金在淳)⁴²⁾ 전 국회의장을 단장으로 하는 '특별사절단'을 타이완에 파견, 설득 작업을 전개했다. 그러나 수교 발표 직후여서 감정이 상한 때라 타이완 관민의 섭섭한 마음을 완전히 달래지는 못했다.

1998년 1월 남아프리카 공화국은 타이완과의 단교 발표에 앞서 자국 주재 타이완대사에게 '국가최고훈장'을 수여한 뒤, 타이완이 충격을 흡수할 수 있도록 충분한 시간적 여유를 두었으며, 단교 후에도 변함없는 경제·문화 교류를 약속했다. 타이완은 그 당시로서는 아프리카에서 가장 큰 우방을 잃었으나, 담담히 현실을 받아들였다. 우리도 '특별사절단'을 수교 발표 전에 타이완에 파견했더라면, 타이완 정부와 국민들이 조금은 덜 섭섭하지 않았을까 생각한다.

타이완에는 당시 1,300여 명의 한국 유학생들이 있고, 2만여 명의 한국 거주 화교 중 90% 이상이 타이완 국적을 그대로 갖고 있다. 한국과 타이완은 1993년 7월 27일 민간 대표부 차원의 비공식 관계를 수립하고, 현재 서울과 타이베이(臺北)에 각각 '민간대표부'를 두고 있다.

국제 정치의 역학 관계상 앞으로 두 나라가 재수교는 못하겠지만, 국적기의 정기노선 재개를 비롯하여, 경제·문화 및 인적 교류의 확대를 통해 서로 소원해진 우정과 신의를 되찾고, 협력 관계를 한층 더 증진시켜 나가야 할 것이다.

---

41) 군인·정치가(1917~1993), 만주군관학교 졸업, 일본 육사 유학(1940), 3군 총사령관(1950), 육군 참모총장(1954), 연참총장(1956), 주터키·프랑스·미국 대사(1957~1960) 및 외무장관(1963), 국무총리(1964~1970), 외무장관 겸직(1966), 국회 의장(1973~1977)을 역임했다.

42) 정치가(1923~), 서울 상대 경제학부 졸업, 국회의원(1960), 외무부 정무차관(1960), 재무부 정무차관(1961), 국회의장(1988~1990)을 역임했다.

2002년 5월 말부터의 '월드컵 축구대회'를 앞두고 타이완의 위안둥(遠東) 항공이 타이베이-인천 노선을 5월 21일부터 주 2회 정기선 전세기를 운행하게 됨으로써, 1992년 단교 이후 중단됐던 한국-타이완 간 직항로가 10년 만에 일단 열렸으나, 취항 3회 만에 닫혔다.[43] 그러나 양국 정부는 12월 27일부터 2003년 2월 21일까지 인천과 타이베이를 잇는 전세편의 주 3회 노선을 다시 허가했다.

정부는 베이징의 '무역대표부' 책임을 맡고 있던 노재원(盧載源) 대사를 1992년 초대 주중대사로 임명하여, 동북아시아 경제권의 틀을 잡으면서 교역과 대규모 투자 확대 등 여러 가지 교류와 협력 관계 증진에 집중적인 노력을 경주했다.

그 결과, 한·중 관계는 수교 후 정치적으로는 중국·북한 관계와 필적할 만한 '등거리(等距離)'를 유지하게 되었고, 교역은 1991년 44억 4,000만 달러에서 1993년 91억 달러로 크게 증가했다. 그리고 방중(訪中) 한국인은 1991년 4만 3천 명에서 1993년 11만 2천 명으로 2년 만에 2배 가까이 급증했고, 대중 무역적자는 1993년부터 흑자로 돌아섰다. 수교 1년 후부터 중국은 미국과 일본에 이어 우리나라의 제3위 교역국으로 발돋움했다.

2000년에 와서는 양국 간 교역고가 312억 5,000만 달러(수출 184.5억 달러, 수입 128억 달러로, 56억 5,000달러의 흑자를 보였다)로 크게

---

43) 때마침 천수이볜(陳水扁) 타이완 총통 부인인 우수전(吳淑珍) 여사는 위안둥 항공 한-타이완 직항로 재개 기회를 이용하여, 5월 7일부터 11일까지 한국을 방문하여 장애아 시설 시찰, 출판기념회, 명예박사 학위수여식 등을 가질 예정이었다. 그러나 이 계획은 우리 정부가 우수전 여사의 예우와 관련, 난색을 표함으로써 무산됐다. 이에 대해 천 총통은 언론들과의 만남에서 "김대중 정부가 대북 '햇볕정책' 추진을 위해 중국에 비굴할 정도로 아부하고 있다"며 강한 불쾌감을 드러냈고, 서울-타이베이 간 항공기 복항을 허용하지 않는 결과를 초래했다. 이로써 1992년 단교 이후 10년 만에 재개됐던 한-타이완의 하늘 길이 취항 3회 만에 다시 닫혔다. 일부 외교전문가들은 남편인 천 총통의 선거 유세 때 자동차 사고로 장애인이 된 우 여사가 친한(親韓) 감정을 가지고 어려운 나들이를 결심했던 것이고, 또 월드컵 기간 중이라 우 여사를 받아들였어야 했다고 하면서 아쉬워했다.

늘어나고, 방중 한국인 수는 103만 8천 명, 방한 중국인은 45만 4천 명 (1999년도 대비 44.9% 증가)으로 대폭 증가했다. 그리고 '2002년 월드 컵 축구대회' 때에는 월드컵에 첫 출전하여 한국에서 16강전을 치르는 중국 팀을 응원하기 위해, 3~4만 명 가까운 중국인들이 직접 한국을 찾았다.

우리 '북방외교'의 성공과 관련, 부언해 둘 것은 우리 스스로의 노력 도 컸지만, 동시에 미국과 일본 등 우리와 가까운 우방들의 이해와 지 원도 적지 않았다는 사실을 간과해서는 안 된다는 것이다.

냉전 붕괴의 와중에 공산국가인 중국과 반공국가인 한국이 6 · 25 라는 과거를 뒤로 한 채, 미래를 향해 '외교관계'를 맺은 것은 당시 동 북아 정세의 혁명적 변화를 상징하는 사건이었다. 양국은 당시 대만과 북한이라는 맹방을 각각 두고 있었다. 그들의 반발을 예상하면서도 수 교한 것은 대립과 단절보다 교류와 협력이 동북아의 안전과 양국의 국 익에 기여할 것으로 확신했기 때문이었다.

그러나 북한은 한 · 중 수교를 막후에서 조율한 중국의 탕자쉬안(唐 家璇) 전 외교부 부부장과 그 주위 지한파(知韓派) 인물들을 노골적으로 적(賊)이라고 불렀다. 한 · 중 수교를 계기로 혈맹(血盟)의 유대와 공동 운명체를 자랑하던 북 · 중 관계는 기우뚱거리기 시작하여, 이때부터 양국 관계는 때때로 감정대립까지 불사하는 '재(再)조정기'에 들어서게 됐다.

위에서 본 바와 같이 1992년 8월 24일에 한 · 중 수교가 이뤄짐으로 써, 1949년부터 43년 동안 중국 대륙과의 교류가 단절됐던 한국사의 매우 이례적인 기간이 마침내 막을 내렸다.

경제외교를 실현하기 위해 방한한 미테랑 프랑스 대통령을 맞이하는
김영삼 대통령 (1994)

제 7 장

김영삼 정부의 외교

(1993~1998)

1992년 12월 19일 실시된 대통령 선거에서 김영삼(金泳三) 후보가 당선되어, 1993년 2월 25일 제14대 대통령으로 취임했다. 이로써 '5·16 군사정변' 이후 32년 만에 민간인이 주도하는 '문민정부 시대'가 드디어 열리게 되었다.

김영삼 대통령은 취임사에서 "백두산이든 한라산이든 어디든지 좋다"며, 김일성과의 '정상회담'을 제안했다. 그 후 5월 24일 '태평양 경제협의회(PBEC)' 제26차 총회 기조연설에서 다시 인류의 보편적 가치 중시, 아·태지역의 협력 촉구, 새 통일관에 의한 남·북 문제 해결과 새로운 경제외교 등을 주요 내용으로 하는 '문민정부'의 외교 및 통일 정책을 '신외교'의 이름으로 발표했다.

그 뒤를 이어 한승주(韓昇洲)[1] 외무장관은 신외교의 내용을 보다 구체화시켜 세계화·다변화·다원화·지역협력·미래지향 등을 신외교 정책의 5대 기조로 내놓았다.

김영삼 대통령은 재임 기간 중 과감한 개혁 추진 등 내치(內治)에 역점을 두면서도, 신외교의 기치 아래 자신이 직접 나서 경제 실리에 중점을 둔 해외 순방과 외국 국가원수들의 방한 초청을 통한 정상 외교를 활발히 전개했다. 이렇게 한반도 주변 4강과의 협력관계를 공고히 하면서 21세기를 겨냥하여 '아시아·태평양 경제협력'을 통해, 아·태 지역에서 선진국과 개도국 간의 교량 역할을 하기 위한 '중재자'로서의 초석(礎石)도 놓았다.

또한 한국은 김영삼 대통령 취임 직후 터진 북한의 핵 문제 해결을 위해 끈질긴 대화 정책을 추구하여, 회담에 나오게 북한 측의 긍정적

---

1) 학자(1940~), 서울 문리대 졸업(1962), 미 캘리포니아주립대 졸업(1970), 뉴욕시립대 부교수(1978), 고려대 교수(1978~1993), 외무장관(1993~1994) 등을 역임하고, 1995년 고려대에 교수로 다시 돌아갔다.

태도 변화를 이끌어 냄으로써, 한반도에서의 전쟁을 막는 성과를 거두었다. 1995년 11월 유엔총회에서 북한의 방해에도 불구하고 1996~1997년 2년간의 유엔 안보리 비상임이사국으로 피선되고, 1996년 3월에 '아셈(ASEM)' 제3차회의를 한국에 유치했다. 이 밖에도 5월에는 2002년 '제17회 월드컵(World Cup) 축구대회'를 일본과 공동으로 개최키로 하는 등 외교적 성과를 올리는 동시에, 같은 해 10월 세계 '경제 선진국들의 클럽'이라고 불리는 '경제협력개발기구(Organization for Economic Cooperation and Development: OECD)'에도 가입했다.

김영삼 대통령은 한반도에서의 전쟁 재발 방지와 유엔 안보리 비상임이사국 피선을 비롯해서, '아셈(ASEM)회의'와 '월드컵' 유치 등 외교면에서 많은 업적을 남겼으나, 한꺼번에 너무 많은 일을 하려다가 경제정책에 실패하여 1997년 11월 결국 통화 위기를 맞게 됨으로써, 결국 '문민정부'에 큰 기대를 걸었던 국민들을 크게 실망시켰다.

1. 북한의 핵 문제

김영삼 정부의 '신외교'가 우선적으로 풀어야 할 최대 숙제는 북한의 핵 문제였다. 1993년 3월 12일 북한의 전격적인 '핵확산 금지조약(Nuclear Non-Proliferation Treaty: NPT)'[2] 탈퇴 발표는 당시 세계 최대의 국제적인 관심사로 크게 부각되었다.

---

2) 비(非)핵보유국이 새로 핵무기를 보유하는 것과 보유국이 비보유국에 대하여 핵무기를 양여하는 것을 동시에 금지하는 조약으로 1970년에 발효되었다. 발효 25년이 되는 1995년 '포괄적 핵실험 금지조약(CTBT)'을 따로 만든다는 조건 아래 '핵확산 금지조약'의 무기한 연장이 결정되었다. 2000년 현재 가맹국은 185개국이다.

북한의 '핵 금지조약 탈퇴선언'은 국제원자력기구(International Atomic Energy Agency: IAEA)[3])의 북한 핵시설에 대한 임시 사찰 결과, 의문점이 발견된 2개의 미신고 핵시설의 특별 사찰 요구와 1992년 중단됐던 '팀 스피리트 한·미 합동군사훈련'을 1993년 3월 재개키로 결정한 것을 미국의 정치·군사적 압력으로 간주한 북한의 반발로 빚어졌다. 핵무기 개발은 체제 유지를 노리는 김일성에게는 최후의 '으뜸 패(trump)'였다.

북한은 '팀 스피리트 군사훈련'이 재개되기 하루 전인 3월 8일 준전시 상태를 선포하고, "눈에는 눈, 이에는 이, 보복에는 보복, 전면 전쟁에는 전면 전쟁"을 선언하면서 총동원 태세에 들어가고, "3월 12일 국제원자력기구의 2월 25일자 대북 특별사찰 촉구결의를 불공정한 것"이라고 비난하면서 핵 금지조약 탈퇴를 선언했던 것이다.

새 정부는 핵 금지조약 탈퇴 철회를 위한 대북 설득 노력을 기울이기로 하고, 우선 미국 정부와 공동보조를 취하기로 했다. 1993년 11월 1일 유엔총회는 '북한에게 핵사찰의 완전 이행을 요구하는 내용의 공동결의안'을 '140:1(북한), 기권 9'란 압도적 다수로 채택했다. 11월 23일 방미 중이던 김영삼 대통령에게 클린턴(Bill Clinton)[4]) 미국 대통령은 "한국에 대한 북한의 위협은 곧 미국에 대한 위협으로 인식한다"고 강하게 한국 방어의 뜻을 밝혔다.

대북 설득을 위해 한승주 외무장관이 이끄는 외교팀은 미국과의 긴밀한 협조 속에 강온 양면작전을 구사했다. 즉, 북한을 일단 핵 확산

---

3) 원자력의 평화적 이용을 위한 연구와 국제적인 공동 관리, 특히 핵의 군사용 저지를 위해 설치된 유엔의 전문기구로 1957년 발족했다. 본부는 오스트리아 빈에 있고 가맹국은 130개국인데, 이 기구에는 유엔 가입에 관계없이 모든 국가가 다 가맹할 수 있다.

4) 미국의 정치가(1946~), 미 조지타운대학 졸업(1963), 영국 옥스퍼드대학 유학(2년간), 아칸소대학 교수, 아칸소 주 법무장관, 동 주지사(1978), 대통령(1993~2000)을 역임했다.

금지조약체제 내에 묶어두기 위해, 미국 정부와 12월 29일 국제원자력기구 사찰 수용 및 '남북대화' 재개와 한·미 양국군의 연례적 연하군사훈련인 1994년 '팀 스피리트(Team Spirit)' 중단 및 '북·미 3단계 회담' 개최를 동시에 일괄하여 이행한다는 데 합의했다.

이 합의에 따라 북한 핵 문제의 해결 노력은 주로 미국과 국제원자력기구가 북한을 상대로 한 협상을 통해 전개됐다. 정부는 "대화를 통해 북한의 핵 문제를 해결한다"는 원칙 아래 미국·국제원자력기구와 함께 인내심을 갖고 외교적 노력을 계속했다.

그 결과, 북한은 위험한 상태를 아슬아슬한 고비까지 밀고 나가는 '벼랑 끝 외교전술(Blankmanship)'을 구사하여, 1년여 동안 진전과 교착을 거듭했다. 우여곡절 끝에 1994년 8월부터 '3단계 고위급회담'을 시작, 10월 21일 4개 부분으로 구성된 '기본합의서'를 채택함으로써, 길고 지루하게 끌어오던 '북·미 핵협상'이 마침내 타결되었다.

1994년 1월 북·국제원자력기구 간의 핵사찰 합의가 북한의 비협조로 지지부진(遲遲不振)한 가운데, 1994년 2월 21일의 '국제원자력기구 이사회'를 앞두고 대북 제재가 본격적으로 검토되는 시점부터 미국과 프랑스 등 우방국들의 인내심이 한계에 도달했다. 영변의 핵 시설에 대한 '제한 폭격론'이 나오는 등 한반도의 긴장은 다시 전쟁 일보 직전까지 가, 미국·일본 등 관련국들도 수시로 '국가안보회의'를 개최하며 대책 마련에 부심했다.

5월 11일 유엔 안보리는 북한에 대해 '핵확산 금지조약 탈퇴선언' 재고와 '핵 불확산 협정'의 이행을 촉구하는 결의안을 채택했다. 7월에 제네바에서 '2단계 고위급회담'이 열리고 있을 때, 미국 정부는 영변 핵시설 폭격을 준비하는 등 군사적 제재 조치까지 불사하는 강경한 대응책을 준비했었다.

그러나 북한에 대한 군사공격 일보 직전에 평양으로 갔던 카터 전 미국 대통령의 중재가 양측에 의해 받아들여짐으로써, 북한에 대한 공격이 극적으로 중지되었다.

이같이 한 치 앞을 내다보기 힘든 상황에서, 전쟁 재발을 막기 위하여 김영삼 대통령은 5월 20일 핵 문제 해결을 위한 '남북정상회담'을 북한 측에 제의하는 한편, 빨치산 활동으로 34년간 옥중 생활을 하면서도 전향을 거부했던 이인모(李仁模)를 북송하고 이어 쌀 15만 톤 지원 등 대화를 통한 마지막 해결 노력을 기울이면서, 한승주 외무장관을 평화적 핵 문제 해결을 위해 다시 미국으로 급파했다.

특히 같은 해 6월 16일 클린턴 대통령 주재 백악관 안보회의가 미군 1만 명을 한국에 추가 투입키로 결정하고, 레이니(James Laney) 주한 미국대사가 직원 가족들을 철수시킨다는 보고를 받은 김영삼 대통령은 클린턴 대통령에게 전화를 걸어, "우리 민족을 담보로 하는 전쟁만은 안 된다"며 군사작전에 반대하고, 중국 정부는 6월 10일 유엔 안보리의 대북한 제제결의안 논의 시 거부권 행사가 어렵다는 입장을 북한에 전달함으로써 압력을 가했다.

만일 그때 미국이 영변 핵 시설을 작전대로 F-117 전투 폭격기와 순항 미사일로 폭격하는 계획을 실행했더라면 어떻게 되었을까? 북한의 '독재정권'은 붕괴됐을지 모르나, 북한의 발악으로 전쟁이 발발하여, 남·북한의 주요 도시는 물론, 산업 시설들은 모두 크고 작은 피해를 입고, 또 군·민 가릴 것 없이 쌍방에 엄청난 인명 피해가 났을 것이다.

협상과 군사적 압력을 번갈아 구사하면서 개혁·개방을 유도하여 북한을 무사히 '연착륙(soft - landing)'시키려는 미국과의 회담 전 과정에서 북한은 국교 수립과 평화체제 보장을 미국 측에 집요하게 요구했다. 그러나 북·미 양측은 핵 문제에 관해서만 여러 가지 문제를 하나로 묶어, '줄 것과 받을 것'을 일괄 타결하는 방식으로 협상을 매듭짓기로 했다.

즉, 1994년 10월 21일의 '제네바 기본합의서'는 미국이 2003년까지 46억 달러에 달하는 비용이 소요될 출력 100kw의 경수로 2기를 완성하고, 경수로 완성 시까지 '대체 에너지'로 연 50만 톤의 중유를 제공하는 대신, 북한은 핵확산 금지조약 당사국으로 국제원자력기구의 감시 아래 흑연 감속 원자로와 관련된 시설의 가동을 동결하고, 궁극적으로 이를 해체하는 것을 골자로 하고 있다.

이 '기본합의서'는 당시 만연돼 있던 김일성 사망 후의 '북한 조기 붕괴론'과 클린턴 대통령이 11월 중간선거를 의식하여 큰 외교적 성과를 거둔 것처럼 보이게 하기 위한 타협의 산물이었다.

그러나 그 밑바닥에는 북한이 합의한 이상 사찰을 위해 협력할 것이라고 믿는 순진한 미국식 계약문화의 사고방식과 "제국주의 세력에 대한 거짓부렁은 거짓말이 아니다"는 '빨치산(partisan)식 혁명문화'를 지닌 북한 지도자의 견해 차이가 깔려 있었다고 하겠다. 그래서 당시 미국 공화당 내에서는 "클린턴 대통령의 대북 유화정책을 '눈 먼 낙천주의(blind optimism)'에 입각한 잘못된 정책"이라고 비판하는 목소리가 만만치 않았다.

어쨌든 북·미 합의에 따라 한·미·일 3국은 1994년 10월 23일 뉴욕에서 열린 실무회의에서 '제네바 미·북 합의'의 주요 사안들을 전담할 '한반도 에너지 개발기구(Korean Peninsula Energy Development Organization: KEDO)'[5]를 설립키로 결정하고, 1995년 3월 9일 이를 발족시켰다. 한반도 에너지 개발기구는 1995년 9월부터 2개월여 동안의 지루한 협상 끝에 12월 15일 북한과 '경수로 공급협정'을 체결한 후, 본격적인 활동을 시작했다.

1996년에 들어 미·북 합의사항 이행의 진전은 북한의 한국 역할을 배제하려는 고집과 4월 5일의 '판문점 공동경비구역'으로의 무장병력 투입, 그리고 9월 18일의 동해안 강릉지역 잠수함 침투 사건과 연료봉 봉인 작업의 지연 등으로 한때 다시 경색 국면을 맞기도 했다.

그러나 12월 북한의 잠수함 침투사건에 대한 사과와 재발 방지 약속에 따라 제반 사업이 재개되었다. 1997년 한 해는 북한의 핵시설 동결이 대체로 잘 이행되었다. 또 대북 경수로 사업도 조금씩 진전되어 1997년 1월 8일 한반도 에너지 개발기구와 북한 간의 '부지 및 서비스 의정서' 서명을 시작으로 다시 순항을 계속하여, 8월 19일 경수로 건설부지 착공식이 함경남도 금호지구에서 거행됐다.

경수로는 북한이 처음에는 '한국제'를 반대했으나, 결국 이를 받아들여 '한국중공업'이 제작했다. 이는 무상이 아닌 유상으로 북한이 이자 없이 경수로 완성 때부터 계산하여 3년 거치, 20년간 상환하게 되어 있다.

그러나 1998년 8월 31일 북한이 '대포동 1호' 미사일을 일본 상공너머로 발사했다. 북한은 위성인 '광명성 1호'라고 주장함으로써 일본의 반발을 불러 사업은 다시 답보 상태에 빠져 버렸다. 그러다가 10월에 일본의 동의를 얻어 11월 9일 뉴욕에서 열린 '한반도 에너지 개발기구 집행이사회'는 경수로 총 공사비를 46억 달러로 최종 결정했다.

---

5) 북한이 흑연 감속형 원자로 2기를 동결하는 대가로 미국이 제공키로 한 100kw급 경수로 2기를 건설하기 위해 설립된 '국제 컨소시엄'이다. 참여국은 한·미·일(집행위원국)을 비롯하여 영국·호주·캐나다·브루나이·쿠웨이트·사우디아라비아·벨기에·필리핀·타이·이탈리아·말레이시아·싱가포르·뉴질랜드·독일 등이고, 본부는 미국 뉴욕에 있었다.

이 합의서의 가장 중요한 부분인 '남북대화' 재개가 그때까지 잘 진행되지 않고 있었고, "북한의 핵 동결을 믿을 수 있는가" 하는 것이 문제점으로 남아 있었다. '제네바 기본합의서' 자체에 대해 기대와 우려가 섞인 복합적인 평가가 그때까지 국내외에 존재하고 있었던 것은 사실이다. 그러나 한·미 양국이 긴밀한 공조를 통해 북한의 핵 투명성을 확보하기 위해, 이만큼 해결한 것에 대해서는 일단 긍정적인 평가가 내려지고 있었다.

그렇지만 과거에 추출한 '플루토늄(plutonium)'이 그대로 북한 내에 저장되어 있고, 또 '플루토늄'을 추출할 수 있는 사용 핵 연료봉 8,000개를 보관하고 있는 것이 북한의 입장을 강하게 했다. 즉, 북한은 우리와는 달리 '플루토늄'과 핵 연료봉을 이용해 언제든지 문제를 만들거나, 나아가 합의서 폐기까지도 가능한 지렛대로 사용할 수도 있기 때문이었다. 한국과 미국 정부는 국내 여론으로부터 많은 비판을 받았다.

이런 상황에서 1998년 8월 북한의 핵 재개발 의혹 논란이 폭로되어, 북한과 미국 사이에 긴장이 다시 고조되었다. 이것이 바로 북한의 평안북도 대관군 금창리 지하시설의 핵 의혹 문제이다. 금창리는 핵 활동이 중단된 '영변 핵시설 단지'로부터 북서쪽으로 40km가량 떨어진 평북 태천군 태천 저수지 상류 지점 산악지대 골짜기에 위치하고 있다.

금창리 터널로 이어지는 인근에 큰 교량이 건설되고 있는 것이 위성 정찰에 의해 포착되어, 핵개발 의혹에 대한 미국의 의심을 받았다. 그러나 북·미 양국은 1999년 3월 16일 뉴욕에서 북한의 금창리 지하시설 핵 의혹을 해소하기 위한 협상을 타결 지었다. 북한은 5월에 1차 조사단을 초청한 뒤 추가 방문도 허용하고, 미국은 양국의 경제·정치 관계 개선조치를 취하기로 했다.

이 합의에 따라 5월 18일부터 24일까지 실시된 미국의 금창리 지하

한·소 정상회담에 앞서 기념 촬영하고 있는
김영삼 대통령 및 옐친 대통령 내외(1994)

핵 의혹 시설에 대한 현장 조사에서 이 시설이 텅 빈 터널로 이뤄진 대
규모 미완공 단지인 것으로 드러났다. 이로써 핵 재개발 의혹 논란이
7개월여 만에 해소되고, 미국은 그 대가로 북한 측에 60만 톤의 식량
을 지원함으로써 1994년 북·미 제네바 핵동결 합의도 계속 유지되어,
2001년 하반기 중에 본격적인 경수로 건설 공사에 해당하는 기초 굴착
작업이 시작되었다.

　당시 건설 현장에는 우리 근로자 715명 외에 북한 근로자 96명(처음
엔 200명이었으나, 1인당 110달러의 월급을 600달러로 올려 달라는 요
구가 거절되자 1999년 4월 그 반을 철수시켰다)과 우즈베키스탄 근로
자 430명 등 모두 1,200여 명이 공동작업을 하고 있었다.

　2001년 1월 부시(George W. Bush) 행정부의 출범과 함께 경수로의 화력 발전소 대체설이 나왔다. 그러나 12월 초 카트먼(Charles Kartman) 한반도 에너지 개발기구 사무총장이 방북, '품질 보장 및 보증의정서' 등에 서명했다. 16일에는 북한 경수로 대상사업국의 고위 실무자 20명이 원전 관련 시설 답사를 위해 내한하는 등 한반도 에너지 개발기구 사업이 진행되고 있었으며, 2002년 내에 방파제와 바지선(barge) 정박 시설 등 여러 부수 시설이 완료되고, 경수로 1호기는 2007년 11월에, 2호기는 2008년에 완공될 예정이었다.[6]

2. 경부고속전철의 차종 결정

'경부고속전철' 건설안은 1987년 대선 당시 노태우 후보가 내놓았던 선거 공약 중의 하나였다. 1989년 기술적 타당성 검토를 거쳐 정부는 1993년 8월 20일 꿈의 초고속 대중교통 시대를 주도할 '경부고속철도' 차종 우선 협상 대상자로 프랑스와 영국의 합작회사인 '알스톰(Alstom) 사'를 선정해, TGV(Train à Grande Vitesse, 프랑스의 고속열차)로 차종을 사실상 확정했다.

이계익(李啓謚) 교통장관은 차종 결정을 발표하면서 프랑스 '알스톰사'의 '테제베(TGV)'가 독일 '지멘스(Siemens) 사'의 ICE(Inter - City Express, 도시 간 특급)보다 100점 만점 기준에서 1점이 높은 86점을 받았다고 결정 배경을 설명했다.

---

6) 금호지구와 인근 신포시 주민들이 원전 건설을 위해 나와 있는 남한 사람들과의 접촉을 통해 사상이 흔들리는 것을 막기 위하여, 북한 당국이 주민들에게 특별교육을 하고 있던 것으로 알려졌다. 이 특별교육에는 '대화 요령'이 들어 있는데, 이에 따르면 남한 사람이 "쌀밥은 먹느냐"고 물으면, "우리 장군님이 누군데 쌀밥도 못 먹겠느냐"는 식으로 "매몰차게 대하고 건방지게 말하라"고 되어 있었다고 한다.

차량 가격은 23억 달러로 '알스톰 사'는 천안-대전 간 시험 구간이 완공되는 1997년까지 시험용 차량 2편성을 완제품으로 한국에 납품하기로 했다. 또 서울-대전 구간 공사가 끝나는 1999년까지 운행 차량 12편성을 제공하고, 서울-부산 전 구간이 완공되는 2001년까지 국산화율 50% 이상을 충족시켜 32편성의 열차를 납품한다는 조건이었다.

교통부는 프랑스의 '알스톰 사'와 독일의 '지멘스 사'가 낸 '6차 수정 입찰제의서'를 평가한 결과, "TGV는 금융 조건과 운영 경험이, ICE는 기술과 기술 이전 조건이 우세했다"고 밝혔다.

교통부와 한국고속철도공단이 차량의 형식 선정을 위해 최초로 각국에 '제의 요청서(Request For Proposal: RFP)'를 보낸 것은 1991년 8월이었고, 이듬해인 1992년 1월 프랑스·독일·일본의 3개사로부터 '입찰제의서'를 받아 심사했다. 당시 공단이 제시한 기초적인 기준은 "서울-부산 간 직선거리 411km를 100분 안에 달려야 하고, 1회 운행에 1천 명 이상을 수송할 수 있어야 한다"는 것이었다.

첫 제의서에서 공단 측은 내정가 27억 달러보다 20~30%가 비싼 차량 가격에 충격을 받고, 협상 전략을 수정하여 1992년 5월 '제1차 수정 입찰제의서'를 받았다. 이때 3개국은 값을 낮추어 26~30억 달러 선에서 가격을 제시했지만, 공단 측은 9월 다시 2차 수정제의서를 받아 평가에 들어갔다. 그러나 국제 금리가 올라 가격이 다시 상승하여 협상이 기대한 대로 잘 진전되지 못했다.

그래서 1992년 12월 공단 측이 3차 수정제의서를 받았는데, 프랑스와 독일이 가격을 크게 낮추면서, 기술·가격·차량 속도 등에서 한 수 아래인 일본은 협상에서 점차 멀어져 갔다. 이때 외교가에서는 프랑스와 독일이 합작으로 차량을 제작할지도 모른다는 소문이 조금씩 돌기 시작했다. 정부는 "1국가 1차량 원칙을 고수하겠다"는 기본 입장을 다시 밝힘으로써 소문의 원천을 봉쇄했다.

이러한 파동 속에 정권이 바뀌어 김영삼 정부가 들어서는 바람에 차종 결정 시기가 다시 늦어지게 되었다. 그동안 프랑스와 독일 간의 수주 경쟁이 가열돼 수억 달러의 정치 자금과 뇌물 공여설 및 청와대를 비롯한 정부 내 고위 관계자들의 연루설이 프랑스와 스페인 언론에 보도되었다.

그리고 당시 야당이었던 민주당이 1994년 1월 고속철도의 차량 선정과 관련, 청와대의 외압과 비서실 등의 부당 개입 의혹, 그리고 특히 소음이 적고 발진·정차가 신속하며 속도도 빠른 '자기부상식' 열차를 배제하고, 곧 낡은 기술이 될 종래의 '바퀴식 열차' 선정에 대한 반대론을 강하게 제기하였다.

공단 측은 4, 5차 수정제의서를 다시 요구하고 6월에는 '경부고속철도' 투자비를 당초 5조 8천억 원에서 10조 7천억 원으로 조정하고, 일본 '미쓰비시(三菱) 사의 신칸센(新幹線)'을 입찰에서 제외했다. 6차 수정제의서에서 '알스톰'과 '지멘스' 사가 모두 가격을 파격적으로 낮춰 맞붙었으나, 결국 차종은 기술과 안정성에서 한 수 위인 프랑스의 TGV로 낙찰됐다.

공단 측은 1993년 말까지 프랑스 '알스톰사'와 계약을 끝내려 했다. 그러나 세부 사항에서 이견이 좁혀지지 않은데다가, 독일 측이 최고 시속 400~500km의 '자기부상열차'를 대안으로 내면서 'ICE의 값도 더 낮추겠다'고 나서는 바람에 계약 만료 기일이 1994년 3월로 다시 연기되었다. 결국 4월 15일에야 박유광(朴有光) 한국고속철도공단 이사장과 빌저(Pierre Bilger) 프랑스 '알스톰 사' 회장이 21억 160만 달러에 달하는 차량도입 계약을 체결했다.

프랑스와 독일의 수주 경쟁도 매우 치열하여 국가 차원의 '로비'

가 매우 뜨거웠다. 독일의 콜(Helmut Kohl)[7] 총리와 프랑스의 미테랑(Francois Mitterrand)[8] 대통령이 '세일즈 외교'를 도맡아 직접 방한하는 등 그야말로 '총성 없는 수주 전쟁'을 전개했다.

미테랑 대통령은 김영삼 대통령과의 '정상회담'에서 양국 간의 투자와 기술 협력을 증진키로 합의하는 한편, 현재까지도 이행되지 않고 있지만 1867년 프랑스 함대가 강화도에서 약탈해 간 외규장각 도서를 "한국 측에 반환하겠다"고 다시 약속했다.

프랑스는 재정 지원과 기술 이전 등 부대조건 이외에 미래의 가능성을 한국 측에 제시하면서, "한국이 유럽공동체(EC)나 동구권 진출 등을 위해서는 유럽에서 중요한 위치를 차지하고 있는 프랑스와 협력하는 것이 좋다"는 점을 특히 강조했다.

정부가 본격적으로 '경부고속철도' 건설 사업을 추진한 것은 노태우 대통령이 취임한 후부터이다. 원래 이 고속철도안은 단기적으로는 서울-부산을 100분 안에 연결함으로써 수송시간 단축과 함께 수송비용을 줄이고, 고도의 첨단 공업기술과 새로운 철도 운영시스템 도입 등 경제·산업·기술 면에서의 여러 가지 변혁과 부수적 효과를 기대했었다.

장기적으로는 세계에서 가장 인구가 많은 중국, 두 번째로 돈이 많은 일본, 가장 땅이 넓은 러시아, 가장 힘이 세고 돈이 많은 미국에 둘러싸여 있는 한반도가 갖는 동북아 교통의 십자로로서의 지정학적인 이점을 살리기 위해, 아시아와 유럽을 고속철도로 잇겠다는 우리의 야심 찬 '대(大)구상(Grand Dessein, 그랑 데생)'에서 나온 것이었다.

---

7) 독일 정치가(1930~), 프랑크푸르트 주지사(1969), 연방의회 의원(1976), 총리 연임(1982~1995), 1990년 독일 통일을 이룩하여 '통일의 아버지'로 불렸으나, 불법 정치자금 조성으로 정계를 은퇴했다.

8) 프랑스 정치가(1910~1996), 파리대학 졸업, 종전 후 하원의원, 퇴역 군인 담당장관(1947~1948), 총리 부 정보장관(1948~1949), 대통령(1981·1988) 등을 연임했고, 1990년 연두교서에서 유럽연합(EU) 구상을 발표한 후 1993년 유럽연합을 발족시켰다.

이 큰 구상은 "자고로 교통의 요충지는 언제나 그 지역의 정치·경제·사회·문화의 중심지가 되었다"는 역사적 사실에 비추어, 땅에는 해양과 대륙을 잇는 TGV와 '자동차전용 고속도로'를 깔고, 하늘에는 영종도에 동북아 최대, 최고, 최첨단의 '중추(Hub) 공항'을 건설하고, 3면 바다에는 부산과 인천항을 시속 50~100노트(93~186km)의 차세대 '초전도선(超電導船)' 도입에 대비하여 확대·현대화함으로써, 한반도를 동북아 교통과 물류, 그리고 금융 중심지로 만들자는 큰 계획이다.

이 계획에는 처음부터 21세기 '철의 실크로드(Silk Road)'가 될 부산발 파리행 열차, 즉 태평양과 대서양을 연결하는 꿈의 '고속대륙횡단열차' 건설 계획의 실현을 위해 TGV의 도입이 유리하다는 장기적 계산이 깔려 있었다(지금도 '시베리아 횡단철도'를 이용할 때는 기존 해상 운송보다 운임 2~30%, 40여 일 걸리는 시일을 반 가까이 줄일 수 있다).

그러나 실제로 '경부고속철도' 완공 이후에 나타날 부작용도 상당할 것으로 보였다. 우선 경주로 우회해도 428km밖에 안 되는 서울—부산 간에 천안·대전·대구·경주 등 중간 역이 너무 많아 TGV의 장점인 고속을 제대로 살릴 수 있겠느냐 하는 문제다.

프랑스의 경우 460km의 파리—리옹 간 TGV는 중간역이 하나도 없다. TGV의 장점을 더 잘 살리자면 통일된 후에는 부산·서울·신의주 정도로 정차역을 대폭 줄여야 할지도 모른다.

게다가 우리 '경부고속철도' 노선은 빙빙 돈다. 부산발 서울행의 경우, 총 수요의 8% 정도로 예상되는 경주 승객 때문에 40% 이상이 될 서울과 부산 승객들이 요금을 지금 계산으로도 3,000원 이상을 더 내면서 고속열차를 10여 분 더 타야 한다. 이것도 장기적인 견지에서 볼 때 노선을 대구—부산으로 직선화해야 할지 모른다.

방한한 미테랑 프랑스 대통령과 축배를 들고 있는
김영삼 대통령 (1993)

그리고 '경부고속철도' 건설은 1~2년의 단기 공사가 아니고, 10년 가까운 시일이 걸리는 장기 공사라는 점이다. 따라서 정권이 교체해도 지장 없게 독립성과 계속성이 보장돼야 할 것이며, 또 부정이나 부실 공사가 일어나지 못하게 처음부터 철저한 감독과 감시 체제 아래 추진되어야 한다는 전문가들의 지적이 있었다.

만일 그렇지 못하면 '원대한 국가발전 계획'이 왜곡되어 국내 정치용으로 이용만 당한 꼴이 되고, 국민들의 혈세가 엄청나게 낭비되는 '애물단지'가 될지도 모른다는 것이었다.

"정치 논리가 경제 논리를 지배하면 경제는 언제나 망하는 법이다."
21세기가 시작된 현재 단군 이래 최대의 국책 사업인 '경부고속철도'

사업이 벌써 정치 논리와 졸속 행정, 그리고 고질적 부실공사로 인해 개통 예정이 2010년으로 연기되고, 총 공사비가 1990년 발표 때의 5조 8천억 원에서 17조 6천억 원으로 3배 이상 증액되는 등 사업 계획이 전면 수정되었다. 그리고 계약에 따라 1998년 이미 프랑스에서 도입된 TGV 차량 2편성의 국내 보관이 골치 아픈 문제가 되고 있어 국민들의 걱정이 컸다.

김대중 정부는 더 이상 인력과 장비를 낭비하지 않기 위해 2003년 12월 1단계(서울−대전) 구간 우선 개통과 2004년 4월 2단계(대전−대구) 구간이 개통된 이후 착공 예정이던 3단계(대구−부산) 구간공사를 2002년에 착공함으로써 최종 완공을 2008년으로 앞당기기로 결정하고, 이를 2001년 11월 22일 발표했다.

3. 김일성 사망 이후의 남·북 관계

남·북한 사이에는 1993년부터 특사 교환을 위한 실무 접촉이 1994년 3월까지 여러 차례 있었으나, 판문점에서 북한 측 대표단장 박영수(朴英洙)[9]의 "서울을 불바다로 만들겠다"는 공갈 발언으로 그만 무산되었다.

그 후, 북한은 5킬로와트 원자로의 핵 연료봉을 일방적으로 교체하고 국제원자력기구 탈퇴를 선언하여, 남·북 관계를 최악의 위기 국면으로 몰아가고 긴장을 고조시켰다.

이러한 긴장 국면 가운데 1994년 6월 15일부터 18일까지 북한을 방

---

9) 북한 관료, 김일성대학 졸업, 적십자 중앙위 동포사업 부장(1988), 조국통일범민족연합 북측 본부 중앙위원(1990), 제8차 남북실무접촉 북측 대표 단장을 역임했다.

문하고 돌아온 미국의 카터 전 대통령이, 김영삼 대통령의 '정상회담' 제의에 대해 "언제 어디서나 조건 없이 빠른 시일 안에 만나고 싶다"는 북한의 김일성의 대답을 전해 왔다. 이로써 남·북한 간에 국면 전환을 위한 '남북정상회담' 준비가 갑자기 진행되었다.

남·북 양측은 6월 29일 판문점 '평화의 집'에서 예비 접촉을 갖고 '남북정상회담을 위한 합의서'를 채택, 7월 25일부터 27일까지 평양에서 '정상회담'을 개최키로 합의했다.

그러나 역사적인 첫 정상회담 개최를 10여 일 앞두고 김일성이 7월 8일 갑자기 사망함으로써, 47년간이나 지속된 그의 장기 집권은 마침내 막을 내렸다. 북한은 7월 11일 "우리 측의 유고(有故)로, 예정된 '남북최고위회담'을 연기하지 않을 수 없게 됐음"을 알려와, 우리 측도 이에 대해 "정상회담 합의는 여전히 유효하다"는 입장을 밝혔다.

김일성 사망은 분단 이후 '첫 정상회담' 개최에 힘껏 기대가 부풀어 있던 남·북 국민들에게 찬물을 끼얹는 결과를 낳았다. 그뿐만 아니라 남·북한은 김일성 사망에 대한 조의 표명을 갖고 상호 비난과 공방이 그 어느 때보다 치열해져, 언제 '정상회담' 개최에 합의한 일이 있었던가 싶을 정도로 관계가 냉랭해졌다. 결국 김일성의 사망은 남·북 관계를 '정상회담' 개최 합의 이전보다 더 나쁜 상태로 만들어 놓고 말았다.

이런 와중에 재야 단체와 한총련[10]에서 김일성 조문단 파견 시도와 함께 "주사파 배후에 김정일(金正日)[11]이 있다"는 서강대학교 박홍(朴

---

10) 정식 명칭은 '한국대학총학생회연합'으로, 전국에 있는 각 대학 총학생회가 모여 공통된 이해와 요구를 내세운 전국 대학생들의 대표단체다. 1987년 설립 후 '남·북 학생회담'을 시도하고 '평축'에 참가하는 등 좌경 활동을 해오던 전국대학생대표협의회(약칭 전대협)가 1993년 그 명칭을 한총련으로 바꾸었는데, 대법원에서 이적(利敵)단체로 규정됐다.

11) 북한은 "김일성이 백두산에서 항일(抗日)투쟁을 하던 중 김정일을 백두산 소백수골 밀영에서 1942년

弘) 총장의 폭로로 시작된 '주사파 파문'이 일어났다. 당국이 수사에 착수하자 일부 대학에서 김일성 빈소를 비롯해서 김일성 조문 내용의 현수막과 대자보, 그리고 북한방송 녹취문 등이 발견되는 한편, 북한과 '팩스(fax)' 교신까지 한 사실이 적발되었다.

정부는 '김일성 사망 추도대회' 당일인 7월 20일, 6·25전쟁은 김일성이 스탈린·마오쩌둥과 공모하여 일으킨 전쟁으로 김일성은 6·25전범이라는 사실을 밝힘으로써, 김일성의 사망이 조문의 대상이 결코 될 수 없음을 분명히 했다.

북한은 이 같은 조문과 주사파 파문에 극도의 불만을 표시하고, 한동안 자제해 왔던 김영삼 대통령에 대한 비방을 7월 15일부터 재개했다. 남·북한의 적대 의식과 불신은 5월 말에 귀순하여 7월 27일 기자회견을 가진 북한 정무원 총리 강성산(姜成山)[12]의 사위였던 강명도(康明道)의 '북한, 핵탄두 5기 개발 완료' 발언으로 더욱더 증폭됐다. 특히 강성산이 김일성의 추도대회에서 서열 3위의 실력자였기 때문에 북한과 '핵 회담'의 재개를 서두르고 있던 미국에 큰 충격을 주었다.

그 후에도 남·북한 관계를 악화시키는 악재들로 7월 30일자 국제사면위원회의 북한 정치범 명단이 나오고, 탈주자들에 의한 수용소 내의 상상

출생했다"고 선전하고 있다. 북한은 이 주장을 뒷받침하기 위해 소백수골에 통나무집을 만들어 놓고, 또 나무들의 껍질을 벗겨 칼이나 먹으로 독립 열망을 표어나 구호로 새긴 '구호나무'라는 것을 만드는 등 이 지역을 '혁명의 성지'로 성역화하고 있다. 그러나 사실 김정일은 러시아의 하바로프스크 인근에 있는 소련군 88독립여단 부야츠크 야영에서 태어나면서부터 평양의 남산고급중학교를 나올 때까지 '유라'라는 러시아 이름을 사용했다. 김정일은 1960년 8월 남산고급중학교의 졸업을 앞두고 '유라' 대신 정일(正一)이란 이름을 쓰기 시작했는데, 1980년 10월 이름을 정일(正日)로 고쳤다. 이것은 김정일 자신이 김일성의 유일한 적자임을 내세우기 위해 모친인 김정숙(金正淑)의 정(正)자와 부친 이름의 일(日)자를 따서 만든 것이다. 그의 이복동생인 평일(平一)과 영일(英一)은 이름에 한 일(一)자를 그대로 쓰고 있다. 김정일은 김일성대학을 졸업, 노동당 중앙위원회 조직지도부 지도원으로 시작하여, 1994년 김일성이 죽자, 그 권력을 세습 받아 당 총서기와 국방위원장직을 맡아 지금 북한을 통치하고 있다.

12) 북한의 정치가(1931~), 체코 프라하공대 졸업, 노동당 중앙위원(1970), 정무원 총리(1984~1992), 최고인민회 대의원(1990)을 역임했다.

을 초월하는 인간 이하의 비참한 생활에 대한 폭로가 이어졌다. 남·북 간에는 인권 시비가 본격적으로 불붙어 강영훈 대한적십자사 총재가 진상 규명 차원에서, 8월 12일 이산가족과 납북자 송환 문제 해결을 위한 '남북적십자 총재급회담'을 제의했다.

그러나 북한 측은 사흘 뒤인 15일에 "우리가 없다면 없다"는 식의 북한의 독선론(獨善論)에 따라, 후안무치(厚顔無恥)하게도 "북한 내에는 정치범이 한 명도 없다"고 정치범의 존재 자체를 근본적으로 부인하는 노동신문 논평을 통해 이를 정면으로 거부했다.

이즈음 북한은 김일성 사망으로 일시 중단됐던 미국과의 '3단계 핵 회담'을 재개하여, 미국과의 관계 개선 문제는 비교적 순조롭게 이끌어 갔다. 그렇지만 남한에 대해서는 적반하장(賊反荷杖)으로 남파되어 게릴라나 간첩 활동을 하다가 체포되어 복역 중인 '비전향 장기수'의 송환을 촉구하면서 "인권 문제는 오히려 남한에 있다"고 비난 일변도(一邊倒)로 나왔다.

남·북 간의 상호 비난과 불신은 이것으로 끝나지 않았다. 김영삼 대통령이 '8·15 경축사'에서 천명한 '민족공동체 통일방안'에 대해서 북한은 김일성이 1993년 4월에 발표했던 '전 민족 대단결 10대 강령'에 입각한 통일방안을 역설했다. 그리고 '문민정부'를 '파시스트(fascist)' 정권이니 반(反)인민정권이니 하면서 매도하는 한편, 우리의 '민족공동체 통일방안'을 '흡수통일'을 노리는 흉계라고 비난했다.

그 후 북한은 9월 25일 정당·사회단체 명의로 평양에 새로 조성한 단군릉 준공식에 남한 인사 74명을 초청하는 국제 우편물을 발송해 왔다. 같은 날 강영훈 대한적십자사 총재가 북한지역 콜레라 공동 방역조치를 제의하면서 필요한 의약품 제공의 뜻을 밝혔으나, 그것도 거부하여 허사로 끝났다.

10월 11일 북한이 '단군릉 재건 준공식'을 개최하는 날, 김영삼 대통령은 미국 CNN과의 회견에서 "김정일이 주석직에 취임하면 김정일을 상대할 것이며, '남북정상회담' 구상은 아직도 유효하다"는 뜻을 밝혔다. 북한은 12월 14일 외교부장 김영남의 이름으로 "조문 금지 사과 없이는 '남북대화'가 불가하다"는 종래의 입장을 계속 표명하는 등 김일성 사후 남·북 간에는 차가운 냉기류가 계속 흘렀다.

4. 유엔 평화유지활동(PKO) 참여

유엔의 '평화유지활동(Peace Keeping Operation: PKO)'은 감시단과 '평화유지군(Peace Keeping Forces: PKF)'의 활동으로 나뉜다. 감시단은 '정전협정' 위반이나 적대 세력의 무장 해제, 선거 과정 등을 감시하는 역할에 그치는 데 비해, 평화유지군은 정찰·수색·통제 임무까지 수행한다.

유엔은 '평화유지활동'이 필요한 사항이 발생하면, 회원국에 비공식으로 평화유지군이나 감시단의 파견 의사를 타진한다. 평화유지활동은 냉전기에도 있었으나, 1980년 말 냉전 종식 이후 아프리카의 나미비아와 남미에서의 임무 완수에 힘입어 국제 평화와 안전 유지 분야에서 그 활동이 급격히 증가하면서부터 주요한 유엔 활동의 하나로 부각되어 왔다.

냉전 종결과 함께 미·소 양국이 해마다 증가하는 지역분쟁 해결을 도맡던 시대는 지났으며, 세계 각국이 돈과 사람을 모아 세계평화 유지

를 분담하자는 뜻에서 1992년 2월 유엔 안보리에 '평화유지활동국'이
신설되었다.

그 후 유엔의 평화유지활동이 매년 강화되어 2001년 7월 당시 세계
각처에서 활동 중인 '유엔 평화유지활동'은 모두 15개로, 약 80개국에
서 1만 4,000여 명이 참여 중이었다. 2000년도 유엔의 정규 예산이 약
12억 6천만 달러인데 비해 '유엔 평화유지활동' 예산이 약 30억 달러
로 급증하여, 회원국 간의 공평한 재원 분담 등 그 개선 방안에 대해
'유엔 평화유지활동 패널(Panel)'(2000년 3월 설치됐다)이 작성한 보고
서가 2001년 제56차 총회에서 검토됐다.

유엔은 경우에 따라서 1991년 다국적군이 이라크의 쿠웨이트 침공
을 응징한 걸프(Gulf)전 때와 같이, 평화유지군이 아닌 다국적군을 파
견하기도 한다. 평화유지군은 유엔이 비용을 부담하지만, 다국적군은
해당 국가가 비용을 자담하는 차이가 있다.

정부는 국제 평화와 안전 유지를 위한 유엔 활동에 적극 참여한다는
기본 입장에서, 중견국으로서 한국의 국력에 상응하는 역할을 다함으
로써 국가의 위상을 높이고자 한다. 그런 한편, 국군의 해외 작전 경험
축적을 위해 유엔의 요청을 받아들여 1993년 6월 29일 건국 이래 처음
아프리카의 소말리아에 '유엔 평화유지군'으로 건설 공병부대인 상록
수부대 252명을 파견했다.

정부는 처음에 전투 병력의 파견 요청을 받았다. 그러나 김영삼 대
통령이 정부 내 관련 부처 간 회의를 거친 끝에 이 요청을 완곡히 거절
하고, 대신 공병부대를 보냈던 것이다.

정부는 1994년 9월 '유엔 서부 사하라 평화유지군(MINURSO)'에 의
료부대 42명, 같은 해 10월 '유엔 그루지야 평화유지군(UNOMIG)'에

군 '옵서버' 5명, 그리고 1995년 10월 '제3차 유엔 앙골라 평화유지단 (UNAVEM Ⅲ)'에 공병부대 200명과 본부 참모요원 6명을 파견하는 등 유엔의 평화유지활동에 적극 참여하고 있다.

한국의 이와 같은 평화유지활동 참여는 경제력에 상응하는 국제적 역할을 다함으로써 사실상 국제 사회에서 한국의 위상을 높였다. 또한 과거 한국전쟁 때 유엔군의 도움을 받은 한국이 이제는 커서 다른 나라의 평화와 안전 유지에 유엔 회원국으로서 참여하는 것으로 그 의의는 매우 컸다.

그 후도 한국은 북한과 달리 유엔 회원국으로 평화유지활동에 적극 참여하고 있다. 그뿐만 아니라 1992년 7월 '유엔 캄보디아 평화유지단 (UNTAC)'에 총선 감시를 위해 행정요원 5명(대학생), 1994년 4월 '유엔 남아공 선거감시단'에 6명(외무부 4, 국회·중앙선거관리위원회 각 1명), 1994년 10월 '유엔 모잠비크 선거감시단'에 6명(외무부 4명, 대학생 2명), 1996년 9월 '보스니아 선거감시단'에 12명(외무부 5명, 국회 사무처 4명, 선관위 3명), 그리고 1998년 7월 다시 '캄보디아 총선 참관단'에 10명(외무부 4, 국회 사무처 3, 선관위 3)을 파견했다.

그리고 1999년 9월 28일 국회의 찬반 투표를 거쳐 동(東)티모르 다국적군 파병을 결정, 420명 규모의 상록수부대를 파견하는 등 유엔의 각국 민주화 지원과 선거 참관단 활동, 그리고 인권 신장 노력에도 적극 참여하여 국제적으로 아주 좋은 평을 받고 있다.

5. '우루과이 라운드(UR)' 타결과 세계무역기구 출범

제2차 세계대전이 끝나자 자국 본위의 경제정책이 전쟁의 원인이 되었으므로, 국제 경제를 보다 자유롭고 개방적으로 변혁하려는 움직임이 미국을 중심으로 일어났다.

미국 정부는 일찍이 1944년에 당시의 연합국 대표들과 미국 뉴햄프셔(New Hampshire)의 '브레턴우즈(Bretton Woods)'에서 회의를 열었다. 그 자리에서 제2차 세계대전 유발의 원인이 된 선진국들의 경제적 이기주의 시정(是正)을 내걸고, 국제 경제를 보다 자유롭고 개방적인 체제로 변혁한다는 목표의 실현을 위하여, '국제무역기구(International Trade Organization: ITO)'란 국제기구를 설립, 자유 무역의 촉진을 관리하는 체제를 만들려고 했다.

그러나 미 의회의 반대로 미국 정부는 처음 구상의 핵심 부분을 구속력 없는 일반협정으로 고쳐, '관세 및 무역에 관한 일반협정(General Agreement on Tariffs and Trade: GATT)'(이하 일반협정으로 약칭)을 만들었다.

이렇게 출범한 '일반협정'은 구속력이 거의 없는 일반협정이므로 여러 가지 국제적 통상 문제가 생겨도 당사국 간의 대화로 문제를 해결할 수밖에 없었다. 그러나 일반협정은 제2차 세계대전 이후 50년 가까이 세계 무역 질서를 관장하며, 관세 인하를 통한 세계 무역의 자유화로 각국의 무역 신장에 크게 기여해 왔다. 특히 한국은 1967년 3월 15일 일반협정에 가입한 이후, 일반협정의 '자유무역체제'를 어느 나라보다 잘 활용하여 고도성장을 이룩한 대표적인 국가로 인식되어 왔다.

일반협정 출범 후 선진국의 평균 관세율이 1940년대 40%에서 1960년대 17%로 낮아지고, 1980년대에 다시 7%로 떨어졌다. 그러나 두 차례의 석유 파동을 거치면서 세계 경제는 1980년대에 들어 경제 침체와 무역 불균형을 이유로 무역 장벽을 쌓아올리는 한편, 배타적인(排他的) 경제 블록(bloc)까지 형성했다.

선진국들은 이같이 악화일로에 있는 세계 무역 환경을 개선하기 위해 1964년부터 6차례의 협상을 가진 끝에, 제7차 협상인 '도쿄(東京) 라운드(Tokyo Round) 협상'을 1973년부터 1979년까지 개최했으나, 기대한 만큼의 성과를 거두지 못했다.

그래서 일반협정 체제를 보강할 필요성이 있다는 인식 아래 회원국 대표들이 1986년 9월 20일 우루과이의 '푼타델 에스테'에 다시 모여 새로운 상황 변화에 맞도록, 기존 '일반협정' 체제를 전면 개편하기 위한 제8차 협상으로 '우루과이 라운드(Uruguay Round: UR) 협상'을 개시하자는 데 합의했다.

'일반협정'의 제8차 다자간(多者間) 무역협상인 우루과이 라운드는 이렇게 시작됐다. 과거 7차례 협상과의 차이점은 동구권까지 시장경제로 편입된 상황에 맞춰 광범위한 의제를 다뤘다는 것이었다.

그러나 우루과이 라운드는 100개국이 넘는 협상 참가국의 이해 조정이 어려워 당초의 4년 협상 기한을 몇 차례 연장하고도 난항을 거듭해, 결국 협상 타결에 이루지 못했다. 그러다가 1993년 7월 9일 'G7 도쿄 정상회담'을 계기로 연내 타결을 목표로 협상에 박차를 가해 12월 15일 오후 5시, 마침내 7년 3개월간의 긴 협상을 끝냈다.

스위스 제네바의 '국제회의 센터(CICG)'에서 117개국 대표들은 ① 농산물 교역의 자유화, ② 공산품 관세의 인하, ③ 서비스 교역의 자유화, ④ 지적재산권의 보호, ⑤ 무역 거래의 공정성 확보 등을 주요 내용으로 하는 역사적인 '우루과이 라운드 무역협정 최종의정서'를 만장일치(滿場一致)로 채택했다.

이날 회의장을 나서는 선진국 대표들은 모두 "오늘은 세계 무역사에 새로운 이정표를 만든 날로 기록될 것이다"라며 밝은 표정들이었으나, 개도국 대표들의 표정은 반대로 한결같이 어둡고 무거웠다. 그것은 '무역 자유화'라는 이름으로 시장 개방을 강요하는 선진국에 맞서, 앞으로 어떻게 자국의 경제적 이익을 지켜 나갈 수 있을 것인가에 대한 걱정과 고민 때문이었다.

7년간이란 오랜 우루과이 라운드 협상을 통해 우리가 얻은 최대의 교훈은 "국제 교섭은 법이나 논리가 아니라, 힘을 바탕으로 한 교섭 전략에 따라 국익의 각축전(角逐戰)이 벌어지는 무기 없는 전쟁"이라는 사실이었다. 그리고 "이에 대처하는 방법은 국력 신장과 협상 능력 및 기술의 함양 외에는 다른 길이 없다"는 것이었다.

어쨌든 우루과이 라운드 협정은 공산품의 관세 철폐와 인하를 골자로 하는 시장접근 분야를 비롯해, 농산물·서비스·섬유 등 품목별 무역자유화와 반(反)덤핑(dumping), 그리고 정부 보조금에 관한 국제 무역 규범, 지적(知的) 재산권과 분쟁 해결 등 모든 분야를 총망라하고 있다.

문자 그대로 '새로운 국제 통상의 헌법'이 제정된 셈이다. 이 헌법의 기본 정신은 각국 간 교역을 냉정한 '비교우위론', 즉 '경쟁력의 논리'에 맡기자는 것으로 요약된다.

그러나 "협정 내용은 철저하게 선진국들의 '입맛'에 맞춰져 있다"는 것이 일반적인 평가이다. 선진국들에 유리한 금융·지적재산권·첨단 기술의 제품 시장 등을 각국이 대폭 개방하도록 한 것이 그렇고, 또 대규모 기업 농업을 무기로 삼고 있는 미국 같은 나라의 입장을 살린 농산물 시장의 개방이 그렇다는 것이다.

반면, 개도국들이 비교 우위를 갖고 있는 몇 안 되는 분야인 섬유 교역은 수입국인 선진국들이 수입 수량 제한을 단계적으로 철폐키로 하는 데 그치는 등 선진국들의 이해만이 철저하게 반영됐다는 전문가들의 지적이 있었다.

마치 19세기 말, 구미(歐美) 열강들이 대포와 총칼을 앞세우고 아시아 각국의 개방을 강요했듯이, '호혜적 시장개방'이란 명분을 앞세워 "개도국들에게 제2의 전면(全面) 개방을 불가피한 선택으로 만들었다"는 말이 회의장 주변에 공공연히 나돌았다.

선발 중진국인 우리나라로서는 우루과이 라운드 협정이 시장 확대 등 전반적으로 보아 유리한 점이 더 많았다. 그렇지만 초미의 관심사가 돼 왔던 '쌀 시장 개방'이 기정사실이 되고, 쇠고기·파·마늘·고추 등 농가의 버팀목이 돼 온 각종 주요 농산물이 '개방'이란 핵폭탄을 맞게 되었다. 이로써 한쪽에서는 우려와 함께 "강대국 중심으로 진행되는 세계화는 반드시 관리가 필요하게 될 것"이라는 걱정의 소리도 나왔다.

그 후 1994년 4월 모로코의 마라케시에서 111개국이 '우루과이 라운드 최종의정서'에 이어, 104개국이 '세계무역기구(World Trade Organization: WTO) 설립 협정'에도 서명함으로써, 전후 47년간 국제 통상 질서를 관장해 온 일반협정 체제는 이제 역사의 뒤안길로 사라졌다. 그 뒤를 이어 세계를 '하나의 시장'으로 묶으려는 세계무역기구 체제가 1995년 1월 1일자로 새로 출범하게 되었다.

세계무역기구 체제의 출범은 '국경 없는 자유무역 시대'의 서막으로, 앞으로 더욱 자유롭고 공정한 교역을 추구하는 새로운 국제 무역 질서를 형성하는 것을 의미한다.

세계무역기구는 일반협정이 제네바에 작은 사무국을 두고 운영된 느슨한 국제 협약이었던 데 비해, 사무총장을 비롯한 약 450명의 경제 전문가들이 상주하는 하나의 '국제기구'이다. 여기서는 농산물·서비스·지적재산권·투자 등 새로운 분야의 다자간 국제무역 규범을 도입하고, 그 실행 여부를 감시하는 동시에 효율적으로 무역 분쟁을 조정하고 해결하는 새로운 제도까지 갖게 되었다. 이제 1948년에 세계무역기구(ITO) 구상이 무산된 이래의 현안이었던 '세계무역을 감시하는 기관'이 생기게 된 셈이다.

세계무역기구의 예산은 2000년 당시 연간 8,300만 달러 정도로, 각 회원국이 세계 무역에서 차지하는 교역 비중에 따라 분담했다. 한국은 세계교역 11위의 국가로서 2001년까지 세계무역기구 예산의 2.5%인 약 208만 달러 정도를 해마다 부담하고 있었다.

우리 정부는 1994년 12월 16일 '세계무역기구 협정'에 대한 국회 비준을 마침으로써, 새로운 국제무역 체제에 능동적으로 참여하게 되었다. 선발 중진국인 한국은 결국 쌀을 포함한 285개 농산물의 수입 개방이란 무거운 부담을 안게 되는 대신, 새로운 시장의 확대라는 경제 도약의 기회를 맞게 되었다.

어차피 '개방화'와 '세계무역 자유화'가 거스를 수 없는 대세(大勢)라면, 우루과이 라운드 타결과 세계무역기구 출범을 맞아 우루과이 라운드 타결이 우리 경제에 미칠 효과를 계량적으로 따지는 데 급급하기보다는, 오히려 "대규모 농장 육성 지원 등 우리 경제의 개방 대응 체질을 서둘러 강화하는 것이 중요하다"는 경제 전문가들의 지적이 설득력 있게 제기되어, 정부도 그 주장을 따르게 되었다.

한국도 이제 선발 중진국으로서 자유롭고 공정한 세계의 무역 질서 구축에 앞장서는 역할을 요구받고 있다. 또 한국 경제가 바야흐로 시작된 '무한경쟁 시대'를 헤쳐 나가기 위해, 우리 외교는 앞으로 더욱더 경제 위주로 나갈 수밖에 없다.

국제 정치 세계에서 유엔 회원국이라는 것은 주권 국가로서의 증명서이고, 세계무역기구 가입은 세계 경제공동체의 시민권을 갖는 것이란 말이 있다. 한국은 이 증명서와 시민권을 다 가진 '선진중진국'으로서, 앞으로 세계무역기구 내에서 개도국들을 세계 경제에 편입시켜 빈부(貧富) 격차를 줄임으로써, 세계무역기구 체제의 혜택이 이들 국가에도 골고루 돌아가 반(反)세계화 운동이 근본적으로 일어나지 않게 중재자로서의 역할을 다해야 할 것이다.

세계무역기구 설립과 관련, 김철수(金喆壽) 전 상공장관[13]이 1995년 3월 23일 '세계무역기구 전체수석대표회의'에서 만장일치로 초대 사무차장에 선출된 것은 당시 우리 외교계의 하나의 경사였다.

2001년 11월 9일부터 14일까지 카타르의 도하에서 열린 제4차 세계무역기구 각료회의는 '뉴 라운드(New Round) 협상'을 '도하 개발 어젠다(Agenda) 협상'으로 명명했다. 여기서는 농업, 서비스, 공산품, 반덤핑 협정·보조금 협정 개정, 투자, 경쟁 정책, 무역 원활화, 정부 조달 투명성, 일부 환경 문제에 대한 협상을 일괄타결 방식으로 진행하기로 하고, 2005년 1월 1일까지 협상을 종료키로 했다.

이 각료회의가 중국과 타이완의 가입을 승인함으로써 세계무역기구 회원국은 144개국으로 증가했다. 향후 '도하 개발 어젠다' 협상은 어렵고 복잡한 협상이 될 것으로 예상되고, 또 세계 15대 '통상국가권'에 드는 한국이 앞으로 선진국으로 도약하는 데 중요한 기회인 동시에 심

---

13) 관료(1941~), 미 매사추세츠주립대 정치학박사(1969), 상공부 제1차관보(1984), 특허청장(1990), 상공자원 장관(1993~1994), 외무부 국제통상대사(1995), 세계무역기구 사무차장(1995~1999)을 역임했다.

각한 도전을 가져다 줄 것으로 전망된다.

그러므로 정부는 '우루과이 라운드'의 경험을 살려, 쌀과 각종 주요 농산물시장 개방 등 모든 문제를 깊이 있게 연구 검토하여, 앞으로 그 대책 수립에 만전을 기해야 할 것이다.

6. 유엔 안보리 비상임이사국 피선

1995년 11월 8일 유엔총회에서 안보리 비상임이사국 선출을 위한 투표가 있기 바로 전에, 박길연(朴吉淵) 주유엔 북한대표부 부대사는 발언권을 얻어 "한국의 안보리 진출은 한반도와 동북아 평화와 안전에 조금도 도움이 안 된다"는 '반대를 위한 반대' 발언을 했다. 그러나 한국은 투표에 참가한 총 177개국 가운데 피선에 필요한 118표(유효표의 3분의 2)보다 무려 38표나 더 많은 156개국의 압도적인 지지를 얻어, 1996~1997년도 아시아 지역 국가들의 대표로 유엔 안보리 비상임이사국으로 당당히 선출되었다.

한국의 유엔 안보리 비상임이사국 진출은 정부가 대(對)유엔 외교에서 거둔 가장 큰 성과 중의 하나로, 국제적 위상 제고뿐 아니라 한국 외교가 그 지평을 동북아에서 전 세계로 확대시켰다는 점에서 그 의의가 매우 크다. 또 유엔 결의에 의해 탄생한 한국이 유엔 안보리에 진출했다는 것은, 한국이 광복 50년 만에 유엔의 중요한 회원국으로 성장하였음을 세계적으로 공인받았다는 점에서 각별한 의미를 갖는다.

'안전보장이사회'는 유엔 기구 중에서 국제 평화와 그 유지의 1차적 책임을 지는 가장 중요한 기관이다. 한국이 안보리에 진출한 것은 상임이사국으로 거부권을 갖는 미·영·프랑스·중·러시아 등 5개국 및 다른 9개 비상임이사국과 함께, "주요 국제 분쟁을 해결하는 데 의결권을 갖고 주도적 역할을 할 수 있다"는 것을 말한다.

이사국들이 영어 알파벳(alphabet) 순으로 매달 안보리 의장국을 돌아가며 맡는 관례에 따라, 1997년 5월 우리나라는 한 달 동안 의장국을 맡아 그 임무를 성공적으로 수행하였다.

그리고 우리 한승수(韓昇洙) 외교통상부 장관이 2001년 9월 13일 제56차 유엔총회에서 189개 회원국의 만장일치로 1년 임기의 총회 의장에 선출됨으로써, 우리나라는 총회 의장국이 되었다. 총회 의장은 아시아·서유럽·아프리카·동유럽·중남미 5개 지역별로 순환 선출되는데, 제56차 총회 의장은 아시아 지역 순번으로 한승수 장관이 아시아 그룹(55개국)에서 2001년 4월 총회 의장 후보로 승인되었다.

총회 의장은 회원국 대표 자격으로 총회 본회의와 각종 특별총회를 주재하며, 총회의 주요 사안에 대한 회원국 간의 의견을 조절하는 역할을 한다. 한국이 유엔에 가입한 지 4년 만에 안보리 비상임이사국과 10년 만에 총회 의장국으로 선출된 것은 국제 사회에서의 우리나라의 위상과 역할이 얼마나 높이 평가되고 있는가를 반영한 것이다.

유엔 안보리 비상임이사국에 선출되고 총회 의장국까지 맡은 한국은 세계의 현안 문제에 대한 우리의 주장을 개진하면서 여성·인권·군축·환경·인구·기아·마약 등 범(汎)지구적 문제 토의에도 적극적으로 참여하여, 다자외교(多者外交)의 폭과 깊이를 한층 더하면서 좋은 평을 받고 있다.

정부는 유엔 안보리 비상임이사국과 총회 의장국 선출을 계기로 우리와 유사한 입장의 중견 국가들로 구성된 '유엔 강화를 위한 16개국 회

유엔총회 의장으로 선출된 한승수 외교통상부 장관의 회의 주재 모습 (2001)

의'를 활용하여, 유엔 내에서 선진국과 후진국과의 교량 역할을 하는 우리의 입장을 보다 든든하게 했다. 이 회의의 16개국은 유럽의 스웨덴·네덜란드, 아시아의 한국·호주, 아프리카의 코트디부아르와 이집트, 미주의 캐나다 등 각 지역을 대표할 만한 국가들로 구성되어 있다.

한국의 유엔 안보리 비상임이사국 진출이 성사됐던 1995년 가을의 제50차 유엔총회에서, 정부는 공로명 외무장관의 총회 기조연설을 통해 국제무대에서 처음으로 북한의 인권 문제를 공식으로 제기함으로써 북한 측과 인권에 관한 공방전을 벌였다.

이는 우리가 안보리 이사국 진출에 즈음하여 국제 무대에서 북한의 인권 문제를 성토함으로써, 북한 당국이 주민들을 위하여 미국의 권위 있는 인권 관련 민간단체인 '프리덤 하우스(Freedom House)'[14]에 의해 '최악'으로 분류되어 있는 인권 상황을 조금이라도 개선하여, 유엔 회원국으로서 지녀야 할 최소한의 품격만이라도 갖게 하자는 선의의 의도에서였다.

이 밖에도 정부는 한국이 안보리 이사국으로 활동한 2년 동안 우리가 살고 있는 한반도는 물론, 국제 평화 유지와 안전 보장을 위하여 북한 핵 문제의 평화적 해결에도 보다 적극적인 외교적 노력을 경주했다.

7. 국민소득 1만 달러 시대

우리나라는 1995년 중 수출 1,000억 달러를 돌파하고 1인당 국민소득 1만 달러를 달성함으로써, 선진국을 향한 또 하나의 문턱을 넘어서게 되었는데, 1인당 국민소득 1만 달러는 당시 외화의 급속한 유입에 따른 원화 절상에 힘입은 바 컸다.

그러나 이 같은 경제적 성과는 한국이 '세계의 경제 우등생'으로 성장하고 있음을 대내외에 알리는 지표가 됐을 뿐 아니라, 명실상부(名實相符)한 선진국 진입을 가시권 안에 둠으로써, 국민 역량을 다시 한 번 집결시킬 수 있는 계기가 됐다는 점에서 각별한 의미를 갖는다.

1960년대 초 경제개발 계획을 추진하면서 우리나라는 자원이 부족한 대신 풍부한 노동력이 있어, 이를 이용할 수 있는 수출 주도형 성장을 기본 전략으로 채택했다. 그래서 국가와 기업은 "수출만이 살 길이다"라며 수출 확대에 모든 노력을 집중시켰다. 이와 같은 거국적인 노력의 결과, 1964년 1억 달러 선을 돌파한 이후 31년 만인 1995년 다시

---

14) 루스벨트 대통령 등 미국 정·관·재계의 지도급 인사들이 모여, 미국 주도 이래 위험에 대처하고 세계의 자유와 평화, 그리고 안전을 증진한다는 취지로 설립한 초당적 비영리 단체로, 지금도 세계의 인권 문제 개선에 크게 공헌하고 있다.

1,000억 달러 수출이라는 쾌거를 이룩했다.

세계 기록으로 따질 때, 수출 1억 달러를 81번째로 달성하고 7년 만에 10억 달러를 38번째로 돌파했으며, 다시 6년 만에 20번째로 100억 달러를 넘어선 데 이어, 이번에는 12번째로 1,000억 달러 고지를 점령한 것이다. 수출 1억 달러에서 1,000억 달러까지 걸린 31년의 시일은 세계 수출 역사상 가장 짧은 것이며, 이 기간 중의 연평균 증가율은 25.1%로 역시 세계에서 가장 높은 것이었다.

수출 증가에 따라 국민소득이 엄청난 속도로 증가하면서, 1인당 국민소득도 역시 1995년에 1만 달러를 넘어섰다. 1994년 1인당 국민소득은 8,508달러였는데, 1995년도에 원화 환율 절상이 4.08%, 국민소득 증가율이 9.1%, 인구 증가율이 0.9%가 되어, 1인당 국민소득은 드디어 1만 39달러에 이르렀다.

우리나라의 1인당 국민소득은 1961년 83달러와 1970년 253달러를 기록한 후, 1977년에 1,011달러, 1983년에 2,014달러, 1989년에 5,000달러를 돌파했다. 1인당 국민소득은 그 후 연평균 10%씩 증가, 6년 만인 1995년 1만 달러 선을 넘었다. 미국이 1만 달러 선을 넘어선 것은 1976년, 스위스·독일·스웨덴은 1978년, 일본은 1984년, 영국은 1986년, 또 싱가포르는 1989년, 타이완이 1992년이었다.

물론 1990년대의 1만 달러의 가치는 1970년대와 1980년대의 그것과는 다르다. 그러나 그렇다고 해서 1만 달러가 갖는 상징성을 무시할 수는 없다. 또한 수출 1,000억 달러 및 1인당 국민소득 1만 달러 돌파가 우리나라 경제에서 지니는 의미도 매우 중요하다.

그것은 이 같은 경제지표가 한국이 선진국을 향해 꾸준히 나가고 있다는 것을 확실한 좌표로 보여줌으로써 대외 신용도를 높였을 뿐 아니라, 국민들에게도 수년 내에 우리나라가 명실공히 선진국에 진입할 수 있다는 자신감을 심어 주었기 때문이다.

선진국의 정의에 관해 객관적으로 확립된 정설은 없다. 그러나 '세계은행(IBRD)'[15]은 1993년 기준으로 1인당 국민소득이 8,628달러를 넘는 40개 국가들을 고(高)소득국(high-income countries)으로 분류하고, 당시 7,513달러인 한국은 중(中)소득국(middle-income countries)에 포함시켰다.

아직 새 기준은 나오지 않았지만 '세계은행'의 이 같은 기준과 물가 상승률을 참고하면, 넉넉히 잡아 지금은 실질적으로 1인당 국민소득 2만 달러, GNP 1조 달러, 교역 규모 5,000억 달러 정도가 돼야 명실공히 선진국에 끼었다고 할 수 있을 것 같다.

지난 30여 년간 수출이 우리나라 경제성장의 견인차 역할을 담당해왔다. 수출은 고용과 소득을 증가시키는 한편, 외화를 획득하여 경제활동에 필요한 원자재와 자본재의 수입을 가능케 하는 직접적 효과뿐 아니라, 외국 기업과의 경쟁을 제고시키는 간접적 효과도 가져온다.

수출이 크게 늘어나면서 수출상품 구조에도 엄청난 변화가 있었다. 1960년대의 직물·합판·철광석·의류·활어·생사·김·철강·중석·오징어 등 1차 상품 중심에서 반도체·자동차·가전제품·석유 화학·선박·기계·컴퓨터·직물·의류 등으로 선진화했다.

그리고 수출이 숨 가쁘게 양과 질의 성장 가도를 달려옴에 따라, 무역업체 수도 1967년의 998개에서 1996년 6만 3,000개로 거의 63배나 늘어났다. 1,000만 달러 이상을 수출하는 대형 수출업체만도 1970년의

---

15) 정식 명칭은 국제부흥개발은행(International Bank for Reconstruction and Development)으로 1945년 전쟁으로 피폐화된 유럽을 부흥시키기 위해 설립됐다. 지금은 개도국 중에서도 특히 빈곤한 나라들을 지원하기 위하여 1960년에 설립된 국제개발협회(International Development Association: IDA)를 합쳐 통칭 '세계은행'이라고 하는데, 가입 국가는 181개이고 본부는 워싱턴에 있다.

16개에서 754개로 47배나 크게 증가했다.

미국·서독·일본·프랑스의 경우, 수출이 1970년대에 수출 1,000억 달러 고지를 넘어섰고, 영국·이탈리아·캐나다·네덜란드가 1980년대에 뒤를 이었다. 한국은 1990년대에 1,000억 달러의 위업을 이룩한 벨기에·홍콩·중국에 이어 세계 12번째이다. 그러나 재수출이 수출액의 대부분을 차지하는 홍콩을 제외하면 실질적으로는 우리나라가 세계 11번째가 된 셈이다.

이처럼 우리나라가 '무역대국'으로 우뚝 설 수 있었던 것은 국민과 정부, 그리고 기업들이 다 함께 일심동체(一心同體)가 되어 열심히 노력한 결과다. 게다가 그동안 일본의 엔고(円高) 효과로 반사적인 이득을 본 데다, 중국을 비롯한 후발 개발도상국들이 급격한 경제 성장을 이룸에 따라, 이 지역에 대한 수출이 크게 신장된 데 따른 효과도 적지 않았던 행운까지 따랐다.

그러나 수출 1,000억 달러를 달성했던 1995년에도 무역 적자가 101억 달러에 달했다는 것은 우리의 교역 구조가 취약하다는 점을 말해준다. 정부는 앞으로 구조 조정을 비롯하여 '글로벌 네트워크(Global Network) 체제' 구축 등에 대한 대책과 함께 과거 개도국으로서의 특혜를 누릴 수 있었던 무역 환경의 변화에도 적절히 대처하면서, 우선 연 3,000억 달러 수출 목표를 향해 계속 달려가야 할 것이다. 산업자원부가 2002년 1월 1일 발표한 바에 의하면, 우리나라의 2001년 교역고는 총 3,170억 달러로, 그중 수출은 1,620억 달러이고 수입은 1,550억 달러로, 무역 흑자가 95억 달러였다.

8. 한·미 행정협정(SOFA)의 개정 문제

1950년 6월 25일 발발한 한국전쟁 중 정부는 유엔군과의 합동작전 능률의 극대화를 위해 절박한 여건 아래 각서 교환 형식으로, 한국군의 작전지휘권을 '전투 행위가 끝날 때까지' 한시적으로 유엔군 사령관에게 위임하는 '대전(大田)협정'을 체결한 바 있다.

이 '대전협정'의 정식 명칭은 '주한미군의 형사 재판권에 관한 대한민국과 미합중국 간의 협정'인데, 미군 범죄의 종류와 장소 여하를 불문하고 무조건 미군 당국에 형사 관할권을 인정하는 일방적인 전속적·배타적 재판권을 부여하고 있다. 이것은 1953년 7월 27일 '정전협정'이 서명됐음에도 불구하고, 1967년 2월 '제1차 개정 행정협정'이 발효될 때까지 존속되었다. 1950년의 '대전협정'은 주한 미군에게 한국인을 체포할 수 있는 법적 지위와 권한까지 부여함으로써, 한국의 주권을 크게 침해한 대표적인 '불평등조약'이었다.

'정전협정' 체결 후, 한·미 양국은 새로운 침략에 대비할 수 있는 태세를 갖추기 위하여 1953년 10월 1일 '한·미 상호방위조약'을 체결했다. 이 조약 제4조에 의한 상호 간의 합의 아래 미군이 계속 한국에 주둔하게 됨에 따라, 1962년부터 개정 교섭을 시작하여 새롭게 '대한민국과 미합중국 간의 상호방위조약 제4조에 의한 시설과 구역 및 대한민국에서의 합중국 군대의 지위에 관한 협정'이라는 아주 긴 이름의 협정을 1966년 7월 9일 체결하고, 1967년 2월 9일부터 발효시켰다.

주한 미군의 법적 지위를 규정한 이 협정을 보통 우리는 '주둔군 지위협정(Status of Forces Agreement: SOFA)'이란 약칭으로 부르고 있는데, 본문과 후속 문서인 '합의 의사록' 그리고 '양해 사항과 형사 관할권에 관한 교환 서한' 등 4개 문서, 31개의 조문으로 되어 있다.

1967년에 발효된 이 '한·미 행정협정'은 그 이전의 주한 미군의 법적 지위에 관한 협정에 비하면 크게 개선되었으나, 나머지 3개 부속 문서는 본 협정의 정신을 매우 제한시키는 내용이었다. 그러나 미국의 압도적인 영향력으로 특징지어지는 1976년 당시의 상황에서, 불평등 조항에 관해 한국 측이 이의를 제기할 여지가 없었다.

그 후 1970년과 1980년대에 비약적인 경제성장에 따라 한국의 정치·경제적위상이 급속도로 높아졌다. 이에 따라 '북대서양조약기구협정'(1951)이나 '미·일 협정'(1960)과 비교할 때, 미국 측에 지나치게 유리했던 '부속 문서'로 인해, 한국이 주권 국가로서 고유한 권리를 행사하는 데 문제점이 있음이 지적되었다.

1988년 12월 16일, 한국 측이 정식으로 1967년의 '한·미 협정'이 안고 있는 여러 가지 문제점을 제기함으로써, 양측 간에 협정 개정(改正) 작업이 시작되어 2년간의 협상 끝에 1991년 1월 4일 개정이 이루어지고, 같은 해 2월 1일 '개정 문서'가 서명되었다.

이 개정 문서는 1967년의 본 협정과 '합의 의사록'은 전혀 개정하지 않은 채, 하위 규정인 '양해 사항과 교환문서'를 폐기하고 이를 새로운 '양해 사항'으로 대치했을 뿐이었다. 결국 1967년 협정보다 형사 관할권 행사의 확대, 불필요한 시설과 구역의 반환, 군사 우편물의 세관 검사, 한국 고용원의 노동 조건 등에서 크게 개선된 것은 사실이나, "많은 문제점을 가지고 있는 '합의 의사록'을 그대로 둔 것 때문에 불평등 요소가 근본적으로 치유되지 못했다"는 지적을 받았다.

1992년 10월 28일 동두천에서 일어난 한국인 살해 사건, 1994년 10월 25일 서울에서 발생한 미 헌병대의 한국인 세 모녀 폭행 사건과 1995년

5월 19일 서울 지하철역 미군들의 난동 사건 등이 계기가 되어, 한·미 간의 대표적인 불평등조약인 '한·미 행정협정'의 개정 여론이 국민들 사이에 크게 확산되었다.

이러한 개정 요구에 대해 미군 당국은 처음에는 규정 자체보다 운영상의 문제라고 소극적인 태도를 보였으나, 1995년 여름에 협정 개정을 위한 협상에 착수하기로 공식 합의했다.

그 후, 1995년 '한·미 연례안보협의회'를 계기로 '제1차 서울협상'(1995.11.30)을 시작으로 '제6차 워싱턴 협상'(1996.3.21)까지 여러 차례의 협상을 통해 이견이 상당 부분 좁혀졌다.

그러나 미국 측은 '제7차 협상'을 1996년 4월 중순부터 네 차례나 연기해 오다가 한국 측의 강력한 개정 요구로 마침내 1996년 9월 11일 '제7차 서울협상'을 재개했다. 하지만 한·미 양측은 완전한 합의 도출에 실패, 미국 측의 무성의로 '제8차 협상' 일정 합의도 없이 개정 작업이 결렬되었다. 그 후 이 협상은 3년이나 중단되어 한국 국민의 불만이 날로 커가 더 이상 지연시킬 수 없는 상황에 이르렀다.

미국은 현재 전 세계 85개국과 주둔군 지위 협정을 맺고 있는데, 한국처럼 불평등한 관계를 지속하고 있는 사례는 드물다. '한·미 행정협정'의 경우, 가장 대표적인 불평등 조항은 미군 범죄 피의자의 신변 인도시기와 권리 보호 등에 관한 본 협정 제22조의 형사 관할권이다. 그리고 민사 청구권, 미군 시설과 기지의 사용, 노무자의 처우, 출입국 및 통관 관세, 과세, 협정 이행과 해석 등에도 미군 당국에 특혜를 부여한 규정이 있어, 양국의 성숙한 동반자 관계 증진에 저해 요인으로 작용해 왔다.

그 후 한국과 미국은 2000년 8월 2일 SOFA 개정 협상을 재개하면서

'미·일 협정' 수준의 개정에 합의하고, 협상을 클린턴 대통령 임기 내에 타결한다는 방침 아래 서둘렀다. 그 결과, 12월 28일 5년간에 걸친 협상을 타결하고 2001년 1월 18일 정부 중앙청사에서 이정빈(李廷彬)16) 외교통상부 장관과 리비어(Evans J. R. Revere) 주한 미 대리대사가 개정안에 공식 서명하고, 비준 절차를 거쳐 2001년 4월 1일부터 발효됐다.

개정안의 내용은 미국 측이 당초의 완강한 태도에서 상당히 양보했다. 많은 국민들의 관심 사항이던 조항이 완벽하지는 않지만, 대부분 반영되어, '미·일 협정'과 '미·독일 협정' 수준으로 개정되었다. 우선 환경 조항과 동식물 검역 조항이 신설되고, 노무 규정과 시설·구역의 공여 및 반환 규정도 보다 구체화되었다.

그리고 오랜 쟁점 사항인 '형사재판 관할권 문제'도 살인·강간 등 12개 중요 범죄에 대해서는 기소 시점에서 범인을 인도하도록 했고, 우리 측이 체포했을 때는 계속 구금권을 행사토록 했다. 그러나 범죄의 유형 규정의 결여와 환경 조항에 대한 구체적 배상 조치의 누락 등 아직 미비한 부분이 남아 있으므로, 정부는 앞으로 미진한 부분을 현실에 맞게 계속 보완·개선해 가야 할 것이다.

9. 새 재외동포 정책

한국인의 해외 이주는 구한말에 중국 젠다오(間島)지방과 연해주지역으로의 이동으로 시작되었는데, 일제 강점기에는 그 잔혹했던 탄압을

---

16) 외교관(1937~), 서울 법대 졸업(1960), 주네팔(1983)·스웨덴 대사(1986), 외무부 제1차관보(1989), 주인도 대사(1991), 주러시아 대사(1996), 외교통상 장관(2001)을 역임했다.

피해 주로 이주가 만주지방으로 — 1930년 말 당시 젠다오 지방에만 약 38만 명이 이주했다 — 무작정 진행되었다

그러나 정부 간 합의에 의한 이주는 구한말 대한제국과 미국 간의 합의에 따라 1902년 12월 하와이의 사탕수수 농장으로 떠난 56명의 남자와 21명의 여자, 그리고 14세 미만 25명의 자녀 등 102명이 처음이었다. 이들은 미 상선 '갤릭(Gaelic)호'를 타고 제물포항을 떠나 태평양을 건너, 이듬해 1월 13일 하와이 호놀룰루에 도착한 것을 시작으로, 1905년까지 7,226명이 이주했다. 이들은 1910년부터 시작된 망명 유학생 등과 함께 한인 이민의 원류를 이뤘다.[17]

그 후, 해외 이민은 1948년 정부 수립 후 해외 이주가 정책적으로 장려되기 이전인 1960년까지는 그다지 활발하지 못했다. 그러다가 1960년대 초, 정부가 급증하는 인구 문제와 국내 잉여 노동력의 소화, 실업자 구제 및 외화 획득 등의 견지에서 해외 진출 정책을 추진하면서, 1962년 8월 9일 '해외이주법'을 제정함에 따라 이민 활성화의 계기가 마련됐다.

1980년대 중반부터 해외 이주 창구가 외무부로 일원화되고, 해외 이주비 환급 조치로 투자 이주의 장벽이 제거되는 등 정부의 적극적인 해외 이주 정책이 추진되었다. 1990년대에 들어서부터는 사회 전반의 자유화 분위기에 따라 해외 이주도 '거주이전의 자유'라는 개인의 기본권 차원에서 새로이 조명받게 됐다.

1990년대 이전까지 230만 명밖에 안 되던 재외동포는 소련과 중국

---

17) 미국 의회는 2001년 11월 30일 오는 2003년 '미국 한인 이민' 100주년을 맞아, 부시 대통령이 이 해를 '한국 이민의 해'로 선포해 주도록 결의안을 법사위에 상정했다. 이 결의안은 2002년 6월 27일 34명의 상·하 양원 의원들이 100년간의 한·미 관계를 높이 평가하고 그 중요성을 강조하면서 통과시켰다. 이 결의에 따라 우리 주미 대사관과 '한인 미국 이민 100주년 기념사업회'와 함께 음악회·전시회 등 다채로운 기념행사가 거행됐다.

과의 국교 수립으로 이 지역에 살고 있던 약 240만 명의 한민족이 재외동포에 포함됨으로써, 1999년 6월 당시 약 560만 명에 이르렀다.

이는 국내 인구의 12%가 넘는 숫자이다. 일본인의 해외 거주자는 80만 명으로 총인구의 0.6%에 불과하고, 화교(華僑)는 전 세계에 6,000만 명이 산재해 있으나, 중국의 총 인구 13억 명의 5%도 안 된다. 이에 비하면 한국인의 해외 진출률은 이상할 정도로 높고, 해외 거주 인구 비율은 세계에서 유태인(본국 550만, 해외 1,800만) 다음으로 두 번째이다.

이들 동포의 국가별 분포를 보면, 2001년 1월 당시 90% 이상이 미국(212만)·중국(188만)·일본(64만) 및 독립국가연합(CIS, 52만) 4대 강국에 집중되어 있고 캐나다(14만)·유럽(8만)·호주(4만) 등이 그 뒤를 따르고 있었다.

정부는 '재외동포' 관련 각종 지원 및 교류 사업을 이미 해방 후부터 실시해 왔다. 이러한 사업이 체계화된 재외동포 정책 아래 시행되기 시작한 것은 1988년 서울올림픽 이후로 볼 수 있다.

서울올림픽을 계기로 재외동포들의 조국에 대한 '이미지'가 고양되었고, 정부도 경제 성장과 정치 발전을 이룩한 자신감을 바탕으로 적극적인 재외동포 정책을 추진했다.

종래 정부가 추진해 온 재외동포 정책의 목표는 재외동포들이 거주국에 잘 적응하여 안정된 생활을 영위하고, 나아가 거주국의 지역 사회 발전에 기여하고 존경받는 구성원으로 성장토록 유도하면서, 모국과의 유대 강화를 통해 한민족으로서의 긍지를 갖고 살아갈 수 있게 지원하는 것이었다.

그러나 1990년 초, 중·소 양국과의 관계 정상화로 그 지역 동포를 재외동포 정책의 대상으로 하는 양적 증가와 미국이나 일본 등 선진국가들의 동포 주류 세대층이 이민 1~2세대에서 2~3세대로 넘어가는 질적 변화로, 정부는 1991년부터 이주 허가제를 신고제로 전환하는 등 이민 정책을 수정, 해외 이주를 적극적으로 도와주었다.

그리고 1992년 출범한 '문민정부'는 '재외동포 정책'을 보다 적극적으로 추진하기 위해 '남북통일'까지를 시야에 둔 새 재외동포 정책을 수립하여, 경제·사회적 지위의 확립, 민족 교육, 재외동포 사회의 대동단결(大同團結), 자조·자립 노력 지원, 재외동포 행정 창구의 일원화, 본국과 관련된 경제 활동의 촉진 등을 적극 지원하는 방향으로 나갔다. 그런 한편, 1997년 10월 30일 '재외동포재단(Overseas Korean Foundation)'을 외교통상부 산하 기관으로 공식 출범시켜 종합적이고 일관성 있는 재외동포 지원 업무를 수행케 하고 있다.

한·중 정상회담에서 의견을 나누고 있는 김영삼 대통령과
장쩌민 중국 국가주석 (1997)

재외동포재단은 그동안 재외동포들의 숙원사업이었던 교민청을 신설하는 대신, 재단 형태로 명실 공히 재외동포들을 전담하는 사업 기관으로 설립하게 된 것이다. 재외동포들이 민족적 유대감을 유지하면서 거주국 안에서 그 사회의 모범적인 구성원으로 살아갈 수 있도록 도와주는 것을 재단의 기본 목적으로 하고 있다.

이사장 밑에 이사 두 명을 두고 있으며, 세계를 빛낸 한국인 모국 방문사업 같은 재외동포 관련 각종 교류와 자료의 조사·연구, 그리고 한글학교 운영 지원 같은 재외동포 대상 교육·문화 및 홍보 등을 그 주요 사업으로 삼고 있다. 그리고 지금까지 정부 내 여러 부처에 분산되어 있던 재외동포 관련 업무의 상당 부분을 재단이 전담하고 있다.

이 밖에도 정부는 재외동포들이 국내 재산권 행사 때의 제한 완화와 출입국 간편화를 위해 국내법과 제도를 개선하는 한편, '국민의 정부'는 1999년 9월 2일 「재외동포의 출입국과 법적 지위에 관한 법률」을 제정, 12월 30일부터 시행하고 있다.

그러나 중국과 러시아의 240만 동포와 무국적 재일동포 15만 명이 '새 재외동포법'에서 제외되어, "동포를 차별하는 것은 부당하다" 하여 법 개정을 주장하는 운동이 일어났다. 법무부는 입국 후 취업 허용 등 일부 보안 대책을 마련하였고, 헌법재판소는 2001년 11월 29일 이 '재외동포의 출입국과 법적지위에 관한 법률'이 "대한민국 정부 수립 시점을 기준으로 그 이전에 조국을 떠난 동포를 이후에 떠난 동포와 차별하는 것은 평등 원칙에 위배된다"는 '헌법 불일치' 결정을 내렸다. "일제 때 독립운동을 하거나 악정을 피해 조국을 떠났던 중국과 구(舊)소련 동포들을 도와주지는 못할지언정, 도리어 차별하는 것은 정당하지 못하다"는 것이다.

'헌법 불일치'란 해당 법률이 위헌임을 인정하면서도 사회적 혼란을 막기 위해 법 개정 때까지 기존 법의 효력을 인정하는 것으로, 2003년 12월 31일까지 관련 법 조항을 개정하라는 것이다. 결정 취지대로 법이 개정되면 중국과 러시아 동포, 그리고 무국적 재일 동포 등 약 255만 명이 자유로운 출·입국과 국내 부동산 취득 등 새 재외동포법에 정한 혜택을 보게 된다.

이는 백 번 천 번 옳은 결정이다. 그러나 재외동포법이 개정될 경우, 자국 내 소수민족 문제에 민감한 중국이나 러시아와의 외교적 마찰이 일어날 가능성이 있다. 그리고 국내 노동시장에 노동력의 공급 과잉 현상도 빚어질 수 있다. 외교통상부와 법무부는 중국의 화교 정책을 참고하여 여러 가지 문제점을 철저하게 점검해, 앞으로 모든 해외동포들에게 골고루 혜택을 주면서도 부작용이 적은 방안과 대책을 마련해 나가야 할 것이다.

마지막으로 이중국적 문제인데, 세계화 시대에 재외 국민들의 이중국적을 많은 나라들이 허용하고 있다. 앞으로는 우리나라도 국내 고급 인력의 해외 유출을 막고, 우수 인력을 국내로 유치하기 위해 특정인의 이중국적을 허용하는 방안을 진지하게 검토해야 할 것이다.

10. 아시아·유럽 정상회의(ASEM)

'아시아·유럽 정상회의(Asia−Europe Meeting: ASEM)'는 한·일·중 3개국과 아세안 7개국, 그리고 유럽연합 15개 회원국의 정상들과 유럽연합 집행위 위원장들이 참석하여, 양(兩)대륙 간의 중요한 문제들을 논의하기 위하여 2년에 한 번씩 아시아와 유럽에서 번갈아 가며 개최되는 국제회의이다.

1996년 3월 10일 태국 방콕에서 첫 정상회의가 열린 후, 1998년 4월 영국 런던에서 제2차 회의를 가졌고, 세 번째인 제3차 회의는 2000년 10월 20~21일 서울에서 개최되었다.

서울에서 개최된 아시아·유럽 정상회의 제3차 회의는 김영삼 대통령이 방콕의 제1차 회의에서 유치한 것인데, 이는 우리 외교가 앞을 내다보고 계획하여 이루어낸 또 하나의 성과로 평가됐다.

아시아·유럽 정상회의가 성립하게 된 배경을 살펴보면, 이는 아시아와 유럽 간의 관계 강화 필요성에 대한 인식의 증대이다. 다자주의적인 세계의 교역 질서가 확대되고 '북미 자유무역협정(NAFTA)'[18]·'유럽연합' 등 지역주의화 움직임이 가속화되는 상황에서, 세계 경제의 3대 축인 아시아·북미·유럽 중 상대적으로 아시아·유럽 간의 연계성이 가장 미약했던 것이다.

이 같은 아시아·유럽 간 관계 강화의 필요성에 대한 인식을 바탕으로, 1994년 7월 '세계경제포럼(World Economic Forum: WEF)'[19]이 주관한 '아시아·유럽연합 회의'에서 '아시아·유럽 정상회의' 구상이 처음 제시되었다. 실제로 방콕에서 '제1차 아시아·유럽 정상회의'가 개최되기까지, 대미 일변도에서 벗어나 균형 잡힌 새로운 세계경제 질서

---

18) 정식 명칭은 '북미 자유무역협정(North America Free Trade Association)'이다. 미국·캐나다·멕시코 3 국이 관세와 무역 장벽을 철폐하고 자유 무역권을 형성하기 위해 만든 협정으로, 1992년 12월 조인하고 1994년 1월 발효됐다. 미국의 자본과 기술, 캐나다의 자원, 멕시코의 노동력이 결합하여 지역 경제를 발전시키자는 목적으로 만들어진 것인데, 말하자면 북미판 EC 구상이다.

19) 스위스 제네바대학의 교수로 있는 슈바프(Klaus Schwab)가 설립한 비영리 재단으로, 현재 유럽과 미국을 중심으로 1,200개 이상의 기업체와 단체가 가입하고 본부는 제네바에 있다. 매년 스위스 다보스에서 2,000명 가까운 세계 각국의 정·관·재계의 유력 인사들이 모여, 각종 정보를 교환하고 세계 경제의 발전 방안 등을 논의하는 '다보스 포럼(Davos Forum)'이 바로 이 WEF의 연차 총회인데, 총회 참가 회비가 2만 6천 달러나 되어 "너무 영리 위주"라는 비판의 소리가 있다.

모색에 공감한 고촉통(吳作棟)[20] 싱가포르 총리와 바라뒤르(Edouard Balladur)[21] 프랑스 총리의 활동과 노고가 컸다.

특히 고촉통 총리가 1994년 10월 프랑스 방문에서 돌아와 아세안의 나머지 6개국들의 동의를 얻어내면서 아시아·유럽 정상회의 개최가 현실화되었던 것이다. 제1차 회의가 태국에서 개최된 것을 보아서도 알 수 있듯이 처음 아시아·유럽 정상회의 개최는 아세안이 주도했다.

아시아·유럽 정상회의는 유럽연합이나 아세안 또는 '북미 자유무역 협정'과 같은 지역 내(intra-regional) 국가들의 협력체가 아니라, 아시아와 유럽 두 지역 간(inter-regional) 협의체로서, 그 특징은 다음과 같다.

첫째, 아시아·유럽 정상회의는 경제 분야의 협력만을 다루는 아시아·태평양 경제협력회의(APEC)와 달리, 양 지역 간 경제협력 확대 외에 정치·안보 대화의 증진, 사회·문화 등 여타 분야에서의 교류 확대 등 지역 간의 포괄적인 협력을 추구한다.

둘째, 아시아·유럽 정상회의는 특정 사안에 관한 회원국 간의 협상 기구라기보다는 회원국 정상들이 중요한 국제 및 지역 문제에 대하여 자유롭게 의견을 교환하고, 양(兩) 지역 간의 협력 방안을 모색하는 장이다. 유엔과 같이 공식 의제나 의사 규칙 그리고 의사 기록 같은 것은 없으며, '다수결'이 아니라 '만장일치 원칙'을 적용하고, 회의 결과는 '의장 성명(Chairman's Statement)' 형식으로 발표된다.

셋째, 아시아·유럽 정상회의의 발전 과정을 보면, 아시아와 유럽 정상들 간의 회동이 먼저 시작되고, 정상들 간의 합의에 따라 외무·경제·재

---

20) 싱가포르 정치가(1941~), 미 윌리엄스 칼리지에서 경제학 전공, 국회의원(1976), 재무담당 신임국무 장관(1977), 상공·보건·국방장관 및 제1부총리, 총리(1991)를 역임하였다.

21) 프랑스 정치인(1929~), 프랑스 국립고등행정학교 졸업, 대통령 비서실장(1973~1974), 재무장관(1986~1988), 총리(1993~1995), 국회의원(1995~)을 역임하였다.

무 장관 등의 '각료급회의'가 '정상회의'가 개최되지 않는 해에 열려 각종 사업의 이행 상황을 점검한다. 아시아·태평양 경제협력회의가 '각료회의'로 시작하여 '정상회의'로 발전된 과정과는 아주 대조적이다.

제1차 아시아·유럽 정상회의에서는 각국 정상들이 '아시아·유럽 간 새로운 포괄적 동반자 관계'라는 주제 아래, 정치·안보·경제 협력 및 환경·마약·테러 등 여러 분야에서의 아시아·유럽 간 협력 방안에 관한 협의를 갖고, 양 지역 경제·사회의 발전 및 세계 평화와 안전 유지를 공동 목표로 추구할 것을 결의하는 의장 성명을 채택했다.

이 '정상회의'에서 김영삼 대통령의 제의에 따라 제3차 아시아·유럽 정상회의가 서울에서 열리게 되었다. 정부는 이 회의를 위해 서울 삼성동 무역전시관에 '국제회의장(Convention Center)' 건물을 신축했으며, 또 우리나라가 제안한 '아시아·유럽 비전그룹(Vision Group)'이 제2차 아시아·유럽 정상회의에서 공식 출범하게 됐고, 한국이 이 '비전그룹'의 의장국이 되었다.

제1차 아시아·유럽 정상회의에서 합의된 안건 중에서 우리나라가 직접 관련될 뿐만 아니라, 가장 큰 관심을 갖고 참여한 것이 남한과 북한을 관통해 중국-인도차이나 반도-싱가포르를 잇는 '아시아 횡단철도(Trans Asian Railway: TAR)' 건설에 대한 제의였다.

구체적 안은 말레이시아가 마련키로 했고, 이와 별도로 장관회의는 아시아 횡단철도와 '시베리아 횡단철도(Trans-Siberian Railroad: TSR)',[22] '만주 횡단철도(Trans Manchuria Railroad: TMR)',[23] '중국 횡단철도(Trans China Railroad: TCR)',[24] '몽골 횡단철도(Trans-Mongolian Railroad:

---

22) 러시아 서시베리아 지방의 첼랴빈스크에서 블라디보스토크까지 연결하는 대륙횡단 철도이다. 1891년 착공, 1937년 전구간이 복선화되고, 현재 전선이 거의 다 전철화(電鐵化)되어 있다.

23) 만주 단둥(丹東)에서 하얼빈을 거쳐 러시아의 울란우데로 연결되는 중국 철도이다.

TMGR)'25) 경유로를 연결해 아시아와 유럽을 잇는 철도망을 구축한다
는 계획안도 논의했다.

그리고 회의에서는 철도는 고속전철을 포함, 되도록 빠른 열차를 도
입하자는 의견이 지배적이었다. 이것은 21세기에 부산을 기점으로 파
리를 연결하여, 아시아와 유럽을 잇는 현대판 '철의 비단길' 건설을 겨
냥한 우리의 TGV 도입 목적과 맥을 같이한다.

이 '철의 비단길' 건설은 한국을 세계의 주변국에서 중심국으로 이동
시키는 '한반도 시대'의 개막을 창조하는 첫 작업일 것이다. 아시아·유
럽 정상회의가 아시아 횡단철도 건설에 합의함에 따라 중국 횡단철도와
의 연결 논의에서 제외된 일본은 '한·일 해저터널'26)을 건설해 아시아
대륙에 편입하려는 계획에 강한 집념과 열정을 보이기 시작했다. 또 러
시아도 시베리아 횡단철도(TSR)와 경원선(Trans Korea Railroad: TKR,
한반도 종단철도)의 연결과 관련, 아시아·유럽 정상회의 가입을 강하게
희망하고 나섰다.

'철의 비단길' 건설을 위해서는 우리 경부선을 경의선과 및 경원선
에 연결해야 함으로 북한의 참여가 필수적이다. 이 남·북한 철도 의
연결은 반세기 이상 끊어진 '민족의 혈맥'을 잇는다는 상징적 의미 외
에도 대한민국을 유라시아(Eurasia) 대륙과 연결하는 의미를 지닌다
(<그림 7-1> 참고).

---

24) 중국의 롄윈강(連雲港)에서 시작해 카자흐스탄과 러시아를 거쳐 유럽과 연결된 12,000km의 새로운 중
국 철도로, 기존의 TSR보다 3,000km 정도 운송거리가 단축된다.

25) 중국의 베이징에서 몽골의 수도 울란바토르를 거쳐 러시아의 울란우데로 이어지는 몽골 철도이다.

26) 일본은 대륙 진출을 위하여 현재 대한해협 밑을 뚫는 '한·일 해저 터널'과 홋카이도(北海道)·사할린
(樺太, Sakhalin)·시베리아를 연결하는 해저 터널 등을 조사 연구하고 있는데, 둘 중에서는 역시 대한
해협 쪽이 현실적이고 경제성이 높아, 현재 규슈(九州)의 가라쓰(唐津)−이기(壹岐) 섬−쓰시마(對馬) 섬−
거제도 간의 '해저 터널' 건설을 진지하게 연구·검토하고 있는 것으로 알려지고 있다. 계획 중인 이
해저 터널의 사업비는 150조 엔, 사업 기간은 15∼20년, 터널의 전체 길이는 209∼231km가 될 것이
라고 한다.

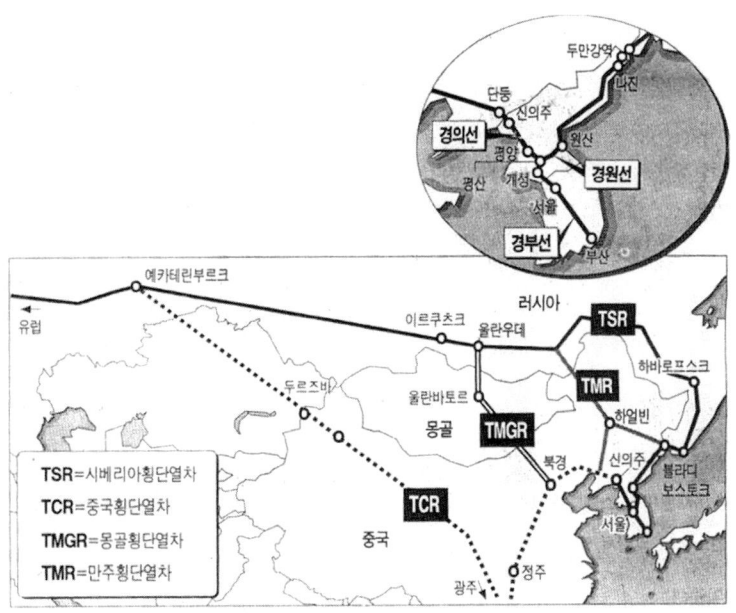

<그림 7-1> 대륙횡단 철도망 노선도

육로를 통한 승객과 물류 통과료는 우리 경제뿐 아니라, 심한 경제
난을 겪고 있는 북한에도 큰 도움이 된다. 김일성이 1994년 6월 '남북
정상회담' 준비의 일환으로 '평의선 복선화'를 지시하면서, "남조선과
다른 나라의 화물 열차가 우리나라를 통과하도록 하면, 통과료만 받아
도 나라 살림의 허리가 펴질 것"이라고 말한 적이 있다(통행료 수입이
당시 연간 1억 달러로 예상됐다).

2001년 8월 열차편으로 러시아를 방문한 김정일도 TSR과 TKR을 연계하
는 '북·러 철도협정'을 푸틴(Vladimir Putin)[27] 대통령과 체결한 바 있다.

---

27) 러시아 정치가(1952~), 상트페테르부르크대학 졸업, 소련 국가안보위원회(KGB) 근무, 대통령 행정실
(크렘린궁) 제1부실장(1997), 연방보안국(FSB) 국장(1998), 총리(1999), 옐친 대통령 사임으로 대통령
권한을 대행하다가 대통령에 당선(2000~2008)되었고, 이후 총리직을 맡다가 2013년 다시 대통령에
당선되었다.

처음부터 북한을 이 사업에 참여시키고 북한의 변화를 보아 가며 아시아·유럽 정상회의 가입도 검토해 보자는 목소리가 오래전부터 나와 있는데, "북한을 참가시키는 것은 좋으나, 북한이 가입한 후 일방적으로 '이랬다 저랬다' 하지 못하게, 처음부터 이 사업을 중국·몽골·러시아·일본·프랑스·독일·영국 등 모든 관련국들과 함께, '다국적 기업'으로 추진하는 게 바람직할 것"이라는 게 외교 전문가들의 일치된 의견이다.

한국은 1992년 남·북한, 중국, 몽골, 러시아, 카자흐스탄을 통과하는 동북아철도 건설을 유엔의 '아시아·태평양 경제사회이사회(ESCAP)' 베이징(北京)회의 때 제의하여 많은 호응을 받은 바 있었다. 그리고 현재 아시아·태평양 경제사회이사회가 '아시아 하이웨이(Asia Highway, 아시아 교통로)' 건설 계획도 주관하고 있는데, 이 두 계획이 다 똑같이 우리나라의 부산을 기점으로 하고 있어 주목을 끌고 있다(<그림 7-2> 참고).

<그림 7-2> 아시아 하이웨이 간선도로망

부산을 떠난 고속열차가 하나는 서울과 원산을 거쳐 블라디보스토크로 가 시베리아 횡단철도와 연결되고, 또 하나는 서울과 신의주를 거쳐 선양(瀋陽)으로 가 만주와 중국 횡단철도와 연결된다. 두 노선은 각각 몽골과 러시아를 통과하여 파리와 런던으로 달리고, 선양에서 베이징을 거치는 고속철도는 베트남·태국·말레이시아를 통과하여 싱가포르까지 내려간다.

한편에서는 우선 4차선의 자동차 전용고속도로가 철도와 비슷하게 달릴게 될 것인데ー 현재 한국에서 러시아·알래스카·캐나다·미국으로 가는 고속철도와 도로도 함께 연구되고 있다ー이것은 결코 동화나 꿈속에 나오는 이야기들이 아니고, 빠르면 금세기 전반기에는 어느 정도 연구가 완성되어, 조금씩 현실로 그 모습을 드러낼 것이다.

1998년 영국 런던에서 개최된 제2차 아시아·유럽 정상회의에서는 1997년 발발한 아시아의 금융위기 극복을 지원하기 위해 '아시아·유럽 정상회의 신탁기금(ASEM Trust Fund)'을 설치하고, 김대중 대통령이 금융위기 극복을 위한 방안으로 '지도급 기업인 투자촉진단' 파견을 제안하여 회원국들의 지지를 얻는 한편, 정치 분야에서도 한반도 문제 논의를 주도했다.

제2차 아시아·유럽 정상회의는 회의의 주요 논의 결과를 담은 의장성명과는 별도로 '아시아 경제위기에 관한 특별성명'을 채택했는데, 한국은 이 '정상회의' 이후부터 아시아·유럽 정상회의 아시아 측 조정국 역할을 맡고 있다.

한국은 제3차 아시아·유럽 정상회의 의장국으로서, 2000년 10월 서울에서 열린 회의가 '말잔치'가 아니라, 실제로 이 회의의 존재 이유를 가시적으로 입증하는 '협력의 장'이 되어, 초고속 정보통신망 구축 등 경제를 비롯하여 사회·문화 분야의 협력 증진 방안이 구체적으로 논의될 수 있게 외교통상부 산하에 'ASEM 준비기획단'을 발족시켰다. 회의의 성공은 물론, 우리의 산업과 관광사업 발전에도 도움이 되게 다각적으로 그 준비에 만전을 기했다(제8장 9. 제3차 아시아·유럽 정상회의 참조).

11. '월드컵 축구대회'의 한·일 공동 유치

사람들은 '월드컵 축구대회'를 '꿈의 공 잔치'라고 말한다. 그 이유는 1930년 우루과이 대회를 시작으로 막을 올린 이후, '축구 황제' 펠레(Pele)를 비롯하여 베켄바워(Beckenbauer)나 마라도나(Maradona), 또 호나우두(Ronaldo)나 지단(Zidane) 등 많은 기라성 같은 세계적인 인기 선수를 배출했고, 또 숱한 화제를 뿌리면서 새로운 기술과 전술이 선보여 4년마다 지구촌을 둥근 축구공이 뜨거운 열병의 도가니로 몰아넣기 때문이다.

단일 경기이면서도 100년 역사의 하계 올림픽을 관중 동원과 TV 시청률에서 오히려 능가할 정도로 인기가 있고, 또 황금 알을 낳는 '꿈의 공 잔치'가 21세기를 맞아 2002년에 최초로 유럽과 아메리카 대륙이 아닌 아시아로 무대를 옮겨, 한국과 일본이 공동으로 개최하게 되었다.

1996년 5월 31일, 스위스 취리히의 '국제축구연맹(FIFA)'[28] 본부에서 열린 집행위원회는 2002년 '제17회 월드컵 축구대회'를 한·일 양

---

28) 세계 축구 경기를 통합하는 국제단체로 축구 경기의 발전과 회원 친목 도모, 국제 경기의 원활한 운영('월드컵' 행사 주관)을 위해 1904년에 설립됐다. 회원 단체는 203개이고 본부는 스위스 취리히(Zurich)에 있다.

국이 공동으로 개최하는 안건을 상정 30분 만에 표결 없이 만장일치로 통과시켰다. 월드컵 축구대회의 두 나라 공동 개최는 72년 '월드컵' 역사상 처음이었다.

한국이 맨 처음 월드컵 축구대회의 유치를 고려한 것은 1989년 8월 '국민체육진흥공단'의 업무 보고 때였다. 이듬해인 1990년 4월 정부가 대회 유치를 한때 검토했었다. 그러나 이미 일본이 대회 유치를 결정하고 표밭을 다지고 있는 형편이어서 어렵다는 의견이 강해, 당장 결정을 못하고 3년이나 시간을 끌었다.

그러다가 우여곡절 끝에 1993년 3월에 가서야 축구 발전을 위해 대회 유치를 결정한 후, 6월에 한국축구협회의 정몽준(鄭夢準)[29] 회장이 국제축구연맹 측에 유치 의사를 표명했다. 그리고 김영삼 대통령의 '유치를 위한 종합계획' 수립 지시에 따라 1994년 1월 '유치 발기인대회'에 이어, 4월 '유치위원회'가 발족함으로써 한·일 간에 '총성 없는 대회 유치 전쟁'이 시작되었다.

한국은 "축구만은 일본에 질 수 없다"는 국민 정서를 배경으로 월드컵 네 번 출전이란 자부심을 걸고 일본과 사활을 건 2년여의 치열한 유치 경쟁을 펼쳤다. 때마침 독도와 군대위안부 문제 등 양국 간에 불거진 사건들로 인해 국민감정마저 묘하게 얽혀 정말 어렵고 힘든 싸움을 벌였다.

그러면서 1994년 5월 13일에 있은 아시아 축구연맹(AFC) 총회에서 정몽준 회장이 국제축구연맹 부회장 선거에 도전, 일본축구연맹의 무라다(村田) 회장을 물리치고 당선되었다.

---

29) 사업가(1951~), 서울대 경제학과 졸업(1975), 미국 존스홉킨스대학 국제정치학박사(1993), 현대중공업 사장(1982~1987) 등을 역임했고, 국제축구연맹(FIFA) 부회장(1994~), 국회의원(2000~), 2002년 월드컵 한국 측 조직위원장(2000~) 등을 맡고 있다.

정몽준 회장은 FIFA 집행부에 아시아 대표로 입성하여 친한파를 늘려나가며 지구를 38바퀴나 돌면서 우리 유치단과 함께 전 세계의 축구계를 상대로 유치 활동을 전개하였다. 그 결과, 후발 주자로서의 불리한 상황을 역전시키고 공동 개최를 이끌어내는 값진 외교적 개가를 올렸다.

즉, 한국은 남미를 중심으로 하는 아벨란제(Joao Havelange) 국제축구연맹 회장의 아성에 맞서던 요한손(Lennart Johansson) 유럽축구연맹(UEFA) 회장이 이끄는 유럽과 아프리카·아시아 등 나머지 각 대륙을 잠식하는 데 총력을 기울였다. 따라서 처음부터 일본을 밀고 있던 아벨란제 회장이 세 불리를 깨닫게 함으로써, 두 회장의 '대타협의 산물'로 '한·일 공동개최안'을 만장일치로 통과시켰던 것이다.

선발 주자로서 단독 개최를 장담했던 일본은 한국의 저돌적인 도전 앞에 1991년 9월 서독 바덴바덴(Baden - Baden)에서의 올림픽 유치 실패에 이어, 6년간 89억 엔의 거금을 쓰고도 다시 무너졌다. 한국은 높아진 국가 위상을 바탕으로 외교력을 발휘하여, 비록 공동이기는 하지만 대회 유치에 성공했다.

당시 국내 일각에서는 우리가 21명의 국제축구연맹 집행위원회에서 타협 대신에 표 대결로 밀어붙였더라면, 대회 단독 유치도 가능했을 것이라고 못내 아쉬워하며 '절반의 승리'라고 평가 절하하는 이들까지 있었다.

그러나 "외교 교섭의 결과는 50:50이 최고란 원칙"이 있고, 또 예로부터 "과유불급(過猶不及)이라고 지나침은 도리어 미치지 못한 것과 같다"는 말도 있다. 일본보다 늦은 후발 주자의 열세를 극복하고 막판까지 대세를 몰아가, 적당한 선에서 타협했다는 점에서 우리 외교의 승리라는 평가가 국내에서도 우세했다.

두 나라의 공동 개최는 한국과 일본이 정치·경제·사회 및 체육 등 제반 분야에서, 이른바 과거 문제와 함께 깊숙하게 얽힌 특수성과 내일을 위한 화합과 협력을 생각할 때, 가장 현실적이고 미래 지향적인 결정이었다고 하겠다.

또 한편, 우리 대표단은 결승전을 양보하는 대신 대회 명칭을 '2002 FIFA WORLD CUP KOREA-JAPAN'으로 결정케 함으로써, 한국 국명을 일본 국명 앞에 표기하기로 한 것을 크게 내세웠다. 하지만 '대회의 꽃'이라고 할 결승전을 일본에 내준 것은 아무리 개막전과 3, 4위전을 한국에서 치른다고 하더라도, "실리보다 명분을 앞세운 것으로 실속이 없다"고 많은 '축구 팬'들이 아쉬워했다.

그러나 우리는 아시아 대륙에서 처음이자 21세기의 첫 월드컵 축구 대회를 한·일 두 나라가 모두 '승리자'가 될 수 있게 화합과 협력 속에서 치러 내, '지금까지 가깝지만 먼 두 나라 관계'가 앞으로 '가깝고도 가까운 관계'가 될 수 있게 최대의 노력을 했다.

그리고 이번 월드컵 축구대회는 서울올림픽과 달리, 일본과 공동 주최하므로 두 나라가 모든 면에서 비교가 되어 우리 정부도 경기장이나 숙박시설과 경기 운영은 물론, 교통 문제를 비롯해서 국민들의 관전 태도와 질서 유지, 그리고 "친절과 청결에 이르기까지 모든 면에서 한국이 일본에 뒤진다"는 소리가 절대로 나오지 않게, 손님맞이 준비에 최선을 다했다.

우리는 2002년 월드컵 축구대회를 88 서울올림픽과 같이 성공시킴으로써, 국제통화기금 원조로 추락된 국가 이미지를 완전히 회복하고 10개의 전용구장, 숙박시설, 도로 건설 등 8조 원이 넘는 생산 유발과

월드컵 4강 진출이라는 신화를 창조해 낸 '2002 한·일 월드컵' 개막식

증산 효과 외에도, 5천억 원 이상의 순수 흑자까지 내는 데 성공했다.

그리고 16강전에 참가할 선수단과 임원 외에 기자단 1만 2,000여 명을 비롯하여, 연인원 690억 명이 TV 중계를 통해 경기를 시청하고 연인원 45만 명의 참관인이 한국에 옴으로써, 홍보·관광·광고 효과도 거둘 수 있었다. 또 한·일 양국은 21세기의 동반자로서 앞으로 더 돈독한 협력 관계를 정립하여 공영의 길로 나갈 수 있게 됐다.[30]

제17회 월드컵 축구대회의 한·일 공동 개최가 21세기가 아시아·

---

30) 북한은 김일성 90회 생일(4월 15일)을 기념하는 '아리랑'이란 이름의 대규모 집단체조(카드 섹션과 매스 게임) 공연을 4월 말부터 6월 말까지, 2개월간 평양 '5·1경기장'에서 개최한다고 했다. 평양은 '88 서울올림픽'에 대응하여 소위 '평축'을 열어 45억 달러란 거금을 날린 일이 있는데, 이번에도 우리의 월드컵 개최에 심기가 불편해져, 맞불 행사로 '아리랑' 공연을 계획한 것 같다. 김정일이 직접 외국 관광객을 유치, 5·1경기장을 모두 채우라고 명령하여 일·중·미에 집중 홍보하면서 해외동포 유치에 총력을 집중했으나, 공연 입장료가 50~300달러로 터무니없이 비싸고 국제 정세도 불안해 행사는 성공을 거두지 못했다. 이 공연에 동원된 10만여 명의 학생들의 귀한 시간과 경제성을 생각하면, 북한은 우리와 손잡고 월드컵의 두서너 '게임(game)'이라도 북한에서 개최했더라면 더 좋았을 것이다.

태평양 시대의 시작임을 알리는 축포가 되었으면 한다.[31]

12. 경제협력개발기구(OECD) 가입

'경제협력개발기구(Organization for Economic Cooperation & Development: OECD)'는 제2차 세계대전 이후 1948년 프랑스 파리에 설립됐던 '유럽경제협력기구(OEEC)'를 토대로 1961년 6월 미국과 캐나다가 회원국이 되면서, ① 재정·금융 체제의 안정 유지를 통한 고도의 경제 성장, 고용의 증대, 생활수준의 향상과 세계경제의 발전 등에 이바지하고, ② 개도국의 건전한 경제 발전을 지원하며, ③ 세계무역의 다각적 확대에 기여함을 목적으로 확대 개편된 기구로, 이를테면 '경제 선진국들의 클럽'이다.

이 기구는 유엔이나 세계무역기구처럼 모든 국가에 가입 자격이 주어지는 것이 아니고, 민주주의와 자유 시장경제라는 공통적인 가치관을 가진 국가 중에서 기존 회원국의 초청에 의해 가입이 결정되는 동질성이 강한 모임이다.

경제협력개발기구는 경제를 다루는 다른 국제기구가 무역·통화·환경 등 특정 분야만을 다루는 데 비해, 거시경제 정책·무역·환경·에너지·통화·투자·세제·사회 문제들을 연구·토의하여 새로운 국

---

31) 6년 동안의 착실한 준비 끝에 2002년 월드컵 한·일 대회가 5월 31일 새로 건설된 서울 상암구장에서 막을 올렸다. 한국 고유의 전통을 살리고, IT 이미지로 화려하게 수놓은 우리의 개막식 공연은 최첨단 시설을 갖춘 구장의 아름다움과 함께 전 세계에 TV로 중계되어 모든 나라 축구 팬들의 격찬을 받았다. 월드컵은 단순한 스포츠 행사가 아니라, 정치·경제·문화이며 예술이다. 월드컵의 성공적 개최와 우리 대표팀이 온 국민의 열성적인 성원에 힘입어, 월드컵 도전 48년 만에 초유의 '4강 진출'이라는 신화를 창조함으로써, 아시아의 자존심을 살리고 한국의 국가 인지도와 위상을 높이는 데 크게 기여했다.

제 규범을 정립하고, 제한된 회원국만으로 동질성을 추구하고 있는 것이 그 특징이다.

그리고 경제협력개발기구의 경제력은 한국이 가입하기 전에 벌써 세계 경제력의 60%를 차지할 만큼 세계경제 흐름에 막강한 영향력을 행사하고 있었다. 뿐만 아니라 미국·캐나다·영국·프랑스·독일 등 28개의 회원국들이 세계 인구의 16%, 상품 및 서비스 생산의 70%, 수출의 60%, 개도국 원조의 80%를 차지하고 있었다.

회원국은 2001년 12월 당시 미국·캐나다·영국·프랑스·독일·이탈리아·벨기에·네덜란드·룩셈부르크·노르웨이·스웨덴·덴마크·아이슬란드·핀란드·아일랜드·스위스·오스트리아·그리스·터키·스페인·포르투갈·일본(1964년), 호주(1971년), 뉴질랜드(1973년), 멕시코(1994년), 체코·헝가리·폴란드·한국(1996년), 슬로바키아(2000년) 등 30개국이다. 지역별 분포를 보면, 유럽 23개국, 미주 3개국, 오세아니아 2개국, 아시아 2개국 등으로 되어 있다.

조직은 이사회와 집행위원회, 신(新)집행위원회, 사무국, 집행위를 보조하는 26개 전문위원회가 있다. 이사회가 최고 의사 결정기관으로 각료급의 각 회원국 대표로 구성되며, 각료급회의와 상주대표회의의 2가지로 구분된다. 각료급회의는 매년 1회 개최되어 경제협력개발기구의 주요 활동을 검토하고, 상주대표회의는 12주에 1회 소집된다. 사무국은 프랑스 파리에 있고 사무총장의 임기는 5년으로 되어 있다.

정부는 1991년 경제협력개발기구 가입을 추진키로 정식 결정한 후, 5년 동안 체계적으로 가입을 준비한 끝에 1995년 3월 29일 주프랑스 장선섭(張宣燮) 대사를 통해 경제협력개발기구 본부에 가입 신청서를 냈다.

당시 국내 일부에서는 멕시코가 1994년 경제협력개발기구 조기 가입으로 페소(peso)화 폭락 등 금융위기를 자초했던 예를 들어, 금융이나 세제 등 우리 경제체제가 선진국 수준으로 개방하기에는 아직 미흡한 위에, 자본 자유화로 '단기 투기성 자금(hot money)' 유입과 개도국 혜택이 없어짐으로 생기는 수출 악화, 사치 풍조의 만연, 그리고 연간 370만 달러 정도로 예상되던 분담금(2001년 분담금은 실제로 247만 달러였다)과 GNP의 0.7% 이상의 개도국 원조 부담 등의 이유로, '뱁새의 황새 쫓기'라고 가입에 반대하는 주장도 만만치 않았다.

　그러나 정부는 경제협력개발기구 가입과는 별도로 어차피 우리의 시장 개방은 세계무역기구 체제 아래서 피할 수 없고, 가입을 통해 제도와 관행의 선진화와 선진국 경제의 최신정보 입수, 그리고 국가 위상과 신용도 제고에 도움이 된다는 점을 내세워, 예정대로 가입을 밀고 나가 가입 신청서를 제출했던 것이다.

　경제 면에서 경제협력개발기구 가입을 '한 나라의 성인식'이라고도 하는데, 우리의 경우 '문민정부'가 그 가입의 장단점을 면밀하게 계산하고 가입을 결단했다기보다는 다분히 정치적으로 '선진국 클럽의 회원'이란 명예에 끌려 성인식을 조금 서둔 감이 없지 않고, 그 위에 "경제협력개발기구 가입을 선진국 진입의 지름길인 양 국민들에게 지나치게 홍보한 것도 잘못이었다"는 일부 경제전문가들의 뼈대 있는 지적도 있었다.

　어쨌든 한국의 가입은 해운위와 보험위를 비롯하여, 금융 시장위 등 9개 위원회의 심사를 거쳐, 1996년 10월 11일 파리에서 개최된 경제협력개발기구의 최고 의사 결정기관인 '일반이사회'에서 만장일치로 가결되었다.

　그 가입 시기의 가부를 떠나서, 이는 한국 정부가 1995년 3월 신청서를 제출한 지 꼭 1년 7개월 만의 일이었다. 절대 빈곤에서 출발하여 30여 년간의 피나는 경제 성장 노력 끝에, 한국은 이제 세계의 경제 선진국들과 일단 어깨를 나란히 하게 되었다.

정부는 국내 절차를 마무리하기 위해 가입 협정문에 대한 국무회의 심의와 대통령 재가를 신속히 마친 후, 공로명 외무장관이 프랑스로 가 10월 25일 파리 경제협력개발기구 본부에서 존스턴(Donald Johnston) 사무총장과 가입협정 서명식을 가졌다.

물론, 경제협력개발기구 가입이 곧 선진국으로 진입했음을 의미하는 것은 아니다. 과거에는 경제협력개발기구가 '선진국 클럽' 또는 '부자 나라들의 클럽'을 사실상 상징했지만, 1990년대에 들어 멕시코나 체코 등이 신규로 가입하여 '선진국 상징'은 많이 퇴색되었다.

한국이 경제협력개발기구 회원국이 된 것은 정확히 말해서, 우리 경제가 다른 회원국들의 수준이 되어서가 아니라, 그 수준이 되려고 한 것이다. 정부는 경제협력개발기구 회원국이 되어 세계경제의 주요한 문제 논의와 정책 수립에 직접 참여하기도 하지만, 다른 회원국들 수준으로 우리의 경제 체질을 선진화하는 것을 더 중요시했다.

경제협력개발기구 가입은 1995년 유엔 안보리의 비상임이사국 진출에 이어 한국의 높아진 국제적 위상을 전 세계에 다시 한번 알리고, 국가 신용도가 제고된 외교적 성과임에 틀림이 없다.

그러나 우리 자본시장의 개방이나 노동법의 개정 등 국내 경제가 떠안아야 할 부담도 크기 때문에 시기상조론(時機尙早論)이 대두되었던 것이다. 국회 비준 때 야당이 경제가 어려워지는 상태에서 경제협력개발기구에 들어가는 것은 무리라고 하면서, 비준에 강력히 반대하여 통과까지는 상당한 진통이 따랐다.

국회는 갑론을박(甲論乙駁) 끝에 11월 26일 본 회의에서 '경제협력개발기구 협약 가입 비준동의안'을 표결에 부쳐 '159:101(기권 2)'로 통과시켰다. 정부는 경제협력개발기구 파견 첫 대사에 대통령 경제수석과 과기처장관을 지낸 경제 전문가인 구본영(具本英)[32) 씨를 임명했다.

정부는 일부 학자들과 야당의 반대에도 불구하고 일단 가입한 이상, 가입에 따르는 유리한 점과 불리한 점을 잘 분석하여 무엇을 얻고 무엇을 잃는가를 분명히 알아야 했다. 그래서 우리는 경제협력개발기구에서 제정하는 국제 규범에 한국의 이익을 반영시키면서, 모든 체제를 선진국으로 한 단계 끌어올리는 등 유리한 점은 늘리고 불리한 점은 줄이는 정책을 수립하여, 경제협력개발기구를 우리 경제 발전을 위해 적극적으로 활용하는 데 최선을 다했다.

13. 한반도 4자회담

김영삼 대통령과 클린턴 대통령은 1996년 4월 16일 제주도에서 '한·미 정상회담'을 가졌다. 이 자리에서 한반도의 평화체제 구축을 위한 북한의 안정적 변화를 이끌어내기 위해 '한반도 4자회담'[33) 개최를 전격적으로 공동 제의함으로써, 한반도 문제의 평화적인 해결을 추구하

---

32) 관료·외교관(1947~), 서울대 경제과 졸업(1970), 미 조지워싱턴대학 경제학박사(1977), 주미대사관 공사(1991), 교통차관(1993), 과기처차관(1994), 대통령 경제수석비서관(1995), 과기처장관(1996), 주 OECD 대사(1996)를 역임했다.

33) 현행 남·북한 정전협정에 6·25전쟁의 교전 당사자인 한국·북한·미국(유엔군)·중국 등 4개국 중 한국은 정전협정에 반대하여 정전회담에서 대표를 철수시켜, 정전협정에는 미국(유엔군)·중국·북한 3국만이 서명했다. 북한이 이를 들어 평화협정의 상대는 한국이 아니라 미국이라고 주장하고 있는 데 대해, 우리 정부는 "남·북한만이 평화협정의 직접 당사자이고 미국과 중국은 오직 관련국이므로, 한반도의 '항구적 평화체제 구축'을 위해 우선 4개국 대표가 모여 남·북한의 평화협정과 여타 관련 문제를 논의하자"는 것이었다.

는 우리의 의지와 노력을 대내외에 다시 과시했다.

한반도 4자회담은 한반도에서의 항구적인 평화체제 구축과 광범위한 긴장 완화 조치를 합의하기 위하여, "남·북한과 미국 그리고 중국이 모여 회담을 열자"는 것이었다. 이와 같은 4자회담 제의는 정부가 지금까지 고수해 온 한반도 문제 해결의 '남·북 당사자 원칙'에서 한 발 물러나, "국제적인 접근을 시도했다"는 점에서 새로운 의미를 갖는다.

일본은 5월 13일의 '한·미·일 고위 협의회'를 통해 북한의 4자회담 호응을 위하여 공동으로 노력해 나가기로 하고, 중국도 즉각 긍정적인 입장을 한국과 미국 정부에 통보해 왔다. 그러나 한반도 주변 강국으로서는 '4자회담'에서 제외된 러시아만이 부정적인 반응을 보였다.

북한은 이 제의를 바로 거절하지 않고 5월 21일 보다 상세한 설명을 요구하는 등 시간을 끌며 신중한 자세를 보였다. 그러던 중 9월 18일에 북한 잠수함이 우리 동해안의 강릉에 침투한 사건이 일어나는 바람에 4자회담은 아무런 진전을 보지 못했다. 그리고 남·북한 관계도 계속해서 대립과 갈등 속에 냉각기를 맞았다.

그러다가 3개월 뒤인 1997년 1월 13일 북·미 양국은 '4자회담 공동설명회'를 1월 29일 뉴욕에서 개최키로 합의했다. 그 후, 무려 10차례의 접촉 끝에 3월 5일에야 겨우 4자회담 공동설명회가 개최되었다.

그러나 북한이 미국의 대북(對北)제재 완화와 관계 개선, 그리고 식량 150만 톤의 사전 지원 등 4자회담 수용의 반대급부를 요구하고 나옴으로써, 회의는 진전되지 못하고 설명회도 별 성과를 거두지 못했다. 이런 상황에서도 한·미 양국은 인내심을 갖고 북한을 설득하여 '4국 간 예비회담'을 8월 5일 뉴욕에서 개최했다.

이같이 어렵게 열린 두 차례의 예비회담도 북한 측의 의제 문제와 식량 지원의 사전 보장 등 상식을 벗어난 무리한 요구로 아무런 합의를 보지 못했다. 그러다가 10월 29일 미·중 정상회담(워싱턴)에서 양국 정상은 4자회담을 통해 한반도에서의 항구적 평화체제 구축을 위해 계속 협력키로 합의했다. 그 후 11월 10일 4자 실무협의를 거쳐 11월 21일 제3차 예비회담에서 겨우 본회담 의제의 단일화에 합의, 제1차 본회담이 12월 9~10일 제네바에서 4국 수석대표들이 참석한 가운데 힘겹게 막을 올렸는데, 한국은 주 프랑스 이시영(李時榮) 대사를 수석대표로 참석시켰다.

'4자회담' 1차 회담은 북한이 남·북 평화협정 체결과 주한미군 철수 문제들의 우선 토의를 고집하여 아무런 진전을 보지 못했다. 1998년 3월 16~21일에 다시 제네바에서 열린 제2차 본회담에는 주미대사 출신의 박건우(朴健雨) 본부대사가 새로운 수석대표로 참석했다.

그러나 북한이 역시 제1차 회담 때 내놓았던 불합리한 주장을 계속 되풀이하는 바람에, 한반도 평화체제 구축 분과위와 한반도 긴장완화 분과위 설립에만 겨우 합의했다.

19개월간의 난산 끝에 막을 올린 4자회담은 그 후 제4차(99.1.18~22), 제5차(99.4.24~27), 제6차(99.8.5~9) 본회담을 역시 제네바에서 잇달아 열었으나, 한국이 "남·북이 회담의 주인공"이라고 주장한 데 반해, 북한은 "한·중은 들러리"라는 잘못된 주장을 바꾸지 않아, 결국 가시적인 성과를 아무것도 거두지 못했다.

4자회담은 "분단 후 동족상잔(同族相殘)의 전쟁을 경험하고, 오랫동안 반목과 불신으로 적대시해 온 남·북한이 자리를 같이하여 미국과 중국의 협조 아래, 한반도의 평화체제 구축과 긴장 완화를 위한 제반 문제를 광범위하게 '논의하는 마당'을 가졌다"는 점에서 그 의의를 찾을 수 있다.

앞으로 당장 급속한 진전을 기대하기는 어려울지 모르나, 4자회담 개최가 지니는 이 같은 의미는 그 나름대로 "장래 한반도의 항구적인 평화체제 구축"이라는 견지에서 각별하다고 하겠다.

14. 황장엽 북한 노동당 비서의 망명

황장엽(黃長燁)[34] 전 북한 노동당 국제담당 비서 겸 최고인민회의 외교위원장이 1997년 2월 12일 심복인 김덕홍(金德弘) 조선여광무역총회사 사장과 함께 베이징에 있는 주중 한국대사관 총영사부에 망명을 신청했다.

이렇게 시작된 북한 거물의 '탈북 드라마'는 망명 신청 67일 만인 4월 20일, 황장엽 비서 일행이 필리핀을 경유하여 서울에 무사히 도착함으로써 대단원(大團圓)의 막을 내렸다.

북한의 거물인 황장엽 비서 일행의 망명은 김일성·김정일 체제를 지탱해 온 '김일성의 유일사상(唯一思想) 체계' 확립에 공로자이고, 분단 이후 북한 최고위층 인사의 망명이란 점에서, 그 당시로서는 남·북 관계에 큰 영향을 미친 대사건이었다.

그의 북한 탈출은 그가 북한의 교조적 통치이념인 김일성의 '유일사상'을 집대성(集大成)한 인물이란 점에서 유일사상의 탈북을 의미하며, 김정일 체제의 붕괴 조짐을 시사한 첫 단추로 받아들여졌다. 그리고 국

---

34) 북한 전(前) 정치가(1923~), 모스크바종합대학에서 수학, 김일성종합대학 총장(1965), 당 비서(1980), 조평통 부위원장(1984), 사회과학자협회 위원장(1987) 등을 역임하고, 1997년 한국으로 귀순했다.

제적 고립 속에서 만성적인 경제난에 허덕이는 북한 체제가 사상적으로도 붕괴되고 있고, 또 지도층에 균열이 시작되었음을 확인시켜 준 첫 사건으로 북한 정권의 위신은 땅에 떨어졌다.

황장엽 비서 일행이 무사히 서울에 옴으로써 결국 사건은 일단락되었다. 그러나 황장엽 비서의 정치적 비중이 워낙 커 관련 당사국인 남·북한과 중국의 이해도 첨예하게 엇갈렸고, 황장엽 비서의 서울 안착이 이루어지기까지는 많은 뒤얽힌 복잡한 사연들이 있었다.

정부는 황장엽 비서 망명 사건이 발생하자마자, 본인 의사에 따라 서울에 올 수 있도록 김하중(金夏中) 외무장관 특보를 베이징에 급파하여, 정종욱(鄭鍾旭) 주중대사와 함께 중국과의 외교 교섭에 착수케 했다.

북한은 황장엽 비서의 망명을 처음에는 남한 반동분자들의 '납치극'이라고 생떼를 쓰며 부총리급 인사를 베이징에 보냈고, 북한 청년들이 베이징의 한국대사관 총영사부를 포위하여 위력 시위까지 벌였다. 그런 한편, 주창준(朱昌駿) 주중 북한대사는 중국 내 친북 인사들을 총동원하여 황장엽 비서 일행의 한국행 저지에 적극 나섰다.

이에 따라 한국과 중국, 그리고 중국과 북한은 베이징에서 황장엽 비서 처리를 위해 각각 수십 차례에 걸친 실무 및 고위급 접촉을 가졌다. 북한은 외교부 대변인의 "변절자는 갈 테면 가라"는 성명과는 달리, 내부적으로는 격렬하게 반발하며 마지막까지 중국을 상대로 한국행 저지에 전력을 다했다.

중국이 북한과의 관계를 의식하고 우리 정부 역시 시종 신중한 태도를 견지하여 결국 '제3국 경유 한국행'으로 낙착되었다. 중국은 이 사건 처리에 "국제법과 국제관례에 따라, 한반도의 평화와 안정에 도움이 되게 자국이 관할권을 갖고 처리한다"는 세 가지 원칙을 끝까지 고집했다.

이에 대해 우리 정부도 "남·북 관계에 악영향이 미치지 않도록 처리한다"는 기본 방침에 따라 이를 수용, "외교는 조용히 할수록 좋다"는 기본 원칙에 따라 유종하(柳宗夏)[35] 외무장관이 2월 싱가포르에서 첸치천(錢其琛) 외교부장을 만나 북한 측을 자극하지 않는 방향으로 사건을 처리하기로 합의했다.

그 후, 한·중 간의 협상은 2월 19일 중국 최고 실력자인 덩샤오핑 (鄧小平)의 사망으로 잠시 중단되었다가 결국, 사건 발생 35일 만에 중국은 황장엽 비서를 자국 비행기로 제3국으로 추방하는 조치를 취하고, 한국은 필리핀을 경유하여 그들의 희망에 따라 한국으로 귀순케 한다는 타협안에 합의했다.

즉, 이 합의안은 한국 직행을 주장하는 우리 입장과 한국행 저지를 강력하게 주장해 온 북한의 입장을 절묘하게 절충함으로써, 결과적으로는 중국이 한국 입장에 손을 들어준 셈이었다.

중국 측은 제3국을 한국의 전통적인 우방국인 필리핀으로 정하고, 3월 18일 황장엽 비서 일행을 추방 형식으로 특별기를 제공해 필리핀으로 출국시켰다. 김영삼 대통령은 한국전 참전용사 출신의 친한적인 라모스(Fidel Ramos)[36] 필리핀 대통령에게 반기문(潘基文) 외교안보수석을 특사로 보내 그의 협조에 감사했다.

황장엽 비서 일행은 필리핀군 정보국(ISAFP)의 보호 아래 32일간 체류하고 있다가, 4월 20일 대한항공 특별 전세기 편으로 서울공항에 도

---

35) 외교관(1936~), 서울대 문리대 졸업, 주수단 대사(1983), 외무부 제2차관보(1985), 주 벨기에·주 EC 대표부 대사(1987~1989), 외무차관(1989), 주 유엔 대사(1992), 외무장관(1996~1998)을 역임했다.

36) 필리핀의 군인·정치가(1928~), 필리핀사관학교 졸업, 미 육사 유학(1950), 국가경찰사령관(1972), 참모총장(1981~1987), 국방장관(1988), 대통령(1992)을 역임했다.

착했다.

황장엽 비서는 도착 성명에서 "북조선은 사회주의와 현대판 봉건주의, 군국주의가 뒤섞인 기형적 체제로 변질했으며, 경제가 전반적으로 마비 상태에 들어가 사회주의의 지상낙원을 건설해 놓았다고 호언장담(豪言壯談) 하던 나라가 빌어먹는 나라로 전락했다"고 북한 체제를 사실대로 신랄하게 비판했다.

이어 "7천만 우리 민족의 생사운명(生死運命)과 바꿀 수 없다는 양심의 명령에 따라, 김정일이 준비하고 있는 대남 전쟁을 막기 위해서는 남쪽 형제들과 손잡는 길밖에 없다고 확신하게 되어, 대한민국에 오게 됐다"며 남·북 간의 전쟁 예방을 망명 동기로 밝혔다.

그는 그 후에 발표한 논문에서 "북한은 대화를 남측 고립과 평화통일의 간판 아래, 무력 침공을 준비하고 있는 자신들의 정체를 숨기기 위한 책략으로 생각하고 있다"고 강하게 주장했다.

북한은 중국의 공정한 결정 앞에 할 수 없이 황장엽 비서 일행의 망명을 남·북 관계는 물론, 북·미 관계 등 주요 외교 현안과 분리해 받아들였다. 정부도 "이 사건으로 남·북 관계에 악영향이 미치지 않도록 한다"는 기본 방침에 따라 신중하고 무리하지 않는 자세로 임했다.

황장엽 비서의 한국행은 직행 대신 제3국으로 추방하는 형식을 취했다. 중국으로 하여금 제3국을 경유하여 결국 한국 망명을 허용토록 한 것은, 먼저 상대방의 입장을 고려하는 외교 교섭의 본질을 살려, 실리를 얻어 낸 우리 외교의 성공이었다.

김영삼 대통령이 장쩌민(江澤民)[37] 주석에게 친서를 보내면서까지 실

---

37) 중국 정치가(1926~), 상하이교통대학 졸업, 공산당 입당(1946), 모스크바 스탈린 자동차공장에서 연수(1955), 국무원 제1기계공업부 책임자(1976), 국무원 전자공업부장(장관)(1983), 상하이시장(1985), 당 총서기(1989~2002), 국가 중앙군사위원회 주석과 국가 주석(1990~2005)을 겸직했다.

현시킨 황장엽 비서의 한국 망명은 "남한 체제가 북쪽보다 압도적으로 우월하다"는 것을 전 세계에 입증시킨 상징성을 갖는 외에도, 국내외에 미친 정치적·사상적 영향이 컸다. 또 황장엽 비서가 북한 최고지도자인 김일성·김정일 부자와 인간적·정치적으로 아주 밀접한 관계를 맺어 온 거물급 존재라는 점에서, 정보 가치도 당시로서는 가히 '메가톤급'이었다고 하겠다.

그러나 김대중 정부 출범 후, '대북 햇볕정책'과 관련, 정부가 신변보호를 이유로 2001년 6월의 미국 공화당 헬름스(Jesse Helms) 상원의원의 황장엽 방미 초청에 대한 허가를 보류함으로써 황장엽과 불협화음이 생겼다. 그런데 헬름스 의원과 '디펜스 포럼(Defense Forum) 재단'이 황장엽을 10월에 다시 초청하여, 김대중 정부가 앞으로 어떤 결정을 내릴지 주목되기도 했다. 그런 가운데 2001년 12월 21일 양성철(梁性喆) 주미대사가 미 의원들과의 면담에서 한 "김정일이 화낼까 봐 황장엽의 방미를 불허했다"란 발언 내용이 국내에 보도되어, 국민들을 크게 당혹하게 만들었다.

15. 환경 외교

산업혁명 이후 세계적 차원의 산업화와 개발 위주의 경제 성장은 자연 자원의 무절제한 이용을 유발하여 공해 물질의 배출을 초래했다. 그 결과, 자정능력(自淨能力)이 떨어져 지구 환경이 급속히 악화되었고 세계적 차원의 대응을 요구하는 환경 문제가 발생하게 됐다.

'오존(ozone)'층의 파괴, 온난화, 산성비, 생물 종자의 감소와 멸종, 사막화 현상, 독성 화학 물질 및 유해 폐기물 등 지구 차원의 환경 문제는 한 나라의 환경 문제가 다른 나라에도 심각한 피해를 미치게 되었다.

그렇기에 환경 보전은 국경을 초월한 전(全)지구적 차원의 공동 노력이 필요해졌고 국제환경 문제를 논의하기 위한 최초의 국제회의인 '유엔인간환경회의(United Nations Conference on the Human Environment: UNCHE)'38)가 1972년 6월 5일 '스톡홀름'에서 114개국과 국제기구 대표들의 참석으로 성대히 개최되었다. 여기서는 지구 환경 보전을 위한 27개의 원칙과 118개의 실천 방안을 내용으로 하는 '인간환경선언(스톡홀름 선언)'과 '인간 환경 행동계획'을 채택하고, '유엔환경계획(United Nations Environmental Program: UNEP)'39)을 유엔총회 산하에 설치키로 했다.

그 후 스톡홀름 회의의 20주년이 되는 1992년 6월, 브라질의 '리우데 자네이루'에서 '유엔환경개발회의(United Nations Conference on the Environment and Development: UNCED)'가 178개국(정상 또는 정부수반 참가국: 118개국) 대표들이 참석한 가운데 성공리에 개최되었다. 그리고 국제 사회가 추구해야 할 새로운 개발의 '패러다임(paradigm)'인 지속가능한 개발(sustained development)을 실현하기 위해, '리우(Rio) 선언'과 그 실천 계획인 '의제(Agenda) 21'을 채택했다.

그리고 유엔 경제사회이사회 산하에 '지속(持續)개발위원회(Com-mission on Sustainable Development: CSD)'를 설치키로 합의하고, 1997년 6월 '제19차 유엔총회 특별회의'가 개최되어 향후 5년간의 지침이 될

---

38) 지구를 환경오염으로부터 보호하기 위하여 1972년 유엔이 '오직 하나뿐인 지구'를 슬로건으로 하여 스웨덴의 스톡홀름(Stockholm)에서 개최한 국제 회의였는데, 소련과 동유럽 제국은 불참했다. 이 회의 개최를 기념하여 매년 6월 5일을 '세계환경의 날'로 결정했다.

39) 환경 분야의 국제 협력을 촉진하고 지구 환경 상태를 점검하기 위하여 제27차 유엔총회에서 만든 '환경관련 종합조정기관'으로, 본부 소재지는 케냐의 나이로비(Nairobi)이다.

'의제 21 추가 이행계획'을 채택했다.

한국은 1972년 유엔환경계획 창설과 함께 그 회원국으로 가입하여 국제 환경의 보전 활동에 참가해 왔는데, 유엔환경개발회의(UNCED) 창설을 계기로 환경에 대한 국민적인 관심이 크게 고조되었다. 1992년 유엔환경개발회의에는 정원식(鄭元植) 국무총리가 참석, '기후변화협약'과 '생물다양성협약'에 서명하는 등 지구 환경보호를 위한 국제적 운동에 적극 동참했다.

1997년 6월 '유엔환경 특별총회'에는 김영삼 대통령이 직접 참석, 기조연설에서 '비무장 지대'의 자연 생태계 보전을 위한 남·북한의 협력과 동북아 환경 협력의 강화 의사를 표명했다. 또 타이완(台灣) 핵 폐기물 북한 이전 문제의 부당성을 지적하여 북한과 타이완이 계획을 포기하도록 국제 여론에 호소했다.

정부는 유엔 차원의 국제 환경보전 활동 외에 WTO·OECD·APEC·ESCAP 등 여러 국제기구의 환경 관계 논의에도 적극 참여하여 왔다. 유엔환경개발회의 이후 거론되기 시작한 환경 목적을 위한 무역 조치에 관한 국제적 논의는 세계무역기구의 '무역환경위원회(CTE)'를 통해 본격화되었다. 그러나 1996년 12월 '싱가포르 각료회의'는 격론 끝에 환경 목적으로 취해진 무역 조치를 세계무역기구가 수용하는 데 대해 아무런 결론을 내리지 못했다.

경제협력개발기구는 주요 환경 문제를 1970년 설립된 '환경정책위원회(EPOC)'를 중심으로 논의해 왔다. 한국은 1993년 7월부터 환경정책위원회에 '옵서버'로 참석해 오다, 1996년 12월 경제협력개발기구에 정식 가입함으로써 환경정책위원회와 그 산하 기구에 모두 정회원국으로 참석하고 있다. 이 경제협력개발기구 회원국으로서 한국은 언제, 어디에서나 나름대로 환경 문제와 관련하여, '노블레스 오블리주 (noblésse oblige: 높은 신분에는 도의상의 의무가 수반된다)'를 수행하려고 적극 노력하고 있다.

1992년부터 진행된 아시아·태평양 경제협력회의 내 환경 논의는 1996년 '마닐라 환경각료회의'에서 '아시아·태평양 경제협력회의 지속개발 실천계획'이 채택되어 환경 사업의 체계화를 위한 계기가 되었다. 이 '실천계획'은 지속가능한 도시, 청정 기술 및 생산, 지속가능한 해양 환경을 '3대 우선과제'로 선정하고, 유엔 아·태 경제사회위원회 (ESCAP)도 1996~2000년간 '아·태 지역환경 협력지침서'라고 할 수 있는 '환경과 지속개발에 관한 지역 행동계획'을 채택했다.

이 밖에 정부는 기후 변화, 생물의 다양성, 오존층, 국제 수역 등의 지구환경 문제와 관련, 개도국 재원 지원을 위해 설립된 '지구환경금융 (Global Environment Facility: GEF)'[40]에 1994년부터 참여하고 있다.

또한 동북아 환경 문제에 대처하기 위해 지리적·생태적으로 매우 긴밀한 상호의존 관계에 놓여있는 한국·북한·일본·중국·러시아·몽골 6개국 간의 환경 협력체인 '동북아 환경협력 고위급회의(Northern Asian Subregional Programme on Environmental Cooperation: NEASPEC)'의 제1차 회의를 1993년 2월 서울에서 개최했다. 이어 1994년 9월에는 서울에서 개최된 한국·일본·중국·러시아 4개국의 '제1차 정부 간 회의'에서 동해와 황해의 해양오염 방지를 위한 '북서태평양 보전실천계획(NOWPAP)'을 채택했다.

동북아 환경협력 고위급회의는 1997년 12월 모스크바 회의까지 4차

---

40) 지구환경 보존을 목적으로 설립된 국제 기금으로, 개발도상국의 환경 분야 투자 및 관련 기술 개발을 지원하기 위하여 유엔개발계획·유엔환경계획·세계은행 등이 이 기금을 공동으로 관장하고 있다.

례 열렸고, 북서태평양 보전실천계획은 그 후 세 차례 '정부 간 회의'를 개최하여 북서태평양 보전을 위한 오염방지 공동 대응방안 수립, 정보기지 구축, 감시 등의 사업을 추진키로 합의했다.

그리고 일본 및 중국과는 1993년 6월과 11월에 러시아와는 1994년 6월에 '환경협력협정'을 체결하여 공동으로 환경보호 사업을 시행하고 있다.

한·중·일 3국은 2001년 4월 7~8일 도쿄에서 '제3차 환경장관회의'를 갖고, 중국 서부지역의 사막화로 갈수록 심해져 21세기 동북아의 최대 난제가 되고 있는 황사 방지를 위한 중장기 사업으로 향후 3년간 190만 달러를 투자하여 ① 원격탐사를 통한 생태 감시, ② 교육훈련 등 전문가의 능력 배양, ③ 황사 발생과정 분석 및 제어 방안 연구 등을 실시키로 합의했다.

그리고 2002년 4월 21일 서울에서 열린 '제4차 한·중·일 환경장관회의'에서는 3개국이 인터넷을 통해 관련 정보 실시간 교환을 위해 '황사 네트워크' 구축에 합의하는 한편, 중국을 거쳐 한국으로 이동하는 '봄의 불청객' 황사의 경로에 측정소를 추가 설치하고, 중국 서부지역 생태환경 복원사업에 한국과 일본이 참여하는 문제 등을 실무 협의를 통해 논의하기로 했다.

16. 김영삼 정부의 통일 정책

1993년 2월 25일 출범한 김영삼 정부의 가장 중요한 외교 정책의 하나도 역시 통일 정책이었다. 김영삼 대통령은 취임사에서 "어느 동맹국도 민족보다 더 나을 수는 없으며, 어떤 이념이나 사상도 민족보다 더 큰 행복을 가져다주지 못 한다"고 민족 우위를 앞세우면서, 남과 북의 진정한 화해와 통일을 논의하기 위한 '남북정상회담' 개최의 희망을 강하게 표명했었다.

김영삼 정부의 통일 정책은 정부의 '3단계 통일방안(화해협력의 단계 → 남북연합의 단계 → 하나의 국가)'을 실현해 가는 과정에서 분단 상황을 관리해 나가면서, "북한의 내부 개혁과 대외 정책의 변화를 유도하여, 궁극적으로 한반도 주변 4국들을 포함한 국제 사회로부터 '통일한국'에 대한 이해와 지지를 확보함으로써 통일을 달성한다"는 매우 합리적이고 현실적인 것이었다. 이는 '한민족공동체 통일방안'과 마찬가지로 '남북연합'이라는 과도기를 거쳐 '1민족 1체제의 완전 통합'을 지향했다.

한국의 중·소 양국과의 수교 후, 고립에서의 탈피를 위해 1993년부터 미국과의 관계를 개선하려는 정책으로 나오던 북한은, 1994년 3월 12일 전격적으로 '핵확산 금지조약(NPT)' 탈퇴를 발표하여 세계를 긴장시켰다. 그리고 4월 25일에는 이른바 '인민군 창립 65주년'을 기념한다는 대규모 열병식을 통해 대대적인 군사시위를 한 후, 1994년 내내 '핵 불투명성'을 무기로 시종일관(始終一貫) '벼랑 끝 외교 전술'을 구사하고 나왔다.

김영삼 정부는 이를 냉전 구도의 와해로 체제 존속의 위기감에 빠진 북한 정권의 '필사적인 생존 전술'로 받아들였다. 그로 인해 지금까지의 대결 위주 정책에서 벗어나 '포용정책'을 전향적으로 추구해 나감으로써, 장기적 안목에서 '민족공동체 통일방안'에 입각한 평화 통일의 기반 구축을 위해 노력했다.

북한은 '국제원자력기구'의 사찰을 계속 거부하고, 미국과 손잡고 한국을 봉쇄한다는 '통미봉한(通美封韓) 정책'에 따라 미국과의 직접 협상을 주장하고 나왔다. 이렇게 고조된 핵 위기로, 유엔 안보리는 북한 제재결의 일보 직전까지 갔었다.

이때 김 대통령은 오직 '한반도에서의 전쟁 재발'의 비극을 막기 위해 애족심을 발휘, 끈질기게 미국을 설득했다. 또 카터 전 미국 대통령이 북한을 방문하여 북·미 협상의 돌파구를 마련하는 한편, 김일성이 카터 전 대통령을 통해 '남북정상회담'을 제의해 와 이를 김영삼 대통령이 즉각 수락했다. 이로써 분단 반세기 만에 최초의 '남북정상회담' 개최가 극적으로 합의되어 한때나마 남·북의 모든 국민의 마음을 들뜨게 했었다.

그러나 평소에 "환갑은 60이 아니라 90"이라고 하고, 카터 전 대통령과의 회담 때 "앞으로 주석 자리에 10년은 더 있을 것"이라고 건강을 장담하던 82세의 노인 김일성은 회담 예정 날짜인 7월 25일을 17일 앞둔 7월 8일 급사했다. 어렵게 마련됐던 남·북 관계 개선의 기회도 일순에 무산되고, 김일성 사망에 따른 조문 문제를 두고 상호 비난 공방이 일어나, 남·북한 관계는 오히려 급반전하여 경색일로(梗塞一路)로 치달았다.

김영삼 대통령은 1995년 8월 15일 '광복 50주년 기념사'에서 한반도 평화체제 구축을 위한 기본 입장으로 ① 남·북 당사자 간 협의, ② 관련국과의 협조, ③ '남북 기본합의서', '한반도 비핵화 선언', '남·북 간의 합의사항 존중' 세 가지를 제시했다.

특히 1996년은 한·미, 한·일 간의 북한 문제에 대한 공조 및 '한·미 연합방위태세'를 한층 더 강화하는 등 효과적 안보 체제를 확립한 1년이었다. 북한이 1996년 4월 '판문점 공동경비구역' 내에 무장 병력을 투입시키는 등 정전 체제의 무력화 시도가 계속되는 가운데, 같은 달 16일 제주도에서의 '한·미 정상회담'에서 김영삼 대통령과 클린턴 대통령은 한반도 평화체제 구축과 긴장 완화, 그리고 광범위한 신뢰구축 조치를 협의하였다. 그 결과, 한반도 문제를 평화적으로 해결하기 위해, 남한과 북한 그리고 미국과 중국이 참여하는 '4자회담'을 공동으로 제의했다.

이와 같이 김영삼 정부는 '남북대화' 재개에 대한 북한의 호응을 촉구하고 남·북한 간 화해와 협력을 위해 각별히 힘쓰면서, 미·일·중·러시아 주변 4국과의 우호와 협력 관계 발전을 추진하는 등 '한반도 평화체제'의 기반 구축을 위한 노력도 꾸준히 계속했다.

1997년에는 그 전해의 북한 잠수함 침투사건이 북한의 사과와 재발 방지 약속으로 마무리되면서, 제네바 합의 이행을 위한 사업이 재개되었다. 그래서 '경수로 건설부지 인수의정서' 등이 서명되었고, 정부는 '한반도 에너지개발기구'의 인력들이 신포 부지에서 공사를 개시할 수 있는 기초 작업을 완료했다.

북한은 김일성 사망 3주기를 맞은 1997년 7월 9일 평양방송을 통해 "김일성의 출생연도인 1912년을 원년으로 서기(西紀) 대신 '주체 연호'를 제정하고, 그의 생일인 4월 15일을 '태양절'로 지정한다"고 발표하는 등 봉건시대와 같은 '수령 절대체제'를 더욱 굳혀갔다.

이런 가운데, 1997년 8월 19일 역사적인 '경수로 부지 공사'에서 수백 명의 남·북한 건설 인력이 한 장소에서 같이 작업하게 되었다. 비록 한반도 에너지개발기구라는 틀 안에서지만 남·북 간에 처음 직간접적인 대화와 접촉을 갖게 되었다.

한편, 정부는 곡물 협상을 구실로 소극적이던 북한을 상대로 인내심을 갖고 '4자회담'을 추진했다. 그 결과, 한·미 양국의 일관된 노력과 중국의 호응으로 북한이 회담 개최를 수락케 하여, 스위스 제네바에서 1997년 12월 9일 제1차 4자회담 본(本)회담을 열었다. 이어 1998년 3월 16일에는 제2차 회담을 개최했다(4자회담은 김대중 정부 출범 이후에도 제6차 본회담까지 계속 열렸다).

이같이 김영삼 정부는 남·북 문제 해결을 위해 '신외교'의 이름으로 '자주·평화·민주의 통일 3원칙'과 '신뢰 구축·협력 → 남북연합 → 단일 민족국가 건설의 3단계 통일방안'을 꾸준히 추진하면서, 통일 여건 조성을 위해 주변 4강과의 협력 관계를 더욱 공고히 하는 데에도 외교력을 집중했다.

17. 국제통화기금(IMF) 구제금융 요청

'경제협력개발기구'에 가입한 후 선진국 대접을 받던 한국이 '국제통화기금(International Monetary Fund: IMF)[41] 구제금융'을 신청하면서, '투자 기피국'으로 전락하기까지의 시간은 채 1년도 걸리지 않았다. '샴페인'을 너무 일찍 터뜨리고 "1인당 국민소득 1만 달러 시대가 왔다"고 큰소리친 죄와, 분에 넘치는 과소비로 벌을 호되게 받은 셈이다. 우리 경제가 외환 창고가 바닥 나 자력으로는 달러 빚을 갚을 수 없는 '국가 부도' 직전 상황에 이르게 됐던 것이다.

---

41) 세계무역 안정을 목적으로 1944년 체결된 '브레턴우즈 협정'에 따라 1946년에 설립되어, 1947년 3월부터 세계은행과 함께 업무를 개시한 국제 금융기구이다. 이 두 기구를 총칭하여 '브레턴우즈 기구'라고 하며, 약칭이 IMF다. 가맹국은 185개국이고, 본부는 미국 워싱턴에 있다. 국제통화기금은 그 기구를 통하여 각국의 외환을 안정시킴으로써, 세계무역의 확대와 세계경제의 발전에 크게 기여하고 있다.

'통화 위기(Currency Crisis)'의 진상을 밝히기 위해서는 1997년 초로 거슬러 올라가야 한다. 금융 전문가들은 통화 위기를 초래한 근본 원인을 '정경유착(政經癒着)'을 비롯한 우리 사회의 복합적 비리가 뒤엉킨 것으로, '문민정부'의 권위를 바닥으로 추락시킨 '한보사건'에 이어, 삼미·기아·진로·한라·대동·고려증권·한신공영 등 12개 대기업들의 잇따른 '부도(不渡) 도미노(domino)' 사태로 생긴 금융기관의 부실화로 보고 있다.

그리고 종합 금융사들의 방만한 해외 투자도 통화 위기를 가속화한 주요한 요인이 되었다. 한 가지 더 덧붙인다면, 고위층이 위기 상황에서 현실을 제대로 인식하지 못하고, 재정 당국의 안이한 대처와 정책적 실기를 거듭한 대응 조치가 위기를 진정시키지 못하고 오히려 부채질했다고 하겠다.

특히 '금융개혁법안'의 국회 처리를 놓고 재정경제원과 한국은행이 지루한 소모전을 벌이고, 또 기아 등 부실기업을 제때에 정리하지 못했다. 재정 당국의 반(反)시장경제 논리는 외국 기업인들에게 한국에 대한 불신감을 고조시킨 데다, 자본주의의 공적인 '국제 투기자금(hedge funds)'도 우리 경제를 강도 높게 압박했다.

'한보'의 부도로 금융기관들이 수조 원의 부실 채권을 떠안으면서, 달러화에 대한 환율이 1996년 말 844원에서 1997년 3월 말 897원까지 치솟았다. 한보 사태 수습으로 일시 환율이 진정되는 듯했으나, 7월 재계 8위의 대기업인 '기아 사태'가 터지면서 다시 급등하기 시작해 19일에는 894원으로 다시 올랐다.

특히 기아 사태의 장기화로 금융 기관은 해외에서 외화 빌리기가 '하늘의 별따기'만큼 어려워졌다. 국제 업무에 익숙하지 못한 종합 금융사들은 해외 차입줄이 아예 끊어져 환율 상승의 주범으로 등장하고, 미국의 S&P 사 등 '신용평가기관'들의 한국 국가신용도의 하향 조정은 차입난을 가중시켜 환율은 천정부지(天頂不知)로 치솟았다.

오늘날 대부분의 경제 전문가들은 1997년 초 원－달러 환율을 한국 개발연구원이 청와대에 건의한 대로, 일거에 1,000원 수준으로 올리는 '원화 평가절하 조치'를 취했더라도 '환란'만은 막을 수 있었을 것으로 보고 있다.

어쨌든 한국 외환시장은 10월 20일경 발생한 홍콩 외환위기의 유탄을 맞아 10월 말에는 환율이 965원으로 급등하고, 외국인들이 본격적으로 투자 자금을 회수하기 시작함으로써 외환시장이 급격히 악화되었다. 환율은 11월 17일 외환 당국의 개입 포기 선언으로 가격 제한폭인 1,008원까지 급등한 데 이어, 18일에는 상한선인 1,012원까지 치솟아 외환 거래가 일시 중단되기까지 했다. 12월 16일 변동폭 제한이 철폐된 이후, 환율이 국제통화기금 지원계획의 신뢰도 저하 탓으로, 일시에 1,300원에서 1,700원까지 급등했었다.

그리고 가용 외환 보유고도 10월 말의 223억 달러에서 11월 말 통화위기 때에는 39억 4,000만 달러로 갑자기 줄어들었다. 이것은 11월 한 달 동안 정부가 환율 방어를 위해 180억 달러 이상의 외화를 한꺼번에 쏟아 부었기 때문이었다.

결국 정부는 환율의 무차별적인 폭등에 두 손을 들고 말았다. 실은 11월 초부터 당국이 외환시장에 개입하기 시작하면서, 정부는 미국과 일본에 중앙은행 간 차입 등 지원을 요청했다. 그러나 미국은 국제통화기금을 통해서만 외화자금을 지원할 것이라며 거절의 뜻을 전해 왔다. 그래서 정부는 13일 캉드쉬(Jean Michel Camdessus)[42] 국제통화기금 총재에게 방한을 요청키로 결정했다. 이에 따라 극비리에 방한한 캉드쉬 총재를 16일 강경식(姜慶植)[43] 전 부총리가 임창렬(林昌烈)[44] 당시 상공장관과 함께 만나, "구제 금융을 신청하겠다"는 뜻을 전했다.

18일 국회에서 '금융개혁법'이 야당의 반대로 무산되고 19일 경제팀이 경질됐다. 재정경제원은 21일 밤 "200억 달러의 구제 금융을 요청하겠다"고 발표한 뒤, 미국 워싱턴에 있는 캉드쉬 총재에게 전화를 걸어 구제 금융을 공식으로 요청했던 것이다.

국제통화기금과의 협상은 미국 정부 협조 아래 철야로 진행되어 12월 3일 매듭지어 졌다. 캉드쉬 총재가 지켜보는 가운데 임창렬 부총리 겸 재경원장관과 이경식(李經植) 한국은행 총재가 '국제통화기금 이행각서'에 서명함으로써, 이 날이 한시적이나마 경제 주권을 상실한 '제2의 국치일'이 된 셈이다.

긴급 자금의 지원 규모는 국제통화기금과 세계은행(IBRD), 그리고 아시아개발은행(ADB) 등 '국제금융기구'와 미국·일본 등 13개 우방국들에서 모두 580억 5천만 달러로 사상 최대 액수였으나, 조건은 부실 금융기관의 정리와 긴축 재정 및 통화 정책, 그리고 고금리 유지 등이었다.

금융 전문가들은 "기업 부도와 금융 기관 부실화로 경제 사정이 갈수록 나빠지고 있는데, 정부가 '경제 기초가 좋다'는 이유 하나만을 내

---

42) 프랑스 은행가(1933~), 프랑스 국립행정학원 졸업(1960), EEC 금융위원장(1982), 프랑스 중앙은행 총재(1984), 국제통화기금 총재 3차 연임(1987~1996) 등의 경력이 있다.

43) 관료(1936~), 서울대 법대 졸업(1961), 미 시라스대학 행정대학원 졸업(1984), 경제기획원 차관보(1981), 재무차관(1982), 동 장관(1982), 국회의원(1985~)을 역임했다.

44) 관료(1943~), 서울대 경영학과 졸업(1966), 미 윌리엄스 대학원 졸업(1973), 재무부 제2차관보(1993), 조달청장(1994), 과학기술처·해양수산·재정경제원 차관(1996), 통상산업장관(1997), 부총리 겸 재정경제원 장관(1997)을 역임했다.

세워 시장 불개입을 고집하면서 즉각적인 대응을 기피함으로써 실기하는 바람에, 결국 통화 위기의 어려움을 자초했다"는 뼈대 있는 비판을 하고, 이와 함께 "국회에서 '금융개혁법안'에 반대했던 당시의 야당도 책임을 면할 수는 없다"는 지적을 했다.

국제통화기금 사태는 여러 가지 측면에서 우리에게 많은 교훈을 남기고 있다. 그중에서 가장 중요한 것은 "너무 일찍 터뜨린 '샴페인' 값이 얼마나 비싼 것인가" 하는 것이었고, 그다음은 "경제는 '곱하기 제로(zero)'여서 대통령이 아무리 정치·외교를 잘했어도 경제를 잘 못하면 '실패한 대통령'이 된다"는 것이었다.

'샴페인'과 관련해서는 정부가 경제협력개발기구 가입을 정치적 목적으로 조금 서둔 감이 없지 않고, 또 이를 국민에게 선진국 진입인 양 너무 지나치게 과잉 홍보한 것도 잘못이었다.

그리고 김영삼 대통령은 집권 후 뛰어난 정치 감각을 살려 '하나회' 청산 등 군부 내의 사조직 해체, 정치 자금법 개정, 지방 자치제 전면 실시, 대통령 선거 공정 관리 등 많은 업적을 남겼다. 또 한반도에서의 전쟁 재발 방지를 비롯해서 유엔 안보리 비상임이사국 피선, '월드컵 축구대회'와 제3차 아시아·유럽 정상회의 한국 유치, 황장엽 비서 망명 등 외교적 실적은 컸다.

그러나 대통령의 아들이 관련된 '한보 사건'으로 '문민정부'의 권위가 떨어지고, 대통령 자신의 아집과 오만, 그리고 행정 경력과 경제 지식의 부족 등으로 통화 위기라는 최악의 부채를 국민들에게 남기고 물러났다. 이로써 치적은 하루아침에 물거품이 되어, 결국 "정치인으로 성공해 대통령은 됐으나, 실패한 대통령이 되었다"는 국민들로부터의 냉엄한 평가를 받지 않으면 안 되었다.

이 같은 외환 위기의 도래로 '군사정권'의 오랜 '강압정치'에 싫증을 느끼고 '문민정부'에 걸었던 국민들의 기대는 허무하게 무너지고, '민주 투사'로서의 '김영삼'이란 정치적 우상도 맥없이 사라지고 말았다.

　"훌륭한 혁명가가 다 반드시 좋은 정치가가 되는 것은 아니다." 우리는 과거 신생 국가에서 숱한 독립운동가나 자유·민주 투사들이 독립 후 권력을 장악한 다음 독선과 고집 때문에 혼란에 빠져 지난날의 명성을 잃고 마는 것을 너무나 많이 보아왔다.

　그래서 우리 국민들 중에는 당시 김영삼 전 대통령은 "대통령보다는 오히려 나라의 정치 원로로 남아, 언제까지나 국민들로부터 존경받는 '민주 한국의 어버이'로서 국가 원로의 자리를 지켜 주었더라면 더 좋았을 것인데" 하고 아쉬워하는 사람들도 많았다.

2000년 6월 최초 남북 정상회담에서의 김대중 대통령과 김정일 국방위원장

제 8 장

김대중 정부의 외교

(1998~2003)

'문민정부'의 뒤를 이어 헌정사상 처음 수평적 정권 교체로 수립된 '국민의 정부'의 김대중 대통령. 그는 1998년 2월 25일 대통령 취임사에서 "정의가 강물처럼 흐르는 세상을 만들겠다"고 약속했다. 또 민주주의와 시장경제의 동시 추진이란 국정 목표 아래 외교와 관련하여 우선 자주적 안보 태세와 한·미 안보 체제의 강화, 그리고 '4자회담'의 성공을 강조했다. 그리고 북한의 무력도발 불용납과 흡수통일 배제, 교류·협력 강화를 통한 남·북 관계의 개선 등 대북 관계 3원칙을 내놓고, 마지막으로 재외 동포들의 권익 보호를 강력하게 주장했다.

새 정부는 이어 발표한 선진적 민주 정치, 민주적 시장 경제, 보편적 세계주의, 창조적 지식 국가, 신노동 문화 창출, 협력적 남·북 관계 등 6대 국정 과제 속에서 실제로 현실에 부합하는 실사구시(實事求是) 외교의 실현을 강하게 내세웠다.

특히 '국민의 정부'는 한반도 주변 4대국 외교를 강화하면서, 북한과의 평화공존과 협력 관계 증진을 위해 '대북 포용(抱擁)정책'에 역점을 두고, 이제부터는 "평화공존을 통한 21세기 통일 시대를 본격적으로 준비한다"는 것이었다.

1. 통화위기의 극복

김영삼 정권 말기인 1997년 11월 21일, 정부는 "금융 및 통화 위기를 타개하기 위해 '국제통화기금'에 200억 달러 이상의 구제 금융을 요청했다"고 발표했다. 이 소식은 당시 1인당 국민소득 1만 달러 시대가 열리고, 한국이 '경제 선진국들의 클럽'인 '경제협력개발기구'에 가입한 지 1년 만의 일이었으므로 국민들에게 청천벽력(靑天霹靂) 같은 큰 충격을 주었다.

'5·16 군사정변' 이후, 국민 경제의 획기적인 발전을 위해 시작된 '경제개발 5개년 계획'은 한국 경제를 불과 30여 년 만에 농업형 후진국에서 '공업형 상위(上位)중진국'으로 끌어 올렸다. 1960년 초 1인당 국민소득이 83달러에 불과했던 나라가, 1990년대 중반에는 한때 1만 달러가 넘어 경제협력개발기구에 가입까지 했다.

그러나 각종 특혜를 통한 소수 기업의 우대 정책과 이에 따른 정경유착, 기업과 은행의 투명성 결핍 및 재벌들의 무분별한 문어발식 사업 확장 등은 결국 한국형 성장 모델의 한계로 연결되었다.

한국은 한보철강과 기아자동차 등 대기업의 연속 부도와 금융 기관의 부실 채권의 증가로 생긴 국가 신용도의 급락, 외국인 투자 자금의 급속한 이탈과 단기 외채의 급증, 그리고 해외 차익금의 중단과 국제 투기자금의 횡포 등으로 외환 보유고가 거의 바닥이 나 '통화 위기'를 맞게 됐던 것이다.

기업과 은행들이 줄줄이 도산하면서 명예퇴직과 정리 해고로 직장에서 밀려난 수많은 실업자들이 거리로 쏟아져 나왔다. 사람들이 'IMF'란 약자를 "나는 해고됐다(I'M Fired)"나 "나는 끝장났다(I'M Finished)"라는 말의 준말이라고 빈정거릴 정도로 사태는 심각했다. 실업 사태가 급증하자 대학가도 몸살을 앓았다. 졸업 자체를 미루는 대학생들이 크게 늘어났던 것이다.

김영삼 정부는 통화 위기 극복을 위해 1997년 12월 초 국제통화기금과 총 583억 5천만 달러의 구제 금융과 함께, 부실 금융기관 정리, 기업의 구조조정, 정리해고제 도입 등 개혁 사항에 합의했다.

통화위기의 무거운 짐을 이어 받은 김대중 정부는 국제 사회로부터 지원과 협력을 이끌어내기 위해 대통령 자신이 앞장섰다. 또 국민들이 자발적으로 외채 상환을 위해 '금 모으기 운동'을 펴는 등 정부·기업·금융기관과 국민이 합심하여 허리띠를 졸라매고 위기 극복을 위해 혼신의 노력을 다했다.

그리고 다행히 미 국무부가 "한국이 무너지면 동북아 안보도 무너진다"며 적극 지원에 나섰고, 미 재무부는 금융기관들에게 협조를 요청하여 여신 회수를 보류시켰다. 그 결과, 1년 만에 외환 시장이 어느 정도 안정되고 환율과 금리도 조금씩 제자리를 찾아가 일단 위기의 첫 고비를 넘겼다.

특히 국민들이 나라 빚을 갚으라고 1998년 1월부터 4월까지 자발적으로 벌인 '금 모으기 운동'으로 22억 2,400만 달러의 금을 모았다. 손에 금붙이를 들고 장사진을 이루고 있는 시민들의 모습이 TV를 통해 전 세계에 방영되면서, 큰 찬사와 함께 국제 금융계에도 좋은 반응을 일으켰다. 그 후 태국도 우리를 따라 '금 모으기 운동'을 해보았으나 불행히도 성공하지 못했다.

정부는 정부대로 정치 개혁을 비롯하여 정부 조직 개편,[1] 기업의 주(主)업종 살리기, 인수와 합병(M&A)을 통한 은행의 체중 늘리기, 적극적인 외자 유치, '노사정위원회'의 설치 등 기업의 구조를 조정하고 국민 의식을 개혁했다.

---

[1] 김대중 정부도 외형상 공무원의 수를 줄였으나, 정부 기관의 수는 반대로 위원회 형식으로 6개가 더 늘어났다. 뉴질랜드는 1984년 통화위기를 맞아 교통·통신·전력 등 정부의 '상업적 기능'을 우선 공기업화하고 다시 민영화하는 방식으로 10년간에 걸쳐 50개의 정부 기관을 통폐합해 27만 명의 공무원을 8만 명으로 감축했고, 일본은 5년간의 준비 끝에 2001년 1월 1부(府) 22성청(省廳)을 1부 12성청으로 과감하게 줄이는 데 성공했다. 우리도 이를 참고로 정부 기구를 간소화하고 정부 사업을 민영화함으로써 예산을 절약, 싱가포르처럼 남은 공무원의 처우를 획기적으로 개선하여 부정부패(不正腐敗)를 근본적으로 방지하는 제도 개혁을 서둘렀어야 했는데, 우리는 그렇게 하지 못했다.

그 결과 외환 보유고는 늘어나고 국가 신용도가 회복되면서, 외국 기업의 직접 투자도 증가하여 내수(內需)의 활성화와 함께 수출이 다시 살아나기 시작했다. 오직 환란을 극복하기 위해 정부·기업·국민 3자가 일심동체가 되어 헌신적인 노력을 한 3년간이었다.

한국의 경우 통화위기에 대한 '국민의 정부'의 대응이 신속하고 국민들의 협조도 대단했다. 더구나 기업이 깊이 관여됐던 인도네시아나 태국과는 달리 주요 채권자가 거의 다 은행이었다는 것과 '시티은행 (City Bank)'의 로즈(Rose) 부회장이나 뉴욕의 맥워커(McWalker) 변호사 등 1980년대 중남미 금융위기 때부터 솜씨를 닦아온 국제적인 금융 전문가들의 적극적 협력을 얻을 수 있었다는 것이 비슷한 시기에 같은 통화 위기를 겪은 다른 아시아 국가들이 누리지 못했던 또 하나의 행운이었다.

'국민의 정부'는 계속 '통상외교 강화'를 외교 목표로 내걸고 위기의 완전 극복을 위해 정부 기구 통폐합과 재벌 구조조정, 그리고 부실 은행의 해외 매각이나 외국인 투자 유치의 활성화 및 국민의 합리적 소비 의식 함양 등을 통해, '위기'를 경제 선진화를 위한 '기회'로 만들려고 많은 노력을 했다.

'통화위기와 국제통화기금 관리체제'를 거치면서 우리 경제도 조금씩 바뀌기 시작했다. 금융시장 구조가 간접금융에서 직접금융 방식으로 바뀌고, 정리해고제 등의 도입으로 노동시장이 유연해졌다. 그 위에 부실 금융기관이 퇴출되고 손실 부담 원칙이 적용되기 시작한 것 등도 가장 큰 변화로 꼽을 수 있다. '시장이 곧 하느님'이라는 명제가 한국 시장에서도 처음으로 조금씩 구현되어 갔다.

캉드쉬 국제통화기금 총재를 접견하고 있는 김대중 대통령 (1998)

우리 정부는 헌신적인 노력 끝에 2001년 8월 23일 국제통화기금 차입금 잔액 1억 4천만 달러를 3년이나 앞당겨 상환함으로써 60억 달러의 대기성 차관을 모두 갚았다. 이로써 1997년 11월 긴급 자금을 신청한 지 꼭 3년 8개월 만에 '경제 주권'을 되찾게 되었다.

재정경제부는 1999년 9월 단기성 고금리 차입금인 '보충준비금융(SRF)' 135억 달러를 상환한 데 이어, 대기성 차관마저 갚아 차입금 195억 달러를 모두 상환함으로써, 한국은 공식적으로 국제통화기금 체제에서 졸업하게 된 것이다.

전 세계에서 지금까지 국제통화기금의 도움을 받은 나라는 모두 76개국이나 되는데, 단번에 그것도 차입금 조기 상환으로 위기를 극복한 나라는 아마 한국뿐일 것이다.

그러나 우리가 국제통화기금을 졸업했다고 자축하기는 아직 일렀다. 빌린 돈은 다 갚았으나, 지금까지 투입된 '공적자금'이 157조 원이나 된다. 그러니 '돈을 꾸어 빚을 갚은 격'인 이 '공적자금'을 앞으로 모두 회수해야 국제통화기금을 진짜 '졸업'했다고 할 수 있다. 정부는 그 후 도 "나는 싸우고 있다(I'm Fighting)"란 마음을 갖고, 국민 의식과 정치 개혁, 규제 완화와 재무구조 개선, 그리고 핵심역량 강화와 투명 경영, 특히 정부 조직의 축소 개편 등 여러 문제를 해결하여 우리의 꿈인 명실상부(名實相符)한 선진국이 되기 위하여 '경제의 경쟁력'을 키워나가는 노력을 계속했다.

2. 김대중 정부의 대북 정책

1998년 새로이 출범한 김대중 정부의 대북 정책은 북한을 국제적 고립에서 탈피시켜 개혁과 개방으로 나오게 하는 것이다. 북한을 '국제사회의 정상적인 일원'으로 만들기 위하여 그전의 정부가 추구했던 '상황별 대처 방식'을 지양하고, 장기적 안목에서 인내와 끈기를 갖고 포괄적 접근방식으로 한반도의 냉전 체제를 허물어뜨리려는 것이다. 그리하여 남・북한의 자유로운 방문과 교류가 실현되는 '평화공존' 상태를 만들어, 전쟁 없이 안심하고 살 수 있는 환경을 조성하는 '포용정책'에 중점을 두었다.

이 '포용정책'은 원래 클린턴 미 행정부가 북한에 대해 펼친 일종의 '유화(宥和)정책'인 '개입정책(Engagement Policy)'을 말하는 용어였는데, 김대중 정부가 미국 정부와의 정책 협력을 위하여 우리말로 고쳐

'포용정책'이라는 이름으로 도입한 것이다.

이 정책의 기본 원칙은 2월 12일, '대통령직 인수위원회'가 선정한 차기 정부의 '100대 과제'에서 '평화·화해·협력의 실현을 통한 남·북 관계의 개선'이란 이름으로 처음 그 윤곽이 일반에게 제시되었다.

김대중 대통령은 2월 25일 취임사에서 대북 정책과 관련, '무력 도발 불용납, 흡수통일 배제, 화해와 협력 적극 추진'의 대북 3원칙을 밝혔다. 그러면서 '남북기본합의서'의 이행을 통한 남·북 관계 개선의 기반 마련과 정경분리(政經分離) 원칙에 따른 남·북 경제 협력의 적극 추진, 민족의 동질성 회복을 위한 사회·문화 교류 협력의 활성화와 한반도 평화체제 구축, 그리고 대북 경수로 사업의 원활한 추진 등을 내세웠다.

'국민의 정부'는 집권 이후 금강산 관광사업과 함께 보다 과감하게 북한에 접근하는 새로운 '햇볕정책(Sunshine Policy)'[2]을 성실하게 추진했다. 그것이 바로 '한반도 냉전구조의 해체 구상'이다. 북한의 금창리 핵 의혹 시설이나 미사일 문제에 일일이 사건마다 대응하여 그 증세만을 고치려는 '대증요법(對症療法)'보다는, 모든 대북 현안을 한꺼번에 책상 위에 올려놓고, 줄 것은 주고 받을 것은 받는 식으로 문제를 포괄적으로 일괄 해결하는 방식이다.

이를테면 "북한의 핵, 미사일, 화학·생물학 무기 등 대량살상무기를 억제하기 위해서도, 북·미, 북·일 수교, 대북 경제제재 완화 등이 맞물려 들어가야 한다"는 것이다. '포용정책'의 종착역은 냉전 체제를 허

---

2) 햇볕정책은 남·북한 간의 긴장을 완화하고 북한을 개혁·개방으로 유도하기 위해 김대중 정부가 추진했던 '대북정책'으로, 과거 정권들이 북한에 '강경정책'을 썼으나 성공하지 못했다고 하여 새로 내놓은 것이다. 햇볕정책이란 용어는 "겨울 나그네의 외투를 벗기는 것은 강한 바람이 아니라, 따뜻한 햇볕"이라는 이솝(Aesop) 우화에서 따온 것인데, 황장엽 전 조선노동당 비서는 "이 정책은 북한을 아주 모르는 사람이 만든 대단히 잘못된 것"이라고 안타까워했다.

물어뜨린 후, 우리가 지금 중국과 누리고 있는 정도의 남·북한의 자유로운 방문과 교류가 이루어지는 '사실상(de facto)의 통일 상황'을 실현하는 것으로 매우 현실적이고 합리적인 것이다.

이러한 새 정부의 대북 정책은 역대 정부와 다음과 같은 몇 가지 점에서 큰 차이를 보이고 있다. 첫째는 북한의 갑작스러운 붕괴보다 점진적 체제 변화에 역점을 두고 공존 정책을 추구하는 것이다. 둘째는 북·미 및 북·일 관계 개선이 궁극적으로 남·북 관계 개선에 도움이 될 것으로 보는 것이다. 셋째는 상호주의 원칙을 당분간 접어두고 '선공·후득(先供·後得)'으로 나가자는 것 등이다.

그러나 국내외 외교전문가들은 "햇볕정책은 의도와 명분은 좋다. 그러나 실리를 살리기 위해 호혜의 원칙인 상호주의에 입각하여, 줄 건 주고 받을 건 받아야 한다. 관계 유지 때문에 양보만 하다 보면 일방적으로 북의 의도대로 끌려 다니며, 주도권을 빼앗겨 회담의 속도 조절에서 중단까지도 모두 그들에게 일임하게 되는 약점(弱點)이 있다"는 지적을 하고 있다.

그들은 또 북한 문제와 국내 정치와의 연계에 절대 반대하면서 다음과 같은 권고를 했다. 첫째, 북한 공산주의자들에게 '회담은 곧 혁명투쟁의 한 형태'일 뿐만 아니라, 얻을 수 있는 것은 최대한 얻어내는 것을 전략적 성공으로 생각하기 때문에, 그들과는 서두르지 말고 꼭 '상호주의'를 적용해야 한다. 둘째, '축록자 불견산(逐鹿者不見山)'이라고, 사슴을 쫓는 자는 산을 보지 못하니 조급한 결과에 눈이 멀지 말고, 산을 보며 긴 눈으로 대하면서 경제에 성공한 형(兄)의 입장에서 할 말은 하면서 회담을 느긋하게 끌고 가야 한다는 것이다.

북한 문제는 한국은 물론이고 한반도를 둘러싸고 있는 주변 4대국에게도 동북아 지역 안보 정세의 핵심 사안이다. 따라서 '국민의 정부'도 역시 역내 평화 유지에 유리한 환경을 조성하기 위하여 주변 4국들과의 협력을 강화하는 외교 정책을 추진하면서, 특히 '포용정책'의 참뜻을 설명하여 미국을 비롯해, 주변국의 이해와 협조를 얻는 데 힘을 썼다.

북한 당국은 처음 "햇볕정책은 다른 형태의 흡수통일 책략"이라고 거부하고, 1998년 4월 18일 김정일이 '민족 대단결 5대방침'을 밝혔다. 그 5항에서 "민족 대단결을 위하여 북과 남이 서로 왕래하며 대화를 발전시켜야 한다"고 하면서도, 4항에서는 한국을 외세와 결탁한 민족 반역자와 반(反)통일 세력으로 몰면서 투쟁을 외쳤다. 9월의 최고인민회의도 '강성대국(強盛大國)'의 기치 아래, '무력통일'을 위한 '군사강국'의 기반 확보에 열을 올렸다.

그러나 "세계의 어떤 정권이든 국민을 먹여 살리지 못하는 정권은 정권으로서 존립할 가치가 없다." 북한이 앞으로 국제적 고립에서 벗어나고 심각한 경제난을 해결하여 주민들을 먹여 살리자면, 결국 중국과 베트남처럼 개혁과 개방의 길로 나와야 하고, 또 한국과 협력하는 길밖에 없다.

일찍이 로마의 시인 루크레티우스(Lucretius)가 말했듯이, "세상의 모든 것은 시간과 더불어 변한다." 북한도 그 예외가 될 수는 없다. 북한도 역시 앞으로 시간의 흐름과 더불어 조금씩 변하지 않을 수 없을 것이다. 그리고 북한 경제가 나아져 주민들이 절대적 빈곤에서 벗어나면, 주민들의 의식도 조금씩 변화하게 될 것이다.

한편, 민간 차원의 협력 사업은 정주영(鄭周永) 현대그룹 명예회장3)

---

3) 사업가(1915~2001), 강원도 통천 송전소학교 졸업(1930), 현대자동차 사장(1946), 현대건설 사장(1950), 국회의원(1992), 현대건설 대표이사(1998~2001). 이사(1998), 현대그룹 명예회장을 역임했다.

의 1998년 6월과 10월의 두 차례에 걸친 '소떼 북송'으로 일단 물꼬를 텄다. 그 후 11월 18일 금강산 관광의 시작과 함께, 금강산 개발과 공단 및 경제특구(經濟特區)의 설치 등 여러 가지 합작 사업이 현대 측과 북한 '아·태 평화위원회' 사이에 논의됐다.

북한과의 바람직한 관계상은 어디까지나 군사 위협을 상호 감축하고 대화와 협력을 통해 신뢰를 구축하여, 이미 발효시킨 1992년의 '기본합의서'를 서로 이행하는 것이다.

이런 관점에서 새 정부는 남·북한 해군이 충돌했던 6월의 서해 사건과 북한의 북방한계선(NLL) 무효화 선언, 그리고 금강산 관광객 억류사건 및 금창리 지하시설 의혹 문제 등 여러 가지 사건에도 불구하고, 인내심을 갖고 '포용정책'을 추진했다. 그러면서 미국의 '페리(Perry)[4] 보고서'를 통해 북한이 핵과 미사일 등 '대량살상무기'의 개발을 포기하는 경우, 한·미·일 3국이 관계 개선과 경제 복구를 지원한다는 식으로 "지원을 통해 북한의 변화를 유도한다"는 이른바 대북 포괄접근방식을 제시했다.

그러나 북한은 계속 "미국과는 통하나 한국은 봉하고 잠그자"는 '통미봉한(通美封韓) 정책'을 썼다. 우리의 '햇볕정책'을 '사탕 발린 독약'이라 하면서도 '양파 껍질 벗기기 전략'을 구사하여 사사건건 원조만 얻어갔다. 반면, 미국과의 협상을 통해 평북 대관군 금창리 지하시설을 1999년 5월 공개한 위에, 9월 '베를린 회담'에서 미사일 실험발사 유예를 선언했다. 또 2000년에 들어와 이탈리아 등 서방 7개국과 수교하는 한편, 미국·일본과의 관계 개선에도 적극성을 보였다.

---

4) 미국 학자·정치가(1927~), 스탠퍼드대학 졸업, 국방차관(1977), 스탠퍼드대학 교수, 국방장관(1994~1997), 대북한 정책 조정관(1998)을 역임했다.

북한은 경제 중시의 '신사고'를 내세워, 5월 우리의 '남북정상회담' 제의를 받아들였다. 김대중 대통령은 6월 13일 평양을 방문, 김정일 국방위원장과 정상회담을 갖고 마침내 '6·15 공동선언'이 발표되었으며, 오랫동안 중단되었던 당국 간 대화와 '이산가족 교환방문' 등이 이루어졌다.

그러나 2001년 1월 북한을 불신하는 부시(George W. Bush) 행정부의 출범 이후, 3월부터 북한 측의 일방적인 불참 통고로 '남북대화'는 중단 상태에 들어갔다. 그러다가 북한이 9월 2일 '남북대화'를 돌연 제의해와 10월 15일부터 18일까지 '제5차 장관급회담'이 서울에서 개최되었다.

최대 현안인 김정일 국방위원장의 서울 답방은 여건 조정 미비로 그 당시는 아무도 예측하기가 어려웠다. 그뿐만 아니라, 미국이 2001년 9월 11일 발생한 '동시 다발 테러사건'에 뒤이어, 아프가니스탄에서 군사 행동을 개시한 이후, 북한은 이산가족 상봉 합의를 일방적으로 연기했다. 또 11월 9일부터 금강산에서 어렵게 개최된 제6차 남·북 장관급회담도 고의적으로 결렬시키는 등, '남북 관계'는 북한의 일방적인 대화 기피로 통로가 사실상 또다시 막힌 것이나 다름없는 상태였다.

북한은 "협상에서 언제나 예측이 불가능하고 비상식적이며 수단·방법을 가리지 않는다." 그들은 협상 주도권을 잡기 위해 회의장에서 억지 부리며 소리를 지르기도 하고, 또 회의장을 박차고 나가기도 한다. 그리고 위협적인 언사로 '벼랑 끝 전술'을 예사로 구사한다.

이런 '협상전술'은 무산된 이산가족 상봉이나 금강산에서의 장관급회담에서 보았듯이 남북정상회담 이후에도 변화가 없었다. 우리는 "북한의 이 같은 '일관성 없는' 협상 전술은 '일관성 있는' 협상 목표를 달성하기 위한 수단"이라는 것을 잊어서는 안 된다.

정부는 어렵게 성사시킨 북한과의 회담을 중단시키지 않기 위해서도 그랬었지만, 김대중 대통령의 임기 내에 무엇인가 가시적인 외교적 성과를 거두려는 일념에서, 매달리다시피 장소나 날짜 가릴 것 없이 북한이 정하는 대로 그저 끌려 다니기만 했다. 결과와 모양새도 나쁘지만, 일도 안 되고 또 우리 국민들의 여론도 좋지 않았다.

"남·북 관계는 우리가 급히 서둘 필요가 조금도 없다. 급한 쪽은 북한이다. 우리는 북한이 급변하는 국제 사회에서 살아남기 위해 시대의 흐름에 맞추어 '남조선 해방정책'을 바꾸려 할 때까지 때를 기다리는 지혜를 가져야 한다"는 우리 외교 전문가들의 지적이 있다.

2002년 4월 3일부터 6일까지 김대중 대통령의 특사로 임동원(林東源)5) 청와대 외교안보통일 특보가 평양을 방문하였다. 임동원 특사는 김정일 국방위원장에게 김대중 대통령의 친서를 전하고, 김용순 등 북한의 대남 관계 담당관들을 만나 이산가족 상봉을 비롯하여, 경의선과 동해선 철도와 도로의 연결, 남북경제협력추진위원회 개최, 군사 당국자 회담 재개 등에 합의함으로써, 미국의 부시 행정부가 출범한 이후 지난 1년 동안이나 정체를 면치 못했던 남북 관계를 복원하는 계기를 마련했다.

특히 북한 측의 동해선 연결 제의는 앞으로 시베리아 철도와 이어져, 세계 3대 컨테이너(container) 항구인 부산을 세계적인 물류 기지로 만들 수 있는 특기할 만한 새로운 제안이었다.

북한이 임동원 특사 방북 때 주적(主敵) 개념에 대해 강력히 문제를

---

5) 군 출신 관료(1934~), 육사 졸업(1957), 육사 조교수(1964~1969), 육본 전략기획처장(1977), 주 나이지리아 대사(1981), 주 호주 대사(1984), 대통령 외교안보 수석비서관(1998), 통일부장관(1999, 2001), 국가정보원장(1999), 대통령 외교안보통일 특보(2002), 세종재단 이사장(2004)을 역임했다.

제기해 시간을 끌었다는 보도에 이어, 국방부가 경의선 복원 등 남·북 관계를 고려하여, '주적은 북한'이란 표현의 삭제를 검토하고 있다는 언론 보도가 나왔다. 그러나 "주적론은 우리 안보와 직결되는 문제로, 남·북 간에 첨예한 군사적 대치가 지속되고 있으므로, 상호 신뢰 구축과 긴장 완화를 위한 사전적 조치가 이뤄진 후, 상호주의에 입각하여 신중하게 다루어야 한다"는 것과 "북한이 과거보다 개량된 탄도 미사일을 1,000기 가까이 실전 배치하고 있는 마당에 '군사 문제의 정치화(politicization)'는 절대로 안 된다"는 것이 우리 국민들의 지배적인 생각들이었다.

김대중 정부의 '햇볕정책'은 국내외에서 "남·북 관계를 겉으로는 화해와 협력으로 전환시켰으나, 부정송금 때문에 발목이 잡혀 대북 관계에서 주도권을 잃어 적화통일을 꿈꾸는 북한의 대남 정책을 바꾸지 못하고, 우리 국민들의 안보 의식만을 흐리게 했다"는 평이 나왔다.

3. 평화체제 구축 노력

대화를 통한 '평화통일' 기반 조성의 일환으로 추진되어 온 '4자회담'이 1998년도에도 두 차례 개최되었다. 1998년 3월 16일 개최된 2차 본회담은 '대북 포용정책'을 내세운 새 정부 출범 후, 처음 만난 북한과의 대면이었던 만큼 남·북 관계의 진전 가능성에 대한 세계의 관심이 지대했다.

따라서 회담에서 우리 측은 평화체제 논의를 촉진시키기 위해 초보적 수준의 남·북 간 군사적 신뢰구축에 관한 협의를 시작할 것과 '4

자회담'과 '남북대화'를 병행 추진하자는 의견을 북한 측에 제시했다. 그러나 북한은 주한 미군 철수와 '북·미 평화협정' 체결 등 그 전과 같은 억지 주장을 되풀이함으로써, 실질 문제에 대한 토의가 이루어지지 못한 채 종결됐다.

그 후 북한의 미사일 추진체 발사, 금창리의 대규모 핵 의혹 시설 발견, 북한 잠수정의 동해안 침투 등 줄지어 일어난 사건 속에서, 새 정부의 정책 효율성에 대한 우려와 비판의 소리가 국민들 사이에서 높아 갔다.

그러나 정부는 '햇볕정책'의 기조 아래 미국과의 공조 체제를 중심으로, 일·중·러 등 주변국들과의 협조 강화에 중점을 두고 새로운 대북 정책을 꾸준히 추진해 나갔다.

그 결과 4자회담 2차 본회담이 무산된 지 7개월 만인 10월 21일 제3차 본회담이 개최되었다. 회담에서는 북한이 그동안 의제로 주장해왔던 주한미군 철수 문제를 차기 회기로 연기하기로 함으로써, 우선 평화체제 구축과 긴장완화 문제를 다루기 위한 2개 분과위 구성에 대한 합의가 겨우 이루어졌다.

4자회담이 시작된 지 꼭 11개월 만에 이끌어낸 분과위 구성 합의는, 한반도 문제를 다루는 본격적인 협상의 틀을 마련했다는 점에서 일단 국내외의 긍정적 평가를 받았다.

대북 경수로 지원을 위한 한반도 에너지개발기구(KEDO) 사업도 예정대로 진행되었다. 그러나 1998년 한국과 동아시아의 통화·금융 위기와 환율 변동으로 한반도 에너지개발기구 사업비에 대한 재조정이 필요하게 되어, 한반도 에너지개발기구 집행이사국은 6월 1~2일 이사회를 개최하여 "1997년 11월 합의된 예상 사업비를 일부 조정하기로 한다"는 원칙에 합의했다.

이어 '한반도 에너지개발기구 집행이사회'는 1998년 8월 31일 재원 분담 결의안을 채택하려고 했다. 이 안에 따르면 한국 측은 실제 공사비의 70%(32억 2천만 달러·3조 5,420억 원)를 원화로 부담하고, 일본은 10억 달러(1,165억 엔)를, 미국은 중유 비용 및 한반도 에너지개발기구의 여타 소요 재원 확보를, 유럽연합은 7,500만 유로화(ECU)를 제공키로 했다. 그런데 공교롭게 같은 날 북한의 '미사일 추진체 발사 사건'이 발생하여 일본이 경수로 지원 보류 등 대(對)북한 제재조치를 결정함으로써, 한반도 에너지개발기구 사업에 큰 차질이 생길 뻔했다.

그러나 한·미 양국의 설득으로 일본이 10월 21일 경수로 지원 분담 결의안에 동의하여, 11월 9일 '한반도 에너지개발기구 집행이사회'가 경수로 총공사비를 46억 달러로 최종 결정하여, 우리 정부는 '경수로 사업비 재원 조달방안'을 조속히 확정지어야 할 입장이 됐다.

2001년 '9·11테러 사건' 이후, '핵개발·미사일 수출·화학 무기 생산'과 관련, 부시 행정부의 북한을 보는 눈이 심상치 않았다. 10월 24일 국무부의 프리처드(Jacques Pritchard) 한반도 평화회담 특사는 "앞으로 북한이 '핵 확산 금지조약' 의무를 이행하지 않으면, 경수로 추가 건설은 없다"고 했고, 파월(Collin Powell) 국무장관도 2002년 2월 13일 "북한이 국제원자력기구의 핵 사찰을 수용하지 않으면, 경수로 공사를 중단한다"고 경고했다. 이에 대해 북한은 "선의에는 선의로, 강경에는 강경으로 대하는 것이 우리 인민의 기질"이라고 하면서 "미군만 없으면 조국 통일은 식은 죽 먹기"라고 계속 주한미군 철수를 주장하고 나왔다.

그리고 북한은 우리가 '평화체제 구축'이란 큰 틀에서 남북 관계 개선을 위해 양보를 하면 할수록, "남북관계 개선의 수혜자는 남쪽"이라고 억지와 떼를 쓰며 우리에게 더 많은 양보를 요구했다.

4. 주변 4대 강국과의 외교 강화

김대중 정부는 출범과 함께 단시일 내의 '국제통화기금 관리체제' 졸업과 여러 가지 통일 여건을 조성하기 위한 '대북 포용정책'에 역점을 두고 이를 일관성 있게 추진하면서, 우선 한반도 주변 4대국에 대한 외교를 다음과 같이 한층 더 강화했다.

1) 미국

김대중 대통령 당선자는 신정부 출범 전인 1998년 2월 17일 동아시아 3개국 순방의 일환으로 한국을 방문한 데일리(William M. Daley) 미 상무장관의 예방을 받고, 한국의 '국제통화기금 체제' 조기 극복을 위한 금융 지원방안을 협의하고, 대통령 취임 후 서둘러 미국을 방문했다. 6월 10일 클린턴 대통령과 '정상회담'을 갖고 한국의 경제 회복을 포함한 현안을 깊이 있게 논의하여, 미국의 계속적인 지원과 함께 새 정부의 '대북 포용정책'에 대한 지지를 약속받았다.

7월 1일에는 클린턴 미 대통령의 중국 방문을 수행했던 루빈(Robert E. Rubin) 재무장관이 방한하여 김대중 대통령을 예방, 미국 대통령의 방중(訪中) 성과를 설명하고 투자협정 체결 등 후속 조치와 경제협력 관계의 증진 방안에 대한 의견을 교환했다.

뒤이어 7월 21일 워싱턴에서 '한·미 투자협정' 체결을 위한 실무

협의가 개시되고, 7월 30일 이홍구(李洪九)[6] 주미대사와 뮤노즈(George Munoz) 미국 해외민간투자공사 사장 간에 '한·미 투자촉진협정'의 서명이 이루어졌다.

한편, 11월 20일에는 클린턴 대통령이 한국을 방문하여 '워싱턴 정상회담' 이후 5개월 만에 김대중 대통령과 다시 '정상회담'을 가졌다. 회담에서 한국은 미국 측으로부터 '수출입은행'을 통해 80억 달러 규모의 지원을 더 약속받았으며, 전자상거래에 대한 무관세 유지와 미국 농산물 수입 확대 등 경제 현안에 대한 합의도 보았다.

군사·안보적 측면에서는 미국과의 견고한 동맹 관계를 통해 한반도의 안정을 유지하고자 하는 한국과, 동아시아 지역에 대한 지속적인 관여를 통해 지역의 평화 유지와 자국의 국익을 보장받으려는 미국의 이해가 일치함으로써, 1998년도에도 양국 간의 협조 체제는 강력하게 유지됐다.

특히 한국은 미국과의 두 차례의 '정상회담'을 통해 신정부가 추진하고 있는 '대북 햇볕정책'에 대한 지지를 거듭 확인받은 외교적 성과를 거두었다.

김대중 대통령은 1999년에 이어 2000년에도 아시아·태평양 경제협력회의 정상회담에 참석하여 활발한 다자 외교를 벌였다. 클린턴 대통령과도 다시 개별 회담을 갖고 한국의 외교와 특히 대북 정책에 대한 미국의 확고한 지지를 다시 한 번 다짐받았다.

---

6) 학자·정치가(1934~), 미 에모리대학 졸업(1959)(정치학박사), 서울대 정치학 교수(1980~1988), 주영 대사(1991), 통일원장관(1994), 국무총리(1994), 국회의원(1997), 주미 대사(1998~2000)를 역임했다.

1999년 11월 방한한 클린턴 미국 대통령과 악수하는 김대중 대통령

　미국 정부는 2000년 10월 미사일 합의 조인을 위해 올브라이트(Madeleine Albright)[7] 국무장관을 방북케 하여 6시간에 걸친 김정일과의 회담에서 몇 가지 양보를 어렵게 얻어냈다. 하지만 북한 측이 올브라이트 장관에게 미사일 수출 동결의 대가로 10억 달러를 요구했다가 거절당하는 등 검증과 기존 미사일의 처분 문제에 합의를 보지 못하여, 미사일 문제의 완전 해결을 위해 임기 내 계획했던 클린턴 대통령의 방북은 결국에 가서 무산되고 말았다.

　2001년 1월 부시 대통령 취임 후에도 김대중 대통령은 계속 정상회담을 통해서 대북 관계에서의 미국의 협조를 얻기 위해 총력을 집중했으나, 부시 미국 대통령이 2002년 1월 29일 '연두교서'에서 북한을 이

---

7) 미국 여성 정치인(1937~), 체코 프라하 출생, 콜롬비아대학원 러시아 문제 전공(박사학위), 대통령 외교고문(1984~1988), 주유엔 대사(1993), 국무장관(1997)을 역임했다.

란과 이라크 등과 더불어 '악의 축(Axis of Evil)'으로 지목함으로써, 한·미 간에 일시 대북 정책에 대한 불협화음이 생겼다. 그 후 2월 19일 부시 대통령의 방한이 한·미 공조와 대북 정책 조절에 새로운 계기가 되었으나, 한·미 간에 북한을 바라보는 시각에는 계속 약간의 차이가 있었다.

2) 일본

1998년도 한·일 관계의 주요 과제는 '어업협정' 개정을 둘러싼 갈등 해소와 정상회담을 통한 새로운 '파트너십(partnership)'의 구축이었다고 하겠다. 어업협정의 개정 문제는 1994년 2월 일본 측에 의해 공식적으로 제기된 이후, 1996년 5월부터 협의를 계속해 온 양국 간 최대 현안 중의 하나였다.

1997년 말까지 10여 차례에 걸친 실무 협상을 통해 쟁점 사항에 대한 합의를 끌어내려 했으나 실패하여, 일본에 의한 '어업협정 파기'라는 최악의 상황으로까지 치달았다. 한국 측의 주일 김태지(金太智) 대사 소환 등 강력한 외교적 대응으로 양국 관계는 한때 팽팽한 긴장 국면으로 돌입했었다.

그러나 한·일 양국은 1998년 3월 21일 오부치 게이조(小淵惠三)[8] 외상의 방한 때 개최된 한·일 외무장관회담에서 '어업협상' 재개를 결정했다. 또 5월 22일과 9월 3일의 외무장관회담에서 김대중 대통령의 방일 이전에 어업협정 개정 문제를 해결하기로 합의함으로써, 9월 24

---

8) 일본 정치가(1937~2000), 와세다대학 졸업, 중의원 의원(1963년부터 12선), 우정성·건설성 정무차관, 오키나와 개발청(1979), 관방(1985), 외무장관(1997) 및 총리(1998)를 역임했다.

일 마침내 '새 한·일 어업협정'이 타결되었다.

이와 같이 어렵게 타결된 '새 어업협정'은 1999년 1월 22일 비준서 교환과 함께 발효됐으나, 협상 과정에서의 당국의 협상준비 소홀로 많은 어장을 잃게 된 어민들의 반발이 거세었다. 그로 인해 '1차 추가 실무협상'에 이어 '쌍끌이 조업 추가협상'이 타결됐으나, 협상 결과에 대해 '차라리 안 하느니만 못한 실패작'이란 평가와 함께 어민들 새에서는 당국자들의 문책을 요구하는 목소리가 높았다.

결국 김선길(金善吉) 해양수산부 장관이 자리에서 물러났으나, 기본적인 통계조차 없이 주먹구구식으로 협상에 임했던 수산 당국의 책임은 컸다. 이 협상은 '실패한 교섭의 산 본보기'로 우리 외교사에 하나의 오점으로 남게 됐다. 우리도 1995년 11월 유엔 해양법 발효 후, 배타적 경제수역(Exclusive Economic Zone: EEZ)[9]과 관련하여, 일본처럼 협상 준비를 사전에 철저히 했어야 했다.

김대중 대통령은 10월 7일부터 10일까지 일본을 국빈 방문하여, 이번에는 총리가 된 오부치와 '정상회담'(10.8)을 가졌다. 이 회담에서 양국 정상은 한·일 정상회담의 정례화 등 대화 채널의 확충을 비롯해, 국제 사회의 평화와 안정을 위한 협력, 경제 분야의 협력 강화, 국민과 문화 교류의 증진 등 5개 협력 분야에 대한 기본 원칙을 담은 '21세기 새로운 한·일 파트너십(partnership) 공동선언'을 발표하였다.

또한 한국의 일본 대중문화 수입 개방과 일본 천황(天皇)의 한국 방

---

9) 자국 연안으로부터 200해리(海里, 370km)까지의 모든 자원에 대해 연안국(沿岸國)이 배타적으로 관할권을 행사할 수 있는 유엔 국제해양법상의 수역을 말한다. 영해가 연안으로부터 12해리(22.2km)인 데 비하여, 경제 수역은 연안으로부터 200해리이다. 경제 수역 내의 자원은 어업·광물·석유를 막론하고 모두 연안국의 권리가 미치는 외에, 해양 오염 방지, 외국 선박에 의한 과학 조사에 대해서도 특정한 권한을 갖는다. 다만 잉여(剩餘) 자원에 대하여는 일정한 조건 아래 타국의 입어(入漁)를 인정해야 한다. 그러나 영해와 같이 완전 배타적인 주권과는 달리 선박운행의 자유와 해저 케이블의 부설 등 공해(公海)의 성격을 함께 갖는다.

문 등에 적극적인 입장을 표명하고, 별도의 외무장관회담에서 이 '공동선언'의 원칙을 구체적으로 실천하기 위한 행동 계획을 채택했다. 특히 '2002년 월드컵 축구대회'의 공동개최와 김대중 대통령의 일본 대중문화 수입개방 발표 후, 일본인들의 대한(對韓) 감정이 눈에 띄게 좋아졌다.

한편, 한국에서는 '한·일 공동선언'에서 일본이 식민지 지배에 대해 통절한 반성과 마음으로부터의 사죄를 처음 문서화함으로써 과거사 문제를 청산하고, 앞으로 미래지향적인 관계로 발전시켜 갈 수 있는 기틀을 마련한 것을 높이 평가하는 등 김대중 대통령의 방일을 계기로 양국 관계가 두드러지게 가까워졌다.

두 정상은 이어 12월 16일 베트남 하노이에서 개최된 '아세안 9개국＋한·중·일 정상회의' 참석 기회에 다시 회담을 갖고, 대북 현안 문제에 대한 공동 대응방안을 중점적으로 논의했다.

김대중 대통령은 1999년 11월 필리핀 마닐라에 이어, 2001년 11월 브루나이에서의 '아세안＋3 정상회담' 중 열린 '첫 한·중·일 정상회담'을 통해 3국 간의 더욱 밀접한 경제 협력의 가능성을 제시했다. 주룽지(朱鎔基)[10] 중국 총리와 오부치 게이조(小淵惠三) 일본 총리, 그리고 브루나이에서는 고이즈미 준이치로(小泉純一郎)[11] 일본 총리와 경제협력 증진을 위한 국책 및 민간 연구소의 공동연구 착수와 경제장관회의 등에 합의, 유럽연합이나 '북미 자유무역협정' 같은 동북아 '3국 경제협력체' 창설의 주춧돌을 놓았다.

그러나 2001년에 들어 일본의 새 역사 교과서와 고이즈미 준이치로

---

10) 중국 정치가(1928~), 칭화(淸華)대학 졸업(1951), 상하이시장(1988), 부총리(1991~1998), 인민은행장(1993~1995), 총리(1998~2002)를 역임했다.

11) 일본 정치가(1942~), 케이오(慶應)대학 졸업(1967), 중의원 의원(1972년부터 10선), 대장성 정무차관(1979), 후생(1988~1989)·우정(1992)·후생 대신(1996), 총리(2001)를 역임했다.

총리의 '야스쿠니 신사(靖國神社)' 참배 문제로 한·일 관계가 다시 경색 국면에 들어갔다. 그러나 10월 15일에는 비록 7시간의 짧은 체류였지만, 고이즈미 총리가 한국을 방문하여 김대중 대통령과 정상회담을 갖고 "2002년 월드컵 축구대회 성공을 위해 양국이 테러 문제에 공동 대처하고, 대회 기간 동안의 한국인의 일본 입국사증 면제를 적극 검토한다"는 등에 합의했다. 고이즈미 총리는 2002년 3월 다시 우리나라를 공식 방문하여, 양국 기업 간의 직접투자를 촉진하기 위해 '한·일 투자협정'에 서명한 다음, 양국 간 자유무역협정(Free Trade Agreement: FTA) 체결을 위한 공동연구회를 구성키로 합의했다.

3) 중국

중국은 수교 이래 우리와의 관계 발전이 가장 빠르게 진행되어 온 국가이다. 1995년 11월 13일 권력 서열 1위인 장쩌민(江澤民) 국가주석의 한국 공식 방문에 이어, 새 정부가 들어선 후 1998년 4월 26일에는 후진타오(胡錦濤)[12] 국가부주석의 방문을 포함하여, 고위 인사들의 교류가 활발하게 추진되어 각종 협력 방안이 협의됐다.

11월 12일 김대중 대통령도 중국을 방문하여(11.11~15) 장쩌민 수석과 '정상회담'을 가졌다. 이 자리에서 정상들은 '협력 동반자 관계'를 구축키로 합의하는 한편, 12개항 34개의 구체적 협력 사업을 내용으로 하는 공동 성명을 발표했다.

특히 이 공동성명에서 아시아 경제 위기의 극복을 위한 협력, 고위

---

12) 중국의 정치가(1942~), 칭화대학 수리공정학과 졸업(1965), 장쑤 성 당서기(1968), 구이저우 성·티베트 자치구 서기(1984~1988), 정치국 상무위원(1992) 등을 역임했고, 현재 국가주석(2003)과 당 중앙군사위 주석(2004) 등을 겸직하고 있다.

인사 교류의 확대·강화 및 경제·통상·문화 등 모든 분야에서의 협력 강화 등에 합의했다. 한반도 문제와 관련해서는 북한 정부의 붕괴를 두려워하는 중국 측이 남·북한의 대화와 협상을 통한 자주적 평화통일 실현과 북한의 개방 및 경제적 변화를 지지하였는데, 이는 중국이 한국의 대(對)북한 기본 원칙을 신뢰하고 있음을 확인시켜 준 것이었다.

한편, 같은 날 양국 외무장관은 '형사 사범의 공조조약'과 '사증 발급의 절차 간소화 및 복수사증 발급에 관한 협정'을 체결한 후, '청소년 교류 양해각서'에도 서명했다. 이와 아울러 2000년 8월 3일 '어업협정'이 권병현 주중대사와 탕자쉬안(唐家璇)[13) 외교부장에 의해 서명된 뒤, 비준 절차를 거쳐 2001년 6월 30일 발효됐는데, 이 협정은 한·중 수교 후 우리 측이 제의하여 협상이 시작됐던 것이었다.

그 후, 12월에 탈북자 7명의 북한 강제송환 문제로 한때 불편한 기류가 형성되었으나, 정부는 탈북자 문제를 둘러싼 중국 당국의 '이중 잣대' 시정을 위해서도 노력을 계속했다.

2001년 7월 모스크바 국제올림픽위원회 총회에서 중국이 그렇게도 열망하던 '2008년 베이징 올림픽'이 결정되었다. 정부는 진심으로 이를 축하했으며, 산업자원부는 올림픽 특수 덕분에 한·중 간 교역 규모가 2001년 316억 달러에서 2008년에는 1,000억 달러로 늘어날 것으로 전망하면서 대책 수립을 서둘렀다.

이같이 양국 관계의 장밋빛 그림을 그리고 있던 11월 초, 중국의 한국민 마약사범 신모 씨 처형 문제를 놓고 우리 외교통상부가 국제적 망신을 자초한 사건이 발생했다.

---

13) 중국 정치가(1938~), 푸단(復旦)대학 영문·일어 전공(1955~1958), 중국공산당 입당(1973), 외교부 아주사 부사장(1985), 주일 공사(1988), 외교부 부부장(1993), 외교부장(1998), 국무위원(2003)을 역임했다.

중국 측에서는 여덟 번이나 이 문제를 통보했다는데, 우리 측은 '안 받았다'고 우기다가 중국 측이 공문 사본을 제시하자, '문서 확인' 잘못을 실토했다. 직원들의 직무 유기로 국민 보호에 책임을 다하지 못하였을 뿐만 아니라, 김대중 대통령까지 나서서 중국 측에 항의성 유감 표명을 했으니, 이 '망신 외교' 사건은 우리 외교사에 오점의 하나로 남게 되었다.

우리나라가 중국과 수교한 지 당시 10년이 채 지나지 않았었다. 그 기간에 대사가 여섯 번이나(김대중 정부는 3년 반 동안 세 번) 교체됐으니 재임 기간이 너무 짧았다. 또 대사는 물론, 특히 총영사와 영사는 현지어에 능통해야 하는데, 중국의 경우 그렇지 못했다. 신모 씨 처형 문제와 관련, 외교통상부는 12월 28일 주중 총영사와 선양 영사사무소장을 소환 징계하고, 본부의 재외국민영사국장을 견책하는 등 5명에 대한 문책 결과를 발표했다. 그러나 징계가 너무 경미해 '눈가림 징계'라는 비판을 면치 못했다.

이번 사건을 통해서 우리는 책임을 묻는 것도 좋지만, 중국과의 '영사협정' 체결을 서두르고, 우리 외교의 책임을 질 고위층은 앞으로 외교에서 인사가 얼마나 중요한가를 인식해, 능력 본위로 인사에 신중을 기하는 동시에 너무 잦은 대사의 교체는 삼가야 한다는 것을 뼈저리게 배웠다. 이를 계기로 우리 외교통상부는 해이해진 기강을 바로잡고, 외교에는 자유로운 외국어의 구사가 필수적이므로, 어학 교육 강화와 영사 업무 인원의 증원에도 힘쓰기 시작했다.

마지막으로 2002년 들어 베이징 주재 제3국 대사관에 진입하는 탈북자 사건이 연속적으로 일어나기 시작했는데, 심지어는 같은 해 6월 13일 베이징 주재 한국대사관에 진입한 탈북자를 잡기 위해 중국 공안이 한국 외교 공관에 침입하고 우리 외교관들을 폭행한 사건이 일어남으로써 한·중 양국 간의 외교 갈등이 심화되었다.

그러나 최성홍(崔成泓) 외교통상부 장관[14]이 태국에서 열린 제1차 아시아협력대화(ACD: Asia Cooperation Dialogue)에서 6월 19일 탕자쉬안(唐家璇) 중국 외교부장을 만나, 이 사건을 조속히 인도적으로 처리키로 합의함에 따라 이들 탈북자들은 제3국을 경유해 우리나라에 들어왔다. 그 후 양국 정부는 탈북자 문제를 현실적 협력사업으로 의제화하여 계속 항구적인 해결 방법을 모색 중에 있다.

4) 러시아

한·중 관계의 비약적인 발전 속도에 비하면, 한·러 관계는 여전히 부진을 면치 못했다. 이같이 한·러 관계의 진전 속도가 더딘 것은 러시아가 정치적으로 사회주의로부터 민주주의로의 과도기적 이행기에 있어, 국내 정세가 여전히 불안정하기 때문이었다. 게다가 경제적으로는 '통제경제'로부터 '시장경제'로의 이행 과정에서, 투자 환경 미비로 우리 해외 진출 기업들의 관심을 끌지 못했다는 데에서 그 1차적 원인을 찾을 수 있을 것이다(2001년 11월 현재 한·러 간 교역고는 겨우 23.5억 달러에 불과하다).

그러나 이 같은 어려움 속에서도 1990년 한·러 수교 이후 한국인들의 러시아 진출이 눈에 띄게 늘어났다. 모스크바의 코시긴(Kosygin) 가(街)에 규모는 작지만 '한국 거리(Korea Town)'가 생길 정도이고, 러시

---

14) 외교관(1938~), 서울대 법대(1962), 외무부 구주국장(1992), 주헝가리 대사(1993), 주유엔 차석대사(1996), 차관보(1998), 주영국 대사(1999), 외교통상부 차관(2001), 동 장관(2002)을 역임했다.

아인들의 한국 진출도 괄목할 만하다.

2000년 한 해 동안의 한·러 입출국자를 보면, 러시아에 입국한 한국인 수는 4만 5,178명이고, 한국에 입국한 러시아인 수는 5만 8,809명이다. 우리나라에게 중요한 러시아와의 '우호와 협력관계 증진'을 위해 신정부도 역시 친러시아 정책을 꾸준히 추진하고 있었다.

이러한 노력의 일환으로 5월 25일 박정수(朴定洙) 외교통상부 장관은 한국을 방문한 카라신(Gregory Karasin) 러시아 외무차관과 회담을 갖고, 양국 정상 간 교류, 외무장관회담 추진 등 고위인사 교류를 비롯하여 인적 교류를 확대하기로 했다. 그리고 현안인 '주한 구 러시아공사관 부지 보상협정' 이행 문제도 깊이 있게 논의했다.

그러나 7월 4일 러시아 측이 주러시아 한국대사관 조성우(趙成禹) 참사관을 추방하자, 우리 측이 친한파인 주한 러시아대사관의 아브람킨(Abramkin) 참사관을 맞추방한 사건이 일어나 양국 관계를 수교 이후 최악의 상태로 몰아갔다.

양국이 다 '환영 받지 못할 인물(persona non grata)'[15]로 규정해 추방당한 두 참사관은 외교관 신분을 보유한 정보 요원들로, 추방 이유는 "통상적 외교관 활동의 범위를 벗어난 행위를 했다"는 것이었다. 이 맞추방 사건은 그 후 한 달 동안 양국 정부를 심각한 외교 분쟁으로 몰아넣었다.

양국 관계가 극도로 경색된 가운데 한국과 러시아는 7월 26일과 28일 각각 마닐라에서 두 차례에 걸쳐 '외무장관회담'을 갖고 갈등 제거를

---

15) 이것은 원래 외교 사절을 받아들이는 국가가 '받아들이기를 기피하는 인물'을 말한다. 외교 사절의 '아그레망(Agrément, 타국의 외교 사절을 승인하는 일)'이 요청되었을 때, 경우에 따라 아그레망을 요청받은 사람의 파견을 거부할 수도 있다(외교관계에 관한 '빈 협약' 9조). 거부의 이유로는 그 인물이 언론이나 행동으로 적의를 표시한 적이 있거나 범죄를 범했을 경우 등이 해당된다. 그러나 외교 사절을 종교나 인종 때문에 거부하는 것은 정당한 이유로 인정되지 않는다.

시도했다. 그러나 양국 간에 얽힌 매듭을 풀지 못하고 계속 서로 노력한 끝에, 사건 발생 2개월 반 만인 9월 17일에야 이 문제를 종결하기로 선언함으로써 분쟁을 마무리지었다.

그러나 사건 발생과 수습 과정에서 정부의 정책 혼선과 부처 간의 협조 체제에 대한 비판 여론이 일어나, 사건의 원인을 제공한 1차적 책임자인 국정원의 이종찬 장관[16]은 자리를 지키고, 원만한 사건 수습을 위해 동분서주(東奔西走)한 박정수 외교통상부 장관이 8월 4일 자리에서 물러나는 이변이 생겨 고개를 갸우뚱하는 사람들이 많았다.

정부는 후임으로 취임한 주 러시아 대사 출신 홍순영(洪淳瑛)[17) 외교통상부 장관으로 하여금 제53차 유엔총회에 참석한 기회에, 러시아의 이바노브(Igor Ivanov) 외상과 9월 25일 '한·러 외무장관회담'을 열게 했다. 여기서 '외교관 맞추방 사건' 이후의 양국 관계 복원 문제를 비롯하여 여러 가지 현안이 논의되는 한편, 양국이 계속 '건설적이고 상호보완적인 동반자'로서의 상호 우호와 협력 관계 증진을 위한 외교를 적극화하기로 합의했다.

1999년 5월 27일 김대중 대통령이 러시아를 국빈 방문하여 28일 오후 옐친 대통령과 정상회의를 갖고, 한·러 양국 간 경제협력 확대방안을 논의했고, 2001년 2월 26일에는 푸틴(Vladimir Putin) 러시아 대통령이 140명의 대규모 대표단을 이끌고 방한했다.

푸틴 대통령은 27일 김대중 대통령과 정상회담을 갖고, 양국의 공영을 위해 한반도 종단철도(TKR)와 시베리아 횡단철도(TSR)의 연결과 시

---

16) 정치가(1936~), 서울대학교 행정대학원에서 수학, 국회의원(1996), 안기부장(1998), 국가정보원장(1999~2000)을 역임했다.

17) 외교관(1937~), 서울대 행정학과 졸업(1961), 주 파키스탄 대사(1984), 외무부 제2차관보(1987), 주말레이시아(1990)·주러시아 대사(1992), 외무차관(1993), 주독 대사(1995~1998), 외교통상장관(1998), 주중 대사(1998~2000), 통일원 장관(2001)을 역임했다.

베리아 가스전 개발 등 경제협력 문제를 집중 토의했다. 9월 4일 양국은 모스크바에서 TKR와 TSR 연결에 관한 협정 체결과 '양국 철도를 겸용 운행할 수 있는 차량의 공동 개발'에 합의했다.

5. 소떼 북송과 금강산 관광

'금강산 관광사업 합의'는 획기적인 사건이라는 말의 의미만큼이나 그 성사 과정에 뒤얽힌 복잡한 사연이 많았는데, 사업의 추진부터 실제 성사까지는 10년이 넘는 오랜 시간이 걸린 정말 어려운 일이었다.

1989년 '북방외교'의 기치 아래 남·북 관계가 훈풍의 조짐을 보이던 때, 현대그룹의 정주영 회장이 방북을 감행하여 북한 당국과 '금강산 개방의정서'를 체결했다.

그러나 문익환(文益煥) 목사 등의 밀입북 사건으로 남·북 관계가 경색되었고, '문민정부'가 들어서면서 대통령 선거에서 김영삼 대통령에게 맞섰던 정주영 회장과 현대 측에 더 이상의 북한 진출 기회는 없을 것처럼 보였다.

1997년 말, 제15대 대통령 선거를 목전에 두고, 북한은 다시 현대 측에 의사 타진을 해 와 정몽헌(鄭夢憲)[18] 현대건설 회장이 1998년 2월 베이징에서 북한과 비밀 접촉을 가져, 김대중 정부의 시작과 더불어 금강산 관광은 소떼 북송으로부터 가시화되기 시작했다.

1998년 6월 16일 정주영 명예회장은 소 500마리를 이끌고 판문점을

---

18) 사업가(1948~2003), 연세대 국문과 졸업(1973), 미 페어리디킨스대학 경영대학원 졸업(1983), 현대건설 상무이사(1978), 현대상선 사장(1981~1988), 현대건설 회장(1995~2000), 현대아산 회장(2000~2003)을 역임했다.

거쳐 방북하는 극적인 장면을 연출했고, 이어 10월 27일에 다시 소 501마리와 현대자동차 20대를 몰고 방북했다.

정주영 명예회장이 소떼를 몰고 간 북한 방문은 "분단된 남·북한의 실질 교류 시대를 열고, 구체적인 남·북 경제협력의 새로운 장을 열었다"는 평가를 받아, 온 국민들의 마음을 설레게 만들었다.

소떼 북송은 이북 강원도 통천군 출신인 정주영 명예회장으로서는 성공하여 금의환향하는 길에 고향에 보내는 선물이었고, 국가적 견지로 봐서는 화해와 해빙에 접어드는 남·북 관계의 구체적 상징인 '통일 소'의 북송이었다. 이 소떼 북송은 양측의 뿌리 깊은 불신의 해소가 가능하다는 것을 처음으로 보여준 소중한 계기가 되었다.

그러나 북한은 10월 8일 "현대가 보낸 500마리 한우 중 71마리가 폐사했다"며 "안기부 등 남한 기관이 소에 억지로 이물질을 먹였다"고 주장하고 나왔다. 우리 정부는 이를 '억지 주장'이라고 일축, 소 추가지원 중단 등을 내세워 강경하게 맞섰다. '소 폐사 사건'은 그 후 현대 측 입회하에 행해진 검사를 통해 고의성이 없었다는 것이 밝혀져 상호 불신이 조금 누그러졌다.

한편, 당초 9월로 예정됐던 금강산 관광은 정주영 명예회장의 6월 방북 직후부터 암초에 부딪히기 시작했다. 6월 22일 동해안 강릉 근처에서 좌초된 북한 잠수정이 발견됐던 것이다.

이 사건으로 한 달 가까이 현대 측은 북한과의 고위급 접촉 루트(route)가 끊기다시피 됨으로써, 당초 9월 25일로 예정됐던 금강산 관광선의 첫 출항 약속을 지키지 못하게 되었다.

잠수정 악몽에서 벗어나 다시 본격적으로 협상을 벌이고 있을 때, 이번에는 8월 31일 북한이 느닷없이 탄도 미사일을 이용한 '광명성 1호'

라는 자칭 '인공위성'을 발사하여 국내외에 강경 기류를 불러일으켰다. 여·야 의원 90명은 정부에 '금강산 관광사업 중단을 요구하는 성명서'를 보냈다.

금강산 관광의 성사까지는 관광비용 협상 등 실로 여러 가지 어려운 문제들이 많았다. 정주영 명예회장의 2차 방북과 김정일 노동당 총비서와의 면담 이후 11월 18일 관광선의 첫 출항이 가시화됐으나, 11월 4일 공개된 북한 측의 '금강산 관광세칙'이 마지막 고비가 되었다.

문제의 관광세칙 논란도 현대 측이 북한과 잘 타협지어, 1998년 11월 18일 오후 5시 43분 마침내 관광객 826명 등 모두 1,418명을 태운 금강산 관광선이 분단 이래 처음으로 강원도 동해항에서 북한 장전항으로 출항했다.

관광객들은 19일 아침 6시께 장전항에 도착, 9시 30분 꿈에도 그리던 금강산 땅을 밟았다. 여전히 남·북한 간에 군사적 대치 상황이 지속되고 있는 가운데 선뜻 상상키 어려운 북한 관광이 현실적으로 시작됐던 것이다. 정부 고위 당국자가 금강산 관광사업을 '햇볕정책의 옥동자'라고 표현할 정도로, 어려운 여건 속에서 금강산 관광을 성사시킨 것은 남·북 관계 50년사에서 찾아보기 힘든 획기적인 사건임에 틀림없다.

그러나 현대상선은 금강산 사업 대가를 '럼프 섬(lump-sum, 총액) 방식'으로 정하여 1998년 11월부터 2005년 2월까지 6년 3개월 동안 총 9억 4,200만 달러를 북한에 지불해야 했다. 또 그와 별도로 입산료와 사증료 등 지불액(이틀 관광에 1인당 200달러)을 매일 싱가포르 은행을 통해 북한에 송금해야 하므로, 기업으로서 채산성을 무시한 사업이었다.

"밑지는 장사는 절대로 오래 가지 못하는 법이다." 금강산 관광사업은 1998년 11월부터 2001년 2월 말 당시까지 온천장·공연장 등 시설투자에 1억 2,600만 달러, 관광선 임대료 1억 5,600만 달러, 토지 이용권 및 관광 사업권에 대한 대가 3억 5,600만 달러 등 6억 3,800만 달러가 투입되었다. 이 같은 관광사업 대가는 관광객이 연간 50만 명에 이른다는 것을 전제로 했으나 실제 관광객은 그 20% 수준에도 미치지 못했다.

현대상선은 이미 투입된 비용은 차치하더라도 하루 6만 달러가 넘는 용선료를 비롯해, 각종 인건비 등으로 적자 규모가 자그마치 연 800억 원에 이르렀다. 우리 정부의 관광공사를 통한 미수금 2,200만 달러 지원에도 불구하고, 현대상선에서 사업을 인수받은 현대아산은 정부의 추가자금 지원이 없는 한, 사업을 중단할 수밖에 없는 입장이었다. 겨울철 비수기를 맞아 12월 예약 관광객이 11월의 절반 수준으로 줄고 월 2억~3억 원의 직원 월급을 제때 지급하기 힘들 만큼 현대아산의 자금 사정이 최악의 상태였기 때문이다. 게다가 매달 20억~25억 원의 적자가 나는데, 사업의 직간접 당사자인 정부와 북한, 그리고 관광공사까지 모두 이를 외면해 금강산 사업은 고사 상태로 내몰렸다.

햇볕정책의 '심장'으로 현대의 금강산 사업을 측면 지원해 온 정부도, 야당과 국민 여론을 의식해 '밑 빠진 독에 물 붓기식의 지원'은 더 이상 할 수 없다는 입장이었다. 북한 당국은 금강산 특구 지정이나 육로관광 허용 등 사업 활성화의 전제 조건으로, '9·11테러' 이후 비상 경계 태세 해제와 금강산 사업 초기 약속했던 관광 대가 전액 지급 보장을 요구하고 나왔다. 하지만 450억 원을 퍼붓고 한 푼도 못 건지고 있는 관광공사로서는 진퇴유곡(進退維谷), 일단 "수익성 보장이 전제되지 않는 한 더 이상의 지원은 절대 불가"라는 입장을 고수할 수밖에 없었다.

정부가 고사 위기에 몰린 금강산 관광사업을 돕기 위해 2002년 3월 21일 학생·교사 등에게 관광 경비를 지원한다는 결정을 내렸다. 그러나 북한 측이 육로관광 등 관광 활성화 조치를 취하지 않고 있는 상황에서 발표된 이 조치는, 특정 기업의 대북 사업에 국민의 세금을 일방적으로 지원하는 것이어서 '정경분리 원칙'을 버린 '대북 퍼붓기'란 거센 비판을 면치 못했다.

금강산 관광과 관련, 현대상선이 북한에 지불한 돈이면, 북한이 앞으로 5년간 식량난과 의약품 부족을 해결할 수 있는 거액이었다. 1995년 계획경제 체제의 근간인 '식량배급'이 중단된 후, 200만이 넘는 주민이 먹지 못해 굶어죽었는데, 그때까지 북한은 식량을 외국에서 구입해 간 적이 한 번도 없었다. 그런데 1998년과 1999년 러시아와 독립국가연합 국가들로부터 MIG 21, 34대(총 2억 달러)와 탱크 등 군사 무기와 부품을 구입하고, '핵과 미사일'을 계속 개발했다.

우리가 북한을 도와주고 남·북 교류를 추진하는 것은 남·북 관계를 개선하고 북한 동포들을 기아 상태에서 구해주자는 것이지, 북한의 군사력 증강을 도와주자는 것이 아니었다.

금강산 관광과 관련, 정부는 ① 군사비 전용이 가능한 현금보다는 식량·비료·의약품·의류·농기구 등 주민이 필요한 현물을 '노동신문' 보도라는 조건 아래 지원하고, ② 군용으로의 전용을 막기 위한 배급의 투명성 확보가 절대 필요하며, ③ "안보 관계 협력 없는 경제 협력은 언제 공염불이 될지 모른다"는 등의 국내외 북한문제 전문가들의 간곡한 조언을 '포용정책'의 궁극적인 성공을 위해 참고했어야 했다.

6. 북한 미사일 실험발사 유예와 페리 보고서

북한은 1999년 9월 12일 베를린에서 열린 북·미 회담에서 미국의 대북 제재완화 대가로 미사일 실험발사를 유예하기로 합의했다. 이 보다 6개월 전인 3월, 뉴욕에서 금창리 지하시설 핵 의혹을 해소하기 위한 협상을 타결했던 김계관(金桂寬)[19] 북한 외교부 부상과 카트먼 (Charles Kartman)[20] 미국 한반도 평화회담 특사는 베이징에 이어, 주독 미국 대사관에서 '5차 베를린 회담'을 가졌다.

이 회담을 마치고 "양측은 관계 개선과 동북아 및 아·태지역의 평화와 안보에 기여할 수 있도록 당분간 긍정적인 분위기를 유지하기 위해 노력하기로 했고, 양측은 또한 미사일과 경제제재 문제에 대해 건설적인 토의를 벌려, '양측의 우려를 해결하기 위한 추가 조치가 필요하다'는 데 인식을 같이했다"는 '공동 언론발표문'을 내놓았다.

이것은 북한이 미사일 발사를 일시 유예하기로 미국과 뜻이 합치됐음을 의미하는 것이다. 백남준(白南俊)[21] 북한 외무상은 9월 25일 유엔 총회 기조연설에서 "미국의 요청에 따라 북·미 간 현안 문제를 해결하기 위한 고위급 회담을 진행하고, 이 회담 기간에는 미사일을 발사하지 않을 것이다"고 선언함으로써, 미사일 실험발사 유예를 공식으로 확인했다.

북한의 '미사일 실험발사 유예선언'은 미국 정부의 '대북 경제제재

---

19) 북한 외교관(1943~), 평양 국제관계대 졸업, 외교부 전문위원(1985), 순회 대사(1989), 외교부 부부장 (1995), 외교부 부장(1998)을 역임했다.

20) 미국 외교관(1948~), 미 녹스대학 졸업(1970), 국무부 한국과장(1991), 주한 미대사관 참사관(1998), 국무부 동아·태 차관보(1996), 한반도 평화회담 전담대사(1998), KEDO 사무총장(2001)을 역임했다.

21) 북한 정치가(1929~), 본명: 백남순(白南舜), 주폴란드 대사(1974), 당 통일전시부 부부장(1989), 조국통일 민주주의전선 서기국장(1996), 외무상(1998)을 역임했다.

미국의 대북한 정책을 조정했던 페리 조정관을 접견하고 있는
김대중 대통령 (1999)

완화조치'에 호응한 것으로, 한때 국내외에서 한반도 냉전체제의 종식
을 위한 대장정의 시작으로 평가되기도 했다.

　미국은 9월 15일, 북·미 협상의 극적 타결을 계기로 향후 한·미·
일의 대북 정책 방향의 지침서가 될 페리(William Perry) 대북 정책조
정관의 「대북정책 권고보고서」를 공개했다.

　페리 조정관이 1999년 5월 북한을 방문하고 돌아와 완성한 「페리 보고
서」의 공개는, 북한의 금창리 핵 의혹과 미사일 재발사 위험이 줄어든 시
점에서 이루어진 것으로, 98년부터 한·미·일 3국이 추진해 온 대북 포괄
적 접근 구상이 본 궤도에 올랐음을 의미했다. 이와 동시에 북·미와 북·
일 간에 본격적인 대화가 시작될 것임을 알리는 신호탄이기도 했다.

　"미국 정부의 대북 정책은 근본적으로 재검토할 필요가 있다"는 말

로 시작되는 「페리 보고서」는 북한의 미사일과 독가스 등의 생화학 무기, 그리고 세균 등의 생물학 무기와 방사선 방사능 등의 핵무기 같은 '대량학살무기(Weapons of Mass Destruction: WMD)' 개발의 중단을 통해 한반도의 평화와 안정을 확보하고, 남·북 간의 평화공존 체제를 확고히 한다는 전제 아래, 중·장기적 3단계 목표와 5개항의 정책 권고 사항을 제시했다. 3단계 목표는 첫째, 단기적으로 북한의 미사일 발사 자제와 미국의 일부 '대북 경제제재'의 해제, 둘째, 중·장기적으로 북한의 핵 및 미사일 개발계획 중단 보장 확보, 셋째, 한반도 냉전 종식 등이다.

또한 5개 항의 정책 권고는 다음과 같은 내용으로 구성되었다.

① 대북 정책의 포괄적이고 통합적인 접근방식 채택
② 미 행정부 내 부서 간 조정 역할을 맡을 대사급 고위직 신설
③ 한·미·일 고위정책협의회(TCOG)의 존속
④ 미 의회 내 초당적 대북 정책 추진
⑤ 북한의 도발에 따른 긴장 상황 가능성 대비

그리고 제5항의 연장선상에서 주한 미군의 계속적인 주둔 필요성을 강력히 권고하면서, 남·북 관계에 대해서는 '1992년 남북기본합의서 이행'과 '이산가족 재회의 지속'을 주장했다. 그리고 북한의 핵물질 보유 억제를 위해 '94년 제네바 합의 유지'도 강조했다.

이 '페리 보고서'는 북한과의 교섭 과제를 좁게 한정하고 있어 미국 내에서 초당파적 지지를 받지 못했다. 그러나 정부의 '대북 포용정책'

과 페리 보고서에 기초한 한·미·일의 대북 공동전선 형성이, 북한으로 하여금 아무 대가 없이 스스로 미사일의 실험 발사를 2003년까지 자제하게 만든 한편, 원조 획득과 고립 탈피를 위해 미국·유럽연합과의 관계 개선까지 꾀하게 했다. 북한은 2000년 1월 4일 이탈리아와 수교한 후에 '북·미 고위급회담', '북·일 수교교섭 본회담'을 개최했고, 필리핀·캐나다·호주·벨기에·독일·영국 등과의 수교에 합의하는 등 전에 없이 체제의 생존을 위한 다변화 외교에 적극 나섰다.

이와 같이 미국과 일본 그리고 일부 서방국들과의 관계 개선을 비롯하여, 남·북 민간 차원의 교류 확대와 금강산 관광 등 주목할 만한 움직임이 있었음에도 불구하고, 남·북한 당국 간에는 전혀 대화가 이뤄지지 않았다.

오히려 6월에 발생한 남·북 해군 간의 서해 교전과 금강산 관광객 억류 사건으로, 금강산 관광이 일시 중단되는 등 남·북 간의 긴장 관계는 해소될 기미를 보이지 않았다.

그러나 정부는 "북한은 변한 게 없는데, 그들에게 이용만 당하고 있다"는 일부 국민들의 불만을 무릅쓰고, 인내심을 갖고 '대북 포용정책'을 추진했다. 그리고 미국과 일본을 위시하여 우방국 정부에 "한반도 문제 해결을 위해서는 당사자인 남·북한의 대화가 가장 중요하다"는 점을 북한 측에 설득해 줄 것을 당부하는 등, 북한 개방을 한반도의 평화와 안정으로 연결시키기 위한 노력을 계속했다.

그 후도 정부는 북한을 국제 사회의 정상적인 일원으로 만들기 위해, 미국과 일본을 비롯한 서방 국가들의 대북 관계 개선을 환영하고 나섰다. 그것이 비료를 비롯한 대북 물자지원과 함께 긍정적으로 작용하여 2000년 6월 13일 사상 처음의 '남북정상회담'을 성사시키고, 마침내 '6·

15 공동선언' 발표를 이루어냈다.

7. 남북정상회담과 6·15 공동선언

2000년 4월 11일 박재규(朴在圭)[22] 통일부 장관은 박지원(朴智元)[23] 문화관광부 장관과 함께 내·외신 기자회견을 갖고, "박지원 장관과 북한의 아태평화위원회 송호경(宋浩景)[24] 부위원장이 8일 중국 베이징에서 만나, 김대중 대통령이 김정일 국방위원장의 초청으로 6월 12일부터 14일까지 평양을 방문, 정상회담을 갖기로 합의했다"고 밝혔다.

박지원 장관은 "3월 9일 남·북 교류의 정부 차원 격상 의지를 표명한 김대중 대통령의 '베를린 선언' 이후 북한이 정상회담을 개최할 수 있다는 의사를 표명해 옴에 따라, 3월 17일 중국 상하이(上海)에서 박지원 장관과 송호경 부위원장이 첫 접촉을 가진 후, 베이징에서 두 차례 더 비공개 협의를 한 결과로 8일 최종합의가 이뤄졌다"고 말했다.

4월 10일 남·북한이 동시에 발표한 정상회담에 관한 '남북합의서'의 문구가, 한국 측이 '김정일 국방위원장의 초청에 의하여'라고 한 부분을 북한 측은 '김대중 대통령의 요청에 의하여'라고 하는 등 내용의 차이가 있어 우리 국민들을 놀라게 했다.

---

22) 학자(1944~), 미 뉴욕시립대학 졸업(1969), 경희대 정치학박사(1974), 동 대학 교수(1978~1985), 경남대 총장(1986~1999), 통일원 장관(1999~2001)을 역임했다.

23) 정치가(1942~), 단국대 경영학과 졸업(1969), 미주 한인회 총연합회장(1980), 국회의원(1992), 대통령 공보수석비서관(1998), 문화관광부 장관(1999), 대통령 정책기획 수석비서관(2001)과 비서실장(2002)을 역임했다.

24) 북한 외교관(1940~), 김일성종합대학 졸업, 국제문제연구소 부소장(1985), 외교부 부부장(1994), 주캄보디아 대사(1995), 아·태평화위 부위원장(1996)을 역임했다.

그러나 남·북한 당국이 정상회담을 갖기로 한 것은 남·북 관계의 중대한 진전이었으므로 우리 국민들은 모두 흥분했고, 또 이를 계기로 한반도 냉전구도 해체가 시작되기를 진심으로 바랬다.

미·일·중·러 4국도 모두 남북정상회의를 지지했다. 국내 정계에서도 집권당인 민주당이 "정상회담은 대북 포용정책의 결실로, 분단 이후 계속돼 온 남·북의 대립과 갈등을 청산하고, 화해·협력과 공존·공영으로 나가는 역사적 전기가 될 것"이라고 크게 환영했다.

그러나 정상회담 발표가 16대 총선을 불과 사흘 앞두고 이루어졌기 때문에, 야 3당은 일제히 4월 13일의 '총선용 북풍(北風)'이라고 비난하면서 대(對)북한 뒷돈거래 의혹을 제기했다.

남북정상회담 남측 선발대 30명은 5월 31일 평양에 도착하여, 북측 관계자들과 김대중 대통령과 김정일 위원장의 정상회담의 형식과 횟수, 남측 대표단의 체류 일정 등 미합의 사항들에 대한 협의에 들어갔다.

김대중 대통령은 방북에 앞서 정상회담에 힘을 싣기 위해 4월 8일 일본 도쿄에서 모리 요시로(森喜朗)[25] 총리 및 일본을 방문 중이던 클린턴 미국 대통령과 연쇄회담을 갖고, 남북정상회담이 성공적으로 개최되어야 한다는 데 의견을 같이했다. 그런 한편, 남북정상회담이 남·북한뿐 아니라 일본과 미국에도 도움이 되는 방향으로 이뤄져야 한다는 점도 재확인했다. 우리 국회는 4월 9일 '남북정상회담 개최 지지결의문'을 채택했다.

6월 11일 김대중 대통령의 북한 방문을 하루 앞두고 북한은 뜻밖에 "기술적 준비 관계로 정상회담을 하루 연기하자"는 제의를 전격적으로

---

25) 일본 정치가(1937〜), 와세다대학 상학부 졸업(1953), 중의원 의원(1960년, 10선), 문교·건설장관(1991〜 1996) 및 총리(2000)를 역임했다.

해 왔다.

　이것은 외교 관례상 의전(Protocol)에 어긋나는 일로 다른 나라와의 정상회담에서는 전례가 없고 또 있을 수도 없는 일이었다. 그러나 정부는 할 수 없이 "우리가 55년을 기다렸는데 하루 더 못 기다리겠느냐"는 넓은 마음으로 북측의 입장을 감안하고 남·북 관계의 특수성을 고려하여 회담 연기 요청을 그대로 받아들였다.

　김대중 대통령은 13일 오전 전용기인 '공군 1호기' 편으로, 분단 이후 처음으로 서해안 상공을 거쳐 김포를 떠난 지 꼭 62분 만에 평양 순안(順安) 비행장에 도착했다.

　순안 공항에 도착한 김대중 대통령과 예상을 뒤엎고 비행기 트랩 아래까지 영접을 나온 김정일 국방위원장이 활짝 웃으며 두 손을 잡은 모습은 우리 국민들을 크게 감동시켰다.

2000년 6월 '6·15 공동선언'에 합의하고 손을 맞잡은
김대중 대통령과 김정일 위원장

김대중 대통령은 서면으로 발표한 평양 도착 성명에서 북녘 동포들에게 "우리는 한 민족이며 '공동 운명체'이므로 굳게 손을 잡자"고 제의했다.

두 정상은 공항 환영 행사가 끝난 후, 김대중 대통령의 숙소인 백화원 초대소로 가는 자동차 안에서 약 1시간 동안 파격적인 '차량 동승 회담'을 열었다. 이어 초대소에서 전 세계가 주목하는 가운데 제1차 정상회담을 가진 자리에서 "6월 13일을 역사에 기록될 날로 만들자"고 다짐하면서, 남·북 간에 직통전화를 설치하고 두 정상이 직접 대화를 통해 각종 문제의 해결에 나서기로 의견을 모았다.

이 역사적인 회담에는 박재규 통일, 이헌재(李憲宰)[26] 재정경제부 장관 등 남측 공식수행원 전원이 참석했고, 북측에선 김용순(金容淳)[27] 노동당 대남 담당비서가 배석했다.

김대중 대통령과 김정일 국방위원장은 14일 백화원 영빈관에서 '제2차 단독 정상회담'을 갖고 ① 통일의 자주적 해결, ② 연합−연방제 공통성 인정, ③ 8·15 이산가족과 친척방문단 교환, ④ 경제협력 확대, ⑤ 당국 간 대화 재개 등 5개 항의 '남북공동선언'을 채택하고, 김정일 위원장이 적절한 때에 서울을 답방키로 합의했다.

그러나 실무자들의 합의 내용 조문화 작업이 늦어져, 두 정상은 이날 밤 11시 20분경에야 선언문에 서명하고, 15일 0시 20분 이를 발표했다. 이것이 바로 '6·15 공동선언'이다.

두 정상은 6·15 공동선언 제1항에서 "남과 북은 통일 문제를 우리

---

26) 관료(1944~), 서울대 법학과 졸업(1966), 미 보스턴대학원 수료(1981), 금융감독위원회 위원장(1997~2000), 은행감독원장(1998), 재정경제부 장관(2000)을 역임했다.

27) 북한 정치가(1934~), 김일성종합대학, 소련 유학, 당 중앙위원(1980), 당 국제담당 비서(1990), 당 대남 담당 비서(1992), 아·태 평화위원회 부위원장(1994), 조평통 부위원장(1999)을 역임했다.

민족끼리 힘을 합쳐 '자주적'으로 해결한다"고 했는데, 이것은 통일 문제가 남·북 공동의 노력을 통해서만 해결될 사안임을 강조한 것이다.

정부는 그동안 북측이 강조해 온 '자주적 통일 문제'가 주한 미군 철수를 겨냥한 것이라는 판단에서 이 어구 사용을 꺼려했던 것이 사실이나, 김대중 대통령은 "한·미·일 3국 간의 공조가 북한에도 유리하다"는 점을 들어 '자주적'이란 말을 받아들였다.

제2항을 통해 "남측이 주장하는 '연합제 안(案)'과 북측이 주장하는 '낮은 단계의 연방제 안'에 서로 공통성이 있다"며 접점을 찾았다. 물론 우리의 '국가연합' 형태는 남·북이 서로의 국가성을 인정하면서도 한 공동체로의 통합을 준비하는 단계로, 국방과 외교권을 '연방정부'가 갖는 연방제 국가와는 다르다. 따라서 이날 합의는 이론을 떠나 "일단 국가연합을 목표로 한반도 통일의 대장정을 시작하는 데, 공감대를 형성했다"는 정도로 해석하는 것이 좋을 것이다.

제3항에서 지금까지 '이산가족 상봉'에 소극적이었던 북한이 김정일 위원장의 적극적인 자세에 따라 8·15에 이산가족과 친척 방문단을 교환하며, 한국 감옥에 수감되어 있는 비전향 장기수 문제도 같이 해결하는 등 인도적 문제를 조속히 풀어나가기로 명시했다. 이에 따라 63명의 '북한 비전향 장기수'가 북송되었고, 이산가족 교환이 세 차례나 서울과 평양에서 동시에 행해졌다.

그러나 제3항의 북측 비전향 장기수 문제와 형평성을 살려 6·25전쟁 후 미송환된 남측의 국군 포로와 북한에 억류 중인 어부 등 납북 민간인 송환 문제를 "연계하지 않은 것은 절대 잘못이었다"는 강도 높은 비판이 전문가들과 국민들 사이에서 강하게 일어났다.

제4항에서 경의선 철도 복원사업 등 남·북 호혜의 경제협력을 통한

민족 경제의 균형 잡힌 발전과 사회·문화·체육·보건·환경 등 제반 분야의 교류 협력에 합의한 것은, 철도 연결의 기초 마련과 함께 그동안 북한 당국의 고집으로 민간 차원에서만 추진해 온 이 분야의 교류 협력을 정부 차원으로 끌어올렸다는 데 의의가 있다.

'민족 경제의 균형적 발전'을 명시한 것은 어느 한쪽의 상대방에 대한 일방적인 지원을 부인하고 남과 북의 '공존·공영'을 꾀하며, 장기적으로는 '통일 비용의 남·북 분담 원칙'까지 적용시킬 수 있는 개념으로 볼 수 있다.

마지막 제5항의 당국 간 대화의 조속한 개최는 합의 사항의 실천을 담보하는 수단으로서의 의미를 갖는다. 그 후, 실제로 구체적인 사안들을 이루기 위해 장·차관급 회담을 위시하여 군장성급 회담, 적십자회담 등이 연달아 서울과 평양 등지에서 개최되었다.

당시 외교계에서는 "중국이 남북정상회담을 이면에서 주선했다"는 말이 돌았는데, 이 '공동선언'에 대해 미국은 북한을 '깡패 국가(Rogue State)'에서 제외할 가능성을 제시했고, 일본은 "북한이 개방 의지를 보여 고무적"이라는 논평을 했다. 그리고 중국도 '평화구도 기초 마련'이라고 환영하는 분위기였고, 러시아는 "동북아 안정에 기여해 러시아의 국익에도 일치한다"는 적극적인 자세를 보임으로써 주변 4강들의 평가는 매우 긍정적이었다.

야당인 한나라당도 성명을 발표해 '평화와 통일 분위기 조성을 위한 노력'은 높이 평가했다. 그러나 제2항의 '남측의 연합제 안과 북측의 연방제 안의 공통성'이 불분명해 혼선을 초래할 우려가 있으며, 제3항에서 우리의 국군 포로와 납북 인사 및 어부 문제를 빼고 '이산가족 상봉'만 비전향 장기수 북송과 일괄거래(package deal) 식으로 연계시킨 것은 지극히 유감스럽고, 또 핵·미사일 등 대량 살상무기 제한과 북한 동포의 인권 문제를 전혀 다루지 않은 것은 절대로 잘못된 일이라고 강하게 비판했다.

김대중 대통령은 6월 13일부터 약 54시간 동안의 평양 방문을 마친 후, 15일 오후 전송차 공항까지 다시 나온 김정일 위원장과 작별의 포옹을 나누고, 당초 계획했던 판문점 경유 자동차편이 아니라 전용기편으로 서울로 돌아왔다.

서울로 돌아온 김 대통령은 "이제 전쟁은 없다"고 하여 국민들의 열렬한 환영을 받았다. 그러나 2002년 서해교전이 일어나고, 또 북한이 그 후에도 비밀리에 핵 개발을 계속하며 미사일까지 쏘아올림으로써 우리 국민들을 크게 실망시키고 화나게 했다.

8. 김대중 대통령의 노벨평화상 수상

2000년 10월 13일 오후 6시 노르웨이의 수도 오슬로에 있는 노벨평화상 선정위원회는 김대중 대통령을 당년의 수상자로 결정했다고 발표했다.

선정위원회는 수상 이유로 '햇볕정책'과 방북, 남·북한 긴장 완화, 화해와 화평 촉진, 한국의 민주화 지도, 미얀마의 민주화운동 지지, 동티모르의 억압 반대 등 아시아의 인권 옹호와 일본과의 화해를 위한 진력 등을 들었다.

노벨평화상은 1901년 제1회에 국제적십자사가 수상한 이래, 제2차 세계대전까지는 주로 전쟁 방지나 종식에 공헌한 업적에 대해서, 전후에는 민주화나 인권 문제까지 범위가 넓혀졌다. 1980년대 이후에는 특정 지역의 평화와 민주화 활동가에 주어져, 지금까지 미국의 루스벨트 (Theodore Roosevelt) 대통령(1906년)과 킹(Martin Luther King Jr.)[28] 목사(1964년), 서독의 브란트(Willy Brandt) 총리(1971년), 일본의 사토 에이사쿠(佐藤榮作)[29] 총리(1974년), 달라이 라마 제14세[30](1989년), 소련의 고르바초프(1990년), 미얀마의 아웅 산 수치(Aung San Suu Kyi)[31] 여사(1991년), 남아프리카의 만델라(Nelson Mandela)[32](1993년), 1999년 중국의 왕단(王丹)과 웨이징성(魏京生)[33] 등 많은 정치가와 민권 지도자들이 수상했다.[34]

같은 노벨상이라도 노벨평화상은 물리나 화학상과는 달리 선정에 어떤 객관적 기준이 없으므로, 보통 수상을 위한 특정 단체들의 '로비 활동'이 많이 행해지고 있다. 김대중 대통령의 경우는 자신이 창립한 아시아·태평양 평화재단과 아시아·태평양 민주지도자회의가 주로 이 로비 활동을 담당한 것으로 알려져 있다.

---

28) 미국 흑인해방운동 지도자(1929~1968), 모어하우스대학 졸업(1948), 보스턴대학 철학박사, 앨라바마주 몽고메리침례교회 목사, 1968년 테네시주 멤피스시에서 흑인 청소부파업 지원 중 암살당했다.

29) 일본 정치가(1901~1975), 도교대학 법학부 졸업(1924), 철도운수 대신(1947~1948), 중의원 의원 (1949년, 10선), 우정·운수·대장·통상 대신 및 총리(1964)를 역임했다.

30) 티베트 법왕, 1949년 중공군의 티베트 진주 후 일시 새 체제에 복종했으나, 1959년 인도로 탈출하여 망명 정권을 수립, 현재에 이르고 있다.

31) 미얀마 정치인(1945~), 옥스퍼드대학에서 정치학 전공, 1988년 귀국 후 민주화운동 주도, 군사 정권에 의해 가택 연금 당했으며, 1991년 노벨평화상을 수상했고, 1995년 정치활동을 재개했으나 다시 연금됐다.

32) 남아공화국 정치가(1918~), 남아공 프르헤어대학 졸업(1943), 내란죄로 종신형 선고(1962)·석방 (1990)됐으며, 대통령(1994)을 역임했다.

33) 중국 반체제 인사, 1978년 민주화의 벽 '대자보사건'을 주도했다가, 구속(15년형 선고) 중 보석 출감 (1993)했다가 재구속(1995)됐으며, 1997년 석방되어 현재 미국에 체류 중이다.

34) 노르웨이의 노벨상위원회가 2001년 평화상 창설 100주년을 기념해 출간한 '노벨평화상, 평화에의 100년'은 1974년 "사토 에이사쿠 전 일본 총리의 평화상 수상이 잘못됐음"을 시인하고 있다. 사토 전 총리는 일본의 '비핵 3원칙'에 입각한 외교 등이 높이 평가되어 평화상을 수상했는데, 나중에 공개된 미 공문서에 따르면, 사토 씨는 "일본의 비핵 정책은 난센스(nonsense)"라고 말했다고 한다. 위의 책을 저술한 3명의 역사가 가운데 한 사람은 "그를 수상자로 선정한 것은 노벨상위원회가 범한 최대의 오류"라고 지적했다.

김대중 대통령의 이름이 노벨평화상 후보에 처음 올라간 것은 14년 전인 1986년의 일이었다. 1974년 도쿄에서 납치되고, 그 후 군사 정권에 의해 사형 선고를 받는 등 6년간이나 옥중에서 온갖 고초를 당하면서 독재 정권과 싸운 민주화투쟁 경력이 평가됐던 것이다. 그때부터 해마다 후보로서 선정 리스트에 올랐고, 1998년에는 수상 선정 순위가 5위에까지 올라갔었다고 한다.

김대중 대통령의 노벨평화상 수상 소식은 한국을 온통 흥분과 열광의 도가니에 휩싸이게 했다. 한국인으로서 노벨상을 수상한 것이 사상 처음 있는 일인 데다가, 수상자가 현직 대통령이었기 때문이었다.

국내 신문·라디오·텔레비전 등 모든 언론 매체는 일제히 속보로 이 뉴스를 전했고, 밤에는 미리 준비했던 경축 불꽃놀이가 서울 하늘을 환하게 밝혔다.

많은 국민들은 노벨평화상 수상에 대해 "김대중 대통령의 40년간에 걸친 민주화 투쟁 경력에 대한 국제적 평가이며, 대통령 자신뿐 아니라 한국의 국제적 지위도 높아졌다"고 열렬히 환영했다.

그리고 서울의 주요 신문들에는 국영 기업이나 경제 단체는 물론 일반 기업들의 축하 광고가 줄을 이어, 정부가 일부 국민의 반발을 염려하여 신문사 측에 비공식으로 축하 광고 게재 중지를 요청할 정도였다.

북한은 이 수상 뉴스를 묵살하고 일체 보도하지 않았고, 김정일 국방위원장도 김대중 대통령의 수상에 대하여 축전을 보내오지 않았다.

이것은 북한이 노벨상 자체를 '서방 자본주의 사회의 잔치' 정도로 평가 절하하는 면도 있었겠지만, 그보다는 김대중 대통령의 단독 수상에 대해 심기가 불편해서였을 것이다.

더구나 '6·15 공동선언' 이후 북한 방송들이 연일 "세계 각국의 주요 인사들이 김정일 동지를 조국 통일과 민족 대단결의 중심이라고 찬양하고 있다"는 식으로, "한반도 평화의 주역이 김대중 대통령이 아니고 김정일 위원장임을 세계가 인정하고 있다"고 보도하고 있던 입장에서는, 김대중 대통령의 노벨평화상 수상 소식을 그대로 주민들에게 알릴 수 없었을 것이라는 게 국내외 북한전문가들의 공통된 분석이다.

12월 10일에 있은 김대중 대통령의 노벨평화상 수상을 앞두고 집권당인 민주당 지도부는 경제 사정도 좋지 않은데, 수상 축하 행사를 너무 요란하게 치를 경우 여론의 눈총을 받을 것을 우려했다. 그래서 기념시계 제작 같이 돈이 드는 것은 포기하고, 행사는 기념수 점등행사와 사진전 등 돈이 안 드는 2건에 그치기로 했다.

김대중 대통령은 12월 8일 부인 이희호(李姬鎬) 여사와 함께 시상식에 참석하기 위해 서울을 출발, 당일 노르웨이의 수도 오슬로로 도착했다. 청와대의 추천을 거쳐 노벨위원회로부터 공식 초청을 받은 국내외 각계 인사와 대통령 가족 10명 등 54명만이 동행했다(노르웨이 노벨위원회는 60명까지 초청하는 것이 관례이다).

김대중 대통령은 9일 오후 노르웨이 노벨위원회 주최로 내외신 기자회견을 갖고, 김정일 국방위원장과의 공동 수상에 대한 질문에 "같이 받았으면 참으로 좋았을 것이라고 생각한다"는 말로 미안함과 고마움을 동시에 표명했다.

그리고 10일 영국 BBC 방송과의 회견에서는 한국의 통일 문제와 관련, "지금은 통일할 때가 아니며 당장 통일한다고 해도 경제적으로 북한을 감당하지 못한다"고 솔직히 밝히고, "통일보다 우선은 평화 공존 및 평화적 교류와 협력이 필요하며, 20~30년 걸려도 서로가 안심할 때 통일하는 것이 좋다"는 말을 했다.

김대중 대통령은 같은 날 오후 9시(한국 시간), 오슬로 시청 공회당에서 하랄(Harald) 5세 노르웨이 국왕과 각국 외교 사절, 국내외 초청 인사 등 1,100여 명이 참석하고, 미국 CNN 방송 등을 통해 세계 각국에 생중계되는 가운데 거행된 시상식에 참석하여, 베르게(Gunnar Berge) 노벨 위원장으로부터 노벨평화상 증서와 금메달, 그리고 900만 크로네(krone, 당시 환율로 한화 약 11억 222만 원)의 상금을 받았다.

베르게 위원장은 이에 앞서 '수상 경과 보고'에서 "김대중은 '햇볕정책'을 통해 북한과 적극적인 협조 관계를 추진하고 있다"면서, "한반도의 마지막 냉전 잔재를 녹이는 과정에서 오늘 상을 받는 김대중보다 더 많이 기여한 분은 없을 것이다"라고 선정 이유를 밝혔다. 그는 노르웨이 시인 롤드크밤(Gunnar Roaldkvam)의 시 '마지막 한 방울(The Last Drop)'을 소개하면서, "첫 번째 떨어지는 물방울이 가장 용감했다"는 말로 보고를 마쳤다.

이에 대해 김대중 대통령은 수상 연설에서 "노벨평화상은 세계 모든 인류에게 평화를 위해 헌신하도록 격려하는 숭고한 메시지이며, 나머지 인생을 바쳐 한국과 세계의 인권과 평화, 그리고 우리 민족의 화해와 협력을 위해 노력할 것을 맹세한다"고 했다.

김대중 대통령은 또한 "남북정상회담은 참으로 힘든 과정이었다"면서, "나와 김정일 북한 국방위원장은 민족의 안전과 화해 협력을 염원하는 입장에서, 결국 상당한 수준의 합의를 도출해 내는 데 성공할 수 있었다"고 밝히고, "노벨상은 영광인 동시에 무한한 책임의 시작이다"라는 말로 30여 분간의 연설을 끝냈다. 하랄 5세 국왕을 비롯한 모든 참석자들은 일제히 일어나 기립 박수로 이에 답했다.

세계의 각 언론은 10일 김대중 대통령의 노벨평화상 수상을 주요 뉴스로 다루면서, "이번 수상은 평생을 인권과 민주화를 위해 싸워 온 김 대통령의 업적에 대한 정당한 평가"라고 보도했다.

김대중 대통령 노벨평화상 수상은 정부의 '한반도 평화와 화해·협력정책'에 대한 국제 사회의 지지 분위기 확산이 가장 중요한 성과라고 할 수 있다. 김 대통령은 수상식에 참석하는 길에 남·북한 공동 수교국인 노르웨이와 스웨덴을 공식 방문하여, 북한의 개혁과 개방을 위한 협력기반 강화의 계기를 마련한 것으로 평가되었다.[35]

9. 제3차 아시아·유럽 정상회의

제3차 아시아·유럽 정상회의는 '새천년의 번영과 안전의 동반자 관계'를 내걸고, 예정대로 2000년 10월 20일부터 이틀간 서울에서 개최되었다.

아시아와 유럽 간의 상호 이익을 추구하는 협력 관계 구축을 위해, 아시아 9개국과 유럽에서 유럽연합 15개국의 정상들, 그리고 유럽연합 집행위 위원장이 대표단·기자단·경제인단 등 3,000여 명과 함께 방한했다.

새로운 천년과 21세기를 여는 역사적인 시점에서 개최된 제3차 정상회의의 개최국이자 의장국인 한국은, 4년 전부터 '아시아·유럽 정상회의 준비기획단'을 조직하고 새로운 국제 회의장(Convention Center)

---

35) 김대중 대통령은 한반도의 긴장을 완화시키고 금융위기를 극복하여 정치인으로서 좋은 평가를 받았다. 그러나 세 아들의 스캔들이 알려지고 북한에 대한 '5억 달러 제공설'이 터지면서 국내의 정치적 입지가 약화되는 동시에, 대외적으로는 북한의 약속 불이행과 핵무기 실험으로 노벨평화상을 받게 한 '대북 포용정책' 자체의 빛도 크게 바랬다.

까지 건설했다. 그런 한편, 회의의 원만한 진행을 위해 관련 기관의 협조, 세밀한 의전 절차, 경호 요원의 국제 예절 교육, 회의 기간 중의 자동차 홀짝수 2부제 운행, 반(反)세계화 시위 대책에 이르기까지 모든 면에서 준비에 만전을 다했다.

정치 분야 정상회의는 20일 개막과 더불어 '한반도 평화를 위한 서울선언'을 채택함으로써, 남·북한 긴장 완화와 관계 개선을 골자로 한 '6·15 남북공동선언'에 대한 전폭적 지지를 표명했다.

정상회의 열흘 전에 발표된 김대중 대통령의 노벨평화상 수상 소식은 각국 정상들이 첫 발언을 노벨상 수상과 남북정상회담 성공에 대한 축하로 시작하게 함으로써, '서울선언' 채택을 수월하게 만들었다. 또 정상회의를 기회로 북한과 거리를 두어 온 영국을 비롯해서 다른 나라들이 북한과의 수교 원칙을 천명토록 하는 데에도 크게 기여했다.

더 이상 북한을 고립 상태로 두는 것보다는 국제 사회의 정상적인 일원으로 활동할 수 있게 개방과 개혁을 적극 지원해야 한다는 김대중 대통령의 대북 포용정책을 유라시아 국가들이 전폭적으로 지지했던 것이다. 유럽연합 회원국들은 제3차 아시아·유럽 정상회의 이후, 실제로 대북 수교 조치를 결정, 영국·독일 등 7개 회원국이 북한과 수교했다 (2001년 12월 말 당시 유럽연합 15개국 중 프랑스와 아일랜드 2개국만이 북한과 미수교 상태이다).

정부는 아시아·유럽 정상회의가 우리의 '포용정책'과 북한의 '개방정책'을 엮는 좋은 촉매가 되도록 10월 18일 저녁 '서울선언'의 문안이 합의된 시점에서 회원국들의 동의를 얻어, 언론에 발표하기 전에 미리 뉴욕 유엔 대표부를 통해 북한 측에 선언문안을 전달했다.

우리 정부는 북한의 아시아·유럽 정상회의 가입에 대해서도 "북한이 원한다면 긍정적으로 검토하자"는 입장을 표명했으나, 대부분의 회원국들이 "회원국 수의 확대보다는 아시아·유럽 정상회의 운영 자체의 내실화에 더 중점을 두자"는 입장을 취해 별 진전을 보지 못했다.

경제 분야 정상회의에서는 10월 20일 기존 사업에 더해 우리가 제안한 '트랜스 유라시아 네트워크(Trans Eurasia Network: TEN, 유럽·아시아 횡단망)' 구축 사업과 '정보 격차(digital divide) 해소', 그리고 '아시아·유럽 정상회의 장학기금 조성' 등 신규 사업도 승인하고, 21일 '2000 아시아·유럽 협력체제'와 '의장 성명서'를 채택했다. 특히 '트랜스 유라시아 네트워크' 구축 사업은 우리의 전자 사업과 관계가 깊은 기획이었다.

한국·뉴질랜드 정상회담(1999)

이 기획은 정상회담 개최 7개월 전인 3월, 김대중 대통령이 유럽을 방문하였을 때 처음 제안한 것으로, "아시아와 유럽에 각각 구축된 연구기관의 전용망을 연결, '정보통신·생명공학·신소재 등 첨단과학 정보교류와 공동연구'에 활용하자"는 것이었다. 이것은 지금까지 주로 미국을 거쳐 정보를 받아온 기존 인터넷 망과는 별도로 새로 유럽과 아시아의 두 대륙을 직접 연결하는 초고속 정보망을 뚫음으로써, "미국 중심의 세계 정보통신 환경을 혁신한다"는 취지를 담고 있었다.

2001년 1차로 국제 해저 '케이블'을 임차해 우리나라의 선도 시험망인 'KOREN'과 유럽의 연구망인 'TEN-155'를 연결하고, 2002년 2단계로 당시 구축 중이던 '아시아·태평양 정보기반 체제(AP Ⅱ)'와 '아·태 선도망(APAN)'을 추가로 연결함으로써 완성된다. 네트워크의 줄기를 한국-EU 망으로 함으로써, 우리나라는 이를 통해 두 대륙 간 정보 유통의 중심지로 발돋움할 수 있게 되었다.

21세기는 '정보화 시대'다. 이 사업은 정부가 일찍이 프랑스의 TGV를 도입하여 태평양과 대서양을 잇는 현대판 '철의 비단길(Silk Road)'을 건설, 한반도를 세계 교통의 요충지로 만들겠다는 큰 계획과 일맥상통(一脈相通)하는 것으로, 세계 정보통신의 중심지도 같이 만들자는 우리의 야심찬 계획의 하나였다. 당시 이 목표가 실현되면 2005년 1조 달러에 달할 세계 전자상거래 시장의 70%를 아시아와 유럽 나라들이 차지하게 될 것으로 전망됐다.

다자 외교에 일천한 우리나라였지만, 정부는 의장국으로서의 책무와 역할을 충실히 함으로써, 건국 이래 최대의 외교 행사인 제3차 아시아·유럽 정상회의를 성공리에 마쳤다.

그 결과로 첫째, 우리의 외교 역량을 고양시키고 신장된 국력과 발전된 모습을 통해 국가의 이미지와 위상을 높였으며, 둘째, 금융위기 극복과 함께 다시 자리 잡고 있는 우리 경제 상황을 설명, 대외 신용도를 제고시키고, 셋째, 남·북한 화해·협력에 대한 국제 사회의 지지를 재확인받았다. 아울러 정부는 각종 문화행사를 통해 우리의 전통 문화를 소개하고 '2001 한국 방문의 해'와 '2002년 월드컵 축구대회' 개최 등을 연계 홍보함으로써, 부가적인 효과도 상당히 거둘 수 있었다.

이번 정상회담을 통해서 우리가 다시 얻은 외교적 교훈은 아시아·유럽 정상회의의 기본 목표가 두 대륙의 협력과 교류 증진이라고 하지만, 회의 기간 내내 각국 정상들은 모두 자국의 국가이익 신장을 위해 진력하는 모습에서 "외교가 무엇인가"를 다시 배운 것이었다.

예를 들면, 주룽지(朱鎔基) 중국 총리는 노골적으로 아시아에서의 미국 세력 확장을 견제하고, 인도네시아의 와히드(Abdurrahman Wahid)[36] 대통령은 호주의 아시아·유럽 정상회의 가입 차단을 위해, "신규 회원국의 지역 조건은 '아시아권이 아니라, 아시아국가'로 못 박아야 한다"는 주장을 했다. 또 시라크(Jacques Chirac)[37] 프랑스 대통령은 김대중 대통령에게 외규장각 고서적 반환을 재약속하면서, 슬며시 앞으로 예상되는 한·일 간 대한해협 해저터널 건설을 겨냥하여, '부산-거제 민자도로 건설공사'에 프랑스 회사가 참여할 의사가 있음을 내비쳤다.

우리는 하나의 같은 목적을 가지고 모인 아시아·유럽 정상회의와 같은 다자간 정상회의에서도, "화려한 오찬이나 만찬 이면에는 역시 국익 수호와 신장을 위한 외교전이 치열하게 벌어지고 있었다"는 사실을 잊어서는 안 될 것이다.

---

36) 인도네시아 정치가(1941~), 이집트 카이로 아즈하르대학 졸업, 민주주의포럼 의장(1980), 자카르타 예술협회 의장(1983), 대통령(1999)을 역임했다.

37) 프랑스 정치가(1932~), 국립행정학교 졸업(1959), 하원의원(1967), 파리 시장, 농업·내부장관(1972~1974), 파리 시장, 상원 외교위원장(1977), 파리 시장(1980), 총리(1986), 대통령(1995)을 역임했다.

10. 한·미 정상회담

한·미 정상회담이 2001년 3월 7일 미국 워싱턴에서 개최되었다. 정상회담 후에 발표된 '공동성명'에서 한·미 양국은 남·북의 화해와 협력이 한반도의 평화와 동북아의 영속적인 안정에 공헌한다는 데 의견 일치를 보았음을 강조했다. 이와 동시에 "김정일 국방위원장의 서울 답방이 남·북 관계와 동북아의 안전 보장에 긍정적으로 공헌하도록 희망한다"며 남북정상회담 개최를 지지했다.

게다가 두 나라는 북한의 핵개발 동결을 정한 1994년의 북·미 합의를 유지할 의향을 재확인하는 한편, 북한에 대해서 합의 이행을 위한 필요 조치를 취하도록 요구했다. 또 "대(對)북한 정책을 위해 한·미·일 3국 간에 긴밀한 협의를 계속하는 것이 필요하다"는 견해도 확인했다.

또한 세계의 안보 환경이 냉전 시대와는 근본적으로 달라진 데다, 대량 파괴 무기나 미사일을 포함한 새로운 형태의 위협이 출현하여, 그 방지와 방위의 새로운 접근이 필요하게 되었음을 지적했다. 그로 인해 미국이 추진하려고 하는 '전미 미사일 방위(NMD) 구상'에 일정한 이해를 보이고 한·미 동맹에 하등의 변경이 없음도 강조했다.

2월 말, 서울에서 개최된 김대중 대통령과 러시아 푸틴 대통령의 정상회담 후의 '공동성명'에서, NMD 추진을 위해 미국이 러시아에 수정을 요구하고 있는 '탄도탄 요격 미사일(Anti-Ballistic Missile: ABM)[38] 제한 조약'을 "전략적 안정의 기초이며, 핵 군축 및 불확산을 향한 국

---

38) 미국의 ABM 체계는 나이키-X이며, 이 체계는 내습하는 적의 탄도 미사일을 탐지하고 추적하는 레이더와 요격용 미사일, 제원 처리 유도 제 장치로 구성되어 있다. 레이더는 북미 방공사령부의 조기 경보 체계와 연결되어 있고, 요격 미사일은 대기권 밖의 원거리 광역 방어용(사정거리 640km 이상, 속도는 마하 4에다, 3km 이내의 ICBM 기폭장치 파괴 가능)과 단거리 방어용(사정 30~40km에 핵탄두 장착 가능) 미사일로 되어 있다.

제적 노력의 토대"라고 함으로써 "한국이 러시아에 접근했다"는 견해가 퍼져 한・미 관계가 일시 동요된 적이 있었으나, 이 합의로 겉으로는 일단 해소가 됐다.

한국 정부는 무엇보다도 빠른 시기에 정상회담이 실현되어 한・미 동맹 관계가 재확인되는 동시에, 김대중 대통령이 부시(George W. Bush) 대통령과의 개인적인 신뢰 관계를 구축한 것을 높이 평가했다. 그리고 정부는 앞으로 김정일 국방위원장의 방한이 실현되는 방향으로, 미국의 지지 속에 '남북대화'에 역점을 두고 대북 포용정책을 계속해 나갈 것임을 분명히 했다.

그러나 이 같은 낙관적인 관점과는 반대로 기자회견에서 부시 대통령은 북한의 무기 수출을 우려하면서 "북한은 대량 파괴무기의 개발이나 확산을 중단하는 동시에 실제 중단했다는 사실을 우리들이 확인할 수 있어야 한다"고 지적했다. 즉, "북한의 미사일 문제를 완전히 해결하기 위해서는 합의만이 아니라, 철저한 점검(monitoring)과 검증(verification) 등 투명성이 보장되어야 한다"는 점을 강조했다.

북・미 대화에 대해서는 앞으로 전면적인 재검토 작업이 끝날 때까지 재개할 생각이 없음을 분명히 함으로써, 한국이 대북 포용정책을 종전처럼 계속하기 힘들어질 것이라는 관측이 한동안 나오기도 했다.

김대중 대통령도 "오늘 정상회담의 최대 성과는 부시 대통령과 한반도 문제에 대한 솔직한 의견 교환을 통해 상호 이해를 깊이 한 점이다"라고 진술하는 데 그침으로써, 북한에 대한 인식이 완전히 일치하지 못하고, 또 회담이 기대했던 것만큼 성공하지도 못했음을 분명히 했다.

한국 정부는 일단 부시 대통령의 북한에 대한 불신감 표명에 "그 같은 의념이 한・미 양국의 공동목표 달성에 지장을 주지는 않을 것"이라고 하면서도, 미국의 힘을 바탕으로 한 대북 정책 재검토 결과에 따라서는 "약간의 변화가 올 수도 있다"는 입장을 취했다.

이런 미국의 입장에 대해 국내 언론은 대체적으로 앞으로 한·미 간의 의견 조정이 그리 쉽지 않을 것임을 경고하면서, "한국 정부가 정상회담에서 대북 정책에 대체적인 합의를 보았다고 자화자찬(自畵自讚)할 것이 아니라, 남·북한과 미국의 3자 관계 조화에도 보다 많은 신경을 써야 했다"는 지적을 하고들 있었다.

이 같은 여론을 의식하여 김대중 대통령은 서울 도착 후의 기자회견에서, 미국은 미사일이나 핵과 같은 대량파괴 무기에 대해서 북한과 교섭하고, 한국은 '남북기본합의서'를 통해 무력의 불사용과 군축, 교류협력을 통한 긴장완화 문제를 맡는 것이 바람직하다는 한·미 간의 역할 분담안을 포괄적 상호주의에 입각하여 부시 대통령에게 제의했음을 밝혔다.

국내 북한 문제 전문가들은 한·미 정상회담의 결과에 대해 북한 문제는 당분간 한국에 위임하는 미국의 기본 자세가 분명해졌다고 하면서도, 미국은 전권을 위임하는 것이 아니라, 한국이 북한과 어떤 합의를 할 경우, 작년의 '남북정상회담' 때처럼 애매한 것이 아니고, 특히 군축이나 미사일 문제에서 알기 쉽게 분명한 합의를 도출하도록 주문하고 있다면서, 미국은 그 결과를 보고 북한에 대한 대응책을 결정할 것 같다고 지적하고 있었다.

2001년 들어 김정일 국방위원장의 서울 답방 시기의 조정과 관련하여 주목되던 제5차 남북각료회담(3월 13일, 서울)이 북한의 갑작스러운 불참 통보로 연기되고, 이어 4월 3~5일의 제4차 적십자회담과 상반기 중 이루어질 것으로 기대하던 북한 경제시찰단의 방한 등 '남북대화'

와 경의선 복원사업이 모두 북한에 의해 일방적으로 무산 또는 무기 연기되었다.

당시 적어도 외형적으로는 대화를 기피하고 민간 교류만 일부 허용했던 과거 북한의 모습과 크게 다르지 않았다. 그러나 그 후 북한은 미국의 부시 행정부에 대해 '6·15 공동선언' 이후 자제해 오던 불만 표시와 함께, 주한미군 철수를 다시 강하게 요구하고 나왔다.

그러나 우리와의 대화 중단이 전례가 없는 것이 아니고, 또 북한이 4월 19일 비료 지원을 공식 요청해 와, 정부가 20만 톤의 비료를 농사철에 맞추어 신속히 지원하였고, 또 식량 지원을 얻기 위해서도 곧 '각료회담'을 재개할 것이라는 견해도 있었다. 그 이유는 경제가 극도로 어려운 북한이 우리 정부가 5,000억 원의 남북협력기금을 갖고 있음을 잘 알고 있었기 때문이라는 것이다.

당시 남북대화가 재개됐더라도, 부시 행정부와의 대북 공조는 클린턴 정부 때처럼 기대키 어렵게 돼 있었다. 게다가 지난 5월 26~27일 하와이 호놀룰루에서 열린 '한·미·일 대북정책조정감독그룹(TCOG) 회의'에서, 미국 정부가 북측이 회담 참석 자체를 카드(card)로 쓰는 것을 문제 삼고, "앞으로 대북 협상에서 북한 측이 먼저 성의를 보이지 않음에도 한국이 '퍼주기'[39] 등 적극적인 태도를 보이는 것은 바람직하지 않다"는 뜻을 표명하고 나온 것으로 미루어, 북한과의 교섭은 그

---

39) 2001년 12월 15일자 북한 '노동신문'은 '이른바 대북 퍼주기론을 평함'이란 제목의 글에서, 한국이 북한 '선군(先軍) 정치'의 덕을 보고 있는 만큼 이에 대한 보상을 하는 것이 도리이고 의무라고 해괴한 주장을 했다. 미국이 몇 번이고 한반도에서 전쟁을 일으키려고 했으나, 북한의 '막강한 군사력'으로 인해 물러섰고, 이 때문에 남한도 전쟁의 불길을 피할 수 있었으므로, 남한이 북한을 도와주는 것은 당연한 '평화의 보상'인데 웬 '퍼주기'냐는 것이다. 이런 식의 주장은 어려운 북한 주민들을 도우려는 우리 국민들의 동포애를 짓밟는 것으로, 이런 억지 주장을 버리지 않으면, 앞으로의 우리 국민들의 대북 원조에 대한 여론을 더 나쁘게 하는 결과를 가져올 것이다. 그리고 우리 정치인 중에 일부가 북한의 주장을 받아들여 우리의 '대북 원조'를 평화의 대가인 양 말하는 이들이 있는데, 이는 위험하고 잘못된 생각이다. 평화는 돈으로 살 수 있는 것이 아니기 때문이다.

렇게 쉽지 않을 전망이었다.

미국은 2001년 5월 9일부터 하와이에서 열린 ADB 연례총회에서도 작년에 이어 북한의 참석을 반대함으로써, 북·미 관계에 다시 껄끄러운 국면이 형성되었다. 북한은 뉴욕의 유엔대표부를 통해 "불쾌하다"는 메시지를 미국 정부에 전달한 것으로 알려졌는데, 미국은 북한의 ADB 참석에 대해 "북한이 미국 국내법에 의한 '테러 지원국'으로 지정돼 있기 때문에 북한의 가입을 반대한다"는 것이었다.

이런 가운데, 같은 해 6월 6일 부시 대통령은 집권 후 반년간의 장고 끝에 북한에 대하여 ① 핵 동결, ② 미사일 개발 계획 및 수출 금지, ③ 재래식 무기 감축의 세 가지 주제를 제시하면서, 진지하게 협의하자고 제의했다. 그리고 부시 대통령은 이 제안에 대해 북한이 긍정적으로 반응하고 필요한 조치를 취한다면, 북한 주민에 대한 원조 제공, 제재 완화 그리고 관계 개선에 필요한 정치적 조치를 취하겠다고 약속했다.

북한도 일단 6월 13일 뉴욕에서의 '북·미 실무협의'에 응하고 나왔다. 그러나 6월 18일 외무성 대변인이 회담 재개에 대비, "부시 정권이 협상 의제를 일방적으로 정하고 공개적으로 제시했다"고 비난하고, 재래식 무기 감축 문제에 대해 "남한에서 미군이 철수하기 전에는 논의의 대상이 절대 될 수 없다"고 강경하게 나왔다.

2001년 9월 11일 미국의 심장부를 강타한 '동시다발 테러 사건'으로 미국의 대북 태도가 강경해지고, 또 부시 대통령의 북한에 대한 '악의 축' 발언으로 북·미 관계가 더 경색된 가운데, 부시 대통령이 일·한·중 아시아 3국 순방의 일환으로 2002년 2월 19일 한국을 방문했다. 부시 대통령은 김대중 대통령과 정상회담을 갖고 대북 정책을 조율한 후, 서울에서 "미국은 북한 침공 의사가 없으며, 북한이 원하는 시간과 장소에서 조건 없이 만나겠다"는 대화 제의를 했다.

이에 대해 북한은 당시만 해도 "최고 수뇌부를 모독하고 자신들의 체제를 인정하지 않는 미국과는 대화하지 않겠다"고 미국의 제의를 정면적으로 거부함으로써, 김정일 위원장을 철저하게 불신하는 부시 행정부와 북한 정권의 관계는 상당 기간 동안 냉각기를 피할 수 없게 되어 있었다.

그러나 장기적으로 볼 때, 북한 자신도 미국과 끝까지 맞설 경우 앞으로 생존의 길이 없음을 알고 있는 데다가, 중국과 러시아도 북한이 미국과의 대화에 나서도록 권고하고 있었다. 또한 미국의 강경 방언은 북한을 '대화의 장'으로 끌어내기 위한 것으로, 파월 국무장관이 귀국 후에도 계속 대화를 촉구하고 있어, 결국 북·미 회담은 다시 열리게 돼 있었다.

그렇지만 당시에도 북한은 돈만 주면 언제 어디에서나 미사일을 판매하고 있었고, 미국은 '대량 학살무기' 개발국에 대해서는 "테러전 식으로 싸워나갈 것"이라고 아주 강경한 입장을 취하고 있어, 북·미 회담이 열리더라도 합의에 이르는 데까지는 상당한 시일이 걸릴 것으로 전망되었다.

11. 한·칠레 자유무역협정(FTA) 서명

2003년 2월 15일 한국의 최성홍(崔成泓) 외교통상부 장관과 칠레의 그리스티안 바로스(Cristian Barros) 외무부 장관 대리는 서울에서 그동안 4년에 걸친 어려운 협상 끝에 2002년 10월 24일에 합의 본 바 있는 자유무역협정(Free Trade Agreement: FTA)에 정식으로 서명하였다.

FTA란 2개 이상의 국가가 상품이나 서비스를 사고팔 때 부과하는 관세와 수입제한을 철폐하여 통상을 자유화하려는 협정이다. FTA가 체결되면 당사국 간에는 관세를 부과하지 않고 무역장벽도 없어져 상품·투자·서비스 등의 시장이 서로 개방된다. 그러나 협상을 통해 극히 일부 품목의 예외를 인정할 수도 있다. FTA는 '경제통합'이란 측면에서 보면, 역내(域內) 국가 간 관세를 철폐하고 공동으로 경제 정책을 수립하는 남미공동시장과 같은 '관세동맹'이나, EU와 같은 완전 경제 통합보다는 훨씬 통합의 수준이 낮다. 그 대신 각국이 경제 정책의 자율성을 보장받는다는 장점이 있다.

학계에는 FTA가 세계무역기구(WTO)체제를 보완하고 세계화를 촉진시킨다는 지지론도 있지만, 반대로 역내 관세 인하와 투자 자유를 보장함으로써 FTA를 체결하지 않고 있는 역내 국가에 대해서는 일종의 '무역 장벽'이 되어, 부국(富國)과 빈국(貧國)들 간의 경제 격차를 더 늘림으로써 결과적으로 WTO체제를 위태롭게 한다는 반대론도 만만치 않다.

이러한 이론적 논쟁을 떠나서 현실은 WTO가 주도하는 다자간 체제가 정착되기까지는 WTO의 '만장일치 체제' 때문에 앞으로도 상당한 시일을 요할 것이므로, 많은 국가들이 '지역경제의 블록(bloc)화'에 대항하고 수출시장의 안정과 '투자 유치'를 위해 지속적으로 주요 무역 상대국들과 FTA를 체결하고 있다.

WTO에 따르면 2002년 12월 말 당시, 세계적으로 173개의 FTA가 체결되어 있을 정도로 세계는 '자유무역 지대'에 속해야만 경제성장을 계속할 수 있는 시대로 접어들었다고 해도 과언이 아니다.

<표 8-1> 아·태지역의 국가별 FTA 체결 현황(2002년 말)

나라	한국	일본	중국	태국	싱가포르	호주	뉴질랜드	미국	캐나다	멕시코	칠레
수	(1)	(1)	(1)	1	4	1	2	4	3	15	10

*( )는 합의

　이와 같은 세계적인 추세 속에 한국은 대외 교역 의존도가 가장 높은 국가들 중의 하나임에도 불구하고, 그간 주요 교역국들의 FTA 체결 때문에 우리의 수출품이 관세와 비관세 상의 차별을 받으면서도, 지금까지 세계 주요 국가들 중에서 FTA를 체결하지 않은 몇 안 되는 나라의 하나였다.

　그러나 우리 정부는 시시각각(時時刻刻) 밀려드는 통상 압력의 파고(波高)를 극복하기 위해 1998년 11월 칠레를 우리나라의 첫 FTA 대상국으로 지정한 후, 4년여 동안의 노력 끝에 남미의 칠레와 FTA를 처음 체결함으로써, 이제 국제 통상무대에서 외톨이 신세를 면할 수 있게 되었다.

　한국이 칠레를 첫 FTA 상대국으로 택했던 이유는 첫째, 칠레가 경제 규모가 작은 나라인 데 비해 FTA의 경험이 많고, 둘째, 한국과는 서로 보완적 경제구조를 가지고 있으면서도 계절이 서로 반대여서 우리의 농업 피해를 최소한으로 줄일 수 있으며, 셋째, 칠레를 우리 상품의 미국과 중남미의 시장 확대를 위한 교두보로 삼을 수 있다는 것 등이었다.

　한국은 우리 국내에서 생산 또는 판매되는 총 1만 1,170개의 협상대상 품목 중 쌀·사과·배 등 칠레산 농산물 304개 품목을, 칠레는 5,845개 품목 중 세탁기·냉장고 등 한국산 55개 품목을 각각 FTA에서 제외시켰다. 그리고 한국과 칠레는 FTA에 포함되지 않은 품목 중 각각 94.5%와 96.5%에 대해 수입관세를 10년 안에 철폐키로 합의하였

다. 이에 따라 우리 공산품 중 승용차·화물자동차·휴대전화·TV·
컴퓨터·에어컨 등 대(對)칠레 수출의 66%를 차지하는 품목이 앞으로
양국의 국회 비준이 끝나 FTA가 발효되는 즉시, 그리고 석유화학제품
과 자동차 부속품 등은 그 후 5년 이내에 관세가 철폐될 예정이다.

협상 막판에 한때 발목을 잡았던 칠레의 금융시장 개방과 외국인투
자촉진법(DL600)[40] 문제는 한국이 양보하여 4년 후에 재론하기로 하
고, 이번 FTA에서는 제외시켰다. 금융시장 개방문제는 향후 2년 내에
타결 예정인 세계무역기구(WTO) 도하개발 어젠다(DDA)[41] 협상에 이
미 포함되어 있을 뿐만 아니라, DL600이 칠레에 이미 진출한 우리 기
업들에 큰 영향을 미치지 못한다는 판단 아래, 우리 정부가 이를 받아
들여 칠레 측도 우리의 '4년 후 재론안(再論案)'을 수용함으로써 타협이
이루어졌던 것이다.

4년이 넘는 동안의 산고(產苦) 끝에 어렵게 타결된 한·칠레 FTA가
발효되면 우리 공산품들에 대한 칠레 측 관세가 철폐됨으로써 우리 제
조업 전체의 수출이 크게 늘어나, 해마다 칠레산 구리 수입 때문에 연
1억 2,000만 달러 적자의 우리의 대(對)칠레 무역 수지는 1~2년 안에
흑자로 역전될 전망이다.

또한 칠레가 EU를 비롯한 미국·캐나다·멕시코·페루 등 10개국
과 FTA를 맺고 있기 때문에 한국 기업들이 칠레 시장에서 지금까지
겪어왔던 불이익은 없어지고, 일본이나 중국 등 미체결국보다 상대적

---

40) 'DL600'은 칠레의 외국인투자촉진법으로, 이에 따르면 외국인 투자자가 칠레 정부로부터 투자수익에
대해 10년간 일정한 세율의 특혜를 받는 대신 투자 원금은 최소 1년간 송금을 제한받게 되어 있다.

41) DDA란 세계무역기구(WTO) 도하개발 어젠다(Doha Development Agenda: DDA)로, 2001년 11월 14
일 카타르 도하에서 종료된 제4차 WTO 각료회의 결정에 따라 출범한 새로운 다자(多者)무역 협상체
제를 뜻한다. WTO 회원국은 2003년 3월 이후부터 2005년까지 모든 의제에 대한 협의를 동시에 진행
하고, 전체 참가국이 협상 결과의 수용 여부를 결정하게 된다.

으로 높은 경쟁력을 확보하게 되어 시장 확대가 가능해질 것이다. 아울러 정부조달·경제정책·지적재산권 등 무역 규범을 FTA에 포함시킴으로써, 한국 기업들이 칠레 정부의 조달시장에 진출을 쉽게 할 수 있으며, 한국의 유명상표들도 보호받을 수 있게 된다.

그 대신 농업 분야에 있어서는 아무리 양국의 계절이 서로 반대라고 하더라도, 세계적인 과일류 수출국인 칠레의 여러 가지 값싼 과일들이 해마다 점점 낮아지는 관세 덕분에 우리나라에 더 많이 들어오게 됨으로써, 우리 과일류 재배업자가 받을 피해는 적지 않을 것으로 예상된다.

이에 따라, 우리 정부에서는 사과와 배를 우선시장개방 대상에서 제외시키기로 하였으며, 포도는 우리가 생산하지 않는 계절(11∼4월)에만 관세를 낮추는 '계절 관세'로 하고, 복숭아는 매년 점진적으로 관세를 낮춰 10년 안에 완전히 철폐키로 하였다. 그리고 일반 농산물에 대해서는 WTO 규정보다 발동이 쉬운 '긴급수입제한조치(safeguard)'를 마련하는 한편, 협정 발효 전에 농민들의 피해 보전을 위해 'FTA 농민지원특별법' 제정 등을 서둘러 추진하기로 하였다.

당시 칠레는 FTA 비준안을 가까운 시일 안에 의회에 상정 처리한다는 소식이 벌써 들리고 있었는데, 다른 나라의 경우 협상세서 타결된 FTA를 의회에서 비준이 거부된 예가 지금까지 한 번도 없었다는 사실에 비추어, 우리 정부도 국회 비준을 서둘러야 했었다. 만일 농민단체들의 반대와 국회의원들의 농민 표를 의식한 눈치 보기 때문에 국회 비준이 지연된다면, '개방국가'를 표방하는 한국의 대외신인도가 추락하여 앞으로 다른 나라들과의 FTA 체결 교섭에 적지 않은 지장을 초래하게 돼 있었다.

한국 정부의 본격적인 FTA 추진은 1998년 김대중 정권이 들어서면서부터였는데, 정부는 우리 경제의 내향적인 경향을 타파하기 위해 통상정책의 새로운 기축으로 FTA 구상을 내세웠다. 그리고 FTA를 실현할 수 있느냐 없느냐는 한국이 참다운 선진국으로서 다른 경제협력개발기구(OECD) 국가들과 대등하게 선진화를 이어갈 수 있는가 없는가를 시험하는 일종의 시금석이기도 했다.

그러나 우리 농민단체들의 반대가 워낙 거세 당시 국회 비준이 순조롭지 못했는데, 이미 시장 개방이 움직일 수 없는 대세이고 비준하는 타이밍이 중요하므로, 보다 큰 국익을 위하여 농민들에게 시장개방의 두려움을 없애주는 지원과 구조조정을 통한 소득보전 정책을 구체적으로 제시하는 등, 협정 비준을 위한 정부와 국회의 적극적 역할이 요구됐다.

우리 정부는 칠레에 이어 싱가포르를 다음 FTA 협상 대상국으로 선정했는데, 그 이유는 싱가포르가 농업국가가 아니기 때문에 협상의 걸림돌이 적다는 것으로 싱가포르와 2003년 6월 말까지 FTA 공동연구 기간을 가진 후, 하반기에 FTA 협정 체결 여부를 결정할 방침이었다.

그다음은 뉴질랜드·멕시코·캐나다 등과도 양국 간 공동연구를 거쳐 정부 간 공식 FTA 협상으로 발전시키는 한편, 2년 내에 한·일 양국과 한·중·일 3국 간 FTA 협상도 시작할 예정이었다. '한·일 FTA'에 관해서는 이미 2002년 7월부터 산(産)·관(官)·학(學) 공동연구회가 2개월에 한 번씩 개최되어 그때까지도 꽤 깊이 있는 의견이 교환되고 있었다.

세계경제 발전의 발 빠른 흐름에서 한 번 처지면 따라가기가 갈수록 어려워진다. 시간은 우리를 기다려 주지 않으므로 우리 정부와 국회는 수출시장 확대를 위하여 앞으로 FTA에 대해 보다 적극적인 자세로 임해야 할 것이다.

12. 남·북한 철도와 도로 연결

남·북한의 두 정상이 '6·15 공동선언' 제4항에서 결정한 바 있는 경의선 복원을 위해, 2000년 7월과 8월에 열린 '남북장관급회담'에서 양측은 같은 해 9월 18일부터 경의선 철도 복원 공사에 남·북이 각각 착수하기로 합의하였다.

이 합의에 따라 남측은 예정대로 공사에 착수, 휴전선 이남 경의선의 미복구 구간 철도를 2001년까지 완전 복구했는데 반해, 북측은 '군부 설득 부족'을 이유로 공사에 착수조차 하지 않았다. 우리 정부는 북한에게 합의 이행을 여러 차례 촉구하였으나, 북한은 현금을 안겨주는 금강산 관광과는 달리, 남·북 철도와 도로 연결에 대해서는 시종일관 "군부에 건의하겠다"는 식의 모호한 대답으로 시간을 끌어갔다.

그러다가 2002년 4월 임동원 대통령특보의 방북에 이어 같은 해 6월에 서울에서 '남북경협추진위원회'가 열려, 남·북은 일단 경의선 철도와 도로의 연결공사를 9월 18일에 착수하여 2003년 봄까지 마치고, 동해선 철도는 1년 안에, 그리고 금강산 관광을 위한 1.5km의 동해선 임시도로는 11월까지 완성하기로 합의하는 동시에, 한국이 북한에게 북측의 복원 공사에 필요한 자재와 장비를 차관 방식으로 제공하는 외에 쌀 40만 톤과 비료 10만 톤도 지원하기로 하였다.

그 후 남·북한 당국의 결정에 따라 군사실무회담을 열어 '군사보장 합의서'를 교환한 다음, 예정대로 9월 18일 오전 11시 남·북이 각각 별도로 철도와 도로의 연결공사 착공식을 가졌다. 우리의 착공식 행사장에는 많은 국내외 기자들이 참석했으며, 러시아의 푸틴 대통령과 프랑스의 시라크 대통령 등 10여 명의 외국 정상들까지 우리 정부에 축하메시지를 보내왔다. 특히 푸틴 대통령은 메시지에서 "러시아는 한반도와 유럽을 연결하는 수송로가 뚫리도록 가능한 모든 협력을 하겠다"는 약속까지 하였다.

이렇게 시작된 경의선과 동해선 철도가 예정대로 복원된다면, 이 철도는 개성공단과 금강산 지역을 통해 남·북 간의 인적·물적 통로 구실을 하면서 북한 경제를 활성화시킴으로써, 남·북 간의 경제협력을 본격적으로 추진할 수 있는 '물적 하부조직'을 구축하는 셈이 된다. 그리고 이것은 다시 군사적 긴장완화와 신뢰회복으로 이어져 한반도의 안정과 번영에도 큰 도움을 줄 것이다.

그러나 이 연결 공사가 예정대로 끝난다고 해서 당장 우리 열차가 부산에서 신의주나 웅기(선봉)까지 달리게 되는 것은 아니다. 이것은 북한의 철도가 단선일 뿐만 아니라, 제때 보수를 하지 못해 교량이나 터널 등 시설이 너무 낡고 레일도 마모가 심한 데다가 전력 공급선이 부실하기 때문이다. 정상적인 열차 운행을 위해서는 대대적인 개·보수 공사와 복선화 작업이 선행되어야 한다. 그리고 남·북 양측의 신호체제 등 운행 방식과 기술 차이의 조정과 함께 연결 운행 절차에 대한 협약 체결 등도 필요하다.

우리 정부는 지금 북한 철도 현대화 사업비를 30조 원 정도로 잡고, 그 대부분을 민간기업의 출자나 정부 책임 아래 외국차관을 도입하여 조달하는 방안을 검토 중인 것 같은데, 30조 원의 거액을 "앞으로 통일이 되면 다 우리 것인데" 하고 우리가 일방적으로 지금부터 전부를 도맡을 필요는 없을 것이다.

러시아가 2002년에 그들의 TSR(시베리아횡단철도)과 우리 TKR(한반도종단철도)와의 연결과 관련, 북한 철도 현대화를 위한 북·러 철도

협정[42]을 체결한 바 있고, 또 9월에 서울에서 개최된 한·러 차관급 운송위원회 2차 회의에서 러시아가 북한 철도 현대화를 위한 '국제 컨소시엄(consortium)' 구성을 제의, 우리와 합의한 바도 있으므로, 앞으로 북한철도 복선·현대화 문제는 시간이 걸리더라도 러시아를 비롯해서 APEC과 ASEM 그리고 OSJD(유라시아대륙 철도협의회)[43] 회원국들과도 협의하여 초기단계부터 관련국들을 참석시켜 국제적 협력 테두리 안에서 추진하는 것이 좋을 것이다.

그리고 철도운송 루트는 해양 항로와 달라서 노선 선택의 자유가 없으므로 관계국의 정치 전략상의 이해관계에 휘말릴 수 있는 소지가 많다. 그래서 이런 종류의 사고를 미연에 방지하기 위하여 관련국 간의 충분한 사전 협의와 보장 장치가 절대적으로 필요하다. 그러므로 '현대판 철의 실크로드(Silk Road, 비단길)' 운영은 과거의 경험으로 보아 북한이 일방적으로 '이랬다 저랬다' 하지 못하게 처음부터 '국제 컨소시엄'을 구성하는 것이 절대로 필요할 것이다.

앞으로 우리 TKR과 러시아 TSR, 그리고 중국의 TCR(중국횡단철도)과의 연결이 완성되어 두 개의 '철의 실크로드'가 완성되면, 이것은 태평

---

42) 러시아의 푸틴 대통령은 2002년 8월 시베리아를 방문한 김정일 국방위원장과 '북·러 철도협정'을 체결하고, "북한철도의 현대화를 위해 러시아가 10억 달러를 내고, 나머지는 일본의 경제지원(전후보상)에서 쓰거나 한국으로 하여금 부담하게 하자"는 제안을 한 바 있다. 그런데 TKR과 TSR의 연결과 관련해서는 러시아 측은 경의선·경원선·동해선 3개 철도노선 중 한반도의 물류중심인 중부 지방을 통과하는 쪽을 선호하고, 북한 측은 철도 개방이 가져올 정치적 파장을 우려하여 동해선 쪽을 희망하고 있는 것으로 알려지고 있다. 우리 정부도 앞으로 있을 한·북·러 3국의 당국자회담에 대비, 어느 쪽이 경제적 실리 면에서 우리에게 유리한가를 면밀히 검토하여 미리 구체적인 대책을 수립해 두는 것이 좋을 것이다.

43) 1956년 철도망 개발 및 협력을 목적으로 구(舊)소련 및 동구권, 중국 등이 중심이 되어 설립한 국제기구로, 회원국은 북한을 포함하여 모두 27개국이며 사무국은 폴란드의 바르샤바에 있다. 우리 정부는 2003년 초부터 이 기구에의 가입을 추진했다. 지금까지 북한을 제외한 26개국이 모두 한국의 가입을 환영하고 있는데, 북한만이 시큰둥한 태도를 보이고 있다. 그래서 일부 전문가들로부터 혹시 금강산 관광에서 유례없이 비싼 입산료로 재미를 본 북한이 이번에는 한국 화주들로부터 통과세를 OSJD 회원국에 적용되는 것보다 비싸게 받아내려는 저의가 있는 게 아니냐는 의심을 받고 있다.

양과 대서양을 직접 잇는 철도 노선으로서 아·태지역과 유럽 간의 운송 체제에 근본적인 변화를 가져와, 지금 부산에서 유럽까지 배로 40일 전후 걸리는 수송 시간이 절반으로 단축되면서 수송량이 배로 늘고 운송비용도 3분의 1 가량 절감됨으로써, 우리의 부산·광양항을 '동북아의 물류 중심항구'로 만들어 가는 데 결정적인 기여를 하게 될 것이다.

그리고 아시아 대륙의 4분의 1이 넘는 광활한 시베리아 지역의 천연가스를 비롯한 석유, 목재, 석탄, 구리 등 천연자원의 공동 개발에도 큰 도움을 줄 것이다. 이미 시베리아에서 한국과 일본으로 연결되는 가스와 송유관 건설 등, 주요 에너지 개발 사업이 한·러·중·일 4개국 간에 깊이 있게 검토되고 있는데, 잘하면 맨 먼저 한·중·러 3국 간에 이르크츠크~중국~서해~평택으로 이어지는 4,100km 가스관 건설협정이 앞으로 체결될 것 같다(<그림 8-1> 참고).

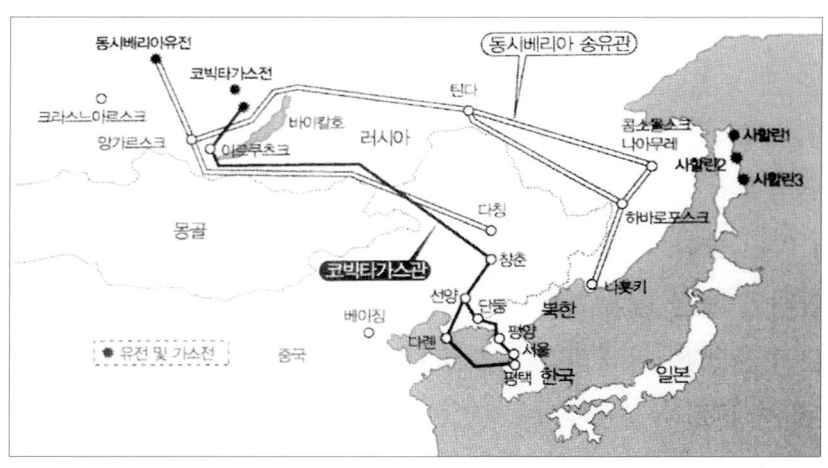

<그림 8-1> 동북아 주요 에너지개발 사업

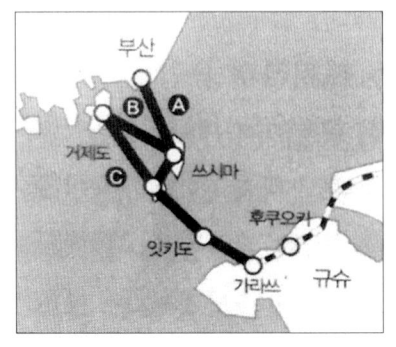

<그림 8-2> 한·일 해저터널 예상 노선

또 한편, 한·일 간에서는 영·불 간의 도버(Dover) 해협 해저터널처럼, 일본 가라쓰에서 부산까지의 '대한해협 해저터널(길이 약 230km)' 건설을 위한 여러 가지 계획안이 차차 심도 있게 논의될 것이다(<그림 8-2> 참고).

이 밖에도 장차 우리 TKR과 중국의 TCR이 연결되면, '제2의 철의 실크로드'로서 우리나라에서 유럽까지 러시아의 TSR(길이: 9,100km)를 이용하는 것보다 약 1,300km나 단축될 뿐더러, 남·북한을 위시한 중국·러시아·일본·몽골 등 주변국가들 간은 물론, 양 대륙 간의 교역량도 크게 늘어 상호 경제협력이 활성화되면서 이에 따른 '시너지(synergy) 효과'도 클 것이다.

우리 건설교통부는 지금 경의선과 중국의 TCR 연결만으로도 화물 통과비 등으로 한국은 연간 1억 달러, 북한은 1억 5,000만 달러 이상의 수익을 올릴 것으로 추정하고 있으며, 러시아는 앞으로 TSR의 현대화와 운영의 효율성을 높인다면 우리 TKR과의 연결로 2005년부터는 연간 10억 달러 이상의 수익을 올릴 수 있을 것으로 기대하고 있다.

한반도는 유라시아 대륙과 태평양이 마주치는 교통의 요충에 자리잡고 있는데, 서울을 중심으로 반경 1,200km 안에 현재 미국과 유럽연합(EU)을 합친 인구보다 많은 7억 명이 살고 있다. 앞으로 인천국제공항이 동북아의 중추(Hub) 공항으로서의 역할을 다해 주고, 철도 노선과 함께 엇비슷하게 건설될 자동차전용 고속도로가 중국과 시베리아의 고속도로망 그리고 유라시아 대륙횡단 고속도로와 시베리아-알래스카-캐나다를 잇는 고속도로와 연결된다면, 전 지역에서 사람들의 이동이 폭발적으로 증가하면서 한반도는 각종 산업과 함께 관광업이 무한한 발전을 이룰 것이다(<그림 8-2>, <그림 8-3> 참고).

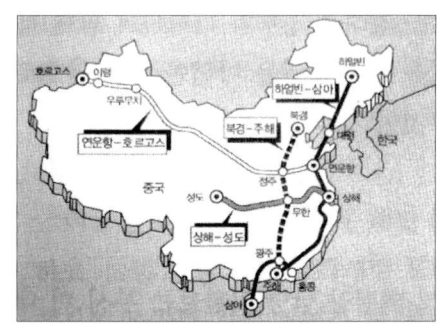

<그림 8-3> 21세기 중국의 고속도로망

그렇게 되면 일본·중국·러시아 3국은 물론, 멀리 몽골과 동남아 그리고 유럽과 미주까지 전 세계의 사람들이 쉽게 왕래하고 각국의 번호판을 단 자동차들이 우리 고속도로를 좁다하고 누비고 다닐 것이다. 앞으로 남·북한 모두 우리나라 사람들은 철도와 고속도로의 차량 통행료와 관광 수입만 가지고도 '허리를 펴고 배부르고 비단옷 입고 기와집에서 등 따스하게' 잘살 수 있을 것이다.

남·북은 2003년 1월 22일부터 25일까지 평양에서 철도 도로 연결 실무접촉 제2차 회의를 개최하여 경의선, 동해선 철도 연결공사를 군사분계선에서 자기 측 방향으로 진행하고, 최대한 빠른 시일 내에 연결하는 등 '5개 항 합의서'를 채택하는 한편, 27일 판문점에서 열린 남·북 군사당국자회의에서는 '남·북 군사보장합의서'를 타결했다. 그리고 우리 정부는 북측을 설득, 이미 완공되어 있던 동해선 임시도로를 이용한 금강산 육로관광의 길을 분단 50년 만인 2월 14일 열었다. 그러나 경의·동해선 철도와 도로의 연결은 북한이 "9월 완공될 동해선과 함께하자"는 주장을 끝까지 고집함으로써, 결국 사업 전체가 다음 노무현(盧武鉉)[44] 정부로 넘어가게 되었다.

우리 새 정부는 한반도를 동북아의 경제중심으로 만들어 가는 데에 큰 역할을 하게 될 태평양과 대서양을 연결하는 '철의 실크로드'를 완성하고, 나아가 이것을 다시 고속대륙횡단철도로 '업그레이드(up-grade, 격상)'시킴으로써, 가까운 장래에 1994년 4월 우리가 프랑스에서 도입한 TGV가 부산에서 파리까지 달릴 수 있게, 관련국들과의 협력관계 증진에 더 많은 노력을 기울여야 할 것이다. 이와 같은 꿈이 실현되면, 한반도와 동북아의 번영을 위해 김영삼 정부가 TGV를 도입하고, 김대중 정부가 러시아와 함께 북한을 설득하여 '철의 실크로드' 건설을 위한 발판을 마련한 일들은 앞으로 길이길이 높은 평가를 받게 될 것이다.

13. 북한의 핵개발 문제

제임스 켈리(James Kelly) 미 국무부 동아시아 및 태평양 담당 차관보는 부시 미 대통령 특사 자격으로 2002년 10월 3일부터 5일까지 평양을 방문, 북한지도층 인사들을 만나 특수 알루미늄 파이프와 같은 고농축 우라늄 생산 장치 구입에 관한 극비서류 등, 북한이 그간 '1994년 제네바 합의'를 위반하여 핵을 계속 개발하고 있는 증거를 제시하고 핵관련 시설의 즉각 폐기를 요구하였다.

이에 놀란 김계관은 핵개발 사실을 완강히 부인했으나, 이튿날 만난 강석주 외교부 부부장은 핵개발 사실을 당당하게 시인하고 "우리는 핵보다 더 무서운 무기[45]도 갖고 있다"면서 미국 측 주장을 맞받아치고

---

44) 정치가(1946~), 부산상고 졸업(1966), 사법시험 합격(1975), 대전지법 판사(1977), 변호사개업(1978), 국회의원(1988~1989), 해양수산부 장관(2000~2001), 새천년민주당 상임고문(2001), 제16대 대통령에 당선됐다(2002).

나왔다. 이와 같이 부시 대통령이 취임한 후, 2년여 만에 어렵게 열렸던 북미회담은 시작하자마자 이틀 만에 결렬되고 말았다.

정부는 10월 19일 평양에서 열린 제8차 남북장관급회담에 정세현(丁世鉉) 통일부장관[46]을 보내 북한 측에 핵개발은 '1991년 한반도 비핵화선언' 위반이라고 그 중단을 강력하게 요구하였다. 그러나 북한은 '핵 관계는 미국과의 문제'라고 우리의 요구를 일방적으로 무시하였다.

미 정부는 즉각 북한이 미국과의 합의를 위반하였으므로 우선 핵개발 시설을 제거할 것을 요구하였다. 그리고 11월 2일 멕시코에서 열린 제10차 APEC 정상회담이 북한의 핵개발 포기를 촉구했고, 국제원자력기구(IAEA) 이사회도 12월 2일 '북한의 핵개발 포기결의안'을 만장일치로 채택하였다. 이에 대해 북한은 미국과의 불가침조약 체결을 대화의 전제 조건으로 내세우면서, 12월 12일 핵시설의 가동 재개를 발표하여 국제 사회에 큰 충격을 주었다.

미국은 12월 14일 북한에 대한 4만 톤의 12월분 원유 공급을 일단 보류하고, 12월 17일 '선(先) 핵개발 포기'를 거듭 촉구하였다. 그러자 북한은 핵시설 봉인과 감시 카메라 제거를 시작으로 핵 연료봉 장전과 IAEA 사찰관 추방 등 초강경으로 나왔다. 그 후, 2003년 1월 10일 'NPT(핵확산금지조약) 탈퇴'를 표명함으로써 북핵 사태는 10년 전의 원점으로 되돌아가고 말았다.

2월 3일 미 국무부가 2004 회계연도 예산에 KEDO에 관한 예산을 계정하지 않자, 북한은 6일 '핵시설 재가동'과 함께 "선제공격은 미국만

---

45) 미국은 북한이 생화학 무기 개발 프로그램을 갖고 있으며 실제로 생화학무기금지조약(CWC)을 위반, 다양한 화학·생물학 연구기관을 통해 새 화학 무기를 생산·조급할 능력을 갖고 있다고 보고 있다.
46) 관료(1945~), 서울대학교 정치학박사(1982), 통일원 남북대화운영부장(1984), 청와대통일비서관(1993), 통일부 차관(1998), 동 장관(2002~2004)을 역임했다.

의 특권이 아니며 우리도 할 수 있다"고 한층 더 목청을 높였다. 북·미 갈등이 이처럼 크게 악화되자, 8일 럼즈펠드(Donald Rumsfeld)[47] 미 국 방장관에 이어 파월(Collin Powell)[48] 미 국무장관과 부시 대통령은 "북 핵문제 해결을 위해 군사력 사용 가능성도 배재하지 않는다"고 아주 강경한 입장을 밝혔다.

이와 같이 북·미 간에 위기 국면이 한층 고조되고 있는 가운데 김 대중 정부가 물러남으로써, 북한의 핵 문제는 새 노무현 정부가 풀어야 할 최우선 과제가 되었다. "올바른 처방은 정확한 병 진단에서 나온 다." 차기 정부는 김대중 정부가 시작한 햇볕정책의 공과를 반면교사 (反面敎師)로 삼아, 대북 관계에 있어서 김대중 정부 때처럼 부정송금이 나 뒷돈 거래 때문에 북한에게 시종일관 끌려 다니고, 또 전쟁 예방을 위해 우리의 동맹국인 미국을 좌절시켜서는 안 된다. 앞으로 새 정부는 포용 정책을 계승하되, 눈치 보는 저자세 대북 정책을 북한의 변화에 따라 '인센티브(incentive)'와 '페널티(penalty)'를 주는 '원칙' 있는 포용 정책(disciplined engagement)으로 수정·보완하여 이 원칙에 따라 보다 당당하게 북한을 대하는 것이 좋을 것이다. 그리고 자유는 거저 얻어지 는 것이 아니다(Freedom in not free)라고 했다. 우리는 북한의 고집으로 끝내 핵 협상이 실패하는 경우와 북한의 체제 붕괴에도 대비, 우리의 자유와 경제를 지키기 위하여 한미동맹 체제를 더 공고히 하고, 중국과 의 협력 관계도 강화해나가야 할 것이다. 다음에 핵 문제와 관련한 지 금까지의 한국과 미국, 그리고 북한의 기본 입장을 살펴보겠다.

---

47) 미국의 정치가(1932~), 프린스턴대학교 졸업, 해군근무 하원의원(1962~1969), 대통령 고문(1970), 주 NATO대사(1973~1974), 대통령비서실장(1974~1975), 국방장관(1975~1977, 2001~)을 역임했다.
48) 미국 관료(1937~), 조지 워싱턴 대학교 졸업(1971), 육군 입대(1958), 101공수사단 여단장(1976), 미 5군 (주 서독) 사령관(1983), 합참의장(1993), 국무장관(2001~)을 역임했다.

1) 한국

북한의 현재 핵개발 수준에 대해서는 아무도 확실한 것을 모른다. 그러나 국내외 전문가들의 견해는 북한은 핵폭탄을 이미 5~6개 보유하고 있거나, 아니면 1~2년 내에 10여 개 정도를 갖게 될 것이라는 분석이 지배적이다.

우리 국민의 75%가 6·25전쟁 이후 태어난 전후 세대로 젊은 사람들 중에는 소수이지만, 햇볕의 정책 수행 과정에서 북한을 보는 눈이 흐려져 북한의 핵을 위험한 것으로 인식하지 못하고 "북한의 핵무기도 통일되면 다 우리 것이다"라는 잘못된 생각을 가진 사람들이 있다. 그러나 이것은 아주 위험한 생각이다. 왜냐하면 북한 핵의 최대 피해자는 미국도 일본도 아니고 바로 우리이기 때문이다. 북한의 핵에 관한 한, '남북공조'란 있을 수 없는 일이며, 한(韓)민족의 생존과 번영을 위해서 북한의 핵무기 개발은 절대로 막아야 한다. 이것이 우리 정부의 기본 입장이다. 그 이유는 다음과 같다.

① 북한은 핵무기 개발로 1991년의 '남·북 한반도 비핵화 선언'을 위반하고도 사과는커녕, 핵무기 개발로 우리의 생존권을 위협하려 하고 있다.

② 북한이 핵무기를 갖게 되면 남·북한의 군사력 균형이 깨지고, 북한은 언제든지 이를 우리에게 직접 사용하거나 협박용으로 쓸 것이다.

③ 북한의 핵무기 보유는 핵확산금지조약(NPT) 체제의 붕괴될 때는 한국·일본·대만 등으로 핵개발의 급속한 확산으로 이어질 것이다.

④ 북한이 핵무기를 가지면 우리 국내에 안보 불안이 확산됨으로써 외자 유치를 막아 '국가신용등급'이 낮아져 우리 경제가 큰 타격을 받

게 될 것이다.

⑤ 북한 핵무기 보유로 평화공존 체제가 깨짐으로써 우리의 '장기적인 평화통일안'은 그 실현이 불가능해질 것이다.

북한의 핵개발 문제는 우리가 직접적인 이해당사자인 데도 불구하고, 북한이 우리의 핵개발 포기 요구를 무시함으로써 현실적으로 힘을 가진 미국과의 공조 없이는 이를 해결할 수 없다는 데 문제 해결의 어려움이 있다.

2) 미국

미국이 북한의 핵개발을 절대로 허용할 수 없는 이유는 미국의 핵우산 보호 아래 있는 한국과 일본뿐만 아니라, 미국까지도 머지않아 북한의 핵의 위협을 직접 받게 된다는 사실 외에도 다음과 같은 것들을 추가로 들 수 있다.

① 미국은 북한이 받을 것은 다 받아 챙기고도 제네바 합의를 위반하여 비밀리에 핵개발을 계속하고 있어, 북한을 도저히 믿을 수가 없다는 것이다.

② 부시 대통령은 지난 10여 년간 200만이 넘는 주민들을 굶어죽게 하면서 핵개발에만 매달리고 있는 김정일을 인간적으로 몹시 혐오(loathe)하고 있다.

③ 미국은 북한이 언제든지 전쟁을 일으킬 수 있고, 또 핵무기까지도 아무 주저 없이 쓸 수도 있는 '불량 국가(Rogue State)'로 간주하고 있다.

④ 9・11사건 이후, 미국은 테러리스트 집단이 핵무기를 갖는 것을

전쟁보다 더 무서운 것으로 보고 있는데, "북한이 핵무기를 개발하면 이를 테러리스트 국가나 단체들에게 언제든지 팔아넘길 수도 있다"고 의심하고 있다.

⑤ 미국은 핵확산금지조약(NPT) 체제를 파괴할 수 있는 나라들 중에서 북한을 가장 믿을 수 없는 나라로 간주하고 있다는 것 등이다.

한·미 양국은 북한의 핵개발을 절대로 용인할 수 없다는 기본 입장에 있어서는 같다. 그러나 '한미공조'로 북핵 문제를 평화적으로 해결하기 위해서는 먼저 김대중 정부의 햇볕정책 수행 과정에서 불거진 한·미 간의 불협화음과 반미 감정의 확산을 막고, 앞으로 한미동맹을 더 공고히 하면서 한·미 양국의 '평화적 방법' 사이에 존재하는 구체적 해법의 차이를 조율하는 것이 가장 시급하다. 그렇지 않으면 북한의 오판으로 핵 문제의 평화적 해결 원칙이 무의미해지고, 한반도에서 또다시 전쟁이 발발할 수도 있기 때문이다.

3) 북한

북한이 핵무기 개발을 고집하고 있는 이유는 다음과 같다.

① 북한은 핵무기를 체제와 정권의 생존을 보장하고 한반도에서 그들의 의지를 강요할 수 있는 유일한 수단으로 믿고 있다.

② 핵을 가지고 이번에도 '벼랑 끝 전술'을 구사하여, 클린턴 행정부 때보다 더 많은 것을 얻어내어 정권 유지와 함께 경제 재건에도 쓰자는 것이다.

③ 미국과의 불가침조약을 체결함으로써 '악의 축' 오명을 벗고 핵

문제의 일괄타결로 대미 관계의 개선과 일본과의 수교를 이루어, 경제 지원과 함께 일본으로부터 100억 달러 규모의 전시배상금을 받아 내겠다는 것이다.

④ 북한은 세계 최빈국이지만 핵무기만 가지면 일거에 군사강국이 되며, 이를 협박용으로 쓰거나 외국에 팔 수도 있고, 또 미국의 선제공격까지도 막을 수 있다고 믿고 있다.

⑤ 북한이 핵무기 보유를 결심한 최대의 이유는 미국의 핵전력과 한국과 일본에 대한 '핵우산'을 무력화하고, '민족공조'를 내세워 핵을 한반도 '적화통일'의 원동력으로 삼겠다는 것 등이다.

북한은 이와 같은 잘못된 생각을 갖고 보상을 받고도 지금까지 비밀리에 핵무기 개발을 계속해 왔던 것인데, 이것은 북한이 1985년에 가맹한 핵확산금지조약(NPT)을 비롯해서 핵무기의 시험, 제조, 생산을 금지한 1992년의 '남북 비핵화공동선언'과 1994년의 '북·미 합의'에 대한 중대한 위반이다.

세계는 지금 평화 유지와 안정을 위해 약소국의 핵무기 보유를 용납하지 않고 있다. 북한이 핵실험에 성공한다면, 그것은 곧 김정일 체제의 자살 행위나 다름이 없다.

북한은 핵무기 등 대량살상무기가 결코 체제와 국가의 안위를 보장해 주지 않으며, 구(舊)소련이 핵무기가 없어서 해체된 것이 아니라 경제가 붕괴되어서였다는 사실을 잊어서는 안 될 것이다. 그리고 북한 지도부는 앞으로 우리 철도와 TSR(시베리아 횡단철도)와의 연결이나, 개성공단 등 우리와의 본격적인 협력사업 추진을 위해서도 "핵을 포기해야 한다"는 것을 알아야 한다.

이제 "선택은 북한의 몫이다." 1990년 이래 10여 년간의 기아의 쓰라린 경험을 개혁의 원동력으로 활용할 것인가, 아니면 핵무기로 위기를 돌파하려다가 화를 자초할 것인가는 오직 북한 지도부의 결정에 달려 있다.

그러나 북핵 문제를 평화적으로 해결하는 것이 안보 우려와 경제난을 동시에 해결하는 일거양득(一擧兩得)의 열쇠이므로, 북한으로서는 '6자회담'의 틀 안에서 미국과 '양자대화'을 가져 핵 문제를 일괄 타결하고, 미·일과의 관계를 정상화하여 오늘의 고립에서 벗어나 정상적인 국제 사회의 일원이 되어, 경제를 살리는 것이 가장 현명한 선택일 것이다.

"정권은 짧고 민족은 영원하다." 북한 지도부는 한반도에서 1300년이나 '단일민족·단일국가'를 형성하여 같이 살아온 우리 한민족의 장래를 위하여, 오늘의 무모한 핵 계획과 핵무기를 과감하게 버리는 일대 영단(英斷)을 내려야 할 것이다.

제 9 장

노무현 정부의 외교

(2003 ~ 2008)

노무현 대통령은 2003년 2월 25일 국회의사당 앞 광장에서 열린 대통령 취임식에서 취임사를 통해 '10대 국정과제'를 제시했는데, 외교 분야에서는 첫 번째가 '한반도의 평화체제 구축'이고, 두 번째가 '동북아 경제중심국가 건설'이었다. 노 대통령은 첫 번째 과제의 실현을 위하여 김대중 대통령의 '햇볕정책'을 '평화번영정책'의 이름으로 계승한다는 뜻을 밝혔다. 노 대통령의 참여정부는 이와 같은 대통령의 뜻에 따라 대북 관계에 있어서 북한의 핵개발은 용납할 수 없으나, "모든 문제를 대화를 통해 평화적으로 해결한다"는 '대북 유화정책'을 경제 지원과 함께 끝까지 유지하였다.

그러나 북한은 핵실험을 감행하여 우리를 실망시키고도 '우리 민족끼리'란 구호를 내세워 원조받을 것은 다 받아가면서도, "핵 문제는 미국하고만 교섭한다"는 종래의 주장을 고집했다. 그래도 정부는 북핵 문제를 평화적으로 해결하기 위하여 한·미·일 공조 속에 6자회담의 의장국인 중국과의 협력에 모든 것을 아끼지 않았다.

참여정부는 6자회담의 성공을 위해 한미동맹을 유지하면서 특히 한반도 주변 3국인 일본·중국·러시아와의 미래전향적인 밀접한 관계 구축을 위하여 진력하는 한편, 정부 수립 이후 최대 규모의 외교 행사라고 할 수 있는 아시아·태평양 경제협력체(APEC) 회의를 부산에서 성공적으로 개최함으로써, 우리나라의 국제적 위상 제고와 외교 다변화에 크게 이바지하였다.

참여정부는 이 밖에도 유엔 등 국제기구에서의 활동을 강화하는 한편, 이라크와 아프가니스탄 파병 등 세계평화 유지 활동에도 적극 참여하여 국력에 걸맞게 국제적 책임을 다함으로써, 국제기구의 최고위직인 유엔 사무총장을 비롯하여 세계보건기구(WHO) 사무총장, 유엔 인

권고등판무관실(OHCHR) 부판무관, 유엔 아시아·태평양 경제사회위원회(ESCAP) 사무총장 등을 배출하는 데에도 전력을 다했다.

그리고 경제 강국과 문화 한국의 이미지를 널리 홍보하여 2011년 대구 세계육상선수권대회, 2014년 인천 아시안 게임, 그리고 2012년 여수 세계박람회 등 대규모 국제행사 유치에도 성공함으로써, 우리나라의 경제·문화 선진국으로서의 이미지를 전 세계에 알릴 수 있는 기회를 마련했다.

또한 참여정부는 안전적인 해외시장의 확보와 우리 경제 시스템의 선진화를 통해 국제 경쟁력을 제고하기 위해 칠레, 싱가포르, 유럽자유무역연합(EFTA) 등 대륙별 거점국가와 ASEAN 9개국 신흥시장에 이어, 미국이라는 거대 선진경제권을 포함한 16개국과 자유무역협정(FTA)을 타결하고, 현재 '한·미 FTA' 타결을 지렛대로 유럽연합(EU), 멕시코, 캐나다 등과의 FTA 체결 협상을 서둘고 있다.

FTA 후진국이었던 한국이 일본과 중국을 따돌리고 먼저 미국과의 FTA 협상을 타결한 것은, 아직 미완이지만 우리 국군의 이라크 파견과 반기문 외교통상장관의 유엔사무총장 당선과 함께 노무현 정권의 3대 외교업적으로서 앞으로 우리 외교사에 길이 남을 것이다.

1. 국군의 이라크 파병

미국은 2003년 3월 20일 새벽 이라크에 대한 전면전을 시작했다. 미국은 전쟁 개시 1주일쯤 전에 서둘러 한국을 비롯하여 전 세계 30여 개 우방국들에게 이라크전 지원을 요청하여 이미 30개국으로부터 동참의사를 받고 있었다. 그러나 석유를 위요한 이해관계의 상충으로 유엔 안보리의 세 상임이사국인 프랑스·러시아·중국은 미·영 양국이 주도하는 대(對)이라크 무력행사에 반대했다.

이런 가운데, 우리 정부는 이라크전 개전 당일 노무현 대통령 주재 하에 국가안전보장회의(NSC)를 긴급 소집하여 국제 정세와 국민 여론, 정치권의 반응 등을 고려하여 600명 규모의 공병과 100명 내외의 야전 의무대의 파견을 결정하고, 이를 3월 21일 임시국무회의에서 의결했다.

그러나 우리 국군의 이라크 파병을 둘러싸고 나라 전체가 국론분열의 소용돌이에 휩싸였다. 찬성파는 북핵 문제를 해결하기 위한 한·미 공조가 그 어느 때보다 강조되고 있는 상황에서 '반(反)테러 국제연대'에 참여하는 것은 미국의 동맹국으로서, 또 국익을 고려할 때 당연하다는 것이고, 반대파는 명분 없는 전쟁에 군대를 보내는 것은 시대착오적 사대주의(事大主義)라는 것이었다.

그러나 노 대통령은 결단을 내려 26일 국군의 이라크 파병과 관련하여 "파병 결정은 어떤 명분이나 논리보다도 북핵 문제를 슬기롭게 풀어감으로써, 한반도의 평화를 유지해야 한다는 대단히 전략적이고 현실적인 판단에 따른 것이다"란 담화를 발표했다.

그런데 같은 날 그간 북한의 참담한 인권 탄압에 대해서는 무언(無言)으로 일관해 오던 우리 국가인권위원회[1]가 "이라크 국민의 인권을 걱정하여 이라크전 참가에 반대한다"는 입장을 공식적으로 발표하면서, 정부의 파병 결정에 정면으로 반대하고 나섰다.

이와 같이 어수선한 분위기 속에서 국회에 상정된 파병 비준동의안

---

[1] 국가인권위원회는 국회 선출 4인(상임위원 2인 포함), 대통령 지명 4인, 대법원장 지명 3인으로 구성되는 국가기구로 위원장은 대통령이 임명한다. 유엔의 권장에 따라 인간으로서의 존엄과 가치를 구현하고, 기본질서 확립에 이바지함을 목적으로 2001년에 신설됐다.

이 일부 반대파 의원들의 방해로 두 번씩이나 심의가 연기된 끝에, 겨우 4월에 가서야 찬성 179, 반대 68, 기권 9로 통과됨으로써, 공병(575명)과 의료지원단(100명)으로 구성된 우리 군부대가 같은 달 말 이라크로 출발할 수 있었다.

우리나라는 <표 9-1>에서 보는 바와 같이 다른 나라들에 비해서 더 많은 병력을 파견하고도 파견 결정과정이 마지못해 하는 듯한 인상을 주어, 가장 가까운 맹방인 미국에도 좋은 인상을 주지 못했다. 정부는 미국의 요청을 받고 국군을 외국에 파견하는 이상 동맹국답게 보다 확고한 의지를 갖고 당당하게 신속히 대처했어야 했다.

<표 9-1> 이라크 주둔 각국 군인 수

나라	파병 규모	나라	파병 규모	나라	파병 규모
미국	127,000	덴마크	409	니카라과	115
영국	11,000	온두라스	370	리투아니아	100
이탈리아	2,754	엘살바도르	360	필리핀	97
폴란드	2,500	체코	317	슬로바키아	85
우크라이나	1,650	도미니카공화국	302	알바니아	72
스페인	1,300	헝가리	300	조지아	70
네덜란드	1,198	몽골	174	에스토니아	43
루마니아	783	아제르바이잔	151	마케도니아	31
한국	675	노르웨이	150	카자흐스탄	29
불가리아	485	라트비아	150	뉴질랜드	9

미군은 개전 3주 만인 4월 7일 이라크의 수도 바그다드를 점령하여 후세인 정권을 무너뜨리고, 5월 1일 부시 대통령이 주요 전투작전의 종결을 선언했다. 그러나 그 후도 매일같이 일어나는 적고 큰 테러 사건으로 치안이 완전히 회복되지 못해 경계 및 치안유지 위주의 소규모

전투작전이 연일 계속됐다. 치안의 완전 회복을 위해 미국은 9월 초에 한국을 비롯하여 27개 우방국들에게 추가 병력의 파견을 요청했다.

한국은 미국과 동맹 관계에 있을 뿐만 아니라, 일본처럼 병력 파견을 위한 헌법상의 제약이 있는 나라도 아닌 만큼 명분상 문제될 것이 없었다. 그런데도 국내에서는 추가 파병에 대한 치열한 논란이 1차 파병 때보다도 더 격렬하게 일어났다. 이런 어려운 상황 속에서도 정부는 한미동맹과 이라크 재건사업 참여를 통한 '경제실익(經濟實益)' 등을 고려하여 10월 이라크 추가 파병을 전격적으로 발표하고, 현지조사단의 보고에 따라 12월 추가 파견군의 규모를 3,000명 정도로 결정했다.

정부는 추가 파병 결정을 발표한 후에도 조직적인 파병 반대파들에게 휘둘려 파병 병력의 종류와 규모, 그리고 파병 지역 등을 놓고 다시 우왕좌왕(右往左往), 계속 혼란스러운 모습을 보였다. 이를 보고 월스트리트저널(WSJ)은 11월 20일자 사설에서 한국의 추가 파병을 "마지못해 하는 것 같다"고 비판한 후, "믿을 수 없는 동맹국이 치러야 할 대가는 바로 자국의 안보에 대한 위협으로 귀착될 것"이라는 혹평을 내놓았다.

병력 3,000명 규모의 추가 파병안도 다시 차일피일하다가 12월에야 겨우 각의를 통과하고, '추가파병 동의안'이 국회 본회의에 상정된 것은 해를 넘긴 2004년 2월이었다. 투표 결과는 찬성 155, 반대 50, 기권 7이었으나, 투표 불참이 59나 됐으니 추가파병 동의안의 국회통과 과정이 얼마나 갈등과 대립 속에 이뤄졌는가를 잘 대변해 준다.

정부는 추가파병 동의안의 국회 통과와 함께 일명 '자이툰(아랍어로 올리브를 의미) 부대'로 불리는 '이라크 평화재건사단'의 파병 일정을 최종 확정짓는 한편, 자이툰 부대의 성공적 활동을 위해 부대 파견에 앞서 이라크 주변국들에 대한 대통령 특사의 파견과 주변국 중요 인사들의 방한 초청 등 다방면에 걸친 외교적 노력을 전개했다.

이라크 내에서 '대량살상무기'의 흔적을 찾지 못한 데다, 이라크인 포로에 대한 미국의 고문과 학대 사실이 세상에 알려지면서, 미국에 대한 국제 여론이 나쁘게 돌아가는 와중에 국내에서는 일부 정치권과 친북·좌경 시민단체들이 추가 파병 재검토를 또다시 들고 나왔다. 이와 같은 분위기 속에서도 정부는 7월 2,800명의 자이툰 부대 본진의 출발을 시작으로 11월까지 약 3,600명 규모의 병력 파견을 전부 마쳤다.

그러나 우리 자이툰 부대가 34개의 군대 파견국 가운데에서 이라크에 도착한 맨 마지막 추가 파병부대가 됨으로써, "모든 것은 다 제때가 있는 법"인데, 한국은 파병을 하고도 동맹국인 미국에 호감을 주지 못해 고맙다는 말도 제대로 듣지 못한 결과를 가져왔다.

우리 자이툰 부대가 주둔하고 있는 이라크 북부의 아르빌 지역은 쿠르드족(族)이 다수를 차지하고 있다. 지난 3년여 동안 우리 자이툰 부대는 이라크의 치안 전력의 육성을 비롯하여, 여러 가지 인도적 지원과 60개의 학교 준공이나 도로 건설 등을 통해 주둔지역의 평화와 발전에 크게 기여하고 있어, 현지 주민들과 자치정부는 한국군을 '신의 선물'이라고 크게 환영하고 있다.

노무현 대통령은 2004년 12월 유럽 순방 귀로에 아르빌을 사전 예고 없이 방문, 자이툰 부대 현지활동을 시찰하고 장병들을 격려했다. 정부는 이라크의 평화 정착과 재건을 위하여 12월 31일 '국군부대의 이라크 파병연장 동의안'에 국회 동의를 얻어, 자이툰 부대가 2005년 말까지 이라크에서 활동할 수 있도록 했다.

그리고 지금까지 미국 측의 요청을 받아들여 해마다 12월 말에 국회의 비준을 얻어, 우리 군의 규모를 반으로 줄이는 대신 주둔을 1년씩

노무현 대통령의 자이툰 부대방문 모습

연장하고 있다.

2008년 초, 현재 자이툰 부대의 병력 규모는 650명 정도다. 정부가 여당의 반대에도 불구하고 야당의 협조를 얻어 해마다 우리 군의 파병 기간을 연기하고 있는 것은 우리 자이툰 부대의 규모보다 주둔 자체를 중요시하는 미국과의 관계를 인식하고 내린 결정이었다. 그러나 자이툰 부대 파병은 여러 측면에서 국익의 도움이 됐다. 이라크 평화 유지에 기여해 국제적 위상이 제고됐고, 한미동맹 관계를 돈독히 하는 성과도 거두었다.

"가는 정이 있으면 오는 정도 있다"고, 우리 자이툰 부대의 눈부신 활동 덕택에, 지난 2008년 2월 한국석유공사와 쌍용건설 등 국내 13개 기업들로 구성되는 컨소시엄(consortium)이 쿠르드 자치정부와 10~20억 배럴의 대규모 유전 개발과 고속도로에 이어 상하수도, 전력공급, 석유화학 플랜트, 병원, 학교 등 10조 원 규모의 사회기반시설 건설을 연계한 사업의 양해각서(MOU)를 체결했다.

그러나 이것은 일단 우리 자이툰 부대에 대한 쿠르드 자치정부 (KRG)의 감사 표시로 받아들이고, 앞으로는 '유전 개발권'을 갖는 중 앙정부의 승인을 얻도록 계속 노력을 해야 할 것이다.

2. 2005 부산 APEC 회의

아시아와 태평양 지역 21개국의 대통령과 총리를 비롯하여 외무장관 과 통상장관, 그리고 기업의 최고경영자(CEO)와 언론인 등 9,300여 명이 대거 참석한 아시아·태평양경제협력체(Asia Pacific Economic Cooperation: APEC) 회의가 2005년 11월 12일부터 19일까지 8일간 우리나라 부산에 서 개최됐다. 이번 회의는 1989년 아시아·태평양 국가들 간의 경제협 력과 무역 자유화를 촉진시키기 위해 창설된 이래 17번째의 모임으로 우리나라로서는 역대 최대 규모의 국제회의였다.

APEC은 전 세계 인구의 41%와 2005년 말 기준으로 전 세계 국내총 생산(GDP)의 56%와 교역량의 41%를 차지하는 지구상 최대의 경제협 력체다. 우리나라의 대(對)APEC 교역액은 1989년에 약 930억 달러에 서 2005년에 5,460억 달러로 거의 6배가 증가했으며, 우리나라 총수출 의 70%와 총수입의 67%, 그리고 해외투자 유입액의 62%를 APEC 회 원국들이 차지하고 있다.

한국으로서는 위에서 본 바와 같이, 아·태지역에 대한 경제 의존도 가 높을 뿐만 아니라, 이 APEC에 우리 외교의 가장 중요한 나라인 미· 일·중·러 한반도 주변 4강과 호주와 아세안(ASEAN)이 다 들어 있다.

그리고 한국은 APEC 출범 당시부터 제안국인 호주와 함께 산파(産婆) 역을 했고, 또 1991년 서울 APEC 각료회의 때 중국 정부와 대만, 홍콩의 경제 주체로서의 가입 문제[2]를 슬기롭게 해결한 외에도, 오늘날 'APEC 헌장'처럼 받아들여지고 있는 '서울 선언'을 채택케 하는 등 창설 이래 지금까지 APEC 내에서 중요한 역할을 계속해 오고 있다.

APEC은 원래 '일종의 공개 토론회인 포럼(forum)'으로 국제기구는 아니다. 그리고 참가국들 간에 국력 차이가 워낙 큰 데다 관심 분야나 이해관계도 다양하여 회의 때마다 매년 하나의 통일된 합의를 이뤄내기가 그리 쉽지 않다는 원천적 약점을 가지고 있다.

그러나 이와 같은 약점에도 불구하고 APEC은 해마다 성장해 1989년 출범 당시 회원국이 12개에 불과했으나 지금은 21개국으로 늘어났으며, 현재 회원국으로 가입하려는 나라들이 미얀마, 라오스, 스리랑카 등 여러 나라들이 있지만, 내실을 기한다는 취지에서 당장은 추가 가입을 받지 않고 있다. 그리고 의제도 초기에는 경제·통상 분야뿐이었으나, 해를 거듭하면서 점차 외교·안보 분야로 확대되는 경향을 보이고 있다.

이번 2005년 부산 APEC 회의에서 한국은 의장국으로서 11월 12~13일의 고위관리회의를 시작으로 15~16일의 합동각료회의를 주재하는 한편, 기업인자문회의(14~16일), CEO 서밋(Summit, 17~19일) 등 각종 회의와 행사를 주관하고, 18~19일 이틀간의 21개국 정상회의를 끝으로 모든 공식 일정을 예정대로 성공리에 마쳤다.

---

2) 중국은 대만과 홍콩의 APEC 가입에 대하여 처음에는 강하게 반대했었다. 그러나 아시아·태평양 지역의 경제문제를 논의하면서 대만과 홍콩을 빼놓을 수는 없으므로, 한국은 서울 APEC 각료회의를 앞두고 '대만은 Chinese Taipei'로, '홍콩은 Hong Kong, China'라는 이름을 가진 경제 주체로 APEC에 참가시키자는 방안을 내놓아 이 문제를 지혜롭게 풀었다.

회의 마지막 날 회원국 정상들은 '부산 선언'을 통해 반(反)테러 대책을 강화하고, 고(高)유가 상황에 대비하여 에너지 공급원 확보를 위한 투자 증진과 교역을 늘리기로 하는 한편, 자유무역의 확대를 위하여 WTO의 도하(Doha) 개발회의일정(DDA)[3]에 관한 협상이 2006년까지 타결되고, "선진국은 2010년까지, 개도국은 2020년까지 각각 자유무역을 달성한다"는 목표를 정하고, 이 목표 달성을 위한 이행계획인 '부산 로드맵(Road map to the Bogor Goals)'에 합의했다. 이 '부산 로드맵'은 높은 수준의 지역무역협정과 자유무역협정(FTA)의 추진, 2010년까지 APEC 회원국 간 거래비용의 5% 추가 삭감, 지적재산권 보호의 강화 등의 내용을 담고 있다.

부산 APEC 정상회의 기념사진

---

3) DDA(Doha Development Agenda)는 2001년 11월 카타르 도하에서 종료된 제4차 WTO 각료회의 결정에 따라 출범한 새로운 다자(多者)무역 협상체제로 농업·공산품·서비스 등 모든 분야의 무역 자유화를 논의한다.

노무현 대통령은 같은 날 이번 APEC 정상회의의 의장으로서 '부산 선언'을 발표한 다음, 21개 회원국 정상들이 한반도 비핵화 원칙에 공감하고 6자회담 공동성명을 이행하기 위한 실질적 진전을 권장하는 등 한반도 평화와 안전에도 긍정적 영향을 미치도록 도와줄 것을 간곡히 요청했다.

노 대통령은 또한 바쁜 일정 속에서도 서울, 경주, 부산을 오가면서 부시 미 대통령을 위시하여 주변 4강 정상들 외에도 브루나이, 베트남, 호주, 인도네시아, 캐나다, 칠레 등 7개국 정상들과도 개별 회담을 가지고 양국 간의 '우호협력관계 증진방안' 등을 협의했다. 특히 중국과 러시아를 '시장경제지위(Market Economy Status: MES)' 국가로 인정해 주기로 하고 이를 정상회담 때 통고해 줌으로써, 양국 간의 통상 마찰 가능성을 최대한 줄이고 경제협력을 강화해 가는 길도 터 주었다.

한국은 단군 이래 최대 규모의 외교행사라고 할 수 있는 2005년 부산 APEC 회의를 성공적으로 잘 치러냄으로써 국제적 외교 역량과 위상을 한 단계 높이는 한편, 경제·통상 측면에서도 많은 성과를 거두고, 회의 기간 중 IT(정보기술) 강국으로서의 이미지도 전 세계에 널리 알렸다.

이처럼 2005 부산 APEC 회의는 1988년 서울 올림픽과 2000년 서울에서 열린 제3차 ASEM(아시아·유럽 정상회의), 2002년 한·일 월드컵과 더불어 우리나라가 개최하여 성공한 큰 국제 행사의 하나로 우리 외교사의 한 페이지를 장식하게 됐다.

한편, 부산은 그동안 서울에 가려 국제적인 역할을 제대로 하지 못했으나, 회의 기간 중 내내 시민들의 적극적인 협조를 얻어 APEC 회의를 개항 이래 최대의 국제 행사로 멋있게 치러냄으로써, 아름다운 자연과 함께 동남아의 중심 항구도시로서 앞장선 항만 시설을 자랑하며 지역 경제를 활성화시키는 절호의 기회를 맞았다.

부산시 당국도 최근 수년간 연이어 대규모 국제 행사를 치르면서 얻은 믿음과 높아진 국제적 지명도를 살려, 2009년 국제올림픽위원회(IOC) 총회와 2020년 하계 올림픽 유치를 공식 선언하고, 2008년부터 유치운동을 본격화하고 있다.

부산시의 2020년 하계 올림픽 유치 조기 공론화는 세계의 이목이 집중되고 있는 APEC 시기를 활용, 국내 다른 도시와의 유치 경쟁에서도 유리한 고지를 선점하고, 세계 다른 도시와 치열한 유치전에도 미리 대비하기 위한 것으로 분석된다.

3. 반기문 장관의 유엔 사무총장 취임

유엔 안전보장이사회는 2006년 10월 9일 비공개 회의를 열어, 7월부터 네 차례에 걸쳐 실시된 유엔 사무총장(Secretary General) 선출을 위한 예비투표에서 매번 1위를 차지한 우리나라의 반기문(潘基文) 외교통상부 장관을 차기 유엔 사무총장의 단독 후보로 확정한 다음, 이를 유엔총회에 추천했다. 이어 13일 192개 전 회원국이 참석한 가운데 열린 유엔총회는 반 장관을 만장일치(滿場一致)로 제8대 유엔 사무총장으로 선출했다.

이에 따라 2007년 1월 1일부터 한국이 배출한 유엔 사무총장이, 연임으로 10년간의 임기를 마치고 물러나는 코피 아난(Kofi A.Annan) 총장의 뒤를 이어, 앞으로 5년간[4] 유엔을 지휘하게 됐다. 통일도 안 된

반기문 신임 유엔 사무총장 취임선서

분단국가의 외교부 수장이 전 세계 192개국이 가입한 유엔을 관장하는 총책임자로 선출된 것이다. 이는 반기문 장관 개인의 영광일 뿐 아니라, 우리나라의 일대 경사이기도 했다.

우리나라는 건국부터 유엔과 불가분의 관계를 맺어 왔다. 우리는 1948년 유엔의 권고에 따른 총선거를 통해 자유민주주의와 시장경제 체제의 국가를 세웠다. 그리고 한국전 때는 유엔 안보리 결정으로 우리는 풍전등화(風前燈火)의 위기에서 벗어났다. 그 후도 유엔의 도움으로

---

4) 임기는 5년이지만 특별한 사정이 없는 한 연임이 가능하므로 실제 임기는 아난 총장처럼 10년이 될 가능성이 높다.

우리나라는 비약적인 발전을 거듭해 왔다. 그리고 북한이 넘볼 수 없는 억지력 확보로 전쟁 재발을 막고, 세계 12위권의 경제대국으로 진입했다. 한마디로 '평화', '경제발전', '인권'이라는 유엔의 3대 목표를 제대로 이행한 '국제 사회의 모범국가'로 발전한 것이다.

유엔의 지원을 받던 나라가 그것도 국토가 분단된 채 유엔에 가입한 지 15년 만에 이 기구를 대표하는 사무총장을 배출한 것이다. 이 결과는 우리 외교를 질과 양 양면에서 한 차원 높일 수 있는 계기가 되고 또 한국의 위상을 한층 높여 주었다.

반 장관이 노무현 대통령의 적극적인 후원 약속을 받고 유엔 사무총장에 출마할 뜻을 공식 선언한 것은 2006년 2월이었다. 그러나 한국에서 유엔 사무총장 후보를 내는 게 어떻겠느냐는 논의가 시작된 것은 2005년 중반 무렵이었다. 그렇지만 그 당시는 회의론이 지배적이었다. 무엇보다도 먼저 남·북한의 대치상황이 가장 큰 걸림돌로 꼽혔다. 여기에 미국의 전통적인 동맹국인 한국에서 총장이 나오는 것을 중국과 러시아가 보고만 있겠느냐 하는 것이었다. 그러나 실제로는 중국과 러시아가 아니라 일본이 끝까지 반대했다.

그러나 이런 악재를 뚫고 반 장관은 당당하게 유엔 사무총장이라는 영광스러운 자리에 올랐다. 총장 선출의 지역순환 관행에 따라 이번이 아시아국 차례였던 것이 그에게 먼저 큰 도움을 주었지만, 반 장관 개인의 영향도 크게 작동했다. 그는 2001~2002년 당시 우리나라 출신의 한승수(韓昇洙) 유엔 총회의장의 비서실장으로 일하면서, 외교관으로서의 뛰어난 능력과 함께 특히 적을 만들지 않는 원만한 성품으로 안보리 상임이사국들을 비롯하여 많은 나라 대표들로부터 두터운 믿음과 높은 평가를 받았다.

또 반 장관은 예비투표에서 가장 강력한 경쟁자였던 스라키앗트 전 태국 부수상이 본국에서 군사 쿠데타가 일어나 물러나고, 인도 출신의 타루루 유엔 사무차장은 중국의 반대로 중간에 사퇴하는 등 운도 따랐다. 그리고 한국의 외무장관으로서 노무현 대통령의 해외 순방에 수행하여 미주를 비롯하여 30여 개의 아시아·유럽·아프리카 국가들을 공식 방문하며, 조용한 득표 활동에 최선을 다한 것이 '유엔 사무총장 당선'이란 정말 기적과 같은 놀라운 일을 실제로 만들어 낸 것이다.

유엔 사무총장은 유엔 사무국의 우두머리로 안전보장이사회의 권고에 의하여 총회에서 선출되며, 사무 운영의 모든 면을 총괄하고 총회·안전보장이사회에 출석하여 이 기관이 위촉한 임무를 수행한다. 이 자리는 세계에서 가장 권위 있는 최고의 국제기구 사령관으로서, 전 세계 192개 회원국의 복잡한 이해관계를 공평무사하게 풀어가야 하는 고도의 외교력이 요구되는 곳이기도 하다.

그리고 유엔 사무총장은 공무 여행 시 유엔이 발급하는 유엔 여권(UN Laissez-Passer)을 사용하고, 국가원수에 준하는 예우를 받으며 지명도에선 미국 대통령에 버금간다. 그리고 외교 관례상 세계 각국에서 받는 의전은 당사국 행정부 수반 수준에 맞춰지고 있다.

또 유엔 사무총장은 유엔총회를 비롯하여 안전보장이사회, 경제사회이사회, 신탁통치이사회 등 모든 이사회 회의에 사무국 수장 자격으로 참석하며, 국제분쟁 예방을 위한 조정과 중재 역할에 독자적 정치력도 사용할 수 있을 뿐 아니라, 빈곤 및 질병 퇴치, 인권 보호 등 사실상 모든 문제에 대해서 보고서를 만드는 등 주도적인 역할을 할 수 있는 권한을 갖는다. 또 1만 6,000여 명의 유엔 직원에 대한 인사권과 23억 달러(약 2조 3,000억 원)의 막대한 유엔 정규예산과 평화유지 활용예산

48억 달러를 집행할 수 있는 권한도 가진다.

연봉은 22만 7,253달러(약 2억 3,000만 원)이며, 이 외에도 판공비와 관사,[5] 특별경호[6] 등을 제공받으며, 2년에 한 번씩 유엔 부담으로 총장의 출생국에서 휴가를 보낼 수도 있다.

반기문 신임총장은 1월 1일 한국민에게 보내는 신년사를 통해 "국민 여러분의 각별한 성원과 지지에 힘입어 제8대 유엔 사무총장에 선출되었기에, 이 기회를 빌려 다시 한 번 감사드린다"며 "한국인 사무총장으로서 '세계 속의 한국, 한국 속의 세계 구현'을 위해 최선을 다하겠다"는 뜻을 밝혔다.

반 총장은 1월 2일부터 공식 업무에 들어갔는데 이날 아침 일찍이 유엔 본부에 첫 출근하여, 유엔 평화유지활동 희생자들을 기리는 방을 먼저 찾아가 묵념을 한 뒤, 2층 안보리 앞 기자회견장에서 첫 출근 소감을 밝혔다. 반 총장은 특히 북한 핵 문제와 관련한 6자회담에서의 역할을 묻는 기자의 질문에, 한국의 외무장관으로 재직하면서 북한 핵문제에 관여했던 경험을 설명하고, "사무총장으로서 최우선 과제로 6자회담이 순조롭게 진행될 수 있도록 하고, 앞으로도 계속해서 관련 국가 및 유엔 안보리 회원국들과 밀접하게 이 문제를 논의하겠다"는 말을 덧붙였다.

반 총장은 앞으로 강대국과 약소국, 부국과 빈국, 기독교권과 이슬람권, 아시아와 구미 사이에서 공정한 조정자 역할도 해야 하며, 또 유엔의 조직 개편과 함께 비효율적 운영에 대한 개혁과 유엔 위상 재정립 등 막중한 일도 해결해야 한다.

---

5) 뉴욕의 총장 관저는 1년에 1달러만 내고 사용할 수 있어 사실상 무상이나 마찬가지다.
6) 1년 365일 동안 총장부부는 방탄 리무진을 타고 다니며, 15명의 전담 경호원들의 그림자 경호를 받는다.

세계 12위의 경제강국인 한국은 유엔 사무총장의 모국이 되면서 국제 사회의 기대도 점점 높아지고 있다. 반 총장에게 힘을 실어주기 위해 우리 정부도 유엔분담 체납금(2007년 1월 현재 1억 3,000만 달러)의 조속한 납부는 물론, 앞으로 평화유지 임무나 인도적 지원에 대한 기여도 확대와 함께 정부개발원조(ODA)의 증액에도 기꺼이 응해야 할 것이다.

그리고 반기문 총장 취임을 계기로 정부는 우리의 우수한 젊은이들이 유엔과 기타 국제기구에 더 많이 진출해 세계 평화와 인류 발전에 크게 기여할 수 있게 길을 열어주는 것이 시급하다.

<표 9-2> 국제기구 고위직 진출 한국인

연도	진출기구 수	총인원	고위직
2000년	28	194	11
2001년	33	204	14
2002년	35	219	11
2003년	37	229	17
2004년	40	239	19
2005년	39	237	28
2006년	41	245	30
2007년	42	248	36

우리 외교통상부 자료에 의하면, 2007년 현재 국제기구 고위직(급장급 이상, 선출직 위원, 재판관 등)에 진출해 있는 한국인 현황을 보면 <표 9-2>와 같다.

이 기회에 한국인의 국제기구 고위직과 함께 일반직에의 진출도 앞으로 크게 늘어났으면 한다.

우리 국민들은 반기문 유엔 사무총장이 '21세기 열린 세계주의자'로서 한반도에 아직 남아 있는 냉전의 잔설(殘雪)을 녹여, 지구촌 시대에 외톨이 신세로 허덕거리고 있는 북한을 국제 사회의 정상적인 일원으로 끌어내는 데에도 일익을 담당해 주기를 기대하고 있다.

4. 북한의 탄도 미사일 실험발사와 핵실험

북한이 2006년 5월 초부터 미사일 발사 준비를 하고 있는 움직임을 보여, 우리 정부는 세 차례나 발사 자제를 촉구하고 또 미국과 중국은 여러 번 엄한 경고까지 했다.

그러나 북한은 이를 무시하고 7월 5일 새벽 3시부터 저녁 5시까지 하루 종일 7발의 탄도(彈道) 미사일을 연달아 하늘에 쏘아 올렸다. 7발의 미사일 중에는 스커드가 4발, 노동이 2발, 대포동 2호가 1발로 단·중·장거리 탄도미사일이 모두 다 들어 있어, 한·미·일 3국을 하나로 묶어 한꺼번에 위협함으로써 그 발사 능력을 최대한으로 과시했다.

그중 대륙 간 탄도 미사일인 대포동 2호는 새벽 4시 59분 발사된 미사일 7발 중 세 번째로 하와이 근해를 겨냥해 발사됐으나, 발사 직후 42초 만에 2단계 로켓에 인화되기 전에 공중 폭파하여 실험발사는 완전히 실패했다. 그러나 나머지 6발은 모두 비행고도는 조금 낮았으나, 다 사전에 설정한 항행금지구역 내에 비슷하게 착탄한 것으로 관측됐다.

북한의 미사일 실험발사에 앞서 주한미군 수뇌부는 여러 차례 북한의 스커드 미사일이 한·미 양국군의 핵심 시설을 타격할 최대 위협이라고 지적한 바 있었다.

북한은 두 달 가까이 벼르다가 마침내 7월 5일을 택해 미사일 발사를 강행했는데, 이날은 바로 미국 시간으로 7월 4일 미국의 최대 경축일인 독립기

<그림 9-1> 미사일 착탄 추정 지점

념일이었다. 북한이 국제 사회의 반대에도 불구하고 미사일의 실험발사를 감행한 데에는 그들 나름대로 군사력 과시를 통한 수령의 독재체제의 수호라든가, 발사 기술능력의 확인과 잠재적 미사일 구매국에 대한 '데모(demo)'의 필요성, 그리고 대북 정책을 둘러싼 한·미 간 유대에 틈을 만들고, 한·일 간의 갈등을 유발하는 것 등 여러 가지가 있었을 것이다.

그러나 북한이 미사일 발사 시점을 바로 미국의 독립기념일을 택한 것으로 보아, 이번 미사일 발사의 주목적은 미국에 강력한 충격파를 안겨주면서 이를 협상의 지렛대로 삼아 미국을 북·미 양자대화로 끌어내려는 것으로 국내외의 외교 전문가들은 분석했다.

북한의 이와 같은 계산은 미국이 북한과의 '1 대 1 대화'를 한마디로 거절함으로써 완전히 수포로 돌아갔다. 북한 문제를 선과 악의 '대립개념'으로 보는 부시 미 대통령의 태도는 역시 단호했다. 그는 북한이 미사일을 발사했다는 보고를 받자마자, 국무·국방장관과 안보보좌관을 불러 대책회의를 열어, "미사일 발사를 도발로 규정, 절대로 용납할 수 없다"며 강경대응을 천명하고, "미사일 문제는 북·미 간의 문제가 아니라, 6자회담 참가국 전체의 문제"라고 말했다.

한편, 이번 미사일 발사로 위협을 직접 피부로 느낀 일본 정부는 첫 미사일이 발사되자 즉시 긴급경보를 발령하고, 오전 7시 30분 총리 주재로 안전보장회의를 열어, 이번 미사일 발사를 "자국의 안정을 위협하는 중대한 문제"라고 규정, 북한 선박의 입항 금지와 대북 송금 및 인적교류의 제한 등 9항목의 제재조치를 발표했다. 이어 일본은 미사일 발사 5시간 반 만에 유엔 안전보장이사회를 긴급 소집하여, 미사일 발사 사태를 협의하고 단호한 경제제재 조치를 담은 결의안 초안을 각국 대표들에게 분배까지 했다.

1998년 8월 대포동 1호가 처음 일본 열도 너머로 발사됐을 때 허둥지둥했던 일본의 모습은 이번에는 어디에서도 찾아볼 수가 없었다. 이와 같이 미·일 양국 정부는 북한의 미사일 발사 징후를 포착했을 때부터 치밀하게 준비하고 있다가 일사불란(一絲不亂)하게 맞대응을 했던 것이다.

그런데 북한 미사일 문제의 직접 당사국인 우리나라는 북한의 미사일 발사가 임박해 가는데도, 마치 '강 건거 불구경' 하듯 하고 "미국과 일본이 괜히 호들갑을 떤다"고까지 비판함으로써 '한·미·일 3국공조'의 균열을 크게 했다. 6월 30일에는 북한이 그들의 선박에 대해 "미사일 탄착 지점을 피하라"고 경고한 것을 우리 정보기관이 감청하고서도 우리 민항기와 어선에 항로 변경 등의 안전조치를 취하지 않았다. 그 결과, 7월 5일 미사일이 발사된 그날 우리 민항기 5대가 아무것도 모르고 미사일이 발사된 동해 상공을 그대로 비행했다. 정말 아찔한 일로 하마터면 대형 사고로까지 이어질 뻔했다.

미사일이 발사된 후도 정부의 대응은 방만하기 짝이 없었다. 5일 새벽 북한이 미사일을 발사한 사실을 우리 국민들이 처음 안 것은 때마침 독일에서 있었던 '월드컵' 축구 준결승전(독일 대 이탈리아) 중계를 TV로 보다가, 일본 NHK 방송을 인용한 '문자 보도'를 통해서였다. 그뿐만 아니라, 노무현 대통령이 북한 미사일 발사에 대한 보고를 받은 것은 새벽 3시 첫 미사일이 발사된 직후가 아니라, 대포동 2호 미사일이 발사된 후인 5시 12분으로 첫 미사일 발사 후 자그마치 130분이나 지나서였다. 남한 공격용으로 개발된 탄도미사일이 2발이나 발사됐는데도 청와대는 우리와는 무관하다는 듯이 행동했던 것이다.

그리고 정부는 오전 7시 30분에야 국가안전보장회의(NSC) 긴급상임위원회를 열고, 노무현 대통령이 주재한 긴급안보관련장관회의는 오전 11시에야 겨우 열렸다. 즉각 강력한 대응조치를 밝힌 미·일 양국의 태도와는 너무나 달라 좋은 대조가 됐다.

게다가 청와대에서 일본의 대북 대응에 대해 '야단법석'이라는 표현이 나온 가운데, 우리 외교통상부가 일본이 유엔 안보리에 제출한 대북 결의안 초안에 반대 의사를 표명하여 일본 정부의 불만과 미국 정부의 불신을 사, 1998년 8월 말 대포동 1호 발사 때에 보인 '찰떡 공조'는 온데간데없었다. 우리와는 반대로 국제 사회에서는 7월 5일 유럽연합(EU)이 북한에 1998년 약속한 미사일 발사 유예선언 준수와 6자회담 복귀를 촉구하고, 북대서양조약기구(NATO)는 긴급회의를 열고 국제 사회의 단호한 대응을 요구하는 성명을 발표했다.

유엔 안보리는 북한의 미사일이 발사된 지 꼭 11일 만인 7월 15일 일본이 주도하여 미국·영국·프랑스 등 8개국과 공동제안한 '대북 제재결의안'을, 법적 구속력이 없는 의장성명을 주장해 온 중국·러시아와 유엔 헌장 7장 원용 부분을 빼는 조건으로 합의하여 안보리 15개국 만장일치로 채택시켰다. 이 안보리 결의 1695호는 북한의 미사일 실험 발사를 규탄한 후, 조건 없는 6자회담 복귀와 6자회담의 '9·19선언' 이행을 강하게 촉구했다. 지금까지 북한이 믿고 의지해 온 중국과 러시아마저 결의안에 찬성하고 우리 정부도 수정된 결의안에 찬의를 표함으로써, 무모하게 미사일 장난을 하다가 북한은 국제 사회에서 아무 곳에도 기댈 데가 없는 외톨이 신세가 되고 말았다.

북한이 16일 바로 외무성을 통해 "안보리 결의를 전면 거부한다"고 선언함으로써, 같은 날 러시아의 상트페테르부르크에서 열린 세계 주요 8개국 정상회의(G8)는 북한의 미사일 실험발사에 불쾌감을 표명하는 공동성명을 채택하고, 북한의 즉각 6자회담 복귀를 재촉하는 등 국제 사회의 대북 경고가 이어졌다.

이와 같이 미사일 시험발사에 대해 전 세계가 안보리 결의문 준수와 6자회담 복귀에 한 목소리를 내고 있는데도, 북한은 "앞으로도 자위력(自衛力) 강화를 위해 미사일 발사를 계속하겠다"고 고집을 부리고 나오면서, 완전 고립화의 길을 선택하여 한반도의 긴장을 완화하려는 국세사회의 노력에 찬물을 끼얹었다.

북한은 7월 탄도 미사일을 실험발사한 지 3개월 만인 10월 3일 핵실험을 예고하고, 그 6일 후인 9일, 10시 35분 함경북도 김책시 부근의 산악지역에 있는 수평갱도에서 지하 핵실험을 강행했다. 북한 중앙통신사는 즉각 "지하 핵실험에 성공했다"고 보도했다. 그러나 미·일의 전문가들은 아주 적은 양의 방사능 물질만이 공중에서 검출된 것과 고감도 진도계로 잡은 지진파의 해석으로 미루어 보아, 이번 핵 실험은 미숙(未熟) 폭발로 '완전하지 않은 핵실험(a nuclear test that did not go well)'으로 결론지었다. 그전에 인도와 파키스탄도 핵 실험장의 영상을 공개하여 국위선양에 이용했었는데, 북한은 핵실험 다음 날이 조선노동당 창건기념일이었는데도 대대적인 발표를 하지 않은 사실도 실패설의 뒷받침을 했다.

김대중·노무현 양 정부는 지난 10년 동안 10조 원에 달하는 거액을 대북 경제지원에 퍼부었다. 그동안 북한은 군비 확충을 하며 미사일과 핵을 개발한 것이다. 북한이 이번에 핵실험을 강행한 데에는 미국의 군사적 압박에 대항이나 대남 군사력의 우위 유지, 그리고 선군정치의 승리를 국내외에 알리면서 경제원조를 더 많이 얻어낸다는 등 여러 가지

목적이 나름대로 있었을 것이지만, 이번 핵실험의 폭발 규모의 대소나 성공 여부를 떠나, 북한이 핵실험이란 위험선을 넘었다는 사실은 우리 국민들에게 강한 충격을 주었다. 그것은 북한의 미사일 발사와 핵무장으로 당장 위협을 받는 것은 실제로 우리밖에 없기 때문이다.

노무현 대통령은 즉각 "이번 사태의 책임은 전적으로 북한에 있다"고 경고하고, 부시 미 대통령은 '용납하지 못할 도발'이라고 규정지었다. 그리고 양 대통령은 전화통화를 통해 북한의 핵실험은 결코 용납할 수 없는 일로 관련국들과 협의하여 유엔을 통해 단호하게 공동대처하기로 했다. 북한의 동맹국인 중국과 러시아도 '멋대로 행동'이라느니 '무조건 규탄'이란 강한 말까지 써가며 북한의 핵실험을 비난했는데, 중국 외무성 대변인은 기자회견 석상에서 "북한은 이미 우리의 동맹국이 아니다.(1961년의 조중(朝中) 우호협력조약의 일방적 파기를 뜻함)"란 말까지 했다. 한편, 당장 위험을 느낀 일본은 '즉각 제재'를 주장하며 대북 송금과 자본거래 금지를 취하는 한편, 해상자위대가 직접 북한 선박을 검색할 수 있는 특별조치법까지 제정했다.

이와 같은 북한의 핵실험을 규탄하는 분위기 속에서 14일 유엔 안보리는 북한에 대해 강력한 제재를 가하는 다음과 같은 내용의 결의안을 중국과 러시아도 포함된 만장일치로 채택했다.

① 북한의 대량살상무기(WMD)와 탄도 미사일 지원자금과 금융자산의 동결

② 공격용 재래식 무기와 부품의 북한 판매와 이전 금지

③ 북한 무기 프로그램에 관련된 사람들의 입국 금지

④ 사치품에 대한 금수조치 등

안보리, 북 핵실험 제재 결의 채택(2006.10.15

　이 결의안은 북한에 대해 6·25전쟁 이후 가장 강력한 제재 내용을 담고 있는데, 당사국 자격으로 회의에 참석했던 북한의 박길연 주 유엔 대사는 결의안 채택 직후, "미국이 우리에 대한 압박을 가증시키면 우리는 이를 '선전포고'로 간주한다"고 주장하고 나서, "갱단 같은 행동(gangster‐like action)"이라고 비난하면서 회의장을 박차고 나갔다.

　핵실험에 최소 3,000억 원이 들었을 것으로 추산되는데, 이 돈이면 쌀 10만 톤(국제시가: 톤당 300달러)를 구입할 수 있다. 북한은 왜 주민들을 굶기면서 이렇게 큰돈을 들여 전 세계가 반대하는 핵무기 개발에 집착해야 하는가? 그것은 북한 지도부의 첫째 목적이 독재체제의 계속 유지이고, 둘째가 '무력통일의 꿈'을 이루기 위해서다. 원래 핵개발은 '6·25전쟁' 후 김일성이 결심한 데서 시작됐다. 6·25전쟁 때 핵을 가진 미국의 개입이 없었더라면 남조선의 무력해방이 가능했다고 믿는 김일성이 "우리가 남조선을 해방시키기 위해서는 핵을 가져야 한다"면서 1956년 소련과 '원자력연구협력협정'을 체결했던 것이다.

　'힘의 논리'를 믿는 김정일도 "무슨 희생을 치르더라도 핵보유국이 되어 미국이나 중국과 대등한 입장에서 선군(先軍)혁명을 통해 남조선을 기어이 해방시키고 통일을 이룩하겠다"는 것이다. 따라서 "북한에 '세습독재체제'가 존속되는 한, 핵무기 개발의 완전 포기란 기대하기 어렵다는 것"이 국내외 전문가들의 일치된 견해다.

그러나 북한이 몇 백만의 인민들을 굶겨 죽이면서 핵개발에 성공하여 핵무기를 가졌다고 해도, 북한은 이것을 우리나 일본, 아니 미국에게 절대로 쓰지는 못할 것이다. 그것은 우리나 일본이 미국 '핵우산'[7]의 보호를 받고 있어, 핵공격은 곧 북한에게 '자멸'을 의미하기 때문이다. 고금동서(古今東西)를 막론하고 언제나 악정(惡政)으로 백성들을 굶겨 죽이는 정권은, 결국 비참한 종말을 맞고 만다는 것이 인류 역사의 기록이요 교훈이다.

"북한이 살 길은 핵이 아니라 경제다." 핵무기를 가지고 흥정해 경수로나 건설해 받고 쌀이나 얻어먹고, 또 비료나 받아 쓸 것이 아니라, 예부터 "정치의 본질은 위민(爲民)"이라고 했으니, 주민들을 위해 북한 지도부는 하루 빨리 정치적 결단을 내려 핵을 포기하고, 앞으로 정상(正常)국가로 국제 사회에 새로 태어나는 것이다. 아니면 북한은 국제적 고립 속에 오늘의 빈곤과 기아에서 언제까지나 벗어나지 못할 것이다.

"핵무기는 핵무기로 막을 수밖에 없다." 북한이 끝까지 핵을 버리지 않을 때는 남·북 간 군사 균형이 완전히 무너지므로, 우리도 비대칭 전력인 핵을 가질 수밖에 없다. 그리고 북한이 핵폭탄을 하나 만들 때 기술과 재력 면에서 우리는 10개를 만들 것이다. 결국 북한은 핵무기

---

7) 핵우산(nuclear umbrella)은 핵무기 보유국의 핵전력에 의해 안전보장을 도모하는 것을 말한다. 여기서 우산이란, 핵무기 보복력 때문에 가상적국(假想敵國)의 핵공격을 막을 수 있다는 의미에서, 핵에 대한 방패란 뜻을 가진다. 한국은 1991년 비핵화 선언으로 핵을 버리고, '한·미 상호방위조약'으로 미국의 핵우산 밑에 들어갔다.

를 가져도 실제로 그것을 절대로 쓰지 못할 것이다.

그렇다면 북한은 무리해서 만들고도 실제로 쓰지 못할 핵보유를 왜 고집하는가? 북한은 이 잘못된 집념을 이쯤에서 버려야 한다. 소련이 핵이 없어 망한 것이 아니라, 경제가 무너져 망한 사실을 잊어서는 안 된다. 북한은 핵을 버리고 먼저 경제를 살려야 산다.

북한 지도부는 내년에 들어설 미국의 새 정부와 핵 문제를 협상하려고 시간을 끌고 있는 것 같은데, 북한이 진정 핵무기를 가지고 미국과 국교 정상화를 협상하려 한다면, 북한은 부시 행정부의 말기인 이때 마무리를 짓는 것이 더 유리할 것이다. 그것은 공화당 정권이 민주당 쪽보다 대북 유화책에 대한 미국 내의 반발이 덜 거셀 것이고, 또 비록 11월 미국 대통령 선거에서 민주당이 승리해도, "절대로 북한의 핵보유를 용인하지 않을 것"이기 때문이다.

이번 미사일 발사와 핵실험의 강행, 그리고 북한 당국의 오만하고 위협적인 언사는 북한의 안보 위협에 대한 우리 국민들의 의식을 제고시켜 주면서, 퍼주기로 일관했던 지난 10년 동안의 '대북 유화정책'에 대한 비판여론을 크게 일으켰다. 우리에게 지금 가장 시급한 것은 북핵 문제 해결을 위하여 북에 끌려 다닌 기존의 대북 유화정책을 재검토하여 잘못을 바로 잡으면서, 한·미 동맹의 강화와 한·미·일 3국 협조의 복원에 모든 힘을 다해야 할 것이다.

5. 제19차 남북 장관급회담

2006년 7월 7일 윤광웅 국방부장관은 기자회견에서 "북한이 지난 3

일, 그러니까 북한이 미사일을 시험 발사하기 바로 이틀 전에 제19차 남북 장관급회담 연락장교 간 접촉을 제의해 왔으나, 미사일을 발사했으므로 접촉 연기를 북한에 통보했다"고 밝혔다. 그런데 같은 날 이종석 통일부장관[8]은 "북한과의 대화의 끈을 놓지 말아야 한다"는 이유로 국방부와는 정반대로 "11~14일 부산에서 개최예정인 제19차 남북 장관급회담을 그대로 하기로 했다"는 발표를 했다.

이를 놓고 정부 내에서 외교통상부와 국방부가 "북한 미사일 발사로 이 회담은 연기해야 한다"는 반대 의견을 개진했으나, 이종석 장관은 노무현 대통령의 재가를 얻어 회담을 무리하게 밀어붙였다. 외교계 일각에서는 앞서 열렸던 제18차 남북 장관급회담의 전례에 비춰 볼 때, 북한이 당근 없이는 한 발짝도 움직이지 않는다는 것을 북한 전문가인 이 장관도 모를 리가 없는데, "남북 관계는 한번 깨지면 복원되기 어렵다는 논리를 내세워 이번 장관급회담을 강행한 것은 조금 지나쳤다"는 비판의 소리가 나왔다.

미사일의 실험발사를 하고도, 아무 일이 없었다는 듯이 북한 당국은 국제 의례(protocol)에 어긋나게, 11일 회의 개최 당일 오후 2시가 넘어서야 제멋대로 "대표단 29명이 고려항공 전세기 편으로 평양 순안공항을 떠났다"는 늦장 통보를 갑자기 해 와, 우리 측 회담 관계자들은 영접 준비에 애를 먹었다.

남북 장관급회담은 이렇게 해서 11일 저녁에 부산 해운대 웨스턴 조선호텔에서 시작됐다. 회담 이틀째인 12일 북측 대표단장인 권호웅 내각책임참사는 기조연설에서 "선군(先軍) 정치가 남측의 안전도 도모해

---

8) 전 정무직 공무원(1958~), 성균관대 대학원 정치외교학 박사(1993), 통일부 정책자문위원(1996), 세종연구소 연구위원(2002), 통일부 장관(2006)을 역임했다.

주고, 남측의 광범위한 대중이 선군의 덕을 보고 있다"고 했다. "선군정치란 군을 우선시하며 군에 의거해 혁명의 위업을 달성하겠다"는 북한의 독특한 통치방식이자 이념을 말한다.

북한이 그 전에도 장관급회담에서 선군정치를 언급한 적은 있었지만, "남한 국민이 선군정치의 덕을 보고 있다"는 망언을 한 것은 이때가 처음이었다. 북한은 이것으로 그치지 않았다. 북측은 "8·15 평양 행사 때 남측 대표단이 성지(聖地)를 방문하는 것을 제한하지 말아 달라"고도 했다. 북한의 성지란 김일성의 시신이 있는 금수산 기념궁전과 혁명열사릉 등을 말한다.

북측은 이어 내년부터 한미합동군사연습 중지와 국가보안법 철폐, 그리고 쌀 50만 톤(우리 국민의 1인당 연간 소비량이 100kg 정도이므로 500만 명의 1년치 소비량에 해당함)과 비누, 신발 등 경공업 원자재(750억 원) 제공까지 당당하게 요구했다. 북한 대표의 이와 같은 파렴치(破廉恥)하고 방자한 태도는 우리 국민을 격분시켰다.

이에 대해 남측 수석대표인 이종석 통일부장관은 "누가 남쪽에서 귀측에 안전을 지켜 달라고 한 적이 있느냐. 우리의 안전을 도와주는 것은 북측이 미사일 발사와 핵 개발을 하지 않는 것이다"라고 반박하고, 미사일 발사에 대해서는 "남측 지역을 사정거리로 하는 스커드 미사일을 동시에 발사한 것은 '우리 민족끼리' 정신을 무색하게 하는 행위"라고 한 후, 북한의 조속한 6자회담 복귀를 촉구했다. 그러나 해괴한 '선군정치 망언'에 대해서 국민들 사이에서는 "그런 소리를 듣자고 회담을 했느냐"고 분통을 터트리는 소리와 함께, 아무 일도 없었던 것처럼 회담을 강행하여 회담을 북한의 정치 선전장화한 책임은 어디까지나 이 장관에게 있다는 지적까지 나왔다. 남북 정상급회담은 13일 남·북한의 현저한 입장 차이만 확인한 채 아무 성과도 없이 결렬됐다. 결국 '안 하느니만 못한 회담'이 되고 말았다.

북한 대표단은 이날 회담 종결회의 직후 기자단에 배포한 성명서에서 "남측이 첫날 회담에서부터 불순한 목적을 추구하고, 우리 제안은 토론조차 거부했다"며 "회담 무산의 책임은 전적으로 남측에 있다"고 비난한 후, "향후 남북 관계에 예측할 수 없는 파국적 결과를 발생하게 만든 데 대해 응당한 대가를 치를 것이다"라고 떠나면서까지 악담과 협박을 했다.

야당은 말할 것도 없고 여당인 열린우리당 김근태 의장9)까지 남북 장관급회담에서 북측이 "선군 정치의 혜택을 보고 있다"고 말한 것에 대해 "정부와 국민을 모욕하는 상식 이하의 발언"이라며 "발언을 취소하고 사과를 해야 한다"고 했다.

북한 대표단은 이날 오후 5시 조금 전에 일정을 하루 앞당겨 고려항 공편으로 김해공항을 떠나 평양으로 돌아갔다. 그러나 그들은 우리 국민들 가슴 속 깊이 큰 불신과 함께, "대화로 포장된 북한의 얻어내기 전략과 대남 적화통일전선 전략에 더는 넘어가지 않게, 지금까지의 일방적인 대북 유화정책을 원점에서 재고해야 한다"는 생각을 강하게 심어주고 갔다.

"외교에는 공짜가 없으며, give and take가 있을 뿐이다"라는 말이 있는데, "대북 관계에 있어서도 역시 상호주의에 입각하여, 등가(等價)는 아니더라도 서로 주고받는(give and take) 외교의 특성인 Quid pro quo(보상)의 기본 원칙은 지켜져야 한다"는 것이 외교 전문가들의 논평

---

9) 정치인(1947년~), 서울대 경제학과 졸업, 국회의원(1996~2000, 2004~2007), 보건복지부 장관(2004~2005), 열린우리당 의장(2006~2007)을 역임했다.

이다.

앞으로 우리 정부도 북한의 변화를 유도하기 위해서는 지금까지와 같은 일방적으로 퍼주고도 무시당하고 끌려 다니는 '포용정책'이 아니라, 북한의 변화에 따라 '인센티브(incentive)'와 '페널티(penalty)'를 주는 '원칙' 있는 포용정책(disciplined engagement)으로 우리 '평화번영정책'을 한 차원 높게 보강해 나가야 할 것이다.

6. 아시아 횡단철도망 건설을 위한 정부 간 협정

제3차 유엔 아시아·태평양 경제사회이사회(ESCAP) 교통장관회의가 2006년 11월 부산 해운대의 벡스코(BEXCO) 건물에서 34개국 대표들이 참석한 가운데 개최됐다. 회의는 고위급대표회의 개최로 시작되고, 교통·물류 비즈니스 포럼(Business Forum)에서는 김대중 전 대통령이 '남·북한과 철(鐵)의 실크로드'란 제목으로 특별연설을 했다. 그리고 장관급회의는 '아시아 횡단철도망(Trains Asian Rail Network: TAR) 건설을 위한 정부 간 협정'의 조인식을 가졌다.

이 조인식에서 TAR 건설의 당사국인 28개국 중 우리나라를 비롯해서 18개국 대표들이 협정서에 서명했다. 이번 회의에 불참한 북한이나 회의에는 참석했으나 협정에 서명을 하지 않은 10개 ESCAP 회원국도 2006년 11월 16일부터 2008년 12월 31일까지 뉴욕 유엔 본부에서 협정서에 서명하면 정식으로 협정 당사국이 된다.

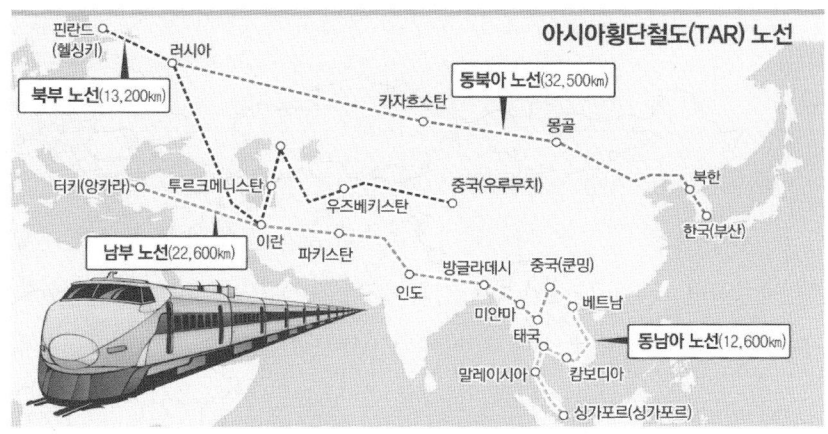

<그림 9-2> 아시아 횡단철도 노선

28개 국가의 철도를 연결하는 TAR는 총 연장 8만 1,000㎞로 2005
년부터 2015년까지 11년 동안 2,610억 달러가 투입되는데, 노선은 다
음과 같이 북부·남부·아세안(ASEAN)·남북의 4개 노선으로 되어
있다.

① 북부 노선은 한반도의 부산을 출발해 중국, 몽골, 카자흐스탄을
경유하여 러시아 최서단의 국경도시인 부스로프스카야(Buslovsk-aya)에
이른다. 총 길이는 3만 2,500㎞로 4개 노선 중에서 가장 길다.

② 남부 노선은 중국의 쿤밍(昆明)에서 미얀마-인도-이란을 거쳐
아시아의 서쪽 끝인 터키의 앙카라로 가는데, 총 길이는 2만 2,600㎞다.

③ 아세안(ASEAN) 노선은 중국의 쿤밍을 출발하여 베트남-캄보디
아-태국-말레이시아를 경유하여 싱가포르에 이른다. 총 길이가 1만
2,600㎞로 4개 노선 중에서 가장 짧다.

④ 남북 노선은 이란의 호람샤르(Khorramshahr)에서 수도인 테헤란

을 거쳐 아제르바이잔(Azerbaidzhan)을 통과하여 러시아의 부스로프스카야로 간다. 총 길이는 1만 3,200㎞다.

이번에 확정된 4개 노선 가운데 현재 철로가 놓여 있지 않은 구간은 13곳, 7,060㎞의 길이로 2015년까지 135억 달러를 투입해 철로를 부설할 예정이다. 그리고 나머지 7만 3,900여 ㎞는 기존 철로를 활용하는데, 철도 연결과 정비 사업을 위해서 6,000억 달러가 투자된다. 28개 국가의 철도를 연결하는 TAR의 가장 큰 난점은 철로 폭과 신호 등 각국의 철로표준이 서로 다르다는 점이다.

이 협정 체결로 아·태지역의 사회·경제적 발전을 위한 국제 복합 물류 운송 시스템을 실현하는 데 중요한 첫걸음을 내딛게 됐고, 또 2000년부터 추진해 온 우리 남·북 철도 연결사업도 TAR 구축 사업의 일환으로 공식화됐다는 점에서 큰 의의가 있다.

이번 협정 체결을 열심히 추진해 온 한국 출신의 김학수(金學洙) 유엔 ESCAP(아시아·태평양 경제사회이사회) 사무총장은 "TAR는 유럽 및 아시아의 관련국에 고루고루 엄청난 경제적 효과를 가져다 줄 것"이라며, 각국이 보다 적극적으로 나서 줄 것을 주문했다. 지난 40여 년간 논의해 온 아시아 횡단철도 건설사업이 이번에 사상 처음으로 UN의 산하 기관인 ESCAP 주도 아래 정부 간 협정으로 체결됨에 따라, TAR 사업은 앞으로 급물살을 타게 됐다. 우리나라 부산이 시발점이 되는 TAR 북부노선 건설을 위해서는 남·북한 철도연결이 필수적이다.

이번 부산에서 서명된 'TAR 건설협정'에 의하면 우리 철도망 중 '부산－서울－도라산 구간'이 북부노선의 주 노선으로 지정되고, '대전－목포 구간'이 '신의주－개성－봉동 구간'과 '두만강－원산－금강산 구간'의 철도와 연결되어 '한반도 종단철도(Trans Korea Railroad; TKR)'를 구축하는 것으로 되어 있다.

정부는 일찍부터 우리가 부산을 출발하여 모스크바를 경유, 유럽으로 가는 '철의 실크로드'를 건설한다면, 아시아와 유럽의 경제통합과 번영은 물론, 한반도의 평화 정착과 안정 그리고 경제 발전에까지 크게 기여할 것이라는 구상을 해 왔다.

정부가 1994년 프랑스에서 TGV(Train à Grande Vitesse, 프랑스 고속열차)를 도입키로 한 것이나, 1998년 "경의선 미(未)연결 구간이 복원될 경우 중국 횡단철도(Trans China Railroad: TCR)와 연결하는 데 협력한다"는 내용의 '한·중 철도교류 협력약정'을 맺은 것이나, 또 2001년 러시아 정부와 'TKR와 시베리아 횡단철도(Trans -Siberian Railroad: TSR) 연결에 관한 협정'을 체결한 것 등은 모두 다 TAR 건설을 위한 발판을 마련하기 위해서였다고 하겠다.

우리나라로서는 TAR 건설을 위하여 가장 중요하고 시급한 사업이 한반도 종단철도의 연결이었기 때문에, 2000년 남북 정상회담 때 '6·15 공동선언' 제4항에 남·북 철도연결을 명기함으로써, 이 분야의 교류협력을 정부 차원으로 한 단계 끌어올렸던 것이다. 이것을 계기로 같은 해 정부는 북측과 장관급회담에서 합의한 대로 즉시 경의선 철도의 복원공사에 착수, 다음 해에 이를 완전 복구했으나, 북측은 '군부설득 부족'을 이유로 공사에 착수조차 안 했다.

그러다가 북측은 2002년 6월 남북 경제추진위원회의 합의에 따라 우리로부터 쌀 40만 톤과 비료 10만 톤, 그리고 북측 철도와 도로의 복원공사에 필요한 자재와 장비 일체를 지원받기로 한 다음에야, 9월에 겨우 남·북 철도와 도로의 연결공사에 착수했다. 그러나 받을 것을 다

받고도 공사는 도무지 진척이 되지 않았다.

정부는 여러 차례 남북 장관급회담이나 남북철도·도로연결 실무접촉을 통해 북한 대표를 설득하고, 인도적 견지에서 쌀과 비료를 해마다 계속 지원하면서 철도 복구공사를 독촉한 결과, 겨우 2006년 5월 남북 장관급회담에서 같은 달 25일 남·북한의 경의선·동해선 철도 시험운전을 하기로 합의했다. 그러나 북한은 시험운행을 하루 앞둔 24일 갑자기 "시험운행을 위한 군사보장 조치가 이뤄지지 않아 시험운행을 취소한다"는 통보를 아무렇지도 않게 다시 해 왔다.

이런 무례는 이것이 처음이 아니었다. 북한은 2004년 6월과 2005년 7월에도 각각 남·북 철도 시험운행에 정식으로 합의해 놓고도 "군부가 동의하지 않는다"며 두 번이나 계획을 취소한 일이 있었다. 이것은 상식이 안 통하는 북한과의 협력사업이 얼마나 어려운가를 단적으로 보여 주는 좋은 예의 하나다.

1994년 6월 남북 정상회담을 준비하고 있던 때인데, 김일성이 철도부장(장관)에게 "남조선과 다른 나라의 화물열차가 우리나라를 통과하도록 하면, 통과비만 받아도 나라 살림이 넉넉해질 것"이라고 말한 일이 있었다. 김정일은 이와 같은 김일성의 유지를 이어 받아 2000년 김대중 대통령과 남북 정상회담에서 '남·북 철도 연결'에 합의했던 것이다.

그리고 이 TKR과 TSR의 연결 문제가 본격적으로 협의된 것은 2002년 8월 김정일이 열차편으로 러시아를 방문하여, 블라디보스토크에서 푸틴 대통령과 회담을 가졌을 때였다. 푸틴 대통령이 김 위원장에게 "북한 철도를 TSR과 연결하자"는 제안을 정식으로 했다. 푸틴 대통령은 "이 제안이 실현되면 아·태지역과 유러시아 대륙 사이의 운송체제에 근본적인 변화를 가져오며, 지금 부산에서 유럽까지 선박으로 40일 가까이 걸리는 수송기간이 절반가량 단축될 뿐만 아니라, 운송비용도 3분의 1 이상 절감되어, 북한에도 막대한 통행료가 굴러 들어갈 것"이라는 말을 했다. 이 밖에도 푸틴 대통령은 일본 정부로부터 경제지원을 100억 달러 정도 받아내기 위해 고이즈미 준이치로(小泉純一郎) 일본 수상10)과의 정상회담을 서둘라는 조언까지 했다고 한다.

그 당시 북한은 총체적인 경제위기 속에 외화 결핍과 식량 부족으로 사회 불안이 커지고 있던 때였던지라, 북한 지도부는 처음에는 이 '푸틴 제안'에 매달리다시피 했다. 남·북 철도의 연결로 정기적으로 굴러 들어올 많은 통행료 외에, 김정일 위원장에게는 또 하나의 다른 속셈이 있었기 때문이었다. 그것은 이 기회를 이용해 노후화된 총 연장 5,241 km의 북한 철도를 전부 한국과 러시아의 지원으로 개선하고 현대화하겠다는 것이었다.

그러나 남과 북의 철도와 도로가 통과하는 비무장지대(DMZ)를 관할하는 북한 군부가 "군사적 견지에서 어렵다"는 입장을 고집하여, 남·북 철도 연결공사는 계속 제자리걸음을 할 수밖에 없었다.

남·북 철도연결 사업을 '애국애족의 사업'이라고 크게 떠들던 초기와는 달리, 북한 당국은 이와 같이 막상 논의가 시작되자 군부의 반대로 갑자기 소극적으로 나오게 됐다. 군부가 반대한 이유는 극심한 경제난 속에 철도연결이 가져올 '민심동요'와 '개방의 바람'이 몰고 올 정권의 붕괴를 두려워했던 것이다. 그러나 우리 정부는 지금도 내일을 위해 인내심을 갖고 북한을 설득하고 있는 한편, 러시아 정부와도 TKR

---

10) 일본 정치인(1942~), 케이오 기즈쿠 대학 졸업, 런던대 유학, 중의원(1972~), 후생 대신(1988), 우정 대신(1992), 후생 장관(1996), 총리(2001~2006)를 역임했다.

과 TSR의 연결사업을 계속 중점 과제로 논의하고 있다.

그러나 지금 낡은 북한 철도를 현대화하는 데 드는 약 29억 달러의 재원 부담을 놓고 한국과 러시아 간에 이견이 노출돼 있다. 러시아가 북한 철도 현대화의 수혜자는 장기적으로 볼 때 한국인만큼, 한국이 주도하여 재원을 조달해야 한다는 견해를 보이고 있는 반면, 우리 정부는 러시아와 '균등분담'을 내세우고 있다. 그리고 노선 선정에서도 남·북·러시아 간에 이견이 있다. 체제 안정을 최우선시하는 북한은 TSR와 동해선 연결을 고집하고, 한국과 러시아는 경의선과 경원선을 경유한 연결을 희망한다. 상황이 이렇다 보니 남·북한과 러시아를 잇는 물류 통로를 구축하겠다는 정부의 구상은 지금 추진력을 잃은 상태다. 그래서 최근 한·중·일 3국 간 '열차 페리(ferry) 설치안'이 세 나라 정부에서 활발히 논의되고 있다.

'열차 페리'란 철도로 항구에 도착한 자국 화물열차를 통째로 배에 실어 상대국 항구로 옮긴 뒤 다시 철도를 통해 최종 목적지까지 가는 운송 방식을 말한다. 열차 페리를 이용할 때 우리 국내에서뿐만 아니라 일본에서도 열차에 한번 화물을 실으면, 이를 옮겨 실을 필요 없이 한국과 중국을 경유해 열차편으로 유럽까지 갈 수 있는 것이다. 열차 페리는 한·중·일 간의 물류비용을 대폭 줄이고 경제 협력과 무역 발전에도 크게 기여할 것이다.

당장은 인천항과 다롄(大蓮) 항, 옌타이(煙臺) 항을 3각으로, 아니면 평택과 웨이하이(威海) 간 열차 페리로 시작하는데, 페리는 500km 이내에서는 어디든지 운행이 가능하므로, 앞으로 물동량이 크게 늘어나면 우리 측은 군산과 목포항까지 항구 수를 늘리면 된다.

<그림 9-3> 한·중·일 간 철도 페리

앞으로 일본의 철도화물까지 열차 페리를 통해 한국과 중국의 TCR 과 러시아의 TSR을 통해 유럽까지 운송된다면, 문자 그대로 동북아 물류에 혁명적 변화가 올 것이다. 인천항에서 열차 페리로 중국을 거쳐 네덜란드의 로테르담까지 가는 경우, 선편으로 40일 가까이 걸리는 지금의 운행 시간과 비용을 절반 가까이 줄일 수 있기 때문이다.

지난 40여 년 동안 관계 각국에서 논의되어 온 아시아와 유럽을 철도로 잇는 '꿈의 철도 실크로드' 사업은 이번에 관계국 간에 '아시아 횡단철도망 건설을 위한 정부간협정'이 체결됨으로써 앞으로 급물살을 타게 될 것이다.

북한이 끝까지 그 알뜰한 체제 유지를 위하여 21세기의 이 역사적 사업에 동참을 거부한다면, 북한을 빼고 한·중·일·러시아 4국이 곧 '열차 페리'안을 실천에 옮길 수밖에 없을 것이다. 그것은 이렇게 하는 것이 북한을 설득하여 TAR 사업에 동참시키는 데 도움이 될 뿐만 아니라, 북한으로 하여금 '보다 잘살기 위한 국제협력의 필요성'을 직접 깨닫게 하는 길도 될 것이기 때문이다.

이번 'TAR 건설 협정' 체결을 계기로 일본에서는 TAR 북부노선을 일본까지 연결할 수 있는 '한·일 터널(tunnel) 건설 문제'가 다시 수면 위로 급부상하고 있다. 이 해저터널 건설은 섬나라인 일본을 아시아 대륙에 편입시키는 대역사(大役事)로서 세계화 시대 일본은 물론, 우리나라에도 정치·경제·사회·문화 등 모든 면에 있어서 긍정적인 영향을 크게 줄 것이다.

자고로 교통의 요충지는 언제나 그 지역의 중심지가 됐고, "꿈은 현실의 어머니"라고 했다. 장차 TAR 북부노선과 한·중·일 열차 페리, 그리고 한·일 해저터널 건설 등 한반도의 지정학적 특성을 살린 우리의 꿈이 이루어진다면, 한반도는 동북아시아와 유럽 대륙, 태평양과 대서양을 잇는 그야말로 '황금의 다리'가 되고, 나아가 동북아의 정치·경제·사회·문화의 중심지가 될 것이다.

7. 자유무역협정(FTA) 체결 현황과 한·미 FTA 타결

'FTA 지각 국가'의 하나였던 한국이 처음 칠레와의 FTA에 서명한 것은 2003년 2월이었는데, 비준동의안이 국회 본회의를 통과한 것은 2004년 2월이었다. 그러니까 국회의 동의를 얻는 데만 꼭 1년의 시일이 걸린 셈이다. 이것은 전적으로 농민과 축산단체들의 격렬한 반대시위와 대선을 1년여 앞두고 주로 농민 표를 의식한 농촌출신 국회의원들의 노골적인 비협조 때문이었다.

이같이 어렵게 출범한 한·칠레 FTA는 우리 농민들이 우려했던 것과는 달리, 포도주의 수입은 조금 늘었으나 '계절관세'의 적용으로 포도와 오렌지 등 과실의 수입은 오히려 줄었다. 그리고 도표에서 보는 바와 같이 자동차를 비롯하여 우리 제품의 수출이 일본을 거의 따라잡는 등 한국의 대(對)칠레 수출이 4년 사이 5억 600만 달러에서 30억

8,700만 달러로 6.1배나 늘었다.

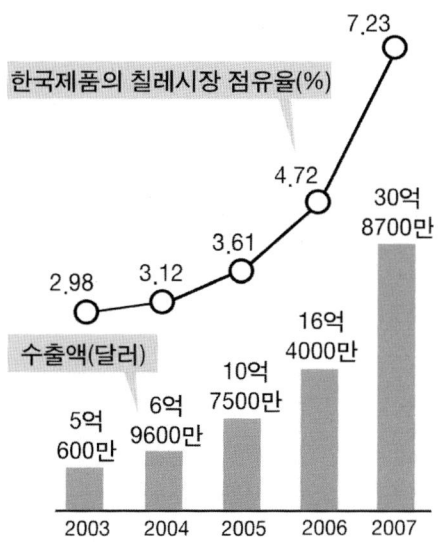

자료: KOTRA, WTA

<그림 9-4> 한국의 대칠레 교역 현황

이처럼 첫 FTA가 갖고 온 좋은 성적에 고무된 정부는 FTA 열세를 만회하기 위해 농산물 수출이 없는 싱가포르와 유럽자유무역연합 (EFTA)[11])을 비롯하여, 아세안(ASEAN: 동남아국가연합), 미국, 캐나다 등 15개국과의 FTA 협상에 통상외교의 역점을 뒀다.

그 결과, 2004년 11월 협상 개시 10개월 만에 싱가포르와의 FTA를 타결함으로써, 동남아 진출의 교두보를 마련했다. 한·싱가포르 FTA도

11) EFTA(유럽자유무역연합)은 EU에 가입하지 않은 스위스, 노르웨이, 아이슬란드, 리히텐슈타인 등 서유럽 4개국으로 구성되어 있다.

발효된 지 1년 만에 대(對)싱가포르 수출이 20%, 무역수지 흑자가 56%가 증가하는 등 다각적인 효과를 나타내고 있다.

2005년에 들어와서는 정부의 FTA 추진 발걸음이 더 빨라졌다. 1월부터 EFTA와의 협상을 시작하여 7월에 FTA를 타결함으로써, 한국은 단시일 내에 세 번째의 FTA를 체결했다. 그리고 11월에 있었던 APEC 정상회담 때 한·미 양국 정상이 한·미 FTA 협상을 시작하자는 데 합의했다. 그러자 우리 국내에서는 한·미 FTA 체결에 대한 찬반 논란이 거세게 일어났다. 찬성론자들은 "글로벌(global) 경제 시대에 우리 경제가 한 단계 도약할 수 있는 좋은 기회"라고 하는데 반해서, 반대론자들은 "미국과 FTA를 체결하면 한국은 경제 주권을 상실하고 농업이 몰락한다"고 맞섰다.

그러나 대부분의 우리 경제학자들은 세계 1위의 경제대국인 미국과의 FTA 체결에 찬성했으며, 미국이 일본보다 한국과 FTA를 먼저 맺기를 원하는 것을 크게 환영했다. 그리고 안보 전문가들은 "군사동맹 수준의 한·미 양국 관계를 정치·경제·군사를 아울러 모두 한 차원 높은 포괄적 동맹 관계로 발전시킬 수 있는 좋은 기회가 된다"고 기쁘게 받아들였다.

2006년 2월 초, 한·미 양국 정부는 FTA 교섭 시작에 합의하고 TPA(Trade Promotion Authority: 무역촉진권한)[12] 기간이 2007년 6월 말로 효력을 잃게 되는 것을 고려하여 FTA를 일단 연내에 결착내기로 뜻을 모았다. 미국이 이렇게 서두르게 된 데에는 한국과의 FTA가 가져올 정치적·경제적 이득 외에 한·캐나다 FTA가 먼저 성사될 경우, 한

---

12) TPA란 미국이 외국과 통상협정을 맺을 경우, 무역촉진을 위해 의회에 일괄하여 찬반을 물을 수 있는 대통령의 권한이다.

국산 제품이 캐나다를 통해 무관세로 미국 시장에 쏟아져 들어올 것을 우려한 면도 없지 않았다.

위의 합의에 따라 한·미 FTA 제1차 협상이 마침내 6월 초에 워싱턴에서 개최되었는데, FTA에 반대하는 우리 일부 사회단체들이 국내에서는 물론 워싱턴까지 원정 가서 반대시위를 벌렸다. 한·미 FTA 반대운동 세력은 주로 친북·반미 단체들인데, 멕시코의 예를 들어가며 "미국과 FTA를 체결하면 한국은 멕시코처럼 미국의 경제식민지로 전락한다"고 마구 떠들어댔다. 그러나 이것은 '무지에 따른 오해'이거나, 친북·반미주의자들의 '악의적 사실 왜곡'이었다. NAFTA를 비롯하여 세계 46개국과 FTA를 맺고 있는 멕시코는 FTA 덕분에 이미 일자리 100만 개 창출, 국내총생산(GDP) 40% 증가, 만성적 무역적자 탈피, 외국인 직접투자 증가 등 많은 성과를 거두고 있다.

한국은 외국과의 교역 비중이 나라 경제의 70%를 넘는 절대적인 대외 의존형의 경제 구조를 가진 나라로, 교역을 넓혀 나가지 않고서는 경제에 새로운 활기를 찾기 어렵다. 더욱이 우리 무역의 30%를 차지하는 미국 시장에서 한국 제품 점유율이 중국과 인도의 저가제품에 밀려 1980년대 말의 5%에서 현재 2%대로 떨어졌다. 이런 흐름을 돌려놓는 돌파구는 지금으로서는 오직 한·미 FTA뿐이다. 우리 처지에서는 세계화 시대에 생존을 위해서 '개방'은 선택이 아니라 필수이기 때문이다.

그리고 한·미 FTA를 통한 동맹의 강화는 한반도의 안보와 통일을 위해서 뿐만 아니라, 한국이 동북아에서 중국과 일본을 견제할 수 있는 유일한 전략 수단인 동시에, 앞으로 EU나 중국·일본 등 거대 경제권과의 FTA 체결을 촉진시키는 데 있어서도 절대 필요한 것이다.

양국 대표단은 워싱턴에 이어 제2차 협상을 7월 서울에서 가진 후,

2007년 3월까지 워싱턴과 서울을 서로 오가며 회의를 9차례나 더 여는 등 힘겨운 강행진 협상 끝에, 4월 2일 마침내 양국 정부는 14조 달러의 시장을 통합하는 한·미 간의 FTA가 타결되었음을 서울과 워싱턴에서 동시에 발표했다. 한·미 FTA 타결은 우리나라 통상 외교의 최대 성과로 평가됐다.

그러나 미국 정부는 6월 16일 한·미 FTA와 관련, 자국의 '신(新)통상정책'을 반영한 노동과 환경을 비롯해 의약품 등 7개 분야의 추가협상 문안을 한국에 제시해 왔다. 미국의 추가협상 요구는 우리 국내에 다시 반(反)한·미 FTA 시위와 파업을 발생시켰다.

어려운 여건 속에서도 정부는 6월 30일을 넘기면, 미 의회가 추가협상에 개입해 오히려 우리 측에 불리해질 수 있다는 점을 감안, 미국 측과 6월 21일부터 29일까지 서울과 워싱턴을 오가며 벌린 어려운 '주고받기식 추가협상' 끝에 기어이 최종 타결을 이끌어냈다.

정부는 같은 29일 국무회의의 승인을 얻어 6월 30일 늦은 밤 미국 워싱턴에서 미국과 한·미 FTA 협정문에 공식 서명했다. 이로써 한·미 FTA 협상은 16개월 만에 완전 합의에 이르렀고, 앞으로 양국 국회의 비준동의 절차만 남기게 됐다. 그러나 당시 형편으로는 각각 대선과 총선을 앞두고 있는 정치권의 특수상황과 한·미 양측에 모두 FTA에 대한 비판적 견해가 상존하고 있어, 양국이 모두 국회 비준 절차가 그리 순탄치만은 않을 전망이었다.

그래도 한·미 FTA는 그 자체의 경제적 이득도 중요하지만, 앞으로 우리나라가 지역주의의 파고(波高)를 넘어 동아시아에서 FTA 중심(hub) 국가로 발전하는 데에도 결정적인 촉매 역할을 한다는 점에서, 한·미 FTA 협정은 노무현 정부가 일궈낸 최대 업적이었다. 대선과 총선을 앞두고 최악의 시기이기는 했으나, 순리대로 말하면 결자해지(結者解之), 일을 시작한 노무현 대통령이 국회 비준까지 마무리를 지었어야 했다.

무역입국(貿易立國)으로 오늘을 이룬 한국의 처지에서는 미국에 앞서 먼저 비준을 해야 한다는 것이 국내외 경제 전문가들의 일치된 권고인데, 이것은 미국에 압력을 넣을 기회가 시간적으로 거의 남지 않은 데다, 11월의 미국 대선 후보들의 발언으로 보아 정권이 민주당으로 교체된다면 미국 의회의 비준이 더 어렵게 될 전망이고, 또 비준의 실패가 EU를 비롯하여 일본과 중국 등에 대한 한국의 FTA 협상력에 영향을 미칠 수 있기 때문이다.

한·미 FTA 협상 타결 소식에 특히 놀란 나라는 이웃인 일본과 중국이었다. 이들 나라의 고위지도자들과 언론은 즉각 "한국과의 FTA를 서둘러야 한다"고 한목소리를 냈다. 그리고 유럽연합(EU)[13] 측이 "미국에 우선권을 뺏길 수 없다"고 매우 적극적으로 나와, 한·EU FTA 협상은 가속이 붙어 2007년 5월 서울에서 제1차 협상이 시작됐다. 우선 EU와 한국은 산업 구조가 상호 보완적이다. 그리고 EU가 우리에게 민감한 쌀 등 농업시장 개방에 대해 매우 보수적인 데다 미국과는 달리 반대시위대의 방해도 없어, 양측은 1년 내 타결을 목표로 지금 협상을 진행 중이다.

EU의 평균 관세율은 4.2%여서 FTA가 체결될 경우, 관세율이 3.7%인 미국 시장보다 우리에겐 수출 여권이 훨씬 유리해진다. 그리고 이미 상품 협상에 합의한 아세안(ASEAN)과도 2008년 내에 모든 분야에서

---

13) EU(유럽연합)는 유럽의 27개 회원국이 만든 하나의 연합체로, 5억 명의 인구와 13조 5,000억 달러의 국내총생산(GDP), 그리고 4조 달러가 넘는 수입 시장을 보유하고 있는 세계 최대의 시장이다. 2006년 한국은 EU와의 교역에서 최고의 흑자를 기록했다. 흑자 규모는 184억 5,000만 달러로 대(對)중국 흑자 180억 8,000만 달러를 넘어섰다.

FTA에 합의, 서명이 이뤄질 것으로 기대된다.

한국은 지난 40년 동안 세계화의 가장 큰 수혜국이다. 우리가 선진국으로 우뚝 서기 위해서는 앞으로도 개방과 자유화를 통해 부가가치를 창출해 나갈 수밖에 없다. 이런 의미에서 정부는 끊임없이 지역주의화 하고 있는 세계 속에서 FTA 정책의 최종 목표를 '모든 국가와의 FTA'로 정하고, '동시다발적인 추진 전략'에 따라 캐나다, 인도, 멕시코, 중국 등과의 FTA 협의에도 박차를 가하고 있다.

8. 전시(戰時) 작전통제권 전환 문제

한국의 김장수(金章洙) 국방장관[14]과 로버트 게이츠(Robert Gates) 미국 국방장관[15]은 2007년 2월 24일 워싱턴에서 한·미 국방장관회의를 열고, 오는 2012년 4월 17일에 전시(戰時) 작전통제권(전작권)을 한국군에 이양하고, 한·미 연합사령부를 해체하기로 합의했다.

1950년 6월 25일 북한군이 기습 남침하자, 이승만 대통령은 유엔군과의 합동작전 수행 능력의 극대화를 위해 7월 14일 더글러스 맥아더(Douglas MacArthur) 유엔군 사령관에게 한국군의 대한 작전지휘권(Operational Command)을 위임했다. 이 작전지휘권은 1954년 11월 7일 발효된 한·미 상호방위조약에 작전통제권(Operational Control)이라는 용어로 권한이 축소되어 유엔군 사령관이 이를 행사해 왔다.

---

14) 군인(1948~), 육사 졸업(1971), 육군 6사단장(1997), 육군 7군단장(2001), 한·미연합사 부사령관(2004), 육본 참모총장(2005), 국방장관(2006~2008)을 역임하였다.

15) 미국 관료(1934~), 중앙정보국(CIA) 근무(1966~1991), 백악관 보좌관(1989~1991), 텍사스 A&M 대학교 총장(2002), CIA 국장(1991~1993), 국방장관(2006~)을 역임하였다.

작전지휘권은 군사작전뿐만 아니라 군사·인사·행정지원 등부터 운영 전반에 걸쳐 행사하지만, 작전통제권은 대북(對北)군사작전을 위한 부대 운영에만 관여할 수 있어 양자 간의 차이는 매우 크다. 작전통제권은 1978년 11월 창설된 한·미 연합사령부(CFC)로 이전됐고, 냉전 종식 후인 1994년 12월에 정부는 평시(平時) 작전통제권을 되돌려 받았다.

한·미 연합사는 양국의 통수권자와 합동참모본부 의장을 대표로 하는 한·미 군사위원회의 전략지침에 따라 작전통제를 한다. 미군 대장인 사령관과 한국군 대장인 부사령관의 상의하에 작전 조치가 이뤄지고 있어, "미군이 한국군의 작전 지휘를 한다고 생각하는 것"은 잘못이다. 따라서 '전작권 환수'란 말은 처음부터 맞지 않으며, '전작권 한국군 단독행사'라는 말이 옳은 표현이다. 이번 합의로 5년여 후인 2012년 4월 17일부터는 현재 한국군과 미군이 공동행사하고 있는 전작권을 한국군이 단독으로 행사하도록 바뀌게 된다. 위의 4월 17일은 이승만 대통령이 맥아더 유엔군 사령관에게 서한을 보냈던 7월 14일을 거꾸로 조합한 날짜로, 우리 측이 제안해 합의를 본 것이다.

앞에서 본 바와 같이 작전통제권은 순수한 군사적 개념으로 주권(主權)과는 아무런 관련이 없다. 그런데 2003년 2월 13일 노무현 대통령 당선자는 "막상 전쟁이 나도 국군에 대한 지휘권을 한국대통령은 갖고 있지 않다"는 말을 시작으로, 대통령에 취임한 후에도 계속 "군사작전통제권이야말로 '자주(自主)국방'의 핵심"이라느니, "자주국방이야말로 자주국가의 꽃"이라느니 하는 말을 하다가, "우리나라만 세계에서 자기 나라 군대에 대한 작전통제권을 갖지 않는 유일한 나라"란 말까지 주저 없이 했다.

이에 대하여 군사 전문가들은 "이것은 노 대통령이 전작권의 진의를 잘못 인식하고 있는 데서 생긴 오류이고, 전작권은 작전의 효율성을 위한 시스템(system)상의 문제일 뿐, 주권 문제와는 거리가 멀다"고 지적하면서, "영국이나 독일을 비롯한 NATO(북대서양조약기구) 회원국들도 전시에는 NATO군 사령관이 전작권을 행사하게 돼 있다"는 사실을 예로 들었다. 개중에는 "노 대통령이 보고를 잘못 받았거나 의도적으로 '자주국방'을 내세워 과장하고 있다"는 비판까지 서슴지 않는 전문가들도 있었다. 그러나 노 대통령은 이와 같은 우려와 비판을 완전히 무시하고 '전작권 환수' 발언을 계속하다가, 2005년 9월 한·미 안보정책구상회의(SPI)에서 우리 측 대표로 하여금 전작권 환수를 미국 측에 공식으로 제안케 했다.

그리고 같은 해 10월 1일 '국군의 날'에 노 대통령이 다시 전작권 환수에 대해 언급하자, 군 출신 원로들이 대통령 면담을 요청했다. 그러나 노 대통령이 이들을 만나주지 않자, 원로들은 대신 대통령 안보보좌관을 만나 '우려의 소리'를 전했다.

그러나 노 대통령은 이와 같은 반대의 소리에는 조금도 귀를 기울이지 않고, 같은 날 윤광웅 국방장관[16]으로 하여금 미국의 도널드 럼즈펠드 국방장관(Donald H. Rumsfeld)[17]과 전작권 환수 협의를 가속화하는 데 합의토록 했다. 그리고 2006년 8월 노 대통령은 "우리가 전작권을 환수하면, 오늘부터라도 이를 완전히 수행할 수 있다"는 말까지 서슴지 않았다.

이에 건국 이래 우리나라를 북한의 위협으로부터 지키며, 줄곧 "북

---

16) 군인(1942~), 부산상고 출신, 해사 졸업(1966), 해군참모총장(1998~1999), 대통령 국방보좌관(2004), 국방장관(2004~2006)을 역임했다.

17) 미국 정치인(1932~), 프린스턴대학 졸업(1954), 하원의원(1962~1968), 대통령 보좌관(1968~1970) 및 고문(1971~1972), NATO 파견 미 대사(1973~1974), 대통령 비서실장(1974~1975), 국방장관(1975~1977, 2000~2006)을 역임했다.

한의 위협이 있는 한, 전작권 전환 시기를 미리 확정해서는 안 된다"는 주장을 해온 17명의 역대 국방장관과 참모총장 등 군 원로들은 성명서를 발표하여 "노 대통령 발언에 경악을 금치 못한다"며 "누구의 보좌를 받았기에 국가 안보를 이처럼 가볍게 여기는지 참담할 뿐"이라고 유감의 뜻을 표명했다. 그리고 전작권 환수는 "세계 최고수준의 대북 억제력을 갖춘 한미연합사 체제의 해체는 물론, 우리 안보의 대들보인 한미동맹 약화를 불러올 것이 분명하다"며, 국가 원로들과 언론, 지식인, 애국시민들 모두가 적극 나서줄 것을 호소했다. 이것은 우리 역사상 일찍이 전례가 없는 일이었다.

이어 예비역 장성 모임인 성우회(星友會)와 육해공군대령연합회 그리고 3군사관학교 총동창회 회원들이 국민행동본부 등 173개 단체 회원 5,000여 명과 함께 전작권 환수에 반대하는 집회를 가졌는데, 이 자리에 성우회 회장과 역대 국방장관들, 그리고 60여 명의 예비역 장성들은 모두 옛 군복을 꺼내 입고 참석해 국민들의 눈길을 끌었다.

이것이 도화선이 되어 각계각층의 시민단체의 전작권 환수 반대 모임이 전국적으로 퍼져 나갔다. 이 중에는 전직 외무장관과 대사 160명이 '외교적 고립'을 걱정하며 전작권 환수에 반대하는 성명을 발표한 모임까지 있었다. 이와 같이 평소 신중한 언행이 몸에 밴 외교관 출신들까지 집단행동으로 나온 것은 유사 이래 처음 있는 일이었다. 그러나 노 대통령은 이와 같은 범(汎)국민적 반대에도 불구하고, 오직 정치적 이유로 전작권 환수를 강권적으로 밀어붙였다.

미국 측은 2004년까지만 해도 노무현 정권이 '전작권 환수'란 용어를 쓰는 데 대해서 "마치 미국이 부당하게 한국의 주권을 침해하고 있는 듯한 인상을 준다"며 심기는 불편했지만 애써 소극적인 태도로 일

관하다가, 2005년부터는 "한국군의 방위능력이 먼저 향상돼야 한다"는 입장으로 태도를 바꿨다. 그러다가 2006년에 들어와서부터는 "한국이 전작권을 가져가겠다면 언제든지 가져가도 좋다"는 쪽으로 태도를 대전환, 7월 13일 열린 제9차 한·미 안보정책구상회의(SPI)에서 미국 측은 "한국이 원하는 2012년보다 3년이나 이른 2009년에 전작권을 가져가라"고 조기이양(早期移讓) 방침을 밝혔다. 그리고 10월 한·미 연례안보협의회(SCM)에서 양측은 오해를 피하기 위해 앞으로는 '전작권 환수'란 말 대신 보다 중립적인 '전환(transition)'이란 용어를 쓰기로 합의했다.

미국 측이 전작권 조기이양을 결정한 데에는 미국 나름대로 다른 이유가 있었다. 미국이 세계전략 차원에서 '해외주둔 미군을 재편하는 계획(GPR)'을 추진하던 마당에, 한국 정부가 정치적 이유로 먼저 전작권을 넘겨달라고 하니, 마침 잘 됐다는 것이었다. GPR이란 미군을 특정 지역에 주둔시키는 '고정군'에서 첨단·경량·신속화된 '기동군'으로 바꾸겠다는 계획이다. 주한미군에 대해서도 한반도 상황만 챙기기보다 인근 지역의 분쟁에도 신속하게 대응하는 '전략 유동군'으로 바꿀 수 있어, 미국도 이를 위해 전작권 조정이 필요했던 것이다.

결국, 노 대통령은 미국이 속으로 바라는 일을 먼저 해 준 셈이 됐다. 미국은 이외에도 전작권을 조기 이양함으로써 '직접방위' 부담에서 '지원'으로 한 발 물러서서 좋은 데다, 앞으로 한국에 팔 첨단무기가 엄청나게 늘어나고, 또 반미(反美)감정 발생 원천을 사전 봉쇄할 수도 있는 등 그야말로 일석사조(一石四鳥)의 효과를 얻게 됐다.

그 대신, 한국은 세계에서 가장 강력하고 효율적인 전쟁수행본부로 평가받고, 실제로 반세기 동안 한반도에서 북한의 전쟁 도발을 사전에 억제해 온 한미연합사가 앞으로 해체됨으로써, 유사시 미군의 자동개입과 증원군 투입이 불확실해지고, 한반도처럼 좁은 지역에서 '두 지휘관 체제'로 전쟁을 치를 경우, 작전 수행의 효율성이 떨어지는 등 많은 것을 한꺼번에 다 잃게 됐다.

전작권 전환 문제는 미국 측이 해외주둔군 재배치 계획에 따라 우리에게 먼저 제의해야 할 처지에 있었다. 그런데 우리 측이 먼저 서둘러 이 문제를 꺼낸 것이 잘못이었다. 우리로서는 반대로 미국 측이 먼저 이 문제를 꺼낼 때까지 기다리는 것이 좋았다. 그렇게 해야 우리는 미국 측으로부터 얻어낼 수 있는 것을 최대로 얻어내고, 또 한미연합사에 버금가는 새로운 기구 창설을 논의하는 데 있어서도 보다 유리한 고지에 설 수 있었다.

동맹국 간에서도 협상 전략은 있는 법이다. 노 대통령이 전작권의 내용을 잘 모르면서 오직 정치적 목적으로 이 문제를 성급하게 먼저 제기한 것 때문에 한때 우리는 이양 시기를 늦추어 달라고 사정해야 했고, 또 앞으로 국방비가 천문학적으로 증가하는 것은 물론, 미군과의 방위비 분담금도 지금의 40:60에서 50:50으로 늘려야 할지 모르는 등 명분과 생색, 그리고 실리까지 모두 다 한꺼번에 잃게 됐다.

그러나 육본 참모총장 출신으로 전작권의 내용을 누구보다 잘 아는 김장수 장관과 CIA 국장 출신으로 한국 사정에 이해가 깊은 게이츠 장관이 2006년 11월과 12월에 각각 새로이 양국의 국방 책임을 맡은 후, 국익 차원에서 서로 진지하게 이 문제를 협의한 덕택으로 전작권 전환을 우리 측이 원하는 대로 일단 2012년에 하기로 합의를 본 것은 양국을 위하여 정말 다행한 일이었다.

나라를 지키고 보존하는 데 있어서 가장 근본이 되는 것은 스스로를 지키는 자위(自衛)의 정신이다. 그리고 다음은 만일에 대비하여 가치관을 공유하는 우방과 협력하여 서로를 지켜주는 공조(共助)의 정신이다. 이것이 예로부터 전쟁을 막고 나라를 지키는 가장 확실한 논리이고 '동맹의 경제학'이다. 그래서 오늘날 '나 홀로 국방'을 하는 나라는 지구상에 하나도 없는 것이다. 그런데 우리는 경솔하게도 일시나마 정반대의 길을 가려했던 것이다.

한·미 양국은 향후 2012년 전작권 전환을 위해 2007년 7월에 '전작권 전환 이행계획 로드맵(road map)'에 합의한 후, 2010년경 새 작전계획을 수립하고 한·미 군사협조본부(MCC)를 창설키로 했다. 앞으로 MCC를 창설한다고 하지만, 이는 한미연합사와 같은 '군사연합'이 아니라 어디까지나 '협조기구'에 불과하므로 실제로 안보위기 때 제대로 전쟁억제 구실을 100% 작용할지는 미지수다.

국가의 사활이 걸린 안보 문제는 어떤 경우에도 0.01%의 허점이나 잘못이 있어서도 안 되며, 특히 '군사주권'을 내세운 정치화는 절대로 안 된다. 자유는 대가 없이 지켜지는 것이 아니다(Freedom is not free). 앞으로 우리 정부는 "우리 땅은 우리가 지킨다"는 강한 자위(自衛) 정신을 갖고 독자적 전쟁수행 능력을 높이는 한편, 전작권을 우리 군이 단독 행사하더라도 미국이 지금까지와 같이 군사지원을 우리에게 아끼지 않을 뿐만 아니라, 자동개입 보장 등 구속력 있는 새로운 협정을 체결하는 데에도 최선을 다해야 할 것이다.

그리고 차기 정부는 필요하다면 전작권 전환 시점의 재조정 문제까지도 다시 재검토하는 것이 좋다는 것이 우리 국방전문가들의 일치된 견해이다.

마지막으로 한·미 동맹 문제인데, 한·미 동맹이 맺어지던 1953년 한국의 1인당 국민소득은 미화로 67달러, 국내총생산(GDP)는 고작 13억 달러에 불과했다. 2006년의 1인당 소득은 1만 6,291달러, GDP는 787.5억 달러다. GDP가 53년 동안 605배나 늘어나면서 우리나라는 세계에서 12번째의 경제대국이 됐다. 이러한 기적적인 성장은 한·미 동맹이 나라의 안보를 뒷받침하고 자유민주주의의 진영에 선 덕분에 가능했고, 또 정치적 민주화도 그 기반 위에서 실현될 수 있었다.

정부는 앞으로 전쟁을 예방하고 우리 민족의 번영과 평화통일을 위하여 북한이 먼저 행동으로 '핵 포기'를 보여주기 전에는 한·미 동맹에 입각한 '기존 안보 틀'을 바꾸려 해서는 절대로 안 될 것이다. 그리고 우리나라의 안보와 경제 발전의 든든한 버팀목인 미국과의 동맹 관계와 한·미·일 3국의 협조 체제를 앞으로 더욱 강화하면서, 중국·러시아와의 협력 관계도 격상시켜 나가야 할 것이다.

9. 한·중 수교 15주년

1992년의 한·중 양국의 관계 정상화는 두 나라의 관계에 그치지 않고, 동아시아의 역사적 구조의 전환이고 새로운 아시아 시대의 개막이었다. 대한민국과 중국은 2007년 8월 24일로 수교 15주년을 맞았다. 탈(脫)냉전의 해빙 무드(mood) 속에서 국교를 정상화한 이래, 양국 관계는 외교·안보·경제 등 모든 분야에서 괄목할 만한 발전을 거듭했다.

'전면적 협력동반자 관계'란 말은 한국과 중국의 관계를 한마디로 규정한 양국 정부 간의 공식 용어로, 2003년 7월 중국을 국빈 방문한 노무현 대통령이 후진타오(胡錦濤)[18] 국가 주석과 합의한 것이다. 후진

후진타오 중국 국가주석 국빈 방한 공식 환영식(2005년 11월 16일)

타오 주석은 2005년 11월 APEC 정상회담 출석차 방한하여 청와대를
방문하여 노무현 대통령과 정상회담 후, 공동성명을 통해 이 용어를 재
확인했다.

그리고 양국 정부는 수교 15주년을 맞아 2007년을 '한·중 교류의
해'로 정하여 대대적인 교류행사를 하고, 8월에는 양 정상이 서로 축전
을 교환하며, "양국 관계가 15년간 비약적으로 발전하여 2003년에 합
의한 '전면적 협력동반자 관계'가 두 나라를 한 차원 더 성숙한 관계로
발전시킨 계기가 됐다"고 평가했다.

---

18) 중국 정치인(1942~)으로, 상하이 출신이다. 청화대학교 졸업 후 중국 공산당 입당(1965), 중국 부주석
(1998)을 역임하였고, 현재 주석(2003~)을 맡고 있다.

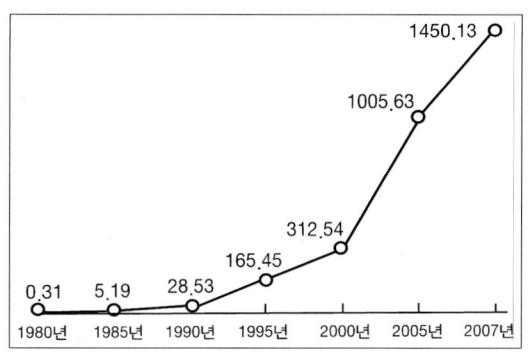

1450.13

1005.63

312.54

165.45

0.31   5.19   28.53

1980년 1985년 1990년 1995년 2000년 2005년 2007년

자료: 한국무역협회

<그림 9-5> 한·중 무역액 추이(단위: 억 달러)

1980년 홍콩을 중계 기지로 삼고 간접방식으로 시작된 한·중 교역은 43년간의 적대 관계를 청산하고 수교했던 1992년에는 겨우 67억 7,000만 달러였으나, 2007년에는 1,450억 1,300만 달러로 무려 21.4배나 폭증했다. 중국은 수교 12년 만에 미국을 제치고 한국 최대의 교역국이자 수출 대상국이 됨으로써, 지난 15년간 광대한 중국 시장은 미국 시장에서 경쟁력 후퇴로 어려움에 처했던 우리 경제의 새로운 활로가 되었고, 또 일본과의 무역에서 발생하는 방대한 적자를 대중(對中) 흑자(190억 달러)가 메워 주었다.

지금 중국에 진출한 한국 기업의 수는 2007년 말 시점에서 자그마치 4만 7,679개에 달하고, 한국인 사회도 급성장하여 교민 수는 70만 명을 헤아리며, 관광·문화·학술 분야의 인적 교류도 가히 폭발적이다. 1992년 13만 명에 불과했던 상호 방문객 수도 2007년에는 584만 명으로 50배나 늘어 하루 1만 명이 넘는 한국인이 중국을 찾고 있고, 유학생 수도 한국이 세계 1위로 어학연수생을 제외하고도 정규 유학생이 6만 4,481명으로 중국 내 외국 유학생의 무려 38%를 차지하고 있다. 그리고 중국 상공부 통계에 따르면 2007년에 들어 우리나라가 중국에 투자한 액수가 71억 8,100달러로 급증하면서 미국·일본을 제치고 세계에서 제1의 중국 투자국으로 올라섰다.

오늘의 '중국 붐(boom)'은 1965년의 한·일 국교정상화 후 한국에서 일어났던 일본 붐을 방불케 하며, 한국에서의 중국어 학습 열기도 대단하다. 중국은 중국대로 한국 드라마가 방영되는 날은 매일 1억 명이 TV를 시청할 정도로 한류(韓流, 중국에서는 漢流라고 함) 열풍이 매우 거세다. 그러나 중국과 일본 사이에 끼인 우리 경제의 '샌드위치' 상황이 차차 심각해지면서, 그동안 우리 무역의 주요 축이었던 한·중·일 3각 무역체제가 조금씩 흔들리고 있다. 대일(對日) 무역적자는 늘고 대중(對中) 무역흑자는 줄면서 '일본에서 손해 본 것을 중국에서 만회하던 구조'가 중국의 기술 발달로 중국과 일본의 직거래가 늘어나면서 지금 조금씩 깨지고 있는 것이다.

양국 간의 '경제관계 증진'을 위해서는 앞으로 정부가 경제의 대중 의존도를 줄이면서 계속 중화학공업의 비중을 늘리고, 새로운 성장의 원동력과 신산업의 개발, 그리고 제조업의 구조 고도화를 서둘러야 할 것이다. 그리고 중국 진출 한국기업들은 치솟는 임금 앞에 '저임금 따먹기' 식의 중국 진출 시대는 이제 끝나고 있으므로 우리 기업가들도 앞으로는 "중국 진출도 저부가가치 노동집약형에서 고부가가치화로, 제3국 수출에서 중국 내수(內需) 공략으로 대응해 가야 한다"는 전문가들의 지적을 귀담아 들어야 할 것이다.

마지막으로 군사 부분은 한미동맹과 중국의 북한 의식 등으로 아직까지는 군사교류 수준에서 벗어나지 못하고 있으나, 2007년 5월 량광례(梁光烈) 중국 인민해방군 총참모장이 방한하였을 때, 한·중 수교 15

주년을 기념하여 양국 간 군사전통망(hot line) 설치에 우선 합의했을 정도의 협력 관계를 지금 유지하고 있다.

그러나 빛이 있으면 그림자가 있듯이 양국 관계도 다 밝은 것만은 아니고, 밝은 면과 함께 예를 들어 다음과 같은 어두운 면도 있다.

① 2002년 한·일 월드컵 때 사상 처음 출전한 중국 축구팀은 3연패를 했는데, 한국 팀은 준결승까지 올라갔다. 중국 언론은 한국팀을 중상하는 기사를 냈고, 심지어 중국 TV를 보던 한국인 유학생들을 폭행하는 사건까지 여러 곳에서 일어났다. 이것은 팬(fan)들끼리의 충돌이라기보다 중국인의 전통적인 한국인 멸시의 일단을 보여준 한 예가 아닌가 싶다.

② 중국은 갑자기 2002년부터 '동북공정(東北工程)'[19]을 통해 엄연한 한국 고대사인 고구려의 역사를 중국의 '지방 정권사'로 편입시키려고 했다. 그리고 우리가 항의하면 "일부 학자들의 주장에 불과하다"며 논의조차 거부하고 있다. 중국은 현재의 자국 국경 안에서 일어난 모든 역사를 중국사로 만들려고 하고 있으나, 기원전 37년부터 668년까지 장장 705년이나 계속된 우리 고구려의 역사는 중국 정사(正史) 어디에도 나와 있지 않다. "역사는 다르게 쓴다고 변하지도 않고 숨겨지지도 않는다."

③ 백두산에 투자할 기업가가 거의 없었던 1990년대 중국 지방정부의 권고로 중국 쪽 백두산 지역에 거액을 들여 호텔을 지었던 한국인들이 2006년 들어 갑작스러운 철거 요청을 받고, 1920~1930년의 영

---

19) 중국이 자국 국경 안에서 일어난 모든 역사를 중국 역사로 만들기 위해 2002년부터 추진해 온 프로젝트로, 동북변강역사여현상계열연구공정(東北邊疆歷史與現状系列研究工程)의 줄임말이며, '동북 변경지역의 역사와 현상에 관한 체계적인 연구과제(공정)'란 의미다.

업 허가기간이 남아 있는데도 강제철거를 당했다. 그리고 백두산 자락의 '한글-한자' 도로 표시판을 '한자-영문' 표시판으로 교체했다. 당초 조선족 자치지역이어서는 반드시 한글과 한자를 병기하도록 돼 있는 간판을 모두 바꾼 것이다.

④ 요즘도 중국 공안에 먼저 적발된 탈북자들의 한국행은 불가능하며, 모두 다 강제로 북송된다. 인권이란 시각과 동족이라는 입장에서 정부는 탈북자들의 한국행을 중국 정부에 요청하고 있으나, 중국은 인권보다 북한과의 관계를 내세운다. 그러나 중국 정부는 이전 생명을 걸고 탈출한 북한 사람들에게 임시영주권을 주거나, 국제법상의 '난민 지위'를 부여하여, 그들이 원하는 대로 한국이나 다른 나라로 보내주는 것이 옳을 것이다.

⑤ 최근 중국 정부의 세제 변화와 임금 상승, 그리고 새로운 노동법 실시 등으로 경영이 어려워진 중국 진출 한국 중소업체 일부의 야반도주 등 무단철수 사례가 늘어나고 있는데, 이것은 양국의 협력동반자 관계 발전에 큰 장애가 된다. 우리 정부는 시급히 중국 정부와 함께 적절한 수습책을 강구해야 할 것이다. 그리고 우리 언론들도 이와 관련하여 절대로 '과장 보도'를 해서는 안 될 것이다.

중국은 시장경제 개혁 30년 동안, 외환 보유고가 세계 1위로 경제대국이 됐다. 그러나 인권과 자유 그리고 제도 면에서는 아직도 후진국 단계에 있다. 게다가 중국 사람들은 중화(中華)사상에 젖어 옛날부터 주변국 사람들을 멸시하는 버릇이 있는데, 한국 정부는 중국이 북한을 제어할 수 있다는 기대 속에서 중국에 대해서는 그저 저자세로 임하는 경향이 있다. 그러나 내일을 위해 할 말은 하고 넘어가야 한다. 물론 우리는 중국과 북한의 관계와 중국이 싫든 좋든 우리의 가장 큰 시장이자, 지리적으로나 문화적으로 더불어 같이 살아가야 할 가장 가까운 이웃임을 잊어서는 안 된다.

앞으로 수교 15년에 불가분의 단계에 들어선 두 나라의 관계를 '전략적 협력동반자'로 한 단계 높이고, 또 한·중·일 3국 관계를 '동북아공동체'로 발전시켜 가기 위해서는 우리도 한자(漢字) 교육을 부활시켜, 두 나라 사람들이 한자 문명의 공통점을 살리면서 서로 이해하고 돕도록 해야 할 것이다. 그리고 양국 간에 문화·역사·경제 문제로 마찰이 생겼을 때에는 이를 과장·편파 보도하거나 정치화시켜서는 안 되며, 이를 외교적으로 조용히 해결하고 상호 이해의 폭을 넓혀 가는 것이 좋을 것이다.

10. 2007년 남북정상회담

2007년 8월 8일 남·북한 양정부는 "노무현 대통령과 김정일 북한 국방위원장이 같은 달 28일부터 30일까지 평양에서 정상회담을 개최키로 합의했다"고 각각 발표했다.

이번 남북 정상회담은 2000년 김대중 전 대통령과 김정일 위원장 간의 정상회담에 이어 7년 만에 열린 두 번째 회담이다. 김 위원장의 답방도 없이 우리 대통령이 이번에도 다시 평양으로 가 회담을 한다는 것과 17대 우리나라의 대통령 선거를 불과 넉 달 남겨 놓은 시점에서, 노 대통령이 정상회담을 서두른 이유에 대하여 항간에서는 '선거용'이니, '외교의 대미(大尾) 장식용'이니 하는 비판이 많이 일어났다.

그러던 중에 갑자기 북한이 한 달 전에 있었던 집중호우로 발생한 피해를 이유로 내세워 일방적으로 회담 연기를 요청해 와, 정상회담의 날짜가 한 달여나 뒤인 10월 2~4일로 재조정됐다. 국민들 사이에서 북한 당국의 무례한 태도에 분노 섞인 소리가 다시 나왔다. 그러나 정부는 이번에도 남북 관계의 발전과 평화 정착을 위하여, 꾹 참고 북한의 제의를 그대로 받아들였다.

노무현 대통령은 10월 2일 아침 자동차 편으로 평양으로 가는 도중, 오전 9시경 권양숙 여사와 함께 자동차에서 내려 군사분계선(MDL)을 걸어 넘으면서 "이 걸음이 금단(禁斷)의 벽을 허물고 평화와 번영의 길로 가는 계기가 되도록 노력하겠다"는 '평화의 메시지'를 남겼다.

김정일 위원장은 환영식 회장을 두 번씩이나 바꾼 후, 4·25 문화회관 앞 광장에서 노무현 대통령 일행을 맞았다. 노 대통령은 도착성명에서 "우리에게 무엇보다도 중요한 것은 평화라며, 남과 북이 힘을 합쳐 이 땅에 평화를 정착시켜 나가자"고 했다.

노 대통령은 10월 3일 김 위원장과 정상회담을 가지고, 4일 오후 1시 백화원 영빈관에서 ① 6·15 공동선언의 구현, ② 내정 불간섭과 통일지향 제도의 정비, ③ 불가침 의무 준수와 국방장관회 개최, ④ 3~4자 정상들의 종전선언 추진, ⑤ '서해 평화협력특별지대' 설치, ⑥ 백두산—서울 직항로 개설, ⑦ 인도주의 협력과 이산가족 상봉, ⑧ 국제무대에서의 민족협력 강화의 8개 본 항과 ① 남북 총리회담의 11월 서울 개최, ② 정상들이 수시로 만나 현안 협의의 2개 별항으로 된 '남북 관계 발전과 평화번영을 위한 선언'에 서명했다.

위에서 본 바와 같이 이번 선언은 한반도 평화와 군사적 긴장 완화, 남·북 간 경제협력 등에 대해 포괄적인 내용을 비교적 구체적으로 담고 있다. 합의사항 중에는 제대로만 이행된다면 분단 60여 년에 걸친 남·북 간 불신과 대치의 벽을 허물 수 있는 중요한 것도 있다. 그러나 국민들은 반신반의(半信半疑), 2000년 때와는 아주 달랐다. 김대중 대통령 일행이 서울에 돌아왔을 때는 처음이라 거리로 쏟아져 나온 시민들이 흥분해 있었고, 또 국민들은 앞으로 뭔가 될 것 같은 희망을 가졌었다.

그러나 이번에는 반응이 달랐다. 그것은 국민들이 1차 정상회담에 실망했고, 또 달라는 대로 다 퍼주고도 가시적 성과가 극히 제한적이었는 데다, 북한이 핵실험을 강행했기 때문이었다. 그리고 이번은 1차 때보다 다른 여건도 좋지 않았다. 무엇보다도 우리 대통령 선거가 겨우 두 달 보름밖에 남아 있지 않았고, 선거 후에는 힘이 새로 뽑힌 당선자에게 쏠릴 수밖에 없는데, 노 대통령이 집권 말기에 합의사항에 대한 실행 계획을 짤 수 있는 시간 여유가 없다는 것이다.

그 위에 합의 내용에도 부실하고 불분명한 사항이 적지 않다는 것이다. 대표적인 예가 정전체제 종식을 위한 3자 또는 4자 정상회의의 한반도 개최 문제인데, 북한의 핵 폐기가 선행되지 않는 한, '종전선언'은 무의미하다는 것이다. 그리고 3자냐 4자냐가 명확하게 확정되지 않아 3자일 경우 중국의 반발이 확실해, 이 선언이 '미완의 합의'임을 시사한다는 것이다. 또한 "종전선언의 중요한 당사자인 미국이 3자든 4자든 간에 '핵폐기 없는 종전선언'에 과연 동의를 하겠는가" 하는 것이다.

노 대통령은 모처럼의 좋은 기회에 북한 지도부가 아무리 싫어하고 또 약속을 잘 지키지 않는다 하더라도, 핵 문제를 논의하여 "앞으로 핵을 폐기하겠다"는 약속을 받고 이를 한 구절이라도 선언 속에 담았어야 했다는 것이다. 왜냐하면 핵 논의 없는 회담은 의미가 없고, 또 핵 폐기가 한반도 평화의 출발점이기 때문이다.

다음, '남북 경제협력'도 마찬가지다. 선언에서 두 정상은 해주지역과 주변해변을 포괄하는 '서해 평화협력특별지대'를 설치하고 공동 어로수역 설정과 경제특구를 건설키로 했다. 이것은 해주와 한강하구를 연결하는 거대한 '경제 벨트(belt)'를 조성한다는 것이며, 이 밖에도 개성—신의주 철도의 개·보수 등의 협력 사업을 진행키로 했다.

그러나 문제는 이 선언이 얼마나 실행력을 갖추고 있느냐 하는 점이다. 이런 합의가 제대로 이행되려면 우선 14조 원이 훨씬 넘는 천문학적 자금이 들어갈 것이다. 겉으로는 '남·북 간 유무상통'이라고 떠들지만 그것은 말뿐이고, 결국은 한국이 일방적으로 부담하는 형태가 될 것이 자명하다. 그렇다면 정부 차원의 예산지원뿐만 아니라, 민간기업의 대규모 투자가 불가피한데 국제자본의 북한 진출이 막히고 핵 폐기가 언제 이뤄질지 불투명한 상황에서 과연 우리 기업들이 본격적으로 투자에 나서겠는가 하는 것이다.

또 '서해 평화협력특별지대'의 중심 사업인 '공동어업구역' 설정 문제만 해도 그렇다. 이것은 우리 군이 1953년 이래 지금까지 '실질적인 해상경계선'으로 사수해 온 북방한계선(Northern Limit Line: NLL)인데, 그 수정 없이는 추진이 절대 불가능하다.

실제로 남·북은 서둘러 11월과 12월에 국방장관회의와 장성급회담을 열었으나, '서해 공동어로구역·평화수역'을 NLL의 남과 북 양쪽으로 동거리가 아니라, 남쪽에만 설치하자는 북한의 억지 주장 때문에 결국 회의는 실패하고 말았다. 이 밖에도 회담 후 공동선언의 후속합의를 위해 남·북 간 회담과 접촉이 2007년 말까지 23차례나 있었으나, 실질적 성과는 거의 없었다.

그리고 개성—신의주 철도 개·보수 협력 사업은 북한 철도의 노후화로 천문학적인 비용과 오랜 시일이 걸릴 대공사다. 우선 기초조사와 기반시설 공사부터 착수해야지, 본 공사부터 서둘러 시작할 수 있는 문제는 아니다. 그리고 북한철도의 현대화와 남·북 철도 연결운행 문제는 아시아 횡단철도(TAR)의 연결과 관련지어, 러시아와 중국은 물론 일본·독일·프랑스·영국·네덜란드 등 관련국들이 다 같이 참여하는 '국제 컨소시엄(consortium)'을 구성하여 추진하는 것이 현명할 것이다. 그것이 비용도 관계국이 분담하고, 또 북한이 중간에 '이랬다 저랬다' 변덕을 부리지 못하게 하는 예방책도 될 수 있기 때문이다.

위에서 본 바와 같이 이번 공동선언의 실현을 위해서는 먼저 검토하고 해결해야 할 과제들이 너무 많아, 차기 정부의 책무도 대단히 중요하다. 앞으로 새 정부는 정상들 간의 합의사항이므로 될 수 있는 대로 살리는 방향으로 노력하면서, 선언의 정신이나 사업을 국익 중심으로 판정하여, 계승할 것은 계승하고 또 검토할 것은 재검토할 뿐만 아니라, 경제성과 채산성도 함께 조사 연구하여 그 실현을 위하여 최선을 다해야 할 것이다. 그리고 실행하기 어려운 것은 그 이유를 들어 미리 북한 당국에 설명을 해, 양해를 구하는 것이 최소한의 예의일 것이다.

노무현 대통령은 평양에서 돌아와 "북한 지도부가 싫어하니 앞으로는 '개혁과 개방'이란 용어는 우리도 쓰지 않는 것이 좋겠다"고 하여, 많은 국민들을 크게 실망시켰다. 그것은 정부가 2000년부터 2006년 말까지 자그마치 6조 5,899억 원의 거액을 들여 북한을 지원하여, 개혁과 개방으로 유도한다던 '햇볕정책'과 '평화번영정책'이 완전히 실패했음을 자인한 것으로, 지금까지의 우리 대북 유화정책이 그 명분과 가치를 한꺼번에 다 잃게 됐음을 의미하기 때문이다.

노 대통령은 김 위원장과 독대한 기회에 그 뛰어난 말솜씨로 세계화

시대에 북한이 핵을 버리고 중국이나 베트남처럼 개혁과 개방으로 나온다면, 우리의 경험을 살린 적극적인 지원 속에, "북한도 우리 '한강의 기적'에 맞먹는 '대동강의 기적'을 만들 수 있다"는 식으로 진지하게 설득해서야, 김 위원장이 그 권고를 받고 안 받고를 떠나, 이번 정상회담이 나름대로 보람이 있었다고 평가됐을 것이다.

노무현 대통령은 또한 납북자와 국군포로 등의 중요한 문제를 회담에서 가볍게 언급한 정도에 그쳐, 납북자와 국군포로들의 가족에게 큰 실망을 안겼고, "평소에 인권의 중요성을 그토록 내세워 온 노 대통령이 어떻게 자국민인 납북자와 국군포로들의 인권에 대해서는 그렇게 무심할 수가 있느냐" 하는 우리 국민들의 물음을 피할 수 없게 됐다.

그뿐만이 아니고, 이번 회담에서 남측 문산에서 북측 봉동까지 화물열차를 운행키로 합의했는데, 봉동에는 아직 역사(驛舍)가 없어 열차는 12월 11일부터 운행은 하되, 그 전역인 판문역까지만 가고 오고 하고 있다. 또 아직은 개성공단으로 실어 나를 화물이 많지 않아 개통한 날부터 거의 빈 열차만 매일 오가고 있는데, 2008년 1월 25일 판문점에서 열린 군사실무회담에서는 북측이 "짐도 없이 오갈 바에는 차라리 운행 횟수를 줄이자"는 요구를 해왔다고 한다.

이번 경의선 철도 연결은 운행거리는 짧지만 운행 중단 56년 만에 이룬 쾌사인데, 현 정권이 화물이 있건 없건 개의치 않고 대통령 선거를 앞두고 그저 업적만 생각하여 서둘러 개통 날짜부터 잡은 것이 아니냐 하는 비판을 피할 수 없게 됐다.

그리고 다음은 '안변 조선(造船) 협력단지' 문제인데, 우리 기업인 중 안변을 다녀온 사람이 한 사람도 없다는 것이다. 해당 지역을 한 번도 가보지 않은 상태에서 기본적인 실태 조사도 없이 정부가 서둘러 합의부터 한 것은 문제가 있다. 이런 사업은 관련 기업에 맡겨 사업의 타당성과 채산성부터 조사시키고 나서, 긍정적인 답이 나왔을 때 정부가 뒤에서 밀어주는 것이 정상적인 순서였을 것이다.

마지막으로 별첨 2의 '정상회담의 정례화'인데, 외교가에는 "장관급 회담 열 번보다 정상회담 한 번이라"는 말도 있으니, 정상들이 자주 만나는 것은 좋지만, '회담의 정례화'보다 외교 관례에 맞는 '회담의 정상화'가 더 중요하다. 또 합의사항이 많다고 좋은 것도 아니다. 그것은 실천되지 않을 때는 불신의 골만 깊게 하기 때문이다.

7년 전 김대중 대통령이 남북 정상회담 성사를 위해 뒷돈을 주고 또 그 시기를 노벨평화상 심사가 시작되는 8월 이전에, 그리고 정상회담 발표는 4·13총선에 맞추었고, 또 노무현 대통령의 방북은 12월 대통령 선거를 불과 두 달여 앞두었기에, 우리는 지금껏 북한이 달라는 것을 다 주고도 회담의 주도권을 북한에 뺏겨, 회담이건 교류건 할지 말지와 언제 어디서 할지 등 모두 북한이 결정했다.

지금까지의 두 번에 걸친 정상회담은 모두 "대북 관계에는 사욕이나 총선·대선 등 국내 정치를 연계시켜서는 절대로 안 된다"는 귀중한 교훈을 우리 정치인들에게 남겼다.

그렇다고 "남북 간에 정상회담이 소용이 없다"는 것은 결코 아니다. 정상회담은 '평화공존'을 위해서도 긍정적 면이 크다. 그러나 우리 전직 두 분 대통령이 잘못 끼운 단추는 차기 대통령이 고쳐 끼워 잘못된 대화방식을 바로잡고, 격식과 국제적 관례에 맞는 제대로 된 정상회담을 통해, 남북 관계를 올바르게 정상화해 가야 할 것이다. 특히 다음 정상회담을 할 때는 서둘지 말고 반드시 김정일 위원장을 서울로 오게 하는 정도일 것이다. 이렇게 하는 것이 격식에도 맞고, 또 "백문이 불

여일견(百聞不如一見)"이라고 북한 지도부가 남한에 와서 우리의 발전상과 사는 모습을 직접 보면, 잘못된 근거에 기초한 그들의 환상과 딴 마음을 없애는 데에도 틀림없이 도움이 될 것이기 때문이다.

11. 지구 온난화와 환경 외교

노벨위원회는 2007년 10월 인간이 기후변화에 미친 영향을 연구하여 이를 널리 알림으로써, 기후변화 문제의 해결을 위해 노력한 공로로 앨고어(Al Gore) 전 미국 부통령과 '유엔 정부 간 기후변화위원회(IPCC: Intergovernmental Panel on Climate Change)'를 2007년 노벨평화상의 공동 수상자로 선정했다.

IPCC는 기후변화 문제를 다루기 위해 1988년 유엔환경계획(UNEP)과 세계기상기구(WMO)가 공동으로 설립한 유엔 산하기구인데, 2007년 11월 스페인 발렌시아에서 제27차 총회를 열고 지구 온난화 문제를 심의하여 「제4차 기후변화에 관한 보고서」를 채택하고 폐막했다.

IPCC는 지금까지도 130개국에서 2,500명이 넘는 과학자와 기후 전문가들이 모여 검토한 결과를 5~6년에 한 번씩 '기후변화 평가보고서'의 이름으로 발표하고 있다.

이번 보고서는 2007년 12월 3~14일 인도네시아 발리 섬에서 180여 개국 대표단과 국제기구, 환경단체 등 관계자 1만여 명이 참가한 가운데 열린 제13차 유엔기후변화협약(UNGCCC) 당사국 총회 겸 제3차 교토의정서 당사국회의에 보고되어, 2012년에 끝나는 교토의정서(京都議定書)를 대체할 새로운 '온실가스 감축 프로그램(program)'에 관한 논의의 기초자료로 크게 활용됐다.

지구 온난화로 인한 이상기후와 환경파괴는 먼 미래의 문제가 아니라, 당장 우리 눈앞에서 지금 막 벌어지고 있는 현재의 문제다. 지구촌은 지금 유례가 없는 기후 난동을 실제로 경험하면서 그 피해를 크게 받고 있는 중이다. 우리나라도 그 예외는 아니다. 해마다 겨울이 짧아지며 여름이 길어지고 비가 많아지면서 해수면이 상승하고 있어, 30년 후엔 우리 땅에서 24.57㎢가 물에 잠길 것으로 전망되고 있다. 서울 여의도의 일곱 배나 되는 넓은 땅이 사라진다는 것이다.

화석연료를 태울 때 발생하는 이산화탄소(CO_2)나 프레온가스 등 각종 온실가스의 배출이 지구 온난화의 주범인데, IPCC는 이번 보고서를 통해서 우리에게 "온실가스 배출에 따른 지구 온난화가 머지않은 장래에 인류에 종말론적인 대재앙이 될 수 있다"고 무서운 경고를 하고 있다.

또 이번 IPCC 보고서는 지난 100년간 지구의 평균 온도가 0.7도 상승했다고 밝히고, 지구 온난화가 인간이 방출한 온실가스에 의해 초래된 '인재(人災)'라는 사실을 분명히 했다. 그리고 2100년 지구 지표면의 평균 온도를 1980~1999년 수치와 비교해 보면, 1.1도에서 6.4도까지 상승할 가능성이 있고, 해수면은 금세기 말에 최소 18㎝, 최고 59㎝가 상승할 것으로 전망했다.

이 보고서는 이 밖에도 지구의 평균온도가 앞으로 1.5~2.5도 상승하면 동식물의 20~30%가 멸종 위기에 처하고, 아프리카에서는 2020년까지 7,500만~2억 5,000만 명의 인구가 물 부족 현상에 직면하며, 농작물 생산량도 일부 국가에서는 절반까지 줄어들 것으로 예상했다. 만일 기온이 3도 이상 오르면 전 세계 해안의 30%가 침수 위험에 빠지게 될 것으로 내다보고 있다. 그래서 지표면이 낮은 싱가포르는 해수면 상승에 따른 침수라는 최악의 시나리오에 대비하여 지금부터 200km에 이르는 해안에 거대한 제방을 쌓는 계획을 세우고 있다. 그리고 유럽에 서는 이미 산악 빙하가 감소하고 또 광범위한 종자(種子)의 손실이 초래되고 있으며, 오늘날 같이 지구 온난화가 계속된다면, 머지않아 남·북극의 빙하도 녹아내리고 호주와 뉴질랜드에서도 물 부족 현상이 크게 일어날 것으로 내다보았다.

보고서는 마지막으로 한번 배출된 온실 가스는 수십 년 동안 대기 중에 남아 있는데, 만일 2015년 이후에도 온실가스가 오늘날처럼 늘어난다면, 지구촌은 그 존립 자체가 위태로워진다며 "지구를 살릴 수 있는 시간도 앞으로 8년밖에 남지 않았다"고 지구 온난화를 심각하게 경고하고 있다.

그리고 온실가스를 감축하는 방안으로 ① 에너지 효율의 향상, ② 태양 에너지와 풍력 등 신재생 에너지의 확대, ③ 효율적인 조명, ④ 쓰레기 매립지의 메탄가스 회수 등을 제안하면서, 우선 세계 각국에 석유 등 화석연료에 대한 보조금 삭감과 재생 에너지 사용 의무화제도의 도입 등을 권고하고, "온실가스 감축 노력과 기후변화에 대비, 적응하려는 노력이 상호 보완될 때에만 우리는 지구 온난화의 피해를 줄일 수 있다"고 결론짓고 있다.

2012년까지의 온실가스 배출량을 규정한 1997년 '교토의정서' 서명 당시만 해도 한국은 개발도상국가로 온실가스 배출량 감축의무를 지지 않았다. 그러나 10년 후인 지금은 한국의 온실가스 배출량 순위가 세계 9위가 되어, 앞으로 2009년 덴마크 코펜하겐 회의에서 체결될 새 기후변화 협약에서는 우리나라도 틀림없이 국가별 배출량의 규제를 받게 될 것이다.

정부는 미리 서둘러 그 대비에 만전을 기해야 할 것이다. 아무 준비 없이 있다가 국제 압력으로 온실가스를 급격히 줄일 수밖에 없게 되면, 우리 경제는 치명타를 입게 될 것이다. 앞으로 우리나라도 국제 사회의 책임 있는 일원으로서 국가를 초월한 인류 전체의 문제의식을 가지고 지구 온난화 문제 해결에 적극 나서야 할 것이다.

한국은 환경 문제와 관련하여 지금 다른 나라들 보다 봄철 불청객인 황사(黃砂)와 날로 심각해지고 있는 서해(西海·황해)의 오염과 같은 당장 심각한 환경 문제를 한두 가지 더 가지고 있다.

먼저, 봄만 되면 어김없이 찾아와 우리 국민들을 괴롭히고 못 살게

<그림 9-6> 황사, 어디서 얼마나 불어오나?

구는 황사 문제인데, 이 황사의 발원지는 주로 네이몽구(內蒙古) 고원과 고비 사막, 그리고 황토 고원 지대다. 중국은 지구 온난화로 매년 서울 면적의 3~4배 나 되는 땅이 사막으로 변하고 있어, 이 사막화가 지금 수도인 베이징(北京)의 북부 약 60㎞ 앞까지 다가오고 있어 "천도(遷都)해야 한다"는 소리가 나올 정도로 그 피해가 심각하다. 몽골의 경우는 사막화가 더 심해 고비 사막만한 면적이 날이 갈수록 확대되면서, 이미 전국토의 40~50%가 사막으로 변하고 있다.

봄철 이 지역에 시베리아 냉기류가 내려오면서 강풍이 몰아치면 흙먼지가 하늘로 5,000~7,000m까지 솟아오른다. 한치 앞도 안 보이는

싯누런 흙먼지가 편서풍을 타고 연중 8~12회나 날아와 한반도의 상공을 온통 뒤덮고, 때로는 일본을 지나 미국 서해안까지도 날아간다.

이 황사 속에는 모래만 있는 것이 아니라, 매연과 수은이나 납 등의 오염물질까지 섞여 있어 농작물에 큰 피해를 주고, 또 인체에 각종 질환까지 일으킨다. 서울 상공의 수은 48%가 중국발(發)이며, 산성비의 원인이 되고 있는 국내 황산화물의 20%도 역시 중국에서 날아온 것들이다.

국토의 거의 18%가 이미 사막화된 중국은 지금 이 사막화를 막기 위해 비 한 방울 내리지 않는 땅에 물을 끌어와 초지(草地)와 숲을 조성하는 어려운 일을 우리와 일본의 재정적 도움을 받아가며 열심히 벌이고 있다.

황사는 최대의 피해국인 한국만의 문제가 아니라 이 지역 전체의 국제적 환경 문제다. 따라서 해결책도 발생국은 물론 피해국들까지 모두 나서서 함께 찾아야 한다. 정부는 우선 황사 전문가를 양성하여 세계기상기구(WMO)나 사막화 방지조약 등을 적극 활용하고, 한·중·일 3국에 북한과 몽골도 참여시켜 '동북아 환경협력체' 같은 국제기구를 창설하여 상호협력을 강화해 나가야 한다.

그리고 '긴급환경기금' 설치나 '환경감시 기상탑' 증설 등 황사 피해의 최소화를 위한 여러 가지 방지 사업을 공동으로 적극 추진해 나가는 것이다.

다음은 서해의 오염 문제인데, 우리 서해 서북방에 있는 발해만(渤海灣)은 벌써 10여 년 전부터 극심한 오염으로 중병을 앓고 있다. 예부터 어자원이 풍부해 '어창(魚倉)'으로 불리던 발해만이 지금 '죽음의 바다(死海)'로 변하면서 많은 어족들이 멸종되고 있다.

다급해진 중국 정부는 '푸른 발해만 만들기 15년 계획'을 2001년부터 시행하고 있다. 그러나 발해만 주변의 톈진(天津)과 다롄(大蓮) 등 대도시나 연안의 공업지대에서 마구 쏟아져 나오는 오수(汚水)와 공장폐수에다 농약과 화학비료 등 각종 오염물질 때문에 지금 발해만 상황은 나아지기는커녕 날이 갈수록 더 악화되고 있다고 한다.

중국 정부는 지금 여러 가지 연구 끝에 발해만을 살리기 위해 산둥(山東) 반도를 남북으로 가로지르는 길이 110~130㎞에 폭 50~100m의 대운하 건설을 추진하고 있다. 이 운하를 통해 사실상 고여 있다시피 한 발해만 물과 아직은 맑은 서해 물을 서로 소통케 하여 발해만의 수질을 개선해 보겠다는 것이다.

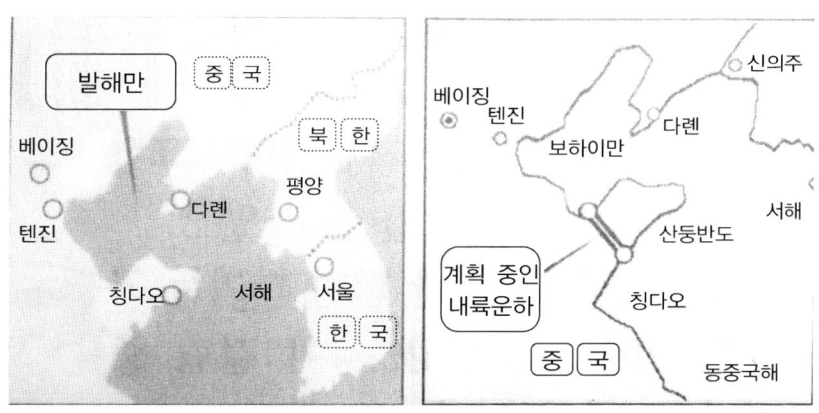

<그림 9-7> 발해 만과 대운하 건설

이 발해만에 직접 연결돼 있는 우리 서해가 지금 썩어가는 발해만의 바로 뒤를 바싹 따라가고 있는데, 이런 상태가 앞으로 더 계속된다면 서해의 사해화(死海化)도 앞으로 시간문제일 뿐이다. 서해가 '죽음의 바다'가 되어 밤낮으로 악취를 뿜어내고 주요 어족이 다 멸종한다면, 우

리가 어떻게 이 땅에서 숨을 쉬며 제대로 살아갈 수가 있겠는가? 이것은 남의 일이 아니다. 정말 남과 북을 가릴 것 없이 우리 한민족 전체의 사활이 걸린 심각한 문제라고 아니할 수 없다.

정부는 지금 '죽음의 바다'로 변하고 있는 발해만의 선례를 거울삼아, 중국과 북한 등 서해 주변국들과 함께 조속히 '공동관리기구' 같은 것을 설치하여, 각종 오염물질의 서해 유입을 엄금하여 오염원을 원천적으로 막고, 배출 물질에 대한 첨단 '감시기술 시스템'의 도입, 지속적인 정화작업의 강화 등 다각적인 대책을 수립하고 이를 엄격하게 집행하는 등 미리 철저히 대비하여, 반드시 서해의 오염을 막아 우리 삼천리강산을 오염으로부터 지켜내야 할 것이다.

그리고 최근 온갖 폐기물에 오물 찌꺼기까지 바다에 마음대로 갖다 버리는 바람에, 지금 동해의 '폐기물 해양투기구역' 부근의 바닷물도 크게 오염되고 있다고 한다. 아무리 동해가 넓고 맑다 해도 자연적인 오염 개선에 100년이 걸린다고 하니, 동해의 오염도 더 나빠지기 전에 연안국들과 미리 대책을 진지하게 강구해야 할 것이다.

앞으로는 날이 갈수록 어떠한 나라도 환경 보존을 새로운 가치로 내건 오늘의 국제적 움직임과 지구 온난화 방지를 위한 활동과 함께, 새로운 방지 기술이나 대체에너지 개발에 적극 동참하지 않고서는 자국의 국제적 위상을 높이고, 또 지속적인 경제발전을 절대로 기대할 수 없을 것이다.

우리 정부도 지금부터 에너지 절약에 앞장설 뿐만 아니라, 환경과 경제를 조화롭게 발전시키기 위해 환경 외교를 강화하면서 각종 환경산업을 미래의 성장 동력으로 삼아야 할 것이다. 그리고 우리 기업들은 기업들대로 기후 변화가 또 다른 비즈니스 기회가 될 수도 있으므로,

앞으로는 발상을 전환하여 탄소 배출은 줄이고 에너지 효율은 높이는 새로운 각종 제품 생산에 눈을 돌려야 할 것이다.

12. 북한의 인권문제

인권(人權)이란 인간이 인간다운 삶을 누리기 위하여 인간의 존엄성을 보장받을 권리를 말한다. 이것은 인간의 기본권이기 때문에 오늘날 세계 모든 나라는 인권을 국가의 기본법인 헌법에서 보장하고 있다. 북한의 헌법도 선거권을 위시하여 언론, 출판, 집회와 결사의 자유로부터 사상과 신앙, 그리고 거주와 여행의 자유, 서신의 비밀까지 국민의 기본 권리를 모두 18개의 조문에 일일이 열거하여 보장하고 있다.

그러나 북한은 1948년 정권 수립 이래 시대의 흐름에 역행하는 세습 독재체제 유지를 위해 국경을 완전히 봉쇄하여 정보의 유출입을 막은 다음, '집단주의 원칙'을 내세워 헌법에 명기돼 있는 기본권은 말할 것도 없고, 연좌제의 적용, 정치범 수용소의 운영, 공개처형, 외국방송 청취 엄금 등 국민의 모든 권리와 자유를 철저히 탄압하여, 나라를 전 세계에서 '최악의 인권탄압국'으로 만들었다.

"사실은 언젠가는 세상에 알려지게 되는 법"인데, 북한의 처참한 인권탄압의 실정이 조금씩 외부 세계에 알려지다가 1990년대 중반부터 탈북자들이 크게 늘어나 생생한 인권탄압의 실상이 세계 주요언론에 보도되기 시작하면서, 전 세계에 큰 파문이 일어났다. 그러나 북한 당국은 세계 여론을 완전히 무시하고 조금도 인권 개선을 위한 노력을 하지 않았다.

결국 1997년과 1998년에 유엔 인권위원회[20]와 인권소위원회[21]가 북한의 심각한 인권유린 상황에 개입하기에 이르렀다. 그러나 북한 당국은 이를 '주권 침해'라고 강하게 반발하고 나왔다.

이에 인권을 국가와 체제를 떠나 인류 보편의 가치로 여기며 이를 '최고의 지선(至善)'으로 삼고 있는 유럽연합(EU)이 인권 개선을 충고하기 위해 북한과의 대화를 시도했다. 그러나 북한이 대화에 응하지 않자 EU는 2003년 초에 '북한 인권결의안'을 제59차 유엔 인권위원회에 제출하여 4월 전체 회의에서 이를 찬성 28에 반대 10, 기권 14로 통과시켰다. 그런데 유독 한국만 이 투표에 불참하여 우방국 대표들로부터 반(反)민족적이고 반인도적이라는 강도 높은 비난을 받았다.

북한 당국이 다시 이 인권위원회의 결의까지 무시하고 나오자, EU는 2004년 제60차 인권위원회 전체회의에서 '북한 인권담당특별보좌관'을 임명하는 조항을 추가한 새 결의안을 29 대 8, 기권 16으로 통과시켰다. 한국 대표는 이번에는 투표에 참가는 했으나 '남북 관계의 특수성'을 이유로 기권을 했다.

북한 당국은 그 후에도 계속 인권위원회의 경고를 무시하고 유엔이 임명한 '인권담당특별보고관'의 입국을 거절했다. EU는 2005년 제61차 인권위원회 전체회의에 재차 '대북 인권결의안'을 제출하여 이를 다시 압도적인 표차로 통과시켰으나, 한국은 다시 기권했다. 북한이 또 "존재하지도 않는 인권 문제로 나라의 명예를 훼손했다"고 반발하고

---

20) 유엔에 있어서 인권에 관한 최고의 의사결정 기관으로 경제사회이사회에서 피선된 53개국으로 구성됐다. 위원국의 임기는 3년으로 한국은 1993년 이래 5회 연임 위원국이다. 매년 3월부터 4월까지 제네바에서 정기회합을 개최한다.

21) 1947년 인권위원회의 결정에 의해 그 산하기관으로 설립됐다. 인권소위원회는 인권위원회에서 선출되는 임기 4년의 26명의 위원으로 구성되는데, 위원은 정부의 지명에 따라 선출되나 어디까지나 '개인의 자격'으로 활동한다. 소위원회 회의는 매년 8월 중 4주 동안 역시 제네바에서 개최됐다.

나와, EU 25개국은 이번에는 미국, 일본과 함께 같은 해 11월 '북한인권 상황에 대한 결의안'을 제60차 유엔총회에 제출했다.

유엔총회 제3위원회는 이 결의안을 심의한 끝에 유엔 회원국 191개 중 168개국이 참여한 표결에서 84 대 22, 기권 62의 큰 표차로 통과시켰다. 북한 대표는 심의과정에서 "북한에서는 인권이 완전하고 최고로 보장되어 있다"고 터무니없는 억지 주장을 되풀이하여 다시 온 세상의 웃음거리가 됐다. 한국 대표는 여기에서도 또 기권을 하여 우방국 대표들로부터 "한국이 이중 잣대를 쓴다"는 강한 비판을 이번에도 받았다.

제60차 유엔총회는 12월 제3위원회가 채택하여 보고한 '북한 인권 상황에 대한 결의'를 찬성 88, 반대 21, 기권 60로 통과시켰다. 이 표결은 제3위원회의 대북 인권결의안 채택을 총회에서 공식적으로 마무리하는 절차다. 북한 대표는 표결 직전 "미국과 일본, 그리고 EU가 인권 문제를 빌려 우리를 압박하고 있기 때문에 6자회담의 미래에 대해 심각한 의심을 갖는다"고 엉뚱하게 아무런 관계가 없는 6자회담의 재개(再開) 문제를 들고 나왔다. 미국 대표는 즉석에서 "인권 문제와 6자회담은 아무런 관계가 없다"고 정면에서 북한의 주장을 반박했는데, 한국 대표는 아무 말도 안 하고 이번에도 기권표만 던졌다. 국내에서는 "북한을 의식하여 소신껏 행동하지 못하고, 기권함으로써 처참한 북한 동포들의 인권 유린을 묵인한 것은 같은 민족으로서 역사 앞에 죄를 짓는 것"이라고 비난의 소리가 커져 갔다.

한국은 유엔총회에서까지 대북 인권결의안에 기권함으로써 외교에서도 '신의'와 '신뢰'가 하나의 소중한 국가자산인데, 우리는 우방들의 신뢰와 함께 우리가 오랫동안 쌓아올린 유엔 인권위원회 5선 연임의 지도급 위원국으로서의 명예와 권위를 한꺼번에 다 잃었다.

물론, 대북 인권결의안이 유엔총회를 통과됐다고 해서 그 결과가 법적 구속력이나 어떤 강제력을 갖는 것은 아니다. 그러나 결의안의 통과는 유엔 회원국의 총의를 모은 것으로 위원회 결의보다 그 무게와 정치적 비중이 크고 또 세계 여론에 미치는 영향도 막강하다.

그러나 북한 당국은 유엔총회의 결의까지도 무시하면서 조금도 인권 개선에 신경을 쓰지 않았다. 이에 EU는 2006년 이번에는 미국과 일본 등 35개국의 이름으로 북한 인권에 대한 우려와 그 개선을 촉구하는 대북 인권결의안을 제61차 유엔총회에 재차 제출하여 제3위원회의 토의를 거쳐 11월 총회에서 찬성 91, 반대 21, 기권 60으로 다시 채택시켰다. 5월에 있었던 새로 신설된 유엔 인권이사국[22] 선출에서 당당히 초대 이사국으로 뽑힌 한국이 이번에 처음 찬성표를 던짐으로써, 그동안에 잃었던 인권애호국으로서의 체면을 가까스로 되찾았다. 우리 정부는 앞으로도 "북한 동포들도 인간답게 살 수 있어야 한다"는 우리의 주장만큼은 절대로 흔들려서는 안 될 것이다.

정부가 종전의 태도를 바꿔 찬성으로 돌아선 데는 북한이 2006년 7월 중·장거리 미사일 발사 시험을 한 데다, 10월에 핵 실험까지 감행한 것이 직접적인 원인이 됐고, 북한이 북핵 해결을 위한 6자회담에 1년 이상 불참한 것과 유엔 사무총장에 당선된 반기문 외교통상부 장관의 대통령에게 올린 거듭된 건의가 큰 도움이 됐다.

북한은 즉각 "남조선 당국의 대북 인권결의안 찬성은 6·15 공동선언의 기초를 파괴하는 용납 못할 반(反)통일적 책동"이라고 맹비난을 하고 나왔다. 그 후도 북한의 참혹한 인권침해 상황이 개선되기는커녕

---

22) 유엔 총회는 2006년 경제사회이사회(ECOSOC)의 산하기관이었던 인권위원회를 기능과 권한을 강화하여 총회 산하기구인 인권이사회로 격상시켰다. 47개 이사국은 선거를 통해 선출되며 임기는 2년이다. 이사회는 1년에 최소한 세 차례 소집되어 10주일 이상 활동하는 준(準)상설기관이다.

탈북자 문제가 더 악화되고 있는 것을 보고, 이번에는 EU와 일본이 주도하여 다시 대북 인권결의안을 2007년 제62차 유엔총회에 제출했다. 북한의 고문, 공개처형, 매춘, 영아살해, 외국인 납치 등 인권침해 상황을 비난하고 북한 내의 정치범수용소, 탈북자 학대, 사상과 종교, 표현의 자유에 대한 '전면적인 엄한 제한'을 비판한 대북 인권결의안은 11월 총회 제3위원회에서 찬성 97, 반대 23, 기권 60이라는 압도적 표차로 3년 연속 채택됐다. 우리 대표단은 노무현 대통령의 특별지시에 따라 아무 발언 없이 기권으로 다시 태도를 바꿔, 우방국 대표들을 또 한 번 당황스럽게 했다. 북한의 유엔 차석대표는 이번에도 '위선'이니 '정치공작'이니 하는 과격한 말을 써가며, "결의안 내용이 거짓으로 가득차 있다"고 반박하고 나왔다.

12월 총회 본회의는 인권에 대한 우려와 개선을 촉구하고 유엔기구와 비정부기구(NGO)들의 활동을 북한 내에서 허용하라는 결의안을 찬성 101, 반대 22, 기권 59의 큰 차로 채택했는데, 한국은 '조용한 외교'를 내세워 다시 기권함으로써 북한 주민들이 당하고 있는 참혹하고 야만적인 인권 유린에 또 한 번 눈을 감은 셈이 됐다.

인권은 국제 사회에서 인류의 보편적 가치로 자리 잡은 지 오래다. 그리고 인권은 상황에 따라서 존중하거나 무시할 수 있는 것도 아니다. 어디까지나 북한 주민들이 인권을 어느 정도 누리고 있느냐만이 투표를 결정하는 기준이 돼야 한다. 그런데 "우리 정부의 기권은 도대체 무엇을 기준으로 하고 또 누구를 위한 것인가?" 하는 의문을 낳게 했다.

북한의 인권 문제는 이제 더 이상 우리 민족끼리만의 문제가 아니라, 전 세계가 목소리를 높이는 전 인류적 현안이다. 우리가 북한 동포들의 인권 개선을 요구하는 것은 시대의 양심이며, 같은 동포로서 당연한 사명이며, 북한의 인권에 침묵하는 것은 결과적으로 북한의 폭력정치를 간접적으로 도와주는 것이나 다름이 없다. 정부는 북한에 대해서도 원칙 문제에 관한 한, 말할 것은 말하고 비판할 것은 비판해야 한다. 그것이 진실로 북한 동포를 위하는 길이다.

참여정부가 이번에 다시 기권으로 돌아선 배경은 자명하다. 남북 정상회담으로 조성된 좋은 현 남북 관계를 지속시키기 위해선 북한을 자극할 필요가 없다는 판단을 했을 것이다. 그러나 남북 관계가 경색될까 봐 인권문제를 가지고 할 말도 못하고 다시 기권한 것은 너무 무책임하고 이기적인 결정이었다.

그리고 인권 침해가 우려된다고 우리 국가보안법의 전면 폐지를 요구하고, 우리 국군의 이라크 파병 결정 때는 이라크 주민들의 인권 유린을 걱정하며 파병에 반대했던 우리 국가인권위원회가 동족인 북한 주민들의 처참한 인권유린 상황에 대해서는 철저하게 처음부터 끝까지 눈을 감고 침묵으로 일관함으로써, 201명의 인원과 20억 원의 예산을 쓰는 우리 인권위원회는 도대체 누구와 무엇을 위해 존재하는 기관인지, 그 존립 이유를 위원회가 스스로 계속 부정하고 있는데, 그래서는 안 된다.

앞으로는 우리 국가인권위원회도 설립 목적에 비추어 북한 인권에 대해서 할 말은 하고, 정부도 유엔 인권이사회의 이사국이며 유엔의 사무총장까지 배출한 나라답게, 북한 당국과 주민들의 인권 개선을 위해 '솔직한 대화'에 공을 들이고, 또 세계 인권 신장을 위해서도 계속 선도적 역할을 다해 나가야 할 것이다.

13. 베이징 6자회담

핵무기를 제조하는 방식에 두 가지가 있다. 하나는 나가사키(長崎)형이고 또 하나는 히로시마(廣島)형이다. 나가사키형은 플루토늄을 원료로 하고, 히로시마형은 고농축 우라늄(HEU)을 원료로 한다. 플루토늄의 경우에는 제조에 대형 원자로가 필요해 위성사진 등으로 국제 감시가 어느 정도 가능하지만, 고농축 우라늄의 경우에는 몇 천대의 작은 원심분리기(遠心分離機)를 분산·설치하여 이를 알루미늄 파이프로 연결하여 회전시켜 천연 우라늄의 농도를 높이면 되므로, 전기만 있으면 지상이든 지하든 어디에서나 작동시킬 수가 있어, 그곳을 찾아내기란 그리 쉬운 일이 아니다.

북한은 1994년까지는 나가사키형 핵폭탄을 만들고 있었으나, '94년 제네바 협정' 후에는 이를 중지하고 국제 사회를 속이고 몰래 파키스탄에서 기술을 도입하여 히로시마형으로 핵무기 개발을 하고 있었다. 미국이 그 증거를 2002년 10월 북한에 들이대자, 북한이 이를 인정함으로써 '제2의 북핵 위기'가 시작됐던 것이다.

우리 정부가 북한에게 "핵개발은 남·북한이 합의한 '1992년 한반도 비핵화선언' 위반"이라고 그 중단을 강하게 요구했으나, 북한은 "핵 문제는 미국과의 문제"라며 우리의 요구를 완전히 무시했다. 미국이 '제네바 합의'의 파기를 통고하자, 북한은 핵시설 봉인과 감시 카메라를 제거하고 국제원자력기구(IAEA) 시찰단까지 추방했다.

2003년 1월 IAEA가 특별이사회를 소집하여 감시 장치의 원상 복귀를 촉구하자, 북한은 즉각 핵확산 금지조약(NPT) 탈퇴를 선고함으로써 북핵 사태는 완전히 10년 전의 원점으로 되돌아가고 말았다.

이렇게 북한에게 한번 속은 미국은 북핵 문제의 평화적인 해결을 위해, 이번에는 북한과 1 대1 의 양자(兩者)대화가 아니라 다자(多者)회담 방식을 택하고, 북한에 영향력을 갖고 있는 중국을 끌어들여 같은 해 4월 북·미·중 3자 회담을 베이징(北京)에서 개최했다. 이것이 '베이징 3자회담'이다. 그러나 회담은 '선(先) 핵 포기'를 내세우는 미국과 '선 체제 보장과 에너지 지원'을 고집하는 북한 주장이 맞서 사흘 만에 결렬됐다.

그 후 우리 정부의 노력과 중국의 중재로 북핵 문제 해결을 위한 남·북한과 미·일·중·러시아 6개국이 참여하는 다자회담이 같은 해 8월 다시 베이징에서 개최됐는데, 이것이 바로 '베이징 6자회담'이다.

베이징 6자회담(2003.8~2004.6)

이렇게 어렵게 시작된 6자회담은 2003년 8월부터 2004년 6월 사이에 세 차례나 개최됐으나, 핵문제 해결의 방식을 위시하여 보상 여부, 폐기 대상, 농축 우라늄의 유무 등을 둘러싼 북·미 간의 첨예한 의견 대립으로 별 성과 없이 모두 무위로 끝났다.

2005년 2월 북한이 협상력을 높이기 위해 '핵무기 보유 및 6자회담 참가 무기한 중단'을 선언하고 나왔다.

그러나 다시 우리와 중국의 적극적인 주선 노력으로 제4차 6자회담이 같은 해 7월과 9월 두 단계로 나눠 개최됐다. 이 9월 회담에서 마침내 '6개항의 공동성명'이 채택됐는데, 이것이 '9·19 공동성명'이다. 이 공동성명은 북한의 모든 핵무기와 핵계획의 포기와 NPT 복귀와 함께, 미국의 대북 불공격 약속과 북한의 평화적 핵 이용권 존중, 그리고 경수로 제공 논의 등의 중요한 내용을 담고 있는데, 이런 사항을 '행동 대 행동의 원칙'에 따라 단계적으로 실시키로 했다. 이것이 북핵 폐기를 위해 열린 6자회담이 거의 3년 만에 이뤄낸 최초의 합의였다.

그러나 11월에 개최된 제5차 6자회담은 합의내용 해석에 대한 이견과 후속합의 불발로 더 이상의 진전을 보지 못하고 다시 폐회됐다. 그 후도 미국의 대북 경제제재 조치의 해제를 요구하며 6자회담 참석을 거부해 오던 북한이, 2006년 7월 미사일을 발사하여 유엔 안보리로부터 강력한 규탄과 비난을 받은 데 뒤이어, 10월 핵 실험까지 강행함으로써 회담은 무기휴업 상태에 들어갔다.

미국은 기존의 대북 금융제재에 보태 두 자루의 칼을 더 뽑아 들었다. 하나는 유엔 안보리 결의를 통한 대북 제재고, 또 하나는 '대량살상무기 확산방지구상(PSI)'[23]이었다. 우리 정부는 즉각 금강산관광 정

---

23) Proliferation Security Initiative로, 대량살상무기 확산방지 구상으로 2003년 부시 대통령이 제안했다. 대

부보조금 중단에 이어, 신규 남북 협력사업 승인 유보와 쌀과 비료지원 보류 등으로 미·일 양국의 대북 제재에 합세하고, 중국까지도 원유 공급과 일부 금융거래를 중단했다.

북한이 이와 같은 국제 사회의 강한 압박을 받고 6자회담 복귀로 태도를 바꿔, 핵 실험 후 1년 1개월 만인 2006년 12월부터 제5차 6자회담 2단계 회의가 다시 열렸다. 그러나 북한이 이번에는 "BDA 은행의 동결 구좌를 풀어야 비핵화 논의를 할 수 있다"고 또 특유의 '시간 끌기 작전'으로 나와 회담은 또 다시 휴회에 들어갔다.

그러나 부시 행정부가 회담의 원만한 진척을 위하여 기본 정책을 바꿔, 북한과의 양자(兩者)대화를 6자회담의 틀 안에서 받아들임으로써, 2007년 1월 독일 베를린(Berlin)에서 미국 대표 힐(Christopher Hill) 대북 정책조정관이 북한 김계관과 회동했다. 이 회동 후부터 미·북 간에 온난 기류가 형성되어 2월 베이징에서 열린 제5차 6자회담 3단계 회의에서, 대표들은 2005년 '9·19 공동성명'의 초기조치 이행을 위한 '2·13 합의문'을 작성, 이를 발표했다.

'2·13합의'는 총 7개 조항과 합의의사록으로 구성되어 있는데, 여기에는 북한이 취해야 할 비핵화 조치와 여타국들이 취해야 할 상응조치가 초기 60일 이내에 이행해야 할 조치와 추후에 할 조치 등 두 가지로 구분되어 명시돼 있다.

북한이 60일 이내에 취해야 할 조치로는 영변(寧邊) 핵시설의 폐쇄 및 봉인, IAEA와의 합의에 이은 시찰요원 복귀(제2조 1항), 플루토늄을 포함 모든 핵 프로그램에 대한 신고를 위한 협의(제2조 2항) 등이며,

---

량살상무기 운반이 의심되는 선박·항공기에 대해 강제 조사 및 압수를 하려는 것이다. 부분 참여국까지 합치면 60여 개 국가가 동참하고 있다.

이 기간 중 여타국들은 관계 정상화를 위한 북·미 간 및 북·일 간 대화, 테러지원국 해체 및 대(對)적성국 교역법적용 종료를 위한 조치, 중유 5만 톤 상당의 긴급 에너지지원 개시(제2조 3, 4, 5항) 등 상응 조치를 취하는 것으로 되어 있다. 북한이 취해야 할 후속 조치로서는 모든 핵 프로그램에 대한 완전한 신고, 흑연감속로 및 재처리시설을 포함한 현존 핵시설 전체의 불능화(disablement)(제4조) 등이 있으며, 여타국들은 불능화단계 기간 중 누계 100만 톤의 중유에 상당하는 경제·에너지 지원(제4조)을 하는 것으로 돼 있다.

합의서 의사록에는 일본을 제외한 4개국이 '평등과 형평의 원칙'에 따라 대북 지원에 참여하는 것으로 명시되어 있다. 이에 더하여 합의문은 '한반도 비핵화', '북·미 관계 정상화', '북·일 관계 정상화', '경제·에너지 협력', '동북아 평화·안전체제' 등 5개 실무그룹 회의를 개최하도록 규정하고 있으며(제3조), 장관급 회담의 신속한 개최, 별도 포럼에서의 한구적인 한반도 평화체제 협상(제6조), 2007년 3월 제6차 6자회담 개최(제7조) 등의 내용을 담고 있다.

'2·13합의'는 북핵 해결의 원칙과 방향을 밝혔던 2005년 '9·19 공동성명' 발표 이후 17개월 만에 새로운 출발점을 마련했다는 점에서 그 의의는 크다.

그러나 '2·13합의'는 어디까지나 '임시방편적 조치'로서 북한이 이미 보유한 것으로 공언한 핵무기와 플루토늄의 행방이 규정되지 않았으며, 함경북도 길주군의 '핵실험 시설'에 대한 언급도 없는 등 많은 중요한 사항들이 누락되어 있을 뿐더러, 북한이 어딘가에서 비밀리에 추진하고 있을 지도 모르는 우라늄 농축에 대한 언급도 없다.

이 밖에 '폐쇄', '불능화' 등이 의미하는 조치 사항과 절차에 대한 구체적 후속합의, 검증을 위한 IAEA와 북한 간의 협상, 한국의 대북 지원에 있어서의 역할 등 해결하고 조정해야 할 문제들도 많다.

북핵시설 폐쇄 등 '2·13합의'의 후속조치를 논의하기 위해 열린 제6차 6자회담이 3월 베이징에서 열렸으나, 북한 대표가 "BDA에 묶여 있던 2,500만 달러의 입금(入金)을 확인해야겠다"며 중국 측의 만류마저 뿌리치고 일방적으로 귀국해 버렸다.

이라크 사태로 곤욕을 치르고 있던 부시 행정부가 2008년 11월 말의 대통령 선거를 의식하여, 6자회담의 원만한 진척을 위해 6월에 BDA에 동결됐던 북한 자금을 해제해 주자, 북한은 미국과의 관계 진전에 다시 의욕을 보여 7월 13일 영변의 핵시설 가동을 중단한 다음, 15일부터 IAEA 감시·검증단의 검증을 받고 영변 5kw 원자로 등 5개 주요핵시설 폐쇄를 완료했다.

북핵 폐기를 위한 2·13합의의 '행동 대 행동'이 이렇게 시작됐으나, 북한이 이번에는 2·13합의 2단계의 불능화 이행 조건으로 미국이 테러지원국 명단 삭제와 적성국 교역법적용 종료 등 상응조치를 먼저 취해 줄 것을 요구하고 나왔다. 2·13합의에는 "테러지원국 지정 해제과정을 '개시'하고, 적성국 교역법적용 종료를 '진전'시켜 나간다"고만 돼 있다. 그런데 북한이 이번에는 이를 불능화의 전제조건으로 요구하고 나온 것이다. 북한이 다시 "하나를 주면 또 하나를 더 내 놓으라"는 상투적 협상전법으로 나옴으로써, 2·13합의 이행은 또 다시 정체 상태에 들어갔다. 그러다가 6개국은 9월 초에 가서야 북·미 간 연내 북핵 전면 불능화에 합의하고, 이어 9월 말에 제6차 6자회담 2단계 회의와 10월 3일에 열렸던 3단계 회의에서 어렵게 '핵시설의 무능화와 핵계획 신고의 연내 이행을 내용으로 하는 2단계 조치에 관한 공동문서'

에 합의했다.

이 '10 · 3합의'에 의하면 "북한은 11월 1일부터 핵시설에 대한 무능화에 착수한 후 '핵계획의 완전신고'를 연내에 완료하고, 미국은 테러지원국 지정의 해제와 적성국 교역법의 적용을 제외한다"고 되어 있다. 그러나 미국의 지정 해제와 적응 제외를 언제까지 한다는 기한은 정해져 있지 않았다.

이 10 · 3합의에 따라 북한 핵의 완전한 폐기를 위한 2단계 조치인 영변 핵시설에 대한 불능화가 11월 1일부터 시작되어, 미국의 핵 전문가팀이 두 차례의 방북을 통해 '13개 항의 불능화조치 합의문'을 만들고, 남 · 북한과 중국 3개국의 전문가팀이 회의를 열어 북한의 발전소 개수에 사용할 기재 공여에 관한 협의를 하는 등 북한 핵의 완전한 폐기를 위한 작업이 시작되면서, 북한은 모든 핵계획에 대한 신고를 11월 내에 나머지 5개국에 제출키로 했다. 이 신고는 북한이 자발적으로 하는데, 신고서에는 영변에서 추출한 플루토늄(40~50kg으로 추정)의 양과 그 사용처, 그리고 우라늄 농축 프로그램(UEP)에 대한 내용이 총망라될 것으로 기대됐다.

그러나 2 · 13합의 이후 순항하는 듯 했던 북핵 6자회담은 12월 초 부시 대통령이 파격적으로 김정일 국방위원장에게 친서까지 보내며 북핵 문제 해결에 강한 의지를 보였음에도 불구하고, 북한이 미국에 '선 (先)테러지원국 지정 해제'를 다시 요구하면서, "완전하고도 정확한 핵 신고를 우리는 사실상 완전하게 다했다"느니 "우라늄 농축 프로그램 (UEP)은 처음부터 계획 자체가 없었다"느니 하면서, 차일피일(此日彼日) 미루다가 결국 합의에 명시된 당초 시한(12월 31일)을 넘기고, 새해에 들어와 이명박 새 정부가 출범한 2월 25일까지도 6자회담은 계속 표류하고 있다.

　미국의 부시 대통령은 김정일 위원장에게 파격적으로 친서에 이어 '뉴욕 필하모닉 오케스트라'까지 평양에 보내는 등 11월의 대통령 선거 전에 가능하면 북핵 문제를 해결하고, 북한과의 관계 개선까지 해보겠다는 결단을 내린 것으로 보인다. 그러나 북한은 11월 미 대선에서 민주당이 승리하면 사정이 나아질 것으로 기대하고 오늘까지 태도 결정을 미루고 있는 것 같은데, 북한 지도부는 공화당 정권이니까 오히려 대북 유화책에 대한 미국 내의 비판이 덜 거세다는 것도 알아둘 필요가 있을 것이다.

　북한이 또한 끝까지 6자회담의 계속을 시간 벌기에 이용하여 핵탄두의 수를 늘려, 행여나 '핵무기 보유국'으로서의 지위를 획득하려 한다면, 그것은 큰 오산이다. 9·11테러 사건 이후, 테러와의 전쟁이 미국의 최대의 '국가목표'다. 이것은 공화당이냐 민주당이냐를 묻지 않는 미국의 국시(國是)이다. 북한이 핵무기를 테러집단에 팔아넘길 위험성이 0.01%라도 있다면, "미국은 공화당이든 민주당이든 절대로 북한이 핵무기를 갖도록 내버려두지 않는다"는 것을 북한은 알아야 한다.

　전 세계는 북한의 주민들은 물론, 지도부를 위해서도 1971년 중국과 미국의 국교 수립을 성공시킨 '핑퐁 외교'처럼 오늘의 '오케스트라 외교'가 성공하여, 6자회담을 통해 북핵 문제도 해결되고 북한과 미국 관계도 정상화되기를 진심으로 바라고 있다.

　북한도 이제 변해야 한다. "모든 것은 다 때가 있는 법"이니, 이번 기회에 과감하게 핵을 버리고, 미국과 국교를 정상화하는 동시에 일본과도 납치 문제를 해결하여 국교를 수립하는 것이다. 그리고 무상자금 협력과 저금리의 장기차관 공여 등을 받아 오늘의 국제적 고립과 경제적 궁지에서 하루 빨리 벗어나는 것이다.

그리고 세계은행(IBRD), 국제통화기금(IMF), 아시아개발은행(ABD) 등 국제금융기구에 가입하고 세계무역기구(WTO)의 일원이 되는 것이다. 중국도 베트남도 개방과 개혁으로 나와 오늘날 눈부신 경제성장을 이루고 있는데, 북한이라고 성공 못할 리가 없지 않은가.

물론 북한의 공산 체제는 중국이나 베트남과 같이 자생적 공산정권이 아니기 때문에 개방에 의한 자유로운 정보의 유입에 버틸 수 있는 기반과 힘이 약할 것이다. 또 정치 체제상 중국이나 베트남 모델에 의한 정경분리(政經分離) 방식의 채용이 현실적으로 당장은 어려울지 모르겠다.

그러나 북한이 앞으로 세계화 시대에 살아남자면 다른 길이 없다.북한에게는 대신 같은 피를 나누고, 경제 규모가 세계 12위의 대국으로 자란 한국이 있지 않은가. 오늘날 북한의 어려움을 잘 아는 우리 정부는 절대로 북한에게 체제 개혁을 당장 강요하지는 않을 것이다. 북한이 스스로 점진적으로 조금씩 개방의 길로 나오면서, 우리의 성공 경험을 살린 경제와 기술 그리고 금융 등 모든 분야의 적극적인 지원을 받는 것이다.

그러면 북한 사람들도 능력이 있고 부지런하기 때문에 오늘의 어려운 경제를 회생시킬 수 있을 뿐만 아니라, 앞으로 우리 '한강의 기적'에 버금가는 '대동강의 기적'이란 고도성장도 가능할 것이다.

이를 위해서는 우선 '적화통일'의 몽상을 버리고, 남·북 간의 인적 교류를 늘리는 것이다. 오늘날 우리와 중국이나 베트남 사람들이 서로 자유로이 왕래하면서 경제 협력을 하고 있듯이, 앞으로 남·북한 주민들도 마음대로 왔다 갔다 하면서 서로 주고받으며, 손에 손을 잡고 같이 살아가는 것이다. 이것이 남·북한의 일반 주민들에게는 바로 '사실상의 통일(de facto Unification)' 상황인 것이다.

"물은 높은 곳에서 낮은 곳으로 흐르게 마련이다." 남·북이 공생하는 가운데 시간이 흘러 북한에도 시장경제와 민주주의 가치가 조금씩 자리를 잡게 될 것이다. 그러면 그때에 가서 우리는 먼저 남·북을 '하나의 시장'으로 묶는 '경제통합'을 이루는 것이다.

그리고 북한 주민들의 생활이 나아져 우리와 함께 먹는 것, 입는 것 걱정 없이 허리를 펴고 자유롭고 사람답게 살게 될 때, 한강과 대동강이 흘러가 서해에서 자연스럽게 만나듯이, 남과 북이 점진적으로 우리 민족의 최종의 목표인 '국가 통합(de jure Unification)'을 이루면 되는 것이다.

이것이 시간은 조금 걸리더라도 동·서독 통일의 전례에 비추어 현 상황에서나 또 통일 후를 생각해서나, 모든 면에서 '가장 평화적이고 현실적인 한반도 통일방안'이 아닌가 생각한다.

"우리는 지금까지 60년을 헤어져 살아왔는데, 앞으로 60년을 더 기다리지 못할 것도 없다" 하는 느긋하고 여유 있는 마음과 자신을 가지고, 앞으로 꾸준히 노력해 간다면, '통일의 날'은 반드시 올 것이다. 아니, 예상 외로 빨리 올 수도 있을 것이다. 이것은 '분단국가'의 통일이기 때문이다.

지금부터 우리 정부와 국민은 합심하여 모든 사태에 대비하여 사전 준비에 만전을 기하면서 대(對)주변 4강 외교에 총력을 경주하는 것이, 우리가 가까운 장래에 우리 손으로 평화통일을 이루는 최상책일 것이다.

어떤 경우에도 우리가 원하는 것은 '빠른 통일'이 아니라 '바른 통일'이다.

제 10 장

이명박 정부의 외교

(2008~2013)

대한민국 정부 수립 60주년이 되는 해인 2008년에 출범한 이명박 정부는 새로운 '세계화 시대'에 능동적으로 대처하여 지속적인 국가 발전의 기틀을 마련하기 위해, 창조적 실용주의(實用主義)라는 '국정철학' 아래 '선진 일류국가 창조'를 국정지표로 선포했다.

그리고 신정부는 외교 분야에 있어 한반도의 평화를 바탕으로, 주변국을 비롯하여 ASEAN 제국과의 공동 번영을 위한 발판을 만드는 한편, 범(汎)세계적 문제에 대한 국제 협력에도 적극 참여하여, '보다 정의로운 세계질서 창달'에의 기여를 통한 '성숙한 글로벌 코리아'로의 도약을 목표로 삼았다.

이러한 기조 아래 외교정책의 기본 방향으로 ① 북핵 문제의 평화적 해결을 위해 최선을 다하면서, 한·미 동맹을 발전시키고, 주변국들과의 관계 강화로 안보를 공고히 하는 외교, ② G20 정상회의와 서울 핵안보정상회의의 성공적 개최와 2013~2014년 임기의 유엔 안보리 비상임이사국 진출을 위한 외교, ③ EU·인도·미국과의 FTA 발효와 중국·일본·인도네시아·베트남·터키와의 FTA 추진 등으로 '경제영토'를 확대하여 경제를 살리는 외교, ④ 우리 교민의 해외진출을 지원하는 외교 등을 추진하여 많은 성과를 이뤘다.

이와 같은 많은 성과를 이뤄내는 데 있어서 이명박 대통령의 정상외교가 큰 역할을 했다. 교통수단과 통신 기술의 발달로 '세계화 시대'가 시작되면서 외교 방식에도 많은 변화가 생겼는데, 그중 가장 큰 변화가 정상들이 만나거나 국제전화를 통해 현안을 직접 논의하는 일이 일반화됐다는 것이다.

이 대통령은 이 정상외교의 장점을 살려 5년 임기 동안 국가원수로서 49차례에 걸쳐 84개국을 공식 방문하고, 102번의 외국 정상들의 방한을 공식 접수하며, 각종 정상회의에도 빠짐없이 참석하는 등 역대 대통령 중 가장 많은 나라 정상들과 만나, 한반도 주변 4강과 ASEAN 제국과의 협력관계를 강화하면서 한·미 군사동맹을 다원적 전략동맹으로 격상시키고, 또 G20 정상회의와 핵안보정상회의를 서울에 유치하여 모두 성공적으로 개최함으로써 대한민국의 국격을 크게 높였다.

이 대통령은 또한 미국·EU·인도와의 FTA를 발효시키고 30개국과 FTA를 체결함으로써 우리 '경제영토'를 넓혀, 세일즈(Sales) 외교와 함께 에너지·자원외교를 적극 전개하여, 미국발(發) 금융위기와 유럽발 재정위기라는 글로벌 경제위기까지 극복하고 2011년에 1인당 국민소득 2만 3,680달러와 국내총생산 1,200조 원(세계 15위)에다가 무역 규모 1조 달러(세계 8위)까지 달성했다. 그리고 우리나라는 2012년 10월 유엔 안보리 비상임이사국에 재선되어, 다시 국제평화 증진에 보다 능동적인 역할을 하게 됐다.

1. 한·아세안 특별정상회의 개최

한국과 아세안(ASEAN)[1]은 1989년 대화관계(Dialogue Relations)를 수립한 이후 긴밀히 협력관계를 계속, 2004년 '대화관계 수립 15주년'을 맞아 '한·아세안 포괄적 협력동반자 관계에 관한 공동성명'을 내놓을 정도로 양자관계를 꾸준히 발전시켜 왔다.

---

[1] 동남아시아 지역 10개 국가로 결성된 정치·경제 연합체다. 태국·필리핀·말레이시아 3국이 1961년 창설한 동남아연합(ASA)이 모태(母胎)다. 인도네시아와 싱가포르가 1967년에 합류하여 '아세안(동남아국가연합)'의 이름으로 출범하고, 그 후 브루나이(1984년)·베트남(1995년)·라오스와 미얀마(1997년), 그리고 캄보디아(1999년)가 각각 이에 합류했다.

정부는 우호와 협력 증진을 통해 한·아세안 관계를 한층 더 강화하기 위해 2009년 '한·아세안의 대화관계 수립 20주년' 기념으로 '따뜻한 이웃, 번영의 동반자(Partnership for Real, Friendship for Good)'라는 표어를 내걸고, 아세안 10개국 정상들을 모두 한국으로 초청하여 6월 1일부터 2일까지 2일간 '한·아세안 특별정상회의'를 제주도 서귀포에 있는 국제컨벤션센터(ICC: International Convention Center)에서 개최했다.

우리의 이웃인 일본은 이미 이와 같은 모임을 우리보다 앞서 벌써 2003년에 아세안과의 '대화관계 수립 30주년'을 기념하여 도쿄(東京)에서, 또 같은 우리의 이웃인 중국도 2006년에 '대화관계 수립 15주년'을 기념하여 난닝(南寧)에서 각각 특별 정상회의를 개최했다.

우리나라에서는 과거 아시아·유럽(ASEM) 정상회의(2000년), 아시아·태평양경제협력(APEC) 정상회의(2005년) 등 다자(多者)회담이 회원국들의 순서에 따라 각각 한 번씩 열린 적이 있었으나, 우리가 지금까지 주도적으로 주최한 큰 다자회담으로서는 이번 '한·아세안 특별정상회의'가 처음이었다.

인구가 6억 명에 가까운 '아세안'은 중국과 유럽연합(EU)에 이어 한국의 3대 교역대상(2009년 교역량 902억 달러)이자, 2대 해외투자 대상(2009년 59억 달러)으로 국제무대에서 그 중요성이 날로 커지고 있을 뿐 아니라, 중동에 이어 한국의 두 번째 건설시장(2007년 90억 달러)으로 떠오르고 있다.

이들 아세안 국가들은 한국과 지리적으로 가까울 뿐 아니라, 천연 가스·원유 등 풍부한 자원과 값싼 노동력, 그리고 빠르게 성장하는 시장을 갖추고 있어, '세계경제 10대 강국 진입'을 목표로 하고 있는 우리 한국으로서는 반드시 앞으로 더 협력을 강화해 나가야 할 나라들이다.

또 우리 국내에 체류하는 외국인 근로자 10명 중 3명이 아세안 국가 출신이고, 한 해 약 10만 명의 결혼 이주자 중 25%인 2만 6,000여 명이 베트남·태국·필리핀 등 아세안 국가의 여인들이다. 그리고 아세안은 우리 교민과 근로자 25만 명 외에 5,000개가 넘는 한국 기업들이 나가 있는 곳일 뿐 아니라, 해외에서 부는 '한류(韓流) 바람'의 중심 지역이기도 하다.

이번 특별정상회의 개최에 하루 앞선 5월 31일 같은 서귀포 국제컨벤션센터에서 대한상공회의소 주최로 '한·아세안 최고경영자회의(CEO Summit)'가 열려, 400여 명의 우리 국내 기업인 최고경영자(CEO)들과 300여 명의 아세안 10개국의 주요 경제인, 그리고 CEO들이 한자리에 모여, 6월 1일 오전까지 2일간 사업 현안과 협력 방안, 그리고 문화 관광과 녹색 성장 등 여러 가지 문제들도 같이 논의했다.

이명박 대통령[2]은 바쁜 일정 속에서도 시간을 내어 태국·베트남·필리핀·캄보디아 등 4개국 정상들과 함께 이 'CEO Summit'에도 참석하여, 공식회의와 별도로 이들 나라에 진출한 우리 기업인들을 개별적으로 만나, 직접 현지 사업의 애로사항을 듣는 등 한·아세안 간 경제 협력 관계가 본 궤도에 오를 수 있게 실질적인 사업 협력의 기반 구축에도 힘썼다.

이번 특별정상회담에 임하는 이 대통령의 핵심 구상은 투자 확대를 통한 아세안 국가들과의 경제교류 강화였다. 한국이 앞으로 아세안에 대한 기업 투자를 확대하면서, 에너지 자원의 안정적 수입 경로를 확보하는 동시에 문화·인적 교류를 강화해 잠재력이 풍부한 아세안 시장

---

2) 정치인(1941~), 고려대학교 졸업(1965), 현대건설 대표이사 사장(1977~1988), 현대건설 대표이사 회장(1988~1992), 국회의원(1996~1998), 서울 시장(2002~2006), 제17대 대통령(2008~2013)을 역임했다.

개척에 적극 나선다는 것이다. 이것은 이 대통령이 아시아에서 한국이 지도적 위치를 새롭게 확립하기 위해 2009년 3월에 호주·뉴질랜드·인도네시아 3국 방문을 계기로 발표한 '신(新)아시아 외교구상'의 본격화를 의미하기도 한다.

이 '신아시아 외교'는 동남아·서남아·중앙아와 함께 인근 아시아 우방국가들과의 우호관계를 증진하고 실질적인 협력관계를 더욱 강화해 나가고자 하는 우리의 새로운 외교정책인데, 이 '새로운 구상'의 저변에는 첫째, "주변 4강에만 치중해 온 우리 외교의 지평을 다른 아시아 국가들로 확대하겠다"는 생각과, 둘째, "아시아 국가들이 중국이나 일본에 경계심을 갖고 있는 것과 달리, 한국은 상대적으로 아시아 국가들과 서로 협력할 공간이 크다"는 이명박 대통령의 평소의 믿음이 깔려 있다.

이와 같은 생각과 믿음 위에서 이 대통령은 특별정상회의를 주재하여 아세안 10개국 정상들과 함께 이틀 동안 양측 간의 정치·안보협력을 증진시키고 경제와 개발 협력을 강화하며, 사회·문화교류 확대와 함께 기후 변화와 에너지 안보 등 범세계적 문제에 대해 서로 협력하기로 합의한 후, 우리의 '신(新)아시아 외교구상'을 토대로 작성한 '총 40개 항의 공동성명'과 함께 '북한 관련 공동 언론성명'까지 별도로 채택하고 폐막했다.

정상들은 이 '북한 관련 언론성명'에서 "6자회담의 합의 및 유엔(UN) 안보리 결의와 결정을 명백히 위반한 북한의 '지하 핵실험'과 '미사일 발사'를 규탄한다"고 하고, 한 발 더 나아가 "아세안과 모든 6자회담 당사국이 참가하는 '아세안 지역안보포럼(ART)'이 한반도에서의 지속적인 평화와 안전에 기여하기를 기대한다"는 내용까지 담았다.

아세안 10개국은 모두 북한과도 수교를 하고 있는 데도 이번에 북한의 핵실험을 규탄하는 데 한목소리를 낸 것은 지금까지 전례가 없었던 일로, 우리 대표단이 기대했던 것 이상의 외교적 성과였다고 하겠다.

이 밖에도 이 대통령은 회의 기간 동안은 물론, 그 전후에도 시간을 쪼개 10개국 정상들과 모두 개별적 정상회담을 갖고, 양국 간의 포괄적 협력확대 방안을 비롯해 국제금융 위기, 기후 변화, 에너지 안보 등 '세계적 문제(global issues)'들을 논의하면서 정상 간의 친분 쌓기에도 힘썼다.

그리고 이번 특별정상회담 개최 성과의 극대화를 위해 6월 2일 김종훈 통상교섭본부장과 아세안 10개국 통상장관들이 '자유무역협정(FTA) 투자협정'에 서명케 함으로써, 4년 넘게 끌어온 '한·아세안 FTA 협정' 체결의 대장정까지 마무리지었다.

이미 발효된 상품무역협정과 서비스협정에 이어 이번의 투자협정까지 곧 발효되면, 양측 간 교역과 투자는 더욱 크게 늘어날 전망인데, 정상들은 일단 "2009년 900억 달러였던 양측 교역 규모를 2015년까지 1,500억 달러로 확대한다"는 야심찬 목표를 설정했다.

이번 특별정상회의에서 정부는 "아세안에 대한 연간 공적개발원조(ODA) 규모를 2015년까지 4억 달러로 늘리고, '동아시아 기후 파트너십(partnership: 조합)'을 통해 아세안 등 동아시아 국가들에게 2억 달러를 제공하겠다"는 약속도 했다. 지원 액수가 중국이나 일본에 비해 많이 적지만, '원조를 받던 나라에서 원조를 주는 나라'가 된 진정한 친구이자 따뜻한 이웃으로서의 우정 표시였기 때문에 정상들은 모두 이를 크게 환영했다.

2. 한 · 일, '과거사' 딛고 '신시대'를 맞다

오늘의 일본은 우리나라의 주변 4대강국의 하나로 지리적으로 우리와 가장 가깝고, 또 안보와 경제 양면에서도 매우 중요하고 긴밀한 우리의 우방이다. 이 일본을 사실상 전후 54년간이나 지배해 왔던 자민당(自民黨) 정권이 2009년 8월 30일의 총선에서 민주당(民主黨) 광풍 앞에 맥없이 무너졌다.

총선의 최종 개표 결과는 민주당이 중의원 480석 중 과반수인 241석을 훨씬 넘는 308석이었는 데 비해, 자민당은 그 반에도 미치지 못하는 119석에 불과했다. 일본 정치사에 '혁명'으로 기록될 만한 자민당의 대참패였다.

민주당의 이번 압승은 자민당 지도부의 실정(失政)과 무기력, 관료지배 체제의 폐단에 대한 일본 국민들의 염증에다가, 불평등 사회의 시정과 지방정권 실현 등을 내건 민주당의 공약이 큰 효과를 발휘했기 때문이었다.

고이즈미(小泉) 정권 이후 1년마다 총리가 교체되는 무책임의 극치를 보인 자민당 정권으로서는 민주당의 '미국과의 대등한 외교', '아시아를 중시하는 외교', '한 · 일 관계의 긍정적 변화'의 3대 선거공약을 내세운 파상 공세 앞에 이렇다 할 힘도 써보지 못하고 맥없이 무너지고 만 것이다.

8 · 30 일본 총선에서 역사적인 승리를 이끌어 낸 하토야마 유키오(鳩山由紀夫)[3] 민주당 대표에게 8월 31일 오후, 외국 정상 중에서 맨 처

---

[3] 일본 정치인(1947~), 도쿄대 공학부 졸업, 미국 스탠퍼드대 공학박사, 센슈대 조교수(1981), 중의원 당선(1993), 민주당 창당, 간사장(1998), 민주당 대표(1999~2009), 총리(2009~2010)를 역임했다.

음 축하전화를 건 이명박 대통령은, 이번 총선의 대승을 축하하고 "한국과 일본이 서로 손잡고 미래를 향해 나아가는 계기가 되길 바란다"면서, "앞으로 가깝고도 가까운 이웃으로 양국이 '신시대'를 열어가자"고 했다.

하토야마 대표는 "이 대통령께서 외국 정상 가운데 맨 처음으로 축하전화를 주셔서 고맙다"면서, "이 대통령과 제가 반드시 앞으로 발전적 한·일 관계를 이룰 수 있을 것으로 생각한다"고 했다. 이어 두 정상은 북한과 북핵, 그리고 납치 문제 등에 관해 한·일 양국의 협력 방안 등을 논의하여 "남북 문제는 근본적으로 북한이 핵을 포기하는 게 대전제"라면서, "핵 포기 없이는 어떠한 근본적 협력도 불가능하다"는 것을 재확인하고, "앞으로 북핵과 납치문제 등 현안에 대해 한·미·일 3국이 긴밀히 공조해 해결해 나가자"는 데에도 의견의 일치를 보였다.

하토야마 유키오 일본 민주당 대표는 9월 16일 제93대 총리에 취임하고 새 내각 명단을 발표했는데, 각료 18명 중 하토야마 총리를 비롯해 서열 2위인 간 나오토(管直人) 국가전략 담당 부총리, 하토야마 총리의 최측근 실세인 히라노 히로부미(平野博文) 관방장관, 후임 총리 1순위로 거론되는 오카다 가쓰야(岡田克也)[4] 외상, 그리고 민주당 전 대표로 국토교통상을 맡은 마에하라 세이지(前原誠司) 장관 등 주요 인사 10명이 모두 '한일의원연맹' 소속으로 문자 그대로 '친한(親韓) 내각'이었다.

오카다 외상은 내각 명단이 발표된 날 밤, 총리 관저에서 가진 각료들의 합동 기자회견에서 대북(對北) 정책과 관련, "납치문제와 핵문제, 그리고 미사일 문제 등이 확실히 해결되지 않는 이상, 북한과의 국교

---

4) 일본 정치인(1953~), 도쿄대 법학부 졸업(1976), 통산산업성 입성(1976), 7선 의원(1990~), 민주당 간사장(2004), 외상(2009~2010)을 역임했다.

정상화는 없다는 것이 내 생각"이라고 분명히 밝히고, 한·일 과거사와 관련해 "한국은 우리의 가장 중요한 이웃 나라인데, 한국인이 나라를 빼앗기고 민족의 긍지에 깊은 상처를 입었다는 인식을 갖고 있다"며 "아픔을 느끼는 피해자의 심정을 결코 잊어서는 안 된다고 생각한다"고 말했다. 오카다 외상은 이어 "한·일 양국이 앞으로 '공동의 역사 교과서'를 가질 필요가 있다고 생각한다"며 역사문제 해결에도 적극적인 자세를 거침없이 보였다.

자민당 정권 때에도 한·일 관계는 그렇게 나쁘지는 않았다. 특히 아소 타로(麻生太郎) 정부와는 이명박 대통령이 아소 총리와 7차례나 정상회담을 하였으며, 대북 문제에 있어서도 같은 목소리를 냈었다. 그러나 자민당은 야스쿠니 신사(靖国神社) 참배와 역사인식 문제, 그리고 재일동포의 지방 참정권 문제 등에 있어서는 한국의 기대와 다소 거리가 있었다.

하토야마 총리의 한·일 관계 중시는 5월 중순 민주당 대표로 선출된 직후 첫 외국 방문국으로 한국을 선택한 데에서도 벌써 잘 나타났었다. 한 나라의 정상은 대개 상대국 정부의 입장을 고려해, 그 나라의 야당 대표를 직접 만나 면담을 하지 않는 것이 외교 관례이다. 그러나 이 대통령은 청와대에서 한국을 찾아준 하토야마 야당 대표를 정중하게 맞았다.

이 대통령과의 면담 후 하토야마 대표는 기자회견에서 일본 야당의 대표인 자신을 기꺼이 맞아준 이 대통령에게 거듭 감사의 뜻을 표하고, "앞으로 총선에서 이겨 일본 총리가 된다면, 자신은 총리로서 한국의 가장 가까운 친구가 되고, 야스쿠니 신사 참배도 하지 않겠다"고 공언했다.

그리고 오카다 민주당 간사장은 총선에 앞서 7월 말 도쿄(東京) 주재 한국 특파원들과의 간담회를 갖고 "앞으로 민주당이 정권을 잡으면 한·일 관계는 지금보다 훨씬 좋아질 것으로 확신한다"며 친근감과 함께 자신감을 표시했다. 일본의 주요 정당 지도부가 총선을 앞두고 한국 특파원을 따로 만난 것도 이번이 처음이었다.

  결과적으로 이와 같은 하토야마 대표의 청와대 방문이나 오카다 간사장의 한국 특파원들과의 만남은 일본의 정권 교체 이후 진행될 한·일 양국 협력의 첫 단추가 됐다. 8·30총선에서 대승을 거둔 민주당의 하토야마 대표는 9월 16일 민주당 내각의 총리가 된 후, 그 전에 민주당 대표가 됐을 때처럼 이번에도 첫 방문국으로 한국을 택해, 일본 총리로서 10월 9일 서울을 방문, 이명박 대통령과 첫 정상회담을 가졌다.

  하토야마 총리는 10월 10일 중국 베이징(北京)에서 열리는 한·중·일 3국 정상회담 바로 전날인 9일로 방한 일정을 잡음으로써, 자신이 천명한 '아시아 중시 외교'에서 한·일 관계가 얼마나 중요하게 자리매김하고 있는지를 상징적으로 다시 잘 보여주었다.

  하토야마 총리는 한국 방문을 하루 앞둔 8일, "과거의 식민지 지배와 침략의 역사를 사죄한 무라야마(村山) 담화[5]를 가슴에 안고 행동하겠다"고 거듭 강조한 사실을 일본 요미우리신문이 보도했다. 서울에 온 하토야마 총리는 이명박 대통령과 9일 청와대에서 마주 앉아, 우의를 다지면서 북핵 문제를 비롯하여 여러 가지의 협력 방안 등 현안과 일본 천황(天皇)의 방한문제까지 진지하게 논의한 후, 손을 맞잡고 앞으로 두 나라가 불행했던 특수한 '과거사'를 딛고 '미래지향적인 한·일

  ---

  5) 무라야마 담화는 1995년 8월 15일 종전기념일을 맞아 당시 무라야마 도미이치(村山富市) 총리가 내각회의 결정을 근거해 일본의 침략전쟁과 식민지 지배에 대해 공식적으로 사죄한 것을 일컫는다.

관계'를 더욱 발전시키면서 '한·일 신시대'를 열기 위해 긴밀히 협력하기로 합의했다.

두 정상은 회담을 마치고 상춘재에서 가진 오찬회에서 막걸리가 먼저 나온 뒤 와인이 나오자, 하토야마 총리와 '한류(韓流) 팬(fan)'인 총리 부인 미유키 여사는 "막걸리로 계속하겠다"면서 와인을 물린 후, 물냉면과 비빔냉면을 차례로 먹으며 "정말 맛있다"는 찬사를 연발했다고 한다.

이 대통령과 하토야마 총리는 베이징에서 열리는 한·중·일 3국 정상회담 참석차 10일 아침 각자의 전용기편으로 중국으로 향발했다.

그러나 국민들의 큰 기대 속에 출범한 하토야마 정권은 불행하게도 8개월 반 만의 단명(短命)으로 끝났다. 하토야마 정권이 이렇게 빨리 무너진 것은 경험과 지도력 부족, 그리고 정책 혼선과 신뢰감 추락 등이었다.

3. 한국군의 아프가니스탄 재파병

아프가니스탄은 '세계의 지붕'인 중앙아시아 파미르(Pamir) 고원의 서남쪽에 있는 산악국으로, 파키스탄·이란·우즈베키스탄·투르크메니스탄·타지키스탄·중국 6개국에 둘러싸여 있는 교통과 통상, 그리고 군사의 요충지다.

이 나라는 이와 같이 여러 나라들 가운데에 자리 잡고 있는 지리적 특성 때문에 역사적으로 강대국들의 침략이 끊이지 않았다. 일찍이 기원전(前) 4세기 마케도니아의 알렉산더 대왕(大王)(Alexander the Great)

이 이끄는 원정군을 비롯하여, 13세기에는 몽골(蒙古)의 칭기즈칸 기마병까지 여러 나라 군(軍)의 침공을 받아오다가, 1950년 대영제국(大英帝國)의 보호국이 되고 1979년에는 소련군의 침략까지 받았다.

하지만 험한 지형과 혹독한 기후, 거센 주민의 저항 등 때문에 어느 나라도 이곳을 오래도록 지배하지는 못했다. 이것이 이 나라가 '제국의 무덤'으로 불리는 이유인데, 소련군도 주민들의 저항 앞에 10년 만에 1만 5,000여 명의 전사자만 내고 물러나고, 1996년부터는 아프가니스탄 남부에서 탄생한 스니파(派)의 무장 이슬람 정치단체인 '탈레반(Taliban)'이 이 나라를 통치했다.

이 '탈레반 정권'은 집권 초기에는 민심을 수습하고 선정(善政)을 베푸는 듯했다. 그러나 시간의 흐름과 더불어 조금씩 변질하여 아편을 직접 재배하는가 하면, 10세 이상 소녀의 학교 등교를 금지하는 등 이슬람 율법을 지나치게 강요하고, 2001년에는 아프가니스탄 내에 있던 인류의 귀중한 문화재로 세계 최대의 불상(佛像)인 '비미안 석불(石佛)'까지 폭파하는 만행을 저질러 전 세계의 비난을 샀다.

탈레반 정권의 비행은 이것으로 그치지 않았다. 그들은 같은 해 미국에서 발생한 '9·11 테러 사건'의 주범인 오사마 빈 라덴(Osama Bin Laden)과 그의 추종 조직인 '알카에다(Al-Quada)'에게 피난처를 제공하고, 미국 정부의 범인 인도(引渡) 요청을 거부함으로써 같은 해 10월 7일 미·영 연합군의 공습을 받게 됐다. 이것이 바로 오늘의 '아프가니스탄 전쟁'의 시작이다.

전쟁 시작 한 달여 만인 11월에 탈레반 무장세력은 미·영 연합군의 합동작전으로 거의 다 소탕되고 탈레반 정권은 결국 무너졌다. 그러나 험악한 산악지대로 쫓겨난 탈레반과 이슬람 과격주의자들은 미국이 이라크 전쟁에 눈을 돌리고 있는 사이, 다시 흩어진 세(勢)를 규합하여 파키스탄과의 접경 산악지대에 자리를 잡고 지금까지도 미군과 연합군에 저항을 하고 있다.

오늘의 아프가니스탄 사태는 미국만의 문제가 아니다. 그리고 전쟁이라기보다 '테러(terror) 집단(集團)과의 싸움'으로, 국제사회 전체의 공동의 문제가 돼 있다. 유엔은 2001년 12월 '안보리 결의 1386호'에 따라 국제안보지원군(ISAF: International Security Assistance Force)을 설립하고, 해마다 ISAF에 대한 인적 및 물적 지원을 촉구하고 있어, 아프가니스탄 사태는 '이라크전(戰)'과는 그 성격이 근본적으로 다르다.

현재 아프가니스탄에서는 미국과 북대서양조약기구(NATO) 주도 아래, 미국과 영국·프랑스·독일을 비롯하여 루마니아·터키·스웨덴까지 세계 43개국에서 파견된 다(多)국적군이 탈레반과 이슬람 과격분자 소탕작전을 전개하고 있는데, 우리나라도 미국과 가까운 동맹국으로서뿐만 아니라, 국제사회의 책임 있는 일원으로서 2002년 2월부터 2007년 12월까지 아프가니스탄에 210명 규모의 '동의·다산부대'를 다국적군의 일원으로 파견했었다.

우리 동의·다산부대는 5년여 동안 아프가니스탄의 '바그람 미(美)공군기지' 안에 주둔하면서, 동맹군과 현지 주민 등 25만 9,500여 명을 진료하고 바그람 기지 내 도로와 활주로의 확장과 포장을 비롯하여, 부대시설 설치 등 여러 분야에서 많은 업적을 남겼다.

그러나 2007년 7월에 아프간의 탈레반 무장세력이 한국인 교회선교단 23명을 납치한 후 피랍자들의 석방 조건으로 한국군의 철군을 주장하고 나와, 우리 정부는 마치 동의·다산부대의 철수 시한이 연말로 예정돼 있었기 때문에 탈레반 납치 세력의 요구를 수용하여, 우리 민간의 료진 12명과 경찰, 간호요원 5명 등 24명의 민간지역재건사업단(PRT: Provincial Reconstruction Team)만 남기고 12월 중순 우리 군 전원을 아프가니스탄에서 철수시켰다.

그 후 아프가니스탄 사태는 탈레반의 격렬한 게릴라(guerrilla)식 저항으로 계속 악화일로(惡化一路)를 걸어, 미국 정부는 아프가니스탄 내의 미군 병력을 증강하면서 참전국들에게도 병력 증강을 요청했다.

그러나 이와 같은 어려운 상황에서도 미국 정부는 우리나라 국민들이 2007년 2명의 희생자를 낸 '한국인 선교단 납치 사건'으로 받은 충격을 고려하여, 우리 정부에 비공식으로는 한두 번 있었으나, 공식적으로는 병력 증강 요청을 해오지 않았다.

그러다가 2009년 1월 미국의 제44대 대통령에 취임한 버락 오바마(Barak H. Obama)[6]가 전쟁의 우선순위를 이라크보다 아프가니스탄에 두고, 3만 5,000명의 미군을 증강하여 아프가니스탄 주둔 병력을 10만 명 정도로 늘리면서, 참전 43개국에 대해 군 병력의 증원을 요청하고, 같은 해 새로 출범한 우리 이명박 대통령에게도 아프가니스탄에 대한 추가 지원을 요청해 왔다. 그러나 우리나라에 대해서는 전투병 파견에 대한 요청은 없었다.

그렇지 않아도 그간 여러 각도에서 아프가니스탄에 대한 추가 지원책을 진지하게 검토해 오던 우리 정부는 아프가니스탄 정부의 재건과 경제개발 지원 확대 요청을 받아들여, 오바마 미 대통령의 11월 방한에 앞서 10월 30일 "우리의 독자적 PRT(재건팀)를 100명가량으로 확대하면서 자체 경비병력을 300명 정도 파견한다"는 우리의 독자적인

---

6) 미국 정치가(1961~), 하버드대학교 법학박사, 상원의원(3선), 미국 대통령(2008~)이며, 노벨평화상(2009)을 수상했다.

아프가니스탄 추가 지원 방안을 공식 발표했다.

정부가 아프가니스탄에 앞으로 PRT 요원을 늘리면서 보호 병력을 파견한다는 것은 아프가니스탄 정세의 악화에 따르는 우리 국민들의 정서를 고려하면서, 국제사회의 책임 있는 일원이며 OECD(경제협력개발기구)의 회원국으로서, 세계평화와 함께 아프가니스탄 재건에 직접 기여하고 우리의 가장 가까운 동맹국으로서, 어려움에 처해 있는 미국까지 도울 수 있는 좋은 추가 지원책이다. 내용 면에 있어서나 또 시기적으로나, 우리 국력과 국제위상에 부응하는 아주 적절한 지원책이란 평가를 국내외에서 받았다.

아프가니스탄에 파병되는 우리 병력은 전투병이 아니라 치안상태가 열악한 아프가니스탄 현지의 상황을 고려해, 우리 PRT 요원들과 시설 방어와 자위권 행사만 하는 경호요원으로 직접 전투행위에는 참가하지 않는다. 그러나 파견 목적이나 활동 분야가 다르고 전투병은 아니지만, 우리 군이 파견된다는 관점에서는 다를 것이 없어, 결국 2007년 동의·다산부대 철군 이후 2년 반 만에 다시 우리 군이 아프가니스탄에 파견된 셈이다.

주둔지는 차리카르 시(市)로 바그람 미군기지에서 15㎞ 정도밖에 안 떨어져 있는 비교적 안전한 곳으로, 한국의 PRT 기지 내에는 병원을 비롯해 교육문화 시설과 함께 태권도 도장까지 건설돼 있다.

이번에 재파견되는 우리 군은 비전투병이다. 그러나 전쟁하는 나라에서 절대 안전지역이란 없으므로 임무 수행 중 탈레반 세력과의 교전이나 전투가 불가피한 경우도 발생할 수 있어, 파견 부대원들의 안전을 위하여 방탄장갑차를 비롯하여 UH-60 헬기, 81㎜ 박격포, K-11 차기 복합소총 등 첨단무기로 부대원들을 중무장시켰다.

우리 국회는 2010년 2월 25일 본회의를 열어 '국군 부대의 아프가니스탄 파견 동의안'을 가결했다. 파병 동의안에 따르면 파병 규모는 350명 이내이고, 파병 기간은 7월 1일부터 2012년 12월 31일까지 2년 6개월 동안이다. 이번 파병은 이라크에서처럼 세계평화에 기여하고, 또 세계 10위권 수준의 대한민국의 경제력에 걸맞게 국제사회에서 위상을 제고할 뿐만 아니라, 우리 업체들의 앞으로의 중앙아시아 지역 진출의 발판을 만들고, 한국군의 역량도 세계에 과시할 수 있는 좋은 기회이기도 하다.

우리나라는 2004년 노무현 대통령의 참여정부가 이라크 추가 파병 때 3,000명이라는 34개 참전국 중 미국과 영국 다음으로 많은 병력을 파병하면서도 파견 결정 과정이 매끄럽지 못했던 데다가, 파병 결정을 발표한 후에도 파병 반대파들에게 휘둘려 다시 파병이 차일피일(此日彼日) 미루어짐으로써, 미국의 주요 언론들로부터 "마지못해 보내는 것 같다"는 비판과 함께 '믿을 수 없는 동맹국'이란 혹평까지 받은 일이 있었다.

이명박 대통령의 실용(實用)정부는 이와 같은 전(前) 정권의 잘못을 반면교사(反面敎師)로 삼아, 우리 지역재건단이 예정대로 7월부터 본격적으로 활동할 수 있게 주둔지의 기지(基地) 공사가 끝나는 대로 6월 15일 재건단의 선발대를 파견하고, 재건단의 경호를 맡기 위해 5월 11일 창설된 우리 '아세나 부대'의 선발대 138명도 서둘러 6월 30일 출국시켰다.

'아세나(Ashena)'는 현지어로 '친구'란 뜻의 말로 우리 동의·다산부대가 2007년 말 아프가니스탄에서 철군한 이래 약 2년 반 만에 재(再)파병되는 우리 국군부대에 붙여진 이름이다.

아프가니스탄에 2009년 약 9,500만 달러의 무상지원을 실시한 우리 나라는 이번에 다시 세계평화를 위하여 지역 부흥을 맡는 민간지역재 건사업단(PRT)을 크게 보강하는 동시에 한국군을 재파병함으로써, '우 리의 국제적 협력과 기여의 역사'에 또 하나의 새로운 기록을 남기게 됐다.

4. 천안함 폭침(爆沈) 사건 유엔 안보리에 회부

우리 해군의 1,200 톤급 초계함 '천안함'이 2010년 3월 26일 21시 22분에 서해 백령도 근해에서 경비작전 중, 갑작스럽게 선체가 두 동 강이가 나 순식간에 침몰하여 승무원 104명의 장병 중 46명이 희생된 사건이 발생했다.

정부는 천안함 침몰의 원인 규명을 위해 우선 해저에 가라앉은 선체 의 인양 작업부터 서두르는 한편, 조사의 신뢰도를 높여 국제사회가 납 득할 수 있는 조사 결과를 내기 위해, 국내 전문가 50명과 미·영·호 주·스웨덴 등 4개국의 전문가 24명을 합해 총 74명의 '민·군 다국적 합동수사단'을 구성하여 조사 활동을 시작했다.

우선 선체 인양 작업은 사건이 발생한 백령도 근해의 기상 변화가 심한 데다가 파도와 바람이 세고, 또 조류가 빨라 매우 어려운 난공사 였다. 그러나 우리 인양팀은 모든 첨단 장비와 기술을 총동원하여 주야 를 가리지 않고 진력한 결과, 함미(艦尾)는 작업 시작 20일 만에, 함수 (艦首)는 29일 만에 인양하는 데 성공해 선체를 모두 평택(平澤)의 우리 해군기지로 예인했다.

이를 계기로 주야를 가리지 않고 계속된 천안함 침몰의 원인규명 작업에 속도가 붙어, 합동 수사반은 사건 55일 만인 5월 20일 국방부에서 외국 전문가들도 동석한 가운데 침몰 원인의 조사 결과를 발표할 수 있었다.

합동 조사단이 과학적이고 객관적인 조사 과정을 거쳐 얻은 꼼짝 못할 증거를 갖고 내린 결론은 "천안함이 북한의 소형 잠수정에서 발사된 어뢰의 강력한 '수중폭발'로 침몰된 것으로 확인됐다"는 것이었다.

합동 수사반은 어뢰 부품의 실물을 발표장에서 공개하는 한편, 바다에서 부품을 직접 회수한 우리 어선의 선장들도 참석시켜, 수거 경위를 직접 설명케 하는 등 "객관적으로 공정한 조사 결과임"을 진지하게 호소했다.

합동 수사단이 이와 같은 결론에 도달할 수 있었던 것은 군함이 침몰한 근처 바다에서 부산(釜山) 선적의 우리 쌍끌이 어선 '대평 11과 12호'가 17일 동안의 바다 밑바닥을 그물로 샅샅이 훑는 어려운 작업 끝에 극적으로 건져 올린 '어뢰 추진체' 덕이었다. 이 어뢰 추진체가 길이와 모양, 그리고 나사못까지 북한이 수출 목적으로 중·남미 제국에 배포했던 설계도면과 동일할 뿐 아니라, '1번'이란 한글까지 쓰여 있고, 또 부식 정도가 침몰 군함과 같아 이것이 어느 누구도 부정할 수 없는 '결정적 증거'가 됐기 때문이었다.

국내외의 군사 전문가들은 이번 사건의 배경은 북한 독재체제의 한국에 대한 적대의식이고, 동기는 지난해의 화폐개혁 실패 후 더 어려워진 경제로 지도력이 훼손된 김정일 위원장이 권위를 회복하고, 또 2009년 11월의 서해 대청해전 패배에 대한 복수를 다짐하고 있던 군부의 손을 들어주면서, 김정은의 정권 3대 세습의 원만한 진행까지 노리는 한편, 쌀과 비료지원을 중단한 이명박 정부를 흔들기 위한 다(多)목적적인 것으로 분석했다.

합동 조사단의 조사결과 발표로 궁지에 몰린 북한 당국은 그들의 잘못을 사과하고 용서를 구하기는커녕, "조사 결과를 날조된 '특대형 모략극'이라며, 자신들의 '검열단'을 보내겠다"고 거꾸로 나와, 김태영(金泰榮) 국방장관[7]은 이를 "강도나 살인범이 범행 현장을 자신들이 검열하겠다는 것과 같다"며 북한의 제안을 일언지하(一言之下)에 일축해 버렸다.

북한은 1953년 휴전 이후 지금까지 해마다 크고 작은 도발을 계속 저지르고도 단 한 번도 사과한 적이 없었다. 이번에도 "우리의 자작자연극(自作自演劇)"이라고 하면서, 북한 국방위원회 명의로 "제재가 가해지면 전면(全面) 전쟁을 포함한 강경 조치로 대응한다"고 협박하는 성명까지 냈다.

그러나 정부의 사건 조사발표에 대해 미국과 일본을 비롯하여 영국·캐나다·호주 등 가까운 우방들은 물론, 비동맹의 맹주인 인도를 위시하여 아프리카·동남아의 20여 개국까지 줄줄이 '대북(對北) 규탄성명'을 냈다.

정부는 5월 24일 천안함 사건과 관련, 북한의 재도발을 막고 한반도의 평화를 지키기 위해, 이명박 대통령이 직접 대(對)국민담화를 발표한 후, 국방·외교·통일부 3부 장관이 합동 기자회담을 열어 남북교역과 교류·협력 중단을 비롯하여, 북한 선박의 우리 해역 진입 금지, 천안함 사건의 유엔 안보리 회부, 한·미 합동 대(對)잠수함 훈련 실시,

---

7) 군인(1949~), 육군사관학교 졸업(1973), 연세대학교 경영전문대학원(중퇴, 1982), 합동참모본부 의장 (2008~2009), 제42대 국방장관(2009~2010)을 역임했다.

'대량살상무기(WMD) 확산방지구상(PSI) 훈련' 참가라는 7개의 강도 높은 '대북 제재방안'을 발표했다. 이번 대북 제재방안 중 남북교역과 교류중단 조치만 가지고도 북한은 당장 연간 3억 달러 정도의 소득을 잃게 된다.

그러나 중국은 계속 '냉철하고 절제된 태도'를 내세우며, 대북(對北) 책임 추궁을 피하면서 제재에 반대하는 자세를 보이고, 러시아는 "자체 조사단을 한국에 파견하겠다"고 나왔다.

정부는 앞으로 천안함 사건과 같은 북한의 도발을 막고, 또 유엔 안보리를 통한 대북제재의 정당성 확보를 위하여, 한·미·일 3개국 외교당국 간 협의를 거쳐 6월 1일 천안함 사건을 유엔 안보리에 공식 회부함으로써, 천안함 폭침 사건은 사건 발생 70일 만에 유엔 안보리로 넘어갔다.

6·25전쟁 후에도 계속해서 대남(對南)공작의 일환으로 남한의 종북(從北)단체와 연락하며 끊임없이 우리 사회를 분열시키면서 간첩활동과 공작을 중단한 적이 없는 북한의 통일선전부는, 이번에도 가만히 있지 않았다. 지난 10년 동안의 햇볕정책 속에서 우리 사회의 구석구석에 침투해 있는 종북(從北)주의자들을 동원, "천안함 사건은 남한 정부가 미 제국주의자들과 짜고 조작한 것"이라는 악선전과 함께, 천안함 비방 유인물을 팩스나 인터넷을 통해 퍼트리고, 또 이런 유인물을 직접 대학가에까지 무더기로 뿌렸다.

그 결과로, 한때 우리 국내 여론조사에 정부의 천안함 사건 발표를 전적으로 믿는 국민이 60%선까지 크게 떨어졌고, 또 '참여연대'[8]란 우

---

8) 이 단체는 과거에도 국내에서 국가보안법 폐기를 비롯하여 국군의 이라크 파병, 한·미 FTA, 노무현 대통령 탄핵, 평택 미군기지 이전 등에 반대하고, 2008년 이명박 정권 출범 직후 미국 쇠고기 수입 반대 촛불시위를 주도한 대표적인 친북(親北)·좌파 단체다.

리 민간 시민단체가 유엔 안보리에서 한국의 민·군 합동조사단이 발표할 천안함 사건의 브리핑(briefing)을 앞두고, "한국 정부의 조사에 의혹이 많으니, 안보리 대북(對北) 제재에 신중을 기해 달라"는 반(反)정부 서한을 안보리에 보낸 전례가 없는 사건이 발생했다. 우리 정부는 나라를 지키기 위해 총력외교를 펴고 있는데, 우리 시민단체가 이 무슨 이적(利敵)행위인가?

그러나 우리 대표단은 이런 악조건 속에서도 침착하게 유엔 무대에서 잘 싸웠다. 한국과 북한은 6월 14일 유엔 안보리에서 첫 대결로 각각 '비공식 상호대화 형식의 설명회'를 가졌다. 이 첫 번째 외교 공방전의 결과는 한 마디로 '한국의 일방적 게임(game)'이었다. 설명회가 끝난 후 각국 대표단은 한국 측은 모든 질문에 120% 답하고, 또 설명에 설득력이 있었는데 반해, 북한 측은 아무것도 제대로 답하지 못했다고 평했다. 중국을 제외하고는 우군이 없는 북한은 국력의 차와 과학적 증거 앞에 우리와의 '천안함 외교전'에서 완패를 당할 수밖에 없었다.

천안함 사건이 안보리에서 논의되고 있는 동안, 캐나다 토론토에서 개최된 'G8(세계 주요 8개국) 정상회의'에 참석한 8명의 주요 국가 정상들은 6월 26일 발표한 공동성명에서 "한국이 주도하여 작성한 '국제공동조사'는 천안함 침몰은 북한의 소행"이라고 단정했다. 이와 같이 공동성명이 "천안함 폭침이 북한의 소행"이라고 직설적으로 표현하지 못하고, 합동조사단의 조사 결과를 들어 우회적으로 표현한 것은 러시아 측의 반대 때문이었다.

G8 정상회의에 이어 같은 토론토에서 열린 제4차 G20 정상회의 참석차 캐나다에 갔던 이명박 대통령은 6월 27일 버락 오바마 미국 대통령과 정상회담을 갖고, 먼저 2012년 4월 17일로 예정돼 있던 전시(戰

時) 작전통제권(전작권) 전환을 2015년 12월 1일까지 3년 7개월 연기하기로 합의했다. 천안함 사건이 이번 합의를 빠르게 이끌어 내게 한 일종의 촉매제 역할을 했다.

유엔 안보리가 취할 수 있는 조치에는 '이사회 결의(Resolution)'와 이보다 한 단계 낮은 '의장성명(Presidential Statement)', 그리고 가장 낮은 수준의 '언론발표문(Press Statement)' 등 세 가지가 있다. 우리 정부는 처음에는 새롭고 단호한 대북(對北)제재결의안 채택을 고려했으나, 중국의 반대와 러시아의 불동조로 5대 상임이사국의 거부권 행사의 대상이 되는 결의안보다 중국과 러시아도 찬성하는 '의장성명' 발표로 전략을 바꿨다.

안보리는 천안함 사건이 회부된 지 35일 만인 7월 9일 마침내 15개 이사국 전체회의를 소집하여, 전날 회부된 미·영·불·중·러 5개 상임이사국과 한·일 양국이 합의한 대로 "천안함이 공격(attack)받았다"는 점을 명시하고, 이 같은 행위를 규탄(condemn)하며 한국에 대한 추가 공격이나 적대행위 방지가 중요하다고 북한의 천안함 격침 공격을 사실상 인정하고, 이를 규탄한다는 '의장성명'을 만장일치(滿場一致)로 채택했다.

그러나 성명은 중국의 반대로 "천안함 침몰의 책임이 북한에 있다"는 합동조사단의 조사 결과를 인용하면서 '깊은 우려'를 표시하고, 직접적으로 북한의 국명(國名)을 들어 공격 주체로 명시하는 표현은 쓰지 못했다.

이번에도 6월에 발표된 'G8 정상회의 공동성명'처럼 전체적인 맥락을 통해서 "천안함 침몰은 북한의 행위이며, 이런 공격은 규탄되어야 한다"는 형식으로 북한을 비난한 것이다. 그러나 의장성명은 사건과 관련, '무관계'라고 하는 북한의 주장에 대해서도 "이를 유의한다"고 병기(併記)를 했다.

이것도 역시 '북한의 소행'이란 것을 알고 있으면서도 북한 정권의 붕괴를 경계하여, 러시아와 함께 시종일관(始終一貫) 대국(大國)답지 않게 북한을 감싸고 나온 중국의 입장이 반영된 것이다. 그나마 중국과 러시아가 그동안 그렇게 반대해온 '공격'과 '규탄'이란 표현을 간접적으로라도 의장성명에 포함시킨 것은 "우리 외교가 거둔 하나의 성과였다"고 하겠다.

한편, 주유엔 북한대사는 기자회견에서 안보리 의장성명에 대한 평가를 묻는 질문에 대해 "위대한 북한 외교의 승리"라고 하면서도, "안보리가 사건을 급하게 논의하느라고 정확한 판단을 하지 못했다"고 비난했다. 그러나 그동안 북한이 전 세계 80여 개국과 NATO, 미주국가연합 등 7개 국제기구의 비난과 규탄에 관한 질문에 대해서는 아무 대답도 하지 못했다.

이번 안보리가 채택한 '우회적 북한비난 성명'은 사건의 실제보다 '관련국의 이해관계'에 의해 좌우되는 국제정치의 현실과 냉전대립 구도가 상존하는 안보리의 특성 등을 고려할 때, 그래도 중국과 러시아가 북한과의 동맹 관계를 내세워 반대하는 어려운 여건 속에서도 사건의 진상 규명과 폭행 규탄을 위해 우리 외교가 다각적으로 총력을 기울이고, 또 한·미·일 3국이 긴밀히 연대해 이뤄낸 귀중한 성과라고 하겠다.

미국의 힐러리 클린턴(Hillary Clinton) 국무장관[9]은 "의장 성명은 북한 지도부에 도발적 행동을 그만두라는 메시지(message: 전갈)"라고 하

---

[9] 미국 여성 정치인(1947~), 예일대학교 법과대학원 박사(1973), 변호사 개업(1976), 제43대 미국 대통령 빌 클린턴의 영부인(1993~2001)이었으며, 미국 상원의원(2001~2009), 국무장관(2009~2012)을 역임했다.

면서, "안보리가 한목소리를 낸 데 대해 만족한다"고 말했다. 그리고 오바마 미국 정부는 8월 30일 천안함 폭침 사건에 대한 책임을 물어 김정일 위원장의 통치자금[10]을 정(正)조준하는 차원 높은 강한 '대북(對北) 추가제재 조치'를 발동했다.

북한의 기습 공격으로 발생한 천안함 사건은 결국, 북한 지도부가 저지른 또 하나의 큰 실수였다. 북한 지도부도 이번 반(反)민족적 만행으로 실제로 "북한이 얻은 것보다는 국내적으로나 국제적으로나, 잃은 것이 엄청나게 더 많다"는 사실을 잘 알았을 것이다.

천안함은 한국전쟁 이후 가장 충격적인 남북관계 사건이다. 평상시에 군함이 자국의 영해 내에서 폭침된 것은 세계사에서도 유례가 드문 일이다.

그러나 이번 천안함 폭침 사건이 우리에게는 지난 10년간의 햇볕정책으로 왜곡된 일부 국민들의 대북(對北)안보관을 바로잡고, 46명의 우리 젊은 용사들의 고귀한 희생이 헛되지 않게, 앞으로도 계속될 북한의 기습 도발과 만행에 대비하여 만반의 준비를 다하는 계기가 되는 동시에, 우리에게 '한·미 동맹'의 소중함과 함께 한반도 문제 해결에 있어서의 대중(對中)·대(對)러시아 외교의 중요성까지 다시 한 번 깨우쳐 주는 기회가 됐다는 것이 우리 외교 전문가들의 공통된 견해다.

---

10) 김정일이 북한 정권 유지를 위해 노동당 38호실과 39호실이 관리하고 있는 통치자금은 1년에 대략 10억 달러 안팎인데, 대부분이 재래식 무기판매를 비롯하여 위폐, 마약, 가짜 담배, 돈세탁 등 해외에서의 불법활동에 의해 조달됐다. 이것은 김정일이 스위스·룩셈부르크·리히텐슈타인 등에 있는 해외은행에 은닉하고 있던 전체 개인 비자금 40~50억 달러와는 다른 자금이다. 노동당 38호와 39호실은 둘 다 김정일 사망 후에도 여전히 존재하는 것으로 알려졌다.

5. 전시 작전통제권 전환 연기

제4차 G20(주요 20개국) 정상회의 참석차 캐나다 토론토를 방문한 이명박 대통령은 2010년 6월 27일 인터콘티넨털 호텔에서 버락 오바마 미국 대통령과 정상회담을 가진 후, 공동 기자회견에서 한·미 간 전시작전통제권(전작권: Wartime Operational Control) 전환 연기에 합의한 사실을 발표했다.

이 자리에서 오바마 대통령은 "한미동맹은 한·미 양국뿐만 아니라, 태평양지역 전체의 안전보장에도 매우 중요하다"고 말하고, 북한에 대하여 "지나치게 무책임한 행동은 반드시 보복을 받을 것"이라고 엄하게 경고했다. 그리고 이 대통령은 미국이 한국의 요청을 수락해 준 데 대해 사의를 표명하고, "북한의 무모한 침략 행위를 저지하고 평화를 지키기 위해 전력을 다할 것"이라고 말했다.

이번 전작권 관련 새 합의에 대하여 미국 여론은 일제히 "이와 같은 조치는 미국이 한국과의 전략동맹관계를 최우선시한다는 것을 보여 주는 것이며, 김정일의 추가 도발을 억제하는 데 도움이 되는 상징적인 결정"이라고 평가했다.

전작권은 한반도에서 전쟁이 일어났을 때 군대의 작전을 총괄 지휘하고 통제할 수 있는 권한을 말한다. 한국은 우리 군에 대하여 평상시에는 독자적으로 작전통제권을 행사하지만, 방어준비 태세인 '데프콘-3' 이상이 발령되면, '합동작전 수행 능력의 극대화'를 위해 미 연합사령관에게 작전권을 넘기도록 되어 있다. 그러나 수도권과 후방방어 임무를 각각 맡은 수도(首都)방위사령부와 2군사령부 예하부대는 유사시(有事時)에도 독자적인 작전을 펼친다.

원래 전작권은 순수한 군사적 개념으로 유사시에는 한·미연합군의 합동작전의 수행 능력을 극대화하기 위한 것으로, 주권(主權)과는 아무런 직접적 관련이 없는 것이다. 영국이나 독일을 비롯해 프랑스나 이탈리아 등 NATO(북대서양조약기구) 회원국들도 다 전시(戰時)에는 NATO군 사령관이 전작권을 행사하게 돼 있다.

그런데 '전작권=주권'이란 인식을 갖고 있던 노무현 대통령 당선인은 2003년 2월 대통령에 취임한 후에도, "군사작전통제권이야말로 자주국방(自主國防)의 핵심"이라는 주장을 내세워, 군사 전문가들의 우려를 무시하고 아무런 장기적(長期的) 구상도 없이, 서둘러 2005년 9월 '한·미 안보정책구상회의(SPI)'에서 우리 대표로 하여금 전작권환수 협의를 공식으로 제안케 했다.

이를 계기로 한국 사회는 분열의 늪에 깊이 빠져들었다. 전직 국방부 장관들과 예비역 장성들을 비롯하여 전직 외교통상부 장·차관들과 대사들, 그리고 경찰 간부들과 재향군인회 등 각종 사회단체들의 반대에도 불구하고, 노 대통령은 오직 정치적 이유 하나로 밀어붙여, 2006년 9월에 열린 한·미 정상회담에서 전작권 전환에 대한 기본 원칙에 합의하고, 2007년 2월 24일 한·미 국방장관들로 하여금 전시작전권을 2012년 4월 17일 전환하는 동시에 한·미 연합사를 해체하게 밀어붙였다.

그러나 정권이 바뀌면서 2008년 2월 전작권이 작전의 효율성을 위한 체계상의 문제이고, 또 한반도에서의 전쟁 재발(再發)을 막고 있는 한·미 연합사의 역할을 잘 알고 있는 이명박 대통령 당선인은 국내 언론과의 회견에서 "전작권과 관련, 2012년까지 남·북 간의 관계가 개선되지 않는다면, 다시 논의해야 한다"는 뜻을 처음으로 밝혔다.

이것은 북한의 위협이 여전히 상존하고 있는 반면, 우리의 전쟁수행 능력은 아직 완벽하지 못한데, 전작권 이양과 함께 한·미 연합사까지 해체될 경우, 대북(對北)전쟁 억제력 문제가 발생하면서 한반도 안보 공약은 물론, 외국인 투자를 비롯한 경제·금융 분야에 충격을 줄 수 있다는 판단에서였다.

한편, 주한미군을 북한만을 염두에 둔 종래의 병력 구성을 재일(在日) 미군처럼 해외로 송출할 수도 있는 부대로의 전환을 계획하고 있던 미 국방부 내에는 전작권 이양 시기 연기에 대한 반대론도 강했다. 게다가 주무(主務)부서인 국방부의 로버트 게이츠(Robert Gates) 장관이 2007년 2월 전작권 전환에 합의한 당사자로서 "내가 시인한 것을 내가 뒤집기는 쉽지 않다"는 태도를 견지해, 처음부터 '전작권 전환 연기 협상'은 그렇게 순탄하지 못했다.

이런 상황에서, 이명박 정부는 대통령직인수위원회 시절부터 전작권 전환 연기를 중요한 외교·안보 과제로 다루어 왔으나, 정부 출범 후에도 이 대통령의 측근 참모들은 이를 겉으로는 서두르지 않고, 차근차근 외교를 중시하는 백악관과 국무부를 통해 국방부를 우회 설득하는 데 주력했다. 이것은 전작권 이슈가 조기에 불거지면 미국과의 협상에서 불리할 수 있고, 또 정권 초기에 불필요한 국론 분열을 가져올 수도 있다는 판단에서였다.

이와 같은 한국 정부의 조용한 접근 방식은 특히 2009년 5월 북한의 2차 핵실험 후, 2010년에 들어서면서 서서히 그 결실이 맺어지기 시작했다. 3월 초부터 백악관과 국무부의 분위기가 조금씩 전작권 전환 연기 쪽으로 바뀌게 됐는데, 기존의 전작권 전환 시한인 2012년에는 한국과 미국에 대통령 선거도 예정되어 있고, 또 중국과 러시아의 정상들도 임기가 종료된다. 이 밖에 북한이 '강성대국(強盛大國)'을 선언하는 해가 또한 2012년으로, 여러 가지 한반도 주변 정세가 불안해질 요소가 많았다. 이와 같은 것이 모두 "2012년이 전작권 전환에 적합한 해가 아니다."라는 판단을 한·미 양국이 다 같이 하게 된 배경이 되었다.

천안함 폭침 18일 만인 4월 13일 '워싱턴 핵안보정상회의'에서 이명박 대통력과 버락 오바마 미국 대통령이 전작권 전환시기 연기에 대해 처음 의논을 하고, 여기서 두 정상은 '연기' 쪽으로 방향을 잡았던 것이다. 결국 천안함 사건이 두 정상을 급히 전작권 전환 연기 쪽으로 이끈 셈이다.

이어 6월 초 싱가포르에서 열린 '아시아 안보대회'에서 로버트 게이츠 미국 국방장관이 우리 김태영 국방장관과 이명박 대통령을 잇달아 만남으로써, 전작권 전환 연기 협상이 마침내 성공 궤도에 올라, 한·미 양국이 전작권 전환 시점을 2015년 12월 1일까지 연기하는 데 합의한 것이다. 한반도 주변국들의 정치적 안정 등과 함께, 한국군의 전작권 단독 행사에 필요한 여러 가지 군사적 준비상황 등을 종합적으로 감안할 때 "시의적절(時宜適切)한 결정이었다"고 하겠다.

원래 국가 간의 합의를 재조정한다는 것은 그리 쉬운 일이 아니다. 그럼에도 이번에 문제가 잘 해결된 것은 "잘못된 합의는 바로잡아야 한다"는 두 정상의 의지와 굳건한 양국 간 '동맹관계'가 존재하고 있었기 때문인데, 특히 오바마 대통령의 결단이 결정적 역할을 했다. 연기안에 대해서 줄곧 반대해 온 미 국방부의 기류를 완화시킨 것도 바로 오바마 대통령이고, 또 2009년 11월 방한(訪韓)을 계기로 생기게 된 이명박 대통령과의 돈독한 관계와 함께, "한국에서 1,000만 명 이상의 국민들이 전작권 전환 연기를 위해 서명했다"는 사실이 오바마 대통령의 결정에 긍정적 영향을 미친 것이다.

한·미 양국 정부가 전작권 전환 시기 연장에 합의한 데 대하여, 집권당인 한나라당은 "아주 적절한 조치"라고 크게 환영했으나, 야당인 민주당은 "실익도 타당성도 없이 국방주권만 포기한 잘못된 결정"이라고 했다. 그러나 노무현 정부에서 국방부 장관을 지낸 김장수 국회의원은 "국가 안보에는 한 치의 빈틈이 있어서는 안 된다"고 하며, "우리 군의 정보 획득 능력이나 2015년 지상군 작전사령부 설치계획 등을 고려할 때, 이번에 작전권 전환을 연기한 것은 국가 안보를 위해 아주 적절한 결정"이라고 환영했다.

이번 전시작전권 전환 연기로 우리 군은 앞으로 3년 7개월여의 귀중한 시간을 더 얻게 됐다. 그러나 '국가안보체계'의 개편은 국가의 존망이 달려 있는 중요한 문제이므로, 우리 군은 이번 북한의 핵 보유 대비책까지 포함하여, 합의를 마지막 기회로 생각하고 국토방위를 위해 평시는 물론, 전시에도 완벽하게 작전권을 수행할 수 있게 서둘러 지휘구조 등 체제를 정비하고 작전계획을 완벽하게 발전시켜 나가야 할 것이다.

6. 북한군의 연평도 포격 사건

북한군은 천안함을 폭침시킨 지 8개월 만인 2010년 11월 23일 또다시 서해 북방한계선(Northern Limit Line: NLL)[11] 바로 아래에 있는 우

---

11) NLL은 1953년 유엔군사령부가 정전협정 체결 직후 우리 군이 치열한 전투 끝에 확보한 '서해 5도'인 백령도－대청도－소청도－연평도－우도를 따라 그은 해상 경계선이다. 그러나 북한은 유엔사의 NLL 설정 이후 20여 년간 아무런 이의를 제기하지 않고 있다가, 2000년 3월에 느닷없이 그들 나름대로 '지도'에서 보는 바와 같은 해상경계선을 내 놓았다. 그러나 그 후에도 북한군 함정이 NLL을 침범하였을 때, 우리 군이 경고하면 즉시 퇴거하는 등 지금까지 NLL은 그런대로 관행으로 준수돼 왔다.

리 연평도에 아무 예고도 없이 해안포 170여 발을 마구 퍼붓는 만행을 저질렀다.

이 북한군의 포격으로 우리 해병 2명과 민간인 2명이 살해되고 16명의 해병대 병사가 중경상을 입은 위에, 군부대에서 1.5㎞나 떨어져 있는 민간인 거주지에까지 조준사격을 해 많은 재산피해를 냈다. 1953년 휴전 이후 남북 간에 많은 사건이 있었으나, 북한군이 우리 영토를 직접 공격한 것은 이번이 처음이다. 우리 군은 즉각 자위권(自衛權)을 발동하여 북한군 포진지를 향해 K-9 자주포를 80여 발을 발사하며 대응했다.

북한의 이번 공격은 과거에 '서해상의 남북 경계선인 NLL의 무효화'를 노리고 여러 차례 '서해 5도' 인근 해상에서 우리 경비정을 포격해 왔던 것과는 달리 우리 영토에 대한 전쟁 도발로, 유엔(UN)헌장과 정전협정, 그리고 '남북 불가침합의'를 위반한 군사공격 행위이고, 특히 민간인 거주지에 대한 공격은 전시(戰時)에도 국제법이 금지하고 있는 '전쟁범죄행위'이다.

북한군 최고사령부는 연평도 공격 4시간 만에 보도를 내고 "남조선 괴뢰들이 연평도 일대의 우리(북)측 영해에 포사격으로 군사적 도발을 하여 와, 우리는 즉시 단호한 군사적 조치를 취했다"고 하면서 적반하장(賊反荷杖)도 유분수(有分數)지, 사건의 책임을 우리에게 떠넘기고 "남조선이 다시 군사적 도발을 해오면 주저 없이 '보복타격'을 가할 것"이라고 위협까지 해왔다.

북한군은 "한국이 북측 영해에 먼저 포격을 해와 대응 차원에서 연평도를 공격했다"고 허위 주장을 한 것이다. 우리 해병대의 사격훈련 구역이 NLL 아래 연평도 서남쪽 우리 영해로 당연히 우리 측 관할 구

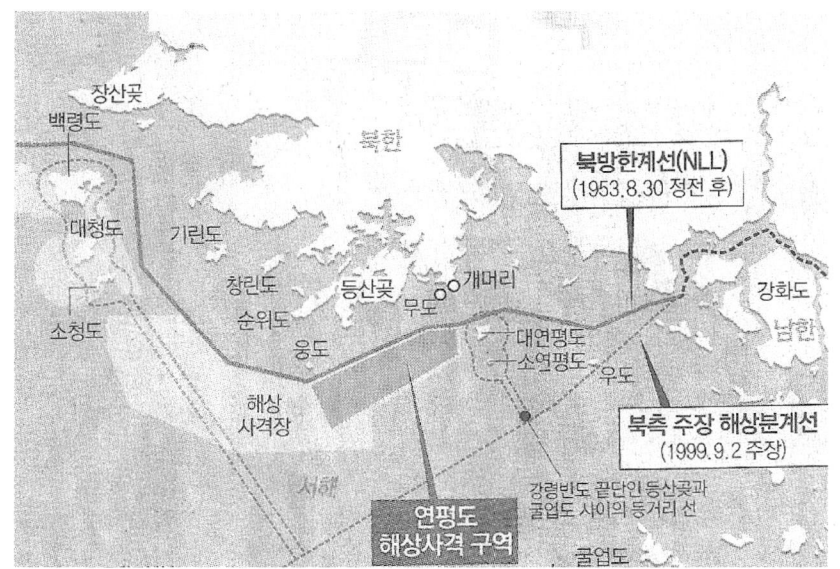

자료:합동참모본부

<그림 10-1> 서해 북방한계선(NLL)과 북한 주장 해상분계선

역이고, 또 이번에 처음 한 사격훈련도 아니다. 1953년 휴전 후 지금까지 자그마치 37년 동안이나 북한군 스스로도 달마다 보아 온 우리 군의 월례적 훈련인데, 이를 느닷없이 '군사도발'이라고 억지 주장을 하고 나온 것이다.

연평도의 우리 해병부대와 함께 산 넘어 있는 민간인 거주지역까지 조준 포격을 가해 온 북한군의 천인공노(天人共怒)할 이번 만행에 대한 우리 국민들의 분노는 하늘을 찌르고, 세계 주요 언론들의 발 빠른 긴급 뉴스 보도와 함께 국제사회에서도 비난의 목소리가 한꺼번에 높아졌다.

미국 백악관이 11월 23일 이례적으로 새벽 4시 북한의 호전(好戰)행위를 규탄하는 긴급성명을 발표한 데 이어, 일본·영국·프랑스를 비롯하여 많은 우방들이 북한의 만행을 비난하고 규탄하는 정부성명을 발표했다.

이번에는 러시아와 베트남까지 북한 비난 대열에 가세했다. 러시아의 세르게이 라브로프(Sergei Lavrov) 외무장관[12]은 11월 23일 "한국영토에 대한 공격과 사상자 발생에 대해 북한은 비난을 받아 마땅하다"고 북한을 '공격자'로 규정하고 강력히 비판했다. 그러나 중국만은 지난번 천안함 폭침 사건 때처럼 이번에도 북한을 무조건 감싸며 "관련 사항에 대한 조사를 확인할 필요가 있다"고 나왔다. 우리 국민들은 크게 격분했으며 대중(對中) 감정이 급격히 악화됐다.

이명박 대통령과 버락 오바마 미 대통령은 24일 전화통화를 갖고 "이번 도발이 북한이 사전에 치밀하게 계획한 것"이라는 데 의견을 같이하고, 곧 이에 대응하여 한·미 연합군사훈련을 실시하기로 합의했다. 이 합의에 따라, 미국은 그날로 제7함대 소속 핵추진 항공모함 '조지 워싱턴(9만 7,000 톤급)호'를 모항(母港)인 일본 요코스카(横須賀) 기지에서 서해로 출동시켰다.

북한은 한국 내 여론이 악화되자, 3일 후인 27일 조선중앙통신을 통해 "연평도 포격으로 민간인 사망자가 발생한 것이 사실이라면, 지극히 유감스러운 일이 아닐 수 없다"는 논평을 내놓았다. 그러나 이어 후안무치(厚顔無恥)하게도 "그 책임은 포진지 주변과 군사시설 안에 민간인을 배치해 '인간방패'를 만든 적들의 비인간적 처사에 있다"는 말도 안 되는 토를 달아 그 책임을 우리 측에 전가하려 했다. 비인간적인 도

---

12) 러시아 관료(1950~), 모스크바 국립국제관계대학교 학사, 유엔 소련고문(1981~1988), 러시아 외교부(1994), 현재 외무장관(2004~)을 맡고 있다.

발을 해놓고도 당국의 공식 사과는커녕 유감 표명을 한다면서 '사실이라면' 하고 가정법을 쓰고, 한 발 더 나아가 '인간방패' 운운하며 책임을 우리 쪽에 전가한 것은 우리 국민과 군을 모욕하는 것으로 우리 국내 여론을 극도로 악화시켰다.

11월 28일 중국은 이번 사건으로 궁지에 몰린 북한을 구하기 위하여, 후진타오(胡錦濤) 국가주석[13]의 특사로 방한한 다이빙궈(戴秉国) 외교담당 국무위원을 통해 '6자회담 재개'를 제안해 왔다. 그러나 이명박 대통령은 "지금은 6자회담을 논의할 때가 아니다"라고 이를 거절하고, 우리 군으로 하여금 미군과 함께 예정대로 28일부터 12월 1일까지 4일간 중국이 지금까지 극력 반대해 온 서해(西海)에서 핵추진 항공모함 '조지 워싱턴'호가 참가하는 대규모 연합 해상훈련을 실시하여, "북한의 무력 도발을 좌시하지 않겠다"는 단호한 의지와 '경고 메시지(message)'를 북한에 보냈다.

정부는 이번 사건 발생 직후부터 사건의 유엔 안보리 회부를 다각적으로 검토 중이었는데, 마치 11월 29일 유엔(UN) 관련 기관인 국제형사재판소(International Criminal Court: ICC)[14]가 "북한군의 도발과 관련, 이것이 한국에 대한 '전쟁범죄'인지 여부에 대해 예비조사를 시작한다"는 발표를 했다.

북한에 대한 ICC의 이번 예비조사는 "최근 북한군에 의한 두 번의 군사 도발 전쟁범죄"라고 한국의 탈북자단체 등 시민단체들이 제소한

---

13) 중국 정치가(1942~), 청화대학교 기계공학 학사, 중국 국가주석(2003~), 중앙군사위원회 주석(2004~2012)을 역임했다.

14) ICC는 집단살해죄, 전쟁범죄, 반(反)인도적 범죄를 저지른 개인을 형사 처벌하기 위해, 2002년 7월 1일 설립된 상설 국제법원으로 본부는 네덜란드 헤이그에 있으며, 임기 9년의 재판관 18명으로 구성돼 있다. 회원국은 한국 등 114개국이고 판결에는 사형(死刑)은 없고 최고형이 종신형(무기징역)으로 돼 있다. 소장은 우리나라의 송상현(宋相現) 서울대 법대 명예교수다. ICC 검찰이 기소한 사건에 대해서는 송 소장이 최종심 재판을 직접 맡는다.

결과인데 예비조사 착수가 발표되자, 중국은 "ICC가 법률적으로 판단하지 않고 정치적 판단을 하고 있다"고 또 불만을 표시했다. 그러나 우리 정부는 ICC의 이번 결정을 환영하며 정의가 실현될 수 있도록 예비조사부터 적극 협조할 것을 약속했다.

앞으로 예비 조사에서 북한의 도발이 '전쟁범죄'로 판단되면, 정식으로 본격적인 수사가 시작되는데, 용의(容疑)가 있을 경우에는 책임자에 대해 '체포영장'이 발부된다. ICC의 헌장(憲章)격인 '로마(Rome) 규정'에 따르면, 국제적 무력 충돌에서 민간인 거주지에 대한 포격을 '전쟁범죄'로 규정하고 있어, 천안함 폭침과 연평도 무차별 포격 사건과 관련하여, 앞으로 김정일 부자가 책임자로서 '전범(戰犯)재판'에서 단죄될 가능성이 생기게 된 것이다.

ICC는 다른 국제기구와 달라 선언적인 의견 표명에 그치지 않고 조사 결과 혐의가 확실하면, 체포영장을 발부하여 구금도 할 수 있다. 실제로 지금 라이베리아의 찰스 테일러 전 대통령이 구금돼 있으며, 기소된 중앙아프리카공화국 부통령은 ICC 회원국인 벨기에에 통과차 잠시 들렸다가 체포되고, 또 오마르 하산알-바시르 수단 대통령은 현재 체포영장이 발부돼 있다.

북한의 경우는 ICC 회원국이 아니기 때문에 ICC가 김 부자를 체포하여 조사를 하고 처벌까지 가는 데에는 여러 가지 어려움이 많을 것이다. 그것은 김 부자가 114개 ICC 회원국에 여행을 가거나 그 나라를 통과하지 않는 한, 체포 영장을 쓸 수 없고, 또 기소돼도 궐석재판이 인정되지 않기 때문이다. 앞으로 ICC가 본(本) 조사에 착수하여 김 부자의 범죄 혐의가 확정되고 기소돼 ICC의 구속영장이 발부될 경우에는 공소시효(公訴時效)가 없고, 또 면책사유(免責事由)도 없어 일생 동안 추급(追及)

의 대상이 되어 죽는 날까지 국외여행이 자유롭지 못할 것이다.

이와 같은 ICC의 예비 조사의 효과는 벌써 나타나고 있다. 일본 언론에 따르면, 이번 연평도 포격 직후 북한군은 한때 "연평도 공격을 '김정은 청년(靑年)대장'이 직접 명령한 것"이라며, 김정은을 '군사영재(軍事英才)'로 우상화하려고 했다. 그러나 ICC가 "연평도 포격을 '전쟁범죄'로 예비조사를 한다"는 발표를 하자, '군사영재 이야기'는 즉각 자취를 감췄다고 한다.

이명박 대통령이 11월 27일 "전쟁을 두려워해서는 결코 전쟁을 막을 수 없다"며 내린 "공격을 받았을 때는 가차 없이 대응하라"는 지시에 따라, 김관진(金寬鎭) 신임 국방장관[15]은 "즉각적인 보복이 가능하게 북한이 도발할 시는 즉시 자위권(自衛權)을 행사하라"는 지침을 일선부대에 하달했다.

이 지침을 받은 군은 "12월 17일 연평도에서 18일부터 21일 사이에 기상 상태를 보아가며 종전대로 '해상 포격 훈련'을 실시한다"고 공포하고, 이를 북한 측에도 통보했다. 그러자 북한군은 즉시 "포격 훈련을 재개하면 전면전(全面戰)까지 불사하겠다"고 또다시 협박하고 나왔다.

이와 같이 한반도 정세가 긴박해지자, 12월 18일 이번에는 러시아가 "우리 군의 훈련이 한반도의 긴장을 다시 고조시킨다"며 유엔 안보리에 '긴급회의 소집'을 요구하고 나왔다. 이에 따라 열린 안보리 긴급회의가 19일 오전 11시 경부터 오후 7시 30분까지 8시간 반 동안 계속됐다. 그러나 이 긴급회의는 이번에도 결국 중국의 반대로 의장성명 작성에 합의하지 못했다.

---

15) 군인(1949~), 육군사관학교 28기 졸업(1972), 제35사단장(1999~2000), 제2군단장(2002~2004), 제3야전군사령관(2005~2006), 합동참모의장(2006~2008)을 역임했으며, 현재 제43대 국방장관(2010~2013)이다.

미국·영국·프랑스 등 서방국들과 일본은 "북한의 연평도 포격 도발에 대해 안보리가 강력하게 규탄하는 조치가 있어야 한다"는 주장을 하고, 거의 모든 이사국들이 이에 동조하여 "북한의 도발을 규탄하는 성명을 내자"고 요구했으나, 이번에도 역시 중국만이 홀로 반대하고 나왔다.

그러나 이번에는 긴급회의를 제안한 러시아가 영국이 제의한 북한의 공격만을 규탄하는 수정안에 호응하고 나와 회의장은 북한에 대한 규탄 일색이 됐다. 이런 가운데서도 중국이 또 이 수정안에마저 반대하고 나와, 긴급회의는 결국 북한의 폭격을 규탄하는 의장 성명을 종내 채택하지 못했다.

비록 이번 긴급회의에서 의장성명을 채택하지는 못했으나, 북한의 만행은 충분히 규탄됐고, 북한을 감싸고 나온 중국도 세계평화와 안전 유지에 대한 제1차적 책임을 지는 유엔 안보리 상임이사국으로서의 책무를 다하지 못해, 강대국으로서 체면을 잃고 또 회의장에서는 문자 그대로 '외톨이 신세'가 되는 비싼 외교적 대가를 치러야 했다.

뜻밖에 러시아의 제의로 소집된 안보리 긴급회의에서 "북한의 연평도 포격 도발이 한반도 긴장의 근원"이라는 안보리 이사국 대표들의 목소리가 높아져, 중국의 반대에도 불구하고 북한의 만행이 충분히 규탄되었으므로, 우리 정부로서는 연평도 포격 사건을 다시 안보리에 회부할 필요가 없어지게 됐다.

우리 군은 북한의 추가 도발에 대한 만반의 대비 태세를 갖추고 안보리 긴급회의의 심의 과정을 지켜본 후, 북한군의 계속된 타격 경고와 중·러의 외교적 압박에도 불구하고, "북한의 도발을 응징하겠다"는 우리 군의 의지를 보임으로써, NLL을 지키기 위해 이미 공포한 대로

12월 20일 오후 K-9 자주포 등 연평도에 우리 해병부대가 보유하고 있는 모든 포를 총동원, 근해에서 종전에 해온 대로의 해상포격 훈련을 실시했다.

포격 훈련이 진행되는 동안 전면전까지 들먹이며 위협하던 북한군은 침묵으로 일관하며 특이한 움직임을 보이지 않았다. 그러나 우리 군의 포격 훈련이 끝난 후 2시간 반 만에, 북한군 최고사령부는 "우리(북) 혁명무력 앞에서 얻어맞고 뒤에서 분풀이하는 식의 비열한 군사적 도발에 일일이 대응할 일고(一顧)의 가치도 느끼지 않는다"는 속 빈 성명을 내고 물러섰다.

앞으로의 북한군의 도발을 철저히 막고 NLL을 지킴으로써 한반도의 평화와 안정을 유지하기 위하여, 2011년 1월 6일 워싱턴 D.C.에서 한·미·일 3국 외상회담이 개최됐다. 3국 외상들은 먼저 북한의 연평도 공격을 규탄하고, '한·미·일 3국 연대의 강화'로 북한에 강력한 '경고 메시지(message)'를 보내는 한편, 중국에 대해서도 강대국으로서의 책임 있는 역할을 촉구했다.

북한의 연평도 포격 도발은 천안함 폭침 사건과 함께 ICC의 조사를 불러온 위에 국제사회의 더욱 강해진 비난의 대상이 되고, 또 우리 국민들의 대북(對北)감정을 크게 악화시키면서 6·25전쟁을 모르는 우리 젊은 세대들이 대(對)북한관을 확 바꿔, 강력한 대북(對北)제재를 주장하고 나오게 하는 등 북한으로서는 국제적으로나 국내적으로나, 잃은 것은 많았어도 얻은 것은 없었다.

미국 일간지 『뉴욕 타임스(New York Times)』는 "북한이 아무리 한반도 긴장을 높여도 결국, 도발의 실제 희생자는 북한 자신"이라고 했고, 또 중국 공산당 기관지 인민일보의 자매지인 『환구시보(環球時報)』

도 중국 정부와는 달리, 사건 발생 직후인 11월 26일자 사설에서 "이런 포격 사건이 계속된다면 북한에도 미래가 없다. 북한은 매번 도발을 반복할 때마다 더욱 국제적으로 고립되는 대가를 치르게 될 것"이라고 북한 정권에 강력하게 경고했다.

그리고 러시아 외무부는 12월 13일 모스크바에서 세르게이 라브로프 외교장관과 박의춘(朴宜春) 북한 외무상과의 회담이 끝나자마자, "인명 피해를 초래한 남한 영토에 대한 이번 포격은 비난받아 마땅하다는 점을 확인했다"는 언론 발표문을 냈다.

이것은 사실상 러시아 정부가 북한의 박 외상 면전에서 북한의 연평도 도발을 질책한 것이나 다름이 없다. 외상회담에서 설사 조금 불만이 있었더라도 발표문에는 대개 모호한 수사(修辭)로 포장하는 것이 외교 관례인데, 러시아 외상의 이번 대응은 매우 이례적이라고 하겠다. 이것은 중국과 대조적으로 러시아는 이번 연평도 포격 사건을 매우 못마땅하게 생각하고 있음을 보여준 것이라고 하겠다.

7. 서울 G20 정상회의 개최

건국(建國) 이래 최대 규모의 국제행사인 '제5차 G20(Group of 20: 주요 20개국) 정상회의'가 2010년 11월 11~12일 이틀 동안 서울 강남 코엑스(Coex)에서 개최됐다.

G20이란 'Group of 20'의 약자로 IMF(국제통화기금)에 가입되어 있는 185개국 중에서 경제적으로 영향력이 큰 '주요 20개국 모임'을 의미한다. 이는 과거 세계경제 질서를 주도해 왔던 선진 G7(미국·일본·

독일·프랑스·영국·이탈리아·캐나다) 국가와 12개 신흥국(한국·러시아·중국·인도·인도네시아·아르헨티나·브라질·멕시코·터키·호주·남아프리카공화국·사우디아라비아), 그리고 EU(유럽연합)로 구성돼 있다.

G7은 전 세계 국민총생산(GDP)의 65% 정도를 차지했지만, G20은 85%이며 전 세계 교역량의 80%, 세계 총인구의 3분의 2를 각각 차지하고 있고, 서로 경제발전 단계가 다른 여러 나라가 참여하고 있어 G20 합의가 G7 합의보다 더 큰 영향력을 가진다.

한편, G20 정상회의에는 주요 20개국 정상들과 함께 7개 국제기구(UN, IMF, World Bank, OECD, PSB, ILO, WTO)의 대표들도 함께 참가하며, 매번 몇 개 국가가 초청 케이스(case)로 회의에 참가하는데, 이번에는 에티오피아·말라위·스페인·베트남·싱가포르 5개국의 정상들이 초청됐다.

원래 G20은 아시아 외환위기 직후인 1999년 주요 20개국의 재무장관과 중앙은행 총재들이, 선진국과 신흥국 간의 국제협력 강화를 통해 국제금융 시장의 안정을 유지할 목적으로 '정례(定例) 모임'을 가지면서 시작됐다. 그러다가 2008년 세계적 금융위기가 발생한 이후, G20이 정상회의로 격상되면서 세계경제와 국제금융 문제에 관한 중심적 협의체로 부상하게 됐다.

당시 경제위기의 심각성에 비추어 각국의 개별적인 정책 대응으로는 경제위기 극복이 어렵다고 판단되자, 주요 20개국의 정상들이 한자리에 모여 세계적 경제위기 극복을 위한 정책공조 방안 마련에 나서게 됐던 것이다.

2008년 11월 워싱턴에서 첫 번째 정상회의가 개최된 이후 런던

(2009.4), 피츠버그(2009.9), 토론토(2010.6) 등 지금까지 회의가 네 차례 열렸고, 이번 서울 정상회의는 횟수로 다섯 번째이고 정례화된 후로는 첫 번째 정상회의다.

한국이 이 G20정상회의의 멤버(member)가 되는 것부터 사실은 그리 쉬운 일이 아니었다. 2008년 '세계적 금융위기'가 시작된 이후 G20 정상회의가 추진되면서, 어느 나라가 여기에 들어가는가를 놓고 세계적인 각축이 벌어졌는데, 당시만 해도 한국은 후(後)순위였다.

프랑스를 비롯하여 일부 선진국들이 한국이 G20 정상회의 멤버가 되는 것까지 반대를 했고, 또 우리 이웃인 중국과 일본의 반응도 탐탁하지 않았다. 정치·경제적으로 아시아를 대표하는 나라는 중국과 일본, 인도, 인도네시아이며, 여기에 중동을 대표하는 사우디아라비아까지 5개국이면 아시아 몫은 충분하다는 것이었다.

이와 같은 난관을 극복하고 한국이 G20 정상회의의 '정식(正式) 멤버'가 될 수 있었던 것은 그간 세계 주요국 수뇌들과의 정상회담에 정성을 다한 이명박 대통령의 노고와 부시 전 미국 대통령의 전폭적인 지지가 큰 역할을 했고, 또 한국이 G20 정상회의 안에서 선진국과 신흥국 간 가교 역할에 가장 적격이라는 평가도 큰 도움이 되었다.

그뿐만 아니라 프랑스를 비롯하여 일본과 호주 등 많은 나라들이 G20 정상회의의 첫 번째 연례회의 유치를 희망했음에도 불구하고 한국이 그 회의 유치에 성공할 수 있었던 것은, 우리나라가 가장 빨리 세계적인 금융위기에서 벗어나고 있다는 사실과 이명박 대통령이 세 차례에 걸친 G20 정상회의에서 다른 정상들보다 의욕적으로 의제를 제의하고 의논을 주도한 것들이 배경이 되었다. 그리고 "아시아에선 한국이 개최해야 한다"고 밀어준 버락 오바마 미국 대통령의 적극적인 후원과 함께, 다른 나라들의 지지를 끌어내는 데 있어서 앞장서 준 오스트레일리아의 케빈 러드(Kevin Rudd) 총리[16]의 뜨거운 지원이 있었기 때문에 가능했다.

아시아, 그리고 중진국에서는 처음 '위기를 넘어 다 함께 성장(Shared Growth Beyond the Crisis)'이란 주제로 열린 서울 G20 정상회의에는 이명박 대통령과 버락 오바마 미국 대통령, 후진타오(胡錦濤) 중국 국가주석, 간 나오토(菅直人) 일본 총리,[17] 드미트리 메드베데프(Dmitri Medvedev) 러시아 대통령[18] 등 G20 회원국 정상 20명(EU 대표 포함)을 비롯하여 싱가포르 등 초청 대상국 정상 5명과 IMF(국제통화기금) 등 국제기구 대표 7명, 그리고 정상급 인사 33명과 배우자 15명이 참석했다.

그리고 각국 대표단 4천여 명과 34개국의 거물 경영인 120명 외에 외신기자 1,660명을 포함한 취재기자 4천여 명 등을 다 합치면, 이번 정상회의의 관계자는 거의 1만여 명에 이르며, 11월 11~12일 이틀 동안은 정말 서울이 세계 뉴스의 중심이 되고 또 세계의 수도(首都)가 됐다.

G20 서울 정상회의에 앞서 10월 22일~23일 경주에서 열려 "대성공을 했다"는 평을 받은 G20 재무장관, 중앙은행 총재회의에 뒤이어, 11월 10일부터 2일간 서울 워커힐 호텔에서 재계의 유엔 총회 격인 'B20 (Business of 20) 서울 비즈니스 서밋(Business Summit: 업무 수뇌회의)'이 열렸다. 여기에는 세계 34개국의 거물 경제인 120명과 우리 기업인 대표 15명이 참석하여, 세계 경제성장을 위한 해법을 모색하고, 12일

---

16) 오스트레일리아 정치인(1957~), 오스트레일리아 국립대학교 중국어학 학사, 의회 의원(1998), 노동당 대표(2007~2010), 총리(2007~2010), 외상(2010~2012)을 역임했다.

17) 일본 정치인(1946~), 도쿄공업대학 졸업, 10선 중의원, 일본 부총리(2009), 재무상(2010), 제94대 총리 (2010~2011)를 역임했다.

18) 러시아 정치인(1965~), 레닌그라드대학 법학학사, 러시아 대통령 비서실장(2003), 러시아 제1부총리 (2005), 제5대 대통령(2008~2012)을 역임했다.

저녁에는 G20 정상회담을 마친 정상들과 함께 대규모 만찬 행사에도 참석했다.

G20 서울 정상회의는 11월 11일 오후 6시부터 국립중앙미술관에서 열린 첫 공식일정인 리셉션(Reception: 환영회)과 업무만찬으로 시작됐다. 본(本)회의는 12일 코엑스 3층 행사장에서 오전 9시부터 열려, 회의장에서 점심 식사를 하며 장장 6시간의 '마라톤 회담' 끝에 ① 시장이 결정하는 환율제 합의, ② IMF 위기 해결→위기 예방, ③ 최빈국 지원 서울 컨센서스(Consensus: 합의), ④ 비즈니스 서밋 계속 개최 등을 주요 내용으로 하는 'G20 서울선언'을 채택하고 폐막했다.

정상들은 이번 회의에서 환율 갈등의 해소 방안으로 "경상수지를 일정 범위에서 관리하도록 하는 가이드라인(guideline: 지침)을 2012년 6월까지 마련하고, 자국 통화의 경쟁적 평가 절하도 자제하기"로 했다.

미국과 중국의 이해관계의 정면충돌로 이번 회의에서 최대 현안이 된 '환율문제'에 대한 완전한 합의를 이뤄내지 못한 것은 아쉽지만, '환율전쟁'이라고까지 불린 어려운 문제를 '2012년 6월까지'란 시한을 정하여 막판 타협으로 힘든 고비를 넘겼다. 정상들은 이 합의가 한국의 제안으로 이뤄졌다고 해서 '서울 이니셔티브(Seoul Initiative: 지도 기준)'로 부르기로 했다.

그리고 우리나라는 '1997년 외환위기'를 거울삼아 국제통화기금(IMF)이 여러 나라를 동시에 지원할 수 있는 제도 마련도 주도했다. 이것은 "동시다발(同時多發)적 경제위기에 효과적으로 대처하자"는 취지에서였다. 또 G20에서 처음으로 중요하게 다뤄진 개발 의제에서도 '다 함께 성장을 위한 서울 컨센서스(Consensus: 합의)'를 도출했다. 이것은 우리나라가 1960년대에 얻은 산업화 경험을 토대로 하여 이끌어낸 합의였다.

회의에 참석했던 고위 관계자들의 말을 빌리자면, "서울 G20 정상회의야 말로 다섯 번의 역대 G20 정상회의 중 가장 훌륭한 회의였다"고 한다. 이번 '서울회의 공동성명'은 세계 속의 대한민국의 위치와 역할이 무엇인지를 한국인 자신을 포함해 세계인 모두에게 알리는 좋은 계기가 됐다.

이명박 대통령은 이날 폐막 기자회견에서 "환율과 함께 균형 잡힌 경상수지를 유지하도록 예시적 '가이드라인(guideline)'의 수립과 구체적 추진 일정에 날짜까지 박아 합의한 것은 굉장한 진전"이라며, "환율 문제는 일단 흔히 쓰는 말로 전쟁에서 벗어났다"고 덧붙였다.

정상회의가 폐막된 후 각국 정상들은 이번 회의의 성과를 높이 평가하는 발언을 쏟아냈다. 버락 오바마 미국 대통령은 "서울에서 괄목할 만한 작업을 해낸 이명박 대통령에게 감사드린다"고 하고, 간 나오토 (管 直人) 일본 총리는 "G20 정상회의에서 개발 의제에 중점을 둔 것은 굉장히 잘한 일이다"라고 말했다. 그리고 드미트리 메드베데프 러시아 대통령도 "한국이 이렇게 발전하고 또 회의를 잘할 줄은 몰랐다"고 극찬을 하고, 페리패 칼데른 멕시코 대통령은 "한국을 통해 많은 것을 배웠다"고까지 칭찬했다.

이명박 대통령은 10일 이번에 국빈 방문한 러시아의 메드베데프 대통령을 위시하여 회의기간 중 그 바쁜 일정 속에서도 미국·중국·영국·독일·브라질·호주·프랑스 8개국 정상들과 연쇄회담을 갖고, 그간 풀지 못했던 각국과의 외교 현안들을 진지하게 논의했다.

G20 국가의 퍼스트레이디(First Lady)들과 국제기구 대표의 배우자들은 이 대통령 부인 김윤옥 여사 참석하에 11일 저녁에는 한남동 리움

미술관에서, 12일에는 오전에 창덕궁을 찾아 '한복 패션쇼' 등을 감상하고, 한국가구박물관에서 한식 오찬을 같이들 했다.

이번 G20 서울 정상회의는 과거 G20 정상회의와 달리 기업인들이 참가하는 '비즈니스 서밋(Business Summit)'이 신설되어, 이에 참석한 15개 우리 기업들에게도 '글로벌 브랜드(global brand: 세계적 상표)의 위상'을 높일 수 있는 도약대(跳躍臺)가 됐다. 특히 '글로벌 무대'에서 삼성이나 LG 등에 비해 상대적으로 인지도가 낮은 기업들에게는 세계 우수 '글로벌 기업' 대표들과 세계경제의 현재와 미래를 논의하는 한편, 자신들을 알리고 '글로벌 비즈니스 성공 전략'도 구체화할 수 있는 좋은 기회가 되었다.

G20 서울 정상회의를 한국의 국가 위상을 한 단계 높이면서, 지속적 발전을 위한 계기로 삼기 위해, 정부와 국민이 하나가 되어 정말 최선을 다했다. 사실 이번 행사는 올림픽이나 월드컵 등 대형 스포츠 행사처럼 일반인들이 흥미를 느낄 수 있는 것도 아니었는데, 회의 기간 중 내내 시민들이 자발적으로 '승용차 2부제' 실시 등 즐겁게 불편을 감수하며 협력하는 성숙한 시민의식도 빛났지만, 회의장 주변에 3중 경호선을 설치해 경비에 만전을 기하고, G20 정상회의를 반대하는 외국인들까지 포함된 일부 좌파 단체들의 G20 반대 시위를 평화적으로 유도하는 등 회의의 원만한 진행을 위하여 주야를 가리지 않고 경호와 경비에 전력을 다한 우리 경찰과 대북(對北) 감시 수준을 대폭 강화하여 최고 수준의 경계태세로 만일의 사태에 대비한 우리 군의 노고가 컸다.

서울 G20 정상회의를 전후해서 세계 언론들은 모두 한국의 발전상을 집중 보도했는데, 회의가 성공적으로 끝나자마자 "한국이 국제사회에서 성인식을 치렀다"고 평가했다. "식민지 지배와 국토의 분단, 그리고 6・25전쟁의 폐허 속에서 하루하루 먹고 살기도 힘겨워 '원조를 받던 나라가 이제 원조를 주는 나라'가 되어, 세계경제의 현안을 논의하는 중심무대를 제공했다는 사실"은 자랑할 만하고, 또 우리 역사의 한 페이지에 기록될 만한 일이다.

대한민국은 이번에 또한 의장국으로서 세계 주요국들의 이해관계와 갈등을 조정・중재하는 '코리아 리더십(Korea Leadership: 통솔력)'도 선보였다. "대한민국이 세계 외교무대의 한복판에서 제5차 G20 정상회의 의장국으로서 맡은 바 역할을 다할 수 있다"는 것을 세계에 보여줌으로써, 한국에 대한 세계인들의 시각을 1988년 서울올림픽 성공 때에 못지않게 확 바꿔 놓았고, 국격(國格)도 비약적으로 올라갔다. 그리고 우리 국민들도 내부적으로 큰 자신감을 갖게 된 것이 이번 서울 G20 정상회담이 우리에게 갖다 준 가장 큰 선물일 것이다.

한국무역협회는 "우리가 이번에 서울 G20 정상회의 참석차 한국을 찾은 각국 정상들과 외빈들을 잘 접대하고, 또 회의를 크게 성공적으로 치러냄으로써 얻은 '국가 브랜드(brand: 상표) 가치의 제고(提高)'로 적어도 31조 원 이상의 경제적 효과를 냈다"는 추산을 내놓았다.

제6차 G20 정상회의는 2012년 11월에 프랑스 칸에서 개최되었다.

8. 외규장각 왕실의궤 145년 만의 귀환

프랑스 국립도서관(Bibliothèque Nationale de France: BNF)에 보관돼 있던 외규장각(外奎章閣) 약탈 도서를 우리나라로 운반해 오는 일이 2011년 4월 14일부터 시작되어 5월 27일까지 2주 간격으로 네 차례에 걸쳐, 파리에서 우리 민항기편으로 인천국제공항으로 날아옴으로써 모두 마무리됐다.

프랑스 국립도서관 측은 반환 도서를 큰 목재 유물상자에 안전하고 완벽하게 잘 포장하고, 우리 측은 이를 아시아나항공과 대한항공이 무료로 두 번씩 번갈아 가며 정중하게 수송해 왔다. 이로써 1866년 병인양요(丙寅洋擾)[19] 때 강화도에서 프랑스 함대가 약탈해 간 우리 문화재 중에서 외규장각 도서 297권이 모두 145년 만에 마침내 고국으로 돌아오게 된 것이다.

정부는 처음에는 도서가 귀환하는 4월 14일 큰 환영 행사를 계획했으나, 프랑스 측을 고려하여 행사를 조촐하게 줄이고, 대신 앞으로 외규장각 도서를 소장 관리하게 된 서울국립박물관이 6월 11일 박물관과 인천 강화군의 복원된 외규장각 건물 앞에서 '도서반환 고유제(告由祭)' 등 환영 행사를 크게 한 다음, 7월 19일부터 9월 18일까지 2개월 동안 '외규장각의궤 귀향특별전'을 열기로 했다.

외교장각 도서 297권 가운데 294권이 모두 『조선왕실의궤(朝鮮王室儀軌)』다. 의궤는 왕실에 중요한 행사가 있을 때 그 과정과 내용을 그림과 글로 기록한 '보고서 형식'의 책인데, 내용뿐만 아니라 표지와 종이의 질, 정장, 선명한 글씨와 그림 등 조선 후기 서적문화의 명작들이며, 우리 '기록문화의 꽃'이기도 하다. 특히 이번에 돌아온 의궤 중에는 임금이 볼 수 있게 최고급으로 제작한 어람용(御覽用) 의궤 30권과 한국

---

19) 1866년(고종 3년) 프랑스 군함 7척과 약 600명의 병력이 강화도로 쳐들어왔는데, 이들은 얼마 전 프랑스인 선교사 9명이 처형된 것을 빌미삼아 배상금과 책임자 처벌, 그리고 프랑스와의 통상조약 체결을 요구했다. 그러나 대원군은 의용군을 모집하여 프랑스군을 격파, 결정적 타격을 입혔다. 강화도를 점령한 지 한 달 만에 프랑스군은 퇴각하면서 모든 관아(官衙)에 불을 지르고 외규장각의 도서 345권과 금·은괴 등 19상자의 많은 우리 문화재를 약탈해 갔다. 이 사건을 병인년에 일어났다 하여 '병인양요'라고 한다.

에 전혀 복본(複本)이 존재하지 않는 유일본(唯一本) 8권까지 포함돼 있다.

외규장각은 1782년 정조(正祖)가 왕실 서적을 보관할 목적으로 강화도에 설치한 왕실도서관인 규장각(奎章閣)의 분관(分館)이다. 1866년 병인양요 당시 프랑스 해군이 강화도를 습격하면서, 외규장각에 보관돼 있던 6,400여 권의 책 중 사료적 가치가 높아 보이는 340여 권과 왕실 족보(王室族譜), 문집(文集), 지도(天下與地圖), 족자(簇子), 옥책(玉冊), 갑옷, 투구 등 10여 종의 문화재를 대포, 소총, 금·은괴 등과 함께 약탈해갔다.

위와 같이 약탈해간 우리 문화재 중에서 외규장각 도서들이 프랑스 국립도서관에 있다는 사실이 우리나라에 처음 알려진 것은 1975년이

<그림 10-2> 『영조·정순왕후 가례도감의궤』 중의 한 장면

었다. 이 도서관의 사서로 근무하던 한국 출신 서지학자(書誌學者)인 박병선 박사(여)가 프랑스 내 국립도서관과 박물관을 비롯하여 해군부 도서관까지 20년 넘게 찾아다니며 목록을 뒤졌으나 아무 흔적도 찾지 못했다. 그러다가 "지성(至誠)이면 감천(感天)"이라고 박 박사는 1975년 파리 근교의 BNF(프랑스 국립도서관) 베르사유(Versailles) 별관의 파손도서 창고에서 중국 서적으로 분류되어 먼지를 뒤집어쓰고 있던 우리 외규장각 왕실의궤(外奎章閣王室儀軌)를 마침내 찾아냈던 것이다.

박 박사 덕에 100년 이상 그 존재조차 모르고 있던 외규장각 도서의 소재를 알게 된 우리 정부는, 서울대와 규장각의 건의를 받아들여 1991년 프랑스와 도서의 반환 협상을 시작했다. 그러나 프랑스 정부가 "외규장각 도서는 일종의 '전리품'으로 이미 프랑스의 국가재산으로 등록돼 있기 때문에 이를 돌려줄 수 없다"고 나와, 협상은 처음부터 난항할 수밖에 없었다.

그러다가 1993년 9월 방한한 프랑스의 프랑수아 미테랑(François Mitterand) 대통령이 김영삼 대통령에게 "다른 나라의 문화재 반환 요구는 모두 거절했으나, 한국의 요구는 양국의 특별한 관계를 고려하여 예외적으로 응하기로 했다"며 의궤 한 권을 본보기로 김 대통령에게 전달했다. 이것은 당시 한국의 고속철 차량 선정을 놓고 독일, 일본과 치열한 수주(受注)경쟁 중이던 프랑스가 TGV 수출을 위해 한국의 환심을 사려고 한 것이었다.

당시 곧 이뤄질 것 같았던 외규장각 도서의 반환은 프랑스 국립도서관 직원들의 격렬한 반대로 반환 협상이 한 걸음도 더 나가지 못했다. 그러다가 2000년 방한한 자크 시라크(Jaques Chirac) 프랑스 대통령과 김대중 대통령이 '외규장각 도서의 2001년까지의 반환'에 합의했다.

그런데 이번에는 "한국이 외규장각 도서에 상응하는 문화재를 프랑스에 제공한다"는 조항이 우리 국내 여론의 거센 반발에 부딪쳐 이 합의는 2007년 파기되고 말았다.

그 후 정부는 여러 방안을 놓고 다시 검토한 끝에 "외규장각 왕실의 궤 297권 가운데 1993년 돌려받은 1권을 제외한 296권을 모두 '대여(貸與)전시 형식'으로 돌려받되, 대여 기간이 끝나면 자동적으로 계약이 연장되도록 하는 '사실상의 영구(永久)대여'를 받고, 대신 한국의 국보급 문화재를 프랑스에 대여하여 유명 박물관에서 전시한 뒤, 예정 기간이 지나면 다시 다른 문화재를 대여해 교환 전시토록 한다"는 방안을 세웠다.

그러나 2009년 12월 프랑스 파리행정법원이 한국의 시민단체인 문화연대가 2007년 2월 제기한 '외규장각 도서 반환소송'에 대해, "취득 당시 상황이나 조건은 외규장각 도서가 프랑스 국가재산이라는 사실에 영향을 줄 수 없다"고 반환 청구를 기각했다. 그 후, 전문가들의 "외규장각 도서 반환문제는 '법률적 해결'보다 '정치적 해법'을 찾아야 한다"는 의견이 나와, 정부는 2010년 3월 프랑스 정부에 외규장각 도서의 '일반적 대여 방안'을 새로 제안했다. 이에 대하여 프랑스 측도 '갱신 가능한 대여 방안'을 제시하고 나옴으로써 마침내 협상의 물꼬가 트이기 시작했다.

그리고 같은 해 12월 박흥신 주불대사가 새로 파리에 부임한 이후, 우리 측이 '사실상의 반환'이라고 할 수 있는 '영구대여' 대신 '일반(一般)대여' 방식을 추진하면서부터 협상에 속도가 붙기 시작했다.

박흥신 대사는 프랑스 외무성 측을 설득, '상호(相互)대여'를 전제로 하지 않는 '일반대여'라는 협상안을 종내 관철시키는 데 성공하는 큰

일을 해냈다. 박 대사는 한발 더 나아가 사실상의 반환을 담보하기 위해 "자동적으로 갱신된다"는 조항까지 합의문에 넣으려고 했으나, 프랑스 측이 난색을 표명해 11월에 있을 양국 정상회담에서 니콜라 사르코지(Nicolas Sarkozy)[20] 프랑스 대통령이 "사실상 돌려받을 의사가 없다"는 구두 표현을 하는 선에서 마무리를 지었다.

서울 G20 정상회의가 막을 내린 2010년 11월 12일 오후 이명박 대통령과 사르코지 대통령은 정상회담을 갖고, "외규장각 도서를 5년마다 임대계약을 갱신하는 사실상의 '영구대여 방식'으로 반환한다"는 데 합의했다.

이것은 프랑스 국내 사정과 한국의 실리를 적절하게 절충해 얻어 낸 절묘한 외교적 성과로서, 사르코지 대통령이 "돌려받을 의사가 없다"며 '사실상의 영구(永久)반환(restitution)'임을 분명히 함으로써, 의궤의 소재가 밝혀진 지 35년 만에 20년간 끌어온 협상이 마침내 마무리됐다.

그러나 양국 대통령의 합의에 대하여 이번에도 의궤를 소장하고 있는 파리 국립도서관의 사서들이 "외규장각 의궤의 반환은 다른 나라들의 문화재 반환 요구를 부추기게 된다"며 다시 반발하고 나섰다.

다행히 이번에는 우리에게도 지난 17년 동안 "의궤를 한국에 돌려줘야 한다"고 변함 없이 주장해 온 미테랑 정부에서 문화장관을 지낸 자크 랑(Jaques Lang) 같은 현(現) 하원의원 외에도 뱅상 베르제(Vincent Berger) 파리7대학 총장과 장－루 살즈만 파리13대학 총장과 같은 '친한파 문화인'들이 있었다. 이들은 11월 18일 프랑스에서 가장 권위 있는 일간지인 『르 몽드(Le Monde)』지에 기고문을 올려 "이번 양국 정

---

20) 프랑스 정치가(1955～), 파리10대학 졸업, 변호사, 내무장관(2002～2004, 2005～2007), 재무장관(2004～2005), 23대 대통령(2007～2012)을 역임했다.

상이 이룬 합의를 양국 간의 오랜 갈등에 종지부를 찍고, 문화적 지식 관계가 더욱 가까워지는 역사적 행동으로 양국 외교의 큰 성과"라고 높이 평가했다.

이런 가운데 '지원받던 나라에서 지원하는 나라'로 높아진 한국의 국제적 위상도 한몫하고, 또 프랑스 외교부가 "이번 대여는 예외적인 경우이며 다른 문화재의 대여나 반환에 관련된 전례가 되지 않는다"고 못을 박고 나옴으로써, 프랑스 측의 반대 여론이 많이 수그러졌다.

한·불 양국 정상이 외규장각 도서 반환에 관한 2010년 11월 합의의 후속 조치로 2011년 2월 7일 프랑스 파리에서 박흥신 주불대사와 폴 장 오르티즈(Paul Jean-Ortiz) 프랑스 외교부 아태국장이 외규장각 도서를 한국으로 돌려주기 위한 '조선왕조 왕실의궤에 관한 대한민국 정부와 프랑스공화국 정부 간 합의문'에 서명을 했다.

이 합의에 따라 우리의 외규장각 의궤 296권이 4월부터 시작해서 5월 말까지 네 차례에 걸쳐 모두 고국으로 돌아오게 된 것이다. 이 합의 과정에서 프랑스 측 제의에 따라 "한·프랑스 수교 130주년 기념으로 '한·불 상호교류의 해 행사'를 2015~2016년에 갖기로도 합의를 했는데, 이 '한·불 상호교류의 해 행사'의 하나로 한국으로 돌아온 외규장각 도서 중 '일부'를 다른 국보급 문화재와 함께, 프랑스의 유명한 루브르박물관(Musée de Louvre)과 같은 곳에서 전시한다"는 데에도 의견의 일치를 보았다. '한·불 상호교류의 해' 행사는 일본이나 중국에 비해 상대적으로 덜 알려져 있는 우리 고전 문화를 프랑스인들에게 널리 알리는 데 좋은 기회가 될 것이다.

이번에 우리 외규장각 왕실의궤는 145년 만에 고국으로 돌아왔지만, 프랑스에는 아직도 중국 명대(明代)의 아시아 지도인 왕반(王伴)의 '천하여지도'를 비롯하여 왕에게 올린 옥으로 만든 책인 옥책, 족자 7점, 갑옷, 투구 등 43점의 우리 문화재가 그대로 남아 있어, 앞으로 그 반환 문제가 우리가 두고두고 풀어야 할 하나의 숙제로 남게 됐다.

2011년 2월 7일 서명한 한·불 양 정부 간 합의문 제4조에 따르면, "프랑스의 한국에 대한 의궤들의 대여는 유일한 성격을 지니는 행위로서, 그 어떤 다른 상황에서도 원용될 수 없다"고 되어 있다.

그러나 앞으로 우리 국민들이 국력을 계속 배양하고, 또 이번과 같이 조상들의 유산 문화재를 사랑하는 마음으로 정성을 다해 외교적 노력을 경주한다면, 우리나라의 국력 신장과 함께 한·불 관계 증진에 따라 어느 날이든 반드시 남아 있는 우리 문화재도 되찾아 오는 날이 올 것이다.

이번 외규장각 도서 반환을 계기로 우리나라에서는 해외에 있는 우리 문화재에 대한 관심이 한층 높아지고 있는데, 국립문화재연구소 조사에 따르면 현재 외국에 떠돌고 있는 우리 문화재가 아직도 적어도 14만 점이나 되며, 그 중 6만여 점이 일본에 있다고 한다.

이명박 대통령의 지시에 따라 우리 문화재청에 이번 기회에 불법 반출된 우리 해외문화재 환수를 전담할 '특별 팀(team)'이 신설됐는데, 프랑스로부터의 이번 도서 반환이 앞으로 우리의 다른 해외반출 문화재 환수에 긍정적인 영향을 줄 것으로 국민들은 기대하고 있다.[21]

145년 만에 돌아온 외규장각 의궤를 환영하는 행사가 예정대로 6월

---

21) 외규장각 약탈 도서의 귀환과 때를 맞추어, 일제 강점기 일본 왕실도서관으로 건너갔던 『조선왕실의궤』 등 우리 도서 147종 1,200책도 한국 불교관련 시민단체들의 반환 운동으로 2011년 11월 반출 100년 만에 고국으로 돌아왔다. 같은 해 10월 노다 요시히코(野田佳彦) 총리가 방한하면서 먼저 가져온 『다례의궤』 등 3종 5책을 포함하면, 귀환 도서는 모두 150종 1,205책이다. 이번에 반환된 문화재는 일본에 반출돼 있는 것들의 극히 일부에 불과하지만, 앞으로 한·일 두 나라가 불행했던 과거를 청산하고 새로운 미래로 함께 나가기 위한 디딤돌이 될 수 있을 것이다.

11일 서울 경복궁과 강화도 외규장각 터 등 두 곳에서 옛 궁중 의식으로 성대하게 거행됐다. 경복궁에서 열린 '외규장각 의궤반환 환영대회'에 참석한 이명박 대통령은 이번 행사를 위해 일시 귀국한 의궤 반환에 결정적 역할을 한 박영선 박사를 만나 "우리의 소중한 문화재를 찾아내고, 꾸준히 귀환을 위해 노력해 주셨다"고 박 박사의 공로를 치하하고 이어 훈장까지 수여했다.

이날 행사에는 프랑스 문화계의 원로로 지난 17년간 이번 도서 반환을 위해 시종일관(始終一貫) 우리를 도와주고, 마지막까지 사르코지 대통령을 설득하는 등 이번 우리 도서 귀환의 프랑스 측 최대 공로자인 자크 랑 하원의원도 친한파 학자인 뱅상 베르제 파리7대학 총장과 함께 서울까지 와 이번 환영대회에 참석하여 "한국 국민들이 오늘 의궤 귀환을 이렇게 축하하는 것을 보니 얼마나 기쁜지 모르겠다"고 말했다. 역시 이들은 프랑스를 이끌어가는 진정한 문화인들이었다.

9. 한 · EU FTA 발효

한국과 유럽연합(EU) 간 자유무역협정(FTA) 비준동의안이 2011년 2월 17일 유럽의회를 통과한 후, 석 달 만인 5월 4일에 우리 국회도 이를 승인함에 따라, 한 · EU FTA는 7월 1일에 '잠정 발효'[22] 되어 우리나라는 EU 27개국과 품목별로 합의한 단계에 따라 무관세로 수출입을 할 수 있게 됐다. 한 · EU 간의 무역 자유화를 향해 4년간이나 이어진

---

22) 한 · EU FTA가 정식 발효되려면 EU 27개 회원국의 개별 비준 절차를 모두 거쳐야 하지만, 양측은 조속한 효력 발생을 위해 유럽의회 동의만으로도 FTA 내용이 실질적으로 효력을 가질 수 있도록 하는 '잠정 발효'에 합의했다.

대장정(大長征)이 마침내 마무리되어, 이제 '세계 최대의 단일 시장'이 우리 앞에 활짝 열리게 된 것이다.

한·EU FTA는 2007년 5월 서울에서 열린 한·EU 통상장관회의에서 협상을 공식 선언한 후, 8번의 공식 협상, 11번의 통상장관회의, 13번의 수석대표협의 등을 거쳐 2년 2개월 만인 2010년 7월 극적으로 타결되어, 같은 해 10월 가서명(假署名)을 하고, 협상 시작 3년 5개월 만인 2010년 10월 6일 벨기에의 수도 브뤼셀의 EU 이사회 본부에서 FTA 협상문이 공식 서명됐다.

한·EU FTA 협상은 처음부터 경제 불량을 이유로 한국과의 FTA에 부정적인 입장을 고수해 오던 이탈리아와 폴란드 양국의 설득을 비롯하여, 자동차와 관세환급(關稅還給) 문제 등 쟁점이 많아 결코 쉬운 협상이 아니었다. 타협과 양보를 거듭하며 협의에 정성을 다한 김종훈 통상교섭본부장을 비롯하여 우리 협상팀의 노고가 컸다.

유럽의회는 한국보다 먼저 2011년 2월 프랑스 스트라스브르그 의사당에서 한·EU FTA 동의안을 압도적 표차로 최종 승인을 하고, 우리 정부도 비준안을 일찍이 2010년 10월 국회에 제출했다. 그러나 우리 쪽은 당리(黨利)를 앞세운 야당의 거센 반대와 막판에 FTA 한글본에서 번역 오류가 무려 207군데나 발견된 데다가, 설상가상(雪上加霜)으로 외교통상부가 국회에 협의문 한글본을 세 번이나 수정하여 제출하는 등 어이없는 사고들이 발생하여 본(本)회의 상정이 지연될 수밖에 없었다.

그러다가 여론에 떠밀려 2011년 5월 2일에 가서야 겨우 여·야당과 정부의 주무부처 장관이 '비준안의 국회 본회의 상정'에 합의하여, 하루 뒤인 3일에 본회의가 열렸는데, 투표에 앞서 야당인 민주당이 2일에 있었던 여·야 양당과 정부의 합의를 다시 별 이유 없이 파기하고,

본회의 참석까지 거부함으로써, 여당인 한나라당은 부득이 당일 밤 10시에 본회의를 다시 열어 비준동의안을 단독으로 통과시킬 수밖에 없었다.

우리나라와 같은 단일 국가에서 FTA와 같은 중요한 안건 처리를 야당의 위약으로, 여당이 단독으로 처리할 수밖에 없었던 우리 국회와 27개의 나라들이 연합의 이름으로 모여, 국익 신장을 위해 하나로 뭉쳐 한국과의 FTA를 신속하고 매끄럽게 처리한 유럽 의회의 모습은 너무나 대조적이었다.

한·EU FTA가 2011년 7월 1일부터 잠정 발효됨으로써, 한국과 EU 간 무역·투자·서비스 등 경제 각 분야는 아주 새로운 전기를 맞게 됐다. 유럽 27개국으로 구성된 EU는 인구가 5억 명에 가깝고 2010년도 국내총생산(GDP)이 18조 3,300억 달러로 세계 전체의 GDP의 33%를 차지할 뿐 아니라, 미국(14조 3,000억 달러)보다 규모가 더 큰 세계 최대의 단일 경제권이다.

또 우리나라와의 교역액이 2010년에 922억 달러로, 중국에 이어 두 번째로 큰 우리의 교역 상대이기도 하다. 그리고 2009년의 한국의 무역 흑자는 EU와 184억 달러로 가장 크며, 한국에 대한 EU의 외국인 직접투자(FDI) 규모도 역시 2007년도에 43억 3,000만 달러로 1위이다.

한·EU FTA 타결에 대해 우리 국내 실업계는 다음에서 보는 바와 같이 모두 환영하는 분위기이다. 우선 우리 무역협회가 EU와 교역하고 있는 우리나라 기업 337개를 대상으로 실시한 설문조사에 따르면, "86.7%가 EU와의 FTA가 기업 경영에 도움이 된다"고 답하고, 또 국내 10개 국책연구기관이 내놓은 분석 자료에 의하면, "수출증대 효과로 한국의 실질 GDP는 2020년까지 최대 5.6% 늘고, 25만 명의 일자리가 새로 생길 것"이라고 했다.

또한 이번 한·EU 양측 의회의 FTA 비준은 지금까지 4년이 넘게 양국의 '의회비준의 벽'을 넘지 못하고 있는 한·미 FTA 비준을 앞당기게 촉진시키는 동시에, 우리나라가 지금 벌리고 있는 캐나다·멕시코·호주·터키·콜롬비아·뉴질랜드·걸프 협력이사회(GCC: 사우디아라비아, 쿠웨이트 등 중동 5개국) 등과의 FTA 협상도 속도를 내고, 일본과 중국과의 FTA 협의에서도 우리에게 유리한 변화의 조짐이 나타날 것으로 기대된다.

한국이 앞으로 미국과의 FTA를 발효시키고, 일본과 중국과의 FTA를 체결할 경우, 한국은 동아시아 국가 중에서 최초로 유럽~동아시아~미국을 연결하는 '동아시아의 FTA 허브(hub: 중심)'로 부상하여, 이에 따르는 경제적 이득도 크지만 이와 함께 국제무대에서의 우리나라의 위상도 한층 더 격상되는 효과가 있을 것이다.

정부는 이것으로 만족하지 말고 앞으로 '글로벌 FTA 허브'로서의 지위를 더 강화하고, 자원외교 차원에서 러시아를 비롯하여 아프리카와 중남미, 그리고 중앙아시아 제국과의 FTA도 보다 적극적으로 추진하는 것이 좋을 것이다.

2011년 7월 1일 한·EU FTA가 잠정 발효되면서 한국과 EU 간 무역·투자·서비스 등 경제 각 분야는 새로운 전기를 맞게 됐다. 국내 대외경제 전문가들은 앞으로 우리 자동차와 TV 그리고 섬유업계가 유럽시장을 확대할 수 있는 좋은 기회를 맞게 되고, 또 한·EU FTA로 인한 우리나라 투자환경 개선에 따라, 현재 제1위의 대(對)한국 투자국인 EU의 우리나라에 대한 투자도 한층 더 확대될 것으로 예상하고 있다. 반면, 유럽에 비해 경쟁력이 떨어지는 우리의 패션·화장품·의약품·정밀기계 업계들은, 유럽산 자동차나 포도주, 그리고 신발이나 손목시계, 핸드백 등 명품과 돼지고기 등이 지금보다 싸게 들어와 우리 소비자 혜택이 커지는 만큼 업계의 긴장도 커질 것으로 예상된다.

그러나 우리 측이 농축수산 분야 피해를 최소화하기 위해, 우선 쌀을 관세 철폐에서 제외시킨 외에 유럽의 농축산물 관세 철폐 기간을 10~20년으로 최대한 늦췄으므로, 돼지고기를 제외하고는 당장 수입이 크게 늘지는 않겠지만, 양돈·낙농 등 축산 분야는 앞으로 당분간은 EU의 거센 수출 공세로 그 피해가 적지 않을 것으로 보인다.

이와 같은 분석을 참고로 정부는 이미 이에 대한 '적극적인 대책'을 마련해 놓았다. 우선 축산 분야의 경쟁력을 높이기 위하여 2011년부터 10년간 총 10조 900억 원을 투자하기로 했고, 이 밖에도 화장품·의료기기 산업의 경쟁력 제고(提高)를 위해서 화장품 분야에 700억 원, 의료기기 분야에 1,000억 원 등 2011년부터 5년간 1,700억 원을 투입할 계획을 수립해 놓았다.

그러나 정부는 이것으로 그쳐서는 안 되며, 계속 한·EU FTA 체결의 효과를 최대화하고 현재 예상되는 피해를 최소화하기 위한 보다 적극적인 지원과 보강 대책을 수립하는 동시에, 교육·문화·인적교류·관광·스포츠 등 여러 분야에서의 교류와 협력 강화를 통해 계속 'EU와의 전략적 동반자 관계'를 더 심화시켜 나가야 한다는 것이 우리 경제·외교 전문가들의 공통된 의견이다.

10. 평창의 2018년 동계올림픽 유치 성공

2018년 동계올림픽 개최지
평창으로 확정 발표

2011년 7월 6일(현지시간) 남아프리카공화국 더반(Durban)에서 열린 제123차 국제올림픽위원회(IOC) 총회에서 우리나라의 평창(平昌)이 2018년 제23차 동계올림픽 개최지로 선정됐다.

6일 밤 12시(현지시간), 자크 로게(Jacques Rogge)[23] IOC위원장이 손에 든 봉투 속 종이를 펼쳐 보이면서 "2018년 동계올림픽 개최지는 평창입니다" 하고 발표를

하자, 회의장의 한국유치단 전원이 약속이나 한 듯이 손을 번쩍 들며 자리에서들 일어나, 서로 부둥켜안고 환호하며 감격의 눈물을 흘렸다.

TV 생중계를 보며 개최지 발표를 애타게 기다리던 강원도민들은 말할 것도 없고, 우리나라 전국에서 온 국민들의 "만세" 소리가 터져 나왔다.

2003년과 2007년 두 번에 걸친 실패를 딛고 따낸 승리였기에 그 기쁨과 의미는 더 클 수밖에 없었다.

평창은 IOC위원 95명이 참가한 1차 투표에서 예상을 훨씬 뛰어넘는 찬성 63표를 얻었다. 2위인 독일 뮌헨(25표)보다 38표, 3위인 프랑스

---

23) 벨기에 스포츠인(1942~), 겐트대학교 졸업, 외과의, 요트 경기 선수, 벨기에올림픽위원회 위원장(1989~1991), 국제올림픽위원회 회장(제8대 2001~2005, 제9대 2005~2009, 10대 2009~)을 맡고 있다.

안시(7표)보다 56표나 더 많은 압승이었다. 평창의 63표는 역대 IOC 올림픽 개최지 투표 사상 1차 투표의 최다득표 기록이었다. 종전 기록은 미국 솔트레이크시티(Salt Lake City)가 2002년 동계올림픽을 유치할 때 얻었던 54표였다.

1차 투표에서 이기고도 과반수 미달로 2차 투표에서 역전패를 두 번씩이나 당했던 실패를 교훈 삼아, 우리 대표단이 전략을 세밀하게 다듬은 데다가, "지성(至誠)이면 감천(感天)"이라고 정성을 다해 IOC 위원들의 마음을 사로잡아, 겨울 스포츠의 뿌리가 깊은 뮌헨과 안시 같은 유럽의 두 도시와의 치열한 경쟁에서 당당하게, 그것도 압도적 표차로 이긴 것이다.

특히, 이번 유치 성공 뒤에는 막판 표심을 잡기 위해 먼 아프리카의 더반(Durban)까지 날아가 5일씩이나 체류하며, 우리 유치단을 진두지휘(陣頭指揮)하고 투표에 앞서 독일과 프랑스 대표단에 이어 실시된 8명의 우리 대표단 '프레젠테이션(presentation)'에서, 의전과 격식을 넘어 직접 나가 그것도 영어로 평창 유치를 호소하는 등 최선을 다한 이명박 대통령의 노고가 정말 컸다. 이 대통령은 목이 쉬도록 연설 연습을 했다고 한다.

그리고 지난 2년간 평창 동계올림픽 유치를 위해 전 세계를 무려 123만 km나 날아다니며, 득표 활동을 한 이건희 IOC 위원(삼성전자)과 조양호 유치위원장(한진그룹), 그리고 박용성 대한체육회 회장(두산중공업) 등 회장들과 1999년 "평창에 동계올림픽을 유치하겠다"고 선언한 후, 12년간 지구를 40바퀴나 돌며 유치전을 전개해 온 김진선[24] 유치특임대

---

24) 평창올림픽조직위원회는 평창동계올림픽의 성공적 개최를 위하여 2011년 10월 19일 창립총회를 갖고 김진선 평창동계올림픽 유치특임대사를 초대 조직위원장으로 선출했다.

사(전 강원도 3선 지사)의 공이 컸다.

이 외에도 평창 유치전의 진정한 주역으로 밝은 미소와 훌륭한 '프레젠테이션'으로 IOC 위원들의 마음을 녹인 '피겨 여왕' 김연아 양과 미모와 유창한 영·불어와 세련된 '예절(manners)'로 투표자들의 마음을 사로잡은 나승연 유치위원회 대변인을 비롯하여, IOC 위원들을 상대로 한 사람 한 사람 맞춤형 총력전을 펼친 100여 명의 우리 대표단원들이 전원 다 '유치 성공의 1등 공신들'이다. 그리고 무엇보다도 강원도 도민을 비롯하여 온 국민이 하나가 되어 벌인 뜨거운 성원이 있었기에 오늘의 영광이 가능했다.

한국은 이번에 평창 동계올림픽을 유치하는 데 성공함으로써, 하계올림픽(1988년)·월드컵(2002년)·세계육상선수권(2011년) 등 '4대 국제스포츠대회'를 모두 유치한 세계에서 다섯 번째의 국가가 되어 '세계 스포츠 강국'임을 대내외에 선언한 셈이다. 지금까지 이런 기록을 가진 국가는 프랑스·독일·이탈리아·일본 4개국뿐이다. 스포츠 강국인 미국도 지금까지 세계육상선수권대회는 개최하지 못했다.

세계 언론들은 일제히 한국의 2018 동계올림픽 유치 성공을 알리면서, "한국 국민들은 '평창의 꿈'을 이루기 위해 10년간 노력하고 정성을 들여 두 번의 실패 후, 유치 실패를 교훈삼아 전략을 세밀하게 다듬은 데다가 김연아 등 겨울올림픽 금(金)메달리스트들이 IOC 위원들의 마음을 움직여, 끝내 성공했다"며 "IOC가 제대로 된 선택을 했다"고 좋은 평까지 했다.

그러나 북한 당국은 1988년 서울에서 열린 '88 올림픽' 때처럼, 이번에도 평창의 동계올림픽 유치 성공 소식을 극비에 부치고, 주민들에게 이를 일체 알리지 않았다.

앞으로 평창대회에는 80여 개국의 선수단과 임원·보도진 등 3만 명에 가까운 대표들이 참석할 예정인데, 이번 평창의 제23차 동계올림픽 유치 성공은 한국 스포츠 외교의 대승리로 우리 국민의 자긍심을 높여주었으며, 또 앞으로 두고두고 유·무형의 막대한 경제적 가치를 창출할 것이다.

민간의 현대경제연구원은 7월 6일 발표한 "평창올림픽 개최의 경제적 효과"에서, 2018년 평창 동계올림픽 개최의 직간접적 경제적 효과가 무려 64조 9,000억 원에 달할 것으로 분석했다. 이 보고서에 따르면, 올림픽 관련 투자 및 소비 지출에 따른 직접적 효과가 모두 21조 1,000억 원이고, 올림픽 개최 후 10년 동안 얻는 간접적 효과는 43조 8,000억 원으로 직접적 효과의 2배가 넘는 것으로 추산했다.

이 보고서는 또한, '국가 이미지' 제고 효과도 엄청날 것으로 보고 있다. 그리고 평창과 강원도 등 '지역 브랜드(brand)'는 물론 대한민국의 '국가 브랜드'까지도 높이고, 나아가 이것이 한국에 대한 이미지 향상으로까지 이어진다고 내다보았다. 그리고 우리나라 100대 기업의 '브랜드 인지도'가 각각 1% 상승한다고 가정하면, 글로벌 기업이 브랜드 인지도를 1% 올리는 데 '1억 달러의 마케팅(marketing: 물건 구입)' 비용이 드는 점을 감안할 때, 총 100억 달러(11조 6,000억 원)의 경제적 효과를 거둘 수 있다고 했다. 이와는 별도로 '평창 동계올림픽 유치위원회'는 25만여 명의 고용창출 효과까지 있을 것으로도 내다보았다.

그러나 발표된 수치는 일부 연구위원의 말대로 각종 데이터를 근거로 과학적으로 산출한 것이지만, 최고치를 따서 작성한 것이기 때문에 오차가 생길 수 있고, 또 개최지가 '4계절 레저(leisure: 여가) 휴양지'로 개발되고 경기장이나 숙박시설이 대회 후에도 계속 관광이나 휴양, 또는 스포츠 시설로 효율적으로 재활용되지 않는다면, 반대로 국가나 지방 재정에 빚더미를 남길 수도 있어, "방심은 절대 금물"이라는 것이 경제 전문가들의 충고다.

역대 사례를 살펴보면 성공이 예상됐지만, 적자를 낸 뒤 이 빚이 두고두고 '애물단지'가 된 대회도 한두 곳이 아니다. 예를 들면, 1998년 일본 나가노(長野) 동계올림픽의 경우 올림픽조직위는 2,800만 달러의 흑자를 냈지만, 일본 정부는 110억 달러의 빚을 떠안아야 했고, 2010년 대회를 개최한 캐나다의 밴쿠버 시(市)도 10억 달러 이상의 빚을 져야 했다. 나가노나 밴쿠버와 대비되는 도시가 바로 미국 뉴욕 주의 작은 마을 레이크플래시드(Lake Placid)인데, 우리 평창이 모델로 삼고 있는 이 마을은 동계올림픽 덕에 4계절 휴양을 즐길 수 있는 환경을 갖추게 되어, 2008년 기준으로 인구 2,813명에 불과한 이 마을을 찾는 관광객이 연간 200만 명이 넘는다고 한다.

동계올림픽은 지금까지 22회의 대회가 모두 다 서구 선진국과 일본 등 연 3만 달러 이상의 국민소득이 있는 부자 나라들의 전유물이었다. 그러나 지금까지 3만 달러 이하의 국민소득을 가진 나라로서 동계올림픽을 유치한 나라는 우리 한국이 처음이다.

이런 가운데, 아프리카 더반에서 평창의 승전보가 울려 퍼지자 영국 일간지 『데일리 텔레그래픽(Daily Telegraphic)』은 이 소식을 보도하면서, "통계를 볼 때 지금까지 여름올림픽과는 달리 겨울올림픽은 3만 달러가량의 국민소득이 있는 선진국들이 유치해 왔다"며, "한국이 2018년 겨울올림픽을 성공적으로 개최한다면 국민소득 3만 달러 이상의 선진국으로 도약할 수 있는 좋은 계기가 될 것"이라고 전망했다.

사실, 우리 경제는 한국의 근대화와 민주화를 국제사회에 알린 1988

년 서울올림픽의 성공을 바탕으로, 1990년대 초 '1만 달러의 벽'을 뚫으며 후진국에서 중진국으로 발돋움을 하고, 2002년의 월드컵 개최로 자신감을 얻음으로써, 대번에 '소득 2만 달러 시대'를 열었다.

올림픽은 확실히 '선진 일류국가'가 되는 좋은 계기가 됐는데, 그렇다고 대회를 연다고 다 성공하고 선진국이 되는 것은 결코 아니다. 정성 어린 완벽한 준비만이 성공과 선진국 진입을 보장한다.

평창 동계올림픽 개막일이 2018년 2월 9일이니, 앞으로 6년 7개월이 남아 있을 뿐이다. 우리가 겨울올림픽을 잘 주최하는 것도 중요하지만, 주최국으로서 전(全) 종목에서 좋은 성적을 낼 수 있는 우수한 우리 선수들을 양성하는 것도 대단히 중요하다. 시간의 흐름이 화살과 같이 빠르니 서둘러 모든 준비에 만전을 기해야 할 것이다.

11. 한·미 군사동맹에서 다원적 전략동맹으로 격상

외교가에서는 국가 원수의 '국빈 방문(State Visit)'을 '의전 외교의 꽃'이라고 하는데, 이명박 대통령은 미국을 국빈 방문하기 위하여 부인 김윤옥 여사와 함께 2011년 10월 11일 4박 6일 일정으로 출국했다.

미국의 국빈 방문은 합중국 정부가 1년에 한두 번밖에 계획하지 않는 아주 중요한 의전(儀典) 행사로, 이번 이 대통령의 국빈 방문은 버락 오바마 대통령이 "반드시 국빈 방문으로 하라"는 특명에 의해 성사된 것이다.

오바마 대통령 집권 이래 지금까지 외국 정상을 미국에 국빈으로 초청한 것은 인도·멕시코·독일·중국 4개국에 이어 이번 이 대통령의 국빈방문이 그 다섯 번째였다.

미 하원은 이 대통령의 이번 국빈방문에 맞추어 10월 11일 한국과의 자유무역협정(FTA) 이행법안을 상정하여 찬반 토론에 들어갔다. 얼마 전까지만 해도 많은 사람들이 10월에 한·미 FTA가 하원에 상정되는 것은 힘들 것으로 봐왔는데, 이렇게 빨리 상정된 것은 이 대통령의 이번 국빈방문이 오바마 대통령과 의회에 비준 절차를 서두르게 하는 촉매제로 작용한 것이다.

미 하원은 12일 오후 6시 이틀간의 토론을 마치고 찬반 투표에 들어가 불과 5분 만에 한·미 FTA 이행법안을 찬성 278, 반대 151로 통과시켰다. 이어 상원도 이 대통령의 국빈방문 일정에 맞추기 위해 야간회의까지 열고, 또 파격적으로 토론 시간을 단축하면서 그날 밤 한·미 FTA 관련 법안을 투표에 부쳐 83대15라는 압도적 표차로 승인했다.

미 의회는 이렇게 초당적으로 한·미 FTA에 대한 비준 절차를 전례 없이 이틀 만에 마침으로써, 이 대통령의 국빈방문에 '붉은 융단(red carpet)'을 깔고 성대한 환영을 통해 한국 국민들에 대한 우정 표시로 삼았다.

미국으로서는 한·미 FTA가 1994년 1월에 발효된 북미자유무역협정(NAFTA) 이래의 대형 무역협정인데, 오바마 대통령은 후보 시절 한·미 FTA에 반대했고, 또 취임한 후에도 노동조합의 정치적 지지를 의식해 비준에 적극적이지 않았다. 그러다가 오바마 대통령은 중국의 경제대국으로의 부상과 함께 한·EU FTA 발효에 자극을 받기도 했겠지만, 이 대통령과 가까워지고 한국을 알게 되면서 아시아 재균형 전략의 일환으로 한국과의 동맹관계를 강화하기로 결심하여, 이번에 한·미 FTA의 전도사가 되어 한국과의 FTA 비준을 밀어붙였던 것이다.

미 의회의 이와 같은 파격적이고 이례적인 행보에 대하여, 워싱턴 외교가에서는 두 정상의 두터운 우정과 함께 '원조를 받던 나라에서 원조를 주는 나라'로 높아진 한국의 '글로벌 경제 위상'과 '아시아에서의 전략적 가치의 상승'이 빚어낸 결과라고 보고 있다.

이번에 한국이 아시아에서 유일하게 일본과 중국 등 주요 산업국들을 제치고, 세계의 최대 시장인 미국과 FTA란 '경제 고속도로'를 뚫음으로써, 한국은 미국과 EU, 그리고 ASEAN과 인도 등 세계의 4대 경제권과 FTA를 체결한 세계 유일한 나라가 되어 '경제영토(經濟領土)'를 크게 확대하게 됐다. 경제영토란 FTA를 체결한 상대국·지역의 국내총생산(GDP)의 합계가 세계 전체의 GDP에서 점하는 비율을 말한다. 우리 국회의 비준 절차가 끝나는 대로 한·미 FTA가 발효되면, 한국의 경제영토는 약 61%로, 현재 17%밖에 안 되는 일본과 좋은 대조를 이룰 것이다.

대외경제정책연구원과 한국개발연구원 등 10개의 우리 국책연구기관들은 10월 5일 "한·미 FTA가 발효되면 대미(對美)수출이 연평균 12억 9천만 달러 늘면서, 장기적으로는 향후 10년간에 35만 개의 일자리가 창출되고, 실질 GDP는 5.66%가 증가할 것"이라는 발표를 했다.

한·미 두 나라 협상단이 FTA 합의문에 공식 서명한 후 4년 5개월을 끌어온 한·미 FTA 비준안이 미 하원에서 통과된 그날, 의사당 2층 방청석에서 눈물을 글썽이는 한 노(老)신사가 있었다. 그는 다른 사람이 아니라 바로 한덕수 주미대사였다. 그는 "한·미 FTA를 꼭 통과시키라"는 이명박 대통령의 특명을 받고 2009년 3월 주미대사로 부임한 이래 2년 7개월 동안 밤낮을 가리지 않고 동분서주(東奔西走)했다. 특히 미국 의회는 대외정책 결정 과정에서 대단한 영향력을 행사함으로 국회의원을 만난다는 것이 그리 쉬운 일이 아닌데, 한 대사는 그동안 유력 상·하원 의원 245명을 488차례나 직접 만나 이들을 설득하고, 앨라배마 주(州)를 시작으로 31개 주 57개 도시를 돌며 현지 기업·언론·의원들을 면담하여, 부임 초기만 해도 '불가능한 임무' 같았던 이번 일을 끝내 해냈던 것이다.

한·미 FTA 비준안이 미 상·하원을 모두 통과한 그날 저녁, 오바마 대통령은 손수 국빈관으로 가, 이 대통령과 같이 백악관에서 25㎞나 떨어져 있는 교외의 한식당 '우뢰옥'으로 이동, 한국식 '불고기 만찬회'를 열어 양국 정상 간의 진정하고도 격의 없는 친교 행사를 가졌다. 이것은 정말 이례적인 후대로 '사상 최량'이라는 평을 받는 한·미 관계의 상징이라고 하겠다.

오바마 대통령의 이 대통령에 대한 돈독한 우정 표시는 이것으로 그치지 않았다. 그 다음날인 13일 오전 백악관에서 열린 공식 환영식에서 오바마 대통령은 환영사를 하면서 한국어로 "환영합니다, 우리 같이 갑시다"라고 하며 이 대통령을 진심으로 환영했다.

이어 두 정상은 정상회의를 가졌는데, 이 대통령과 오바마 대통령은 회담 후 가진 합동 기자회견에서 미 의회의 한·미 FTA 비준을 계기로 한미동맹이 기존의 군사·안보 분야에서 경제·무역 분야로까지 확대되어, 한·미관계를 '다원적(多元的) 전략동맹'으로 한 단계 도약시키는 계기가 될 것이라고 평가했다. 그리고 두 정상은 "한미동맹을 앞으로 한국에는 '안보의 제1축', 미국에는 '태평양 협조'로 더욱 다져 나가기로 뜻을 모았다"고 하고, 이어 "한·미 동맹을 무력 행위와 대량살상무기(WMD) 확산, 기후 변화 등 국제사회가 당면한 도전에 대처하고 협력할 수 있는 '다원적(多元的)인 전략동맹'으로 발전시켜 나가기로 했

한·미 정상회의(한·미 FTA 비준안 통과)

다"고도 했다.

또 두 정상은 북한의 핵·미사일 개발에 대해 양국 동맹이 보다 실효적이고 직각적으로 대응할 수 있도록 필요한 능력을 보강하고 대비 태세를 강화하기로 한 다음, 북한에 대해서는 "즉각 핵을 포기하고 국제사회와 관계를 개선하라"고 요구했다.

이 밖에도 이번 한·미 정상회담에서는 두 정상이 한국의 외환 유통성과 안보 문제에 '안전판'을 확보하는 '보너스(bonus: 상여금) 합의'까지 이뤘다. 오바마 대통령은 만일 한국에 달러 부족 사태가 나면, 즉각 미국이 달러를 공급해 주는 방안을 모색키로 한 다음, 향후 10년간 지속될 미국의 국방 예산 삭감에도 불구하고, "대한민국의 국방과 안전을 위한 노력은 한층 더 강화하겠다"는 약속까지 했다.

정상회담이 끝난 후, 미 행정부 내 권력 서열 2, 3위인 조지프 바이든(Joseph Biden) 부통령[25])과 힐러리 클린턴 국무장관이 공동 명의로 이 대통령을 국무부에서 있은 국빈오찬에 초청했다. 이 자리에는 양국의 기업인과 관료들을 포함한 명사 200여 명도 함께 초대됐다.

이날 오후 미 상원에서는 재미교포 출신인 김성 주한 미국대사에 대한 인준안이 상정되어 만장일치(滿場一致)로 통과됐다. 김 대사에 대한 인준안이 미 상원의 한 강경파 의원(공화당)의 반대로 그간 4개월이나 보류되어 왔으나, 국무성의 특별 요청을 받은 미 의회가 이례적으로 이 대통령의 상하원 합동연설에 앞서 서둘러 김 대사의 인준 절차를 마친 것으로, 이것도 역시 미 의회가 한국 국민에게 보낸 또 하나의 선물이었다.

이 대통령은 이어 국회의사당에서 상·하의원을 상대로 합동 연설을 했는데, 이번 합동 연설은 대한민국 대통령으로서는 1998년 김대중 대통령에 이어 13년 만이었다.

이 대통령은 이 합동 연설에서 "한국이 오늘날 이렇게 크게 성장한 데에는 미국의 도움과 방위 공약이 큰 힘이 됐다"면서 "우리는 피로 맺어진 동맹"이라고 하고, "1953년 '상호방위조약'이 통과된 이 자리에서 미 의회가 2011년 한·미 FTA를 신속히 처리해줌으로써, 한미동맹은 계속 성장하고 발전해 나갈 것"이라고 했다. 이 말에 상·하원 의원들 전원이 일제히 자리에서 일어나 박수를 치며 오래도록 환호했다.

그리고 이 대통령이 연설 도중 여든이 넘은 한국전 참전 노(老)연방 의원 4명의 이름을 일일이 호명하며 이들에게 다가가 거수경례를 하면서, "각별한 사의를 표명한다"고 하자, 이들은 눈물을 글썽이고 다른

---

25) 미국 정치인(1942~), 시러큐스대학교 대학원 수료, 법학박사, 와이드너대학교 법과 교수(1991), 상원 외교위원회 위원장(2007), 제44대 미국 부통령(2004~2012)을 역임했다.

미 의원들도 모두 함성을 지르며 1분이 넘게 기립 박수를 힘차게 쳤다.

이 대통령은 45분 동안의 연설 중 의원들과 방청객들로부터 5차례의 기립 박수를 포함해 1분에 한 번 꼴로 45차례의 박수를 받았다. 45차례의 박수는 오바마 정부 출범 이후 상·하원 합동회의 연설을 한 외국 국가원수 6명 가운데 최다 기록이라고 한다. 정말 근자에 듣기 드문 명연설이었다.

이어 이날 저녁 백악관에서 이 대통령 내외분을 위한 국빈 만찬회가 열렸는데, 오바마 대통령의 영부인 미셸 오바마 여사는 한국 재미교포 의상 디자이너 정두리의 작품을 입고 나와 한국에 대한 특별한 우정을 표시했다. 그리고 오바마 대통령은 축사에서 미국인으로서는 이해하기 어려운 우리말의 '정(情)'이란 개념까지 공부해 '정'이란 말을 다섯 번이나 활용한데다가, 축배 제의를 '건배'라고 우리말로 하는 등 다시 한 번 한국과 이 대통령에 대한 진한 우정을 표시했다. 10월 13일은 워싱턴 정가에서만큼은 이 대통령이 중심 무대에 선 하루였다.

이 대통령은 14일 오전 영빈관에서 역대 미 정부 출신 고위 외교전문가들과 조찬 간담회를 갖고 한반도와 동아시아, 세계정세 등에 대해 논의했다. 참석자들은 모두 간담회에서 "현재 최정점에 올라 있는 한미동맹이 한·미 FTA를 통해 한 단계 더 발전할 수 있는 결정적 전기를 맞았다"고 평가했다.

이날 오후 오바마 대통령은 워싱턴에서 국빈방문 일정을 마친 이 대통령과 함께 미 자동차 산업의 중심지인 디트로이트(Detroit) 외곽의 제너럴 모터스(GM) 자동차 공장을 방문했다. 경쟁력 약화로 타격을 입고 있는 미시간 주(州) 자동차업계 종사자들은 지금까지 한·미 FTA를 반대해 왔는데, 두 정상은 연설에서 "한·미 FTA가 여러분의 일자리를 뺏는 것이 아니라, 두 나라가 모두 '윈-윈(win-win)' 할 수 있는 기회"
라는 점을 강조하여 노무자들에게 희망을 주었다.

이 대통령이 오바마 대통령과 함께 디트로이트로 가 GM사를 방문
한 것은 오바마 대통령의 워싱턴 환대와 내년 재선을 노리는 오바마
대통령과 쌓은 우정에 대한 보답 성격이 짙었다고 하겠다. 이 대통령은
귀로에 시카고에서 1박한 후, 5일간의 방미 일정을 모두 마치고 16일
밤 귀국했다.

이번 이명박 대통령의 미국 국빈 방문 대성공 뒤에는 김성환 외교장
관을 비롯하여, 한덕수 주미대사와 청와대의 김태효 대외전략기획관,
그리고 서울과 워싱턴에서 이번 국빈방문을 담당했던 우리 직원들의
노고가 정말 컸다.

미국의 저명한 일간지 뉴욕 타임스(New York Times)는 15일자 보도
에서, 이 대통령의 미국 국빈방문과 관련하여 이 대통령에게 오바마 대
통령의 'BFF'라는 별칭을 붙였다. BFF는 'Best Friend Forever'라는 뜻
의 신세대 약어로, 이 대통령이 오바마 대통령의 많지 않은 '영원한 친
구'라는 뜻이다.

버락 오바마 미 대통령은 10월 21일 오전 백악관 집무실에서 한·미
FTA 이행법에 서명했다. 오바마 대통령의 서명으로 지난 12일 하원과
상원을 차례로 통과한 한·미 FTA 이행법은 이제 미국의 공식법이 됐다.

우리 국회에서도 11월 22일 한·미 FTA 비준안과 부수법안이 민주
당 불참 속에 의원 295명 중 170명이 참석하여 찬성 151, 반대 7, 기권
12로 통과되어, 한·미 FTA 발효를 위한 양국의 입법 절차는 모두 다
완료됐다.

한·미 FTA가 우리 국회를 통과함에 따라 한국 경제가 또 한 번 도

약의 시험대에 서게 됐다. 무역협회를 비롯하여 전경련과 대한상공회의소 등 주요 경제단체들은 비준안의 국회통과 직후 "한국 무역과 경제 발전사에 또 하나의 전기(轉機)가 마련되었다"며 일제히 환영하는 논평을 냈다.

그리고 사업계에서는 한·미 FTA가 업종별로 미치는 영향을 분석, 앞으로의 대책 마련에 나서고, 정부는 관계 부처가 합동으로 한·미 FTA 실익의 극대화와 함께 FTA 발효로 피해가 예상되는 농업·수산·축산 분야를 위시해 제약과 서비스 분야 등에 대한 피해의 극소화 및 10만 강소농(强小農) 육성 등 경쟁력 강화를 위한 구체적이고도 실효성 있는 지원 방안과 대책 수립에 본격적으로 들어갔다.

한·미 FTA 비준 동의안이 국회를 통과한 이후, 민주당이나 민주노동당 등 야당은 일부 친북(親北)단체와 함께 당리(黨利)를 앞세워 연일 '대미(對美)종속'을 외치며, 한·미 FTA 무효화를 위한 야외 투쟁을 전개했다.

그러나 이명박 대통령은 이를 무시하고 오로지 국익을 위해 10월 29일 국무회의를 통과한 한·미 FTA 이행을 위한 저작권·특허법 등 14개 부수법률 공포안에 서명함으로써, 한·미 FTA 비준을 위한 국내 절차는 모두 끝이 나고, 세계 최대경제대국인 미국과의 관세 없는 무역을 실현하기 위한 한·미 자유무역협정(FTA)이 마침내 2012년 3월 15일 0시 공식 발효됐다.

이제 한국은 동남아국가연합(ASEAN)과 인도, 그리고 유럽연합(EU)에 이어 미국하고도 FTA를 발효시킨 아시아에서 유일한 나라가 됨으로써, 세계경제의 약 61%가 우리 무역영토(貿易領土)에 포함되게 됐다. 이번 미국과의 FTA 발효로 앞으로 상호 경제협력이 가속화되고, 한국이 각국의 직접투자를 빨아들여 우리 경제가 '세계의 무역강국'으로 다시 한번 새로운 도약을 할 수 있는 좋은 계기가 되기를 기대한다.[26]

12. 남·북·러 천연 가스관 연결 사업

이명박 대통령은 2011년 11월 3일부터 시작되는 주요 20개국 정상회의(G20)에 참석하기 위해 프랑스 칸(Cannes)으로 가는 길에, 11월 1일부터 2일까지 이틀 동안 러시아를 방문하여, 2일 오전 '상트페테르부르크'에서 러시아의 드미트리 메드베데프 대통령과 정상회담을 가졌다.

이번 정상회담은 두 정상 사이의 6번째 회담이었다. 이날 회담에서

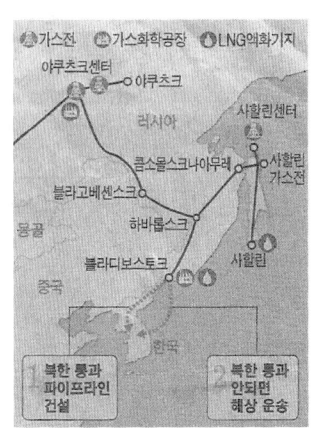

<그림 10-3> 러시아 천연가스 도입경로

두 정상은 '북한을 경유하는 가스관을 통해 한국에 러시아의 천연 가스를 공급하는 문제'를 논의하여, 이 사업을 위해 앞으로 긴밀히 협력하기로 합의했다.

그리고 두 정상은 이 사업이 성공적으로 추진될 경우, 남·북한·러 3국 모두에게 큰 이익을 가져올 것이라는 데 공감했다.

이 대통령은 그러나 "북한의 지난해 두 차례 도발로 미루어 북한을 통과하는 가스관의 안정성에 대한 걱정이 많은 것도

---

26) 한·미 FTA가 올해 3월 15일 발효된 지 두 달 만에 대미(對美)수출이 작년 같은 기간보다 11.3% 늘었다. 중국의 경제 성장 둔화와 EU의 재정 위기로 한국의 총 수출은 4.0% 감소했지만, 한·미 FTA 효과로 대미(對美)수출은 크게 증가했다. FTA의 적용을 받아 관세가 낮아진 품목의 수출 증가율이 19.4%로 FTA 혜택이 없는 품목의 수출 증가율 6.9%에 비해 훨씬 높았다.

사실"이라며, "핵 문제 등 북한 문제를 해결하는 데 러시아 측의 적극적인 협력을 기대한다"고 말했다.

이에 대해 메드베데프 대통령은 "가스관의 북한 통과에 따른 위험은 전적으로 러시아가 책임지겠다"고 강조한 후, "북한이 이미 가스관 사업에 적극적인 관심을 표명했다"고 말했다. 이에 이 대통령은 "특히 가스관 사업은 경제성과 사업 조건이 전제되어야 하며, 또 한반도의 평화에 기여하고 대북(對北) 관계를 개선하는 방법으로 추진돼야 한다"고 말했다.

그리고 두 정상은 "북핵(北核) 문제가 앞으로 잘 해결된다면, 러시아 극동지역의 잉여전력(剩餘電力)을 역시 북한 땅을 경유해 한국에 공급하는 사업도 검토할 수 있다"는 데에도 의견을 같이했다. 이에 앞서 러시아 국영가스회사인 가스포롬 측은 11월 1일(현지시간) 열린 '한·러 대화(KDR) 포럼'에 나와 "지난 9월 한국가스공사와 '가스관 사업 양해각서(MOU)'를 체결했을 때, 2013년 가스관 건설에 착수해 2017년 가스를 공급하는 일정까지 이미 합의했다"는 내용을 밝혔다.

이날 발표된 일정에 따르면, 한·러 양측은 올해 10월부터 내년 1월까지 북한 경유 가스관 사업의 기본 조건에 대한 협상을 마치고, 내년 1월~4월에 '가스공급협정'을 체결한 후 3월부터 2013년 9월까지 가스관 노선의 설계를 마치고, 이어 곧 가스관 설치 공사에 들어가 2016년 12월까지 공사를 끝내는 것을 목표로 하고 있다.

그리고 지금 논의되고 있는 남한·북한·러 3국을 연결하는 가스관의 총(總) 길이는 약 2,400km이고, 이 중 북한 구간은 최단거리로 잡았을 때 나진-원산-휴전선까지 약 740km에 이르는 것으로 보고 있고, 연간 100억㎥ 천연가스를 수송할 가스관 지름 크기는 1.7m 정도가 되고, 또 가스관 공사에 필요한 기간은 대략 2~3년, 그리고 그 비용은 4조 원 안팎으로 추산하고 있다.

두 정상은 또한 극동 시베리아에서 현재 추진되고 있는 에너지, 조선, 자동차, 건설, 농업 분야 등에서의 실질적 협력 확대를 높이 평가하고, "동북아의 평화와 안전을 위해 북핵 문제의 해결이 중요하다"는 데 인식을 같이한 다음, "6자회담 재개를 위한 이견(異見)이 조정되도록 앞으로 더 긴밀히 협력해 나가자는 데"에도 뜻을 같이했다.

이 남한·북한·러 가스관 연결 사업은 아직은 한·러 두 회사 사이의 논의 단계에 불과해, 북한에 지불할 파이프라인(pipeline) 통과 비용을 비롯하여 가스 가격이나 건설 조건 등 상업적 제반 조건에 관한 협의가 계속 진행되어야 하고, 또 남한·북한·러 3국 간에서 '북한 리스크(risk: 위험)와 불가측성(不可測性)'에 대한 예방책 논의 등 협의해야 할 문제들이 많을 뿐만 아니라, 무엇보다도 북핵 문제가 잘 풀리고 북한이 보다 협력적으로 나옴으로써, 북한의 진정성이 인정되어 남북관계가 먼저 개선돼야 한다.

앞으로 모든 문제가 원만히 잘 해결되어 계획한대로 북한을 통과하는 가스관이 완공되면, 러시아는 향후 30년간 안정적인 수출시장을 확보함으로써 많은 수익을 올릴 것으로 기대되고, 한국은 가스 값으로 지불해야 하는 비용을 가스를 액체화하여 선박으로 수송하는 비용의 3분의 1정도를 줄일 수 있으며, 북한은 북한대로 가만히 앉아서 통과료로 연간 1억 달러 이상의 수익을 올릴 수 있어, "남한·북한·러 3국 모두에게 다 고루 이득이 돌아가는 문자 그대로 윈-윈-윈(win-win-win) 사업"이 될 것이다.

이 남한·북한·러 가스관 연결 사업은 1990년 9월 한·러 양국의 수교와 함께 논의되기 시작하여 1990년대 후반에 들어 김대중 정권 때 한·중·러 3국이 협의를 시작했고, 노무현 정권 때 2003년 11월 '시베리아 가스 수송관 건설계획 의향각서'에 3국이 합의한 바도 있었다.

그리고 이명박 대통령은 현대건설 회장 때인 1989년경부터 '시베리아 가스 도입'에 열정을 보여 왔는데, 대통령이 된 후 2008년 9월 첫 러시아 방문 때, 메드베데프 대통령과 2015년부터 매년 시베리아의 천연 가스 750만 톤(국내 소비량의 20%)을 30년간 들여오는 내용의 양해각서(MOU)를 맺었다.

이 대통령은 이어 2010년 9월에 러시아 '야로슬라블'에서 열린 '세계정책포럼' 기조연설에서도 "북한도 개혁·개방이라는 '세계사의 흐름'에 동참하여 러시아·북한·한국으로 이어지는 3국 간의 가스관 설치와 같은 본격적인 경협의 길이 열리기를 희망한다"고 하여 큰 환영을 받았었다.

그러나 북한 지도부는 당시 시베리아의 가스관과 함께 개혁과 개방 바람이 들어오는 것을 우려하여, 처음부터 가스관이나 철도, 그리고 전선이 북한 땅을 경유하는 사업에는 일체 관심을 보이지 않았다. 그랬던 북한이 계속되는 국제적 고립과 날이 갈수록 심각해지는 경제난 속에서, 이번에 태도를 바꿔 러시아의 가스관과 철도 사업에 관심을 보이며, 2011년 9월 김정일 위원장이 메드베데프 대통령과의 동(東)시베리아 '울란우데'에서의 회담에서, 한국행 가스관의 북한 땅 경유에 합의함으로써, 가스관 사업이 다시 남한·북한·러 3국 간의 '주요한 경제 이슈(issue: 문제)'로 재부상하게 된 것이다.

앞으로 러시아와 합동으로 해 갈 사업은 가스관 연결만이 아니다. 시베리아 횡단철도(TSR)와 한반도 종단철도(TKR)를 연결하여 모스크바 경유로 한국과 유럽을 잇는 '철(鐵)의 실크로드(Silk Road)' 사업 외에도, 또 시베리아의 전력(電力)을 중국이나 북한을 거쳐 한국으로 송전해 오는 사업도 있다.

이 사업들은 남한·북한·러 3국에 모두 다 이익을 주는 사업들인데, 러시아의 전력선 연결이 중국을 경유하여 이루어진다면, 중국도 앉아서 이익을 볼 수 있고, 또 향후 천연 가스관을 부산에서 해저를 통해 일본으로 연결한다면, 일본도 역시 우리와 함께 이익을 나눌 수 있을 것이다.

그뿐만 아니라 이번에는 일본이 대한해협 밑에 해저 터널(tunnel)을 뚫어 일본 규슈(九州)-부산 간 230㎞를 고속철로 연결하면, TKR와 TMR(중국횡단열차)를 거쳐 TSR과 이어져, 일본도 '섬나라'를 면할 수 있다.

이와 같은 사업은 모두 다 초대형 공사지만, 이익이 관련국 모두에게 다 고루 돌아가는 사업이기 때문에 시간이 문제이지, 언젠가는 모두 다 성사되는 날이 반드시 올 것이다.

앞으로 북한이 '세계화 시대의 흐름'을 따라 핵을 버리고, 중국식이든 베트남식이든 개혁·개방으로 나와, 이런 사업이 급진전해 성사되는 날에는 한반도는 동북아와 유럽을 잇는 '황금의 다리'가 되어, '21세기 동북아(東北亞) 시대'를 맞아, 이 지역의 '교통의 요충지'로 우뚝 서게 될 것이다. 자고로 동서를 막론하고 교통의 요충지는 언제나 그 지역의 정치·경제·문화의 중심지가 됐다.

우리 정부가 앞으로 위의 가스관 연결 사업을 러시아와 함께 계속 추진하면서, 두 정상이 합의한 대로 극동 시베리아에서 현재 양국이 시작하고 있는 에너지(energy), 조선, 자동차, 건설, 농업 분야에서의 협력 관계를 더 확대해가고, 또 지난 11월 러시아가 WTO(세계무역기구)의

154번째 회원국이 되어 서비스·물류 분야가 100% 개방된 것을 계기로, 수출과 수입 양면에서 양국의 교역량을 크게 늘려간다면, 앞으로 한국과 러시아가 FTA(자유무역협정)를 체결할 날도 멀지 않을 것이다.

그리고 극동 시베리아 개발과 관련, 러시아 정부는 북방영토(北方領土) 문제로 일본이나, 엄청난 인력이 밀려들어오는 것이 두려운 중국보다 한국을 선호하고 있어, 우리의 자본과 기술이 인력과 함께 연해주로 진출하여 이 지역을 공동 개발하는 문제도 양국 정부 사이에서 현재 진지하게 논의되고 있다.

연해주는 예부터 한민족과는 깊은 인연이 있는 곳이다. 고대에는 발해(渤海)의 고토(故土)였고, 근대에는 30만의 우리 이주민들이 정착·개간한 신천지였다. 1937년 이들이 스탈린에 의해 중앙아시아로 강제로 이주당했으나, 최근 4~5만 명이 연해주로 돌아와 이 지역에서 다시 활동하고 있다.

러시아는 우리의 '주변 4강'의 하나로 자원부국(資源富國)에다가 엄청난 기술 보유국으로 우리에게 매우 중요한 이웃이다. 앞으로 우리가 연해주에 진출하여 광물이나 농림자원 공동 개발에까지 성공한다면, 연해주는 '한민족의 기회의 땅'이 되고, 또 한·러 관계는 앞으로 '내실 있는 전략적 동반자'로까지 발전해 나갈 것이다.[27]

---

27) 지난 3월 16일 중국석유천연가스공사(CNPC) 측이 "한국가스공사에 시베리아 산(産) 천연가스를 북한을 거치지 않고 바이칼 호(湖) 옆의 이르쿠츠크에서 베이징과 산둥 반도의 웨이하이(威海)를 거쳐 해저(海底) 가스관을 부설해 한국으로 직접 공급하겠다"는 제안을 해 와, 한국가스공사는 이 제안이 '북한 리스크(risk)'가 없어 즉각 타당성 검토에 들어갔다.

13. 한국 무역 '1조 달러 시대'를 열다

우리나라가 건국 63년 만인 2011년 12월 5일 드디어 연간 무역 규모 1조 달러를 달성했다. 지식경제부는 이날 오후 "통관 집계 기준으로 수출 5,153억 달러, 수입 4,855억 달러로 무역 1조 8억 달러를 기록했다"고 발표했다.

1조 달러라고 말하기는 쉽지만, 1조 달러를 숫자로 표시하자면 1자에 0자를 자그마치 12개를 붙여야 하는 어마어마한 수치다. 그것도 우리 '원'이 아니고 우리 돈의 1,000배가 넘는 미국 '달러'로 말이다.

우리나라에 앞서 지금까지 무역 1조 달러를 달성한 나라는 전 세계에서 겨우 8개국뿐으로 미국·독일·일본·중국·프랑스·영국·네덜란드·이탈리아이며 우리가 바로 9번째다.

이들 8개국은 모두 예외 없이 식민지를 경영한 제국주의 국가들이였다. 한국만이 세계사에서 유일하게 식민지 피지배국에서 독립한 국가로 9번째로 무역 1조 달러를 달성함으로써, 지금 전 세계의 신흥국들의 부러움의 대상이 되고 있다. 무역은 한국 경제, 나아가 한국이라는 국가를 성장·발전시킨 가장 강력한 엔진(engine)이었는데, 특히 세계적 경제 불황 속에서 한국 경제가 이뤄낸 성과였기에 더 빛이 났다.

1948년 건국 때만 해도 연(年)에 1,900만 달러였던 우리 수출 규모가 2011년에 5,153억 달러로 자그마치 2만 7,000배가 증가한 것이다. 이 기간 수출 통계가 파악되는 세계 131개국 중에서 한국의 수출 증가율이 세계에서 1위로, 세계 경제사를 바꿔 놓았다고 할 수 있을 정도다.

'경제개발 5개년 계획'을 세워 수출 주도의 경제정책을 본격적으로 추진한 1962년 세계 104위(5,500만 달러)에 불과했던 수출 규모가 50

년 만에 1만 배가 증가하고, 1인당 국민소득 87달러의 세계 최빈국이 300배 이상 증가한 2만 759달러로 선진국 반열에 올랐으니, 정말 놀라운 일이 아닐 수 없다.

경제 위기를 돌파한 '엔진'도 역시 수출이었다. 국가부도 상태에 빠졌던 IMF 외환위기도 그 후 5년간 944억 달러의 무역 흑자를 거두며 이겨 냈다. 특히 2008년 '글로벌 금융위기' 때에도 내리 3년간 1,100억 달러의 무역 흑자를 거두며 세계에서 가장 빠르게 위기 탈출에 성공했다.

우리나라의 수출액이 2011년에 5,000억 달러를 넘어섰는데, 1964년 연간 수출액이 처음 1억 달러를 넘어선 이후 47년 만에 무려 5,000배로 늘어난 것이다. 세계 수출 순위는 작년 8위에서 금년 이탈리아를 제치고 7위로 올라서고, 수입 순위는 지난해와 같이 9위를 그대로 유지하고 있다.

1960년대 초반까지만 해도 한국 경제는 아프리카 대부분의 나라와 대동소이(大同小異), 비슷한 처지였다. 봄이 올 때마다 고픈 배를 움켜쥐고 보릿고개를 넘겨야 했고, 미국의 '잉여식량 공여대책'에 기대어 겨우 하루하루를 연명해 가던, 그것도 반쪽 나라가 50년 만에 '원조를 받던 나라에서 원조를 주는 나라'로 발전했으니, 정말 기적과 같은 일이라고 아니할 수 없다.

천연 자원이 별로 없는 우리나라는 수출로 먹고 살 수밖에 없는데, 1960년 초만 해도 우리나라에는 수출할 만한 품목이 별로 없었다. 수출품이라고는 소량의 철광석이나 텅스텐 같은 광물과 생사, 그리고 오징어 같은 해산물 정도가 그 전부였다.

47년 전인 1964년 박정희 대통령은 박충훈 당시 상공부 장관에게 "모든 것을 지원할 테니 연말까지 1억 달러 수출을 달성하라"고 지시했다. 시골 여인네들의 머리카락을 잘라 가발을 만드는 등 돈이 되는 것은 무엇이든지 모아 모두 내다 팔다시피 해서 겨우 이뤄냈던 '1억 달러 수출'이었다.

수출이 1억 달러를 처음 돌파한 날이 그해 11월 30일이었다. 정부는 이 날을 '수출의 날'로 지정하여 해마다 기념하기 시작했는데, 이것이 바로 오늘의 '무역의 날'의 시작이다.

이렇게 힘들게 시작한 우리 무역이 어려운 여건 속에서도, 말 그대로 고속 질주를 계속하여 주요 수출 품목이 1970~1980년대에는 섬유·봉재·신발과 철광판, 1990년대에는 반도체와 영상기기, 2000년대에는 컴퓨터와 자동차, 선박, 휴대폰, TV, 냉장고, 섬유와 석유 제품 등으로 해마다 몇 가지씩 첨단 고부가가치 제품을 계속 추가해 나갔다.

참고로 '무역 1조 달러 시대'를 연 2011년도 '주요 수출품목 10가지'의 수출액을 살펴보면, 부동의 1위는 단연 반도체(3,070억 달러)이고, 2위는 자동차(2,283억 달러), 3위는 조선·플랜트(plant)(1,784억 달러), 4위는 컴퓨터(1,537억 달러), 5위는 휴대폰(1,499억 달러), 6위는 의류(1,358억 달러), 7위는 석유 제품(1,094억 달러), 8위는 철강(996억 달러), 9위는 TV(960억 달러), 10위는 합성수지(706억 달러) 등이다.

이와 같이 우리나라가 세계에서 9번째로 '무역 1조 달러 클럽'에 가입하기까지는 '수출이 곧 국가 목표'로 국민이 하나가 되어 진력한 결과인데, 특히 우리 기업인과 상사원, 그리고 노동자들의 공이 컸다.

여기에 하나 더 보탤 공로자들이 바로 우리를 도와 준 외국인 고문과 기술자들이다. 선진 기술과 경험, 국제 조직을 가진 이분들이 한국 기업에 자신들의 지식과 기술을 아낌없이 보태준 것이다.

정부는 이번 '제48차 무역의 날 기념식'에서 '무역 규모 1조 달러 시대'를 여는 데 기여한 31명의 공로자들을 국내외에서 선정하여 특별 유공자로 포상했다. 이명박 대통령의 특별 지시로 이 31명 중에 4명의 외국인이 포함됐는데, 그중의 한 사람이 이번에 금탑산업훈장을 유가족이 와서 수여받은 영국 스코틀랜드 출신의 조선(造船) 전문가 고(故) 윌리엄 던컨(William Duncan)이다.

그는 한국에서 조선산업이 태동하던 1974년부터 1980년까지 한국중공업에서 기술고문을 담당했던 분으로, 당시만 해도 우리 조선산업은 걸음마 단계로 '선거(船渠)'도 없이 모래를 퍼내고 그 속에서 배를 만드는 수준이었던 한국 조선을 오늘날 세계 1위로 만든 숨은 공신이다. 정부는 그의 유족을 찾기 위해 출신지인 스코틀랜드 지방지에 신문 광고를 내는 등 정성을 다했다.

이번에 포상을 받은 4명의 외국인 중에는 신(新)일본제철의 전(前) 감사역이었던 고(故) 아리가 도시히코(有賀敏彦)라는 일본인도 있었다. 아리가 씨는 우리의 제철업을 세계의 초특급 수준까지 발전시키는 데 큰 역할을 한 은인으로, 그도 역시 부인이 대신 내한하여 훈장을 수여받았다.

사실, 한국 산업이 오늘 있기까지는 던컨이나 아리가와 같은 외국인 공로자들이 수없이 많았다. 오늘날 TV·반도체·휴대전화·자동차 등 분야에서 세계 시장을 주도하고 있는 삼성전자나 현대자동차를 비롯하여, 현대제철, 포항제철, 대우조선, 대한중공업 등 많은 회사에서 고문과 기술자, 그리고 경영과 해외판매와 주문 분야에서까지 일한 외국인들이 바로 그들이다.

이번 제48차 무역의 날 기념식에서 포상을 받은 외국인은 4명으로 그 숫자는 적었지만, 우리가 그들의 노고를 잊지 않고 힘들게 고인들의 유족을 찾아서까지 포상한 것은 정말 잘한 일이었다. 외신들도 이를 높이 찬양하며 크게 보도했지만, 앞으로도 우리는 이들의 노고를 결코 잊어서는 안 될 것이다.

올해 기존의 '무역 1조 달러 클럽' 멤버(member) 8개국 중에서 영국과 이탈리아 2개국은 유럽 경제위기 속에서 교역 규모 1조 달러 선을 끝내 유지하지 못했다. 이런 가운데 우리 한국이 세계적 경제 불황 속에서도 '무역 1조 달러 클럽'의 새 멤버가 됨으로써, 모든 신흥국들의 부러움의 대상이 되어 지금까지 아프리카의 말라위나 남아프리카공화국을 위시하여 루마니아·베트남·도미니카·아이티 등 전 세계에서 50여 개국들이 '무(無)에서 유(有)를 창조한 한국'을 자국 경제의 '발전 모델'로 삼고 있다.

8월 27일 세계적 신용등급회사인 무디스(Moody's)를 시작으로, 9월 7일에는 피치(Fitch)가, 이어 같은 달 14일에는 깐깐하기로 유명한 에스 앤피(S&P)까지, 줄줄이 <그림 10-4>에서 보는 바와 같이 한국의 국가 신용등급을 한 단계씩 상향 조정하여 이를 발표함으로써, 우리나라는 2011년 이래 세계 3대 신용평가회사로부터 모두 등급 상향 조정을 받은 유일한 나라가 되고, 국가신용등급도 처음 일본을 앞질렀다(피치 기준).

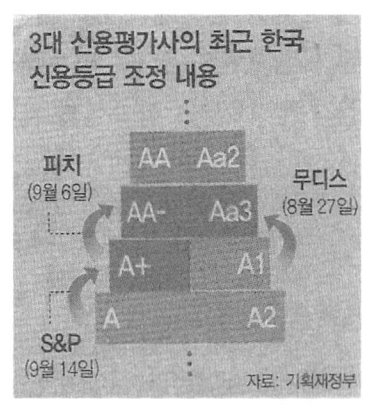

<그림 10-4> 한국의 신용등급 변화

우리 한국은 2012년 7월 드디어 전 세계에서 7번째로 1인당 국민소득 2만 달러에 인구 5,000만 명을 동시에 충족하는 나라를 뜻하는 '20-50 클럽' 진입을 이끌어 냈다. 국제사회에서 1인당 소득 2만 달러는 선진국

문턱으로 진입하는 소득 기준이고, 인구 5,000만 명은 인구 강국과 소득을 나누는 기준으로 통용된다.

'20-50 클럽' 멤버는 지금 현재 일본(가입연도 1987년), 미국(1988년), 프랑스(1990년), 이탈리아(1990년), 독일(1991년), 영국(1996년), 한국(2012년)으로 7개국뿐이다. 우리나라의 '20-50 클럽' 가입의 의미는 이제 우리나라도 '선진국 대열'에 진입했음을 의미한다.

그러나 국민소득 2만 달러, 인구 5,000만 명의 '미들 파워(middle power: 중진국)' 시대에서 2만 달러 함정을 넘어 한 단계 더 도약하여 3만 달러로 가기 위해서는, 우리는 현재의 위치에 안주해서는 안 된다. 계속적 발전을 위해서는 새로운 '성장전략'을 하루빨리 획기적으로 세우고, 상대적으로 낮은 우리의 내수를 늘려가면서, 계속 세계 최고상품의 질을 더 높이는 동시에 그 수도 늘려가야 할 것이다.

한국보다 먼저 3만 달러 고지에 도달한 23개 선진국들이 2만 달러에서 3만 달러에 이르는 데에는 평균 8년이 걸렸다고 한다. 2007년 2만 달러를 넘긴 한국은 8년 후인 2015년까지는 이제 3년이 남아 있을 뿐이다. 지금 전 세계에서 1인당 국민소득 4만 달러, 인구 8,000만 명인 '40-80 클럽'에 진입한 나라는 미국과 독일·일본으로 3개국뿐인데, 우리도 앞으로 더 열심히 일해 3만 달러 선을 넘고 분단된 조국을 통일하여 40-80 클럽 멤버가 되어, 이를 우리 후손들에게 물려주었으면 한다.

14. 한·중 국교수립 20주년을 맞아

우리나라의 제1위 교역 상대국인 중국이 한·중 국교수립 20주년을 맞아 이명박 대통령을 국빈으로 초청했다. 이 대통령은 2012년 1월 9일 중국 방문을 위해 대통령 전용기 편으로 베이징(北京)으로 가, 오후에 인민대회장에서 우방궈(吳邦國) 전국인민대표회의 상임위원장과의 면담을 시작으로 이번 국빈방문의 공식 일정에 들어갔다.

이 대통령은 우 위원장과 장시간 만나 양국의 정치와 경제, 그리고 문화를 포함한 사회 각 분야의 협력 강화를 위한 의회 차원의 교류 등에 대해 의견을 교환했다.

우 위원장은 "이 대통령이 취임 후 여러 차례 중국을 방문하여 양국 발전에 크게 기여했다"고 하면서, "이 대통령은 중국이 2012년에 처음으로 맞이한 국빈인데, 수교 20주년에 이뤄지는 이번 방문은 기간은 짧지만 아주 중요하다"고 높이 평가했다.

이에 대해 이 대통령은 "양국의 수교 20주년이 되는 해에 중국을 연초에 국빈으로 방문하게 된 것을 영광으로 생각한다"며, 수교한 지 20년 만에 양국 관계가 이렇게 발전한 것은 어느 나라 외교사에도 없을 것 같다[28])고 했다.

이어 이 대통령은 같은 그날 국빈방문 절차에 따라 후진타오(胡錦濤) 중국 국가주석이 인민대회장에서 개최한 공식 환영식에 참석, 군악대가 연주하는 양국 국가를 듣고 후진타오 주석과 나란히 의장대를 사열했다.

---

28) 1992년 한국과 중국이 수교를 맺은 이래 양국의 교역 규모는 1992년 63억 7,910만 달러에 불과했었는데, 2011년 2,206억 3,074만 달러로 19년 새 34.6배가 늘어 중국이 우리의 최대 교역국이 되고, 중국인 한국 여행자도 1998년 21만 명에서 2011년에는 220만 명으로 10배나 늘어났고 계속 늘고 있다.

그리고 두 정상은 같은 인민대회장에서 정상회담을 열고 한·중 자유무역협정(FTA)과 김정일 북한 국방위원장 사후의 한반도 정세, 그리고 서해상에서의 중국 어선의 불법 조업에 대한 대책 등을 논의했다.

이 대통령은 정상회담 모두(冒頭) 발언을 통해 "올해는 한·중 수교 20주년이 되는 해이고, 이번 방문은 올해 첫 해외 방문"이라고 하면서, "양국은 20년 전 수교한 이래 모든 분야에서 경이로운 발전을 거듭해 왔다"고 말했다.

이에 대해 후 주석은 "이 대통령의 이번 방문은 중국의 올해 첫 국빈 방문으로서 양국 수교 20주년을 맞아 이뤄졌다"며 "이번 방문으로 양국이 교류와 협력을 강화하고, 전략적 협력동반자 관계를 추진할 수 있게 될 것"이라고 했다.

두 정상은 이날 정상회담에서 한·중 양국의 핵심 현안으로 7년간이나 논의가 진행되고 있는 자유무역협정(FTA)의 공식 협상을 1~2개월 내에 개시할 수 있도록 각자 국내 절차를 밟아나가기로 했다. 한·중 FTA는 외형적으로는 경제 협정이지만, 내용적으로는 외교·안보적 성격도 강하다.

FTA 협상의 국내 절차는 관보 게재와 최소 2주 후 공청회 실시, FTA 실무위원회·추진위원회의 구성과 대외경제장관회의의 의결을 거쳐 본격적인 협상에 들어간다. 앞으로 1~2개월 내에 이와 같은 국내 절차를 마칠 수 있을 것으로 예상된다.[29]

두 정상은 또 김정일 북한 국방위원장 사망 이후의 한반도 정세에

---

29) 중국이 재촉하고 한국이 수용한 이번 FTA 협상 개시 합의는 양국이 2005년 민간 차원의 논의가 시작된 지 꼭 7년 만에 이뤄진 진척이다. 협상 개시 합의는 시작에 불과하고 양국이 취약 산업(한국은 농업과 섬유, 중국은 자동차와 화학 그리고 전자 제품)을 두고 '관세인하 유예' 요구를 굽히지 않을 경우 협상의 장기화도 배제할 수 없다. 그리고 앞으로 한·중 FTA가 체결되면 중국에 진출한 우리 제조업체가 국내로 복귀함으로써 제조업의 일자리가 늘어날 것으로 전망된다.

대해서도 논의하여, 한반도 비핵화를 비롯하여 한반도 평화와 안전에 대한 공동목표를 확인했다.

특히 두 정상은 "한반도를 포함한 동아시아의 평화와 안정을 위해 '한·중 전략적 협력동반자 관계'를 지속적으로 발전시켜 나가는 것이 중요하다"는 데에도 인식을 같이했다.

후 주석은 "이 대통령의 신년사를 포함해 최근 한국 정부가 북한에 보여준 '차분하고 여유 있는 태도'를 높이 평가한다"면서, "중국은 남·북이 대화를 통해 관계 개선과 화해·협력 프로세스(process: 과정)를 갖는 것을 지지할 것이라"고 말했다.

북핵 해결을 위한 6자회담 재개와 관련하여, 후 주석은 "관련국들이 협력해 긍정적 요건을 만들어가자"고 요청하고, 이 대통령은 "6자회담 선결 조건을 충족시키는 방향으로 관련국 대화가 재개되기를 바란다"고 대답했다.

두 정상은 이어 함께 지난해 말 서해상에서 불법 조업을 하던 중국 선원이 우리 해양경찰관을 살해한 사건에 대해, 향후 재발 방지를 위해 공동으로 노력해 나가기로 합의했다.

이 대통령은 "이런 불상사가 다시 일어나지 않도록 중국 측의 효과적인 대책을 희망한다"고 한 데 대해, 후 주석은 "한국의 이 문제에 대한 관심을 고도로 중시한다"며 "중국 어민들에 대한 교육과 관리를 앞으로 강화하겠다"고 약속했다.

두 정상은 이어 중국 어선의 불법 조업 문제를 해결하기 위해 앞으로 한·중 어업공동위원회, 한·중 어업지도단속 실무회의, 한·중 수산고위급회담, 한·중 영사국장회의 등 당국 간의 협력 체제를 강화하기로 했다.

이 대통령이 오는 3월 서울에서 개최되는 2차 핵안보 정상회의에 후진타오 주석의 참석을 요청한 데 대하여, 후 주석은 "초청에 감사한다"고 하면서 이를 기꺼이 수락했다.

이 대통령은 10일 오전 리자오싱(李肇星) 전 외교부장을 포함해 양국 관계 증진에 공로가 있는 인사 10여 명이 참석한 가운데 한·중 수교 20주년 간담회를 열고, 우호관계 증진 방안 등에 대해서 논의했다.

이어 이 대통령은 10일 조어대(釣魚台) 2호각 접대청에서 원자바오(溫家寶) 중국 총리와 회담을 가졌다. 전날 서열 1위인 후진타오 국가주석, 2위인 우방궈 전인대 상무위원을 만난 데 이은 연쇄 고위급 회담이었다. 원 총리와는 면담에 이어 만찬[30]까지 함께했다.

양측은 면담에서 "한반도 평화와 안정이 동북아 정세에 대단히 중요하다"는 데 의견을 같이하고, 원 총리가 특히 "한국이 김정일 위원장 사후에 냉정하게 대응해준데 대해 이를 높이 평가한다"고 하며 "남북관계가 안정되길 바란다"고 말한 데 대해, 이 대통령은 "북한의 개방과 국제사회로의 참여를 위해 중국이 북한을 끊임없이 설득해 달라"고 요청했다.

원 총리는 이어 "한·중 FTA 협상 개시가 조속히 이뤄지길 바란다"고 말하고, 이 대통령은 "농산물 등 민감한 부분에 대해 지혜롭게 협의되도록 노력하자"고 답했다.

원 총리는 이날 "한·중·일 FTA도 함께 추진하자"는 취지의 발언을 길게 했는데, 이 대통령은 "가능한 것부터 이뤄질 수 있도록 서로가 지

---

30) 이 만찬 때문에 당초 1박 2일로 추진되던 이 대통령의 방중 일정이 하루 늘어나 2박 3일이 되었는데, 원 총리가 "저녁을 함께하고 싶다"는 입장을 전해오면서 최종 단계에서 이렇게 조정되었다고 한다. 국빈방문에서 주석과 총리가 따로 따로 만찬을 한다는 것은 매우 드문 일이다. 이것은 이번 이 대통령의 국빈방문을 중국 정부가 얼마나 중시했는가를 보여주는 좋은 예이다.

혜를 모아가자"고 말했다. 곧바로 이어진 비공개 만찬에서 특히 김정일 사후의 남북 관계와 함께 북한의 개방·개혁을 유도하는 문제에 대해서 장시간 깊이 있는 얘기가 오갔다고 하니 큰 성과로 평가할 만하다.

그리고 양국은 외교장관 간 직통전화(hot-line)와 외교 당국 간 고위급 전략대화 등의 방식으로 소통을 강화하기로 하고, 또 중국의 불법조업 문제와 관련해서는 우리 측이 "관계 부처가 공동으로 참여하는 고위급 채널을 신설하자"고 요구한 데 대해 중국 측도 "적극 검토하겠다"고 답했다.

마지막으로 이명박 대통령이 오는 5월부터 시작되는 '여수 엑스포(EXPO)'에 많은 중국 관람객들이 방문할 수 있도록 중국 정부의 관심과 지지를 당부하고, 원 총리는 "여수 엑스포의 성공적 개최를 기원한다"고 하면서 "양국 간 인적·문화 교류가 더욱 활성화될 것을 기대한다"고 답했다.

이날 오후 발표된 '한·중 공동 언론발표문'에는 "중국 측은 남·북한 양측이 대화와 협상을 통해 관계를 개선하고 화해와 협상을 추진하여, 최종적으로 '한반도의 평화통일'을 실현하는 것을 지지한다"는 내용이 담겼다.

올해로 수교 20년을 맞는 한·중 양국은 2008년 '전략적 협력동반자 관계'로 격상되고, 올해는 '한·중 우호교류의 해'로 정해 다양한 행사를 갖기로 되어 있는데, 이 대통령의 이번 국빈방문은 취임 후 여섯 번째 중국 방문이자, 국빈방문으로는 2008년에 이어 두 번째로, 특히 천안함·연평도 사건 이후 조금 소원해졌던 한·중관계의 복원을 위해 시의적절(時宜適切)했고, 또 대중(對中) 외교·경제협력과 양국 간 전략적 소통강화 차원에서 매우 성공적이었다고 하겠다.

그러나 방심은 금물이다. 지난 20년간 한·중 관계는 경제협력과 인적교류 분야에서 비약적인 성장을 거뒀지만, 정치, 외교, 군사 분야에서는 아직도 장애물이 많이 남아 있다. 이 분야에 있어서도 양국 정부가 실천할 수 있는 일부터 차곡차곡 신뢰를 쌓아나갈 필요가 있다.

이 대통령 내외는 '동북아(東北亞) 시대'를 맞이하여 한·중 양국 간 상호 이해와 우호관계 강화를 위한 두 번째의 국빈방문을 성공적으로 마치고 11일 오후 곧바로 귀국했다.

15. 2012 서울 핵안보 정상회의 개최

'핵 없는 세계'를 만들기 위해 '핵(核) 테러(terror) 방지'와 안전한 핵물질 관리 방안을 논의하기 위한 '2차 핵안보 정상회의'가 2012년 3월 26~27일 이틀간 서울 코엑스(COEX)에서 열렸다.

버락 오바마 미국 대통령의 제의로 2010년 4월 워싱턴에서 열린 '1차 핵안보정상회의'에는 47개국과 3개의 국제기구 등 모두 해서 50개의 국가와 국제기구 정상들이 참석했으나, 이번 서울 핵안보정상회의에는 덴마크 등 6개국과 국제형사경찰기구(INTERPOL) 하나가 더 추가되어 총 53개 국가의 정상들과 4개의 국제기구 수장들이 참가했다.

이번 서울 정상회의에는 국가 정상들과 국제기구 수장들을 수행한 각국 대표단 5,000여 명과 국내외 취재진 4,500명, 그리고 동시 통역사 50여 명 등 1만여 명이 참여한 국제적으로 UN 총회를 제외하고 각국 정상들이 특히 단일(單一) 의제를 가지고 한자리에 모인 회의로서는 가장 컸고, 또 우리나라로서는 국내에서 개최된 국제회의 중 사상 최대

2012 서울 핵안보 정상회의

규모의 정상회의였다.

　정상회의는 3월 26일 오후 4시 반, 이명박 대통령이 이번 정상회의의 의장으로서 주최한 환영식과 이어 열린 '업무만찬'으로 시작됐다. 이틀째인 27일 오전과 오후 이 대통령 사회하에 '핵안보 강화를 위한 국가조치 및 국제협력'을 의제로 시작하여, '업무오찬'까지 모두 6시간이 넘는 강행군 끝에 11개 항목의 '서울 코뮈니케(Communiqué: 성명)'를 만장일치로 채택하고, 이어 가진 이 대통령의 의장으로서의 기자회견을 끝으로 정상회의를 폐막했다.

　서울 핵안보 정상회의에 참석한 전 세계 정상급 인사 58명은 각국이 보유한 고농축 우라늄(HEU)을 최소화하기 위한 조치를 2013년 말까지 수립하여 발표하기로 합의하고, '핵 테러 방지'를 위한 개정 핵물질방호협약(CPPNM)을 2014년까지 발효시키기 위해 같이 노력하기로 했다.

　이 대통령은 폐막에 앞서 의장 자격으로 가진 기자회견에서 "58명[31]의 정상들이 책임감을 갖고 진지하게 토의를 거듭한 결과, 이제 우리는

---

31) 참가국과 국제기구가 모두 57인데 대표 수가 58명이 된 것은 유럽연합(EU)에서 헤르만 반롬푀이 상임의장과 조제 마누엘 두랑 바호주 집행위원장 두 명이 대표로 참석했기 때문이다.

'핵 테러 없는 세상'으로 가는 이정표를 만들었다"고 하며, "핵 테러 방지에 가장 중요한 고농축 우라늄(HEU)과 플루토늄의 감축과 관련된 성과가 이번 회의의 핵심"이라고 하고, 이어 "참가국들이 2013년 말까지 '고농축 우라늄 감축계획'을 제출하기로 했다"는 점도 강조하며 "매우 의미 있는 합의였다"고 했다.

11개의 구체적 실천 방안을 담은 '서울 코뮈니케'에서 정상들은 ① 핵 물질의 제거, ② 핵·방사성물질의 운송보안 강화와 불법거래 방지, ③ 핵물질, 핵시설 관련 정보보안 강화, ④ 핵안보-핵안전 연계를 통한 원자력 시설 방호 강화, ⑤ 국제원자력기구(IAEA)의 활동 지원 등에 공동 노력하기로 했다.

아울러 정상들은 미(未)수용 HEU를 제거하거나 저농축우라늄(LEU)으로 전환하는 것을 포함한 개별 공약의 이행 성과를 점검하고 향후의 이행 계획도 확인했다. 프랑스·벨기에 등 4개국은 의료용 방사성 물질 생산에 사용되는 HEU를 2015년까지 LEU로 전환하기 위한 협력 사업을 발표했다.

미국과 러시아도 1차 워싱턴 정상회의에서 내놨던 34t씩의 플루토늄 처분 공약을 재확인했는데, 두 나라가 공약을 모두 이행할 경우 앞서 폐기를 완료한 74t의 HEU와 합쳐 핵무기 2만 개 분량의 핵물질이 사라지게 된다.

북한과 이란의 핵무기 개발문제는 1차 워싱턴 핵안보정상회의에서처럼 이번 서울 정상회의에서도 정식 의제는 아니지만 논의는 될 예정이었는데, 북한이 3월 13일에 "4월 12~16일 사이에 '광명성 3호 인공위성'을 발사한다"고 예고하고 나옴으로써, 이번 정상회의는 핵안보라는 본(本)의제와 함께 북한의 로켓 발사 문제가 핵안보 본 의제에 못지 않게 국제적인 주목을 받게 되어, 정상회의에 참석한 정상들 사이에서 자연스럽게 최대 현안으로 논의되어 북한에 로켓 발사 자제를 요구하는 좋은 계기가 됐다.

핵안보 분야에서 우리나라보다 더 강한 나라들이 많은데, 미국에 이어 한국이 2년 전 1차 워싱턴 핵안보 정상회의에서 러시아와 일본을 물리치고 2차 핵안보 정상회의 개최국으로 선정됐던 것은, 첫째는 오바마 대통령의 강력한 지원이 있었고, 다음은 대한민국이 지난 반세기 동안, 원자력의 평화적 이용에 앞장서 온 '원자력 모범국'이라는 사실에 대한 국제사회의 기대와 믿음이 있었기 때문이었다.

대한민국은 이와 같은 국제사회의 기대와 믿음에 어긋남이 없이, 서울 정상회의에 참석한 모든 나라 정상들의 박수를 받으며 성공리에 정상회의를 마쳤다. 우리의 국제테러 방지와 회의장 준비를 비롯하여 의전과 회의 운영, 그리고 대표단 경호와 차량 운행에 대해서까지 모든 정상들이 아낌없는 찬사를 보냈다. 서울 정상회의에 크게 감동한 중국의 후진타오(胡錦濤) 국가주석은 27일 회의가 끝나자마자 중국 관리 30여 명을 동원하여, 이번 서울 정상회의의 회의장을 비롯하여 대표단의 배치와 회의의 진행 방법까지, 이번 회의에 관한 모든 것을 통째로 복사해 갔을 정도였다.

제2차 서울 핵안보 정상회의가 열린 3월 26일과 27일을 전후하여 이틀씩해서 24일부터 29일까지 엿새 동안은 서울이 문자 그대로 세계 외교의 중심지가 됐다. 이 기회에 이 대통령은 6일간 청와대와 코엑스 회의장에서 다음 표에서 보는 바와 같이 22개국의 정상들, 그리고 2개 국제기구의 수장들과 연쇄적으로 개별 회담을 가졌다.

<표 10-1> 제2차 서울 핵안보 정상회의 일정

날짜	국가 · 국제기구 명	수
24일	UN · 태국	2
25일	뉴질랜드 · 인도 · 요르단 · 미국	4
26일	카자흐스탄 · 칠레 · 중국 · 터키 · 러시아 · UAE	6
27일	이탈리아 · 호주 · 남아공 · 덴마크	4
28일	EU · 가봉 · 스페인 · 베트남 · 우크라이나 · 인도네시아	6
29일	조지아 · 헝가리	2

이 대통령은 3월 24일 이번 정상회의에 참석하기 위하여 귀국한 반기문(潘基文) 유엔 사무총장과 맨 처음 회담을 갖고, 북한의 장거리 탄도미사일 발사 예고에 관해 "유엔 안보리 결의 위반인 동시에 국제사회에 대한 도발 행위임을 확인하고, 주민들은 기아로 고생하고 있는데 거액의 비용을 들여 로켓 발사를 강행하는 행위는 자기모순"이라고 북한 정권을 강하게 비난했다.

25일 새벽에 내한 직후 먼저 휴전선으로 가 비무장지대(DMZ)를 방문하여, "세상에 자유와 번영의 견지에서 남·북한만큼 분명하고 극단적으로 대조되는 곳은 없다"는 명언을 남긴 버락 오바마 대통령은, 같은 날 오후 서울로 와 이명박 대통령과 정상회담을 갖고 두 정상은 북한의 장거리 탄도(彈道) 미사일 발사 계획의 철회를 촉구하고, 북한의 어떠한 위협과 도발에도 단호히 대처하기로 했다.

26일 이명박 대통령을 만난 후진타오(胡錦濤) 국가주석은 "북한이 로켓 발사를 포기하고 민생 발전에 치중할 것을 중국 지도부가 북한에 여러 번 촉구하고 있다"고 했다. 그리고 같은 그날, 이 대통령이 만난 러시아의 드미트리 메드베데프 대통령도 북한의 로켓 발사에 반대하며 "북한 정권은 미사일을 발사하기 전에 북한 주민을 먹여 살려야 한다.

북한은 변해야 한다. 이제는 개방을 해야 경제 발전을 할 수 있다"는 말들을 했다.

이번에 이 대통령과 개별 회담을 가진 25명의 정상들과 수장들은 모두가 이구동성(異口同聲)으로 북한에 '세계평화의 이름'으로 미사일 발사 취소를 촉구했다. 한반도 주변 4강 중에서 일본 의회의 일정상 26일 늦게 내한하고 27일 일찍 귀국하여, 이 대통령과의 개별 정상회담을 못한 일본 노다 요시히코(野田佳彦)[32] 총리도 일본에서 출국하기에 앞서 북한의 로켓 발사 자제를 촉구하고 왔으므로, 미·중·일·러 4국 정상들은 모두 한목소리로 반기문 UN 사무총장과 함께, 북한에 대해 장거리 탄도미사일 발사 계획의 포기를 공개적으로 촉구하며, 로켓 발사 대신 주민의 민생부터 챙기라고 강하게 요구했다. 북한을 뺀 북핵 6자회담 참가국 정상들이 이와 같이 모두 북한의 미사일문제에 대해 한목소리를 낸 것은 이번이 처음이다.

이 대통령은 이 밖에도 개별 정상회담을 통해 정상들과 양국 간의 현안 문제를 논의하였을 뿐 아니라, 경제협력 강화 방안 등 여러 가지를 진지하게 협의함으로써, 양국 관계 증진에도 이바지한 것이 또 하나의 성과였다.

이번 서울 정상회의는 1988년 서울 올림픽 때에 못지않게 한국의 인지도와 국격 상승과 함께 국제적인 정치적 위상도 높여 주고, 앞으로 원전 수출과 핵안전 사업의 활성화에도 직·간접적으로 좋은 영향을 주게 됐다.

그리고 이번 정상회의 개최를 계기로 오바마 대통령을 비롯한 9개국

---

32) 일본 정치가(1957~), 와세다대학교 정치학과 학사, 제14대 일본 재무성 장관(2010), 제95대 총리(2011 ~2012)를 역임했다.

정상들이 한국에 온 김에 비무장지대를 방문해, 한반도 분단의 현실을 직접 보고 간 것도 국제사회가 한반도 정세를 이해하는 데 큰 도움을 줄 것이다.

2010년 G20을 통해 '글로벌 경제 어젠다(global economic agenda)'를 이끈 우리나라는 이번 '2차 핵안보정상회의'의 성공으로 범세계적인 핵위험 감소에 기여함으로써, 경제 개발뿐만 아니라 국가 안보에도 '글로벌 거버넌스(global governance: 세계적 관리)'를 주도하는 국가로 자리 잡게 됐다.

진일보(進一步)한 '핵 공포 없는 세상'의 실현을 위한 '3차 핵안보정상회의'는 2014년 네덜란드에서 열린다.

16. 북한의 자칭 인공위성 '광명성 3호' 발사 실패

북한은 2012년 3월 16일 조선중앙TV를 통해 미리 "오는 4월 15일의 김일성 주석 100회 생일을 전후하여 자칭(自稱) 인공위성 '광명성 3호'를 발사할 계획"임을 발표했다. 북한이 2006년 '대포동 1호와 2호'라는 장거리 탄도(彈道) 미사일을 발사했을 때와 달리, 이번에는 "새로 만든 평안북도 철산군 동창리 기지에서 남쪽으로 발사할 것"이라고 한 달이나 앞서 발사 예정지와 방향까지 예고(豫告)한 것은 그전에는 없었던 매우 이례적인 일이었다.

민간용 로켓이나 군사용 미사일 기술은 사실상 다 같은 것이다. 발사체 탄두에 위성 발사를 위한 개폐 장치인 '페어링(fairing: 유선형 덮개)'을 정착하면 로켓이고, 폭약을 탑재하면 공격용 미사일이 되는 것이다.

북한은 이번에도 이런 공통점을 악용하여 2006년의 '대포동 1호와 2호' 발사 때처럼 '인공위성'이라고 강조하고 있으나, 세상의 모든 나라들은 중국과 러시아까지도 이번 발사를 '대륙 간 탄도미사일의 실험'으로 보고 있다.

그 이유는 발사 방법은 같으나, 인공위성 개발에는 ① 지상 통신, ② 태양열 전지를 이용한 에너지 공급, ③ 위성 자체의 제어(制御) 기술 등이 필수적인데, 북한은 아직까지도 독자적으로 이런 기술을 개발하지 못하고 있기 때문이다.

그리고 유엔 안전보장이사회(안보리)가 2006년 발사에 실패한 북한의 '대포동 1호'를 군사용 장거리 미사일 발사로 규탄하는 내용의 대북(對北)결의 1695호를 이미 채택했고, 또 같은 해 북한이 1차 핵실험을 강행하여 "탄도미사일의 발사를 금한다"는 국제법적 효력을 갖는 대북(對北)결의안인 유엔 안보리 결의 1718호가 이미 의결돼 있기 때문이다.

북한의 미사일 발사와 관련된 안보리 결의는 이 밖에도 2009년 6월에 세 번째로 채택된 결의 1874호가 또 있다. 2009년 5월 초에 북한이 2차 핵실험을 하자, 안보리는 "북한의 탄도 미사일 기술을 이용한 모든 발사를 금지한다"는 내용이 추가된 안보리 결의 1874호를 채택한 것이다. 이 결의 때문에 북한은 설령 진짜 인공위성을 발사한다고 해도 이것도 역시 국제법 위반이 되는 것이다. 따라서 이번에 북한이 제아무리 "평화적 목적의 위성 발사"라고 강조해도, 이번 '광명성 3호' 발사는 처음부터 명백한 국제법과 유엔 안보리 결의 위반이 될 수밖에 없는 것이다.

이와 같은 전과(前科) 때문에 이번에 '광명성 3호' 발사 계획을 발표하자, 국제사회는 일제히 북한의 '광명성 3호' 발사 예고를 비난하면서, 광명성 3호 발사는 명백한 국제법과 유엔 안보리 결의 위반이라며 발사 자제를 강하게 촉구하고 나섰다.

유엔 안보리는 3월 16일(현지시간) 뉴욕에서 '광명성 3호' 발사 문제를 놓고 긴급회의를 소집하고, 우리 정부는 북한이 대륙 간 탄도미사일 발사 계획을 발표한 16일, 즉각 외교통상부를 통해 "북한의 미사일 발사를 동북아시아의 평화를 위협하는 중대한 도발 행위"라고 강하게 비난하고, 같은 날 미국과 일본은 물론 중국과 러시아까지 한반도 주변 4강이 모두 한목소리로 북한의 미사일 발사 자제를 강하게 요구했다.

국무부 대변인은 16일 지난 해 8월부터 세 차례의 미·북한 회담을 거쳐 나온 북한의 미사일 실험 발사와 우라늄 농축 중단, 그리고 미국의 24만 톤의 대북 영양지원을 내용으로 하는 2012년의 '2·29합의'를 북한의 배반으로 불과 16일 만에 전면 보류키로 했음을 밝혔다. 그리고 일본의 노다 요시히코(野田佳彦) 총리도 "로켓 발사는 명백한 안보리 결의 위반이므로 관계국들과 연대하여 무모한 북한의 계획을 단념시키겠다"고 말하고, 중국의 장즈쥔(張志軍) 외교부 상무부부장(수석차관)은 16일 밤, 북한의 주중대사를 직접 소환하여 발사에 반대하는 뜻을 전했다. 그리고 러시아도 같은 16일 심각한 우려를 표명하며 "북한은 유엔 안보리 결의를 위반해서는 안 된다"고 경고했다.

이와 같이 국제사회가 모두 반대하고 나왔는데도 북한은 "광명호 3호 발사는 어디까지나 우주공간의 평화적 이용을 위한 것"이라고 반발하고 나왔다. 우주 공간의 평화적 이용이라면 왜 북한의 혈맹인 중국까지 반대하고 나왔겠는가. 그러나 북한은 2006년 광명호 1호와 2호 발사에 실패하고도, 파렴치하게도 두 차례 모두 "인공위성을 궤도에 진입시켜 지상과 통신이 되고 있으며, 우주에서 광명호가 내보내는 '김일성 장군의 노래'가 전 세계에 울려 퍼지고 있다"고 멀쩡한 거짓 주장까지 했었다.

이명박 대통령은 3월 19일 외교안보장관회의를 열어 "북한이 주장하는 '실용위성' 발사는 핵탄두의 장거리 운반 수단을 개발하려는 중대한 도발 행위"라고 규정하고, 3월 26일에 열리는 서울 핵안보정상회의에서 53개국 수뇌들과 협의하여 북한에 미사일 발사 중지를 요구할 방침을 세웠다.

그리고 맨 먼저 서울 핵안보정상회의 참석차 입국한 반기문(潘基文) UN 사무총장과 3월 24일 회동하고, 이어 서울 핵안보정상회의 참석을 위해 하루 일찍 3월 25일 새벽에 내한하여 먼저 휴전선으로 가 군사분계선을 시찰하고 온 오바마 대통령과 정상회담을 갖고, "북한의 도발에 대해서는 분명하고 단호한 대응이 필요하다"는 데 합의했다.

서울에 온 후진타오(胡錦濤) 중국 국가주석도 3월 26일 이 대통령과의 정상회담에서, "중국이 북한의 로켓 발사 계획에 대해 이미 여러 차례 깊은 우려의 뜻을 전달했다"고 하면서 "이를 저지하기 위해 앞으로 양국이 긴밀히 공조해 가자"고 했다. 같은 날 열린 이 대통령과 회담한 드미트리 메드베데프 러시아 대통령도 "북한이 막대한 비용을 들여 로켓을 발사하는 대신 먼저 국민들을 먹여 살리는 데 힘써야 한다"고 비판했다.

이와 같이 이 대통령은 핵안보정상회의 주최국의 이점을 최대한 활용하여 26일과 27일 2일간의 회의 기간의 전후 이틀씩 도합 6일 동안에 23개국 정상들과 개별적으로 만나, 북한의 미사일 발사를 강행할 경우 강력한 제재를 가할 수 있게 공감대를 크게 넓혔다.

4월 4일 캄보디아 수도 프놈펜에서 폐막된 제20차 ASEAN(동남아

국가연합)에서와 4월 8일 중국 저장(浙江)성 닝보(寧波)에서 가진 한·중·일 3국 외교장관회담, 그리고 4월 11일 미국 워싱턴에서 열린 주요국(G8) 외상회의에서도 북한 로켓 발사가 주요 의제로 논의되고, 회의마다 이것이 명백한 유엔 안보리 결의 위반이므로 로켓 발사를 즉각 중지하라고 요구했다.

전문가들의 분석에 따르면, 김정일 생일을 축하하는 4·15 행사에 맞춰 준비 중인 이번 북한의 장거리 탄도 미사일 발사 비용이 약 8억 5,000만 달러로 추정된다고 한다. 이것으로 식량을 구입한다면, 중국산 옥수수 250만 톤을 살 수 있어 현재 북한의 배급량(1인당 하루 355g)을 기준으로 1,900만 명의 1년치 식량을 구입할 수 있는 큰돈이다.

북한은 국제사회 전체의 비난과 규탄, 그리고 유엔 안보리의 거듭된 발사계획 중단 요구를 완전히 무시하고, 계속 발사 준비를 하면서 4월 초에는 미국의 AP통신을 위시하여 약 20개국의 40사(社) 이상의 외국 취재단을 불러들여 8일에는 이들에게 로켓 발사장까지 공개했다.

그러나 북한 당국은 그동안 3대(代) 세습왕조 확립을 위해 김일성 주석의 100회 생일(4월 15일)을 맞아 최고인민회의가 김정은을 국방위원회 제1위원장으로 추대하는 절차가 무르익은 시간에 맞추어, '축포(祝砲)'로 장거리 탄도미사일 발사를 준비해 왔으나 성공할 자신이 없었던지 대거 불러들인 외신기자들에게 알리지도 않은 채, 동창리 새 미사일 기지에서 4월 13일 오전 7시 38분 55초에 서둘러 로켓을 발사했다.

그러나 로켓은 발사한 지 정확하게 2분 15초 만에 고도 70.5km 상공에서 공중 폭발하여 두 동강이 난 후 재폭발하여 산산조각이 나 서해에 추락했다. 2012년 4·15축제를 계기로 '강성대국'의 문을 열려던 북한은 돈은 돈대로 쓰고 세계 언론들의 비웃음 속에 망신만 당한 것

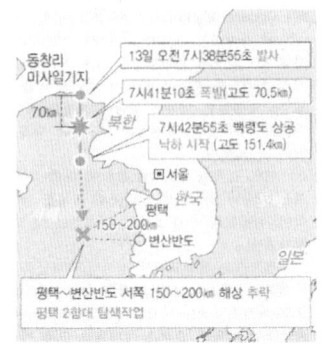

<그림 10-5> 북 로켓 발사뒤
추락 경로

이다. 북한 당국도 이번에는 외국기자들을 불러놓은 자리라 그전처럼 거짓말을 할 수 없었던지, 2009년 발사에 실패했던 광명성 2호 때와는 달리 발사 실패를 당일 공식 발표했다.

전 세계 언론들의 비난 속에 유엔 안보리는 4월 16일 북한을 강도 높게 규탄하고 제재를 늘리는 의장성명을 만장일치로 채택했다. 이것은 북한이 안보리 결의 1874호가 금지한 장거리로켓 발사를 강행한 후 꼭 3일 만이다. 이번에는 중국과 러시아까지 기꺼이 동참한 전례 없는 신속한 대응이었다.

이날 이명박 대통령은 라디오 연설을 통해 북한의 이번 로켓 발사를 비난하고, 북한 주민들과 민족의 장래를 위해 얼마든지 도와줄 테니, 북한도 '시대의 흐름'에 맞추어 개혁과 개방으로 나올 것을 다시 촉구했다.

천안함·연평도 사건 때 일방적으로 북한을 편들었던 중국도 이번 북한의 장거리 로켓 발사 실패 후에는 2009년 때처럼 "핵실험 등 추가 도발을 하지 말라"는 메시지를 여러 차례 북한에 전달한 것으로 알려졌다. 그리고 중국의 환구시보(環球時報)는 4월 30일자 보도에서 "조선이 무엇을 하든 중국이 다 옹호할 것이라고 생각한다면 그것은 잘못"이라고 하고, "조선이 진짜 이런 식으로 중국을 대한다면, 반드시 대가를 치를 것"이라고 경고까지 했다.

북한 지도부는 '세계화 시대의 흐름'에 역행하며 이미 파산 상태인 경제를 완전히 거덜 나게 하면서까지 이번에 또 미사일 발사를 강행함으로써, 망신만 당하고 세계의 웃음거리가 됐다.[33]

17. 이명박 대통령의 독도 방문

이명박 대통령은 2012년 8월 10일, 제67회 8 · 15 광복절을 닷새 앞두고 대한민국 건국 이래 국가 원수로서는 처음 우리나라의 동쪽 맨 끝에 있는 '우리 땅 독도'를 전격 방문했다.

지금까지 역대 대통령들은 독도와 관련, 일본에 초강경 발언은 해도 독도를 직접 방문한 적은 없었다. 이것은 역사적으로나 지리적으로나,

독도 사진

---

33) 북한은 2012년 4월 위장 로켓 발사에 실패한 후 8개월 만인 12월 12일 국제사회의 반대와 경고를 무시하고 9억 달러의 거금을 들여, 다시 '광명성 3호' 2호기 로켓을 가장하여 대륙 간 탄도미사일(ICBM) 발사를 강행했다. 이번에는 위성을 지구 궤도에 올려놓았으나 전화통신기 고장으로 위성 구실은 못했다. 그러나 인공위성 발사를 가장한 미사일 실험에는 성공을 하여, 사거리 1만km의 ICBM 개발 능력을 갖추게 됐다. 그러나 이 장거리 탄도미사일을 실전에 쓰기 위해서는 앞으로 미사일 대기권 재진입 기술 등 넘어야 할 산이 많다. 북한은 핵이나 미사일 개발을 계속할수록 국제적으로 고립되고 경제적으로 궁핍한 생활을 강요당하는 대가를 지불하게 될 것이다. 북한의 이번 장거리 탄도 미사일 기술을 이용한 인공위성 로켓 발사와 관련, 유엔 안보리는 이를 기존 결의의 위반이라고 비난하고, 대북 제재를 강화하는 새 결의(2087호)를 2013년 1월 22일 만장일치로 채택했다. 이번 새 결의에는 북한이 또다시 로켓을 발사하거나, 핵실험을 감행하는 등의 추가 도발을 강력히 경고하는 내용까지 들어 있다. 그러나 북한은 이를 전적으로 무시하고 2013년 2월 12일 제3차 핵실험을 강행하여, 유엔 안보리가 즉각 소집되어 유엔안보리 의장국인 우리 정부와 다른 이사국들이 북한에 대한 제재 방안 논의에 들어갔다.

또 국제법상으로 우리의 엄연한 영토인 독도를 '영유권 분쟁지역화'하려는 일본의 의도에 말려들 수 있다는 부담 때문이었다. 그 대신 독도에 대한 실효적 지배를 강화하고 '조용한 외교' 쪽을 택했었다.

그러나 이 대통령은 일본이 최근 교과서에서 독도 영유권 주장을 한층 더 강화하고, 방위백서를 통해 "독도가 일본 영토"라는 주장을 계속하고 있을 뿐만 아니라, 금년에는 우리 외교백서에 "독도는 한국 영토"라고 표기한 것에 대해 항의하는 등 독도를 둘러싸고, 최근의 일본의 움직임이 더 이상 방치할 수 없는 선에 이르렀다고 판단하고, "독도가 우리 고유의 땅임"을 대내외에 재확인하고 일본의 영유권 주장이 허위임을 널리 부각시키기 위해, 임기를 6개월 앞두고 독도 방문을 결행했던 것이다.

이 대통령은 10일 독도 방문을 마친 뒤 청와대에서 기자들에게 "일본을 필요 이상으로 자극하고 싶은 생각은 없지만, 과거사 문제에 대해 일본 정부가 그동안 너무 무성의했다"고 독도 방문의 동기를 설명하고, 이어 지난해 12월 일본 교토(京都)에서 열렸던 노다 요시히코(野田佳彦) 일본 총리와의 정상회담에서, 노다 총리와 1시간 넘게 '위안부 문제'를 가지고 이야기를 했는데도 노다 총리는 말을 이리저리 돌리며 조금도 성의가 없었다고 이번 독도 방문의 배경을 밝혔다.

이 대통령의 이번 국가 원수로서의 독도 방문을 두고 우리 국내 정계는 여야로 찬반이 갈렸으나, 11일 특임장관실이 한 여론조사기관에 의뢰하여 실시한 조사에 의하면, "우리 국민의 84.7%가 이번 이 대통령의 독도 방문에 긍정적 반응을 보였다"고 한다.

그러나 일부 일본문제 전문가들은 "이번 독도 방문은 우리나라 대통령으로서 당연한 통치 행위이지만, 앞으로 일본의 독도 도발이 최고조에 이를 때 '응징 카드'로 쓸 수 있는 대통령의 독도 방문이 '선제공격

한국의 고유영토 '독도'

- 주소 : 경상북도 울릉군 울릉읍 독도리 1-96번지
- 총 면적 : 187,453㎡ (동도 : 73,297㎡, 서도 : 88,639㎡, 부속도 : 25,517㎡)
- 소유 : 국유지(관리청 : 국토해양부)

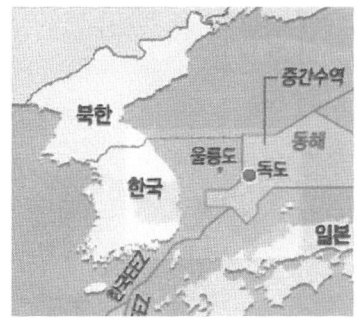

<그림 10-6> 독도의 위치

카드'처럼 비친 것이 아쉽다"고 하고, 또 외교·안보 전문가들 중에는 "현재 독도를 우리가 '실효지배'하고 있는데, 일본을 자극하는 것은 부적절하며, 또 일본의 '독도를 분쟁지역화하려는 전략'에 말려드는 것"이란 평을 하는 이들도 있었다.

일본 외무성은 10일 신각수 주일 한국대사를 불러 이 대통령의 독도 방문에 항의하고, 무토 마사토시(武藤正敏) 주한 일본대사를 일시 귀국시키는 한편, 겐바 고이치로(玄葉光一郎) 외상은 우리 김성환 외교장관에게 전화를 걸어 "독도 문제의 국제사법재판소(ICJ) 제소 운운하며 항의"하고, 노다 총리는 "이 대통령의 독도 방문에 대해 매우 유감스럽게 생각한다"고 말했다.

다음 날인 11일에 겐바 외상이 공개적으로 국제사법재판소 제소 운운하는 발언을 해, 우리 정부는 "독도는 제소 대상이 아니라"고 하며 "일고의 가치도 없다"고 이를 일축해 버렸다.

그리고 이명박 대통령은 14일 충북 청원군 한국교원대에서 열린 학교 폭력 근절을 위한 책임교사들의 연구강습회에 참석하여 한 교사의 질문에 답하는 자리에서, "아키히토(明仁) 일왕(日王)이 한국을 방문하고 싶어 하는데, 독립운동을 하다가 돌아가신 분들을 찾아가서 진심으로 사과할 것이라면 오라고 하겠다"는 말을 했다.

이 대통령의 이 말은 계획적으로 한 말도 아니고 또 공식 발언도 아니었다. 그러나 언론을 통해 이 말이 일본에 전해지자, 일본인들이 크게 반발하는 가운데, 궁내청(宮內廳)의 한 간부는 "도저히 믿을 수 없는 발언"이라고 하고, 자민당의 아베 신조(安倍晋三) 전 총리는 "일국의 지도자의 발언으로서는 예의가 없다"는 평을 했다.

우리 국내에서도 일부 정치학자들로부터 "독도 방문까지는 좋았으나, 일왕의 사과 요구는 타이밍(timing)이 적절치 않은데다가, 또 아무런 전략도 없이 한 말로 조금 지나쳤다"는 말이 나왔다.

이 대통령의 독도 방문 직후만 해도 일본 정부는 양국 간의 긴장이 더 확대되는 것을 경계하는 모습이었으나, 이 대통령의 천황의 사과 요구 발언이 알려지면서 분위기가 급변하고, 일본 정부의 파상적 독도 대응의 내용도 한층 강해졌다. 독도 방문보다 일왕 관련 발언이 '천황(天皇)의 신격(神格) 모독'으로 해석돼 일본인들의 감정을 건드린 것이다.

그러나 같은 14일, 서울시청 앞에서는 한복과 일본의 전통의상인 기모노를 곱게 차려입은 500여 명의 일본인 여성들이 모여 90도로 허리를 굽혔다. 이들은 한국인과 결혼한 일본인 주부들로 어깨에 걸린 노란색 띠에는 "사죄합니다", "한·일 우호관계 증진"이라고 쓰여 있었다. 이와 같은 모임이 이날 대전과 부산 등 전국 12개 도시에서도 동시에 열렸다고 한다.

이명박 대통령은 다음 날인 8월 15일, 서울 광화문 세종문화회관에서 열린 제67주년 광복절 기념식 경축사에서 독도 문제는 다시 꺼내지 않고, 일본군 종군 위안부 문제만 "인류의 보편적 가치에 반하는 행위"라며 "양국 차원을 넘어 전시(戰時) 여성인권 문제로 책임 있는 조치를 촉구한다"고 말했다.

이날 도쿄의 우리 대사관을 비롯하여 오사카(大阪), 고베(神戸) 등 일본 내 5곳의 우리 총영사관 앞에서는 아침부터 온종일 "이 대통령은 천황(天皇)에 사과하라"느니 "한국인은 일본에서 나가라"느니 하는 일본 우익단체들의 반한(反韓) 시위가 계속됐다.

17일 오전에는 겐바 외무상이 우리 신각수 주일대사를 외무성으로 다시 불러 "독도문제를 국제사법재판소에 제소하자"고 공식 제안을 하고, 오후에 일본 정부는 노다 총리의 '이 대통령의 독도 방문과 일왕의 사과 요구, 그리고 위안부 문제 발언에 대해 유감을 표시하는 서한'을 주일 한국대사관에 전달하고, 30분 뒤에 이를 외무성 홈페이지에 공개했다. 청와대 핵심 관계자는 "일본의 이와 같은 태도는 외교관례상 예의에 어긋나는 것으로 이해하기 어렵다"고 비판하고, 우리 정부는 "서한의 내용이 우리 독도를 '다케시마(竹島)'로 표현하고 있는 점" 등을 들어 노다 총리의 서한을 돌려보내기 위해 23일 오후 주일 대사관의 우리 외교관을 외무성에 보냈다. 그러나 일본 외무성은 경비원을 시켜 우리 외교관을 정문에서 저지하는 외교적 비례(非禮)를 또 범했다. 우리 대사관은 일본 정부가 반환받기를 거부한 '노다 총리의 유감표명 서한'을 8월 24일 등기우편으로 일본 총리실로 반송해 버렸다.

같은 그날 일본 중의원은 본 회의를 열어 '이 대통령의 독도 방문과 일왕의 사과 요구 발언에 항의하는 결의안'을 채택하고, 27일에는 참의원도 '한국의 독도 불법점거를 비난하는 결의안'을 통과시켰다. 이에 대해 우리 국회도 8월 30일 본(本)회의에서 「독도 영유권 주장 철회와 위안부문제에 대한 일본 정부의 공식 사과와 배상을 요구하는 결의안」을 채택하며 맞대응했다.

그러자 일본의 마쓰바라 진(松原仁) 국가 공안위원장과 아베 신조 전 총리가 "군 위안부를 강제 동원한 증거가 없다"면서 "일본군 위안소는 일본군 당국의 요청으로 설치됐고, 위안부 모집은 본인들의 의사에 반하는 경우가 많았다는 1993년 고노 요헤이(河野洋平) 전 관방장관의 담화를 수정하라"고 들고 나오는 등 한·일 관계는 1965년 수교 이래 최악이라는 평가를 받을 만큼 급랭(急冷)하고 말았다.

그러나 8월 31일 일본의 유력지 『아사히(朝日)신문』이 사설에서 "일본 정부와 정치권이 '고노 전 장관의 담화'를 수정하라고 요구한 것을 정면에서 비판하며, 위안부 동원이 강제성을 인정했던 '고노 담화'를 수용하고 계승할 것을 촉구"하고 나섰다. 『아사히신문』은 역시 일본의 일류지였다.

이어 9월 5일 이명박 대통령은 청와대에서 우리 외교문제 전문가들과 한·일 문제를 협의하는 자리에서 "일왕의 '사과(謝過) 요구 문제'는 한·일 간의 과거 문제가 거론될 때마다 일본과의 관계가 나빠졌다"고 하며, "이 악순환을 일왕의 한국 방문으로 단절할 수 없을까" 하는 취지에서 말한 것인데, 이것이 왜곡되어 전달된 것 같다는 설명을 했다. 이 말이 일본에 알려지면서 양국 간의 긴장 분위기가 조금씩 풀리기 시작했다.

때마침 9월 8일부터 9일까지 이틀 동안 아시아·태평양 경제협의체(APEC) 정상회의가 러시아 연해주의 블라디보스토크에서 열리게 됐는데, 회의 첫날 한·일 두 정상이 회의장에서 마주치는 순간 노다 일본 총리가 먼저 웃으며 손을 내밀어 자연스럽게 서로 악수를 했다. 그러나 서로 옆에 앉고서도 회의가 끝날 때까지 대화는 나누지 않았다.

그러나 그날 저녁 APEC 공식 만찬회에서는 우리 김성환 외교통상부 장관과 겐바 고이치로 일본 외상은 외교를 담당하는 책임자들답게 대화를 나누며, "양국 간의 긴장 상황을 조기에 진정시키기 위해 상호 냉정히 대응해 나가자"는 데 인식을 같이했다.

회의 이틀째인 9일 미국의 버락 오바마 대통령을 대신해서 이번 APEC 정상회의에 참석한 힐러리 클린턴 국무장관은 이 대통령과 고노 총리를 각각 따로 만나 "한·미·일 공조가 중요한 때"라며 "서로 온도를 낮추고 조화로운 방식으로 문제 해결을 위해 노력하자"고 중재에 나섰다.

한·일 양국의 정상들은 바로 그날, 회의가 끝난 후 노다 총리가 회의장에서 나가는 이 대통령에게 다가가 말을 건네면서, 두 정상은 선 채로 대화를 나누고 "양국 관계를 미래지향적으로 발전시켜 나가는 데 양국이 서로 협력하자"는 데 의견을 같이했다.

이 대통령이 독도를 방문한 지 한 달 만에 한·일 양국의 긴장 상태가 이렇게 진정 국면으로 들어선 것은 양국의 장래를 위하여 다행한 일인데, 일본 여성주간지 『여성자신』[34]이 9월 19일 발행한 최신호에서 아키히토(明仁) 천황이 최근 일본 외무성 간부에게 "한국을 방문할 수 있으면 좋겠다"고 하며 "앞으로도 일본과 한국이 우호 관계를 유지하

---

34) 이 여성 주간지는 그전에도 아키히토 천황이 과거에도 "나는 일본과 한국 양국의 우호를 위해서라면 한국에 가서 사죄하는 것도 주저하지 않겠다"고 발언한 적도 있고, 또 아키히토 천황은 2001년에 "간무 천황(桓武天皇, 737~806)의 생모가 백제 무령왕의 자손이라는 사실에서 한국과의 인연을 느끼고 있다고 발언한 일도 있다"는 기사를 실은 적이 있다.

길 바란다"고 말했다는 보도가 한국에 알려지면서, 우리 국민들의 대일 감정이 한층 누그러졌다.

한국과 일본은 영원히 마주 보며 살아야 하는 지리적으로나 역사적으로 가장 가까운 운명의 이웃으로, 언어도 문화도 생활습관도 가장 많이 닮은 나라일 뿐 아니라, 양국은 한·미·일 3각 관계의 한 축이기도 하다. 더 이상의 긴장과 대립, 그리고 불신은 1965년 수교 이래 오랜 세월을 두고 서로 조금씩 쌓아온 양국의 우정과 신뢰의 기반을 허물 뿐이다.

9월 29일 일본 의회에서 노벨문학상 수상자인 오에 겐자부로(大江健三郎)와 모토시마 히로시(本島 等) 전 나가사키(長崎) 시장은 1,270명의 지식인들과 함께 서명한 "일본인은 독도가 한국 국민에게 침략과 식민지 지배의 시작이고 상징이라는 점을 이해해야 한다"며 '독도문제와 관련, 일본인의 반성을 촉구하는 내용의 호소문'을 발표했다. 경제대국답게 일본에도 문화인들이 많다.

한·일 양국은 이 지역의 대표적인 민주국가로서 보다 긴밀한 경제협력은 물론, 북핵문제 해결을 위한 지역안보 협력 등 양국의 공동 과제가 많다. 보다 잘사는 내일을 위해 '동북아 시대'를 맞아 우리는 앞으로 일본의 문화인들과 함께 정치적으로나 경제적으로 또 문화적으로나 더 가깝고도 가까운 이웃이 돼야 한다.

18. 한국, 유엔 안보리 재진출 성공

뉴욕 유엔(UN) 본부에서 2012년 10월 18일 오전 10시 반부터 193개 유엔 회원국이 참석한 가운데, 부크 예레미치 총회의장(세르비아)의 선언으로 안전보장이사회(안보리)의 5개 비상임이사국 선거에 들어갔다.

이번 선거는 대륙별로 할당된 2년 임기의 안보리 비상임이사국 10개 중 연내에 임기가 끝나는 인도, 콜롬비아, 독일, 남아프리카공화국, 포르투갈 등 5개국을 개선하기 위한 것인데, 아시아 대륙의 인도 자리를 놓고, 이번에 한국과 캄보디아, 부탄 등 3개국이 경합하게 됐다.

당초 우리나라는 1차 투표에서 승부를 결정지으려 했으나, 1차 투표에서 한국이 116표, 캄보디아와 부탄이 각각 62표와 20표를 얻음으로써, 3국이 모두 당선에 필요한 유효표 193표의 3분의 2에 해당하는 128표를 얻지 못해 2차 투표에 들어갔다(1차 투표에서 총 득표수가 198표가 된 것은 중복기표 국가가 6개나 더 나왔기 때문이다).

총회는 1차 투표의 상위 득표국인 한국과 캄보디아를 두고 2차 투표에 들어갔는데, 이번에는 한국이 유효표 192표 가운데 3분의 2인 128표보다 21표나 더 많은 149표를 얻어 43표를 얻은 캄보디아를 제치고 당선됐다.

선거 결과가 발표되자 회의장 곳곳에서 '와' 하는 함성이 쏟아졌고, 우리 김숙 주유엔 대사를 비롯하여 한국 외교관들은 전원 환호했다.

1차보다 2차 투표에서는 찬성국 수가 많이 줄었지만, 1차에서 캄보디아의 득표수가 예상외로 많았던 것은 유엔 사무총장과 세계은행 등 한국계의 국제기구 수장 진출과 G20 정상회의 등 정상급 대형 국제회의의 한국 유치 등을 질시하는 경쟁 심리와 약소국에 대한 동정표와 함께 친중(親中) 국가인 캄보디아와의 특수관계를 고려한 중국의 '입김'이 적지 않게 작용한 것으로 해석된다. 그러나 2차 투표에서는 1차 투표 때 캄보디아를 지지했던 국가들 중 많은 나라들이 한국 지지로 돌아섰다.

후에 알려진 바에 의하면, 이번 선거에서 전적으로 캄보디아를 밀었던 중국이 투표가 끝난 후 조용히 "우리 측에 양해를 구해 왔다"고 하며, 일본도 그동안 한국과 독도문제로 약간 갈등이 있었으나, 한국과의 관계 개선의 신호로 우리 측에 "한국을 지지한다는 것"을 투표에 앞서 사전에 외교경로를 통해 알려왔다고 한다.

우리나라는 1991년 유엔의 정식회원국이 된 지 5년 만인 1996년부터 1997년까지 2년간 처음으로 안보리 비상임이사국으로 활동한 적이 있었는데, 이번에 15년 만에 안보리에 다시 진출함으로써, 1차 때와는 달리 개도국이 아니라 10위권의 경제력을 가진 중견국으로서의 위상을 재확인하고, 한국외교의 수준도 한 단계 높아지게 됐다.

이번 당선으로 우리나라는 안보리 이사국들이 영문 알파벳 순서에 따라 한 달씩 돌아가면서 의장직을 맡는 규정에 따라, 내년 2월과 2014년 5월에 안보리의 의장국을 맡게 된다.

18일 같은 그날 오스트레일리아(호주), 룩셈부르크, 아르헨티나, 루안다도 한국과 함께 2013~2014년 임기의 안보리 비상임이사국으로 선출됐는데, 호주, 아르헨티나, 르완다 등 3국은 1차 투표에서, 룩셈부르크는 한국처럼 2차 투표에서 선출됐다.

한국이 이사국으로 재선출되자, 총회장의 우리 김숙 대사 자리에는 수전 라이스 미국 주 유엔대표부 대사 등 축하 인사를 하려는 회원국 대사들이 장사진을 이뤘다. 그러나 1991년 우리나라와 함께 유엔에 동시가입을 한 후, 지금까지 한 번도 안보리 비상임이사국에 선출된 일이 없고, 또 이번 선거에서 끝까지 캄보디아를 지지했던 북한 외교관들은 아무 말도 없이 서둘러 회의장을 빠져나갔다.

이번 당선으로 한국은 내년부터 2년간 한반도 의제를 비롯하여, 유

<**그림** 10-7> 유엔 안보리 구성 국가

엔에서 이뤄지는 모든 국제 현안 논의에 안보리 이사국으로서 주도적
으로 참여할 수 있게 됐다. 특히 유엔 가입 21주년을 맞아 유엔의 '성
년'이 된 시점에, 그것도 반기문 사무총장의 2차 임기 중에 안보리 무
대에서 활동하게 되면서, '다자(多者)외교'의 전성기를 열 수 있게 됐다
는 점에서 그 의미는 더욱 크다고 하겠다.

안보리는 국제평화와 안전, 질서 유지에 1차적 책임을 지고 전 세계
의 주요 현안을 논의하는 유엔의 최고 의사결정 기구다. 한국은 안보리
재진출로 이 기구에서 논의되는 ① 국제 분쟁의 조정·해결, ② 분쟁지
역에 군대 파견, ③ 침략자에 대한 경제 제재, ④ 무력 사용 승인, ⑤ 전
략지역에 대한 신탁통치, ⑥ 유엔 사무총장 임명 권고 및 국제사법재판
소(ICJ) 재판관 선출 등에 직접 참여하게 된다.

우리 정부는 성숙한 '글로벌 코리아'로의 도약을 목표로 안보리 재

진출을 올해의 핵심적 외교 과제 중 하나로 선정하고, 그동안 우리의 전(全) 재외공관을 통해 '전방위 외교'를 펼치는 한편, 우리 대사관이 없는 지역에는 특사를 보내고, 김성환 외교통상부장관 자신도 2012년 9월 말 제67차 유엔총회 참석차 뉴욕을 방문했을 때, 40여 개 회원국의 수석대표들과 만나 직접 지지를 호소하는 등 막판 득표전에 최선을 다했다.

우리나라의 안보리 재진출을 위해 그동안 유엔에서 주야로 동분서주(東奔西走)했던 김숙 대사는 한국이 이사국 재진출에 성공한 후 가진 기자회견에서 "재작년 천안함 폭침 사건 때 우리는 간접적으로 안보리와 협의할 수밖에 없었는데, 이제는 우리가 안보리 회의장에서 직접 우리의 목소리를 낼 수 있게 됐다"며 "한반도 문제에 관해 주도적으로 참여하여 적극적으로 논의를 해나갈 생각"이라고 했다. 또 이어 김 대사는 "다른 이사국들과 달리 한국만이 할 수 있는 역할을 끊임 없이 고민하겠다"며 "반기문 유엔 사무총장 재임 때 중요한 이사국을 맡게 돼, 그 의의가 각별하다"는 말을 덧붙였다.

김성환 장관은 이날 서울의 외교통상부 청사에서 가진 내외신 정례 브리핑(briefing)에서 "이번 선거 결과는 국제평화와 안전 분야에 대한 우리의 기여와 역할을 국제사회가 인정하고 평가한 것"이라며, "안보리 진출을 통해 한반도문제를 포함한 국제사회의 다양한 안보 현안 해결을 주도적으로 참여해 가겠다"고 밝혔다. 그리고 마지막으로 김 장관은 특히 "한국이 안보리 이사국이라는 사실 자체가 북한의 도발에 대한 억제력을 상당 부분 확보하는 것"이라는 점을 강조했다.

우리나라가 이번 안보리 재진출을 계기로 앞으로 북한의 핵문제나 동북아시아의 영토 및 과거사 분쟁 같은 지역 현안뿐 아니라, 중동과 아프리카를 포함한 다른 '세계적 문제(global issues)'들에 대해서도 관심의 폭을 더 넓혀야 하는 숙제를 안게 됐다.

우리 외교통상부는 당장 우리의 유엔 안보리 활동을 위해 우선 8억 원의 예산을 추가로 확보하는 한편, 서울 본부와 뉴욕 주유엔대표부의 인력도 10명 정도 늘렸다.

유엔과의 관계가 긴밀해지면서 지금까지 우리나라는 유엔에 대한 공헌도를 지속적으로 높여감으로써, 2011년 현재 유엔 정규분담률은 2.26%로 193개 회원국 중 11위, 그리고 유엔평화유지활동(PKO) 분담률은 전체 10위 수준으로 각각 올렸다.

대외 의존도가 높고 강대국으로 둘러싸인 분단국 한국에게는 무엇보다도 외교가 안보와 함께 더없이 중요한 사안이다. 우리 대한민국 외교의 계속적인 발전을 위하여 우리는 수혜국에서 원조국으로 탈바꿈한 한국에 대한 국제사회의 기대만큼 10대 강국에 걸맞게 유엔과의 협력을 강화하고, 또 유엔의 분담률도 조금씩 올려 한국의 국가 위상을 더 높이면서, 우리나라도 당장 일본처럼 6년에 한 번은 아니더라고 앞으로는 우선 15년이 아니라 10년에 한 번 정도로는 안보리 이사국의 책임을 맡아가야 할 것이다.

맺음말

미국 하버드대학의 사회학 교수인 다니엘 벨(Daniel Bell) 박사는 1961년 『이데올로기의 종언(The End of Ideology)』이란 글을 써, "앞으로 제2차 세계대전의 패전국인 일본이 '경제대국'이 되고, 지금 기승을 부리고 있는 공산주의는 멀지 않아 종말을 고하게 될 것이다"라고 예언했다.

당시 많은 사람들은 아무리 저명한 학자의 말이지만, 처음에는 아무도 이를 믿으려 하지 않았고, 또 학계에서도 별로 주목을 끌지 못했다. 그러나 그 후 실제로 일본이 '경제대국'이 되고, 동구 공산국가들의 붕괴에 이어 1991년 12월의 소련마저 해체되자, 이 글은 전 세계 학계에서 늦게나마 큰 주의를 끌고 유명해졌다.

이 벨 박사가 1967년에 『2000년을 향하여(Towards the Year 2000)』란 책을 썼는데, 이 책에서 "문명은 한자리에 머무는 것을 싫어 한다"면서, 21세기에는 문명의 중심지가 미국에서 아시아·태평양 지역으로 옮겨가는데, "한반도가 한가운데 자리 잡고 있는 동북아가 그 중심권이 될 것"이라고 다시 예언했다.

그러나 이 말은 벨 박사가 일본의 '경제대국'과 '공산주의의 종말'을 정확하게 맞췄다고 해서 이번에도 그의 예측이 그대로 맞아 떨어져, 동북아가 저절로 21세기에 '아시아 · 태평양 시대'에 그 중심 지역이 될 것이라는 것은 결코 아니다.

이것은 우리가 앞으로 '세계화 시대'를 맞이하여 중국 · 일본 양국과 손을 잡고 국제정세 변화에 능동적으로 대처하여, '동북아 경제공동체'를 만들어가면서, 세계의 교통 요충지로서의 한반도의 지정학적 이점을 살려나간다면, 한국이 아시아 · 태평양 시대에 동북아의 중심 국가가 될 수 있다는 가능성을 학자로서 말하고 있는 것이다.

제2차 세계대전의 종말과 함께 국토의 분단으로 우리나라는 대륙과의 육상 통로가 끊겨 '사실상의 섬나라'가 된 데다가, 이렇다 할 천연자원도 없어, 우리는 생존을 위해 오직 해양 쪽으로 뻗어나갈 수밖에 없었다. 그래서 우리는 고진감래(苦盡甘來), 결국 60년 만에 대한민국을 조선 · 무역 · 해운 · 수산업 · 통신 · IT · 석유 제품 등 많은 분야에서 세계 10위권의 산업대국으로 만들었다.

이제 21세기 '지구촌 시대'를 맞아, 한국은 앞으로 한반도의 지정학적인 이점을 살리기 위하여 해양 쪽과 함께, 지금까지 막혔던 대륙 쪽으로도 더 힘차게 뻗어나가야 할 것이다. 그러기 위해 우리는 먼저 주변 4강들과 함께 북한이 핵을 버리고 개혁과 개방으로 나오게 유도하여, 우리가 오늘날 중국과 베트남 사람들과 마음대로 왕래하고 있듯이 북한 동포들과도 자유롭게 오고 가고 할 수 있게 된다면, 우리 국민들에게는 이것이 바로 '사실상의 통일(de facto Unification)'이며, 시간을 두고 하나씩 하나씩 '법률상의 통일(de jure unification)'을 이루어 가면 된다. 그리고 중 · 일 양국과 '동북아 경제공동체'를 만들어 가면서, 우리 철도를 '한반도 종단철도(TKR)'와 연결시키고, '자동차 전용 고속도로'도 함께 북한을 거쳐 대륙으로 진출하며 일본으로 하여금 대한해협 밑에 '해저터널'을 뚫어 아시아 대륙과 연결시키는 것이다.

그러면 한반도는 대륙에서 해양으로, 해양에서 대륙으로 통하는 동북아의 '황금의 다리'가 되어, 하늘·땅·바다에서 입체적인 동북아 교통의 요충지가 된다. 자고로 교통의 요충지는 그 지역의 경제·정치·사회·문화의 중심지가 됐다.

우리는 1300년 동안이나 '통일국가'를 이루어 같이 살아온 한민족이므로 한반도에도 멀지 않아 '남과 북이 다시 하나가 되는 날'이 반드시 올 것이다. '수도거성(水到渠成)', 즉 물이 흐르면 자연히 도랑이 되듯, 사람들이 다니다 보면 길이 생기는 법이다. 우리는 자유롭게 북한 주민들과 오가면서 오늘의 중국처럼 시장경제의 공식 도입과 함께 우리 '한강의 기적'에 못지않은 '대동강의 기적'을 만들게 도와주는 것이다. 그리고 한강 물과 대동강 물이 서해에서 자연스럽게 만나듯이 남과 북이 하나가 되는 '법률상의 통일'을 이룩하면 되는 것이다. 시간이 조금 걸리더라도 "빠른 통일보다 바른 통일이 낫다." '통일 방안'에 여러 가지 많으나, 지금으로서는 이것이 '시대의 흐름'에 맞는 가장 현실적이고 이상적인 '한반도의 평화통일 방안'일 것이다.

예부터 "꿈은 현실의 어머니"라고 했고, 역사는 지금까지 꿈을 가지고 열심히 일한 민족의 것이었다. 우리 민족도 이 같은 큰 꿈을 가지고, '동북아 시대'를 맞아 미·일·중·소 주변 4강과의 협조에 외교의 초점을 맞추어, 앞으로 '통일된 한반도'를 동북아의 땅·바다·하늘의 '십자로'로 만들어, 우리도 유사 이래 처음 '세계사의 주인공'이 한번 되어 보는 것이다.

참고문헌

국문

관세청. 『무역통계연보』. 관세청, 2012.

김구륜. 『APEC 정상회담의 결과분석』. 통일연구원, 2006.

김기수. 『APEC과 ASEM 비교연구』. 세종연구소, 2002.

김기조. 『38선 분할의 여사』. 동산출판사, 1994.

김영주. 『외교의 현실과 실제』. 외교안보연구원, 1992.

김용식. 『희망과 도전』. 동아일보사, 1987.

김준영. 『한·중 관계 15년의 분석』. 국제문제, 2007.

김학준. 『한국전쟁』. 박영사, 1995.

류병현. 『한미동맹과 작전통제권』. 대학민국재향군인회, 2007.

문일평. 『한미 50년사』. 탐구당, 1982.

박동진. 『길은 멀어도 뜻은 하나』. 동아출판사, 1992.

박 실. 『한국외교비사』. 그린원, 1979.

박찬영. 『기로에 선 조선민주주의인민공화국』. 박영사, 1995.

소진철. 『한국전쟁의 기원』. 원광사, 1996.

양호민. 『남과 북, 어떻게 하나가 되나』. 나남, 1992.

외교통상부. 『2012 외교백서』. 외교통상부, 2012.

외교통상부. 『한국외교 30년』. 1979.

외교통상부. 『한국외교 40년』. 1990.

외교통상부. 『한국외교 50년』. 2000.

외교통상부. 『한국외교 60년』. 2010.

외교통상부. 『2000~2007년도 외교백서』. 2001~2007.

윤석헌. 『먼 길을 후회 없이』. 동아일보사, 1993.

이기봉. 『인간 김일성, 그의 전부』. 길한문화사, 1989.
이동원. 『행동하는 자에게 불가능한 꿈은 없다』. 중앙 M&B, 2001.
이무웅. 『안보와 통일문제』. 대왕사, 1996.
이범준·김의곤. 『한국외교 정책론』. 법문사, 1993.
이홍구 외. 『분단과 통일 그리고 민족주의』. 박영사, 1984.
정성관. 『판문점의 비사』. 평문사, 1953.
정성훈. 『제2차 6자회담 분석과 전망』. 통일연구원, 2004.
정용석. 『미국의 대한정책: 과거와 미래』. 일조각, 1979.
정일영 편. 『한국외교 반세기의 재조명』. 나남, 1993.
정일형. 『유엔과 한국문제』. 신명문화사, 1961.
중앙일보사. 『비록 조선민주주의인민공화국』. 중앙일보사, 1992.
홍현익. 『6자회담』. 세종연구소, 2005.
황장엽. 『어둠의 편이 된 햇볕은 어둠을 밝힐 수 없다』. 월간조선사, 2001.

일문

關川夏央·惠谷治. 『金正日の哄笑』. 光文社, 2000.
原田武夫. 『北朝鮮外交の眞實』. 筑摩書店, 2005.
落合信彦. 『北朝鮮の正體』. ザ·マサダ, 1994.
黑田勝弘. 「ソウルが平壤になる!」. ビジネス社, 2003.
櫻井よしこ. 『北朝鮮: 東北アジアの緊張』. ダイヤモンド社, 1999.
小此木政夫. 『日本と北朝鮮』. PHP研究所, 1991.
吉田康産. 『北朝鮮 核實驗に 續くもの』. 第三書館, 2006.
惠谷治. 『金正日·北朝鮮權力の實像』. 時事通信社, 1995.
重村智計. 『朝鮮半島"核"外交』. 講談社, 2005.
船橋洋一. 『朝鮮半島第二次核危機』. 朝日新聞社, 2006.

영문

Acheson, Dean. 『Present at the Creation』. Norton, 1969.
Byrnes, James. 『Speaking Frankly』. Harper & Brothers, 1947.
Chand, A. 『Nonaligned Nations』. Selectbook Service Syndicate, 1983.

Cumings, Bruce. 「The Origins of the Korean War」. Vol.1. Princeton University Press, 1981.

Curtis, Gerald L. 「The U.S.−South Korean Alliance」. Lexington Books, 1983.

East Asian Strategic Review. 「National institute for Defence Studies」, 2012.

Feis, Herbert. 「Between War and Peace」. Princeton University Press, 1960.

Gorbachov, Mikhail. 「Perestroika」. Paper & Row, 1987.

Joy, Turner C. How Communists Negotiate. Macmillan, 1955.

Khrushchev, N. S. 「Crime of the Stalin Era」. The N. Y. Leader, 1956.

Kissinger, Henry A. 「Foreign Policy」. Norton, 1969.

Scalapino, Robert A. 「Communism in Korea」. University of California Press, 1973.

Smith Martin A. 「Fower in the changing global order」. 「Polity」, 2012.

Stettinus, E. R. 「Roosevelt and the Russians: The Yalta Conference」. Doubleday Co., 1949.

Stanley A. 「Bush Doctrine」. Transaction, 2006.

Stone, Isidore. 「The Hidden Story of the Korean War」. 「Monthly Review」, 1952.

Whiting, Allen S. 「China Crosses the Yalu」. Macmillan, 1960.

Willetts, Peter. 「The Non−aligned Movement」. Francas Pinter, 1978.

부록: 외교부 조직도

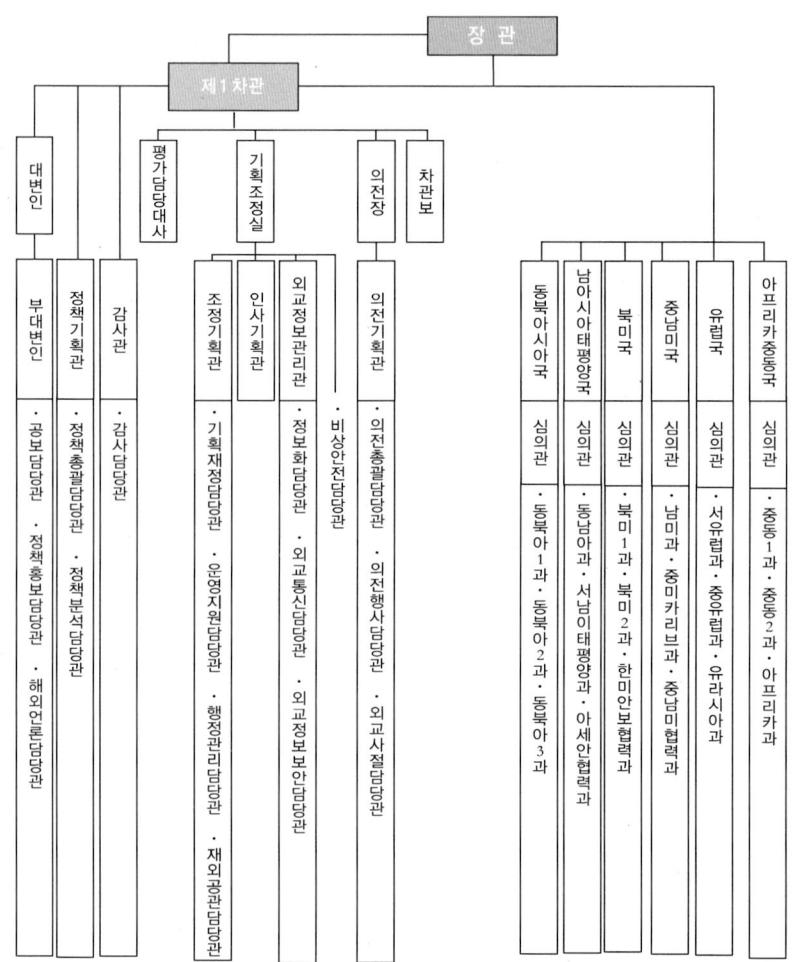

장 관

제1차관

차관보

대변인

평가담당대사

기획조정실

의전장

동북아시아국

남아시아태평양국

북미국

중남미국

유럽국

아프리카중동국

부대변인
· 공보담당관 · 정책홍보담당관 · 해외언론담당관

정책기획관
· 정책총괄담당관 · 정책분석담당관

감사관
· 감사담당관

조정기획관
· 기획재정담당관 · 운영지원담당관 · 행정관리담당관 · 재외공관담당관

인사기획관

외교정보관리관
· 정보화담당관 · 외교통신담당관 · 외교정보보안담당관

· 비상안전담당관

의전기획관
· 의전총괄담당관 · 의전행사담당관 · 외교사절담당관

심의관
· 동북아1과 · 동북아2과 · 동북아3과

심의관
· 동남아과 · 서남아태평양과 · 아세안협력과

심의관
· 북미1과 · 북미2과 · 한미안보협력과

심의관
· 남미과 · 중미카리브과 · 중남미협력과

심의관
· 서유럽과 · 중유럽과 · 유라시아과

심의관
· 중동1과 · 중동2과 · 아프리카과

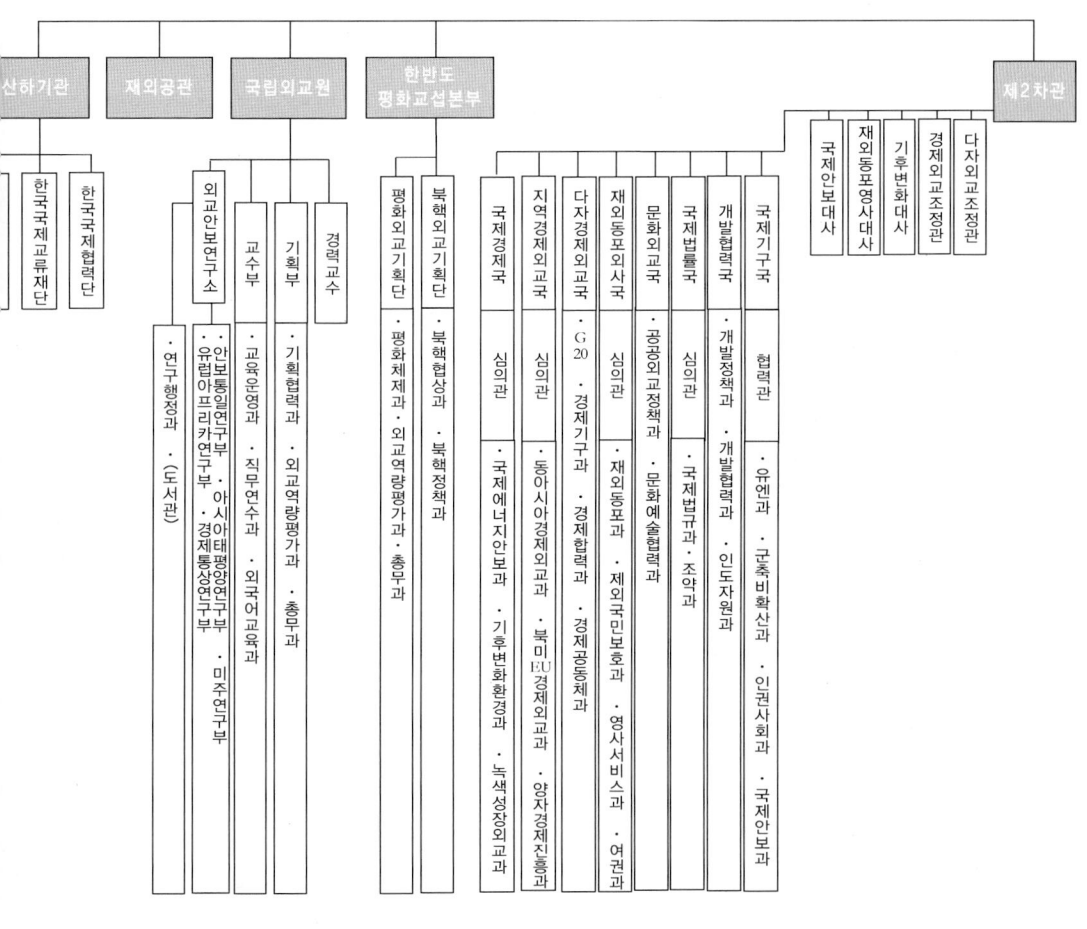

재외공관(161)
상주대사관(113)
상주대표부(5)
총영사관(43)

2013년 3월 말 현재

김창훈

고려대학교 법학과 졸업. 프랑스 파리대학 법학박사. 주유엔 참사관, 외무부 구아국장·아중동
국장, 주유엔 공사, 주가봉 대사, 캐나다 몬트리올 총영사, 주필리핀 대사, 외무부 외교안보연
구원 연구위원과 명예교수 등을 역임하였다.
저서로는『아프리카의 어제와 오늘』,『외교관 요람』,『서양식 에티켓과 테이블 매너즈』,『국제
화 생활 에티켓』,『국제예절과 생활 에티켓』등이 있다.

한국 외교
어제와 오늘

초판인쇄 ㅣ 2013년 8월 30일
초판발행 ㅣ 2013년 8월 30일

지 은 이 ㅣ 김창훈
펴 낸 이 ㅣ 채종준
펴 낸 곳 ㅣ 한국학술정보㈜
주　　　소 ㅣ 경기도 파주시 문발동 파주출판문화정보산업단지 513-5
전　　　화 ㅣ 031) 908-3181(대표)
팩　　　스 ㅣ 031) 908-3189
홈페이지 ㅣ http://ebook.kstudy.com
E-mail ㅣ 출판사업부　publish@kstudy.com
등　　　록 ㅣ 제일산-115호(2000. 6. 19)

ISBN　　978-89-268-4572-1 93340 (Paper Book)
　　　　978-89-268-4573-8 95340 (e-Book)